활동을 통한

정신건강론
MENTAL HEALTH

김춘경
조민규
성정혜
공 저

학지사

🗨 머리말

시대마다 삶의 어려움은 다른 것 같다. 먹고사는 게 힘들었던 시기가 있었다. 그 때도 정신장애는 있었을 터이지만, 요즘 같지는 않았을 것이다. 소득 수준이 높아지고 초고속 정보화 사회, 고령사회, 4차 산업혁명, AI시대 등 빠르게 변화하는 현대 사회에서는 먹고사는 것에 대한 문제보다는 적응하는 데서 오는 심리, 사회, 정신적 스트레스가 더 큰 어려움이다. 극한의 스트레스를 해소하기 위한 사람들의 발버둥은 마약, 도박, 알코올, 게임 등의 다양한 중독이 범람하는 시대를 열었다. 또한 아동과 청소년들마저 학교폭력, 가정폭력, 성폭력이 난무하는 무섭고 어두운 사회에서 건강하고 안전한 성장이 위협받고 있다. 트라우마, 사이코패스와 같은 정신건강 관련 전문 용어도 이제 일상적인 용어가 되었다. 힐링과 웰니스, 웰빙이 유행하던 시기도 지나가고, 강력한 심리치료와 치유를 필요로 하는 정신건강 위기의 시대가 되어 가고 있다.

이를 반영하듯 현재 우리 사회는 과거 그 어느 때보다 정신적 · 심리적 · 인간관계적 문제에서 초래되는 다양한 정신건강 문제를 다루는 전문서적과 방송이 지속적으로 늘어나고 있다. 또한 정신건강 관리가 정치적 · 사회적으로 중요한 이슈가 되어 국가적으로 관리해야 하는 시대가 되었다. 지진, 폭풍, 화재, 장마 등의 다양한 재난이 일어났을 때도 트라우마치료, 심리상담적 접근을 빠지지 않고 하는 것도 최근에 정신건강의 중요성을 인식하였기에 추진되는 제도이다. 또한 대학에서도 정신건강론 수업이 교육학, 아동학, 유아교육학, 사회복지학, 심리학, 보육학 등 여러 학과에 개설되었고, 교양 과목으로 개설된 학교들도 많다.

근 30년간 대학에서 강의를 하면서 '정신건강론'만큼 강좌의 내용을 다양하게 수정해서 운영해 본 과목은 없었다. 정신건강론에서 다뤄야 하는 내용과 다룰 수 있는 내용은 매우 방대하다. 이 책은 4년 전에 경북대학교에서 온라인 강좌 동영상 강의 개발 프로젝트 연구의 일환으로 개발된 동영상 강의의 자료를 기초로 집필된 것이다. 동영상 강의는 1시간 강좌를 25분 정도로 강의해야 한다. 이 책에서는 강의에서 다루지 못한 내용을 부연하여 설명하였다. 학부 수업의 전공 교재 또는 교양 수업의 교재로 사용될 수 있도록 집필하였고, 전체 3부로 구성하였다. 1부는 '정신건강의 이해'로 정신건강에 대한 주요 이론들을 다루었고, 2부는 '정신건강과 이상심리'로 다양한 정신장애를 다루었다. 3부는 '정신건강 관리'로 상담 및 심리치료이론과 치료 매체들에 대해서 다루었다.

이 책에 제시된 정신장애는 DSM-5 기준에 맞추어져 있다. 정신장애 분류체계인 DSM-IV가 1994년에 출간되고 20년 만인 2013년에 DSM-5가 새로 개정되었다. 국내에서는 번역본에 따라 용어의 번역이 달라서 같은 내용이라도 한국어 표기가 다른 경우가 많다. 이 책에서는 2015년에 출간된 DSM-5의 가장 최신 버전인 2021년 12쇄 발행본에 번역된 용어를 사용하였다.

이 책을 집필하면서 몇 가지 신경 쓴 부분이 있다. 먼저, 정신건강에서 다루는 다양한 정신장애의 내용이 이해하기 어렵다는 평이 많아서 책의 내용을 보다 쉽게 이해할 수 있도록 장애 관련 활동을 몇 가지 소개하였다. 장애를 보다 심도 깊게 이해할 수 있도록 영화와 자가진단 척도를 활용한 활동을 제시하였다.

이 책의 또 다른 특징은 3부의 14장을 통해 일상생활에서 쉽게 접할 수 있는 다양한 치료 매체를 활용할 수 있는 활동을 소개한 것이다. 정신건강이란 정신적 질병에 걸려 있는 상태뿐만이 아니라 만족스러운 인간관계를 형성하고 유지해 나갈 수 있는 능력을 말한다. 아프기 전에 세끼 밥을 잘 챙겨 먹고 건강을 유지해야 하듯이, 정신건강도 정신장애를 앓기 전에 정신건강을 유지할 수 있도록 일상생활에서 치료적으로 유효한 활동을 하는 것은 매우 중요하다. 아이들은 놀면서 배우고 자란다고 하듯이, 대부분의 사람이 취미로 하는 많은 활동은 삶의 갈등과 스트레스를 해소하고, 삶의 무거움과 고통을 이겨 낼 수 있는 힘을 준다. 독서, 글쓰기, 미술, 음악, 무용동작, 놀이, 영화, 명상 등의 매체는 모두 전문 분야이기도 하고, 최근에는 심리치료에서 각광받고 있다.

이 책에서 소개한 활동들은 전문치료사들이 활용하는 기초 활동이기도 하지만, 정신건강에 관심을 가진 이들이 한번쯤 경험해 보면 일상생활에서 정신적 스트레스와 심리적 갈등 및 어려움을 해결하는 데 도움을 받을 수 있을 것이다. 무엇보다

수업 중에 수강생들과 함께 집단으로 시도해 보면 효과를 볼 수 있을 것이다.

정신건강에서 다뤄야 할 자료가 방대하다 보니 혼자서 정리하기에는 역부족이었다. 집필과 정리를 함께 도와준 조민규 박사와 성정혜 박사에게 이 지면을 빌려 감사의 마음을 전한다. 두 분의 박사가 내용을 함께 정리하지 않았다면, 이 책은 많은 원고더미 속에서 빛을 보지 못했을 것이다. 부디 이 책이 정신건강 관련 전문가가 될 후학들이 자신의 정신건강은 물론이고 우리 사회의 정신건강을 책임지는 전문가가 되는 데 도움이 되었으면 한다.

마지막으로, 이 책의 출판을 흔쾌히 허락해 주신 학지사 김진환 사장님께 감사드린다. 내용에 오류가 없도록 꼼꼼히 교정을 봐 주시고 편집과 디자인 등에 신경을 많이 써 주신 편집부 박지영 과장님과 학지사 편집부 직원분들에게 감사드린다.

2023년 3월
저자 대표 김춘경

차례

1부

정신건강의 이해

1장

정신건강의 기초

현대 사회는 정신적 스트레스 및 정신질환 등과 관련된 문제가 크게 대두되면서 정신건강에 대한 관심이 날로 높아지고 있다. 빠르게 변화해 가는 일상생활 속에서 사람들은 늘 긴장하고 스트레스를 받으며 살아가는데, 누구에게나 일어날 수 있는 일을 어떻게 처리하느냐는 개인의 정신건강에 많은 영향을 미치게 된다. 이러한 정신건강은 신체적 건강과 더불어 건강의 필수 영역으로서, 정신이 건강한 사람은 자신의 위치와 역할에 충실하고, 만족스러운 인간관계를 유지하며, 문제가 발생하였을 때 이를 극복하기 위해 건전하게 대처할 수 있다. 이를 위해 개인은 자신의 정신건강 상태를 점검할 수 있어야 하며, 자신의 모습을 있는 그대로 인정하고 발전해 나가는 것이 정신건강에 중요하다.

1. 정신건강의 정의

일상생활 속에서 정신건강(mental health)이라는 용어를 흔하게 사용하고 있지만, 정신건강을 간단하게 정의하기는 쉽지 않다. 정신의 사전적 정의는 인간의 감정과 생각 그리고 행동을 지배하고 있는 내면의 세계를 뜻한다. 이를 토대로 정신건강을 설명하자면, 마음이 건강한 상태, 즉 감정이나 생각, 행동이 건강하게 기능하는 상태를 의미한다. 정신건강에 대한 또 다른 정의로, 세계보건기구(World Health Organization, 2013)에서는 "건강이란 단순히 질병이나 질환에 걸리지 않은 상태만을 의미하는 것이 아니라, 신체적·정신적·사회적으로 편안하고 완전히 안녕한 상태"라고 정의하고 있으며, 최근에는 이러한 정의에 영적인 부분의 의미를 포함시키려는 시도를 하고 있다. 미국 공중위생국에서 발간한 정신건강보고서(USDHHS, 1999)에 따르면 정신건강은 인간의 건강뿐만 아니라 안녕과 삶의 질을 구성하는 핵심 요소로, 생산적인 활동을 수행하고, 만족스러운 대인관계를 유지하며, 변화에 마주하여 적응하고 역경에 대처할 수 있는 정신적 기능의 성공적인 수행상태라고 설명하였다.

미국정신위생위원회(National Committee for Mental Hygiene)에서는 "정신건강이란 다만 정신적 질병에 걸려 있지 않은 상태만이 아니고, 만족스러운 인간관계와 그것을 유지해 갈 수 있는 능력을 말한다(이현주 외, 2014). 이것은 모든 종류의 개인적·사회적 적응을 포함하며 어떠한 환경에도 대처해 나갈 수 있는 건전하고 (wholesome) 균형 있고(balanced) 통일된(integrated) 성격의 발달을 의미한다."라고 하였다. 이를 종합해 보면, 정신건강이란 자신이 가지고 있는 능력을 상황에 맞게 발휘하며, 원만한 대인관계를 형성하고 이를 유지할 수 있는 능력과 인생의 문제 및 스트레스에 대처할 수 있는 능력, 변화하는 환경에 적응해 나가는 능력을 가지는 것과 더불어 독립적·건설적·자주적으로 자신의 일상생활을 영위할 수 있는 능력을 가지고, 신체적·심리적·사회적·도덕적 측면의 조화를 이룬 원만한 인격을 갖추는 것이라고 할 수 있다.

2. 정신건강과 정신장애 판단 기준

누구에게나 나타날 수 있는 감정을 느끼거나 행동을 하는 경우 대부분 정상이라는 표현을 사용하고, 흔하지 않거나 거슬리고 불편한 감정을 느끼거나 행동을 하면 '비정상' 또는 '이상하다'라는 표현을 자주 하게 된다. 즉, 정상(normal)이란 정상적 규준(norm) 안에 들어가는 것이고, 이상(abnormal)은 정상적 규준에서 벗어나는 행동을 의미한다. 이러한 사전적 정의를 토대로 정신건강과 정신장애를 판단하는 기준을 통계적 기준과 사회문화적 기준, 불편감과 고통에 대한 주관적 기준, 심리사회적 부적응의 관점으로 나누어 살펴볼 수 있다.

첫 번째로 통계적 기준에서는, 평균치를 기준으로 하여 행동이 정상 분포에서 얼마나 벗어났는가를 통해 판단한다. 예를 들어, IQ(Intelligence Quotient, 지능지수)의 평균(mean)은 100, 표준편차(standard deviation)는 15를 기준으로, 평균에서 ±2 표준편차 벗어난 IQ 70 이하 혹은 IQ 130 이상의 경우에 정상 분포에서 벗어났다고 한다. 하지만 IQ가 130 이상의 경우에는 이상행동이나 장애로 보지 않으므로 평균의 일탈이 무조건적으로 장애라고 진단할 수 있는가에 대한 의문점이 제기된다. 이러한 통계적 기준의 한계로는 감정이나 의지, 성격 등과 같이 추상적인 개념의 경우 수량화하기 어렵다는 점이 있으며, 사회적·문화적 환경의 영향을 받아 평균의 기준이 다르다는 점이 있다.

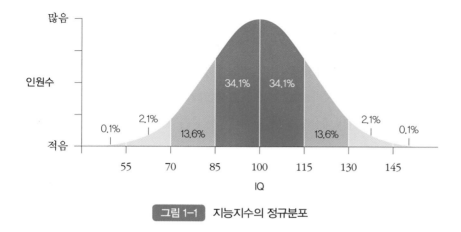

그림 1-1 지능지수의 정규분포

두 번째로 사회문화적 기준을 살펴보면, 사회문화적 가치나 규범에서 얼마나 벗어났는가를 통해 판단한다. 예를 들어, 치장을 목적으로 흉터 만들기에 대해 한국의 경우에는 병리적 자해로 평가하지만, 아프리카에서는 정상적인 행동으로 간주한다. 이러한 사회문화적 기준은 문화적 상대성, 즉 시대와 문화권에 따른 차이를 통해 정신장애를 진단하게 되므로 그 기준에 따라 정신장애에 해당하는 사람이 달라지게 된다. 또한 그 나라의 문화적 규범이 바람직하지 못한 경우에는 도리어 이를 지키는 것이 장애가 될 수 있다. 예를 들어, 파푸아뉴기니의 부족 중 챔브리(Chambli)족은 성인식을 치르면서 등에 악어를 상징하는 문신을 새긴다. 이는 악어가 자신의 젊음을 지속시킨다는 믿음에 의한 것인데, 문신을 새기게 되는 당사자에게는 너무 끔찍하고 힘든 고통이 될 수 있다.

세 번째, 불편감과 고통에 대한 주관적 기준에서는 자신의 상태에 대한 불편감과 고통이 참아 낼 수 있는 정도를 얼마나 벗어났는가를 통해 판단하게 된다. 하지만 이 기준의 몇 가지 한계점을 살펴보면, 모든 고통이 다 비정상적인 것은 아니라는 것인데 얼마나 심한 고통이 비정상적인 것인지에 대한 측정이 어렵다. 또한 주관적인 고통을 객관적으로 판단하기 어려우며, 망상장애나 반사회적 성격장애 등을 가진 환자의 경우 비정상적임에도 불구하고 불편감과 고통을 느끼지 못하는 경우도 있다.

네 번째, 심리사회적 부적응의 관점에서는 개인적·사회적·직업적 생활영역에서 적응에 어려움이 있는가, 개인의 적응을 저해하는 심리적 기능이 손상되었는가 그리고 인지적·정서적·행동적·신체적 특성이 개인의 적응을 심각하게 저해하는가를 기준으로 한다. 심리사회적 부적응의 관점을 토대로 장애를 진단하는 것에 대한 문제점으로는 개인의 적응과 부적응의 경계가 모호하다는 것, 누가 무엇에 의해 평가하는가에 따른 평가 기준, 평가 도구 그리고 그에 따른 평가 결과가 달라진다는 것, 개인에게 나타나는 부적응의 원인과 심리적 특성을 판단하기 어렵다는 점이 있다.

3. 정신장애의 법적 정의

정신장애는 법에 따라 사용하는 용어와 이에 대한 정의가 다양하다. 먼저, 2017년 개정된 「정신건강증진 및 정신질환자 복지서비스 지원에 관한 법률」(약칭: 「정신건강복지법」)에서는 '정신질환자'라는 용어를 사용하며, "망상이나 환각, 사고나 기분의 장애 등으로 인해 독립적으로 일상생활을 영위하는 데 중대한 제약이 있는 사람"으로 정의하고 있다. 「장애인복지법」에서는 '장애인'이라는 용어를 사용하며, "신체적·정신적 장애로 오랫동안 일상생활 또는 사회생활에 상당한 제약을 받는 사람"으로 정의하고 있다. 여기서 신체적 장애란 주요한 외부 신체 기능의 장애 및 내부 기관의 장애를 의미하며, 정신적 장애란 발달장애 또는 정신질환으로 발생하는 장애를 의미한다.

4. 정신장애 이해의 역사적 변천

1) 고대

고대 그리스 이전 원시사회에서는 정신장애를 신성모독에 대한 벌, 죽은 사람의 영혼에 사로잡힌 것 등 귀신론적 견해에 따른 초자연적인 현상으로 이해하였다. 이후 그리스 시대에서는 종교나 미신과 분리하여 뇌의 기능 등과 관련된 의학적인 문제로 해석하려는 시도가 나타나기 시작하였다. 히포크라테스(Hippocrates, 460~377

B.C.)는 이상행동이 뇌의 질병에서 비롯된다고 보았으며, 소크라테스(Socrates, 470~339 B.C.)와 플라톤(Plato, 427~347 B.C.)은 옳고 그름을 가릴 수 있는 이성(理性) 능력이 적응적 행동의 토대가 된다는 심리학적 입장을 가졌다. 로마의 내과 의사인 갈레노스(Galenus, A.D. 130~200)는 히포크라테스의 제자로, 히포크라테스가 주장한 4체액설을 구체화하였다. 4체액설에서는 혈액(blood)과 흑담즙(black bile), 황담즙(yellow bile), 점액(phlegm)의 네 가지 체액 간의 불균형으로 다양한 장애가 나타난다고 하였다. 갈레노스는 이를 4대 기질 이론으로 발전시켰으며, 개인의 성격특성을 담즙질(choleric), 점액질(phlegmatic), 다혈질(sanguine), 우울질(melancholic)로 분류하였다(Eysenck, 1985).

2) 중세

중세 시대에는 이전의 그리스 시대에 정신장애를 바라보던 의학적 입장이 억압되고, 귀신론적 이해가 다시 대두되었다. 이 시기에는 인간의 영혼을 사이에 두고 하느님과 악마 혹은 마귀 등이 다투고 있는 것으로 보았으며, 정신질환자를 악령이나 사탄의 대리인 또는 마녀에 사로잡힌 사람 등으로 취급하여 고문하거나 화형에 처하기도 하였다. 하지만 이러한 미신적인 믿음에 대해 비판하는 학자들도 있었다. 성 아우구스티누스(St. Augustine, A.D. 354~430)는 개인의 내적 성찰을 통한 자기분석과 이를 고백함으로써 인간의 정신에 있어 어린 시절의 기억과 감정적 갈등 그리고 부조리한 감정의 역할 등에 대해 밝혔으며, 스페인의 의사 필리푸스 파라셀수스(Philippus Paracelsus, 1493~1541)와 의사이자 심리학자인 후안 후아르테(Juan Huarte, 1530~1589) 또한 이를 비판하였다. 영국에서는 정신질환자를 '자연적 우둔자(natural fool)'와 '정신이 온전하지 못한 사람(persons noncompos mentis)'으로 불렀으나 보호가 필요하다고 판단하여 국가적 차원에서 이들을 보호하고자 하였다(이순민, 2014).

3) 르네상스

르네상스 시대에는 이전의 종교적 가치가 무너지면서 정신질환자에 대해 종교적 박해와 비인간적인 방법으로 해결하기보다는 인도주의적 치료가 필요하다는 주장이 제기되기 시작하였다. 네덜란드의 의사였던 요한 웨이어(Johann Weyer, 1515~1576)는 최초의 정신과 의사로 일컬어지는데, 중세 시대의 악마설과 마녀사냥을 비판하면서 와해된 대인관계와 심리적 갈등이 정신장애의 원인이 된다고 강조하였다.

4) 계몽시대

17세기 후반에 시작된 계몽운동은 인간을 합리적으로 생각하게 하는 이성적 능력이 무지함이나 불합리한 관습, 미신 등으로부터 눈을 뜨게 한다고 믿은 계몽사상을 토대로 일어난 것으로, 다양한 사회적 · 정치적 · 경제적 · 종교적 분야에서 변화가 나타나면서 정신질환자에 대한 치료를 바라보는 시선도 변화되기 시작하였다. 특히 18세기 말에는 합리주의에 대한 몰입, 과학적 관찰, 정신질환자에 대한 인간적 치료 등이 나타났으며, 인간 존재의 주관적 경험을 중심으로 개인의 감정과 동기에 접근하고자 하였다. 네덜란드의 유대인 철학자인 바뤼흐 스피노자(Baruch Spinoza, 1632~1677)는 정신과 육체를 서로 다른 속성을 가진 동등하고 구별되는 존재로 보았으며, 정신과 육체는 서로가 어떤 상태인지에 따라 변화한다고 하였다. 또한 타인과의 관계에서 욕망이 만들어지는데, 인간관계를 바꿈으로써 욕망 자체를 전환하는 것이 더욱 중요하다고 하였다(박기순, 2008). 영국의 의사이자 생리학자인 윌리엄 하비(William Harvey, 1578~1657)는 심장박동을 원동력으로 혈액이 순환된다는 혈액순환론을 주장하였으며, 생명의 생리학적 측면과 심리학적 측면의 관계에 대해서 저술하였다(이순민, 2014). 독일의 의사인 프란츠 안톤 메스머(Franz Anton Mesmer)는 체내에 환자의 의식과 신체를 연결하고 통합하는 자기 유동체를 조절하면 질병을 치료할 수 있다고 보는 동물 자력론(animal magnetism)을 주장하였으며, 다양한 신경장애, 정신신체질환 등의 치료에 최면술(mesmerism)을 사용하기도 하였다.

5) 개혁운동

개혁(改革)은 사회적 제도나 기구 등을 새롭게 만들거나 점진적인 변화를 통해 고처 나가는 것으로, 필리페 피넬(Philippe Pinel, 1745~1826)은 정신병원 개혁운동을 하였다. 그는 1793년 프랑스 혁명 시기에 정신병원 환자들의 족쇄와 사슬을 풀어 주고, 환자를 돌보는 병원 환경의 개혁을 통한 도덕적 치료(moral treatment)를 도입 하였다. 도덕적 치료는 환자에 대한 존중을 토대로 환자를 비인격적으로 대하던 이 전과는 달리 환자를 직접 만나 면담을 하면서 증상과 행동에 대해 기록하고 파악하 여 최소한의 제한을 두고, 규칙적인 습관을 형성하도록 격려하며 친절하게 치료하 고자 하는 시도였다. 도로시아 린드 딕스(Dorothea Lynde Dix, 1802~1887)는 정신질 환자를 감금하고 비인간적으로 대하면서 이들을 치료할 시설이 없다는 것에 분개 하여 신체적 구속과 강압적 치료를 비난하는 도덕적 치료를 전제로 인도주의적 차 원의 치료를 받을 수 있도록 정신병원 개혁운동을 시작하였다. 미국의 작가이자 미 국정신위생위원회의 창립자인 클리포드 위팅엄 비어스(Clifford Whittingham Beers, 1876~1943)는 심한 우울증과 불안을 겪으며 자신이 정신질환과 투쟁한 내용을 공 개적으로 공유하면서 정신건강과 관련된 개혁이 필요하며, 심리학을 신생 과학으 로 발전시켜야 한다고 주장하였다.

19세기에는 정신장애의 유발과 관련하여 심리적 원인론이 제기되면서 비이성적 인 사고를 강조하는 관점이 나타났으며, 이를 주장한 학자로는 독일의 정신과 의사 인 요한 크리스티안 하인로스(Johann Christian Heinroth, 1773~1843)와 정신분석학 자인 지그문트 프로이트(Sigmund Freud, 1856~1939) 등이 있다. 또한 생리학적 요 인과 관련하여 정신장애를 이해하고자 하는 관점도 나타났다. 독일의 정신의학자 인 빌헬름 그리징거(Wilhelm Griesinger, 1817~1868)는 정신질환을 뇌질환으로 보면 서 뇌 기능 장애로 비롯된 것이라 주장하였고, 정신의학의 아버지라 불리는 독일의 정신의학자인 에밀 크레펠린(Emil Kraepelin, 1856~1926)은 정신질환도 원인이나 임 상 증상, 발병 전 증상, 경과 및 예후 등을 가지고 있다고 하였으며, 정신질환에 대 한 분류체계를 구축하였다. 19세기 후반에는 심리학과 관련된 다양한 연구를 진행 하였으며, 연구의 핵심은 개인의 성격이나 기질이 인간의 생각과 행동에 큰 영향 을 미친다는 것이었다(김호, 2019). 즉, 심리학과 기질적 접근을 통합하여 정신질환 을 이해하고자 하였다. 프랑스의 신경학자인 장 마르탱 샤르코(Jean Martin Charcot, 1825~1893)와 프랑스의 심리학자이자 정신과 의사인 피에르 자네(Pierre Janet, 1859~1947)는 행동장애를 유발하는 데 심리적 원인이 주요한 역할을 하고 있다고 하면서 정신장애의 범주에 미약한 부적응적 행동을 포함하였다.

6) 20세기 이후 발전

20세기 이후에는 정신장애를 과학적으로 이해하고자 하는 접근이 급격하게 발전하였다. 정신장애를 이해하는 데 영향을 미친 주요한 변화는 정신분석이론과 행동주의 심리학의 발전, 실험 정신병리학의 태동, 측정 도구의 발달, 인지 혁명 등이 있다.

5. 정신장애 증상

정신장애의 증상은 인지와 정서, 사고, 행동 등의 다양한 요인에서 병리적 증상으로 발현된다. 정신장애가 있는지를 평가하기 위해서는 표출된 증상들을 관찰하고, 진단기준을 함께 참고하여 정신장애를 진단 및 분류할 수 있다.

1) 표정과 태도

정신장애 환자의 표정과 태도를 살펴보면, 우울증 환자의 경우 힘없는 태도와 우울하고 무표정한 얼굴을 보이며, 조현병 환자는 무의미한 웃음이나 찌푸린 얼굴, 의심하는 듯한 방어적 혹은 거부적 태도를 보인다. 이 외에도 사용하는 언어나 눈 맞춤, 다른 사람을 대하는 태도, 위생 상태 등을 함께 살펴보아야 한다.

2) 지각의 장애

지각(perception)은 외부로부터 들어온 자극을 감각기관을 통해 인식해 나가고, 이를 자신의 과거 경험에 맞춰 주관적이고 객관적으로 조직화하고 해석하는 것이다. 지각장애의 증상은 인지장애나 착각, 환각, 이인증, 비현실감으로 나누어 볼 수 있다. 먼저, 인지장애(agnosia)는 인지불능증, 실인증이라고도 부르는데, 뇌장애로 인해 사물을 인지하거나 감각자극의 의미를 이해하고 해석하는 능력이 상실된 상태를 의미한다. 착각(illusion)은 외부에서 받아들인 감각자극을 감각기관에서 뇌로 전달하여 통합하고 해석하는 과정에서 오류가 발생하여 왜곡되게 지각하는 것이다. 환각(hallucination)은 실제 외부 자극이 없음에도 불구하고 마치 외부에서 자극이 들어온 것처럼 지각하는 현상을 의미하며, 환청과 환시, 환촉, 환후, 환미 등이 있다. 이인증(depersonalization)은 자신을 둘러싸고 있는 현실이 낯설거나 이상하게 느껴지고, 자기가 자신이 아닌 것 같이 느껴지는 현상으로 나와 현실과의 경계가 모호해지는 경우이다. 비현실감(derealization)은 나를 둘러싸고 있는 주변 환경에 대한 현실감이 떨어져 익숙한 환경이 생소하게 느껴지거나 반대로 생소한 환경이 친숙하게 느껴지는 등 시공간이 달라졌다고 왜곡하는 현상이다.

3) 행동의 장애

행동(activity)은 정신활동의 결과로서 겉으로 드러나는 모든 행위를 의미한다. 행동의 장애에는 과잉행동(지나친 행동)과 저하된 행동, 거부증, 자동증, 강박증적 행동, 반복행동, 충동적 행동 등의 증상이 나타난다. 먼저, 과잉행동(overactivity or increased activity)은 잠시도 쉬지 않고 행동목표가 계속 바뀌고, 하나의 일이 끝나기 전 불필요한 활동을 시작하거나 지나치게 많이 하는 등 산만한 행동을 보이는 경우가 많다. 저하된 행동(decreased activity)은 우울증이나 조현병 등에서 주로 나타나는 것으로, 동작이나 말 등이 전반적으로 느려지는 것이다. 여기에는 일을 시작하기 힘든 정도부터 혼수(coma)와 같이 거의 움직임이 없는 상태까지 다양하게 나타난다. 거부증(negativism)은 상대방이 자신에게 요구하는 것을 무시하거나 오히려 반대로 행동하는 것으로, 거식증에서 정상적인 식사 행동을 거부하는 것을 그 예로 들 수 있다. 반면, 자동증(automatism or automatic behavior)은 거부증과는 반대로 자신의 의지는 전혀 없는 것처럼 행동하는 것으로, 자동적 복종과 반향언어, 반향동작이 나타난다. 자동적 복종은 다른 사람의 요구에 맞춰 자동적으로 움직이는 행동, 반향언어는 메아리처럼 다른 사람의 말을 그대로 따라 말하는 행동, 반향동작은 다른 사람의 동작이나 행동을 똑같이 흉내 내는 것이다. 이는 내재되어 있는 불만이나 적개심이 겉으로 드러나는 것이 두려워 자신의 의지는 숨기고 타인의 뜻대로 복종하거나 언어나 동작을 그대로 따라 하게 되는 것이다.

강박증적 행동(compulsion)은 자신이 하는 행동이 무의미하며 불합리한 줄 알지만, 특정 행동을 반복적으로 하는 병적 행동을 의미한다. 반복행동은 상동증(stereotypy)이라고도 불리며, 외부 자극과는 관계없이 의미 없는 똑같은 행동이나 말을 반복적으로 하는 것으로, 매너리즘, 음송증, 보속증, 강직증 등이 나타날 수 있다. 매너리즘(mannerism)은 자신의 무의식적 갈등이나 긴장을 감소시키기 위한 것으로, 옷의 단추를 끼웠다가 뺐다가 하는 행동을 계속 반복하는 등의 모습을 보인다. 음송증(verbigeration)은 의미 없는 단어나 짧은 문장을 아무 이유 없이 반복하는 행동이며, 보속증(perseveration)은 뇌 기능의 저하로 인해 자신은 다른 행동을 시도하려고 하지만 새로운 동작으로 넘어가지 못하고 반복적으로 행동하는 것이다. 강직증(catalepsy)은 납굴증(waxy flexibility)이라고도 불리는데, 반복행동이 가장 심하게 나타나며, 지나치게 반복하다 보니 마치 밀랍인형처럼 부동의 자세를 취하게 되어 움직이지 않는 것으로, 조현병이나 강박장애 환자에게서 볼 수 있다. 이 외에도 행동의 장애에는 순간적으로 자신을 조절하지 못하고 감정의 지배에 따라 폭행이나 방화, 파괴, 자해 등과 같은 예기치 않은 부적응적 행동을 폭발적으로 일으키는 충동적 행동(impulsive behavior)과 자살(suicide) 등이 나타난다.

4) 의식의 장애

의식(consciousness)은 깨어 있는 상태에서 사물이나 사람, 환경 등에 대해 감각을 느끼거나 인식하는 모든 정신 작용을 의미하는 것으로, 의식의 장애에는 의식의 혼란 또는 착란, 의식의 혼탁, 섬망, 혼미, 혼수, 몽롱한 상태가 나타난다. 의식의 혼란 또는 착란(confusion)은 의식의 장애 중 가벼운 증상이 나타나는 것으로, 외부에서 오는 자극에 대한 반응이 빠르지 못하고, 사물에 대한 이해능력이 떨어지며, 주의력이 산만해지는 상태이다. 의식의 혼탁(clouding of consciousness)은 의식의 혼란 또는 착란보다는 조금 더 심각한 상태로, 외부에서 오는 자극을 제대로 지각하지 못하고, 주의력의 정도가 상당히 감퇴하며, 언어나 주위 환경에 대한 이해력이 거의 상실된 상태를 의미한다. 섬망(delirium)은 신체질환이나 술, 약물 등으로 인해 뇌의 전반적인 기능이 저하되어 발생하는 것으로, 지남력 장애, 착각, 망상을 일으키며, 쉽게 감정적 폭발을 일으키거나 몹시 흥분했다가 불안해하기도 한다. 혼미(stupor)

는 약간의 의식이 남아 있지만, 외부 자극에 거의 반응하지 않고 운동능력을 상실하는 것으로, 강력한 통증 자극에 의해 일시적으로 깨어날 수 있다. 혼수(coma)는 외부 자극에 의식적인 반응이 나타나지 않고 의식이 완전히 정지된 상태로, 모든 정신활동과 신경조직의 기능이 마비되고 생명을 유지하는 데 필요한 심장과 폐의 기능만이 남아 있다. 몽롱한 상태(dream state or twilight)는 자기 주위에서 일어나고 있는 것에 대해 알지 못하는 상태로, 마치 다른 세상에 있는 것과 같이 행동한다.

5) 기분의 장애

기분(mood)은 경험한 것을 주관적으로 보고하는 전반적이고 지속적인 감정을 의미한다. 기분의 장애와 관련된 증상으로는 고양된 기분, 우울, 불안, 부적합한 정동, 부적 정동, 양가감정, 유동 정동, 불안정한 기분 등이 나타난다. 고양된 기분(elevated mood)은 행복감에 도취되어 즐거운 기분이 넘치고 행동과 욕구가 과장되거나 전능감(omnipotence) 또는 자신의 중요성을 과대평가하기도 하는 것으로, 조증 상태에서 주로 나타난다. 우울(depression)은 슬픈 감정의 정도가 심하고, 시간의 지속성이 오래 가는 병적인 상태를 의미하는 것으로, 불면이나 체중 감소, 식욕 감소, 무기력 등의 신체적 증상이 동반된다. 불안(anxiety)은 외부의 자극이나 대상이 분명하지 않음에도 불구하고 임박한 위험에 대한 두려움, 걱정, 재난 등에 대해 공포를 느끼는 것이다. 부적합한 정동(inadequate affect)은 감정적으로 둔해지는 것으로, 외부 자극에 대해 방관자처럼 반응이 거의 없고, 무감동(apathy)하며, 좋거나 싫은 것에 대한 감수성이 감소된 상태이다. 부적 정동(inappropriate affect)은 초상집에서 웃음을 참지 못하는 사람의 경우와 같이 개인의 감정이나 언어, 사고 내용이 상황에 어울리지 않거나 조화롭지 않은 상태를 나타낸다. 양가감정(ambivalence)은 동일한 대상이나 상황에 대해 상반되는 감정이나 태도가 동시에 존재하는 것으로, 사랑과 증오와 같이 상반된 감정이 함께 나타나는 상태를 의미한다. 유동 정동(labile affect)은 외부에 많은 영향을 받아 기분의 변화가 급격하게 나타나는 상태로, 쉽게 화를 내거나 갑작스럽게 기분이 좋아지기도 한다. 불안정한 기분(irritability)은 병적 불쾌감에 대한 흥분성이 높아 쉽게 화내거나 폭발적으로 불쾌감이 발산되는 것이다.

6) 사고의 장애

사고(thinking)는 지각된 자극을 인지하고, 다른 자극과 통합하여 그 의미를 해석하고 판단하여 새로운 개념을 유추해 내는 것을 의미한다. 사고의 장애는 크게 사고의 형태 및 체험과 진행, 내용으로 나누어서 살펴볼 수 있다. 먼저, 사고의 형태 및 체험 장애는 생각의 앞뒤가 서로 일치하거나 연결되지 않아 현실을 무시한 비논리적인 사고가 나타나는 것으로, 자폐적 사고, 강박관념, 공포증, 마술적 사고가 나타난다. 자폐적 사고(autistic thinking)는 자기 혼자만의 의미 있는 생각에 빠져 있는 것으로, 외부의 현실을 무시하고 자신의 무의식이나 정서적 요소의 자극에 의한 비현실적 사고가 이성적 사고나 논리를 대신하는 증상이다. 강박관념(obsession)은 쓸데없는 생각이라는 것을 알고 그 생각에서 벗어나려고 노력하지만, 같은 내용의 생각이 반복해서 떠오르고 벗어나지 못하여 고통을 받는 것이다. 공포증(phobia)은 특정한 어떤 대상이나 상황에 대해 사실과 상관없이 위험을 느끼고 두려워하는 것이다. 마술적 사고(magical thinking)는 특이한 생각이나 말, 행동, 태도 등이 초자연적인 방법에 의해 성취될 수 있고, 나쁜 것을 쫓고 부정을 막는다고 믿는 것으로 기괴한 특성을 보인다.

다음으로 사고의 진행 장애는 사고의 흐름에 이상이 있는 것으로, 연상의 속도와 그 방식에 와해가 일어나 연상작용이 지나치게 느리거나 빨라지고, 무의미한 말의 반복이나 연합이 일어나며 종합성이 없는 말들이 나타난다. 이러한 사고의 진행 장애에는 사고의 비약, 사고의 지체, 사고의 단절, 보속증, 우원증, 지리멸렬, 언어신작증 등이 있다. 사고의 비약(flight of ideas)은 주변의 사소한 자극에 의해 사고의 흐름이 방해를 받아 빠른 연상작용이 나타나면서 하나의 생각에서 다른 생각으로의 전환이 빠르게 진행되는데, 생각들 간 단편적인 연결성은 있지만, 전체적으로 논리성이 결여되어 있다. 사고의 지체(retardation of thought)는 연상의 속도가 느려져 생각이 잘 떠오르지 않거나 말하는 속도가 매우 느려지며, 어떤 결론에 도달하는 것이 어렵다. 사고의 단절(blocking of thought)은 사고의 흐름이 갑자기 멈추는 현상으로, 외부 자극 없이도 말을 갑자기 멈추게 되는 사고의 진공 상태가 되거나 아무것도 생각나지 않는 사고의 박탈을 경험하는 것이다. 보속증(perseveration)은 외부에서 계속해서 새로운 자극이 주어지고 사고를 진행시키려는 노력을 함에도 불구하고 사고의 진행이 더 이상 이루어지지 않고 제자리에 맴돌면서 같은 말이나 단어, 문장 등을 반복하는 증상이다. 우원증(circumstantiality)은 결론에 도달하는 데 대화의 주제와 무관한 사건인 주제와 거리가 먼 내용을 끌어들이는 등 여러 가지 연상의 가지를 치면서 빙빙 돌아가는 증상이며, 지리멸렬(incoherence)은 사고의 진행이 와해되어 말에 일관성이 없고 서로 논리적으로 연결되지 않아 끊어지거나 이야기의 줄거리나 내용, 의미를 파악할 수 없는 언어나 단어를 쓰는 증상이다. 언어신작증(neologism)은 자기만 의미를 아는 새로운 단어나 표현 등을 만들어 내거나 두 가지 이상의 말을 조합하여 독특한 말로 창조해 내는 증상을 의미한다.

마지막으로 사고의 내용 장애는 다른 사람들과 의사소통을 할 때 표현되는 특정한 의미를 담고 있는 그 내용에 이상이 나타나는 것으로, 망상과 과잉사고, 작화증, 건강염려증이 있다. 망상(delusion)은 사실과 다른 비합리적인 신념과 잘못된 믿음으로, 자신의 교육 수준이나 환경과 부합되지 않고 현실과 동떨어진 생각을 하며, 논리적·이성적 방법으로 교정이 어려운 생각을 의미한다. 이러한 망상에는 과대망상과 피해망상, 우울망상, 관계망상, 색정망상, 신체망상, 피조종망상, 사고망상이 있다. 과대망상(grandiose delusion)은 자신의 힘이나 권력, 능력, 부, 우월성 등의 측면에서 현실과 일치하지 않고 더욱 과장해서 믿는 것으로, 자기 자신을 실제보다 더욱 중요하고 위대한 사람이라고 믿는다. 피해망상(persecutory delusion)은 조현병에서 흔하게 나타나는 것으로, 다른 누군가가 자신이나 가족을 다치게 하려고 하거나 감시하고 있다고 믿는 망상이다. 우울망상(depressive delusion)은 우울증이나 조현병에서 주로 나타나는 것으로, 자신을 비난하거나 무가치하다고 생각하며 용서받을 수 없는 죄를 지었다고 죄책감을 느끼기도 한다. 관계망상(delusion of reference)은 주위에서 일어나는 모든 일이 자신과 관련되어 있다고 믿는 망상으로, 지나가는 사람들이 이야기를 하고 있는 것을 보며 자신에 대해 비난한다고 믿는 것을 예로 들 수 있다. 색정망상(erotic delusion)은 편집증이나 편집형 조현병에서 볼 수 있는 것으로, 자신이 모든 이성으로부터 사랑을 받고 있다고 믿거나 자신이 다른 모든 이성을 사랑해야 할 권리나 의무가 있다고 믿는 망상이다. 신체망상(somatic delusion)은 자신의 신체 일부가 다른 사람들과 달리 특이하거나 기형으로 생겼다고 믿고 있거나 신체의 장기가 썩고 있다고 믿는 것으로, 흔히 관계망상과 함께 나타난다. 피조종망상(delusion of being controlled)은 자신의 행동이나 생각이 다른 누군가에 의해 조종되고 있다고 믿는 망상이다. 사고망상에는 사고전파, 사고주입, 사고유출이 있다. 사고전파(thought broadcast)는 자신의 생각이 다양한 매체를 통해 외부로 전파되어 나가 다른 사람들이 이미 다 알고 있다고 믿는 망상이며, 사고주입(thought insertion)은 다른 사람의 생각이 자신의 머릿속으로 계속 들어오고 있다고 믿는 것이며, 사고유출(thought leakage)은 자신의 생각이 외부로 빠져나가 사라진다고 믿는 망상이다.

과잉사고(overvalued idea)는 어떤 사고 내용이 개인의 가장 강력한 감정과 연관되어 해당 사고 내용에 특정한 의미나 가치를 지나치게 부여하는 것이며, 작화증(confabulation)은 기억장애가 있는 환자가 무의식적으로 기억나지 않는 부분을 다른 가상적 이야기로 메꾸려고 하거나 직접 경험하지 않은 일을 실제로 겪었던 것처럼 지어내고 그것을 사실로 받아들이는 것이다. 건강염려증(hypochondriasis)은 자기가 어떤 질병에 걸렸다는 확신을 가지거나 걸릴 수 있다는 두려움에 사로잡혀 건강에 대해 비정상적으로 염려하고 집착하는 것이다.

7) 지남력 장애

지남력(orientation)은 현재 자신이 놓여 있는 시간이나 장소, 환경 등을 올바로 인식하는 능력으로서, 지남력에 장애가 나타나는 경우 자신이 처해 있는 시간이나 공간, 환경, 사람 등에 대해 정확하고 구체적으로 파악하고 인지하는 능력이 상실된다.

8) 기억의 장애

기억(memory)은 감각기관이나 개인의 경험을 통해 얻은 여러 정보를 뇌에 등록하고 저장하여 필요에 따라 적절하게 사용하는 능력을 의미한다. 기억장애에는 기억 과잉 또는 항진, 건망증/기억상실, 기억착오, 기시감, 미시감 등이 있다. 기억 과잉 또는 항진(hyperamnesia)은 과거의 특정 사건이나 기간, 경험 등에 한정되어 지엽적인 것까지 과도하게 자세히 기억해 내는 경우이다. 건망증/기억상실(amnesia)은 일정 시간 동안의 기억을 잊어버리는 것으로, 기질성 건망증과 심인성 건망증으로 나뉜다. 기질성 건망증(organic amnesia)은 기억상실에 대한 범위가 넓고 어떤 시기의 경험 전체를 기억하지 못하며, 이는 서서히 회복되는 것으로, 퇴행성 건망증

(retrograde amnesia)과 전진성 건망증(anterograde amnesia)이 있다. 심인성 건망증 (psychogenic amnesia)은 기질성 건망증이 지능이나 의식, 지남력의 장애와 겹쳐서 나타나는 것과는 달리 지남력과 의식의 장애는 나타나지 않으며, 필요에 따라 기억 상실이 일어나 기억장애의 범위가 선택적이고 갑작스럽게 나타났다가 순간적으로 회복이 이루어진다. 기억착오(paramnesia)는 강한 무의식적 동기로 인해 기억이 나지 않는 부분에 대한 방어를 위해 거짓으로 기억하는 것처럼 꾸며 사실과 다르게 기억하거나 자신에게 필요한 것만 선택적으로 기억한다. 기시감(deja-vu)은 과거에 경험한 적이 없거나 본 적이 없는 낯선 것을 마치 전부터 알고 있고 본 것 같이 느끼는 현상이다. 미시감(jamais-vu)은 기시감과 반대로, 전에 알고 있거나 많이 경험한 것에 대해 처음 접하는 것과 같이 생소하게 느끼는 현상을 의미한다.

9) 지능의 장애

지능의 장애와 관련된 증상은 지적장애와 치매로 나누어서 살펴볼 수 있다. 먼저, 지적장애(intellecutal disability)는 DSM-IV의 정신지체(mental retardation)에서 명칭이 변경된 것으로, 유전적·선천적 원인 또는 발육 초기 과정에서 여러 가지 원인으로 지능의 발달이 정상적으로 이루어지지 않아 일반인의 평균적인 지능보다 낮은 상태이다. 치매(dementia)는 정상적으로 발달했던 지능이 후천적 뇌 기능 장애로 인해 영구적이고 비가역적으로 평균치 이하로 저하된 상태를 의미하는 것으로, 과거에 경험하였던 기억이나 지식의 일부분이 남아 있을 수 있다.

10) 성격장애

성격장애는 A군, B군, C군으로 나누어진다. A군 성격장애에는 편집성, 조현성, 조현형 성격장애가 포함되는 것으로, 별나고 괴상한 성격적 경향성을 보이는 것이 특징이다. B군 성격장애는 반사회성, 경계성, 연극성, 자기애성 성격장애가 포함되며, 대체로 극적이고 감정적이며 변덕스러움이 특징이다. C군 성격장애는 회피성, 의존성 및 강박성 성격장애가 포함되며, 억제되어 있고 불안해하고 두려움을 가진 것처럼 보이는 특징이 있다.

6. 정신장애의 원인

정신장애는 어느 특정 요인 한 가지에 의해 유발된다기보다는 여러 가지의 요인이 복합적으로 작용하여 생기는 것으로, 생물심리사회적 모델(biopsychosocial model)에 의해 접근하여야 한다. 생물심리사회적 모델에서는 정신장애의 원인을 생물학적 원인과 심리적 원인, 사회문화적 원인으로 나누어서 설명하고 있다. 각 원인에 해당하는 요인은 〈표 1-1〉과 같다.

표 1-1 **생물심리사회적 모델에 따른 정신장애의 원인**

생물학적 원인	심리적 원인	사회문화적 원인

• 유전, 체질, 나이, 성, 인종
• 유전적 취약성
• 신체적 요인: 비만, 만성 신체
  질환 등
• 뇌의 구조 및 기능 이상
• 신경생화학적 요인: 신경전
  달물질의 이상
• 약물 부작용 등
	• 개인의 성격
	• 충격적인 정신 외상
	• 심리적 갈등
	• 대처 기술
	• 자아존중감
	• 정신건강
	• 사회적 기술
	• 부정적 사고 등
		• 가족관계 및 구조
		• 대인관계
		• 사회적 지지
		• 직업
		• 차별(성, 인종 등)
		• 경쟁적 사회문화
		• 환경 오염
		• 사이버 환경 등

1) 아동기 부정적 경험

아동기 부정적 경험(Adverse Childhood Experiences: ACE)은 만 18세 이전 아동 및 청소년기에 부모 또는 양육자로부터 받은 학대와 방임 등과 같은 충격적인 외상 경험을 의미하는 것으로, 신체 · 정서 · 성적 학대와 신체 · 정서 방임 그리고 가정폭력, 부모의 이혼, 가족 구성원의 알코올중독 혹은 정신질환 등의 역기능적 가족 문제 등이 포함된다(이하나, 정익중, 2021). 아동기의 부정적 경험은 아동의 신체에 직접적인 손상을 주기도 하지만, 심각한 스트레스를 주고 심리 · 정신 · 인지 · 정서 · 행동 · 사회성 등 여러 영역의 발달에 부정적 영향을 미치게 되어 정신건강에 많은 위험을 초래하게 된다(Wickrama, Conger, Wallace, & Elder, 2003). 또한 아동기의 부정적 경험은 아동이 부모가 되었을 때, 자녀에게도 부정적인 양육 혹은 학대적인 행동을 보이게 되는 세대 간의 전이가 발생할 수 있다(Pears & Capaldi, 2001). 관련 연구를 통해 아동기의 부정적 경험은 시간의 흐름에 따라 자연스럽게 해소되기보다는 오히려 성인기의 정신적 · 심리적 · 신체적 건강에 부정적인 영향을 미친다는 연구결과를 발표하였다.

ACE는 미국의 질병통제예방센터(Centers for Disease Control and Prevention: CDC)와 카이저 병원(Kaiser Permanente)에서 성인을 대상으로 실시한 연구로부터 시작된 것으로, 아동기의 부정적 경험이 이후 성인의 건강에 영향을 미치는지에 대한 관심을 가지면서 이루어졌다. 남부 캘리포니아에서 신체검사를 받는 사람들을 대상으로 아동기의 경험과 현재의 건강 상태 등에 대해 설문 조사를 실시한 결과, 17,000명 중 2/3가 아동기에 부정적 경험을 한 번 이상 겪었다고 응답하였으며, 부정적 경험의 유형으로는 신체적, 정서적 또는 성적 학대, 정서적 또는 신체적 방임, 정신질환자 또는 알코올 약물 중독자가 있는 가정에서의 성장, 가정폭력, 가족 구성원의 구치소 또는 교도소 수감, 한쪽 또는 양쪽 부모의 부재, 부모의 이혼 등이 있었다. 또한 17,000명 중 25% 이상이 알코올중독자 또는 마약 사용자가 있는 가정에서 성장하였으며, 25%는 체벌을 경험하였고 6명당 1명꼴로 아동기 부정적 경험을 네 번 이상 경험한 것으로 나타났다. 소년사법 및 비행예방국(Office of Juvenile Justice and Delinquency Prevention)과 CDC에서 폭력과 외상에 노출된 17세 이하 학생들의 비율을 조사한 결과, 폭력에 노출된 경험(61%)이 가장 높았으며 다음으로는 직접적 학대 경험(46%), 약간의 폭력 목격(25%), 가정폭력의 목격(10%) 순으로 나타났다. 폭력에 노출된 경험의 경우 여러 도시 지역에서는 100%에 육박하기도 하였다.

국내에서 실시한 아동기 부정적 경험에 대한 연구를 살펴보면, 한국보건사회연구원에서 조사한 결과, 8세 미만의 자녀를 둔 성인 부모의 약 79%가 ACE에 노출된 경험이 있는 것으로 나타났다. 뿐만 아니라 한국종합사회조사에서는 성인의 57%가 한 가지 이상의 아동기 부정적 경험이 있었으며, 류정희(2017)의 연구에서는 한국에서 아동학대 이상으로 ACE의 발생이 상당히 높게 나타나고 있다고 하였다.

생애 초기인 아동기에 겪게 되는 이러한 부정적 경험들은 이후 삶에 악영향을 끼치게 될 수 있다. 따라서 아이들의 긍정적 발달을 위해 학대나 방임 등과 같은 부정적 경험을 아동기에 겪지 않는 것이 바람직하지만, 초기에 신속하고 적절하게 개입하여 이후에 발생할 수 있는 부정적인 영향을 예방할 필요가 있다.

표 1-2 **ACE 척도**

만 18세가 되기 전에 다음의 문항에 해당하는 경험을 하였다면 Yes, 그렇지 않다면 No에 체크해 주시기 바랍니다.

	문항	Yes	No
1	먹을 것이 충분하지 않거나, 더러운 옷을 입어야 하거나, 나를 보호하거나 보살펴 줄 사람이 없다고 느꼈습니까?	☐	☐
2	이혼, 사별, 유기 또는 기타 이유로 부모님을 잃었습니까?	☐	☐
3	우울증, 정신질환을 앓거나 자살 시도를 한 사람과 같이 살았습니까?	☐	☐
4	음주, 마약 또는 처방받은 약의 남용 등의 문제가 있는 사람과 같이 살았습니까?	☐	☐
5	같이 사는 부모님이나 어른이 서로를 구타하거나 협박한 적이 있습니까?	☐	☐
6	전과자와 같이 살았습니까?	☐	☐
7	같이 사는 부모님이나 어른이 나에게 욕설이나 모욕을 하거나 비하한 적이 있습니까?	☐	☐
8	같이 사는 부모님이나 어른이 나를 때리거나, 발로 차거나, 신체적으로 아프게 한 적이 있습니까?	☐	☐
9	자신을 사랑해 주거나 특별히 여기는 가족이 없다고 느꼈습니까?	☐	☐
10	원치 않는 성적 접촉(애무 또는 구강/항문/질 성교/삽입)을 경험한 적이 있습니까?	☐	☐
	ACE 점수＝Yes에 체크한 문항의 총 개수		

아동학대 및 방임 사례

1. 양천구 아동학대 살인 사건

2020년 10월 생후 16개월 입양아 학대 살인 사건이 발생했다. 홀트아동복지회에서 입양될 당시 여자아이는 8개월이었고, 이후 양부모의 심한 학대로 인해 심정지 상태로 병원에 이송되었으나 그날 저녁 사망하였다. 사인은 '외력에 의한 복부 손상', 즉 폭행에 의한 사망이라고 전하였다. 사망 이전에 세 차례에 걸쳐 아동학대 의심 신고가 들어왔으나 '미국식 수면 교육', 몽고반점, 아토피성 피부염 등의 변명을 하였고, 경찰에서는 이를 자세하게 조사하지 않았다. 하지만 아이가 사망한 이후 조사과정에서 밝혀진 양부모의 학대 내용으로는 아이의 다리를 일부러 걸어 넘어지게 하기, 차 안에 방치한 채 밥 먹으러 다녀오기, 대변의 냄새와 뒤처리가 싫어 아이에게 이유식을 아주 조금만 먹이기, 굶기고 배고파할 때 고추장 먹이기, 공공장소에서 폭행하기 등이 있었다.

2. 울산 아동학대 살인 사건

2022년 3월 생후 31개월 된 여자아이가 집에 방치된 채 사망한 사건이 발생하였다. 발견 당시 아이에게는 별다른 외상을 찾지 못하였으나 몸무게가 약 8kg 정도밖에 되지 않았다. 이는 또래의 평균 몸무게인 13kg에 비하면 5kg 정도 적은 것을 알 수 있다. 아이의 친부모는 별거 상태였으며, 친모는 동거남과 함께 지내며 지난해 10월부터 약 5개월 동안 아이에게 밥을 주지 않았다. 아이는 배가 고파 애완견 사료를 먹기도 하였으며, 숨지기 이틀 전에는 음식 냄새가 나는 쓰레기 봉지를 뒤지다 집안을 어지럽혔다는 이유로 친모의 동거남에게 맞기도 하였다. 숨을 쉬지 않아 병원으로 이송된 아이는 결국 사망하였으며, 사인은 영양실조와 뇌출혈이었다.

7. 정신장애의 진단분류

1) 정신장애 분류의 역사

18세기에는 정신장애를 조증(mania), 울증(melancholia), 치매(dementia), 광증(idiotism)으로 분류하였으며, 19세기 말에는 크레펠린이 정신질환을 13가지의 범주로 정리하였고, 정신병을 크게 두 가지의 영역으로 나누었는데(Kraepelin, 1899), 하나는 외인성으로 치료가 가능한 조울병(manic-depressive insanity), 다른 하나는 내인성으로 치료가 어려운 조발성 치매(dementia praecox)이다. 이후 정신장애를 체계적으로 분류하고자 하는 시도가 본격화되었다. 1893년에는 국제통계기구(International Statistical Institute: ISI)에서 질병으로 인한 사망률과 이환율을 살펴보고자 국제질병분류(International List of Causes of Death: ICD)를 출판하였으며, 세계보건기구(World Health Organization: WHO)는 1948년 6차 개정판부터 참여하기 시작하면서 국제질병・사인분류(International Classification of Diseases and Related Health Problems: ICD)로 명칭이 변경되었다. 정신질환에 관한 내용은 ICD-5부터 수록되기 시작하였고, 현재는 11차 개정을 통해 ICD-11(2018)이 발간되었으며, 2019년에 공식적으로 개정판이 승인되었다. 1952년에는 ICD-6을 기초로 미국정신의학회(American Psychiatric Association: APA)에서 『정신질환의 진단 및 통계 편람(Diagnostic and

Statistical Manual of Mental Disorders: DSM)』을 발간하였으며, ICD가 모든 종류의 질병을 다루는 것과 달리 DSM에서는 정신장애를 중점으로 분류를 체계화하여 정리하였다. 처음 DSM이 발간되었을 때에는 106개의 정신장애에 대한 진단기준이 있었으며, 여러 차례의 개정 작업을 통해 이전에 정신장애로 규정되었던 진단들이 삭제되거나 새로운 진단명이 추가되기도 하였다. 2013년에는 DSM-5가 발간되었으며, 다양한 정신장애를 20가지의 범주로 분류하고 있으며, 범주 안에는 300개 이상의 하위유형으로 세분화되어 있다.

2) 분류의 장점 및 단점

정신장애에 대한 체계적인 분류의 장점으로는 일관성 있고 공통적으로 사용할 수 있는 용어를 제공해 줌으로써 전문가 간에 의사소통을 촉진시킬 수 있다는 것이다. 또한 정신장애의 원인과 치료법에 대해 지속적으로 연구가 가능하다는 점과 장애의 시작 시기, 경과, 유전적·개인적 요소, 발병률, 심각성 정도, 아형 등 정신장애에 대한 광범위하고 효과적인 정보를 제공할 수 있다는 점이 있다. 이 외에도 정신장애가 있는 내담자들 간의 유사점과 차이점을 인식하는 데 도움이 된다는 점과 정신장애에 관한 과학적 연구와 이론 개발을 위한 기초자료로 활용될 수 있다는 점이 있다. 반면, 단점으로는 환자에게 낙인(stigma)을 찍거나 사회적으로 편견적 시각을 가지고 바라볼 위험이 있으며, 장애의 예후나 치료 효과에 대한 선입견을 가지게 될 수 있다.

3) 일반적 분류

정신장애는 정신질환의 의미를 포함하면서 일상생활과 사회생활에 일시적 혹은 만성적으로 어려움을 겪는 장애를 의미한다. 일반적인 분류에서는 정신질환과 지적장애로 구분되며, 정신질환은 정신신경증 혹은 신경증(psychoneurosis)과 정신병(psychosis)을 포함하는 개념이다. 신경증은 우울이나 불안 등과 같이 기질적 원인 없이 외적 또는 심인성 원인으로 인해 일상생활에 어려움을 겪고 있는 질환이다. 정신병은 신경증과 대비되는 개념을 지닌 일반적인 용어로, 망상이나 환각, 비합리적인 현실 왜곡, 괴상한 행동장애 등과 같이 사회적 기능과 자아 기능의 손상으로 인해 개인 및 사회생활을 제대로 수행하지 못하는 질환을 의미한다. 이러한 정신병은 기질성 정신병과 기능적 정신병으로도 구분된다. 기질성 정신병은 뇌 질환이나 신경계통의 이상에 의해 나타나는 것으로 정신장애로 보기는 어렵지만, 기능적 정신병은 신체와 상관없이 심리적인 요인에 의해 발생하는 정신장애를 의미한다. 기질적 정신병의 경우 신체적 이상이라는 원인이 명확하여 기능적 정신병보다 원인 탐색과 치료의 방향을 정하는 것이 조금 더 용이하다(홍성열, 2000).

4) DSM-5의 정신장애 범주

DSM-5에서 제시하고 있는 정신장애 범주는 다음과 같다(American Psychiatric Association Division of Research, 2013).

- 신경발달장애(Neurodevelopmental Disorders)
- 조현병 스펙트럼 및 기타 정신병적 장애(Schizophrenia Spectrum and Other Psychotic Disorders)
- 양극성 및 관련 장애(Bipolar and Related Disorders)
- 우울장애(Depressive Disorders)
- 불안장애(Anxiety Disorders)
- 강박 및 관련 장애(Obsessive-Compulsive and Related Disorders)
- 외상 및 스트레스 사건 관련 장애(Trauma-and Stressor-Related Disorders)
- 해리장애(Dissociative Disorders)
- 신체증상 및 관련 장애(Somatic Symptom and Related Disorders)
- 급식 및 섭식장애(Feeding and Eating Disorders)
- 배설장애(Elimination Disorders)
- 수면-각성 장애(Sleep-Wake Disorders)
- 성기능장애(Sexual Dysfunctions)
- 성 불편증(Gender Dysphoria)
- 파괴적, 충동조절 및 품행장애(Disruptive, Impulse Control, and Conduct Disorders)

- 물질−관련 및 중독 장애(Substance-Related and Addictive Disorders)
- 신경인지장애(Neurocognitive Disorders)
- 성격장애(Personality Disorders)
- 성도착장애(Paraphilic Disorders)
- 기타 정신장애(Other Mental Disorders)

8. 활동

활동 1. 정신건강의 정의

내가 생각하는 정신건강의 정의는 무엇인지 생각해 봅시다.

활동 2. 정신건강 선별검사

본 설문지는 자신의 정신건강 상태를 살펴보기 위한 검사입니다. 지난 1년 동안 자신이 가장 우울 또는 불안했거나 스트레스가 가장 많았던 한 달(月)을 떠올려 봅니다. 만약 그런 시기가 없었다면 지난 12개월 중 대표적인 달(月)을 떠올려 봅니다. 그 시기를 떠올리면서 다음 문항의 내용을 읽고 해당하는 곳에 표시해 봅시다.

	문항	한 달 내내	한 달 중 대부분	한 달 중 절반 정도	한 달 중 며칠	전혀 없음
1	아무런 이유 없이 기운이 없었던 적이 얼마나 됩니까?	1	2	3	4	5
2	신경이 예민했던 날은 얼마나 됩니까?	1	2	3	4	5
3	신경이 너무 예민해서 자신을 안정시킬 수 있는 것이 아무것도 없다고 느낀 적이 얼마나 됩니까?	1	2	3	4	5
4	희망이 없다고 느낀 적이 얼마나 됩니까?	1	2	3	4	5
5	안절부절못하거나 조바심을 냈던 적은 얼마나 됩니까?	1	2	3	4	5

6	안절부절못하거나 조바심을 내서 가만히 앉아 있을 수 없다고 느낀 적이 얼마나 됩니까?	1	2	3	4	5
7	우울했던 적이 얼마나 됩니까?	1	2	3	4	5
8	우울하여 기운을 북돋울 수 있는 것이 아무것도 없다고 느낀 적이 얼마나 됩니까?	1	2	3	4	5
9	매사가 힘들다고 느낀 적은 얼마나 됩니까?	1	2	3	4	5
10	자신을 가치 없는 사람처럼 느낀 적은 얼마나 됩니까?	1	2	3	4	5
총점						

출처: 김용석(2011).

※ 검사 결과에 대해 다음과 같이 해석해 볼 수 있다. 문항의 총점이 13점 이상인 경우 정신건강 영역에 문제가 있을 가능성이 있으므로 전문 기관을 통한 추가적인 평가나 진단이 필요하며, 전문가의 도움이나 상담을 받기를 권장한다.

활동 3. 자살 위험성 선별검사

본 설문지는 자살 위험성을 평가하기 위한 검사(P4 Suicidality Screener)입니다. 자신을 정말 해치겠다는 생각을 했던 적이 있는지 생각해 보면서 다음 문항의 내용을 읽고 해당하는 곳에 표시해 봅니다.

※ 자신을 정말 해치겠다는 생각을 했던 적이 있습니까? ☐ 있다 ☐ 없다
  있다면, 다음의 문항을 읽고 해당하는 곳에 표시해 봅시다.

1. 이전에 자신을 해치려는 행동을 한 적이 있습니까? ☐ 있다   ☐ 없다

2. 자신을 정말 해칠 방법에 대해 지금도 생각하고 있습니까? ☐ 있다   ☐ 없다
   2-1. 있다면, 어떤 식입니까?
   _____
   _____

3. 생각하는 것과 생각을 행동에 옮기는 것은 큰 차이가 있습니다. 앞으로 한 달 내 어느 때라도 자신을 해치거나 삶을 끝내겠다는 그 생각을 행동으로 옮길 것 같습니까?
   ☐ 전혀 아니다   ☐ 약간 그렇다   ☐ 매우 그렇다

4. 자신을 해치려는 행동을 멈추게 하거나 하지 못하게 막는 것이 있습니까?

□ 있다 □ 없다

4-1. 있다면, 무엇입니까?

_____

_____

출처: Dube et al. (2010).

※ 검사 결과에 대해 다음과 같이 해석해 볼 수 있다. 자살 과거력 또는 자살 계획(자신을 정말 해치겠다는 생각을 했던 적이 있습니까?)과 관련하여 '없다'에 체크한 경우 자살 위험성이 거의 없음이라고 평가한다. 1번과 2번 문항 중 하나라도 '있다'에 체크하고, 3번과 4번 문항에는 해당되지 않는 경우 자살 위험성이 낮음에 해당하는 것으로 자살 과거력이 있었거나 자살 계획에 대한 생각을 보고하였지만, 우발적인 자살 시도를 보일 가능성이 낮다. 3번 문항에 '약간 그렇다' 또는 '매우 그렇다'에 체크하거나 4번 문항에 '없다'에 체크한 경우 자살 위험성이 높음에 해당하는 것으로 자살 가능성이 있다고 보고하였거나 자살 사고나 행동을 저지할 수 있는 보호요인이 없어 추가적인 평가나 정신건강 전문가의 도움을 받을 필요가 있다.

참고문헌

김용석(2011). 한국어판 정신건강 선별도구(K10)의 타당화 연구: 재가복지서비스 이용자를 대상으로. 정신건강과 사회복지. 37, 65-88.

김호(2019). 사람일까 상황일까. 강원: 심심.

류정희(2017). 아동학대 현황과 아동 권리 보장을 위한 아동보호체계 개선 방향. 보건복지포럼. 247, 5-23.

박기순(2008). 스피노자의 '자유로운 인간': 데카르트의 이원론에 대한 비판을 중심으로. 인문학연구. 41, 55-72.

이순민(2014). 정신건강론. 서울: 학지사.

이하나, 정익중(2021). 아동기 부정적 생애경험과 성인기 건강 간의 관계: 성별 차이의 탐색. 아동학회지. 42(3), 343-357.

이현주, 전수미, 강석임, 오봉욱, 김한나, 전동일(2014). 정신건강의 이해. 경기: 공동체.

홍성열(2000). 범죄심리학. 서울: 학지사.

American Psychiatric Association Division of Research (2013). Highlights of changes from dsm-iv to dsm-5: Somatic symptom and related disorders. *Focus, 11*(4), 525-527.

Dube, P., Kroenke, K., Bair, M. J., Theobald, D., & Williams, L. S. (2010). The p4 screener: Evaluation of a brief measure for assessing potential suicide risk in 2 randomized effectiveness trials of primary care and oncology patients. *The Primary Care Companion for CNS Disorders, 12*(6), 27151-27158.

Eysenck, H. J. (1985). Personality, cancer and cardiovascular disease: A causal analysis. *Personality and Individual Differences, 6*(5), 535-556.

Kraepelin, K. (1899). *Scorpiones und pedipalpi (Vol. 8)*. Frankfurt, Germany: Nabu Press.

Pears, K. C., & Capaldi, D. M. (2001). Intergenerational transmission of abuse: A two-generational prospective study of an at-risk sample. *Child Abuse & Neglect, 25*(11), 1439-1461.

USDHHS (1999). *Mental health: A report of the surgeon general*. Rockville, MD: US Department of Health and

Human Services. Substance Abuse and Mental Health Services Administration, Center for Mental Health Services, National Institutes of Health, National Institute of Mental Health.

Wickrama, K. A., Conger, R. D., Wallace, L. E., & Elder, Jr., G. H. (2003). Linking early social risks to impaired physical health during the transition to adulthood. *Journal of Health and Social behavior, 44*(1), 61-74.

World Health Organization (2013). *Transforming and scaling up health professionals' education and training: World Health Organization guidelines 2013.* Geneva, Swiss: World Health Organization.

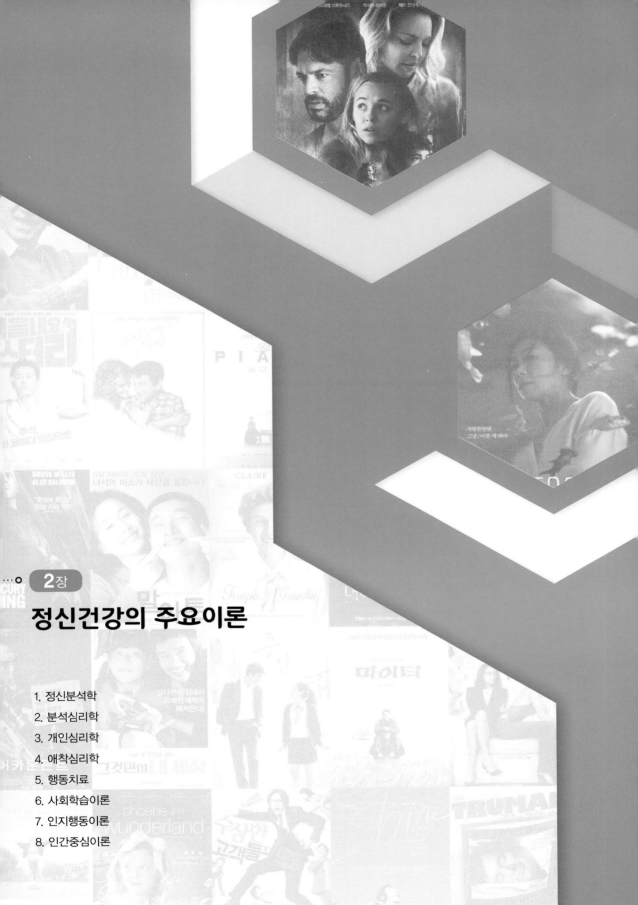

1. 정신분석학

프로이트(Sigmund Freud, 1856~1939)는 최초로 인간의 정신세계, 특히 무의식에 대해 새로운 시각으로 접근하여 인간의 정신을 과학적으로 탐구하는 최초의 시도를 하였다. 또한 정신분석학은 인간 초기의 경험을 중요시하고 인간 행동은 성적인 본능에 근거한다고 보았다. 이러한 시도에 대해 끊임없는 비판이 이어지고 있으나 최초로 정신장애에 대한 해결책을 제시함으로써 현대의 심리치료 이론 및 기법에 기반을 마련하는 데 큰 공헌을 하였다. 나아가 인간이 불안에 대처하는 다양한 방어기제에 대해 정의를 내리고 인간에 대해 심층적이고 총체적으로 접근함으로써 인간의 이해를 돕는다. 따라서 심리치료 이론의 기반이 되는 정신분석학의 이해는 필수적이며 이 장에서는 정신분석학의 주요개념을 중심으로 이론에 대해 알아보고자 한다.

1) 주요인물

정신분석학의 창시자는 프로이트이다. 프로이트는 1856년 체코 공화국의 모라비아에서 중산층 유대인의 가정에서 태어났다. 그가 태어난 직후 그의 가족은 비엔나로 이주하여 생애 대부분을 비엔나에서 지냈다. 프로이트는 8남매 중 맏이로 자라났으며, 그의 어머니와 아버지가 결혼하기 전 태어난 이복 형 2명과 함께 성장하였다. 프로이트의 지적인 명석함과 강한 자신감은 어머니로부터 편애를 받았으며, 이러한 어머니의 총애는 그에게 긍정적·부정적 영향을 모두 주었다. 긍정적 측면은 특별한 자기신뢰와 흔들리지 않는 낙관주의적 삶을 살아갈 수 있게 하였지만, 어머니의 사랑을 독차지하기 위해 끊임없이 좋은 모습을 보여 줘야 한다는 강박적인 불안감 또한 가지게 하였다. 그는 1886년 마르타 베르나이스(Martha Bernays)와 결혼하여 6명의 자녀를 출산하였다. 1897년 그의 아버지가 사망하였을 때 심각한 죄책감으로 인해 우울증과 불안에 사로잡히게 되었다. 이후 그는 자신의 문제를 해결하기 위해 자기분석을 시작하였는데, 이것이 정신분석의 토대가 된 작업이었다. 1900년 『꿈의 해석』이 출판되었고, 이 후 프로이트는 더 이상 환자의 치료에만 자신을 국한하지 않고 마음의 기본적인 구조와 기능하는 원리들에 대한 개념적 모형을 발전시키기 시작하였다. 암으로 고생하던 노년기에 그의 연구는 나치 정권에 의해서 금지되었고, 저서는 불태워졌다. 그 후 1937년 런던으로 망명하였으며 이듬해 그는 위대한 업적을 남긴 채 사망하게 된다.

2) 주요개념

(1) 본능

프로이트는 본능을 신체 내부로부터 발생하는 긴장 혹은 자극으로 설명하였다. 신체적 욕구로 인한 충동이 발생하는데, 충동을 만족시키거나 억제하고 좀 더 수용 가능한 형태로 바꾸거나 혹은 그 존재 자체를 부인하게 된다(Holt, 1989). 즉, 신체적 욕구 충동을 다루기 위해 선택하는 패턴이 우리의 성격을 형성하는 자원이 되는 것이다. 프로이트는 이러한 본능을 에로스(eros)와 타나토스(thanatos)로 분류하였다(Compton, 1981). 삶의 본능을 의미하는 에로스는 개인 종(種)의 생존과 관련이 있으며 음식, 물, 공기, 성에 대한 욕구, 즉 즐거움, 쾌락, 만족을 추구하는 모든 활동을 포함할 수 있다. 에로스의 심리적 에너지는 리비도(libido)라고 부른다. 프로이트는 삶의 본능 중 가장 중요한 것을 성(性)으로 보았다. 프로이트는 그의 저서인 『쾌락원칙을 넘어서』를 통하여 살아 있는 모든 것은 쇠퇴하고 죽는다고 언급하였는데, 죽음과 파괴 역시 선천적인 본능으로 분류하였다. 그는 죽음의 본능을 의미하는 타나토스를 때로 자기 자신이나 타인을 죽이거나 해치려는 무의식적 소망, 즉 공격성으로 설명하였다. 또한 유아가 젖을 빨면서 깨무는 행위에 대해 설명하면서 타나토스는 성욕과 공격욕의 충돌로 나타날 수 있다고 보았다.

(2) 성격의 구조

프로이트는 정신의 기본 구조에 대해 두 가지 모형을 제시하였다. 1900년에 발표한 『꿈의 해석』에서는 인간의 정신세계를 의식과 전의식, 무의식으로 구분하는 지형학적 모델을 제시하였으며, 1923년에 발표한 『자아와 원초아』에서는 지형학적 모델을 삼원구조 이론으로 발전시켜 원초아, 자아, 초자아라는 세 가지 심리적 구조를 제시하였다.

① 성격의 지형학적 모델: 무의식의 세계

프로이트는 히스테리 환자 치료에서 본인도 알지 못하는 무의식의 세계가 존재하고, 그 속에서 일어나는 심리적 활동이 증상의 원인임을 발견하였다(Natsoulas, 2001). 이를 뒷받침하는 체계적 이론을 정립하기 위해 그는 거대한 빙산의 그림을 활용한 성격의 지형학적 모델을 제안하였다. 이 모델에 따르면 인간의 정신세계는 의식(conscious)과 전의식(preconscious), 무의식(unconscious)으로 구성된다고 보았다. 빙산을 예로 들면, 물 위에 떠 있는 의식, 파도에 의해 물 표면에 나타났다가 잠겼다 하는 부분이 전의식, 물속 깊숙이 잠겨 있는 무의식이다. 의식은 항상 자각하고 있는 지각, 사고, 정서 경험 등을 포함하며, 전의식은 우리가 주의를 기울인다면 손쉽게 떠올려 의식화할 수 있는 기억과 경험 등을 포함하고 의식과 무의식을 연결하는 가교 역할을 한다고 보았다. 무의식은 우리가 인식하지 못하는 정신의 일부이며, 특별한 상황 외에 의식화될 수 없는 경험을 포함하고 있다. 수용할 수 없는 성적 욕구, 부도덕한 충동, 폭력적 동기, 수치스러운 경험, 중대한 외상 경험, 사회적으로 수용될 수 없는 사고와 욕망을 지니고 있기 때문에 이러한 무의식이 의식에 떠오르

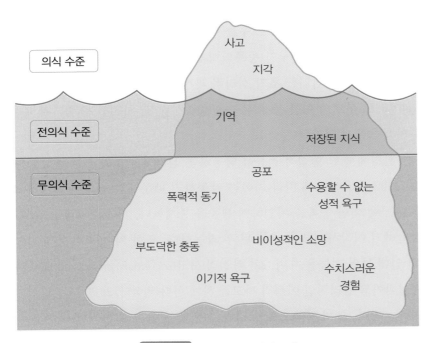

그림 2-1   마음의 지형학적 모델

출처: 권석만(2015).

면 높은 불안감이 유발된다(권석만, 2017). 프로이트는 성격의 지형학적 모델에서 무의식의 중요성을 강조하였다. 무의식에 존재하는 심리적 요인으로 인하여 정신장애가 유발되며, 인간 행동의 대부분은 무의식에 의해서 결정된다고 보았다.

② 성격의 삼원구조 이론

프로이트는 성격의 지형학적 모델에서 좀 더 정교한 성격이론을 개발하기 위해 성격의 삼원구조 이론을 제시하였다. 삼원구조 이론을 통해 그는 원초아(id)와 자아(ego), 초자아(superego)의 세 가지 심리구조로 구성된 모델을 제안하였다. 원초아는 인간이 태어나는 순간부터 존재하는 순수한 본능적 에너지로 충동적 행위를 유발시키는 성격의 원초적인 요소이다. 이러한 원초아는 무의식 속에 존재하기 때문에 개인의 통제를 벗어나며, 현실적 여건을 고려하지 않는 즉각적인 반응에 해당하는 쾌락의 원리(pleasure principle)에 의해 작동한다. 원초아가 본능을 충족시키기 위한 방법에는 반사행동(reflex)과 소망 충족(wish fulfillment)이 있다. 반사행동은 원초아가 즉각적인 신체적 활동을 통하여 만족감을 추구하는 것을 의미하는데, 반사행동을 하는 것이 어려울 경우 소망 충족을 시도하게 된다. 예를 들어, 배고픈 아이가 불쾌감이 들면 반사적으로 우는 행동을 통해 자신의 욕구를 충족시키려 하지만, 즉각적으로 이러한 욕구가 충족되지 않으면 어머니의 가슴이나 젖병의 심상을 만들어 내게 된다. 이러한 초기 심리적 과정을 1차 과정적 사고(primary process thinking)이라고 부르며 이를 통해 본능을 충족시킨다. 하지만 충족되지 못한 욕구들은 무의식 속에서 억압된다.

자아는 환경에 대한 현실적 적응을 담당하는 심리적 구조와 기능을 말한다. 현실의 원리(reality principle)에 따라 자아는 작동하기 때문에 현실의 여건을 고려해 판단하고, 욕구에 대한 충족을 지연하며 행동을 통제한다. 자아는 생후 6~8개월가량부터 발달하기 시작하여 2~3세가 된 후 작동한다. 또한 자아는 감정조절, 만족 지연, 좌절 인내 등의 기능을 하며, 2차 과정적 사고(secondary process thinking)에 해당하는 현실적이고 합리적인 이성적 사고를 하게 한다(권석만, 2017).

초자아는 자아 중 마지막으로 발달하며 무엇이 옳고 그른지에 대한 판단에 관여하는 성격의 도덕적 부분을 말한다. 초자아 발달 초기에는 부모의 도덕적 권위에 따라 발달하게 되지만, 점차 다양하게 학습된 사회적 규범이나 가치관의 내면화

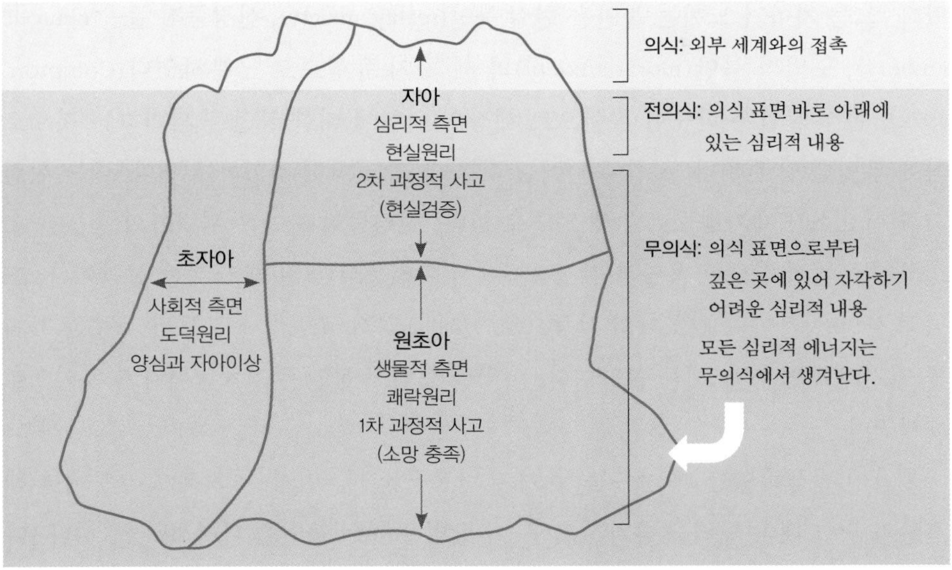

그림 2-2 성격의 삼원구조 모델

출처: 권석만(2017).

(internalization)를 통해 원초아와 대립하고 자아와도 대립하면서 발달한다. 즉, 초
자아는 원초아의 충동을 견제하고, 자아의 현실적 목표를 도덕적이며 이상적인 목
표로 유도하는 역할을 한다. 이러한 초자아에는 양심(conscience)과 자아이상(ego-
ideal)의 두 가지 측면이 존재한다. 양심은 잘못된 행위에 대해 처벌이나 비난을 받
은 경험에서 가치체계가 내면화된 것으로 우리가 하지 말아야 하는 것에 대한 지식
을 가지게 한다. 따라서 양심은 죄책감, 수치심, 난처함 등을 느끼는 어떤 일을 할
때 우리를 처벌하게 한다(Miserandino, 2011). 자아이상은 옳은 행위에 대하여 칭찬
이나 보상을 받은 경험을 토대로 이상적인 자아상을 형성하게 하여 추구하게 되는
것으로, 우리가 옳은 일을 하였을 때 자부심을 느끼게 하여 우리의 행위를 보상하는
기능을 한다.

(3) 불안과 방어기제

프로이트는 성격의 삼원구조 모델을 통해서 자아는 원초아와 초자아를 중재하
는 성격의 중심구조로 이들을 잘 조절해야 한다고 보았는데, 원초아와 초자아, 현실
사이에 자아가 균형을 잡기 위한 노력이 버거워지면 개체에 불안이 발생한다고 보

있다. 그는 자아가 느끼는 불안을 현실 불안(reality anxiety), 신경증적 불안(neurotic anxiety), 도덕적 불안(moral anxiety)의 세 가지 유형으로 구분하였다(Compton, 1972). 현실 불안은 단순한 불안으로 세상의 위험에 대한 불안을 의미하는 것으로 차에 부딪힐 것 같거나, 시험에 떨어질 것 같다고 느낄 때 경험하게 된다. 이는 현실의 위험요소가 제거됨으로써 해소될 수 있다. 신경증적 불안은 원초아의 충동을 조절하지 못해서 강렬한 욕망과 감정통제에서 어려움이 생길 때 느끼는 불안이다. 도덕적 불안은 자아와 원초아의 갈등으로 인해 도덕적 규범이나 부모의 소중한 가치를 어기려고 할 때 느끼는 불안이다. 이러한 도덕적 불안은 죄책감이나 수치심으로 느껴진다.

불안이 발생하였을 때 자아는 두 가지 반응을 한다. 먼저, 합리적으로 문제를 해결하기 위한 대처 노력을 증가시킨다. 이 방법은 현실 불안을 다룰 때 적합하다. 다음으로, 자아는 방어기제를 사용해 불안으로부터 자신을 지키려고 한다. 즉, 인간은 불안으로부터 자신을 보호하기 위해 다양한 방어기제를 사용하는 것이다. 방어기제(defense mechanism)는 내면적 갈등으로 인한 불안 감소를 위해 자아가 발달시키는 기능이다. 상황을 왜곡, 부정하는 등 자기기만적이거나 당면한 문제에서 발생하는 불안 감소에 일시적으로 도움을 준다. 하지만 방어기제에 지나치게 의존하는 경우 성격적 부적응을 초래하기 때문에 적절한 방어기제 사용이 필요하다. 안나 프로이트(Anna Freud)는 아버지의 업적에서 10가지 방어기제를 찾아 다음과 같이 제시하였다(권석만, 2017).

억압은 수용하기 힘든 원초적 욕구나 불쾌한 경험이 의식에 떠오르지 못하도록 무의식 속에 눌러 두는 것을 의미한다. 모든 방어기제의 기초가 되는 보편적이고 일차적인 방어기제이며 불안의 원천이다. 예를 들면, 5세 이전에 발생한 성적 학대와 같은 외상 경험이 무의식에 저장되며 외상기억에 대한 과도한 억압은 히스테리 반응을 초래할 수 있다.

투사는 용납할 수 없는 자신의 감정, 충동적 태도, 행동 등을 무의식적으로 타인이나 환경의 탓으로 돌리는 방어기제를 의미한다. 예를 들어, 직장 상사에게 적개심을 지닌 부하 직원은 자신의 적개심을 상사에게 투사하여 그가 자신을 미워한다고 인식하는 것을 말한다.

반동형성은 받아들이기 어려운 심리상태와는 반대되는 행동이나 태도를 강조하여 불안이나 공포로부터 벗어나려는 방어기제를 의미한다. 예를 들면, 여성은 남편에 대한 증오심을 지니고 있으나 반대로 사랑과 헌신의 행동을 나타내며 불쾌감을 회피하는 동시에 결혼생활 파탄의 위협을 피하게 되는 것을 말한다.

합리화란 용납할 수 없는 충동이나 행동에 대해 도덕적이고 합리적 · 논리적으로 설명함으로써 비판으로부터 자신을 보호하여 자존심을 유지하고자 하는 기만형 방어기제를 의미한다. 예를 들어, 『여우와 신포도』라는 이솝우화에서 여우가 포도를 따 먹고 싶었지만 손이 닿지 않자 "저건 신포도야."라고 말한다.

승화란 사회적으로 수용될 수 없는 억압된 충동이나 욕구의 발산 방향을 사회적으로 인정되거나 가치 있는 쪽으로 옮겨 실현함으로써 그 충동이나 욕구를 충족시키는 행동기제를 의미하는 것으로, 방어기제 중 가장 효율적이고 창조적이다.

동일시란 자신보다 더 훌륭하다고 판단되는 인물 혹은 집단과 강한 정서적 유대를 형성하여 부분적으로나 전반적으로 그들의 행동을 모방하는 것을 의미한다. 전 생애를 통하여 동일시는 다른 사람에게 우리 자신을 열어 놓고 그들이 우리에게 영향을 미치고 우리가 변하도록 돕게 하는 방식이다.

주지화란 불편한 감정을 조절하거나 최소화하기 위하여 지나치게 추상적으로 사고하거나 일반화함으로써 감정적 갈등이나 스트레스를 처리하고자 하는 방어기제를 의미한다. 예를 들면, 남편이 말기 암인 사실을 알게 된 아내는 그로 인해 받게 될 정신적 충격이나 슬픔에 대해 이야기하고 감정을 표현하기보다는 병의 증상이나 생존률, 진행과정 등과 관련된 의학적 정보와 분석에 몰두하여 불안이나 두려움과 같은 정서로부터 자신을 분리시키는 것을 말한다.

대치란 자신의 감정이나 욕구를 위험한 사람이나 대상에게 표출하지 않고 안전한 것에 눈을 돌려 대리적으로 충족하는 방어기제를 의미한다. 예를 들어, 직장 상사에게 야단을 맞은 사람이 상사에게 대들지 못하고 부하 직원에게 짜증 내는 경우를 말한다.

퇴행이란 현재의 심리적 갈등으로 인해 좌절을 경험하게 되면 이를 피하기 위해 이전의 발달단계로 되돌아가려는 방어기제를 의미한다. 현실 생활에 비추어 해결이 어렵고 만족스럽지 않을 때, 쾌락의 원리 아래에서 행동했던 어린 시절로 되돌아가는 것이다.

부인은 자신의 감각이나 사고 또는 감정을 심하게 왜곡하거나 인식하지 못함으로써 고통스러운 현실을 부정하는 것을 의미한다. 예를 들면, 사랑하는 아들을 잃은 엄마가 아들의 죽음을 받아들이기 힘들어 죽지 않았다고 믿는 경우를 말한다.

3) 건강한 사람들의 특성

원초아와 초자아 간 존재하는 자아가 이들 간의 갈등을 중재 혹은 조절하는 역할을 해야 하지만, 정신건강에서 문제를 보이는 사람은 자아가 방어기제를 사용하게 된다. 방어기제는 원초아의 본능적 욕구를 직접적이고 즉각적으로 충족할 수 없을 때 조성되는 불안감을 극복하기 위해 현실을 왜곡하는 사고를 하게 한다. 이러한 왜곡적 사고는 본능적 욕구를 부분적으로 만족시켜 주어 불안감을 줄여 줄 순 있지만 현실도피적 성격의 특성을 야기시켜 더 큰 정신적 어려움을 발생하게 하기 때문에 성격의 정상적 발달을 저해시킨다. 따라서 정신건강 증진을 위한 방안으로 자아와 원초아, 초자아 간 균형을 잘 이루도록 해야 한다. 즉, 자아가 성격 구조들 간의 갈등을 중재하고 조정하는 역할을 잘 수행할 수 있게 한다면 건강한 사람으로 거듭날 수 있다.

2. 분석심리학

융(Carl Gustav Jung, 1857~1961)은 인간의 초기 경험의 중요성을 강조한 프로이트와는 다른 관점에서 인간 정신의 구조를 분석하였다. 인간의 내면은 의식, 개인무의식, 집단무의식으로 구분할 수 있으며, 성격을 구성하는 다양한 원형에 대해 체계적으로 설명하고 있다. 또한 분석심리학에서는 심리 내적 원형이 통합되는 과정에서 인간이 자아실현을 이룰 수 있다고 주장하였다. 이러한 시도는 인간의 무의식 세계의 심층적인 부분까지 이해할 수 있도록 공헌하였으며, 인간이 자아실현을 이룰 수 있는 이정표를 제시해 주었다. 따라서 이 절에서는 인간의 깊은 내면에 대한 주요개념과 이론적 체계를 통해 분석심리학을 다루고자 한다.

1) 주요인물

분석심리학의 창시자는 융이다. 융은 1857년 스위스 동북부에 있는 독실한 기독교 가정에서 태어났다. 그의 어린 시절은 외롭고 불행했다. 융의 손위 형제 3명은 융이 어릴 적에 모두 죽었고, 융의 어머니는 정서적으로 불안정하여 정신병원에서 입원치료를 받아야 했기 때문에 어린 시절 수개월 떨어져 지냈다. 그의 아버지 또한 화를 잘 내고, 자신이 실패자란 생각에 빠져 지냈다. 이로 인해 융은 4~5세 무렵 18세기에서 온 나이 든 남자를 자신의 일부로 인식하여, 4~5세이던 자신을 제1인격, 18세기 남자를 제2인격이라 불렀다. 이러한 첫 번째 분열적 경험은 그의 집단무의식에 관한 이론을 발전시키는 계기가 되었다. 또한 그가 대학 시절 겪은 신비한 현상은 심령에 대해 관심을 가지게 하였고, 이러한 경험은 분석심리학 내용의 기초가 되었다. 융의 생애에서 가장 큰 사건 중 하나는 1907년 프로이트와의 만남과 1913년 프로이트와의 결별이다. 그는 1900년 발표된 프로이트의 『꿈의 해석』을 읽고 정신분석학에 관심을 가지게 되었다. 그 후 프로이트와 활발한 교류를 통해 정신분석학에 몰두하였으나, 성욕설을 도그마(dogma)로 만들어 지켜야 한다는 프로이트의 견해에 대해 융은 프로이트가 개인적인 권력욕이 강하며, 그의 이론이 일방적이고 협소하다고 느꼈다. 1913년 프로이트와 결별한 융은 1919년까지 자신의 내면세계 탐색 작업에 몰두하였다. 융은 자신의 내적 의문의 목표를 발견하기 시작하면서 존재의 전체성이나 통일성을 찾기 위한 만다라 작업을 시작하였다. 그 작업을 통해 자신의 혼란과 방황의 균열이 새로운 개인적 통합에 이르는 데 필요한 내적 여행이었음을 이해하기 시작했다. 위대한 업적을 뒤로 한 채 그는 1961년 스위스에서 숨을 거두었다.

2) 주요개념

(1) 정신의 구조

융은 인간 내면에 작동하는 다양한 심리 내적 원형 또는 부분들을 의식과 무의식 세계에서 찾아내고, 그 부분들이 통합되어 자기실현을 이끄는 과정을 설명하였다 (Chancer & Shapiro, 2021; Jung, 1936). 인간은 영, 혼, 육의 다양한 인격적 요소로 구성되어 있다. 이에 대해 융은 인간의 정신의 구조를 자아, 개인무의식, 집단(비개인적)무의식으로 설명하였다.

자아는 의식 영역의 중심으로 인간이 경험하는 것, 지각, 기억, 느낌, 감정 등을 의식하고, 의식을 지배하는 곳이다. 자아는 살아가면서 경험하는 여러 가지 자극을 선별하고 의식하는 역할을 하는데, 주변에서 들어오는 모든 자극을 의식하지 않고 위험하거나 해로운 자극, 무의미하거나 무가치한 자극을 걸러 내거나 억압시키는 역할을 한다.

개인의 삶의 과정에서 의식 영역에 들어가지 못하여 억압되거나 억제된 것은 개인무의식에 저장된다. 개인무의식은 개인의 삶에서 한 번은 의식되었던 것이지만 중요하지 않아서 의식에 도달할 수 없는 무가치한 기억 또는 의식하기에는 너무 위협적이거나 해로워서 자아에 의해 억압되거나 억제된 기억, 환상, 욕구, 외상들로 구성되어 있다. 그는 의식되지 않은 인격의 어두운 면을 그림자라고 하였으며, 그림자는 개인무의식 영역에서 존재한다고 보았다. 어떤 것에 강하게 집착하는 특성을 지닌 콤플렉스에 대해 프로이트는 병리적인 것으로 보았으나, 융은 콤플렉스에 대해 병적인 콤플렉스와 정상적인 건전한 콤플렉스가 있다고 보았다. 콤플렉스는 오래도록 의식화되지 않고 무의식에 있으면 에너지를 더욱 강화하여 자동적으로 의식을 자극함으로써 여러 가지 의식의 흐름을 훼방하고 신경증적 장애를 일으키게 한다. 하지만 콤플렉스는 자신의 삶의 주요 활동, 동기, 가치, 세계관 등을 결정하는 긍정적 특성 또한 포함하고 있으므로 이에 지배당하지 않도록 하는 것이 필요하다.

집단무의식은 사람들이 오랜 역사와 문화를 통해 공유해 온 모든 정신적 자료를 의미하는 것으로, 인류의 보편적인 종교적 · 심령적 · 신화적 상징들과 경험이 여기에 해당한다. 여기에 저장된 것들은 인간이 의식적으로 기억하거나 상상하지 못하는 것으로 인간 안에 보편적인 경향성을 띤 소인으로 존재하고 있다. 프로이트의 무의식 개념을 확장시킨 융의 집단무의식은 개인무의식과 전혀 다르다. 개인의 경험과 관련된 그림자의 영역이 개인무의식이라면 집단무의식은 원형들(archetypes)의 영역이다. 모든 개인은 똑같이 작동하는 행동의 원형을 가지고 있다. 이것은 모든 인간에게 동일하게 나타나며, 모든 사람에게 존재하는 초개인적 성질을 지닌 보편적 정신의 토대를 이루고 있다(이부영, 1999).

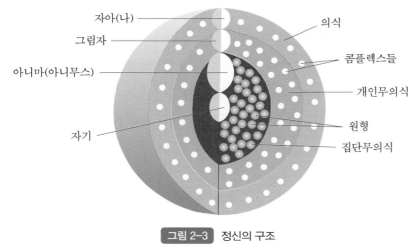

자아(나) ──── 의식
그림자 ──── 콤플렉스들
아니마(아니무스) ──── 개인무의식
자기 ──── 원형
집단무의식

그림 2-3 정신의 구조

출처: 이부영(1999).

(2) 원형들

원형이란 보편적 형태와 경험 그리고 사람들의 꿈속에 종종 나타나는 이미지를 의미한다(Jung, 2014; Neher, 1996). 내용은 없고 형태만 가지고 있는 원형은 정신의 선천적 부분으로 원형의 흔적을 운반하는 것이 정신으로 보았다. 원형은 타인과 관계를 맺기 위해 선천적으로 타고난 심리적 준비이다. 부모가 되는 것, 순수성의 상실, 탄생, 죽음의 인식과 같은 인간이 살면서 경험해야 되는 것을 준비하게 하는 요소인 것이다.

페르소나(persona)는 외부세계와 관계를 맺기 위해 사용하는 개인적인 인격을 의미한다. 다양한 외부세계와 관계를 맺으면서 살아가고, 다양한 역할을 하며, 각 상황마다 우리가 해야 할 역할과 우리에게 기대되는 역할이 다르다. 따라서 페르소나는 한 사람이 주어진 상황에 적응하기 위한 원형으로, 상황에 따라 변화할 수 있는 유연성과 융통성의 특징을 지니고 있다. 페르소나는 현실세계 적응을 위해 무엇보다 필요하고 유용한 것이지만, 경우에 따라 해롭게 작용할 수 있다. 외부에서 개인에게 기대하는 역할에 너무 몰입하여 자신의 본성을 잃고 자기에게 주어진 역할에 자신을 동일시하는 경우이다. 이러한 사람들은 페르소나가 너무 팽창하여 진정한 자기를 잃게 됨으로써 자신을 무시하고 살기 때문에 그에 따른 공허감과 허무감에 빠지게 된다.

그림자는 자아에 알려지지 않은 부정적인 자기상의 속성을 의미한다. 의식될 기회를 잃어버려서 미분화된 채로 무의식 영역에 남아 있는 원시적인 심리상태라고 한다. 이러한 그림자는 일반적으로 투사를 통해 경험될 수 있으며, 꿈이나 환상 속 동성으로 인격화되어 나타나기도 한다. 융은 사람이 자신의 마음을 모르면 모를수록 투사가 많이 일어나서 세상과 다른 사람들을 제대로 판단하지 못하며, 남을 오해하거나 항상 남의 탓이라고 비난하고, 순진하게 아무나 믿었다가 실망하게 된다고 보았다.

페르소나는 관계를 통해 사회적 적응을 위하여 작동하는 외적 인격인 반면, 아니마(anima)와 아니무스(animus)는 의식과 무의식을 연결하는 내적 인격이다(Kast, 2012). 융은 모든 인간은 생물학적 · 심리학적으로 양성적 잠재성을 지니고 있다고 보았다. 남성 내부에 있는 여성적 요소를 아니마라고 하였으며, 여성 내부에 있는 남성적 요소를 아니무스라고 하였다(Jung, 1995). 인간에게 있어 한쪽 성이 우세하게 되면 나머지 성은 열등하게 된다. 즉, 남성의 무의식에는 여성성의 정신원리(아니마)가 열등한 상태로 존재하며, 여성의 무의식에는 남성성의 정신원리(아니무스)가 열등한 상태로 존재하게 된다. 아니마는 여성성의 원리가 지배적인 정서성, 관계를 맺는 능력, 수용성 및 양보, 집단적이고 미분화된 것 등으로 특징 지워진다. 아니무스는 남성성의 원리가 지배적인 추진력, 창조성과 주도성, 빛과 열, 판단과 책임, 공격성과 열정 등의 특징을 지니고 있다. 두 가지는 서로 상반될 뿐만 아니라 서로를 보완한다. 아니마와 아니무스는 그림자와는 다르게 이성으로 인격화되어 나타난다. 사람들은 원형을 통해 이성을 이해할 수 있게 된다. 남성은 아니마로 인해 여성의 성격을 이해하게 되고, 여성은 아니무스를 통해 남성의 성격을 이해하게 되는 것이다. 분석심리학에서는 사람들이 모두 자신의 양성적 본성을 표출할 수 있도록 해야 한다고 강조하고 있다. 전체적인 존재가 되기 위한 노력이 이루어진다면 정신의 모든 측면이 조화롭고 균형 잡히게 되어 건강한 성격 형성이 가능해진다.

자기는 정신의 중심에 위치하고 있는 원형으로써 의식과 무의식 전체의 중심이자 의식과 무의식 과정을 하나로 통합시키는 역할을 한다(Casement, 2001). 개인적 무의식 차원뿐 아니라 집단적 차원을 포함하고 있는 개념이다. 즉, 자기는 전적으로 의식적이지도 않고 무의식적이지도 않은 모든 것이 그 주위를 둘러싸고 있는 중심점이자 중심축인 것이다. 자기는 더 크고 더 권위적인 존재로서 자아와 관계를 맺게 된다. 삶 속에서 자아가 자기의 접근에 대해 협조적이면 우리는 모든 존재의 중심과 연결되어 있다고 느끼게 된다. 자기는 심리적인 전체성의 초석이다. 즉, 자기는 진정한 '대극의 복합체'이며 모순적이고 양면적인 성질을 가지고 있다. 자기는 남자이자 여자이고, 늙으면서 젊은 것이며, 힘이 넘치면서 무기력한 것, 신성하면서 악마 같은 것이다. 따라서 자기는 대극의 특성을 모두 지닌 복합체이자 마음 또는 정신의 전체성이다. 모든 사람에게는 자기가 존재하지만 많은 사람이 자기의 존재를 의식하지 못하고 내면의 참 자기, 참 지혜를 찾거나 만나지도 못하고 살아간다. 따라서 융은 분석심리학의 목표를 자기가 의식화되어 정신의 모든 측면이 통일성과 통합성, 전체성을 이루는 것에 두고 있다.

(3) 개성화

융의 심리학은 원형에 기초한다. 그 원형은 대극의 합일을 자극하여 내면의 자기 속에서 의식과 무의식이 통합되어 전체가 되게 한다. 그 전체를 이루는 과정은 개성화 과정이며, 개성화는 타인과 구별할 수 있는 자기만의 독특한 개별적 존재가 되는 것, 자기 자신답게 되는 것이라 할 수 있는데, 이를 자기화 또는 자기실현이라고도 한다(Casement, 2001). 개성화는 타고난 자율적 과정으로 진행되는데, 이는 신체가 성장하는 것과 같이 개인의 마음도 충분히 분화하여 균형이 잡히고 통일된 인격으로 발달하도록 타고난다고 보고 있다. 개성화되어 가는 과정은 내면의 무의식을 의식화하는 단계를 밟아 나감으로 이루어질 수 있다. 1단계는 내면의 자기를 해방시키는 단계로, 우리는 우리에게 사회적 관습과의 무의식적인 동일시로부터 벗어나라는 자기의 목소리를 듣게 된다. 2단계는 우리가 부인하고 거부한 우리 자신의 그림자를 인식하고 화해하라는 자기의 소리를 듣게 되는 단계이다. 3단계는 우리의 의식적인 성 정체성과 반대되는 성적 요소(아니마/아니무스)와의 통합 및 각각의 원형들과 전체의 통합을 이루는 단계이다.

3) 건강한 사람들의 특성

융은 정신건강에서 어려움을 겪는 사람들이 인생의 전반기와 후반기 삶의 과제와 목표가 다르기 때문에 삶의 단계에 따라 신경증을 측정하는 척도도 다르다고 보왔다. 인생 전반기에 속하는 사람은 자신이 설정한 목표를 향하여 나아가지 못하고 후퇴하거나 머뭇거리게 되면 신경증에 시달리게 된다고 보았다. 후반기에 속하는 사람들은 지금까지 이룩해 놓은 삶을 유지하면서 점차 삶의 확장을 축소하지 못하고 인생 전반기의 삶의 자세를 고집하기 때문에 신경증에 시달리게 된다고 보았다. 즉, 전반기의 신경증 환자는 삶을 두려워하며 후반기의 신경증 환자는 죽음을 두려워하는 것이다(이죽내, 2005). 이를 극복하기 위해 융은 정신건강 증진을 위한 방안으로 발달단계별 과제를 잘 수행하여 개성화를 이룰 필요가 있다고 보았다. 개성화를 이룬 사람이 지닌 건강한 특성은 다음과 같다(Jung, 2021).

첫째, 개성화된 사람들은 의식과 무의식 수준에서 모두 자기 자신을 잘 이해하고 있다(자각). 둘째, 개성화된 사람들은 자기탐색의 시기에 자기에게 드러나는 것을 잘 받아들이고, 자신의 본성을 수용한다(자기수용). 셋째, 개성화된 사람들은 성격의 모든 측면이 통합되고 조화를 이루기 때문에 모든 측면이 표출될 수 있으며, 어떤 한 가지 기능이나 태도가 지배적이지 않다(자기통합). 넷째, 개성화된 사람들은 자기 자신을 있는 그대로 나타내며, 솔직한 생각과 기분을 표출한다(자기표현). 다섯째, 개성화된 사람들은 모든 인류의 경험 저장소인 집단무의식에 대하여 대단히 개방적이고, 인간 상황을 보다 잘 인식하고 관대함을 가지고 있다(인간 본성의 수용과 관용). 여섯째, 개성화된 사람들은 의식 속에 무의식적·비이성적 요소를 끌어들일 수 있다(미지와 신비의 수용). 일곱째, 개성화된 사람들은 태도나 기능 혹은 원형의 어떤 측면에도 지배를 받지 않기 때문에 어떤 특정한 심리적 유형으로 구분하기 어렵다(보편적 성격).

3. 개인심리학

아들러(Alfred Adler, 1870~1937)는 인간의 성격은 구분해서 보는 것이 아니라 전체적이고 분리할 수 없는(in-divide) 특성을 가지고 있다고 보았으며, 인간을 사회적 관계 속에서 특정한 목적을 추구하는 사회심리학적이고 목적론적인 관점에서 바라보았다. 그렇기에 인간을 개별적인 존재가 아닌 사회적 맥락 속에서 존재하는 것으로 이해하였다. 또한 인간은 모두 열등감을 가지고 있으며 열등감을 극복하고 우월성을 추구하는 과정을 통해 성장할 수 있다고 보았다. 특히 인생 초기에 경험한 열등감을 극복하기 위한 가상적 목표를 통해 자아상을 형성하게 되고 이를 기반으로 개인마다 독특한 생활양식을 지닌다고 보았다. 앞선 이론들과 달리 아들러는 인간은 목적을 이루고자 하는 과정에서 부적응을 경험할 수 있다고 보았기에 행동의 목표를 수정하면 부적응을 해소할 수 있다고 주장하였다. 따라서 목적론을 기반으로 인간을 이해하기 위해 이 절에서는 개인심리학의 주요개념을 중심으로 이론에 대해 알아보고자 한다.

1) 주요인물

개인심리학의 창시자는 아들러이다. 아들러는 1870년 오스트리아 비엔나에서 6남매 중 둘째 아들로 태어났다. 그는 아동기에 매우 병약하여 후두경련과 구루병을 앓았으며, 바로 아래 동생이 죽어 가는 사건을 경험하면서 죽음에 대한 문제해결이 마음에 과제로 남아 있어서 의학에 관심을 두었다. 1888년 그는 비엔나 대학교에서 의학공부를 시작하였으며, 19세기 말 정신의학 수학 이후 프로이트와의 만남은 그의 이론을 발달시키는 데 결정적인 역할을 하였다. 아들러는 프로이트로부터 많은 지지를 받았으나, 프로이트와는 다르게 새로운 견해를 제시하였다. 아들러가 특히 반박한 부분은 성충동의 학설을 정신적 생활의 기본 요소로 노이로제 환자나 정상적인 사람 모두에게 적용시킨다는 부분이었다. 아들러는 성욕보다 사랑과 사회적 요인을 더 중시하였으며, 성욕과 쾌감을 인간의 행복을 정당화하기 위한 도구로 사용하는 것을 인정하지 않았다. 또한 인간이란 서로 사랑을 주고받는 존재로, 누구나 공동체의 구속력에서 벗어날 수 없다고 보고, 공동체 활동에서의 협력이 중요함을 제안하였다. 1912년 그가 집필한『신경증적 성격』을 통해 인간의 근본적인 동기를 성적 충동이나 리비도가 아닌 권력 추구 또는 완전성의 추구로 대처하였다. 그는 아동과 교육 분야에 관심을 두고 아동 클리닉을 설립하고 운영하였다. 최근에는 부모교육, 자녀양육, 가족치료, 인간관계 개선 등 많은 실용적인 분야에서 아들러의 개인심리학은 실용적으로 활용되고 있다. 1935년 유럽에서의 나치의 압제로 미국으로 망명을 한 아들러는 위대한 업적을 남긴 채 1937년 스코틀랜드에서 사망하였다.

2) 주요개념

아들러는 인간을 사회적 관계 속에서 자신이 선택한 목표와 가치를 추구하는 미래지향적이고 완전성을 지향하는 목표론적 존재로 보고, 열등감을 극복함으로써 자신을 성장시킨다고 보았다. 각 개인은 자신이 소중하게 여기는 목표를 향해 미래지향적으로 나아가며 목표 이면에는 완전성 추구의 동기가 존재한다고 보았다. 이러한 목표를 추구하는 개인의 독특한 생활양식, 사회적 관심 정도를 이해하는 것이 중요하며, 이러한 성격 구조를 형성하는 데 개인의 열등감, 출생순위, 초기 기억 등을 살펴볼 필요가 있다.

(1) 열등감과 우월추구의 노력

아들러는 열등감이 인생 전반에 걸쳐 커다란 영향을 미치고 있음을 통찰하고 열등감의 기원을 밝히고 있다. 열등감(inferiorty)은 주관적으로 느끼는 감정을 의미하는데, 느낌이란 주관적 해석, 일정한 가치판단에 대한 의존, 객관적인 실제 열등성과는 전혀 다른 것이다. 열등감은 연약한 인간에게 자연이 준 축복이지만 병리적으로 작용하기도 한다. 열등감에 압도되어 과잉보상하는 행동을 보이는 경우 다른 사람과 비교하여 열등하지 않다는 것과 오히려 낫다는 것을 증명하기 위해 많은 시간과 에너지를 사용하며, 다른 사람보다 우월하기 위해 노력함으로써 다른 사람이 이 사실을 알게 하는 것에 집착한다. 또한 과도한 열등감은 삶에 대한 적극적 참여를 거부하게 하며, 좌절감을 느끼게 하고, 부적응 행동을 과잉보상하여 타인을 괴롭히거나 폄하하고 자신을 인위적으로 치켜세우며 자랑하는 행동으로 표현될 수도 있다(Adler, 1973). 아들러에 따르면 자신이 느끼는 열등감은 성취를 위한 초석이 된다. 보상(compensation)은 인간에게 있는 열등감을 조정하는 효과가 있기 때문에 자신의 열등감을 보상하는 방향으로 행동한다고 보았다. 즉, 인간은 자신의 열등감을 조정하려는 욕구와 열등감을 보상하는 방향으로 행동을 하는 것이다. 아들러는 보상의 궁극적인 목적을 우월성의 추구로 보았다. 우월성의 추구는 삶이 기초적 사실로서 모든 인간이 문제에 직면하였을 때 마이너스에서 플러스로, 즉 부족한 것을 보충하며 미완성은 완성으로, 무능을 유능으로 만들려는 경향성을 말한다. 프로이트가 인간 행동의 동기를 긴장을 감소하고 쾌락을 얻는 것으로 보았지만, 아들러는 인간 행동의 동기는 긴장 감소에 목표를 둔 것이 아닌, 우월성 추구를 위해 더 많은 에너지와 노력이 요구되어 긴장이 증가하는 것으로 보았다. 우월성의 충동은 끝이 없으며, 긴장을 나타내고, 우월감을 향한 움직임을 촉발시킨다. 열등감 때문에 억압받지 않고 삶의 유용한 측면에서 찾는 우월성 추구는 실제의 성숙과 발전을 위한 방향으로 전개될 수 있으나, 삶에 유용하거나 정상적인 방법이 아닌 우월만 추구하는데 주의를 두는 경우 우월감을 향한 움직임이 잘못된 방향으로 흘러가 삐뚤어진 보상을 시도하게 되어 비현실적이고 심리적인 병리, 열등 콤플렉스가 발달하게 된다(Adler, 2014). 따라서 열등감을 극복하려는 태도가 무엇보다 중요하다.

(2) 열등 콤플렉스와 우월 콤플렉스

인간은 성장할 수 있다는 가능성을 스스로 확인할 때와 자신의 열등함이 학습의 촉진제로 작용할 때 열등감을 극복하려는 노력을 하게 된다. 하지만 계속해서 자신의 나약함을 재인식하게 되거나 성인의 미숙한 교육으로 인해 성취감을 느끼지 못할 때, 부족함을 극복할 수 있는 가능성이 더 이상 발견되지 않을 때 열등 콤플렉스를 느끼게 된다(Adler, 2014). "열등감을 지나치게 억압하면 위험하다. 그렇게 되면 어린이는 자신의 미래의 삶이 실패하지 않을까 하는 불안 속에서 단순한 보상으로 만족하지 않고, 더 먼 곳에 놓여 있는 더 많은 보상을 획득하려고 한다. 이때 그의 권력과 우월성의 추구는 정도를 넘어 병적으로 치닫게 된다"(Adler, 1966). 아들러는 자신의 열등감에 강하게 사로잡혀 열등 콤플렉스에 걸린 사람이 절대적 안전과 우월성을 획득하기 위한 목표를 세우는 것을 관찰하였고, 이러한 현상을 우월 콤플렉스라고 하였다. 하지만 우월 콤플렉스로 인하여 이들은 결코 자신이 세운 목표에 도달할 수 없기 때문에 그들의 왜곡된 보상노력은 열등감을 더욱 강화시키는 악순환을 되풀이하게 한다.

(3) 가상적 목표

개인심리학에서는 과거의 경험이 현재의 행동이 영향을 주는 것이 아니라 행동 이면에서 개인이 기대하는 목적이 행동의 주요 동기 혹은 충동이라고 보았다(Schulz, 1990). 이에 아들러는 인간의 행동을 이해하기 위해서는 그 사람들이 무의식적으로 추구하는 행동의 목적을 이해해야 한다고 제안하였다. 많은 경우 대부분의 사람은 개인이 가진 행동목표에는 무관심하며 행동 자체에만 관심을 가지고 평가하고 비난하기 때문에 그들의 잘못된 행동을 감소시키기보다는 잘못된 가상의 목표를 정당화시키게 되어 잘못된 행동을 도리어 강화시키는 결과를 낳게 된다. 열등감을 보상하려는 수단으로 만들어진 최종 목적은 가상(fiction)이며, 자신이 선택한 삶의 목표를 향해 자신의 삶을 창조해 나가는 행위자로 나아갈 수 있도록 돕는 것이 필요하다. 따라서 행동의 원인, 충동, 본능 등의 모든 현상은 가상적 목적이 있음을 이해함으로써 사회적으로 유용한 목표를 가지도록 돕는 것이 필요하다.

(4) 창조적 자아

인간은 유전과 환경을 능가하는 창조적인 무한 능력을 가지고 목표를 향해 도전하는 존재이므로 그러한 능력을 어떻게 사용하는지가 중요하다. 즉, 개인이 그 환경을 어떻게 느끼고, 자신의 경험에 스스로 어떠한 의미를 부여하는가이다(Adler, 1987). 따라서 단순하게 반응하는 유기체적인 존재 이상으로 개인에게 주어진 환경보다 개인이 그 환경을 어떻게 느끼고 해석하는지가 중요하기 때문에 자신이 지닌 창조력에 따라 자주적 사람이 되도록 만들어야 한다.

(5) 공동체감

아들러는 인간의 불안은 단지 협력을 통해서만 제거될 수 있고, 자신을 타인과의 연합에서 인식하는 자만이 인생을 편안하게 살 수 있다고 제안하면서(Adler, 1966), 공동체감(gemeinschaftsgefuhl) 또는 사회적 관심(social interest)에 주목하였다(Ruedi, 2000). 개인심리학에서는 인간의 행복과 성공은 사회적 결속과 깊은 관계가 있다고 보았다. 즉, 인간은 사회적 존재이며 인간 존재 형태를 공동생활이라고 보아 삶의 정상화 기준을 공동체감의 유무에 두고 있는 것이다. "인간의 생존을 위해서 가장 좋은 방법은 공동체 안에 있는 것이다. 그리고 공동체감은 모든 자연적인 약점을 보상하는 데 반드시 필요하고 또한 바른 것이다(Adler, 1966)." 사회적 존재인 인간은 자연적으로 타인에 대해 수용되고 인정받고 또 그들에게서 가치 있는 존재로 인식되고 있다고 믿는 한 안전하다고 느낀다. 따라서 강한 열등의식으로 인해 사회적 승인이 배제되지 않도록 공동체감 향상이 이루어지게 해야 한다.

(6) 생활양식

생활양식은 한 인간의 삶의 목적, 자아개념, 가치, 태도 등 그 인간만의 독특성을 설명하는 것으로, 아들러 이론의 핵심 개념이다. 생활양식은 인생 초기에 개인의 경험을 조직하고 이해하고 그것을 예언하고 통제하기 위해서 발달시켜 온 개인의 인지조직도이다. 생활양식은 사람들이 어떻게 행동하고 사고하고 느끼는지에 대한 이유를 설명하기 때문에 개인의 생활양식을 파악하는 과정은 매우 중요한 작업이다. 개인의 생활양식을 알기 위해서는 어린 시절 초기 기억과 가족의 서열에서 아이가 차지하는 위치, 어린 시절에 저지른 잘못, 꿈, 정서적 어려움을 야기한 외부적 요인의 본질 등에서 다른 사람들과의 관계에 대한 심상들을 종합적으로 파악해야 한다.

아들러는 활동성과 사회적 관심의 수준에 따라 생활양식을 네 가지 유형으로 분류하였다(김춘경 외, 2016). 첫째, 지배형(dominant or ruling type)의 사람은 사회적 자각이나 관심은 부족하지만 활동성은 높은 편이다. 그들은 타인을 배려하지 않으며 부주의하고 공격적이다. 공격성이 자신에게 향하기도 하고, 알코올중독, 약물중독, 자살 등의 문제가 나타날 수 있다. 둘째, 기생형/획득형(getting type)의 사람은 자신의 욕구를 다른 사람들에게 의존하여 충족시키며, 자신이 겪는 문제를 스스로 해결하기보다는 타인에게 의존하여 기생 관계를 유지한다. 셋째, 도피/회피형(avoding type)의 사람은 사회적 관심과 활동성 모두 떨어지는 유형으로 삶 속에서 발생하는 문제를 아예 회피함으로써 실패에 대한 두려움에서 벗어나려 한다. 그들은 문제에 대한 의식이 없으며, 사람들과의 관계에도 관심이 없다. 넷째, 사회적으로 유용한 형(socially useful type)의 사람은 사회적 관심과 활동성 모두가 높기 때문에 삶의 과제에 적극적으로 대처하며, 자신의 문제를 잘 발달된 사회적 관심 틀 안에서 타인과 협동하여 해결할 수 있는 능력을 갖추고 있다.

3) 건강한 사람들의 특성

개인심리학에서는 정신건강에 어려움을 보이는 사람들에 대한 그들의 적응 수준에 대하여 정상과 비정상의 이분법적인 분류를 하기보다는 연속선상에 있는 것으로 보고 부적응적 증상은 자기 이해의 부족이라고 설명하고 있다. 즉, 자신이 인생에 대해 어떠한 목표를 지니고 있으며, 어떠한 생활양식을 통해 살아가고 있는지에 대한 인식이 부족한 것으로 보았다. 개인이 행하는 자신의 행동, 표현방식, 습관, 성격의 특징 하나하나가 그의 인생의 의미와 합치되는 것이다. 개인이 행하는 행위 자체가 현재 자신이 살아가고 있는 생활양식이 된다. 예컨대, 성생활이 친밀하고 다면적 협동 관계에 있고 직업에서 유익한 성과를 나타내고 동료와 친구 관계가 원만한 사람에게 인생이란 창조적 과제이고, 많은 유익한 기회를 제공하며, 희망적이라는 느낌을 가지게 된다. 이에 아들러는 정신건강 증진을 위한 방안으로 모든 사람은 공동체에 적응하고 공동체에서 자신의 일을 찾아야만 하고, 생활의 활동은 협력하는 자세를 보일 필요가 있음을 제안하고 있다. 아들러가 제안한 건강한 사람들의 특성은 다음과 같다. 자신이 다른 사람들과 평등하다고 느끼며, 자신이 사회적 역할을 감당할 수 있을 것으로 생각하고, 그 개인은 건강하고 건설적인 방식으로 사회적 협동에 협조적이다(권석만, 2017).

4. 애착심리학

인간은 출생과 동시에 생존에 필요한 본능을 가지고 태어난다. 생존을 위한 욕구에는 애착이 포함되는데, 애착은 독단적으로 이룰 수 있는 것이 아닌 상대방과의 상호작용이 필수적으로 수반되는 것이 특징이다. 볼비(John Bowlby, 1907~1990)는 제2차 세계대전 이후 주 양육자인 어머니로부터 장기간 분리되어 생활한 아동들을 관찰하고 연구한 것을 토대로 애착심리학을 정립하였다. 애착심리학에서는 인간이 태어나서 건강한 발달을 이루기 위해서는 주 양육자와 달라붙는 행동, 즉 애착을 형성하는 것이 필수적이며 이는 생존 본능이라고 보았다. 생애 초기에 형성된 안정적인 애착은 인간의 전인적 발달에 지대한 영향을 미치며 정상적인 심리발달에 결정적인 역할을 한다고 보았다. 따라서 이 절에서는 인간의 정상적인 심리발달에 영향을 미치는 애착심리학의 주요개념을 중심으로 이론에 대해 알아보고자 한다.

1) 주요인물

애착심리학의 창시자는 볼비이다. 볼비는 1907년 영국에서 3남 3녀 중 넷째로 태어났다. 셋째이자 장남인 토니(Tony)와 개월 수가 비슷하여 항상 같은 학교, 같은 반에 들어갔고, 쌍둥이처럼 똑같은 옷을 입고, 똑같은 곳에 다녔다. 두 형제는 기질도 비슷하여 가장 가까운 친구이자 선의의 경쟁자로 서로를 끊임없이 의식하며 지냈다. 1914년 제1차 세계대전이 일어날 당시, 볼비의 아버지는 전쟁 중 군의관으로 프랑스에 가 있었다. 전쟁이 끝날 무렵 볼비는 해군사관학교에 입학하여 수석으로 졸업하였지만 해군의 경직성이 자신과 맞지 않으며, 배 멀미도 심하였기 때문에 1925년 케임브리지 의과대학에 입학하였다. 그는 대학에서 우수한 성적을 거두었다. 볼비는 런던에서 의학 공부를 지속하였는데, 그 과정에서 아이들을 만나면서 어린 시절의 불행과 박탈감이 인간의 심리적 문제 및 사회 부적응과 관련이 있을 수 있다는 가능성에 대해 연구하기 시작하였다. 1925년 볼비는 다시 런던에서 의학 학위를 받기 위해 공부하였는데, 이 시기 멜라니 클라인(Melanie Klein), 조안 리비에르(Joan Riviere)와 함께 정신분석을 연구하였다. 1937년 그는 정신분석 자격증을 취득하면서 더욱 정신분석 연구에 몰두하였으며, 클라인에게서 수련을 받았다. 1952년 콘라트 로렌츠(Konrad Lorenz)와 니콜라스 틴베르헌(Nikolaas Tinbergen)의 동물행동학 관련 연구를 접한 볼비는 애착이라는 개념에 몰두하게 되었고, 동물행동학적 접근방식이 정신분석이론을 현대화하기 위해 중요한 이론이라고 보았다. 1953년『아동보호와 사랑의 성장』『애착』『분리』등 다수의 책을 출판하였다. 그 시기 미국에서는 메리 에인스워스(Mary Ainsworth)를 통해 애착이론에 대한 관심이 커졌고, 볼비 또한 자신의 학문을 더욱 활발히 연구해 나갔다. 이러한 위대한 업적을 남긴 그는 1990년 83세의 나이에 사망하였다.

2) 주요개념

(1) 애착(본능행동)

애착(attachment)이란 개인이 다른 사람과 맺는 강한 정서적 유대감을 의미하는 것으로, 흔히 심리학에서는 아이와 주 양육자 사이 형성되는 정서적 유대감을 말한다. 프로이트는 애착을 영아들에게 구강 만족을 제공해 주는 사람 혹은 사물과 맺는 관계로 정의하면서 애착관계의 주요 요소로 수유에 관심을 가졌다. 하지만 볼비는 로렌츠의 오리와 거위 새끼들의 추종 반응에 대한 연구가 담긴 『솔로몬의 반지』라는 저서를 보고 어미에 대한 새끼의 강한 애착이 어떠한 매개체에도 없는 본능적인 것이라는 것을 발견하게 되었다. 이와 함께 해리 할로우(Harry Hallow)의 원숭이 실험을 통해 그의 애착에 대한 개념은 더욱 확고해졌다. 이 실험에서는 갓 태어난 원숭이를 어미에게서 떼어 놓은 후 철사로 만든 두 대리모와 생활하게 하였다. 첫 번째 대리모는 철사로 만들어져 있으며 수유만 하였고, 두 번째 대리모는 철사 위에 부드러운 천을 덮어 놓았으며 수유는 하지 않았다. 실험 결과, 새끼 원숭이는 밥을 먹을 때만 수유를 주는 대리모에게 갔고, 하루 대부분의 시간을 천으로 만들어진 대리모에게 매달려 지냈다(Harlow & Zimmermann, 1959). 이러한 현상에 대해 볼비는 애착행동이 인간의 본능적 행동임을 제안하였다.

본능행동은 한 종의 대부분의 구성원들에게서 유사하게 나타나는 것이며, 행동을 학습할 만한 기회가 없었음에도 한 개체의 보존이나 한 종의 연속성에 큰 기여를 하는 행동으로 보았다. 즉, 애착행동이란 생존 유지 및 보호를 위한 인간의 본능적 행동으로 생애 초기에 발달하는 내재화된 행동양식으로 보았다. 낯선 환경, 불안한 감정을 일으키는 환경에 있을 때 아이들은 울고 매달리는 애착행동을 활성화시키고, 이에 대한 반응으로 부모가 아이를 품에 안아 달래 주는 일련의 자극과 반응들이 모두 선천적으로 가지고 태어난 생득적 행동인 것이다(Bowlby, 1988; Bretherton, 1992). 이러한 애착행동은 성인이 된 후에도 지속된다. 예로, 부모들은 휴가 나온 아들을 위해 진수성찬을 차려 환영해 주며 아들의 마음을 따뜻하게 채워 준다.

(2) 안전기지

안전기지(secure base)란 아이가 낯선 세계, 새로운 환경으로 나아갈 때 용기를 북돋아 주고 안정감을 제공해 주는 공간이자 낯선 세계에서의 탐색을 마치고 돌아왔을 때 신체적·정신적 재충전을 제공해 주는 공간을 말한다(Bowlby, 1988). 아이에게 있어 안전기지는 언제든 돌아갈 수 있는 따뜻한 마음의 양식처이자 위험에 처한 자신을 도와줄 자신보다 강한 보호자가 있는 곳이다. 부모가 안전기지로서의 역할을 하기 위해서는 아이들이 부모(안전기지)에 대한 신뢰감이 형성되어야 한다. 또한 안전기지로 돌아왔을 때 자신을 반겨 주고 따뜻하게 맞이해 줄 것이라는 확신이 필요하다. 따라서 부모는 아이가 신체적ㆍ정신적 도움 및 위로가 필요할 때 언제든 접근 가능한 안전기지로서의 제 역할을 해야 한다.

볼비는 안전기지로서 부모의 가장 중요한 역할은 기다리는 것이라고 하였으며, 꼭 필요한 경우에만 적극적인 개입이 이루어져야 한다고 보았다. 즉, 자녀의 독립성을 길러 주면서 자녀가 필요할 때 도움과 격려를 제공해 주는 것이 가장 좋은 양육법이며 자녀의 올바른 성장을 도울 수 있다고 보았다. 하지만 부모가 마음이 앞서 아이가 낯선 환경을 열심히 탐색하고 있는 중 안전기지가 직접 움직여 아이의 안전을 지켜 주는 경우에 해당하는 '과잉보호'는 좋은 안전기지가 될 수 없다고 강력히 비판하였다. 아이들의 성장함에 따라 안전기지에서 점차 더 멀리 나아갈 수 있으며, 언제든 돌아갈 안전기지가 있고 돌아갔을 때 환영받을 수 있다는 확신이 들면 더 멀리, 오랜 시간 기지 밖에서 활동할 수 있다.

(3) 애착 유형

볼비의 애착이론은 에인스워스의 낯선 상황 실험(Ainsworth, Blehar, Waters, & Wall, 1978)에 의해 검증되었다. 8개로 구성된 상황에서 어머니에게 영아가 보이는 반응을 나타내는 것으로, 분리로 인한 스트레스에 대응하는 영아의 개인적 차이를 살펴보는 실험이다. 에인스워스는 각 상황을 통해서 나타나는 영아의 반응을 토대로 애착을 네 가지 주요 반응 유형으로 분류하였다.

상황 1: 관찰자가 양육자와 영아에게 실험실을 소개한 후 밖으로 나간다.

상황 2: 영아가 실험실에 있는 놀잇감을 탐색할 때 양육자는 관여하지 않고 같은 공간에 머무른다.

상황 3: 낯선 사람이 들어와 양육자와 이야기를 잠시 나눈다.

상황 4: 양육자가 실험실을 나간다.

상황 5: 양육자는 실험실로 돌아오고, 낯선 사람은 실험실을 나간다.

상황 6: 양육자가 영아에게 인사를 한 후에 실험실을 나간다.

상황 7: 낯선 사람이 들어와 영아와 상호작용을 한다.

상황 8: 양육자가 들어와 영아와 상호작용을 하고 낯선 사람은 나간다.

그림 2-4 낯선 상황 실험

출처: Cpagett (2016)을 재구성.

① 안정 애착(secure attachment)

안정 애착을 보이는 영아는 낯선 환경에서 양육자를 안전기지로 생각하며, 놀잇감이 있는 실험실을 적극적으로 탐색한다. 양육자와의 분리를 대체로 힘들어하지만 양육자와의 재회 시 능동적으로 애착행동을 보여 금방 안정화되고, 다시금 실험실을 탐색하며 재미난 놀이를 한다. 어떤 위험이나 불안이 닥쳤을 때, 부모에게 쉽게 도움을 청할 수 있고 부모가 언제든 도와줄 것이라 신뢰하기 때문에 낯선 세계를 탐색하는 것에 대한 두려움이 없는 특징을 보인다.

② 불안정-저항 애착(insecure-resistant attachment)

저항 애착을 보이는 영아는 양육자와 함께 있는 상황에서 매우 불안해하며 양육자 옆에서 떨어지지 못해 실험실을 자유롭게 탐색하지 못한다. 양육자와 분리되는 상황에서는 더욱 극도의 고통을 표현하며 자지러지게 우는 모습을 보인다. 양육자와의 재회 시에도 쉽게 안정되지 못하여 지속적으로 울음을 보이며, 양육자가 달래주길 바라지만 막상 달래 주려고 하면 밀어내고 발로 차 버리는 등의 양가적 행동을 보인다. 어떤 위험이나 불안이 닥쳤을 때, 부모가 도와줄지 혹은 도와주지 않을지에 대한 확신이 없어 부모에게 매달려 떨어지지 않으려는 분리불안 문제가 자주 나타난다.

③ 불안정-회피 애착(insecure-avoidant attachment)

회피 애착을 보이는 영아는 양육자와 함께 있을 때에도 양육자에게 뚜렷한 반응을 보이지 않는다. 양육자와 분리되는 상황에서도 별다른 반응을 보이지 않으며, 양육자와 재회 시에 양육자를 무시하거나 회피하려는 행동을 보인다. 양육자가 안아주려고 해도 안기려고 하지 않으며, 특히 스트레스가 심한 두 번째 재회 때 더욱 무관심한 특징을 보인다. 어떤 위험이나 불안이 닥쳤을 때 부모가 도와주지 않을 것이라 확신하기 때문에 타인에 대한 관심을 절제하며, 타인의 도움 없이 살아가고자 애쓴다.

④ 불안정-혼란 애착(insecure-disorganized attachment)

혼란 애착은 불안정 애착 유형 중 가장 심각한 문제를 보이는 유형으로, 이 유형에 속하는 영아는 낯선 상황에서 극심한 스트레스로 인하여 '얼어붙어 있는 모습' 혹은 멍해 보이는 모습을 보인다. 양육자와 분리되거나 재회 시에도 얼어붙어 있는 모습이 지속되며 양육자가 돌아와 안아 주어도 먼 곳을 바라보는 등의 혼란스러워하는 행동을 보인다. 어떤 위험이나 불안이 닥쳤을 때, 저항 애착과 회피 애착 유아가 보이는 상반된 행동을 모두 보이게 된다. 부모에 대한 확신이 없지만 매달리기도 하며, 매달리는 행동을 보이다가 이내 관심이 없는 듯 휙 돌아서는 특징을 보인다.

(4) 내적 작동모델

아이는 어린 시절 경험하는 주 양육자와의 정서적 유대감, 즉 애착관계를 통하여 자신과 타인, 더 나아가 세상에 대한 기본적인 가정의 틀을 형성하게 된다. 안정 애착을 형성한 아이는 자신이 사랑 받을 만한 가치가 있는 사람이고, 애정이 깊고 신뢰할 만한 안전기지가 나를 보호해 주고 있다고 지각하며, 대부분의 사람들은 자신을 괜찮게 생각할 것이라는 긍정적 내적 작동모델을 가지게 된다. 이에 반해 불안정 애착을 형성한 아이는 자신이 누구에게도 사랑받을 만한 가치가 없고, 쓸모가 없으며, 세상은 믿을 만한 공간이 아니라 위험이 도사리는 공간이며, 대부분의 사람들은 자신을 탐탁지 않게 생각할 것이라는 부정적인 내적 작동모델을 가지게 된다. 영유아기에 형성된 애착관계는 내적 작동모델(internal working model)을 통해 전 생애 동안 개인의 인간관계 및 사회생활에 영향을 미치게 된다(Holmes, 1993). 볼비는 내적작동모델을 통한 한 개인의 애착관계는 세대 간 전달될 수 있다고 보았다.

3) 건강한 사람들의 특성

볼비는 다양한 신경증적 증상을 보이는 사람들은 '잘못된 내적 작동모델'로 인한 불안정 애착을 가지고 있다고 보았다. 민감하게 일관적으로 반응하는 부모에게서 양육된 자녀들은 안정 애착을 형성하여 건강한 성격이 형성되는 반면, 둔감하고 비일관적이거나 거부, 방임하는 부모에게서 양육된 자녀들은 불안정 애착을 형성하여 병리적인 특성을 보일 수 있다. 그는 어린 시절 애착문제를 성인기 우울증, 성격장애, 광장공포증과 같은 정신질환을 유발하는 주요 요인으로 보았다. 따라서 정신건강 증진을 위한 방안으로 안정 애착 형성이 이루어질 필요가 있음을 제안하였다.

안정 애착을 형성한 사람이 가지는 심리적 특성은 다음과 같다. 자신과 타인, 세상에 대해 긍정적으로 인식하고, 자신감이 높으며 타인과의 관계에서 건강한 상호작용을 할 수 있다. 또한 관계를 형성하고 유지하는 능력이 탁월하다. 관계를 끝내는 이별의 상황에서도 극단적인 말과 행동을 보이기보다는 대화를 통해 자신의 의사를 표현하여 부정적 감정을 해소해 나갈 수 있다고 보았다.

5. 행동치료

내면적 경험을 중시하는 정신역동적 치료와 달리 행동치료는 외현적 행동의 변화에 초점을 두어 과거의 경험보다 현재의 상황에 중점을 두고 있다. 또한 인간이 경험하는 부적응 문제에 대해 과학적인 근거와 체계적인 치료기법을 제시한 심리치료 이론이다. 행동치료에서는 인간의 부적응 행동이 내적 요인에 의해 발생하는 것이 아닌 환경, 즉 외적 요인에 의해 학습되고 강화되는 것으로 보았다. 따라서 부적응 행동을 제거하기 위해서는 무의식과 같은 내적 요인보다 현재의 행동 변화에 초점을 두어야 한다. 행동치료의 궁극적인 목표는 부적응 행동의 재발을 방지하고, 문제 상황에 대해 효과적으로 대처할 수 있는 방안으로 대체하는 것이다. 따라서 부적응 행동을 보이는 이들에게 현실에서의 일상적 기능을 높이기 위해 이 절에서는 행동치료의 주요개념을 중심으로 이론에 대해 알아보고자 한다.

1) 주요인물

(1) 파블로프

파블로프(Ivan P. Pavlov, 1849~1936)는 1849년 시골 목사의 맏아들로 태어나 중앙러시아의 고향에서 자랐다. 그는 1870년 상트페테르부르크 대학교에서 화학과 생리학을 공부를 시작한 후, 1880년 상트페테르부르크의 임피리얼 의학 아카데미에서 의사 자격을 취득한 후 생리학 교수가 되었다. 1890년 그는 마취되지 않은 정상적인 동물에서 분비액의 분비가 불규칙하게 일어나는 것을 관찰한 후, 1898년 조건반사에 대한 법칙을 공식화하였다. 그 후 정신현상과 높은 수준의 신경활동을 생리적 · 객관적으로 측정하기 위해 동물의 물리적 활동을 정량적으로 측정하는 데 침샘 분비를 이용하였고, 조건반사와 척수반사 사이의 유사성을 찾는 데 노력하였다. 파블로프는 단어를 수반하는 긴 연쇄적 조건반사에 기초한 인간의 언어 기능에 대한 중요한 원리를 발표하였다. 이러한 위대한 업적을 남긴 파블로프는 1936년 사망하였다.

(2) 스키너

스키너(Burrhus Skinner, 1904~1990)는 1904년 미국 펜실베이니아에서 출생하였다. 어린 시절에 스스로 기계를 만들고 조작하는 일과 동물을 관찰하는 것을 즐겼다. 그는 인간을 이해하는 데 관심이 있어 하버드 대학교 심리학과 대학원에 입학하게 되었다. 스키너는 러시아 심리학자인 파블로프의 조건반사 연구와 행동주의 창시자 존 왓슨(John B. Watson)의 영향을 받아 행동의 경험적 분석에 집중하였으며, 그 후 급진적 행동주의로 이 분야의 절정에 이르게 되었다. 1948년 하버드 대학교 심리학과 교수로 재직하면서 조작적 조건형성의 원리에 대한 다양한 저서와 강연 활동을 지속하였다. 소년 시절부터 기계에 관심이 많았던 그의 발명품 중 스키너 실험상자(Skinner box)가 있는데, 이러한 실험을 통해 유기체의 행동론을 정립할 수 있었다. 1965년 『과학과 인간행동』을 저술하였으며, 1990년 사망하였다.

2) 주요개념

행동치료 이론에 따르면 인간의 모든 행동은 환경과의 상호작용을 통해서 학습된다. 인간의 행동은 출생 시 나타나는 특정한 성향을 가지는 것이 아니며, 인간 본성에 대한 중립적 태도를 보이고 있음을 제안하고 있다. 행동주의는 아동의 과거 경험이나 무의식과 같은 내적 요소, 즉 정신치료 모델에 대해 거부감을 가지고 있으며, 내적 요소의 변화보다 현재 행동을 변화시키는 데 중점을 두고 있다. 인간 행동의 동기는 환경에 적응하는 것이라고 볼 수 있다. 행동치료는 현실적 문제 상황에 효과적으로 대처하기 위한 긍정적 행동 학습에 초점을 두고 있으며, 기준에 따른 행동 평가를 통해 목표달성 정도를 결정하고, 개입이 행동 변화를 가져왔다는 과학적 증명을 강조하기 때문에 행동치료는 객관적이고 과학적인 치료로 불린다. 행동치료 접근의 특징은 다음과 같다. 첫째, 과학적 접근은 조사를 통해 도출된 원리를 적용한다는 특징이 있다. 둘째, 실증적 접근은 치료 효과에 대한 실증과 실험적 평가를 강조한다는 특징이 있다. 셋째, 현실적 접근은 과거에 뿌리를 둔 원인 탐색보다 현재의 원인에 관심을 보인다는 특징이 있다. 인간 행동의 동기는 환경에 적응하는 데 있다.

(1) 고전적 조건형성

고전적 조건형성은 우리 삶 속에 경험하는 다양한 것에 대해 선호와 혐오를 형성하게 되는 과정에서 대상에 대한 선호와 혐오에 따라 접근행동과 회피행동으로 표현되는 것을 말한다(Garcia-Hoz, 2003). 즉, 무조건 자극에 대해 일어나는 무조건 반사반응을 아무런 관련이 없는 다른 중성 자극에 대해서도 동일하게 나타나도록 학습시키는 것을 의미한다. 과거에는 특정한 대상에 관해 어떤 선호나 반응을 나타내지 않았던 환경 자극에 대해서 특별한 선호와 행동적 반응을 나타내게 되는 학습과정인 것이다(Clark, 2004). 고전적 조건형성 이론은 러시아의 생리학자인 파블로프의 개 실험과 왓슨의 흰 쥐 실험을 통해 정립되었다(Harris, 1979).

일반적으로 개는 먹이를 보면 침을 흘리는 행동을 보이는데, 먹이가 보이지 않는 상황에서도 침을 흘리는 특이한 현상을 발견하게 되면서 파블로프는 몇 가지 개념을 정립하였다. 고기를 보고 침을 흘리는 개의 행위는 선행 조건화 없이 자극이 유발된다는 점에서 고기를 무조건 자극(unconditioned stimulus), 이러한 자극에 대해 침을 흘리는 개의 반응을 무조건 반응(unconditioned response)이라고 하였다. 처음에는 침을 흘리지 않았다가 개로 하여금 침을 흘리는 반응을 이끌어 내는 자극(종소리)에 대해서는 조건 자극(conditioned stimulus)라고 하였으며, 조건 자극에 의해 유발된 침을 흘리는 행위를 조건 반응(conditioned response)이라고 하였다.

왓슨은 앨버트(Albert)의 흰 쥐 실험을 통해 공포반응이 고전적 조건형성으로 학습될 수 있음을 보여 주었다. 생후 11개월이 된 앨버트라는 어린아이는 원래 흰 쥐에 대한 두려움을 지니고 있지 않았다. 하지만 앨버트가 흰 쥐에게 다가갈 때마다 커다란 쇳소리를 내어 앨버트를 깜짝 놀라게 하였다. 다섯 번의 시행을 통해 앨버트는 흰 쥐를 보기만 해도 놀라는 공포반응이 나타나게 되었으며, 쇳소리가 들리지 않아도 공포반응이 일어났다. 즉, 공포반응(무조건 반응)을 유발하는 쇳소리(무조건 자극)를 흰 쥐(조건 자극)와 짝지어 제시함으로써 쥐에 대한 공포반응(조건 반응)을 학습하게 되었다(Ollendick, Thomas, Sherman, & King, 2012). 고전적 조건형성 개념에서 살펴보자면, 다양한 청소년의 행동이나 반응은 영유아기를 통해 지속적인 조건형성에 의해 학습된 결과라고 할 수 있다.

(2) 조작적 조건형성

과거 심리학은 관찰 불가능한 마음이나 영혼의 문제를 다룸으로써 심리학을 과학으로 정립하는 데 한계를 가지고 있었다. 이에 심리학의 과학화를 위해 과학적 자료로 관찰 가능한 행동을 연구하기 시작하였다. 인간의 행동은 마음이나 감정과 같은 내면성에 의해 결정될 수 있으나, 인간의 내면성은 환경과 경험에 의해 영향을 받을 수 있다는 점에 주목하였다(McLeod, 2007). 인간의 내면성은 조작적 행동에 의해 변화될 수 있으며, 환경을 조작해서 결과를 이끌어 내는 행동은 유발되는 것이 아니라 방출되는 것이기 때문에 능동적일 수 있다. 이러한 조작 행동의 조성은 단계적으로 진행되며, 계속적으로 세련되게 형성되는 과정의 산물인 것이다. 즉, 조건화를 달리함으로써 목적하는 행동을 방출하도록 조작하는 것이 가능하게 된다. 스키너는 인간의 행동은 조건 자극을 통해 수동적·소극적으로만 형성되는 것(고전적 조건형성)이라기보다는 적극적이고 능동적인 입장에서 살펴볼 필요가 있음을 제안하였는데, 특정 행동 이후 강화를 제공함으로써 행동을 조건화시킬 수 있다는 점에 주목하였다(Skinner, 1971). 그는 상자 실험을 통해서 동물의 단순 행동에서 인간의 복잡한 행동을 해석하는 원리를 규명하였다. 지렛대를 누르면 먹이가 나오는 상자 속에 배가 고픈 쥐를 집어넣고 행동을 관찰하였다. 쥐는 상자 안에서 우연히 지렛대를 누르게 되고, 먹이 한 조각이 나오게 되면서 이를 먹었다. 이런 일이 반복되면서 쥐는 지렛대를 누르면 먹이가 나온다는 점을 학습하게 되었고, 배가 고프면 지렛대를 누르는 행동을 하게 되었다. 이처럼 행동은 결과에 따라 증가 또는 감소될 수 있는데, 보상이 뒤따르는 행동은 증가하고 처벌이 주어지는 행동은 감소된다는 조작적 조건형성 이론을 제안하였다.

① 행동 유지와 강화

스키너는 행동에 뒤따르는 결과가 다음에 일어난 가능성이 있는 행동에 영향을 줄 수 있음을 제안하였다(Gordan & Krishanan, 2014). 특정한 행동을 습득하게 하고 그 빈도를 증가시키는 과정을 강화(reinforcement)라고 하며, 이러한 강화에는 정적 강화와 부적 강화가 있다. 정적 강화(positive reinforcement)는 바람직한 행동에 대해 그들이 좋아하는 자극(강화물)을 제공함으로써 그들의 행동이 증가될 수 있도록 하는 것을 의미한다. 부적 강화(negative reinforcement)는 바람직한 행동에 대해 그들이 싫어하는 것을 제거해 줌으로써 그들의 행동이 증가될 수 있도록 하는 것을 의미한다. 강화와는 반대되는 개념으로 행동이 다시 일어날 가능성을 감소시킬 목적으로 처벌(punishment)이 사용된다. 불쾌한 자극을 경험하게 함으로써 부적절한 행동이 감소되거나 소멸되도록 유도하는 것이다. 처벌은 정적 처벌과 부적 처벌로 구성되어 있다. 정적 처벌(positive punishment)은 바람직하지 못한 행동에 대해 그들이 불쾌하게 생각하는 자극(강화물)을 제공하는 것을 의미한다. 부적 처벌(negative punishment)은 바람직하지 못한 행동에 대해 그들이 좋아하는 자극(강화물)을 제거하는 것을 의미한다. 소거(extinction)는 행동의 후속 결과를 제거함으로써 행동의 출현 빈도를 줄이는 목적에서 이루어지는 것으로, 학습된 행동에 대한 강화가 제공되지 않아 행동 수행이 중지되는 현상, 즉 반응의 중단이나 제거를 말한다.

② 환경의 영향

인간의 행동은 환경과 인간의 상태에 의해서 결정된다(Delprato & Midgley, 1992). 개인의 행동은 자신이 속해 있는 객관적 세계에서 겪은 과거와 현재의 경험에 의해 결정되는 것이다. 인간과 환경은 상호 통제하는 것이다. 스키너는 유전적 요인과 개인의 생활사가 모두 행동에 영향을 준다고 설명하였으나, 개인의 생활사에 더 관심을 두어 객관적이고 관찰 가능한 환경적 조건의 중요성을 강조하였다. 즉, 행동의 결과에 의한 환경의 선택 작용을 강조함으로써 자발적인 행동이 나타날 수 있다고 보았다. 인간과 환경이 상호 통제를 하고 있다는 점을 인정하면서도 스키너는 환경의 영향을 절대적인 것으로 보았다. 인간의 행동은 강화 조건에 민감한 방향으로 진행되며, 사회적 강화 조건에 의해 행동목록을 구성한다. 인간은 사회적 관계를 통해서 일반화된 조건 강화인이 고도로 발달할 수 있는데, 이 복잡한 행동이 사회적 성격으로 형성된다. 즉, 다른 유기체에 대해 중요성을 지니는 사회적 행동이 발생되는 것이다. 현대 사회에서의 행동주의는 인간으로 하여금 환경에 대해 민감하고 적절하게 반응할 수 있도록 조작하는 논리를 제공하고 있다.

3) 건강한 사람들의 특성

스키너는 신경증, 정신병 등 정신증적 증상의 원인을 독특한 강화, 극단적 박탈이나 포만의 조건들, 강한 혐오 통제, 엄격한 처벌과 같은 환경적 요인에서 나타난다고 보았다. 혐오 통제나 처벌을 받을 당시 여러 자극들이 조건화됨으로써 이러한 자극들이 나중에 공포, 불안, 우울, 분노와 같은 정서 반응을 유발시키는 것이다. 따라서 정신건강 증진을 위한 방안으로 긍정적 행동에 대한 학습이 이루어질 수 있도록 해야 함을 주장하고 있다. 즉, 병리적 성격의 치료란 내면적 · 정신적 혹은 정서적 문제를 탐지하는 것이 아닌 관찰 가능한 행동과 조건들에 초점을 두어야 한다고 보았다. 외적 행동과 조건이 개선될 때 문제의 사고나 감정도 개선될 것이라 가정하였다. 이러한 과정이 반복될 경우 삶 속에서 자신이 겪는 일에 대해 긍정적이며, 적응적 행동을 보인다. 또한 행동의 결과에 대해 긍정적인 평가를 하여 자기보상을 함으로써 자기통제 능력을 증진시키는 특성이 나타날 수 있다.

6. 사회학습이론

밴듀라(Albert Bandura, 1925~2021)는 인간의 성격은 학습되는 것이며 모방을 통해 형성된 것이라 주장한다. 그는 개인의 행동을 이해하기 위해서 행동이 학습될 수밖에 없었던 환경을 고려하는 것이 필수적이라고 보았다. 또한 인간이 어떠한 행동을 습득하기 위해서는 타인의 행동을 관찰하여 따라 하는 모방이 큰 영향을 미치며 이러한 과정을 관찰학습이라 정의하였다. 사회학습이론에서는 행동을 관찰하는 것에서 그치는 것도 관찰학습에 포함한다. 따라서 사회적 맥락에서 인간을 이해하기 위해 이 절에서는 사회학습이론의 주요개념을 중심으로 이론에 대해 알아보고자 한다.

1) 주요인물

사회학습이론의 창시자는 밴듀라이다. 밴듀라는 1925년 캐나다 앨버타주의 작은 마을에서 6남매 중 외아들로 태어났다. 그의 부모는 밴듀라에게 탐구하기를 지지하고 실제적 교육을 중시하였다. 이때 밴듀라는 교재에서 배운 내용의 대부분은 시간이 지남에 따라 기억 속에서 사라지지만 자기주도적 학습은 시간이 지날수록 큰 효과가 발휘하게 된다는 것을 발견하게 되었는데, 이러한 그의 경험은 개인적 행위 주체성의 중요성을 깨닫게 하였다. 1952년 아이오와 대학교에서 심리학 박사학위를 받은 후 심상, 상호결정, 재현 등에 대해 연구를 시작하였다. 그러한 과정에서 밀러(Miller)와 달러드(Dollard)가 집필한『사회학습이론』의 영향을 받아, 모방에 의한 학습과 상호결정론 개념으로 확장하여 사회학습이론으로 정립하였다. 그는 환경 자체의 영향보다 환경에 대한 인간의 반응으로서 자기조절 기제와 반응에 영향을 주는 내적 동기에 초점을 두기 시작하면서 기존의 급진적 행동주의와는 다른 자신만의 학문을 개척해 나갔다. 이러한 위대한 업적을 남긴 밴듀라는 2021년 사망하였다.

2) 주요개념

(1) 관찰학습

인간이 행동을 습득하는 가장 기본적인 방법은 다른 사람의 행동을 모방하는 것이다. 자극이나 강화를 경험하지 않아도 타인의 행동을 관찰하는 것만으로 행동을 학습할 수 있는 것이다. 이를 밝히기 위해 밴듀라는 유아를 대상으로 보보인형 실험을 통해 공격적 행동이 학습 혹은 억제될 수 있음을 보여 주고 있다(Graham & Arshad-Ayaz, 2016). 그는 4세 유아를 세 집단으로 구분한 후, 성인이 보보인형을 때리고 넘어뜨리며 공격적 행동을 하는 비디오를 보여 주었다. 하지만 세 집단에 제공된 비디오의 끝 장면은 모두 달랐다. 첫 번째 집단에는 공격적 행동 후에 성인이 칭찬을 받으며 맛있는 음식을 선물을 받는 장면이 제공되었으며, 두 번째 집단에는 공격적 행동 후 성인이 혼나고 처벌 받는 장면이 제공되었다. 마지막 세 번째 집단에는 성인이 공격적 행동 후 상이나 처벌 중 아무것도 받지 않는 장면이 제공되었다. 세 집단에 있던 유아는 비디오를 보고 난 후, 보보인형과 다른 장난감들이 있는 방으로 들어갔으며, 그들의 반응은 다양하게 나타났다. 밴듀라는 유아가 비디오 속 성인이 보였던 공격적 행동을 얼마나 자주 보이는지 측정하였는데, 혼나고 처벌받는 장면을 본 유아는 다른 두 집단의 유아보다 공격적 행동을 덜 보이는 것으로 나타났다. 다음 단계로, 실험자가 유아들이 있는 방으로 들어가 비디오에서 본 것을 따라 하면 선물을 주겠다고 말한 후, 유아의 행동을 측정해 보았다. 그 결과, 세 집단 모두의 유아가 동일한 수준의 공격적 행동을 보였다.

사회적 상황에서 학습하는 과정은 사회학습(social learning)이라는 개념을 통해 설명될 수 있다. 사회학습이란 사회적 상황에서 다른 사람의 행동에 대한 관찰과 모방을 통해 새로운 행동을 학습하는 것을 의미한다(Bandura & Walters, 1977). 타인을 관찰하여 새로운 행동의 학습이 가능하게 되는 것이다. 모델의 어떤 행동을 관찰하고 무시하는지에 따라 인간의 행동을 학습된다. 사회적 학습은 세 가지 유형으로 구분될 수 있다. 첫째, 모방학습(modeling) 유형은 가장 단순한 형태의 사회적 학습으로, 인지요인 개입 없이 자동적으로 이루어지는 것을 말한다. 둘째, 대리학습(vicarious learning) 유형은 다른 사람이 새로운 행동을 시도한 후 나타나는 결과를 관찰하여 자신이 동일한 행동을 하였을 때 나타나는 결과를 예측하는 것을 말한다. 셋째, 관찰학습(observational learning) 유형으로 사회적 상황에서 다른 사람의 행동을 관찰한 후에 유사한 행동을 나타내는 것을 말한다.

관찰학습의 과정은 다음의 네 단계를 거친다(Bandura, Grusec, & Menlove, 1966). 1단계는 주의 깊게 관찰(attentional process, 주의집중)하는 단계이다. 사람들에게 노출된 여러 가지 모델 제시의 영향 가운데 어느 것을 선택적으로 관찰하고, 어떤 것에 주목해야 할 것인지 결정한다. 2단계는 심상과 언어라는 두 가지 표상체제에 의존하여 파지(retention process, 기억)되는 단계이다. 파지과정은 감각자극에서 유기체 감각을 활성화하고 감각을 통해 외적 사건에 대한 지각이 일어난다. 모델 자극이 반복해서 제시되면 관찰된 것이 인출 가능한 심상으로 형성되어 나중에는 물리적으로 존재하지 않는 사건에 대해서도 심상이 떠오르게 된다. 3단계는 운동 재생과정(motor reproduction process) 단계이다. 상징적 표상을 적절한 행위로 변화시킨다. 기억한 행동을 실제로 실행에 옮겼을 때 학습 효과가 높아지게 된다. 4단계는 동기유발(motivational process) 단계이다. 이미 학습된 모델의 행동을 직접 수행할 것인지 아닐 것인지 결정하는 시기로 세 가지 강화에 의해서 좌우된다. 직접강화는 자신이 모델이 보인 비슷한 행동을 하였을 때 직접적으로 받게 되는 강화를 말한다. 대리강화는 모델이 행동을 한 후에 받았던 강화를 의미한다. 자기강화는 내적 기준에 따른 자신의 행동에 대해 스스로 내리는 보상 혹은 처벌을 말한다.

(2) 자기효능감

주어진 어떤 상황에서 적절한 행동을 할 수 있다는 기대와 신념을 의미하는 자기효능감은 모험적이고 진취적인 성취를 위해서 필요한 능력이다(Bandura, Freeman, & Lightsey, 1999). 이러한 자기효능감의 결정요인은 성취경험과 대리경험이다. 성공에 전념하는 것이 무엇이든 이룰 수 있다는 성취경험의 증가는 강한 개인효능감 신념을 형성하게 한다. 하지만 자기효능감이 견고하게 형성되기 전 실패를 경험하게 되면 효능감 신념은 더욱 약화된다. 따라서 끊임없이 변화하는 생활환경을 다루는 데 적합한 행동과정을 창출하고, 실행하기 위한 인지적이고 행동적인 자기조절능력을 획득할 수 있도록 해야 한다. 자기효능감을 결정하는 또 다른 요인으로 사회적 모델에 대한 관찰, 즉 대리경험이 있다. 끊임없이 노력하여 성공한 자신과 유사한 사람을 관찰함으로써 자신 역시 유사한 활동을 완수하기 위한 능력을 지녔다는 신념을 고양시키게 된다.

(3) 상호결정론

사회학습이론에서 설명하는 심리적 기능의 수행을 위해 개인과 행동, 환경의 연속적인 상호작용이 필요하다(Bandura, 1978). 행동의 변화는 개인적 특성 및 환경 조건에 기인하면서 양자의 복합적 효과가 나타난다. 인간은 환경적 힘에 의해서 통제되기도 하고, 개인의 인지로 미래의 목표 행동에 중요한 결정을 하게 되는 것이다. 개인의 기대는 개인의 행동에 영향을 미치며, 행동의 성과는 기대를 변화시킨다. 환경은 적절한 행위에 의해 활성화되기까지 가소성을 지니고 있으며, 개인적 결정요인도 활성화되지 않으면 작용력이 없는 가소성에 불과하다. 어떤 문제에 대해서 많은 지식을 가지고 있더라도 타인에게 말을 할 경우 영향을 미칠 수 있지만 침묵하고 있으면 영향을 미칠 수 없다. 행동은 여러 가지 환경적 영향 가운데서 어떤 것이 작용하고 어떤 형태를 취할 것인가를 스스로 결정한다. 환경은 어떤 행동 유형이 발달되고 활성화될 것인지에 영향을 미치는데, 이러한 환경적 영향은 어떤 행위 목록이 발달되고 활성활될 것인지 결정한다. 이처럼 행동과 환경의 양방향적 상호작용은 환경이 행동을 통제함과 동시에 행동 또한 환경에 영향을 주고 있음을 말해 준다.

3) 건강한 사람들의 특성

밴듀라는 일상적 사회환경에서 겪게 되는 방해, 역경, 실패, 좌절 등의 어려움은 그들의 자기효능감을 감소시키며, 그 결과 정신건강에서 어려움을 겪게 된다고 보았다. 따라서 건강한 성장을 위한 방법으로 개인이 어떻게 살고 어떤 목적을 성취하기 위한 노력을 통해 자기효능감을 높일 필요가 있다고 제안하였다. 자기효능감은 한 개인의 능력 지표로서, 특별한 상황에서의 자신의 행동능력에 대한 믿음을 통해 발달할 수 있다(Schunk & DiBenedetto, 2016). 따라서 정신건강 증진을 위한 방안으로 일에 대한 반복된 실패를 거부하고 성공적이고 모험적으로 행동하며, 불안에 맞서 자기 삶에 영향을 미치는 사건을 통제하는 개인적 능력에 대한 긍정적 시각을 통해 극복해 낼 수 있다는 믿음을 가질 수 있도록 해야 한다.

7. 인지행동이론

엘리스(Albert Ellis, 1913~2007)와 벡(Aaron Beck, 1921~2021)은 인간의 인지가 개인의 행동과 정서를 이끌어 간다고 보았으며, 개인의 비합리적 신념을 합리적 신념으로, 부정적·자동적 사고를 긍정적·자동적 사고로 전환할 필요가 있음을 제안하고 있다. 따라서 이 절에서는 개인의 행동과 정서에 영향을 미치는 원인을 인지로 두고, 개인이 가지는 비합리적 신념과 사고, 인지적 왜곡이 어떠한 부정적 감정과 행동을 발생시키는지 인지행동이론을 중심으로 다루고자 한다.

1) 주요인물

(1) 앨버트 엘리스

엘리스는 1913년 미국 펜실베이니아주 피츠버그에서 3남매 중 장남으로 태어났다. 아동기 어려웠던 환경에 대한 도전으로 자신의 선천적 능력을 발휘할 수 있도록 노력하였다. 자신의 삶은 아동기 경험에 억눌리기보다 역경을 극복하기 위해 문제를 해결하려는 적극적 의지의 결과라는 것을 깨닫게 되었다. 엘리스는 자신의 가장 큰 심리적 어려움이었던 여성에 대한 공포를 극복하기 위해 위험 무릅쓰기 연습을 하였으며, 그 결과 사회공포증으로부터 벗어날 수 있게 되었고 행동 변화의 중요성을 깨닫게 되었다. 그는 자신의 심리적 어려움 극복을 위해 임상심리학 대학원에 진학하였다. 그 후 컬럼비아 대학교에서 박사학위를 받은 후 정신분석적 기법을 활용한 심리치료를 수행하였다. 하지만 정신분석은 내담자 자신과 다른 사람에 대한 역기능적 신념을 구축하고, 당위적 명령을 스스로에게 적극적으로 주입한 결과로 보고 회의를 느껴 자신만의 이론을 구축해 나가기 시작하였다. 1955년 합리적 치료(rational therapy)를 만들어 냈다. 합리적 분석과 인지 재구조화를 통해 사람들 스스로 비합리적 신념에 굴복하고 있음을 지각하도록 하고, 합리적 구성으로 나아갈 방안을 도출하였다. 1961년 정서적 측면을 포함한 합리적 정서치료(rational emotive therapy)를 개발, 1993년 행동적 측면을 포함한 합리적 정서행동치료(rational emotive behavior therapy)를 개발하였다. 이러한 위대한 업적을 남긴 엘리스는 2007년 93세의 나이로 사망하였다.

(2) 아론 벡

벡은 1921년 5남매 중 막내아들로 태어나 뉴잉글랜드에서 성장하였다. 벡은 아동기 시절부터 많은 어려움을 겪으면서 자라났다. 형이 베개로 숨 막히게 한 경험은 터널 공포증, 패혈증은 그에게 혈액과 상처 공포증을 가지게 하였는데, 이러한 어린 시절 경험은 그에게 무능하고 어리석은 사람이라는 신념을 가지게 하였다. 하지만 좌절에 극복하지 않고 더욱 노력하여 이를 극복하면서 무엇이든 해낼 수 있다는 확신을 가지게 하였다. 1942년 그는 예일 의과대학에 진학하면서 정신과 전공의의 삶을 살아가게 되었다. 1953년 정신과 의사가 된 후 우울증 환자를 치료하기 위한 정신분석적 가설을 검증하기 위한 노력을 시도하였으나 실패하였다. 이후 우울증의 원인을 탐색하는 과정에서 현실에 대한 부정적 왜곡에 의해 우울증이 생길 수 있음을 발견한 후 정신병리에 대한 비동기적 이론 근거를 마련하였으며, 인지도식이라는 용어를 통해 자신의 견해를 발휘하기 시작하였다. 그는 인지를 "특정한 설명, 자기명령 혹은 자기비판에 대한 특정 사고"로 정의하면서 이를 평가하기 위한 우울척도, 역기능적 사고기록표 등의 평가 도구를 개발하였다. 이러한 위대한 업적을 남긴 벡은 2021년 100세의 나이로 사망하였다.

2) 주요개념

(1) 비합리적 신념과 사고

엘리스는 병리적 성격을 설명하는 데 있어서 외부 자극에 대한 개인의 반응방식, 즉 해석 방식의 중요성을 강조하였다. 그는 심리적 부적응과 병리적 성격의 원인은 개인이 가진 비합리적 신념에 있다고 보았다. 비합리적 신념(irrational beliefs)은 현실에서 충족되기 어려운 비현실적인 것으로, 당위적이고 경직된 완벽주의적 명제의 형태로 나타난다고 보았다(Ellis, 2000; Tobacyk & Milford, 1982). 엘리스는 절대적이고 당위적인 사고를 인간 문제의 근본 원인으로 보았으며, 이러한 비합리적 신념은 자신과 타인, 세상에 대한 당위적 요구(demandingness)로 구성된다고 제안하였다(Ellis, 1997). 자신에 대한 당위적 요구(self-demandingness)는 자기 자신에게 현실적으로 훌륭하게 수행해 내기 어려운 과도한 기대와 요구를 부과하는 것을 의미한다. '나는 중요한 다른 사람으로부터 인정받아야 한다' '나는 완벽하게 일을 수행해 내야 한다' 등의 비합리적 신념은 자신이 할 일을 미루거나 불만족감이 높으며, 자기비난과 혐오에 빠지기 쉽다. 타인에 대한 당위적 요구(other-demandingness)는 개인이 타인에게 지니는 과도한 기대와 요구를 의미하는 것으로, 타인이 자신의 기대에 충족하도록 일방적으로 요구하는 것을 의미한다. '타인은 나를 반드시 공정하게 대해야 한다' '진짜 친구라면 항상 나의 편이 되어야 한다' 등의 비합리적 신념은 실망과 좌절감, 배신감 같은 마음의 상처를 입게 하며, 타인에 대한 공격성이 나타나기도 한다. 세상에 대한 당위적 요구(world-demandingness)는 사회적 체제를 비롯한 자연체계, 세상에 대한 비현실적이고 과도한 기대를 의미한다. '세상의 모든 것은 내가 원하는 방향으로 흘러가야 한다' '세상은 안전하고 편안하며, 즐거운 곳이어야 한다' 등의 비합리적 신념은 세상에 대한 분노, 비판, 소극적 행동, 우울 등을 초래할 수 있다.

엘리스는 인간이 정서적인 문제를 겪는 원인은 일상생활 속에서 겪는 구체적 사

표 2-1 합리적 사고와 비합리적 사고

특성	합리적 사고	비합리적 사고
논리성	논리적 모순이 없다.	논리적 모순이 있다.
현실성	경험적 현실과 일치한다.	경험적 현실과 일치하지 않는다.
실용성	삶의 목적달성에 도움이 된다.	삶의 목적달성에 도움이 되지 않는다.
융통성	융통성이 있고, 경직되어 있지 않다.	절대적·극단적이며, 경직되어 있다.
파급 효과	적절한 정서와 적응적 행동에 영향을 준다.	부적절한 정서와 부적응적 행동에 영향을 준다.

그림 2-5 당위적 요구의 구성요소

출처: 김춘경 외(2019).

건이라기보다 그 사건을 합리적이지 못한 방식으로 지각하고 받아들이기 때문으로 보았다. 비합리적 신념은 세상의 비현실적인 것을 과도하게 요구하는 특징을 보이기 때문에 우리의 삶을 고통스럽고 불만족스럽게 한다. 병리적 성격장애는 비합리적 신념이 원인이라고 보기 때문에 개인이 가진 비합리적 신념을 포기하도록 돕는데 집중할 필요가 있다.

(2) ABC 모델

일반적으로 대부분의 사람들은 선행사건으로 인하여 결과가 나타난다고 본다. 하지만 엘리스는 선행사건이 결과에 직접적인 원인이 되는 것이 아닌 선행사건에 대한 그 사람의 신념체계가 결과의 원인이 된다고 보았으며, 이를 ABC 이론을 통해 설명하였다(Ellis, 1991). A(activating events)는 선행사건, B(belief system)는 개인의 신념체계, C(emotional consequence)를 정서·행동적 결과로 보았다. 선행사건(A)이 정서·행동적 결과(C)에 직접적인 원인이 되는 것이 아니라 선행사건(A)에 대한 그 사람의 신념체계(B)가 정서·행동적 결과(C)의 원인이 되는 것이다. 예를 들어, 영수가 민희에게 고백을 하였는데, 민희가 그 고백을 받아 주어 연인 사이가 되었을 경우 영수의 목적에 부합하였기 때문에 문제가 되지 않는다. 영수가 민희에게 고백을 하였는데 거절당했을 경우에도 영수가 합리적 신념을 가지고 있다면 거절에 대한 절망적 생각이 들더라도 고백이 받아들여지기 위해 더 열심히 노력하게 된다. 이에 반해, 영수가 비합리적 신념을 가지고 있다면 다른 형태로 전개된다. 영수가 민희에게 고백을 하였는데 거절당했을 때, 영수는 자신에 대해 가치 없고 무능한 인간이라고 생각하게 되고(iB), 그 결과로 깊은 좌절감, 무가치함, 공격성 등의 부정적 정서나 문제행동 등이 나타나게 된다.

(3) 핵심믿음

벡은 사람들은 어린 시절부터 자신과 다른 사람 또는 세상에 대한 믿음을 형성해 나가며 성장한다고 보았으며, 핵심믿음(core belief)이라는 개념을 통해 믿음의 변화과정을 설명하였다(Beck & Beck, 2011). 믿음에서 가장 중심적인 핵심믿음은 매우 근본적이고 깊은 수준의 것으로, 어린 시절부터 지속적으로 형성되어 왔기 때문에 본인 스스로도 잘 인식하지 못하는 경향을 보인다. 이러한 핵심믿음은 의문보다는 당연한 것으로 여기고 진리로 받아들여진다. 이러한 믿음은 우울한 상태 혹은 특정 상황에 스스로 작동하여 그들의 생각에 영향을 끼치게 된다. 합리적으로 생각해 보았을 때 부정확하며 역기능적이라고 인식할 수 있지만, 모든 상황은 핵심믿음의 관점에서 해석이 이루어진다. '나는 무능하다'라는 핵심믿음은 태도(attitude), 규칙(rule), 가정(assumption)이라는 중간믿음에 영향을 주게 되고, 이러한 영향은 그 사람의 자동적 사고에 영향을 주게 되어 자신의 감정과 행동에 부정적인 영향을 미치게 한다. 무능하다는 핵심믿음으로 인해 '할 수 없어' '나는 모든 것을 이해할 수 없어' 등의 부정적·자동적 사고가 활성화되고 결국 슬픔, 우울, 불면증 등의 문제가 나타나게 된다.

(4) 자동적 사고

자동적 사고(automatic thought)는 정서적 반응으로 이끄는 특별한 경험에 의해 해석되는 개인화된 생각으로 노력이나 선택 없이 자발적으로 일어나는 것을 의미한다(Beck & Clark, 1997). 사람들의 경험 속 여러 가지 환경 자극을 비롯한 심리적 문제 사이에서 자동적 사고라는 인지적 요소가 개입되어 적용된다. 우리의 모든 생각은 자동적 사고에 기반을 두고 있기 때문에 사고가 긍정적이라면 문제가 되지 않지만 부정적·자동적 사고가 일어난다면 심리적 문제를 비롯한 병리적 성격 형성이 불가피해진다. 자동적 사고의 주요 특징을 보면, 매우 구체적이고 축약되어 있으며, 아무리 비합리적인 것이라도 이를 믿게 한다. 또한 자발적 경험과 당위성을 가진 말로 표현되며, 일을 극단적으로 보는 성향을 내포한다. 자동적 사고는 매우 빠르고 짧게 나타나기 때문에 자동적 사고 후 뒤따르는 감정 및 행동의 변화로 인식하게 된다. 따라서 부정적 감정 및 역기능적 행동에 집중하여 자동적 사고를 식별해낼 필요가 있다. 우울한 기분이 든다고 생각될 때 내 마음속에 스쳐간 생각이 무엇인가를 탐색해 본다면 그것이 자신의 자동적 사고가 된다.

자동적 사고는 우울 증상을 경험하는 사람들을 통해 관찰되었는데, 벡은 이를 인지삼제(cognitive trad)로 설명하였다. '나는 가치 없는 사람이다'와 같은 자신에 대한 비관적 생각, '나의 미래는 절망뿐이다'와 같은 앞날에 대한 염세적 생각, '세상은 나를 받아 주지 않는다'와 같은 세상에 대한 부정적 생각이다. 신체적 또는 심리적 위협과 위험에 대한 부정적·자동적 사고는 불안증을 유발시키며, 자신에 대한 희망, 절망감은 자살 위험성을 야기할 수 있다. 또한 살찌는 것에 대한 공포감을 느끼는 사람은 섭식장애가 동반될 수 있으며, 구체적이고 회피 가능한 상황에서의 위협을 느끼는 사람은 공황장애가 동반된다.

(5) 역기능적 인지도식

자신은 어떤 사람이며 인생이 어떤 의미를 지니고 상대와의 관계는 어떻게 유지해야 하는지에 대한 지식들은 어린 시절부터 시작되어 시간이 흐를수록 덩어리를 이루게 되는데, 이를 인지도식(schema)이라 한다(Dozois & Beck, 2008). 자신의 삶속에서 반복되는 사건을 통해 유사한 경험에 따른 틀을 완성하고 만들어 가며, 이러한 틀을 만들어 가는 과정은 정보 지식구조에 해당하는 자신만의 인지도식을 형성하게 한다. 특정 사건이 발생하였을 때 다양한 해석을 하기보다는 자신만의 인지도식 패턴에 따라 특정 자극에 대해 선택적으로 주의를 기울여 그 상황을 개념화한다. 살아오는 과정에서 부정적인 내용으로 인지도식 패턴이 만들어질 경우 역기능적 인지도식(dysfunctional schemas)이 만들어진다.

역기능적 인지도식은 사건에 대한 왜곡된 해석으로 이는 우울 도식, 불안 도식, 공격성 도식으로 구성된다(Goldberg et al., 2008). 우울 도식(depression schemas)은 상실, 실패와 관련된 것으로 주변에 일어나는 대부분의 사건에 대하여 실패와 상실로 잘못 해석하고, 민감하게 받아들이는 특징을 보인다. 불안 도식(anxiety schemas)은 신체적 두려움과 정신적 위해 위험과 관련된 것으로 자신의 생활 속 위험과 두려움을 지각하는 데 매우 민감하게 반응하는 특징을 보인다. 공격성 도식(aggression schemas)은 자신의 생활 속 사건을 불공정하고 적대적으로 받아들이는 성향과 관련된 것으로 미래의 결과보다는 즉각적인 만족을 추구하고자 하는 특징을 보인다.

(6) 인지적 오류(인지적 왜곡)

역기능적 인지도식은 인지적 오류(cognitive error)를 유발시킨다. 오류(왜곡)란 사건이 발생하였을 때 사실과 다르게 해석하거나 그릇되게 받아들이는 것을 의미하며, 정서적 각성이 고조되는 과정에서 자신이 경험한 많은 상식적 · 인지적 실수, 정보처리 과정상의 오류가 나타나게 된다. 정보처리 과정상의 오류(인지적 오류)란 자신의 현실을 제대로 지각하지 못하거나 의미를 왜곡하여 받아들이는 것을 의미한다. 이러한 개인만의 주관적 해석은 타인과의 관계 형성 및 정신건강에 부정적 영향을 미치기 때문에 자기 생각에 대한 객관적 시선을 가지게 할 필요가 있다.

대표적인 인지적 오류로는 이분법적 사고(all-or-nothing thinking), 과잉일반화(overgeneralization), 정신적 여과/선택적 추상화(selective abstraction), 과장 혹은 축소(magnification or minimization), 잘못된 명명(mislabelling), 개인화(personalization) 등이 있다. 이분법적 사고는 생활사건의 의미를 이분법적인 범주 중 하나로 해석하여 나타나는 오류를 의미한다. 성공 아니면 실패, 다른 사람의 반응을 칭찬 아니면 비난으로 해석하는 경우 이에 해당한다. 과잉일반화는 특수한 상황의 경험으로부터 일반적인 결론을 내리고 무관한 상황에도 그 결론을 적용시키는 오류를 의미한다. 실연당한 경험에 대해 자신은 항상 여자에게 실연당할 것이라 생각하는 것으로,

한 번 실패는 늘 실패할 거라는 믿음이 이에 해당한다. 정신적 여과(선택적 추상화)는 특정한 사건과 관련된 일부의 정보만을 선택적으로 받아들여 그것이 마치 전체를 의미하는 것으로 잘못 해석하는 오류를 의미한다. 발표 후 1명의 부정적 피드백에 선택적으로 주의를 기울여 자신의 발표를 실패한 것으로 평가하여 낙담하는 경우 이에 해당한다. 잘못된 명명은 사람의 특성이나 행위를 기술할 때 과장되거나 부적절한 명칭을 사용하여 기술하는 오류를 의미한다. 자신의 잘못에 대해 과장하여 '나는 실패자이고 인간 쓰레기이다'라고 부정적 명칭을 자신에게 부과하는 경우 이에 해당한다. 개인화는 자신과 무관한 사건을 자신과 관련된 것으로 잘못 해석하는 오류를 의미한다. 길거리에 사람이 웃으면 자신을 보고 비웃는 것이라고 받아들이는 경우 이에 해당한다.

표 2-2 인지적 오류

주제	내용
이분법적 사고	• 양분된 생각으로 모든 상황에 대해 오직 두 가지의 가능성으로만 판단함 • 예: '이번 일을 완벽하게 성공하지 못하면 실패한 것이다'
잘못된 명명	• 사람의 특성이나 행위를 기술할 때 과장되거나 부적절한 명칭을 사용하여 기술하는 오류 • 예: '나는 실패자이다' '나는 인간 쓰레기이다'
과장 혹은 축소	• 자신이나 다른 사람 혹은 어떤 상황을 평가할 때, 부정적인 정보는 확대하고 긍정적인 정보는 축소함 • 예: '높은 평가를 받는 것이 결코 내가 똑똑하다는 것을 의미하지 않는다'
정신적 여과 (선택적 추상화)	• 전체 그림을 보기보다는 한 가지 작은 사소한 것에 관심을 가짐 • 예: '내가 한 강의에 대한 평가에서(비록 몇 가지 높은 점수가 있음에도 불구하고) 한 가지 부분에서 낮은 점수를 받았기 때문에 내 강의는 엉망이다'
과잉일반화 (지나친 일반화)	• 하나 혹은 제한된 수의 예를 바탕으로 하여 결론을 과대평가함 • 예: '여자친구에게 실연당했으니 나는 평생 혼자 살게 될 거야'
개인화	• 자신과 아무 관련이 없는 사건에 대해서 자신과 관련된 것으로 잘못 해석하는 경우 • 예: '길거리를 걸어가다가 벤치에 앉아서 사람들이 웃는 소리를 듣고 자신을 비웃는 것이라고 생각한다'

3) 건강한 사람들의 특성

엘리스는 일상생활 중 특정 상황이 발생하였을 때 역기능적이고 부정적인 감정과 행동을 일으키게 하는 비합리적 신념이 정신건강을 저해하는 요인으로 보았다. 네 가지 유형의 핵심적인 비합리적 신념은 부정적 감정을 유발시켜 정서적 어려움을 겪게 한다. 절대적 강요와 당위(absolutic musts and shoulds)는 사람들이 스스로 자기 자신과 타인, 세상에 대해 비현실적 과도한 기대를 만들고 반드시 지키도록 하는 것이다. 파국화(awfulizing)는 당위적 요구가 충족되지 않았을 때 현실의 결과에 대해서 과장되게 해석하게 한다. 좌절에 대한 낮은 인내력(low frustration tolerance)은 당위적 요구가 좌절되는 상황을 참을 수 없다고 생각하게 한다. 자신과 타인에 대한 질책(damming oneself and others)은 당위적 요구를 충족시키지 못한 자신 및 타인은 무가치한 사람이며, 비난받거나 질책당해야 한다고 생각하게 한다. 이처럼 네 가지 핵심 비합리적 신념은 비현실적인 당위적 요구로부터 시작하여 과도한 감정과 행동을 유발시킨다. 따라서 정신건강 증진을 위한 방안으로 개인 스스로의 비합리적 사고를 발견할 수 있도록 하고, 비합리적 사고가 합리적 사고로 전환될 수 있도록 하여 정신적 어려움을 극복할 수 있게 할 필요가 있다.

벡은 자신의 경험에 대한 가장 중심적인 믿음, 즉 핵심믿음이 개인의 자동적 사고를 결정하는 가장 기초자료가 된다고 보았다. 이러한 핵심믿음 형성과정에서 발생하는 자동적 사고가 왜곡되어 있어 자신에게 고통을 준다면 정신건강에서 어려움에 직면할 수 있다고 보았다. 따라서 건강한 성격 형성을 위한 방안으로 자신의 인지적 사고에 대한 타당성을 시험하고 행동 변화를 위한 개념화 작업을 할 필요가 있음을 제안하였다.

8. 인간중심이론

로저스(Carl Rogers, 1902~1987)는 인간은 내면의 잠재 능력을 발현하여 가치 있는 존재로 성장한다는 실현경향성을 가지고 태어난 존재이며, 무조건적 수용과 공감을 경험한다면 부적응 행동을 수정하여 긍정적인 변화를 이끌어 낼 수 있다고 보았다. 인간중심치료는 무의식보다 주관적 자기인식을 중시하는 현상학적 입장에 기반을 두고 있으며, 동일한 사건일지라도 개인마다 지각하는 경험이 다르므로 개별적인 현상학적 장이 존재한다고 믿었다. 그러므로 인간을 이해하기 위해서는 주관적인 현상학적 장에서 벗어나 상대방의 현상학적 장을 받아들이는 접근이 필요하다고 하였다. 따라서 이 장에서는 기존의 심리치료 이론과 달리 인간적 자질에 초점을 둔 인간중심치료의 주요개념을 중심으로 이론에 대해 알아보고자 한다.

1) 주요인물

인간중심이론의 창시자는 로저스이다. 로저스는 1902년 미국 시카고 근교의 오크파크에서 5남 1녀 중 넷째로 태어났다. 로저스의 아버지는 자녀들에게 농장에서 그들만의 공간을 만들어 갈 수 있는 환경을 만들어 주었는데, 그러한 경험으로 인해 로저스는 위스콘신 대학교의 농학 분야 학과로 입학하게 되었다. 대학 2학년 때 로저스는 농업에서 역사로 전공을 바꾸게 되었는데, 이는 종교에 대한 관심이 높아지면서 역사학이 종교를 공부하는 데 많은 도움이 될 것이라 생각했기 때문이다. 역사학과를 졸업한 후 뉴욕의 유니온 신학교에 입학했던 로저스는 작은 교회 목사로 일을 시작하였으나, 타인에게 무엇이가를 강요하는 것에 대한 회의감을 느끼게 되어 근교 컬럼비아 대학교 사범대학에서 임상심리학 관련 과목들을 수강하면서 또 다른 전공에 대해 관심을 가지게 되었다. 그 후 컬럼비아 대학교 임상 및 교육심리학을 공부하게 되었다. 1928년 그는 로체스터(Rochester) 협회에서 일하면서 부적응 아동과 결손 아동을 상담하면서 지금까지 배워 온 이론들은 현실에서 즉각 사용할 수 없다는 것을 느끼고, 오로지 도움을 구하는 사람들에게 집중하며 자신의 이론과 생각을 개발해 나갔다. 1939년 오하이오 주립대학교 교수가 되면서 새로운 터전에서 연구를 시작하였다. 그는 '심리치료의 새로운 개념'이라는 제목의 강연을 통해 지식적 상담이 주류였던 그 시대의 상담 방법을 비판하였고, 1942년『상담과 심리치료』라는 책을 출판하면서 자신의 상담이론을 확장해 나갔다. 1961년 자신의 그의 다섯 번째 저서인『진정한 사람 되기』는 일반인들에게도 내담자 중심 원리들이 적용될 수 있도록 저술된 책이었으며, 이후『학습의 자유』『참만남 집단에 관한 칼 로저스』책을 통해 그의 이론은 확고하게 자리 잡게 된다. 이러한 위대한 업적을 남긴 그는 1987년 사망하였다.

2) 주요개념

(1) 자기

　　자기(self)는 자기 자신에 대해 가지는 이미지, 즉 자아상을 의미한다. 인간은 성장하면서 무수히 많은 사람과 상호작용하며 살아가고, 타인과 상호작용하거나 나의 삶을 조정당하는 과정에서 자신에 대한 타인의 기대치를 충족시키지 못하는 무능력감에 좌절하며, 낮은 자아개념을 형성하기도 한다. 이러한 과정을 통해 형성된 자아개념은 나의 삶 전반에 영향을 미치게 된다. 자기는 하나로 고정되어 평생을 가는 것이 아닌 예측 불허한 다양한 사건과 상호작용하면서 끊임없이 변화해 나간다. 긍정적 자아개념을 가진 사람은 타인도 자신을 가치 있다고 생각할 것이라 믿고, 타인과의 소통에서도 당당하고 안정감 있는 관계를 맺을 수 있다. 이에 반해, 부정적 자아개념을 가진 사람은 자신을 하찮게 보기 때문에 타인도 자신을 가치 없는 사람이라고 인식한다고 믿는다. 이로 인해 타인과 의사소통에서 자신감이 낮고 그들에게 이끌려 다니거나 깊은 관계를 맺는 데 어려움을 가진다. 이러한 자아개념은 현실적 자기(real self)와 이상적 자기(ideal self)로 구분된다. 현실적 자기는 현재 자신의 모습에 대해 가지는 자아상이고, 이상적 자기는 자신이 되고 싶은 모습에 대해 가지는 자아상을 말하는데, 이 두 자아상 간 차이가 클수록 성격 형성에 부정적 영향을 미치게 된다(김춘경 외, 2016).

(2) 자아실현경향성

　　인간 삶의 원동력이자 개인을 성장시키는 동기가 모든 개체에 있다고 믿었는데, 로저스는 이를 실현경향성(actualizing tendency)이라 불렀다(Geller, 1982). 인간은 어떠한 후천적 · 환경적 압력 없이도 자기 자신을 건설적 방향으로 성취해 나가고자 하는 실현경향성을 선천적으로 가지고 태어난다는 것이다. 즉, 자아경향성은 자신의 모든 기능을 유지하고 개발, 발전시키기 위한 기본 욕구이자, 더 나은 자신이 되고자 노력하는 삶의 힘인 것이다. 모든 인간은 실현경향성이 있기 때문에 자신에게 주어진 상황에 최선을 다하여 살아가며, 삶 속에 직면하게 되는 방해와 고통을 극복할 수 있는 힘 또한 실현경향성을 통해 나온다고 보았다(Kvalsund, 2003). 로저스는 실현경향성이 환경의 도움 없이 누구나 가지고 태어나는 선천적인 것이지만, 환경에 의해 방해될 수 있으므로 적절한 환경이 뒷받침될 필요가 있다고 보았다.

(3) 현상학적 장

현상학적 장(phenomenological field)이란 한 개인의 경험적 세계 혹은 주관적 체험의 세계, 즉 개인이 주관적으로 인식하고 경험하는 모든 것을 의미한다. 동일한 현상에 대해 사람들마다 다양하게 지각하고 해석하기 때문에 로저스는 이 세상에는 주관적 현실인 현상학적 장만이 존재한다고 보았다(Rogers, 1956). 우리가 타인의 사고나 행동이 잘 이해되지 않는 경우 대부분은 현상학적 장의 차이 때문이다. 즉, 내가 살아온 주관적 경험과 상대방이 살아온 주관적 경험은 상이하고, 서로 간교차점이 있을 수 있지만 양극단의 전혀 다른 부분도 존재하기 때문이다.

(4) 가치의 조건화

가치의 조건화(conditions of worth)란 나의 가치가 어떠한 조건에 의해 달라진다는 것을 의미한다(Proctor, 2020). 인간은 존재하는 것만으로도 가치가 있지만, '공부를 잘하면 가치가 있는 사람이고, 공부를 못하면 가치 없는 사람이다'와 같이 자신의 가치에 조건을 붙이게 된다. 인간에게는 타인과 자신에게 긍정적 존중을 받고자 하는 욕구가 내포되어 있다. 특히 어린 시절 심신이 성장하는 과정에서 타인에게 '긍정적 자기존중' 혹은 인정받고자 하는 욕구가 매우 높다. 하지만 우리는 선택적으로 긍정적 존중을 받게 되는 경우가 많으며, 중요한 타인에게 긍정적 존중을 선택적으로만 받는 개인은 자기존중을 지속적으로 유지하기 힘들어진다. 예를 들어, 한 아이가 자신이 명랑할 때, 울지 않고 씩씩할 때, 공부를 잘할 때만 부모의 사랑을 받는다고 가치에 조건화를 하게 된다. 이러한 경우 친구와 싸웠을 때, 울고 싶을 때, 성적이 좋지 않을 때 자기존중이 낮아지게 되는 것이다. 이런 과정을 통해 인간은 가치 조건화의 희생양이 된다. 이러한 가치의 조건은 인간이 주관적으로 경험하는 사실을 왜곡하고 부정하게 만들어 한 개인의 자아실현경향성을 방해하는 주요한 요인이 될 수 있다.

(5) 긍정적 태도

로저스는 모든 인간은 스스로 발전하고 성장하려는 실현경향성을 가지고 있기 때문에 개인의 실현경향성을 성취하도록 북돋아 주고, 진정한 자기를 표현할 수 있도록 적절한 환경을 제공해 줄 필요가 있음을 제안하였다. 이를 위한 세 가지 태도는 무조건적인 긍정적 존중, 공감적 이해, 진실성이다(Rogers, 1986).

① 무조건적 긍정적 존중

로저스는 상대방과 생산적인 관계를 발전시키기 위한 방법으로 그들의 성향과 특성을 존중할 필요가 있음을 제안하였다. 무조건적 긍정적 존중(unconditional postive regardregard)이란 조건, 행동, 감정과 상관없이 무조건적 가치를 지닌 사람으로 그를 하나의 고유한 인간으로 따뜻하게 존중하는 것을 의미한다(Iberg, 2001). 상대방이 표현하는 분노, 적의, 사랑, 자부심 등의 어떠한 감정이든 느낄 수 있도록 기꺼이 허용하고 소유하지 않고 배려를 전달해야 한다. 상대방에 대한 무조건적 긍정적 존중은 그들 스스로 자신을 탐색하고 진정한 자기를 발견할 수 있게 돕는 역할을 한다.

② 공감적 이해

공감적 이해(empathic understanding)란 개인의 현상학적 장에서 일어난 일을 이해하고 반응하는 것을 말한다. 즉, 상대방의 경험에 대해 자신의 현상학적 장의 틀을 기반으로 한 주관적 입장으로 이해하는 것이 아니라 상대방의 입장에서 이해하는 것이다. 로저스는 공감이 소외감을 해소하고 자기 자신이 있는 모습 그대로 가치 있고 존중받으며, 수용된다는 느낌을 갖게 한다고 보았으며, 평가 없이 들어 주는 느낌은 강력한 치유적 작용을 하기 때문에 자신의 개성과 정체감을 느낄 수 있게 한다고 보았다(Rogers, 1975).

③ 진실성

진실성(congruence)은 자신의 개인적인 가면을 벗고 자신 안에 존재하는 다양한 감정과 태도를 말과 행동으로 기꺼이 그렇게 되기를 바라고 표현하는 것이다. 자신 안에 있는 참된 진실이 상대방에게 제공되면 그에 따라 또 다른 사람은 성공적으로 그 안에서 진실을 발견할 수 있게 된다. 상대방의 이야기가 너무 불편하고 답답하다고 느껴질 때 겉으로는 인자한 미소를 짓고 상대를 격려해 주는 것을 진술한 모습이 아니라 진실성이 떨어지는 것이다. 진정으로 상대방을 이해하지 못했다고 인정했을 때 사람이 불완전함을 가져도 여전히 괜찮을 수 있다는 것을 상대방이 깨닫도록 하는 것이 중요하다. 사람은 진실성을 가지는 상대방과 함께 있을 때 자신의 내면을 쉽게 들여다볼 수 있으며, 자신의 이야기를 하는 것에 불편함을 느끼지 않아 내면을 잘 통찰할 수 있게 된다.

3) 건강한 사람들의 특성

로저스는 정신건강에서 어려움을 느끼는 사람들은 자아실현경향성에 문제가 있다고 보았다. 즉, 인간은 자신의 실현경향성과 자신에 대한 주변 사람들의 기대 혹은 욕구가 균형을 이루지 못할 때 신경증을 경험하게 되는 것이다. 자기 자신의 실현경향성보다 주변 사람들의 욕구를 높이 살 때, 자신에 대한 스스로의 관점과 타인의 관점 사이에서 불균형이 생기게 된다고 보았다. 또한 실제의 자기와 이상적 자기 간 간극이 큰 경우 병리적 성격을 형성된다고 보았다. 따라서 로저스는 최적의 심리적 적응 및 성숙을 위해 자아실현경향성을 향상시키고, 현실적 자아와 이상적 자기 간 간극을 줄일 필요가 있다고 보았다. 로저스는 최적의 심리적 적응 및 성숙을 이룩한 사람들에 대해 '충분히 기능하는 사람'이라고 명명하였으며, 그 특성들을 다음과 같이 제시하였다(Rogers, 1963).

- 경험에 개방적이다: 어떤 일을 경험하는 데 방어적이지 않으며, 자신의 다양한 감정에 개방적이다.
- 실존적인 삶을 살아간다: 현재에 충실하게 살아가며, 매 순간 주의를 기울인다.
- 자신의 유기체를 신뢰한다: 주어진 상황에서 어떻게 반응하고 행동할지 결정할 때 자신의 느낌을 가장 중요시한다.
- 창의적이다: 새롭고 다양한 경험에 대해서 개방적이고, 새로운 모험에 긍정적으로 도전한다.
- 다른 사람에 비해 더욱 풍부한 삶을 만든다: 긍정적 감정을 충분히 경험하며 도전적이고 흥미진진하며, 의미 있는 삶을 살아간다.

참고문헌

권석만(2015). 현대 성격심리학. 서울: 학지사.

권석만(2017). 인간이해를 위한 성격심리학. 서울: 학지사.

김춘경, 김숙희, 최은주, 류희서, 조민규, 장효은(2019). 활동을 통한 성격심리학의 이해. 서울: 학지사.

김춘경, 이수연, 이윤주, 정종진, 최웅용(2016). 상담의 이론과 실제(2판). 서울: 학지사.

이부영(1999). 그림자. 서울: 한길사.

이죽내(2005). 융 심리학과 동양 사상. 서울: 하나의학사.

Adler, A. (1966). *Menschenkenntnis*. Frankfurt/M, Germany: Fischer.

Adler, A. (1973). *Der Sinn des Lebens*. Frankfurt/M, Germany: Fischer.

Adler, A. (1987). *What life should mean to you*. 설영환 역. 아들러 심리학 해설. 서울: 선영사. (원저는 1981년 출간).

Adler, A. (2014). Individual psychology. In *An introduction to theories of personality* (pp. 83–105). London, UK: Psychology Press.

Ainsworth, M. D. S., Blehar, M. C., Waters, E., & Wall, S. (1978). *Patterns of attachment: Assessed in the strange situation and at home*. Hillsdale, NJ: Erlbaum.

Bandura, A. (1978). The self system in reciprocal determinism. *American Psychologist, 33*(4), 344–358.

Bandura, A., Freeman, W. H., & Lightsey, R. (1999). *Self-efficacy: The exercise of control*. New York, NY: W. H. Freeman.

Bandura, A., Grusec, J. E., & Menlove, F. L. (1966). Observational learning as a function of symbolization and incentive set. *Child Development*, 499–506.

Bandura, A., & Walters, R. H. (1977). *Social learning theory* (Vol. 1). Englewood Cliffs, NJ: Prentice Hall.

Beck, A. T., & Clark, D. A. (1997). An information processing model of anxiety: Automatic and strategic processes. *Behaviour Research and Therapy, 35*(1), 49–58.

Beck, J. S., & Beck, A. T. (2011). *Cognitive behavior therapy: Basics and beyond*. New York, NY: Guilford Publication.

Bowlby, J. (1988). *Clinical applications of attachment: A secure base*. London, UK: Routlege.

Bretherton, I. (1992). The origins of attachment theory: John Bowlby and Mary Ainsworth. *Developmental Psychology, 28*(5), 759–775.

Casement, A. (Ed.) (2001). *Carl Gustav Jung* (Vol. 11). Thousand Oaks, CA: Sage.

Chancer, L. S., & Shapiro, A. J. (2021). Consciousness and unconsciousness. In *Handbook of classical sociological theory* (pp. 583–603). New York, NY: Springer Cham.

Clark, R. E. (2004). The classical origins of Pavlov's conditioning. *Integrative Physiological & Behavioral Science, 39*(4), 279–294.

Compton, A. (1972). A study of the psychoanalytic theory of anxiety: I. The development of Freud's theory of anxiety. *Journal of the American Psychoanalytic Association, 20*(1), 3–44.

Compton, A. (1981). On the psychoanalytic theory of instinctual drives: I. The beginnings of Freud's drive theory. *The Psychoanalytic Quarterly, 50*(2), 190–218.

Cpagett (2016). Strange situation. Storyboard That, 2016. 10. 18., www.storyboardthat.com/storyboards/cpagett/strange-situation

Delprato, D. J., & Midgley, B. D. (1992). Some fundamentals of BF Skinner's behaviorism. *American Psychologist, 47*(11), 1507–1520.

Dozois, D. J., & Beck, A. T. (2008). Cognitive schemas, beliefs and assumptions. *Risk Factors in Depression*, 119–143.

Ellis, A. (1991). The revised ABC's of rational-emotive therapy (RET). *Journal of Rational-emotive and Cognitive-behavior Therapy, 9*(3), 139-172.

Ellis, A. (1997). Must musturbation and demandingness lead to emotional disorders? *Psychotherapy: Theory, Research, Practice, Training, 34*(1), 95-98.

Ellis, A. (2000). Can rational emotive behavior therapy (REBT) be effectively used with people who have devout beliefs in God and religion? *Professional Psychology: Research and Practice, 31*(1), 29-33.

García-Hoz, V. (2003). Signalization and stimulus-substitution in Pavlov's theory of conditioning. *The Spanish Journal of Psychology, 6*(2), 168-176.

Geller, L. (1982). The failure of self-actualization theory: A critique of Carl Rogers and Abraham Maslow. *Journal of Humanistic Psychology, 22*(2), 56-73.

Goldberg, J. F., Gerstein, R. K., Wenze, S. J., Welker, T. M., & Beck, A. T. (2008). Dysfunctional attitudes and cognitive schemas in bipolar manic and unipolar depressed outpatients: Implications for cognitively based psychotherapeutics. *The Journal of Nervous and Mental Disease, 196*(3), 207-210.

Gordan, M., & Krishanan, I. A. (2014). A review of BF Skinner's reinforcement theory of motivation. *International Journal of Research in Education Methodology, 5*(3), 680-688.

Graham, P., & Arshad-Ayaz, A. (2016). Learned unsustainability: Bandura's Bobo doll revisited. *Journal of Education for Sustainable Development, 10*(2), 262-273.

Harlow, H. F., & Zimmermann, R. R. (1959). Affectional response in the infant monkey: Orphaned baby monkeys develop a strong and persistent attachment to inanimate surrogate mothers. *Science, 130*(3373), 421-432.

Harris, B. (1979). Whatever happened to little Albert? *American Psychologist, 34*(2), 151-160.

Holmes, J. (1993). Attachment theory: A biological basis for psychotherapy? *The British Journal of Psychiatry, 163*(4), 430-438.

Holt, R. R. (1989). *Freud reappraised: A fresh look at psychoanalytic theory.* New York, NY: Guilford Press.

Iberg, J. R. (2001). Unconditional positive regard: Constituent activities. *Rogers' Therapeutic Conditions: Evolution, Theory and Practice, 3*, 155-171.

Jung, C. G. (1936). The concept of the collective unconscious. *Collected Works, 9*(1), 99-140.

Jung, C. G. (1995). *Man and his symbols.* 정영옥 역. 사람과 상징. 서울: 도서출판까치. (원저는 1968년 출간).

Jung, C. G. (2014). *Four archetypes.* London, UK: Routledge.

Jung, C. G. (2021). *Dream symbols of the individuation process: Notes of CG Jung's seminars on Wolfgang Pauli's dreams* (Vol. 17). Princeton, NJ: Princeton University Press.

Kast, V. (2012). Anima/animus. In *The handbook of Jungian psychology* (pp. 127-143). London, UK: Routledge.

Kvalsund, R. (2003). *Growth as self-actualization: A critical approach to the organismic metaphor in Carl Rogers' counseling theory.* Trondheim, Norway: Tapir Academic Press.

McLeod, S. A. (2007). BF Skinner: Operant conditioning. Retrieved 2009. 9. 9., 115-144.

Miserandino, M. (2011). *Personality psychology: Foundations and findings.* New York, NY: Pearson Higher Education.

Natsoulas, T. (2001). The freudian conscious. *Consciousness & Emotion, 2*(1), 1-28.

Neher, A. (1996). Jung's theory of archetypes: A critique. *Journal of Humanistic Psychology, 36*(2), 61-91.

Ollendick, T. H., Thomas, M., Sherman, P. M., & King, N. (2012). *Conditioned emotional reactions: Beyond Watson and Rayner's Little Albert.* London, UK: Sage.

Proctor, C. (2020). Conditions of worth (Rogers). In *Encyclopedia of personality and individual differences* (pp. 820-823). New York, NY: Springer Cham.

Rogers, C. R. (1956). Client centered theory. *Journal of Counseling Psychology, 3*(2), 115-120.

Rogers, C. R. (1963). Actualizing tendency in relation to "Motives" and to consciousness. In M. R. Jones (Ed.), *Nebraska symposium on motivation* (pp. 1-24). Lincoln, NE: U. Nebraska Press.

Rogers, C. R. (1975). Empathic: An unappreciated way of being. *The Counseling Psychologist, 5*(2), 2-10.

Rogers, C. R. (1986). Reflection of feelings. *Person-Centered Review, 1*(4), 375-377.

Rüedi, J. (2000). Gemeinschaftsgefühl. In *Wörterbuch der Psychotherapie* (pp. 234-234). Vienna, Austria: Springer.

Schulz, O. (1990). *Theory of personality*. Pacific Grove, CA: Brook/Cole.

Schunk, D. H., & DiBenedetto, M. K. (2016). Self-efficacy theory in education. In *Handbook of motivation at school* (pp. 34-54). London, UK: Routledge.

Skinner, B. F. (1971). Operant conditioning. *The Encyclopedia of Education, 7*, 29-33.

Tobacyk, J., & Milford, G. (1982). Criterion validity for Ellis' irrational beliefs: Dogmatism and uncritical inferences. *Journal of Clinical Psychology, 38*(3), 605-607.

3장

발달이론과 정신건강

인간은 보편적 발달단계를 통해 성장해 나간다. 정신적으로 건강한 사람은 자신이 해당하는 발달단계에 적절한 신체적 · 인지적 · 정서적 · 행동적 균형을 이루며 성장한다. 따라서 발달단계의 각 특성을 이해하는 것은 발달과정에서 발생할 수 있는 정신건강의 문제를 이해하고, 나아가 문제를 예방하며, 정신건강을 증진시킬 수 있는 방안을 탐색하는 데 도움이 된다. 발달이론과 관련하여 이 장에서는 프로이트의 심리성적 발달이론, 매슬로의 욕구위계이론, 에릭슨의 심리사회적 발달이론, 피아제의 인지발달이론, 콜버그의 도덕성 발달이론, 로빙거의 자아발달이론, 브론펜브레너의 생태체계이론을 다루고 있다.

1. 프로이트의 심리성적 발달이론

1) 주요인물

지그문트 프로이트(Sigmund Freud)는 1856년 체코공화국의 모라비아에서 중산층 유대인 가정에서 태어났고, 태어난 직후 비엔나로 이주해서 생애 대부분을 지냈다. 가족으로는 이복형 2명이 있으며, 그의 어머니와 아버지가 낳은 8남매 중 맏이로 태어났다. 프로이트는 명석한 두뇌와 강한 자신감 때문에 어머니의 편애를 받았으며, 1886년에는 마르타 베르나이스(Martha Bernays)와 결혼하여 6명의 자녀를 두었다. 1897년에는 아버지의 사망에 대한 심한 죄책감으로 인해 우울증과 불안에 사로잡히게 되면서 이후 자기분석을 시작하게 되었다. 이러한 자기분석을 통해

프로이트(1856~1939)

1900년에는『꿈의 해석(Die Traumdeutung)』이라는 저서를 출판하였다. 노년기에는 나치 정권에 의해서 연구를 금지당하였고, 저서가 불태워지기도 하였다. 이후 1937년에 런던으로 망명하였으며, 그 이듬해 사망하였다.

2) 발달단계

프로이트의 심리성적 발달이론은 5단계로 나누어진다.

1단계는 구순기(구강기, oral stage)로, 출생 직후부터 대략 18개월까지에 해당한다. 이 시기에는 리비도(libido)가 입에 집중되어 있어 주로 빠는 행위를 통해 쾌감을 충족한다. 구순기 초기에 욕구에 대한 만족이 결핍되면 구강 협응적 성격이 나타날 수 있으며, 구순기 후기에 만족이 결핍되면 구강 가학적 성격이 나타날 수 있다.

2단계는 항문기(anal stage)로, 18개월에서 만 3세에 해당한다. 항문기는 리비도가 항문의 괄약근 조정에 집중되어 있으며, 대소변 훈련을 하는 시기이다. 이 시기에는 부모의 통제를 받고 사회의 기대를 반드시 지켜야 하는 갈등을 경험하게 된다. 항문기 아동의 욕구가 지나치게 좌절되면 완벽주의적인 청결과 질서에 집착하게 되는 인색한 항문기 보유 성격을 지니게 된다. 반면, 욕구가 과도하게 충족되면 감정적이고 분노를 잘 느끼며 무질서한 항문 폭발적 성격이 나타나게 된다.

3단계는 남근기(phallic stage)로, 만 3~6세 사이의 시기이며 리비도가 성기로 옮겨 간다. 남근기에는 부모와의 삼각관계 속에서 복잡한 심리적 갈등을 경험하는 시기로 오이디푸스 콤플렉스(oedipus complex)가 나타난다. 이러한 오이디푸스 위기의 원만한 극복을 통해 건강한 성정체감 형성, 초자아와 자아의 발달 그리고 건강한 이성관계를 맺을 수 있는 능력이 발달하게 된다.

4단계는 잠복기(latent stage)로, 6세부터 사춘기 이전까지에 해당한다. 이 시기에는 성적인 에너지가 잠시 잠복해 있고 지적 활동이나 운동 등 집 밖에서의 사회적 활동에 많은 에너지를 투입하게 된다. 오늘날에는 아동의 신체적 · 인지적 · 사회적 · 정서적 발달에 있어서 중요한 시기라고 여겨지고 있다.

마지막으로 5단계는 성기기(genital stage)로, 사춘기 또는 청소년기 이후 전 생애에 걸쳐 계속되는 시기이다. 이 시기에는 리비도가 성기에 집중되며 이성에 대한 관심이 커지게 된다. 또한 부모로부터 심리적 독립과 자기정체성을 확립해야 하는 시기로, 성기기 이전의 발달단계에서 해결되지 않은 의존적 감정과 오이디푸스 갈등이 다시 나타날 수 있다. 이 단계까지 성공적으로 거친 사람들은 사랑하고 일할 수 있는 심리적으로 건강한 사람이 될 수 있다.

2. 매슬로의 욕구위계이론

1) 주요인물

에이브러햄 매슬로(Abraham Maslow)는 유대인 부모 아래 7남매 중 장남으로 태어났다. 1930년대 초 대학원 시절에는 알프레드 아들러(Alfred Adler)의 영향을 받았으며, 1930년대 말에서 1940년대 초반에는 히틀러를 피해서 온 에리히 프롬(Erich Fromm), 막스 베르트하이머(Max Wertheimer), 카렌 호나이(Karen Horney), 루스 베네딕트(Ruth Benedict) 등 유럽 지성계의 중심인물들과의 지적 교류를 통해 후기 인본주의적 견해의 토대를 이루는 데 큰 영향을 받았다. 제2차 세계대전의 경험을 통해 인간의 존재는 증오

매슬로(1908~1970)

및 편견과 파괴의 대상이 아니라 진리와 선(善), 아름다움, 숭고한 이상을 추구하는 무한한 잠재력을 지닌 존재임을 증명하고자 하였다. 이러한 과정을 통해 매슬로는 미국 심리학계 인본주의 운동의 가장 영향력 있는 인물이 되었으며, 1970년에 심장마비로 사망하였다.

2) 발달단계

욕구위계이론은 개인의 욕구를 강도의 순서에 따라 생리적 욕구, 안전 욕구, 소속감과 사랑의 욕구, 존중의 욕구, 자아실현의 욕구 순서로 다섯 가지의 타고난 욕구를 제시하였다. 욕구의 단계는 한 개인이 더 높은 단계로 올라갈수록 더 풍부한 개성과 인정, 심리적 건강 등을 가지게 된다. 욕구위계에서 아래의 욕구는 그 위의 욕구가 충족되기 전에 충족되어야 한다. 매슬로는 최고의 욕구단계로 자아실현의 욕구를 제시하였는데, 인간은 자신의 삶에서 자아실현을 위한 기회를 충분히 가지게 된다. 자아실현은 인간 본성의 고유한 것으로, 인간 존재가 자신의 고유성을 회복하는 것이기도 한다. 인간은 사실 자신의 가장 뛰어난 면, 능력과 재능, 추진력, 창조성 등을 두려워하는데, 이는 자아실현이 충족감을 주기는 하나 동시에 미지의 것에

대한 두려움과 책임감을 함께 일으키기 때문이라고 보았다.

1단계는 생리적 욕구단계로, 인간의 욕구 중에서 가장 기본적이면서 가장 강력한 욕구이다. 유기체의 생존과 유지에 관련된 생리적 욕구는 인간이 더 높은 단계의 욕구로 동기부여되기 전에 어느 정도 만족이 되어야 하는 욕구이다. 이러한 생리적 욕구가 제대로 충족되지 못하면 인간의 욕망을 지배하여 더 높은 수준의 목표를 추구하지 못하도록 가로막을 수 있다.

2단계는 안전 욕구단계로, 생리적 욕구가 만족된 후 확실성이나 정돈, 조직, 예측성 등에 대한 요구를 만족시키려고 하는 욕구이다. 이 욕구는 유아나 어린 아동에게서 많이 나타나고, 어린 시절을 지나 성인기까지 큰 영향을 미친다. 의식주의 해결을 목표로 하는 직업이나 저축, 보험가입 등의 선호는 부분적으로 안전의 추구라는 동기부여의 영향을 받는 것이다. 종교나 철학 등도 자신의 세계를 구축하며 어떤 사유 체계 안에 다른 이들과 함께 속함으로써 안전감의 욕구를 충족하게 한다. 실직, 전쟁, 범죄, 자연재해, 사회조직의 해체 등의 상황에 직면할 때도 개인의 안전 욕구가 두드러지며, 정서가 불안정한 성인들은 안전 욕구가 우세하여 어느 정도의 규제와 조직이 주는 질서를 필요로 한다.

3단계는 소속감과 사랑 욕구단계로, 생리적 욕구와 안전 욕구가 충족되면 다음으로 소속감과 사랑의 욕구가 생기게 된다. 이 단계에서 인간은 타인과의 애정 관계, 가족 내에서의 위치, 준거집단 등을 갈망하게 된다.

4단계는 존중의 욕구단계로, 사랑을 받고 사랑하고자 하는 욕구가 충족되면 존중의 욕구가 생기게 된다. 자기존중과 다른 사람으로부터의 존중 등 두 가지로 나타나게 되는데, 존중의 욕구는 자신감, 자기존중, 힘, 능력, 세상에서 유용하고 필요하다는 느낌 등을 가져오며, 반대로 이러한 욕구의 좌절은 열등감, 어리석음, 약함, 무력감 등을 가져온다. 가장 건강한 자존심은 명성이나 지위 등에서가 아닌 다른 사람들로부터 얻어 내는 존경에 근거한다고 강조한다.

5단계는 자아실현의 욕구단계로, 발달의 가장 마지막 단계이면서 최고의 단계이다. 앞서 네 단계의 모든 욕구가 충분히 만족된다면 자아실현의 욕구가 등장하게 되는데, 자아실현은 자기가 성취할 수 있는 모든 것을 성취하려는 욕구로 설명한다.

욕구위계단계에서 제시한 건강한 성격은 욕구위계의 원만한 충족과 발달에 있는 것으로 보았다. 건강한 성격은 욕구위계의 최상위 단계인 자아실현을 잘 이루어 낸

자아실현의 욕구

존중의 욕구

소속감과 사랑의 욕구

안전 욕구

생리적 욕구

그림 3-1 매슬로의 욕구위계단계

사람들을 통해 알 수 있다. 결손 동기뿐 아니라 성장 동기 역시 만족되어야 인간은 심리적 건강을 유지하고, 완전한 성장을 이룰 수 있다고 보았다. 완전한 성장에 이르지 못하는 것에서 오는 병을 '메타 병리(meta pathologies)'라 하며, 소외, 우울, 냉소, 무관심 등을 보다 높은 단계의 정신적 불안의 예로 들 수 있다.

3. 에릭슨의 심리사회적 발달이론

1) 주요인물

에릭 에릭슨(Erik Erikson)은 독일의 프랑크프루트에서 태어났으며, 부모는 그가 태어나기 전 이혼한 상태였다. 아버지는 그가 태어난 지 얼마 뒤 사망하였고 어머니는 에릭슨이 3세 때 재혼을 하였다. 에릭슨은 고등교육을 제대로 받지 못하였으나 안나 프로이트(Anna Freud)의 지도를 받으며 정신분석에 대한 매력을 느꼈다. 그는 1950년에 첫 번째 저서인『아동기와 사회(Childhood and Society)』의 출판으로 미국 자아심리학(ego psychology)의 대표자로 인정받았다. 1960년에는 하버드 대학교의 인간발달 전공

에릭슨(1902~1994)

교수로 다시 취임하게 되었고, '인생 주기'라는 과목을 가르쳤다. 그는 1994년에 사망하였다.

2) 발달단계

에릭슨의 심리사회적 발달이론은 8단계로 나누어진다.

1단계는 0~1세에 해당하며, 신뢰감과 불신감이 형성되는 단계로, 프로이트의 구강기에 해당하는 시기이다. 이 시기에 신뢰감을 얻을 수 있는 능력의 정도는 어머니로부터 받는 양육의 질(quality)에 따라 결정된다고 보았다. 신뢰감은 어머니가 어린 자녀에게 친밀감과 일관성, 지속감, 동일성 등의 경험들을 베풀어 주는 능력과 관련되어 있다. 반면, 불신감은 어머니가 관심의 초점을 아기에게 두지 않을 때 증가된다. 유아의 건강한 성장 발달은 신뢰감과 불신감의 적절한 비율로부터 오는데, 신뢰감과 불신감 간의 갈등이 성공적으로 해결되어 얻어진 심리사회적 능력 혹은 덕성은 희망이다.

2단계는 1~3세에 해당하며, 자율성 대 의심 및 수치심이 형성되는 단계로, 프로이트의 심리성적 발달단계에서는 2~3세 시기의 항문기에 해당한다. 이 시기는 소유 혹은 관용이라는 사회적 양식(social mode)을 선택하는 시기로, 심리사회적 위기의 극복은 유아가 자기 삶에 영향을 미치는 활동들을 자유롭게 조절하도록 허용하는 부모의 의지에 달려 있다고 보았다. 자율성이란 '자유의 정도'를 유지하는 것을 의미하며, 수치심은 자율성을 행사하도록 허용하지 않을 때 유아의 분노가 내면으로 향해 얻는 경험과 유사하다고 하였다. 이 시기에 얻어지는 심리사회적 덕목은 의지이다. 수치심이나 의혹, 분노와 같은 경험에도 불구하고 자기억제와 자유 선택을 행사하려는 꺾이지 않는 결정을 의지력으로 보았다.

3단계는 3~5세에 해당하며, 주도성 대 죄의식이 형성되는 단계로, 프로이트의 남근기에 해당한다. 이 시기에는 '유희 연령'으로 불리는 학령기 전 아동이 심리사회적 갈등을 경험하는 시기로, 죄의식을 바람직하게 극복하고 주도성을 지닌 채 이 단계를 지나갈 것인지에 대한 여부는 부모가 유아의 주도적 행동에 어떻게 반응하는가에 달려 있다. 반면, 부모가 자녀의 호기심을 인식하고 금지하지 않을 때 주도성은 더 조장되며, 성공적 발달은 유아의 행동이 목표지향성을 갖도록 하는 것으로 보았다. 이 시기에 얻어지는 심리사회적 덕목은 목적이다.

4단계는 6~11세에 해당하며, 근면성 대 열등감이 형성되는 단계이다. 이는 프로이트의 심리성적 발달단계에서 잠복기에 해당하며, 아동은 처음으로 형식적 교육을 통하여 문화에 대한 기초기능을 배우게 된다. 또한 이성 부모에 대한 사랑과 동성 부모에 대한 경쟁의식이 승화되고, 배우려는 의욕과 생산적인 태도를 지니게 된다. 학교에 다니며 문화적 기술을 이해하기 시작할 때 근면성이 발달하는데, 근면성은 개인적·사회적으로 의미 있는 목표를 추구하는 가운데 사회환경에 적극적인 영향을 발휘할 수 있는 자신감을 의미한다. 이 시기에는 부모와 교사, 주변인들의 칭찬과 격려로 아동의 근면성을 발달시키고, 무관심이나 조롱과 꾸중은 열등감을 느끼게 한다. 이 시기에 얻어지는 심리사회적 덕목은 능력이다.

5단계는 12~18세에 해당하며, 자아정체감 대 역할혼돈이 나타나는 단계이다. 인생 주기에서 다섯 번째인 청소년기는 개인의 심리사회적 발달상 매우 중요한 시기로, 자아정체감이 형성된다. 자아정체감(ego identity)은 내적 동일감과 일관성을 유지하려는 개인의 능력과 타인이 그에게서 발견하는 통일감 그리고 일관성과 일치될 때 결과적으로 생기는 자신감이다. 불행한 어린 시절의 경험이나 현재의 사회환경 때문에 정체감 발달에 실패하면 '정체감 위기'를 가져오게 된다. 이 시기에 얻어지는 심리사회적 덕목은 성실성으로, 자아정체감의 기반으로서 성실성은 사회적 습관이나 윤리, 이데올로기를 지각하고 이것을 지키려는 젊은이의 능력을 가리킨다.

6단계는 19~40세에 해당하며, 친밀감 대 고립감이 형성되는 단계이다. 공식적인 성인생활이 시작되는 시기로서 청소년기 후반부터 성인기 초기에 해당하며, 인간이 성적 친밀감과 사회적 친밀감을 가지게 되는 시기로 보았다. 친밀감은 의미와 범위가 매우 다양한데, 정서적으로 밀접한 관계에 있는 친구, 배우자, 형제자매, 부모, 친척 등과 감정을 나누어 갖는 것이다. 친밀한 관계에서 자아정체감을 융합시키는 것과 동시에 자신의 자아정체감이 상실되어선 안 된다. 진정한 의미의 친밀감이란 자기 자신에 대한 통합된 정체감을 먼저 성취하지 않으면 형성될 수 없다. 이 단계에서의 위험은 자기도취나 친밀감과 사회적 관계를 맺게 해 주는 사람들과의 관계를 회피하는 것이다. 이러한 친밀감 대 고립감의 단계를 잘 발달시키면 심리사회적 능력인 사랑이 발생하게 된다.

7단계는 40~65세에 해당하며, 생산성 대 침체성이 나타나는 단계이다. 이 단계는 중년기로서 인간의 완전한 성숙기이며, 다음 세대를 가르치고 인도하는 것에 직·간접적으로 참여하는 것이 요구되는 시기이다. 모든 단체나 조직이 인간의 생산성을 표현하고 보호하며 강화시킨다고 보았다. 중년기의 개인에게서 생산성 있는 행동이 나타나지 않으면 침체감, 권태, 대인관계의 악화 상태에 빠지게 되는데, 이 단계를 긍정적으로 발달시켜 나갈 때 배려의 능력이 발현된다.

8단계는 65세 이상에 해당하며, 자아통합 대 절망감이 형성되는 단계이다. 이 시기는 인생 주기의 마지막 단계로, 충족감과 만족감을 가지고 삶을 스스로 되돌아보게 된다면 자아통합을, 반대로 후회와 분노, 좌절감과 증오로 자신의 삶을 바라본다면 절망의 상태에 있게 된다. 이 단계에서는 성공적인 자아통합을 통해 지혜를 발현시키게 된다.

에릭슨의 심리사회적 발달이론에서 제시하는 건강한 성격의 특성을 살펴보면, 인간 성격의 8단계를 긍정적으로 발달시켜 자아정체감이 잘 발달되고, 단계별 각 덕목을 지니는 것이다. 인생의 초기 첫 단계에서 기본적 신뢰를 형성하지 못하면 후에 조현병과 같은 심각한 정신병리가 유발된다. 신경증은 성인 초기에 타인과의 친밀감을 형성하지 못한 경우에 발달하게 된다. 반면, 자아가 강한 사람은 자신을 다른 사람들에게 드러냄으로써 오는 실망이나 상처, 거부감 등에 잘 대처해 간다고 보았다.

4. 피아제의 인지발달이론

1) 주요인물

피아제(1896~1980)

장 피아제(Jean Piaget)는 1896년 스위스의 뇌샤텔에서 태어났으며, 어린 시절 생물학과 자연 세계에 깊은 관심을 가진 아이였다. 11세 때는 알비노(albino)라는 참새의 서식을 관찰하고 이에 대한 글을 써서 뇌샤텔의 박물관 학술지에 기고하였다. 초등학교 6학년 때에는 개구리의 변태에 대한 관찰을 기록한 관찰일기를 스위스의 생물학회에 제출하였다. 1920년에는 알프레드 비네(Alfred Binet)의 실험실에서 지능검사를 할 때 아동의 틀린 답이 연령에 따라 일관성 있는 유형을 나타낸다는 것을 발견하였다.

피아제는 3명의 자녀가 성장하는 과정을 지켜보면서 아동의 사고는 성인의 사고와
는 매우 다르다는 것을 발견하였고, 이는 이후 인지발달이론의 토대가 되었다. 그는
1980년 9월 84세의 나이로 사망하였다.

2) 발달단계

피아제의 인지발달이론은 타고난 인지 구조가 환경과 상호작용하여 확장, 분화,
통합, 일반화되면서 사고능력의 질적 변화가 이루어진다고 보았는데, 이는 구조주
의적 관점과 생물학적 관점을 기반으로 두고 있다. 구조주의적 관점에서는 도식(스
키마, schema)이 어떻게 결합되며, 전체적으로 조직화된 사고를 가능하게 하는지 설
명하고 있으며, 생물학적 관점에서는 도식들이 결합되는 과정을 설명하기 위해서
동화(accomodation)와 조절(assimilation), 평형화(equilibrium) 등의 생물학적인 개념
을 적용하였다. 여기서 도식은 인지의 기본 구조로 사물이나 사건에 대해 가지고 있
는 전체적인 윤곽으로서, 주위 세계를 이해하고 경험을 해석하며 조직화하는 토대
가 된다. 이러한 도식이 환경적 요구에 맞춰서 확장되어 가는 과정을 적응이라고 하
며, 동화와 조절을 통해 이루어진다. 동화는 기존의 도식을 사용해 새로운 환경적
자극을 이해하는 것이며, 조절은 기존의 도식으로 새로운 환경적 자극을 이해할 수
없을 때, 일어나는 인지 과정으로서 새로운 환경적 자극을 이해하기 위해서 기존의
도식을 변경하거나 새로운 환경적 자극에 맞는 새로운 도식을 만드는 과정이다. 인
간은 평형화를 추구하는 경향성을 가지는데, 이는 동화와 조절을 유지하는 힘이며
인지적 평형을 이루려는 경향성으로서 인지발달의 모든 단계에서 진행된다.

피아제의 인지발달이론은 4단계로 나누어진다.

1단계는 감각운동기(sensorimotor period)로, 대략 생후 2세까지의 시기에 해당한

단계: 평형 상태   불평형 상태   안정된 평형 상태

그림 3-2 평형화 추구 경향성 단계

다. 타고난 감각 능력과 신체적인 움직임을 통해서 환경에 적응한다고 하여 감각운동기라고 명명한다. 이 단계에는 빨기, 삼키기 등의 반사 활동을 통해서 환경과 접촉하면서 생각하고 환경에 적응해 나간다. 감각운동기 후반기에 접어들면 영아의 행동은 의도적이 되고 수단과 결과를 이해하게 되면서 주변 세상과 자신의 경계를 알게 된다. 감각운동기의 아동은 상징 능력이 나타나는데, 상징 능력은 하나의 사물을 표현하기 위해 다른 사물이나 말, 움직임, 이미지 등의 상징물을 사용하는 능력을 의미한다. 또한 세상을 '나'의 관점에서 지각하고 이해하고 해석하는 사고로서 자아중심적 사고가 나타나며, 경직된 사고로서 중심화와 비가역성이 나타난다. 중심화는 사물의 한 가지 특성에만 주의를 집중하고 다른 특성은 무시하는 데서 오는 비논리적인 사고의 특성이며, 비가역성은 상황의 변화에 대한 가역적 사고를 하지 못하는 것이다. 가역적 사고는 어떤 물체의 형태를 변화시키더라도 이전의 원래 상태로 다시 돌아갈 수 있다는 것을 아는 것이다.

2단계는 2~7세에 해당하는 전조작기(preoperational period)이다. 전조작기는 상징적 도식이 활발하게 발달하는 시기로, 전조작기의 후반기에 들어서면 가역적 사고를 하기 시작하면서 현재의 사물과 과거의 사물의 동일성을 인식하기 시작하는데, 전조작기 후반기의 가역적 사고와 탈중심화 경향적 사고의 시작은 청소년기의 자아정체감 발달의 기초가 된다.

3단계는 7~11세에 해당하는 구체적 조작기(concrete operational period)로, 분류하기, 숫자로 작업하기, 시간과 공간의 개념 다루기, 실체와 환상을 구분하기 등의 사고가 가능해진다. 이 시기에는 자아중심적 사고에서 벗어나 다른 사람의 관점에서 이해하는 능력이 향상되며, 효율적인 의사소통이 가능해진다. 구체적 조작기에

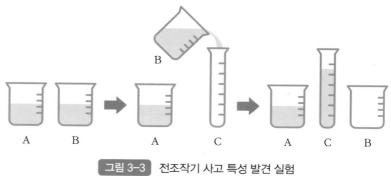

그림 3-3 전조작기 사고 특성 발견 실험

는 보존개념이 형성되는데, 보존은 외양이 바뀌어도 원래의 속성은 바뀌지 않는다는 것을 이해하는 것으로, 수, 길이, 넓이, 무게, 부피, 전체와 부분, 사물 간의 관계 등 물리적 세계를 논리적으로 이해하게 된다. 이러한 인지적 사고의 발달로, 논리적·도덕적 판단을 하기 시작하며 가족이나 친구 관계에 대해 더욱 민감하게 인식하고 반응하게 된다. 하지만 논리적 사고 대상은 현재 존재하는 구체적 대상에 국한되며, 가정적이고 추상적 개념에 대한 논리적 사고가 미숙하다.

4단계는 11세 이후의 형식적 조작기(formal operational period)로, 구체적 대상이나 사건들 간의 관계에 대한 가설적 사고가 가능하다. 또한 추상적인 개념에 대해서도 논리적 사고와 가설적 사고가 가능하며, 사건이나 사물에 대한 다양한 관점과 복합적인 관점에서의 논리적 사고도 가능하다. 또한 명제적 사고와 추상적 추론이 가능해지는데, 명제적 사고는 가설을 설정하고 이를 전제로 추론하는 사고로, 어떤 문제가 주어졌을 때 해결을 위한 일련의 가설들을 설정해 놓고 그 가설들을 하나씩 검증해 가면서 문제의 해답을 찾는 사고를 의미한다. 추상적 추론은 구체적으로 존재하는 대상뿐 아니라 구체적으로 존재하지 않는 추상적이고 가상적인 개념들에 대해서 논리적으로 사고하고, 원리를 찾으며, 나아가 이론을 형성하는 사고이다.

5. 콜버그의 도덕성 발달이론

1) 주요인물

로렌스 콜버그(Lawrence Kohlberg)는 1927년에 뉴욕의 부유한 가정에서 태어났으며, 시카고 대학교에서 「10~16세까지 사고와 선택 유형 발달(The development of modes of thinking and choices in years 10 to 16)」이라는 주제의 논문으로 1958년에 박사학위를 취득하였다. 그의 박사학위논문에는 피아제의 초기 업적을 기반으로 한 도덕적 판단력에 관한 내용을 다루고 있다. 이후에도 그는 논문 작성에 참여했던 소년들을 3년마다 면담하면서 그들의 도덕성 발달에 대해 20년간 추적하였다. 1971년에는 『인성의 도

콜버그(1927~1987)

덕 발달단계: 도덕 학습의 기초(Stages in the Moral Development of the Personality: The Basis of Moral Learning)』를 발간하였다. 1974년에는 하버드 대학교의 도덕 교육 센터 소장으로 취임하였으며, 도덕적 이상주의와 현실 간의 괴리로 인해 우울증으로 고통을 받다가 1987년에 59세의 나이로 사망하였다.

2) 발달단계

도덕성 발달단계는 행동의 옳고 그름을 판단하는 기준을 토대로 도덕성의 단계를 분류하였고, 도덕성은 사회 정의가 유지되고 증진될 수 있게 하는 개인의 인지적 · 정서적 · 행동적 특성을 가진다. 도덕성 발달은 선과 악에 대한 규범을 개인의 사고와 행동, 정서에 적용하는 과정으로서 도덕적 사고, 도덕적 정서 그리고 도덕적 행동이 함께 일어나야 한다. 도덕성 발달단계를 제시한 학자로는 피아제와 콜버그가 있다. 피아제는 인간의 도덕성이 타율적 도덕성 단계에서 자율적 도덕성 단계로 발달한다고 설명하였다. 타율적 도덕성은 규칙을 어기는 행동이 악한 것이며, 단순히 결과를 기초로 판단한다. 자율적 도덕성은 절대적인 것이 아니므로 변경될 수 있으며, 행위의 결과뿐 아니라 의도와 동기까지 고려한다. 콜버그는 피아제의 이러한 도덕성 이론을 토대로 도덕적 사고를 통해서 도덕적 행동을 할 수 있다는 전제를 가지고 인간의 도덕적 사고능력의 발달을 설명하였다.

콜버그의 도덕성 발달은 하인즈(Heinz)의 딜레마를 제시하면서 사람들에게 하인즈가 아내를 위해 약을 훔친 행동이 옳았는지 그리고 그 이유는 무엇인지에 대한 대답과 관련이 있다. 특히 콜버그는 사람들의 대답에서 하인즈의 옳고 그름보다는 그 이유에 근거해 3수준과 6단계의 도덕성 발달단계를 구성하였다. 이러한 콜버그의 도덕성 발달은 인지발달에 근거한 도덕적 판단의 성향이 나타나는 것이므로 각 단계는 연령에 따라 발달한다고 볼 수 있다. 콜버그의 도덕성 발달단계는 전인습적 수준, 인습적 수준, 후인습적 수준의 세 가지 수준으로 나누어지며, 각각의 수준은 다시 두 가지로 나누어져 총 6단계로 이루어진다.

먼저, 전인습적 수준은 9세 이전에 해당하며, 행동의 결과가 가져다주는 보상과 처벌을 통해 도덕적 판단을 하는 것으로, 구체적 조작 수준의 도덕적 판단을 한다. 하지만 인식의 범주가 자신에게 속해 있어 진정한 의미의 도덕적 개념은 없는 수준이다. 전인습적 수준에는 처벌과 복종 지향의 단계와 도구적 상대주의 지향의 단계로 나누어진다. 1단계인 처벌과 복종 지향의 단계는 행동의 결과를 토대로 옳고 그름을 판단하는 것으로, 처벌을 피하거나 힘이 있는 사람에게 복종하는 것이 도덕적이라 판단한다. 이 단계에서는 하인즈의 딜레마에서 하인즈가 훔치면 경찰에서 벌을 받아서 나쁘고, 아내가 죽으면 하인즈가 벌을 받아서 약을 훔쳐도 된다고 생각한다. 2단계는 도구적 상대주의 지향의 단계로, 자신이나 타인에게 이익이 되는 행동이 옳다고 판단하거나 자신에게 최고의 이익을 가져다주면서 공정한 거래를 만들어 내는 행동이 도덕적이라고 판단한다. 즉, 욕구의 충족과 거래가 중요한 단계로, 하인즈의 딜레마에서 하인즈가 자신의 욕구 충족을 위해 약을 훔쳐서라도 아내를 살려야 한다고 생각한다.

다음으로 인습적 수준은 9세 이후로, 사회규범을 이해하고 옳고 그름을 객관적인 기준으로 판단한다. 인식의 범주가 타인에게까지 확대되고, 자신이 속한 집단의 기준이나 규범에 맞추려고 하고, 사회질서를 유지하고 타인의 기대에 부응하는 행동이 도덕적이라고 판단한다. 이러한 인습적 수준은 형식적 조작 수준의 도덕적 판단이 이루어지는 시기로, 대인 간 조화 또는 착한 소년 소녀 지향의 단계와 법과 질서 지향의 단계로 나누어진다. 3단계인 대인 간 조화 또는 착한 소년 소녀 지향의 단계는 타인으로부터 칭찬받고 인정받는 행동이 도덕적인 행동이라고 판단하며, 행동의 결과보다는 그 행동의 의도와 동기에 의해 옳고 그름을 판단하기 시작한다. 하인즈의 딜레마에서는 약사의 약을 훔치는 것은 약사의 권리를 침해하고 약사에게 피해를 주는 것이기 때문에 옳지 않다고 대답한다. 이 단계는 자신 이외의 다른 사람의 관점과 의도를 이해하고 고려할 줄 아는 시기이다. 4단계는 법과 질서 지향의 단계로, 자신의 욕구 충족이나 타인으로부터의 인정을 받는 것보다는 사회가 정한 법률과 규칙을 준수하는 것이 옳은 행동이라고 판단한다.

마지막으로 후인습적 수준은 자신이 옳다고 생각하는 도덕적 가치와 원리에 따른 도덕적 판단이 이루어지는 것으로, 형식적 조작 수준의 사고능력을 가진 사람이 도달하는 수준이지만 현실적으로 드물게 나타난다. 후인습적 수준은 사회계약 지향의 단계와 보편적인 윤리적 지향의 단계로 나누어진다. 5단계인 사회계약 지향의 단계는 사회적 규범이나 법은 절대적인 것이 아니며 대다수 구성원의 보다 나은 이익을 위해서 항상 바뀔 수 있다고 판단하는 도덕적 융통성이 생기게 된다. 이 단계

하인즈의 딜레마

유럽에 사는 한 여인이 희귀암에 걸려 죽을 위기에 처해 있다. 의사들은 그녀를 살릴 수 있는 방법이 특정한 약을 복용하는 것이라고 말했다. 그 약은 일종의 라듐이었는데 약사는 그 약을 만드는 비용의 10배인 2,000달러에 약을 팔고 있었다. 암에 걸린 여성의 남편인 하인즈는 그가 아는 모든 사람에게 돈을 빌려 보았지만, 약값의 절반인 1,000달러밖에 빌리지 못했다. 하인즈는 약사에게 가서 부인이 죽어 가고 있다고 말하며 약을 좀 더 싸게 팔거나 아니면 나중에 돈을 갚겠다고 사정한다. 그러나 약사는 "안 됩니다. 저는 이 약을 개발했고 이 약으로 돈을 벌 것입니다."라고 말한다. 절망한 하인즈는 약국에 침입하여 부인을 위한 약을 훔친다.

에서는 하인즈의 딜레마에서 하인즈가 약을 훔치는 것은 나쁜 일이나 아내를 구하기 위해 한 행동이기에 용서해야 한다고 판단한다. 6단계는 보편적인 윤리적 지향의 단계로, 구체적인 규율에 의해 옳고 그름을 판단하는 것이 아니라 자신이 스스로 규정한 보편적인 윤리적 원리를 토대로 도덕성 여부를 판단한다. 법과 관습보다 인간의 생명이 우선시되어야 한다고 생각하며, 개인의 양심과 철학의 문제이며, 행동 그 자체가 보편적인 윤리가 되는 단계이다.

표 3-1 **하인즈의 딜레마에 따른 콜버그의 도덕성 발달단계**

단계		하인즈는?	이유
전인습	1단계	옳았다	그래야 아내에게 혼나지 않을 테니까.
		잘못했다	분명히 약사가 크게 화를 낼 것이다.
	2단계	옳았다	꼭 필요했던 약을 얻었기 때문이다.
		잘못했다	약사에게 손해를 입혔기 때문이다.
인습	3단계	옳았다	아내에게 좋은 남편이 되었다.
		잘못했다	약을 훔쳐서 마을 사람들에게 비난받을 것이다.
	4단계	옳았다	약사의 행동은 불법이기 때문이다.
		잘못했다	어쨌든 법을 어겼기 때문이다.
후인습	5단계	옳았다	인간은 함께 살아가야 하는 존재이기 때문이다.
		잘못했다	더 설득해 보지도 않고 약사의 권리를 침해했다.
	6단계	옳았다	가장 중요한 것은 생명이다.
		잘못했다	자신의 이익을 위해 정의를 저버렸기 때문이다.

이러한 콜버그의 도덕성 발달이론이 성차별적이라고 비판한 캐럴 길리건(Carol Gilligan, 1982)은 남성의 도덕성이 정의 지향적이라면 여성의 도덕성은 대인 지향적이라고 하였다. 길리건은 도덕성의 발달을 배려의 관점에서 3단계로 나누어 설명하였다.

표 3-2 길리건의 배려 지향적 도덕성 발달이론

단계	특징
1단계	• 개인적 생존 지향의 단계 • 자기 이익과 생존에 도움이 되는지 아닌지가 옳은 행동 여부 판단의 준거
제1과도기	• 도덕적 판단의 준거가 이기심에서 책임감으로 전환되기 시작 • 타인에 대한 관심이 생김
2단계	• 자기희생으로서의 선(善)에 대한 지향 단계 • 타인에 대한 배려와 자기희생이 도덕적 행동의 판단 준거
제2과도기	• 도덕적 판단의 준거가 선(善)에서 진실로 전환되기 시작 • 자신과 타인의 욕구를 모두 고려하여 타인을 배려하는 선(善)과 자신에 대한 배려인 진실 추구 간 균형의 필요성을 깨닫기 시작
3단계	• 비폭력적 도덕성 지향의 단계 • 대인관계가 상호적이라는 것을 인식하고, 자신과 타인이 함께 보살핌의 대상이 되어야 함을 지각하여 자신과 타인에 대해 배려와 책임의 조화

6. 로빙거의 자아발달이론

1) 주요인물

제인 로빙거(Jane Loevinger)는 1918년 미네소타주 세인트폴에서 태어났다. 아버지는 변호사로 일하다가 이후 판사로 임명되었다. 그녀는 학창시절 뛰어난 성적으로 조기 졸업을 하였는데, 이는 오히려 자신을 아웃사이더(outsider)로 느끼게 하였다. 1937년에는 미네소타 대학교에서 학사학위를 취득하였으며, 1938년에는 심리측정(psychometrics)과 관련하여 석사학위를 취득하였다.

로빙거(1918~2008)

이후 버클리 대학교에서 박사과정을 하면서 에릭슨의 연구조교로 근무한 경험이 있으며, 박사 졸업을 하기 전에 물리학자인 샘 와이즈만(Sam Weissman)과 결혼하였다. 그녀는 결혼 이후 여성은 직업을 포기하고 주부가 되어야 한다는 사회적 분위기와 압력으로 인해 직장을 다니지 않고 가정주부로 시간을 보내게 되었다. 이후 미국 국립정신건강연구소(National Institute for Mental Health: NIMH)에서 연구비를 지원받아 어머니의 태도를 측정하기 위한 도구를 개발하는 것을 시작으로 여성을 대상으로 연구를 하였다. 매주 비공식적인 모임을 통해 어머니들이 직면하게 되는 문제들에 관한 토론을 하였고, 그녀는 이 모임을 통해 자아발달을 측정하는 문장완성검사(Sentence Completion Test: SCT)를 개발하게 되었다.

2) 발달단계

로빙거는 자아(ego)에 대해 정신적 기능을 조직하고 통합하는 것으로, 인성을 형성하는 전체적인 참조적 틀이라고 하였다. 자아의 발달은 정신적·심리적으로 성숙해 나가는 과정으로, 정체성과 자아실현, 자존감 등의 개념으로 설명되고 있다. 이러한 자아의 발달이 지연되거나 왜곡되는 경우 부정적인 자아개념을 형성하게 되고 우울, 불안 등 정신건강의 문제를 유발하게 된다. 자아발달단계는 9단계로 이루어지며, 1단계는 다시 2개의 하위단계로 나누어진다. 각 단계는 불변의 위계적 순서를 통해 이루어지며, 이전의 보다 낮은 단계에서의 자아 수준과 보다 높은 단계의 자아 수준 간에 상관관계가 존재한다고 하였다.

표 3-3 **로빙거의 자아발달단계**

단계	특징
전사회적 단계	다른 사람들로부터 분리되지 않아 자아에 대한 완전한 인식이 부족하며, 자신의 욕구 충족에만 관심을 가진다.
공생적 단계	주 양육자에 대한 강한 공생적 의존 관계를 형성하기 시작하는 단계로, 주 양육자와 환경을 구분할 수는 있지만 아직 자아와 주 양육자 사이는 구분하지 못한다.
충동적 단계	초기 아동기에 전형적으로 나타나는 것으로, 아동은 자신의 분리된 실체를 주장하며 자신의 충동에 의해 행동한다. 이 단계에서 너무 오래 머물게 되면 통제 불능이 될 수 있다.

자기보호적 단계	여전히 주요 관심사는 자신과 즉각적인 충족이지만, 자아통제가 출현하기 시작한다. 보상이나 처벌에 대한 두려움으로 자신의 충동을 통제하는 것을 배우며, 자신이 원하는 것을 얻기 위해 환경이나 규칙을 조정한다.
순응적 단계	초기 청소년기에 나타나는 것으로, 사회성이 발달하여 타인의 인정과 집단에의 수용에 관심을 가지게 되고 그들의 기대수준에 맞게 행동한다.
자아인식 단계	자신의 개인차를 인식하게 되면서 다른 사람들과의 상호작용에 보다 민감해지며, 개인적 가치에 관심을 가지기 시작한다. 자아에 대한 반성적·비판적 사고가 가능하며, 사회적 규칙이나 타인의 기대에 따르지 않는 것에 대해 죄책감이나 외로움을 느끼기도 한다. 로빙거는 대부분의 사람들이 다른 단계에 비해 이 단계에 더 많이 포함된다고 하였다.
양심적 단계	내적 자아의식이 형성되며, 모든 사람이 각기 다른 욕구와 행동 유형 등을 가지고 있다는 것으로 인식한다. 내면화된 규칙을 가지고 있지만, 규칙과 역할의 변화가 가능하다는 것을 이해하며, 대인관계에서 행동보다는 감정이나 동기를 더욱 중요하게 여긴다.
개인주의적 단계	개별성에 대한 존중과 서로 다른 유형의 사람에 대한 관용이 더욱 증가하게 된다. 이 단계는 보다 성숙한 청소년기 후기에 나타나는 것으로, 독립과 의존의 문제에 초점을 맞추고 내적 갈등을 의식한다.
자율적 단계	내적 충동을 조절하며, 내부 지향적인 행동을 보인다. 갈등의 발생을 불가피한 것으로 인식하기 시작하며, 다른 사람을 있는 그대로 받아들이려고 노력한다.
통합적 단계	극소수의 성인들만이 도달하는 단계로, 매슬로의 자아실현을 이룬 사람에 해당한다. 이 단계에서는 확고한 자아정체감을 확립하고 자신의 개인적인 욕구를 사회적인 현실과 통합할 수 있게 된다.

7. 브론펜브레너의 생태체계이론

1) 주요인물

유리 브론펜브레너(Urie Bronfenbrenner)는 1917년 러시아의 모스크바에서 태어났으며, 아버지는 신경병리학자로 병원에서 근무하였다. 그는 1938년 코넬 대학교에서 심리학과를 졸업하였으며, 1940년에는 하버드 대학교에서 교육학 석사학위를 취득하였으며, 1942년에는 미시간 대학교에서 발달심리학 박사학위를 취득하였다.

브론펜브레너(1917~2005)

이후 군에 입대하여 심리학자로서 복무하였으며, 전역 후 교육기관에서 임상심리학자의 조교로 근무하였다. 1948년에는 코넬대학교 조교수로 임용되면서 아동 발달과 사회적 영향에 대한 내용을 중점으로 연구하였다. 1979년에는 『인간발달 생태학(The Ecology of Development)』을 출판하여 아동의 발달에 영향을 미치는 생태학적 환경의 중요성과 그 환경에는 가족과 이웃, 지역, 국가 그리고 문화적인 맥락까지 포함되어야 한다는 사회적·물리적 환경의 영향을 체계화하였다. 1994년에는 한국에 방문하여 국제학술대회에서 확장된 환경과 아동 간의 상호작용을 중요시하면서, 아동은 환경에 단순히 영향만을 받는 존재가 아니라 환경에 영향을 주기도 하는 능동적인 존재임을 강조하였다. 그는 2005년 88세의 나이에 당뇨 합병증으로 사망하였다.

2) 발달단계

브론펜브레너의 생태체계이론은 인간의 발달을 사회문화적인 관점에서 이해한 이론으로, 개인과 그 개인의 삶에 직·간접적으로 영향을 미치는 환경과의 관계를 중심으로 다섯 가지 수준의 맥락적 체계를 제시하였으며, 이를 미시체계와 중간체계, 외체계, 거시체계, 시간체계로 분류하였다.

미시체계(microsystem)는 개인이 직접적으로 상호작용하는 가장 근접한 환경을 말한다. 여기에는 가족, 학교, 친구 등이 속하며, 시간이 지나고 성장해 나감에 따라 변화가 이루어지게 된다. 인간은 발달해 나가면서 미시체계에 해당하는 환경적 요인과 양방향적인 상호교류를 하게 된다. 예를 들어, 부모가 애정적이고 일관적인 양육행동을 보였다면, 자녀는 긍정적인 발달을 하게 되고, 이는 다시 부모에게 양육 효능감을 향상시켜 주는 요인이 될 수 있다(박성연 외, 2007). 최근에는 정보화 사회에 맞춰 매일 사용하는 컴퓨터 또는 스마트폰 등의 전자 기기 또한 개인에게 가장 가까우며 직접적인 영향을 주는 미시체계에 속한다.

중간체계(mesosystem)는 미시체계들 간의 관계를 의미하는 것으로, 개인에게 직접적으로 영향을 미치는 가족 간의 관계, 또래친구들 간의 관계, 가족과 친척 간의 관계 등이 해당된다. 이러한 중간체계는 각각의 미시체계에서 발생하는 상황들의 서로 간에 원인이나 결과가 되는 관계를 포함한다(조주영, 김영희, 2006). 예를 들어, 부모의 갈등을 자주 목격하면서 자란 아동 또는 청소년은 부모뿐만 아니라 또래, 교사 등과의 관계를 형성하는 데도 어려움을 경험하게 된다.

　　외체계(exosystem)는 개인에게 영향은 미치지만, 직접 참여하지 않는 생태학적 환경을 말한다. 여기에는 정부 기관이나 대중 매체, 부모의 직장, 복지서비스 등이 해당하는데, 정부 기관은 개인과 직접적인 관계는 없지만, 그곳에서 만들어지는 정책이나 법안 등이 개인의 일상생활에 영향을 미치게 된다. 이러한 외체계의 변화는 미시체계의 변화를 유발하게 된다. 예를 들어, 부모의 실직으로 인한 외체계의 변화는 가족이라는 미시체계를 변화시켜 아동이나 청소년의 학업성취 저하를 불러오는 등 부정적인 영향을 줄 수 있다. 따라서 개인의 정신건강과 관련된 문제를 이해하기 위해서는 미시체계뿐만 아니라 미시체계 간의 상호작용 환경인 중간체계와 이를 둘러싸고 있는 외체계의 영향을 모두 살펴볼 필요가 있다(송보라, 이기학, 2014).

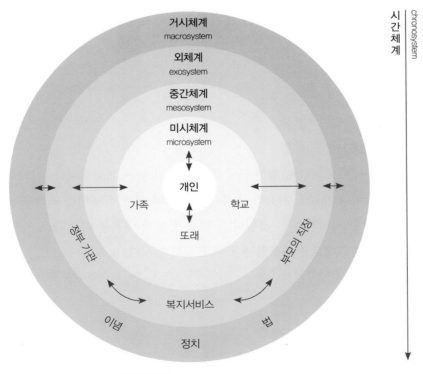

그림 3-4　브론펜브레너의 생태체계이론

거시체계(macrosystem)는 중간체계와 외체계를 아우르는 좀 더 넓은 의미의 생태학적 환경으로, 문화적 환경이 대표적인 예이다. 문화적 환경에는 법, 관습, 국가의 정책, 교육 정책, 문화적 가치 등이 있다. 거시체계는 미시체계와 중간체계, 외체계의 특성이 발현되도록 하는 강력한 힘을 지니고 있어 어떤 거시체계에 속하는지에 따라 발달에 다른 영향을 미치게 된다. 예를 들어, 우리나라의 경우 어른을 공경하고 존댓말을 사용하지만, 서양의 경우 자신보다 나이가 많은 사람을 이름으로 부른다는 점이 서로 다른 문화적 환경에서 오는 차이일 수 있다.

시간체계(chronosystem)는 미시체계와 중간체계, 외체계, 거시체계는 단편적인 것이 아니라 시간의 흐름에 따라 변화하는 맥락적 환경이며, 시점에 따라 그 영향이 달라지므로 시간적 차원을 고려해야 한다는 점에서 기존의 생태학적 모델에는 없었으나 새롭게 추가된 생태학적 환경이다. 시간체계는 개인이 전 생애에 걸쳐 경험하는 변화와 역사적인 환경을 의미한다. 예를 들어, 출생 당시의 시대적 환경이 여성의 사회진출보다 이른 나이의 결혼과 출산을 더욱 중요시하였지만 성장하면서 시대적 환경이 변하여 여성의 사회진출이 증가하고 평균적인 혼인 연령 또한 높아지게 되면서 개인이 가지는 직업과 결혼에 대한 가치관과 인식이 변하게 될 수 있다.

8. 활동

활동 1. 자아실현 욕구 설문

이 설문지는 매슬로의 자아실현 욕구를 측정하기 위한 척도입니다. 자아실현이란 개인의 능력이나 재능을 이용하여 자신이 가지고 있는 잠재력을 최대한 발휘하고, 가장 이상적인 자기가 되는 것입니다. 다음 문항의 내용을 읽고 평소 자신에 대해 생각하고 있는 그대로를 해당하는 곳에 표시해 봅시다.

	문항	매우 그렇지 않다	그렇지 않다	보통 이다	그렇다	매우 그렇다
1	사람은 근본적으로 선하다.	1	2	3	4	5
2	나는 가끔 혼자 있고 싶을 때가 있다.	1	2	3	4	5
3	있는 그대로의 나를 보이는 것이 남들에게 도움이 된다.	1	2	3	4	5
4	나는 일종의 황홀감이나 희열을 경험하고 있다고 느낄 수 있는 행복한 순간을 가져 본 일이 있다.	1	2	3	4	5
5	나는 진실된 사람이 되고자 하나 가끔 그렇게 안 된다.	1	2	3	4	5
6	나는 내가 아는 모든 사람을 좋아한다.	1	2	3	4	5
7	나는 생활이 아주 완전하고 만족스럽게 느꼈던 경험을 한 적이 있다.	1	2	3	4	5
8	나는 격렬한 토의에 적극적으로 참여한다.	1	2	3	4	5
9	나는 보통 무슨 일이든 결정한 것에 자신을 갖는다.	1	2	3	4	5
10	자기 자신에게 충실한 것은 무엇보다도 중요하다.	1	2	3	4	5
11	나는 내가 하는 일에 온갖 정성을 다한다.	1	2	3	4	5
12	인간은 본래부터 선하고 믿을 수 있는 존재라고 생각한다.	1	2	3	4	5
13	사람은 선한 면과 악한 면의 양가지 면은 다 가지고 있다.	1	2	3	4	5
14	나는 내 생활을 스스로 극복해 나갈 수 있다.	1	2	3	4	5
15	나는 어떤 보답 없이도 남에게 은혜를 베풀 수 있다.	1	2	3	4	5
16	다른 사람과 교제하는 데 있어서 내가 느낀 바를 솔직히 말한다.	1	2	3	4	5
17	나는 내 생각을 솔직하고 대담하게 주장할 수 있다.	1	2	3	4	5
18	인간이란 본래 협동적인 동물이다.	1	2	3	4	5
19	나는 내 마음대로 행동할 수 있다.	1	2	3	4	5
20	사리사욕은 자연스러운 현상이라고 생각한다.	1	2	3	4	5
21	나는 나의 약점을 솔직히 인정한다.	1	2	3	4	5
22	나는 기분이 좋지 않을 때면 가끔 화를 낸다.	1	2	3	4	5
23	나에게 변덕스러움이 있다는 것을 스스로 인정한다.	1	2	3	4	5
24	나는 나의 잘못을 용서할 수 있다.	1	2	3	4	5

25	나는 내가 스스로 결정한 것에 자신을 갖는다.	1	2	3	4	5
	총점					

출처: 권부옥(2014).

※ 검사 결과에 따라 다음과 같이 해석해 볼 수 있다. 각 하위요인에 해당하는 문항의 총점이 높을수록 자아실현에 대한 욕구 수준이 높다는 것을 의미한다.

하위요인	문항 번호
인간성	1, 12, 13, 18, 20
자발성	3, 4, 9, 17, 19
포용성	6, 8, 10, 15, 16
자기수용성	5, 21, 22, 23, 24
자아실현성	2, 7, 11, 14, 25

활동 2. 하인즈 딜레마 사례

하인즈 딜레마 사례를 읽고 그의 행동이 옳다고 생각합니까? 아니면 잘못했다고 생각합니까? 그렇게 생각하는 이유는 무엇인지에 대해 생각해 봅시다.

참고문헌

권부옥(2014). 17세기 장계향의 생애에 나타난 여성리더십 유형과 현대적 조명: 여성리더십이 자기효능감과 자기실현에 미치는 영향을 중심으로. 영남대학교 대학원 석사학위논문.

박성연, 정옥분, 윤종희, 도현심(2007). 아동의 성, 기질, 행동억제 및 어머니의 양육행동과 아동의 순종행동 간의 관계. 아동학회지, 28(4), 1-17.

송보라, 이기학(2014). 인간생태체계 모형(Human Ecosystem Model)을 바탕으로 한 진로적응성과 가족환경 요인들 간의 관계모형 검증: 남녀 대학생의 차이를 중심으로. 한국심리학회지: 여성, 19(3), 211-232.

조주영, 김영희(2006). 청소년의 위험 성행동과 관련된 개인, 가족, 주변 환경 체계요인의 경로모형. 대한가정학회지, 44(3), 181-195.

Gilligan, C. (1982). New maps of development: New visions of maturity. *American Journal of Orthopsychiatry*, *52*(2), 199-212.

2부

정신건강과 이상심리

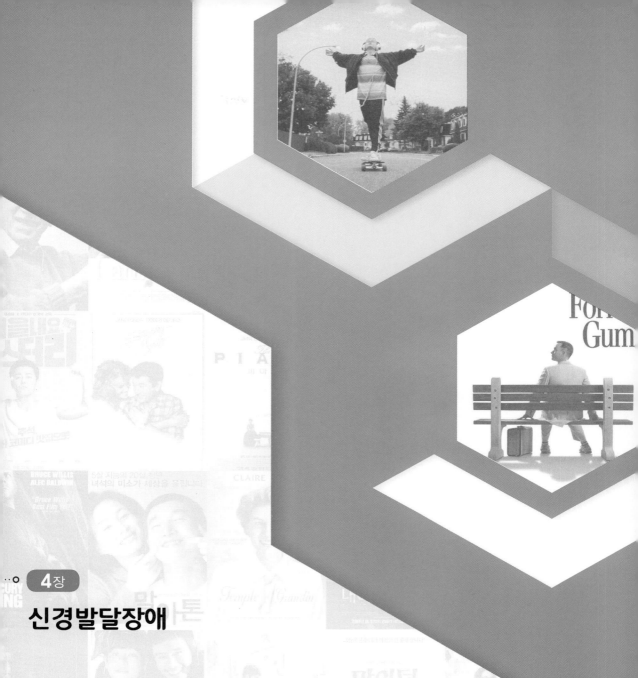

신경발달장애

신경발달장애(Neurodevelopmental Disorders)는 중추신경계, 즉 뇌 손상 또는 뇌의 발달 지연과 관련된 것으로 알려진 정신장애이다. 이는 심리사회적 문제보다는 뇌의 발달장애로 인해 생기는 문제로, 유아기, 아동기, 청소년기 등 생애 초기부터 나타나는 장애이다. 전형적으로 초기 발달단계인 학령전기에 발현되기 시작하여 개인적 · 사회적 · 학업적 · 직업적 기능에 손상을 야기하는 발달결함이 특징이다. 발달결함의 범위는 학습 혹은 집행 기능을 조절하는 것과 매우 제한적인 손상부터 사회기술이나 지능처럼 전반적인 손상에 이르기까지 다양하다. 이러한 신경발달장애에는 지적장애, 의사소통장애, 자폐스펙트럼장애, 주의력결핍 과잉행동장애, 특정학습장애 그리고 운동장애가 포함된다.

1. 지적장애

지적장애(Intellectual Disability)는 지능이 비정상적으로 낮아 학습과 사회적 적응에 어려움을 나타내는 경우로, 발현 연령에 기준을 두어 18세 이전에 발병해야 진단되는 장애이다. 지적장애라는 진단명은 ICD-11의 지적발달장애(Intellectual Development Disorder)와의 동의어로, 2007년 「장애인복지법」이 개정되면서 정신지체라는 용어 대신 사용되기 시작하였다. 지적장애는 지적 기능의 결함 즉, 낮은 지능지수(Intelligence Quotient: IQ)만이 아니라 한 개인이 일상생활에서 기능하는 방식이나 수준, 의사소통, 사회적 참여, 독립적 생활 등 적응 기능의 결함도 중요한 요소로 함께 고려하여 진단을 내리게 된다. 지적장애의 진단기준을 살펴보면, 개념적(예: 읽기, 쓰기, 수용 및 표현 언어 등), 사회적(예: 인간관계, 책임감, 규칙 따르기 등), 실행적(예: 일상생활 활동, 직업 기술, 안전한 환경 유지하기 등) 적응 행동에서 지적 기능과 적응 기능 모두에 결함이 있는 상태로 다음에 제시된 세 가지를 충족해야 한다. 첫째, 임상적 평가와 개별적으로 실시된 표준화된 지능검사에서 추론, 문제해결, 계획, 추상적 사고, 판단, 학업, 경험학습 등의 결함과 지능지수가 유의하게 평균 점수(IQ 70) 이하여야 한다. 둘째, 독립성, 사회적 책임의식에 필요한 발달적 · 사회문화적 표준을 충족하지 못하고 지속적인 지원 없이는 가정이나 학교, 직장에서 한 가지 이상의 일상 활동(의사소통, 사회적 참여, 독립적 생활) 기능에 제한을 받는다. 셋째, 이러한 지적 기능의 결함과 적응 기능의 결함이 발달 시기 동안에 시작되어야 한다.

지적장애는 그 심각도에 따라 네 가지의 등급으로 구분된다. 먼저, 경도(mild) 지적장애는 IQ가 50~69 정도이며, 정신연령은 9~12세 정도로, 초등학생 정도의 학력과 사회적 상식을 획득할 수 있고, 독립된 생활이 가능하다. 또한 교육이 가능한 집단으로, 초등학교 2~5학년 수준까지의 학업성취가 가능하며, 자신을 돌보는 것과 실생활, 가사 기술 등에서 발달 속도는 느리지만 완전한 자립을 성취할 수 있다. 전체 지적장애 중 70~75% 정도가 이에 해당한다. 다음으로 IQ 35~49 정도의 중등도 (moderate) 지적장애는 전체 지적장애 중 20% 정도가 해당되며, 6~9세 정도의 정신연령을 보인다. 중등도 지적장애는 소아기에 발달지체가 두드러지게 나타나지만, 자조 기능과 의사소통 및 학습 기술을 획득할 수 있으며, 적절한 지침이나 지도하에 단순 작업이 가능한 훈련 가능 집단에 속한다. 고도(severe) 지적장애는 IQ가 20~34 정도로, 정신연령은 3~6세 수준이며, 전체 지적장애 중 3~4% 정도가 해당된다. 고도 지적장애는 최소한의 언어발달로 간단한 의사소통 정도만 가능하다. 또한 훈련을 한다면 매우 기초적인 수준에서 자신의 신변을 처리할 수 있지만, 생활 전반에 보호와 감독이 필요하다. 마지막으로 최고도(profound) 지적장애는 IQ 20 미만이며, 정신연령은 3세 미만 정도이다. 최고도 지적장애는 전체 지적장애 중 1~2% 정도가 해당되며, 소리를 내기는 하나 언어발달이 거의 안 되고 배설과 식사 등 기본적인 생활 습관과 신변처리 시 모두 다른 사람의 도움을 필요로 하는 완전 보호 집단이다.

지적장애의 유병률은 일반 인구의 대략 1% 정도이며, 지적장애의 심각도는 발달 시기에 따라 달라질 수 있다. 일반적으로 심한 지적장애일수록 어린 시기에 발견되는 경향이 있다(권석만, 2013). 고도 지적장애의 경우 생후 첫 2년 내에 운동과 언어, 사회적 발달의 지연이 확인될 수 있는 반면, 경도 지적장애는 학업과 관련된 어려움이 명확해지는 학령기 이전까지는 알아차리기 쉽지 않다. 이러한 지적장애는 지속되는 경향이 있지만, 반드시 일생 동안 지속되는 것은 아니므로 발달 초기부터 지속적인 개입을 하게 되면 아동기와 성인기에 걸쳐 적응 기능이 향상될 수 있으며, 일부에서는 지적 기능의 호전을 보이기도 한다. 성별에 따라서는 남성이 전체의 60%로 여성보다 남성에게서 더 흔하게 발병된다.

지적장애의 원인에는 여러 가지가 있는데, 먼저 유전적 원인은 유전자의 돌연변이

이나 방사선, 바이러스, 약제 및 화학 물질 등에 의한 염색체 이상으로, 약 5%에 해당하는 지적장애가 이로 인해 유발된다. 대표적인 유전적 원인으로는 다운증후군, 손상된 X 증후군, 페닐케톤뇨증, 터너증후군 등이 있다. 다운증후군(Down Syndrome)은 21번 염색체의 변형으로 발생하는데, IQ는 경미한 수준에서 매우 심한 지체까지 다양하며 전형적인 얼굴 모양(예: 눈과 눈 사이의 거리가 멀고, 코가 낮음)을 가진다. 최근에는 다운증후군에서 나타나는 지적장애의 경우 뇌의 해마에서 신경세포를 만드는 DSCR1(Down Syndrome Critical Region 1)이라는 단백질이 지나치게 많이 만들어진다는 사실을 통해 DSCR1 단백질을 정상적으로 복원했더니 지적장애가 회복되었다고 밝혔다(Choi et al., 2019). 손상된 X 증후군(Fragile X Syndrome)은 X 염색체의 이상으로 긴 얼굴, 돌출된 이마, 근육 기능 저하 등의 특징을 보이며, 남아에게서 많이 나타난다. 페닐케톤뇨증(Phenylketonuria)은 선천적 질환으로, 페닐알라닌을 티로신으로 분해하는 효소가 부족하여 이의 부산물인 페닐케톤이 체내에 축적되어 소변으로 나오는 병이다. 축적된 페닐알라닌은 정상적인 두뇌 발달을 억제하여 뇌 손상과 지적장애를 유발하게 되는데, 영유아기에 조기 진단하여 페닐알라닌의 섭취를 제한하는 식이요법을 통해 지적장애를 예방할 수도 있다. 터너증후군(Turner's Syndrome)은 여성의 성염색체 이상으로, 난소의 발달이 완전하지 않아 여성 호르몬이 제대로 분비되지 못하기 때문에 2차 성징이 나타나지 않거나 미약한 것이 특징이다.

산전 원인으로는 산모의 만성적 질환과 임신성 당뇨, 고혈압, 빈혈, 영양실조, 임신 중 음주로 인한 태아 알코올 증후군 등이 있으며, 다량의 방사선 노출, 임신 3개월 이내 풍진에 감염, 매독이나 산모의 연령이 35세 이상일 경우 지적장애의 원인이 되기도 한다. 또 다른 원인으로는 임신 중 태내 환경의 이상이나 임신 전 기간에 걸쳐 산모가 스트레스가 심한 경우도 원인이 될 수 있으며, 겸자(forceps)를 활용한 태아의 분만법인 겸자 분만, 조산, 산소 결핍, 출생 전 질식, 저체중 등의 임신 및 출산 과정의 이상 등이 있다. 이 외에도 신생아나 아동의 신체적 질병 및 사고로 인해 지적장애가 유발될 수 있는데, 여기에는 출생 후 중증 황달, 뇌염과 뇌막염, 유독가스나 약물, 교통사고나 추락사고, 아동학대로 인한 대뇌 손상, 결핵균에 의한 뇌 염증 등이 원인이 될 수 있으며, 뇌성마비나 발작 장애, 수은 중독 등의 후천성 아동기 질환, 열악한 환경적 요인 등이 있다. 그러나 전체 지적장애의 30% 정도는 그 원인이 정확하게 밝혀지지 않은 상태이다.

지적장애의 치료는 지적장애에 대한 직접적인 치료보다는 이차적으로 발생할 수 있는 정신질환이나 후유증 및 사회적응에 대한 치료 및 재활과 예방이 필수적이다. 이를 위한 지적장애 치료의 목표는 일상생활에 필요한 다양한 적응 기술을 학습하고 유지할 수 있도록 하는 것이며, 지적장애 수준에 따른 특수교육이 필요하다. 예를 들어, 교육 가능 지적장애 아동이 6~10세(정신연령 3~6세)가 되면 언어의 풍부화나 자신감, 건강, 일, 놀이 습관 등을 강조하는 프로그램을 시행할 수 있고, 9~13세(정신연령 6~9세)가 되면 읽기와 쓰기, 셈하기에 포함된 기본적인 학업 기술을 습득할 수 있는 교육이 진행될 수 있다. 지적 자극이 부족한 환경으로 인해 발생하게 되는 경미한 수준의 지적장애의 경우에는 체계적이고 집중적인 교육을 제공함으로써 적응 수준이 현저하게 향상될 수 있다. 중도 지적장애아의 경우 정신연령과 생활연령 간의 격차가 생활연령이 높아질수록 커지게 되는데, 정신연령만을 고려하여 교육을 계획하게 되면 아동의 인격을 무시하는 것처럼 보이기 때문에 독립적인 성인으로 성장할 수 있도록 실제적인 활동을 중심으로 한 교육을 계획하는 것이 바람직하다(Hallahan, Pullen, Kauffman, & Badar, 2020).

이러한 특수교육과 더불어 부모교육이 병행되어야 하는데, 지적장애가 있는 아동에 대한 현실적인 기대를 가지고 아동의 적응 능력을 향상시킬 수 있도록 노력해야 한다. 부모는 다양한 심리적 고통을 경험하게 되기 때문에 심리적 어려움을 잘 극복하고 인내심을 지닐 수 있도록 돕는 것이 필요하다. 최근까지도 지적장애 아동들은 제한된 이해력과 언어 능력, 충동 통제력의 곤란, 문제해결 상황에서의 수동성 때문에 심리치료가 맞지 않는 것으로 여겨져 전형적으로는 부모와 교사 간의 상담이나 지역 내 자원탐색과 같은 '환경 조작'이 권고되었다.

현재까지 가장 성공적이면서 널리 사용되는 지적장애의 치료기법은 행동수정으로, 자조 행동(대소변 가리기, 먹기, 옷 입기 등), 일 중심 행동, 사회적 행동, 학습 행동, 교실 내 학업적인 행동(주의집중, 차례 지키기, 적절한 시간에 말하기 등) 등이 있다. 또한 공격성이나 자해 행동, 주의를 끌기 위한 행동 등과 같이 바람직하지 않은 행동을 감소시키는 방안들이 포함된다. 지적장애와 가장 흔하게 동반되는 장애로는 주의력결핍 과잉행동장애, 자폐스펙트럼장애, 불안장애, 우울장애와 양극성 장애, 상동증적 운동장애, 충동조절장애 등이 있으며, 이러한 공존 장애가 있는 경우 증상에 따라 약물치료를 시행할 필요가 있다.

또한 유아기의 바람직한 부모 및 아동 간의 상호작용을 재경험하도록 하여 애착 행동의 발달을 돕고 부모와 아동 간에 안정 애착의 발달을 촉진시키고자 하는 목적을 가지고 적용되는 애착기반 치료가 있다(강희영, 이문숙, 2012). 치료 초기에는 부모와 아동 간의 애착 형성 여부와 발달단계에 따른 신체 연령을 고려하여 모성아동 애착 프로그램과 감각놀이 행동수정, 사회기술 훈련 또는 일상 생활지도 등이 수행되며, 이와 더불어 부모교육이 함께 진행된다. 이 치료는 부모의 참여나 교육을 통해 지적장애아의 적응 기술 습득 시기를 앞당길 수 있고, 이러한 기술을 지속시켜 나갈 수 있는 힘을 길러 주며, 아동에 대한 부모의 관심과 지지를 더욱 높일 수 있었다는 점에서 효과를 보였다.

1) 지능 관련 영화

〈포레스트 검프〉(1994)

〈아이 엠 샘〉(2001)

〈맨발의 기봉이〉(2006)

〈날아라 허동구〉(2007)

〈7번 방의 선물〉(2013)

〈나의 특별한 형제〉(2019)

〈힘을 내요, 미스터 리〉(2019)

〈나의 노래는 멀리멀리〉(2019)

〈랄 싱 차다〉(2022)

2) 활동

활동 1. 지능 관련 영화를 하나 선택하여 이야기를 나눠 봅시다.

[전체] 지능 관련 영화 포스터를 보고 하나를 선택합니다. 같은 영화를 선택한 사람들이 한 팀이 됩니다.

[개별] 선택한 영화를 보고 난 후, 가장 인상 깊었던 장면과 그 장면이 인상 깊었던 이유에 대해 생각해 봅니다.

[집단] 각자 생각했던 내용을 집단별로 돌아가면서 이야기합니다. 또한 영화 속 등장인물에게서 나타난 장애 관련 주요증상과 치료적 접근에 대해 이야기 나눠 봅니다.

[전체] 집단 활동을 마치면서 각 집단에서 나눈 이야기를 정리하여 서로 자신의 팀에서 본 영화에 대해 소개합니다.

활동 2. 영화 〈날아라 허동구〉(2007)를 감상한 후, 다음을 생각해 봅시다.

Q1. 주인공의 주요증상은 무엇입니까?

Q2. 주인공과 아버지의 관계는 어떠합니까?

Q3. 주인공의 친구 관계는 어떠합니까?

Q4. 이후 주인공은 어떤 삶을 살아가게 될까요?

Q5. 영화 감상 및 토론 후 느낀 점은 무엇입니까?

2. 의사소통장애

언어는 자신의 의사를 다른 사람에게 표현하고 전달함으로써 서로의 생각을 교환하는 중요한 기능을 한다. 의사소통장애(Communication Disorders)는 정상적인 지능 수준에도 불구하고 의사소통에 필요한 언어나 말의 사용에 결함이 있는 경우를 의미한다. 「장애인 등에 대한 특수교육법」에서는, 첫째, 언어의 수용 및 표현 능력이 인지 능력에 비하여 현저하게 부족한 사람, 둘째, 조음 능력이 현저히 부족하여 의사소통이 어려운 사람, 셋째, 말 유창성이 현저히 부족하여 의사소통이 어려운 사람, 넷째, 기능적 음성장애가 있어 의사소통이 어려운 사람 중 하나 이상에 해당하는 경우에 의사소통장애로 진단한다. 이러한 의사소통장애에는 언어발달과 사용에 지속적인 곤란이 있는 언어장애, 발음의 어려움으로 인해 의사소통에 지장을 초래하는 발화음 장애, 말더듬으로 인해 언어 유창성에 장애가 있는 아동기-발병 유창성 장애, 언어적·비언어적 의사소통 기술의 사용에 지속적 곤란이 있는 사회적 의사소통장애가 있다. 사회적 의사소통장애는 DSM-5에 새롭게 추가된 장애로, 자폐 스펙트럼장애의 주요 특성인 제한된 관심과 반복적인 행동을 동반하지 않고 화용 언어에 어려움을 보이는 장애이다(APA, 2013).

1) 언어장애

언어장애(Language Disorder)는 언어에 대한 이해(어휘, 문장 구조, 담론)와 생성의 결함으로 인해 언어 양식(말, 글, 수화 등)의 습득과 사용에 지속적인 어려움이 있는 경우를 말한다. DSM-5의 진단기준에 따르면, 언어장애는 어휘(단어에 대한 지식과 사용) 감소, 문법이나 형태론적 법칙을 기초로 단어와 어미를 배치하여 문장을 만드는 문장 구조 능력의 제한, 주제나 일련의 사건을 설명하거나 기술하고 대화를 나누기 위해 어휘를 사용하고 문장을 연결하는 담화 능력의 손상을 포함하고 있다. 또한 언어 능력이 연령에 기대되는 수준보다 상당히 그리고 정량적으로 낮으며, 이로 인해 개별적으로나 다른 관계 속에서나 효율적인 의사소통, 사회적 참여, 학업적 성취 또는 직업적 수행에 있어 기능적 제한을 야기하는 경우 진단될 수 있다. 이는 청력이나 다른 감각 손상, 운동기능 이상 또는 다른 의학적·신경학적 조건에 기인한 것이 아니며, 지적장애(지적발달장애)나 전반적 발달 지연으로 더 잘 설명되지 않아야 한다. 언어장애의 발병은 초기 발달 시기 동안 나타나며 일반적으로 성인기까지 지속된다.

언어의 사용과 학습은 수용성 언어기술과 표현성 언어기술에 의해 이루어진다. 수용성 언어기술은 언어의 의미를 이해하고 수용하는 과정과 연관이 있는 것으로, 수용성 언어장애는 다른 사람이 하는 말을 이해하거나 글을 읽으면서 그 내용을 이해하는 독해 과정에 어려움을 겪는 경우를 말한다. 반면, 표현성 언어기술은 몸짓, 어휘 또는 언어 신호의 생성과 연관이 있는 것으로, 표현성 언어장애는 언어의 생성과 구어나 문어의 명확한 표현이나 사용에 어려움을 겪는다. 이러한 표현성 언어장애를 보이는 경우보다 수용성 언어장애를 보이는 아동이 예후가 나쁘며, 치료가 더욱 힘들다.

언어장애의 원인으로는 유전적·생리적 요인이 거론되는데, 언어장애는 유전적 경향이 강하여 가족 구성원들이 언어의 손상을 가지고 있을 확률이 더 높은 것으로 나타났다. 또한 신체적 원인으로는 뇌 손상이나 청력 등과 같은 감각기능의 결함 등이 언어의 발달을 지체시킬 수 있다. 언어발달이 활발하게 이루어지는 유아기에 적절한 언어적 자극과 환경이 제공되지 못하는 등의 환경적 요인도 언어장애의 원인이 될 수 있다. 언어장애의 치료를 위해서는 우선적으로 소아과, 이비인후과, 치과 등 신체적으로나 감각적으로 문제가 없는지 점검하는 것이 필요하다. 더불어 아동에게 정서적인 문제가 있는지 그리고 부모와의 관계에서 나타나고 있는 문제는 어떤 것이 있는지 등에 대해 탐색하고 이를 해결하는 것이 중요하다. 또한 언어치료사를 통한 체계적인 언어교육을 실시할 필요가 있으며, 이와 함께 부모는 자녀의 언어발달을 촉진시키기 위해 자녀의 언어발달 수준을 고려하여 적절한 언어적 자극 및 환경을 제공하고 이에 대해 격려하고 강화해 주어야 한다.

2) 발화음 장애

발화음 장애 또는 말소리 장애(Speech Sound Disorder)는 말소리 내기에 지속적인 어려움이 있어 명료하게 말하는 것을 방해하거나 언어적 의사소통과 효과적인 의사소통을 제한하여 사회적 참여나 학업적 성취 또는 직업적 수행을 방해하는 경우를 말한다. 발화음 장애는 조음장애와 음운장애를 포함하고 있는데, 조음장애(Articulatory Disorders)는 조음기관을 통해 말소리가 만들어지는 과정에 결함이 있는 것으로, 특정한 소리에서 일관적인 조음 오류를 보인다(전헌선 외, 2012). 음운장애(Phonological Disorders)는 음성학적 지식이나 능력이 부족하여 의미 있는 단어를 형성하기 위해 언어의 음소와 소리를 구분하고 이를 소리로 내는 규칙을 이해하지 못하는 것으로 정상 아동이 일반적으로 사용하지 않는 특이한 음운 과정을 보이기도 한다(Bernthal & Bankson, 1993). 발화음 장애는 언어음의 생성이 아동의 연령과 발달단계에 기대되는 수준에 맞지 않고 미숙한 음성학적 단순화 과정을 지속적으로 사용하며, 단어의 마지막 음을 발음하지 못하거나 생략하고, 혀 짧은 소리를 낸다. 발화음 장애의 진단기준에서는 이러한 어려움이 뇌성마비, 구개열, 청력 소실, 외상성 뇌 손상이나 다른 의학적 또는 신경학적 조건과 같은 선천적 혹은 후천적 조건으로 인한 것이 아니어야 한다고 제시되어 있다.

발화음 장애의 발병은 남성에게 더 흔하게 나타나며, 초기 발달 시기(6~7세)에 2~3%의 유병률이 나타나지만, 대부분 치료에 대한 반응이 좋고 시간이 흐를수록 개선되는 경향이 있어 17세경에는 0.5%로 떨어진다. 하지만 언어장애가 동반되는 경우 예후가 나쁘며, 특정학습장애와도 연관이 있을 수 있다. 또한 가족력이 자주 나타나며, 다운증후군이나 FoxP2 유전자 돌연변이 등 특정 유전적 상태에서도 손상이 나타날 수 있다. 발화음 장애의 원인은 기질적 원인과 심리적 원인으로 나누어 볼 수 있다. 기질적 원인으로는 청각장애, 발성 기관 구조적 결함, 신경학적 장애, 인지장애가 있으며, 심리적 원인으로는 정서적 불안과 긴장, 사회적 상황에 대한 부적절감이나 공포, 과도한 분노나 적대감 등이 있다. 특히 이러한 심리적 원인은 취학 전 아동에게서 나타나는 원인불명의 음성학적 장애와도 관련이 있다.

발화음 장애의 치료에는 음성학적 문제를 유발하는 심리적 또는 신체적 문제를 해결하는 방법이 있다. 예를 들어, 구개열 등과 같은 발성 기관의 구조적 결함은 수술을 통해 말하기 손상에 대한 치료가 가능하며, 정서적 불안이나 긴장 등과 같은 정서적 어려움에 대해서는 심리치료를 적용해 볼 수 있다. 또 다른 방법으로는 언어치료를 통해 정확한 발음을 연습하고 일상적 대화에서 사용할 수 있도록 지도하기, 올바른 발성을 위한 호흡조절 능력 키우기 등과 같은 훈련이 필요하다.

3) 아동기-발병 유창성 장애

아동기-발병 유창성 장애(Childhood-onset Fluency Disorder)는 말더듬기(stuttering)로 인해 연령이나 언어기술에 비해 부적절한 말의 유창성과 말 속도 양상의 장애가 나타나는 것을 이야기한다. 아동기-발병 유창성 장애는 첫 음이나 음절을 반복하거나 길게 소리내기, 말을 하는 도중에 채워지거나 채워지지 않는 말 막힘, 단어의 깨어짐(예: 한 단어 내에서 머뭇거림), 문제 있는 단어를 회피하기 위해 다른 단어로 돌려 말하기, 과도하게 힘주어 말하기, "난, 난, 난, 싫어."와 같이 단음절 단어의 반복 등의 증상 중 한 가지 이상이 자주, 뚜렷하게 나타나는 것이 특징이다. 아동기-발병 유창성 장애의 정도는 상황에 따라 다양하게 나타나는데, 발표를 하거나 면접과 같이 말을 해야 하는 상황에 대한 특별한 압력이 있으면 더 심해지는 반면, 노래를 부르거나 소리 내어 책을 읽을 때, 무생물 대상이나 애완동물과 이야기할 때는 앞의 증상이 나타나지 않기도 한다. 이러한 아동기-발병 유창성 장애는 개별적으로나 복합적으로 말하기에 대한 불안 혹은 효과적인 의사소통, 사회적 참여 또는 학업적·직업적 수행의 제한을 야기한다. 언어-운동 결함 또는 감각 결함, 뇌졸중이나 종양, 외상 등과 같은 신경학적 손상에 의한 비유창성 또는 다른 의학적 상태로 인한 것이 아니며 다른 정신장애로 더 잘 설명되지 않는 경우 진단된다.

발병은 초기 발달 시기에 시작되는데, 2~7세에 점진적으로 발생하게 되고, 80~90%는 6세에 나타난다. 늦은 발병의 경우 성인기-발병 유창성 장애로 진단할 수 있다. 아동기-발병 유창성 장애는 호전과 악화를 반복하면서 더듬는 단어가 점점 확대되지만, 약 60% 정도는 16세 이전에 자연적으로 회복된다. 아동기-발병 유창성 장애의 원인으로 먼저 유전적·생리적 요인을 살펴보면, 가족력이 있는 경우 유창성 장애 발병 위험이 일반인에 비해 3배 이상 높은 것으로 나타났다. 또 다른 원인으로는 말을 더듬는 사람을 보고 이를 흉내 내거나 정서적으로 불안정한 상태에서 자연스러운 말과 행동이 억제되고 우연히 말을 더듬게 되면서 시작된다. 이러한 말더듬 증상은 스트레스나 불안, 두려움에 의해 악화될 수 있으며, 말하는 상황을 회피하게 되면서 유창성 장애를 교정할 수 있는 기회를 얻지 못해 말을 더듬는 증상이 지속되고 사회적 기능의 손상을 불러일으키게 된다. 이처럼 아동기-발병 유창성 장애 아동은 자신이 말을 더듬는다는 것에 대한 다른 사람들의 부정적인 반응에 더욱 위축될 수 있으므로 부모는 아동이 말을 더듬는 증상에 대해 허용적인 태도를 보여야 하며, 말의 유창성에 대한 일관되고 긍정적인 피드백을 제공해 주어야 한다.

아동기-발병 유창성 장애의 치료방안으로는 말 더듬기의 증상과 증상이 악화되는 상황 그리고 그에 관련된 심리적 요인에 대한 정밀한 분석이 이루어진 후 적절한 치료가 시행되어야 한다. 말더듬 증상의 감소를 위해 인지행동적 치료와 언어치료적 훈련이 병행되고 실제 대화 상황으로의 점진적 노출을 시도하는 것이 효과적이다. 이와 관련하여 말을 더듬는 것에 대한 두려움을 감소시켜 말하는 상황을 회피하는 행동을 제거하는 말더듬 수정치료법이 있다(Van Riper, 1973). 이는 동기단계, 확인단계, 둔감단계, 변화단계, 접근단계, 안정단계로 진행된다. 동기단계에서는 치료에 대한 동기를 유발하고 치료 목표와 과정에 대해 설명한다. 확인단계에서는 자신에 대한 탐구를 통해 객관적 입장에서 말더듬 행동을 분석한다. 이 단계에서 사람들의 부정적인 반응과 의사소통 상황 속 스트레스에 대한 반응, 상황공포에 대한 반응 등을 탐색해 본다. 둔감단계에서는 말더듬 행동을 증가시키는 요인에 대해 점진적으로 노출함으로써 불안과 두려움에 대한 역치를 높인다. 이 단계에서 내담아동이 어려움을 보인다면 치료사가 시범을 보이고 따라 할 수 있도록 하는 것도 효과적이다. 변화단계에서는 지금까지 말을 더듬었던 행동과는 다른 방법으로 말을 더듬는 경험을 하도록 하여 고질적인 말더듬을 약화시킨다. 접근단계는 말더듬을 통제하고 부드러운 발화로 바꾸는 단계로, 쉽고 편하게 더듬는 방향으로 변화를 주어 말더듬의 순간을 바른 방향으로 변형시켜 줄 수 있다. 예를 들어, 말을 더듬게 되면 잠시 말을 멈추고 자신의 행동과 느낌을 살펴본 뒤에 더듬었던 단어를 이전과는 다른 방법으로 발음해 볼 것을 시도한다. 안정단계는 새로운 조절 유창성 행동을 치료실이 아닌 다른 상황에 적용해 보고 익숙해질 수 있도록 반복적으로 연습함으로써 말더듬 증상의 재발 비율을 감소시킨다.

4) 사회적 의사소통장애

사회적 의사소통장애(Social Communication Disorder)는 언어적·비언어적 의사소통의 사회적 사용에 있어 지속적인 어려움을 보이는 것으로, 사회적 맥락에 적절한 방식으로 인사 나누기나 정보 공유와 같은 사회적 목적의 의사소통에서 결함을 가지며, 맥락이나 듣는 사람의 요구에 맞춰 의사소통하는 방법을 바꾸는 능력에 손상이 있다. 또한 자기 순서에 대화하기, 다른 사람이 알아듣지 못했을 때 조금 더 쉬운 말로 바꾸어 말하기, 상호작용을 조절하기 위해 언어적ㆍ비언어적 신호를 사용하기 등과 같이 상대방과 대화를 주고받는 규칙을 따르는 데 있어서 어려움을 가지며, 추측이나 이중적 의미를 이해하는 능력이 부족하다(APA, 2015). 이러한 결함이 효과적인 의사소통이나 사회적 참여, 사회적 관계, 학업적 성취, 직업적 수행에 제한을 야기하고, 다른 의학적 또는 신경학적 상태나 부족한 단어구조 영역과 문법 능력에 기인한 것이 아니며, 자폐스펙트럼장애, 지적장애, 전반적 발달지연 또는 다른 정신장애로 더 잘 설명되지 않아야 한다. 사회적 의사소통장애의 발병은 초기 발달 시기에 나타나는데, 4세 이전에는 진단이 드물며, 이후 아동이 적절한 언어 능력을 갖추게 되면 사회적 의사소통에서 특정한 결함을 인지할 수 있게 된다.

사회적 의사소통장애의 원인으로는 유전적ㆍ생리적 요인이 주로 거론되며, 가족력이 위험을 증가시키는 것으로 추정된다. 또 다른 요인으로는 사회적 의사소통장애 아동의 특성에 대한 연구에서 사회인지 능력의 손상이 공통적으로 발견되었다(정혜경, 김정민, 박은, 2018). 사회인지는 사회적 맥락을 이해하고, 자신과 타인의 생각과 감정, 행동을 예측하여 적절하게 반응하는 능력이다(Brothers, 1990). 이러한 사회인지 능력의 향상에는 반복적인 실행 기능 훈련이 효과적이다(Fisher & Happe, 2005). 더불어 의사소통기술 훈련을 병행하여 사회적 맥락에 대한 이해를 토대로 학습된 의사소통기술을 다양한 사회적 상황에 적용해 볼 수 있도록 한다.

5) 의사소통 관련 영화

〈스탠리와 아이리스〉(1990)

〈피아노〉(1993)

〈별〉(2003)

〈킹스스피치〉(2011)

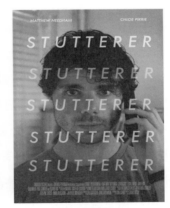

〈말더듬이〉(2015)

6) 활동

활동 1. 영화 〈킹스스피치〉(2011)를 감상한 후, 다음을 생각해 봅시다.

Q1. 영화에서 나타난 주인공의 주요증상은 무엇입니까?

Q2. 언어치료사는 어떤 사람입니까?

Q3. 언어치료사는 주인공과 어떤 노력을 하였습니까?

Q4. 주인공이 말을 더듬게 된 이유는 무엇입니까?

Q5. 영화 감상 및 토론 후 느낀 점은 무엇입니까?

3. 자폐스펙트럼장애

자폐스펙트럼장애(Autism Spectrum Disorder)는 사회적 의사소통 및 사회적 상호작용의 지속적인 결함과 상동적이고 반복적인 행동이나 제한된 흥미나 관심을 보이는 장애이다. DSM-IV에서는 자폐의 하위유형(소아기 붕괴성 장애, 자폐성 장애, 아스퍼거 장애, 달리 분류되지 않는 광범위성 발달장애, 레트 장애)을 분류하고 있었으나 이러한 유형들을 별개의 독립적인 장애로서 어느 한 범주로 뚜렷하게 구분하기가 어렵고 동일한 연속선상에서 자폐 상태의 심각도, 사회적 발달 정도, 지능 등에 따라 양상이 다양하게 나타나 DSM-5에서는 스펙트럼이라는 용어를 사용하여 모두 아우르고 있다.

사회적 의사소통 및 사회적 상호작용의 결함과 관련하여서는 다음과 같은 특징을 보인다. 첫째, 사회적·감정적 상호성의 결함은 비정상적인 사회적 접근과 정상적인 대화의 실패, 흥미나 감정 공유의 감소, 사회적 상호작용의 시작 및 반응의 실패를 보이는 것으로, 사람을 사물과 같이 여기고, 혼자 노는 데 빠져 있어 발달 수준에 맞는 또래 관계가 형성되지 못하며 집단의 규칙을 잘 이해하지 못한다. 둘째, 사회적 상호작용을 위한 비언어적인 의사소통 행동의 결함은 언어적·비언어적 의사소통의 불완전한 통합, 비정상적인 눈 맞춤과 몸짓 언어, 몸짓의 이해와 사용의 결함, 표정과 비언어적 의사소통의 전반적 결핍을 보이는 것이다. 이는 마치 메아리치듯이 의미 없는 말을 반복하고 언어 지체와 함께 대화를 시작하고 계속 이어 나가는 능력이 부족하며 대화 내용을 그대로 이해해 농담과 진담을 구분하지 못하여 농담을 진담으로 받아들이기도 한다. 또한 다른 사람과 대화를 하는 것이 아니라 다른 사람을 향해 일방적으로 말을 하는 태도를 보인다. 셋째, 다양한 사회적 상황에 적합한 적응적 행동의 어려움이나 상상 놀이를 공유하거나 친구 사귀기의 어려움, 동료에 대한 관심 결여 등과 같은 관계 발전, 유지 및 관계에 대한 이해의 결함이 나타난다.

또 다른 핵심 증상으로 제한적이고 반복적인 행동이나 흥미, 활동이 있는데, 다음과 같은 특징을 보인다. 첫째, 장난감 정렬하기, 물체 튕기기 등과 같은 상동적이거나 반복적인 행동이나 상대방의 말을 따라 하는 반향어와 같은 말하기 행동이 나타난다. 둘째, 변화를 어려워하고, 작은 변화에 대해 불편함을 느끼며, 매번 같은 길로만 다니는 등 동일성에 대한 고집, 일상적인 것에 대한 융통성 없는 집착, 의례적인 비언어적 행동 양상을 보인다. 셋째, 특이한 물체에 집착하거나 비정상적으로 과도하게 제한되고 고정된 흥미를 보인다. 넷째, 외부 자극에 대한 감각 정보에 과도 또는 과소 반응을 하거나 빛이나 물건의 움직임에 대한 시각적 관심과 같이 환경의 감각 영역에 비정상적인 관심을 보인다.

　자폐스펙트럼장애는 그 증상이 아동기 초기부터 나타나야 하며, 대부분 생후 2년 이내에 인식된다. 여아보다 남아의 발병률이 3~4배 이상 높으며, 임상적 표본 내에서 여아가 지적장애를 수반한 경우가 더 많았다. 일상적 기능의 손상이 명확하게 나타나는 시기는 개인이 처한 환경과 개인의 특징에 따라 달라진다. 자폐스펙트럼장애 아동은 대부분 지적 손상이나 언어 손상을 보이며, 예를 들어 발화보다 뒤늦은 언어 이해, 느리게 말하기 등이 나타난다. 손으로 자신의 머리를 치는 등의 자해 행동, 파괴적/공격적 행동, 과잉행동, 짧은 집중 시간, 공격성, 충동성 등의 행동을 보인다. 자폐가 경미하고 지능이 높은 경우에는 일반 교육으로 정상생활이 가능하기도 하지만, 대부분은 조기에 특수교육을 시작하여야 하며 평생 보호자의 도움을 필요로 한다.

　자폐스펙트럼장애의 원인을 살펴보면, 주로 유전적 · 생리적 요인과 부모의 성격이나 양육방식과 같은 환경적 요인이 거론된다. 유전적 요인과 관련하여서는 쌍생아 연구에서 37~90%의 일치율을 보였으며, 일란성 쌍둥이의 경우 일반인보다 자폐증 발병 위험이 12배, 이란성 쌍둥이의 경우 4배 정도 높은 것으로 나타났다(Greenberg, Hodge, Sowinski, & Nicoll, 2001). 또한 가족 구성원 중 자폐스펙트럼장애가 있는 사람이 있는 경우 그 형제도 자폐의 위험률이 증가한다. 이 외에도 유전자 변이와 부모의 고령, 출생 시 저체중, 임신 중 뇌전증 치료제인 밸프로에이트(valproate)의 복용 등이 위험 원인으로 추정되고 있다. 또 다른 원인으로는 뇌 기능 손상이나 작은 소뇌 등을 발견하기도 하였다. 신경화학적 요인과 관련하여서는 높은 세로토닌 수준이나 과도한 도파민 활동 등에 대한 보고가 있으며, 상대적으로 신경체계가 미성숙한 상태라는 결론을 내리고 있다.

　이러한 자폐스펙트럼장애의 치료에는 기본적인 사회적 의사소통 및 대인관계 기술 습득을 위한 교육적 개입이 필요하다. 약물치료의 경우에는 자폐스펙트럼장애를 직접적으로 치료하는 것은 아니지만, 흥분되어 있거나 공격적인 행동 그리고 발작 증상의 완화에 도움이 된다. 또한 부적절한 행동 문제의 감소 및 적응 행동의 증가를 위한 행동수정기법 등이 적용된다. 그 외에도 정신치료와 예술치료, 부모치료, 체육활동 등을 활용하기도 한다.

1) 자폐스펙트럼 관련 영화

〈레인맨〉(1989)

〈카드로 만든 집〉(1993)

〈머큐리〉(1998)

〈말아톤〉(2005)

〈내 이름은 칸〉(2011)

〈템플 그랜딘〉(2012)

〈스토리 오브 루크〉(2012)

〈네이든〉(2014)

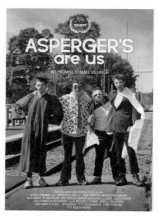

〈우린 아스퍼거인〉(2016)

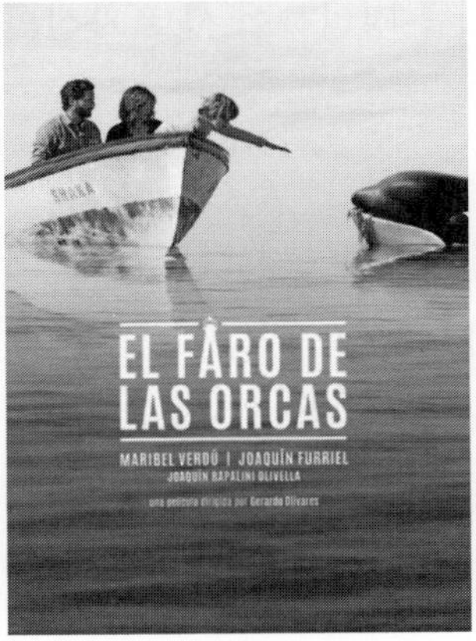

〈범고래 등대〉(2016)

〈어카운턴트〉(2016)

〈그것만이 내 세상〉(2018)

〈증인〉(2019)

〈아이 유스투 비 페이머스〉(2022)

〈녹턴〉(2022)

2) 활동

활동 1. 자폐스펙트럼 관련 영화를 하나 선택하여 이야기를 나눠 봅시다.

[전체] 자폐스펙트럼 관련 영화 포스터를 보고 하나를 선택합니다. 같은 영화를 선택한 사람들이 한 팀이 됩니다.

[개별] 선택한 영화를 보고 난 후, 가장 인상 깊었던 장면과 그 장면이 인상 깊었던 이유에 대해 생각해 봅니다.

[집단] 각자 생각했던 내용을 집단별로 돌아가면서 이야기합니다. 또한 영화 속 등장인물에게서 나타난 장애 관련 주요증상과 치료적 접근에 대해 이야기 나눠 봅니다.

[전체] 집단 활동을 마치면서 각 집단에서 나눈 이야기를 정리하여 서로 자신의
팀에서 본 영화에 대해 소개합니다.

활동 2. 영화 〈템플 그랜딘〉(2012)을 감상한 후, 다음을 생각해 봅시다.
Q1. 영화에서 나타난 주인공의 주요증상은 무엇입니까?
Q2. 어머니와의 관계는 어떠합니까?
Q3. 고등학교에서 만난 선생님은 어떤 사람입니까?
Q4. 주인공에게 동물은 어떤 존재입니까?
Q5. 영화 감상 및 토론 후 느낀 점은 무엇입니까?

4. 특정학습장애

특정학습장애(Specific Learning Disorder)는 지능이 정상적이며, 정서적 문제가 없
음에도 불구하고 연령이나 지능 수준에 비해 읽기와 쓰기, 수학과 관련된 기술을 학
습하고 사용하는 데 현저하게 부진한 모습을 보인다. 학습에 대한 적절한 개입을 제
공함에도 단어 읽기의 어려움, 이해하기 어려움, 철자법의 어려움, 쓰기의 어려움,
산술적 · 수리적 계산의 어려움 등의 증상 중 한 가지 이상이 최소 6개월 이상 지속
된다. 이러한 학습의 어려움은 학교에서의 정규교육을 받는 학령기에 시작되지만,
읽기와 쓰기, 산수 학습에 필요한 기술의 정도가 개인이 가진 능력을 넘어서는 시기
가 되어야 분명하게 드러날 수 있다. 또한 학습의 어려움이 지적장애나 시각문제,
청력문제, 다른 정신적 또는 신경학적 장애, 심리사회적 역경, 수업에 사용되는 언
어의 능통성 결여 또는 부적절한 교육적 가르침으로 더 잘 설명되지 않아야 한다.
특정학습장애의 진단을 위해서는 개별적으로 실시한 표준화된 성취도 검사와 종합
적인 임상평가를 통해 영향을 받은 학업기술이 생활연령에 기대되는 수준보다 현
저하게 양적으로 낮고, 학업적 · 직업적 수행이나 일상생활의 활동을 현저하게 방
해한다는 것이 확인되어야 한다(APA, 2013). 17세 이상의 경우에는 학업기술의 습
득과 사용의 어려움에 대한 과거력이 표준화된 평가를 대신할 수 있다. 이러한 특정
학습장애의 진단에서 주의할 점은 개인의 발달력과 의학적 병력, 가족력, 교육력 등

의 과거력과 학교의 보고 및 심리교육적 평가의 결과를 통합하여 임상적으로 판단
하여야 한다.

　특정학습장애의 종류는 손상이 나타나는 학습 영역에 따라 읽기장애와 쓰기장애,
수학장애로 구분되며, 쓰기장애와 수학장애는 흔히 읽기장애와 동반되어 나타난
다. 읽기장애(Reading Disorder)는 글을 읽는 데에 어려움을 나타내는 경우로, 난독
증(Dyslexia)이라고도 불린다. 단독으로 또는 다른 학습장애와 동반하여 나타나는
비율이 전체 학습장애의 80% 정도가 해당된다. 읽기장애의 증상으로는 읽기의 정
확도, 속도, 이해도가 현저하게 낮음, 틀리게 읽거나 느리게 더듬거리며 읽기, 단어
를 바꾸거나 생략해서 읽기, 자주 추측하며 읽기, 글자를 정확히 소리 내어 읽는 데
어려움이 있는 경우 등이 있다. 이러한 읽기장애에는 글을 읽어도 그 의미를 정확하
게 파악하지 못하는 경우로, 본문을 정확하게 읽을 수 있으나 읽은 내용의 순서, 관
계, 추론 또는 깊은 의미를 이해하지 못하는 독해장애가 포함된다. 발병률은 아동의
4% 정도이며, 남아에게 3~4배 정도 더 흔하게 나타난다.

　쓰기장애(Disorder of Written Expression)는 난필증(Dysgraphia)으로도 불리며 글을
쓰는 데에 어려움을 나타내는 경우이다. 주요증상으로는 철자법을 자주 틀려 정확
도가 떨어지거나 문법이나 구두점이 어긋난 문장을 사용하고 작문의 명료화 및 구
조화 등의 문장 구성이 빈약한 문제를 나타낸다. 또한 자신의 의견이나 생각을 문자
로 표현하는 능력이 매우 부족하며, 쓰기와 관련된 능력을 요구하는 학업의 성취나
일상생활의 활동에서 뚜렷한 어려움을 나타낸다. 수학장애(Mathematics Disorder)는
난산증(Dyscalculia)이라고도 불리며, 숫자의 계산 능력에 대한 결함이 있는 경우이
다. 특히 산수 과목에서 어려움을 나타낸다. 수학장애의 증상으로는 산술용어, 공
식, 개념 이해 등을 어려워하며, 단순 연산 값의 암기, 계산의 정확도 또는 유창성,
수학적 추론의 정확도에 어려움을 보인다. 수학장애는 읽기장애의 이차적 문제로
인해 나타날 수 있는데, 읽기 문제를 지닌 아동은 산수 계산의 오류보다는 문제를
읽고 이해하는 능력이 부족하여 문제해결 방법을 잘못 적용하면서 산수 계산에 부
진함을 보인다.

　학습의 어려움은 대부분 학령기에 시작되며 성인기에도 지속될 수 있다. 이러한
학습의 어려움은 지적장애, 전반적 발달지연, 청각장애, 시각장애, 신경학적 장애나
운동장애에 의한 것이 아니어야 한다. 비정상적 인지 과정(예: 시지각, 언어과정, 주의

집중, 기억력 결함 또는 이들의 조합)이 선행되거나 동반될 수 있으며, 정상범위 내의 학업성적 이탈이나 기회 박탈, 서투른 교수방식, 문화적 요인으로 인한 학업 문제와는 구별되어야 한다. 특정학습장애 유병률의 경우 학령기 아동은 5~15%, 성인은 대략 4% 정도로 추정된다.

특정학습장애의 원인으로는 유전적 · 생리적 · 환경적 요인이 거론되는데, 특정학습장애가 있는 가족에게서 높은 유전성을 보인다. 특히 쌍생아 연구에서 일란성 쌍둥이의 일치율은 100%였으나 이란성 쌍둥이는 약 30% 정도로 나타났다. 또한 조산, 극소저체중 출생, 태아기 니코틴 노출 등이 위험을 증가시키며, 출생 전후의 외상이나 생화학적 · 영양학적 요인으로 인한 뇌 손상 그리고 신체적 · 심리적 학대, 무리한 조기교육 등의 후천적 원인으로도 나타날 수 있다. 이러한 특정학습장애는 조기 치료가 중요하며, 약물치료와 심리치료가 필요하다. 심리치료에서는 학습을 위한 기술을 가르치는 것과 아동에게 심리적인 지지를 해 주어 자존감과 자신감을 키워 주는 것, 학습장애 아동이 가정과 학교에서 효과적으로 공부하고 자신의 생활을 관리할 수 있도록 지도하는 것이 중요하며, 이와 더불어 부모의 끈기 있는 노력이 필요하다.

1) 학습 관련 영화

〈마이티〉(2000)　　　〈당신이 그녀라면〉(2005)　　　〈지상의 별처럼〉(2012)

2) 활동

활동 1. 영화 〈지상의 별처럼〉(2012)을 감상한 후, 다음을 생각해 봅시다.

Q1. 영화에서 나타난 주인공의 주요증상은 무엇입니까?

Q2. 주인공의 가족관계는 어떠합니까?

Q3. 주인공과 교사와의 관계는 어떠합니까?

Q4. 주인공의 장애 원인은 무엇입니까?

Q5. 주인공은 어떤 치료적 노력을 하였습니까?

Q6. 영화 감상 및 토론 후 느낀 점은 무엇입니까?

5. 주의력결핍 과잉행동장애

주의력결핍 과잉행동장애(Attention-Deficit/Hyperactivity Disorder: ADHD)는 기능과 발달을 저해하는 산만하고 부주의한 행동 및 자신의 행동을 통제하지 못하고 충동적인 과잉행동을 지속적으로 보이는 경우를 말한다. 주의력결핍 과잉행동장애는 핵심 증상을 중심으로 부주의와 과잉행동, 충동성을 모두 충족하는 복합형과 주의력결핍 우세형, 과잉행동/충동성 우세형으로 구분된다. 부주의 행동과 과잉행동/충동성은 각각 아홉 가지의 증상 가운데 여섯 가지 이상이 적어도 6개월 동안 지속되어야 하며, 발달 수준에 적합하지 않고 사회적·학업적·직업적 활동에 직접적으로 부정적인 영향을 미칠 정도여야 한다. 몇 가지 부주의 또는 과잉행동/충동성 증상이 12세 이전에 나타나야 하며, 가정이나 학교, 직장 친구들 또는 친척들과의 관계 등 두 가지 이상의 환경에서 존재해야 한다.

부주의 행동 증상은 다음과 같다. 첫째, 자주 세부적인 면에 주의를 기울이지 못하여 놓치거나 작업이 부정확하거나 학업이나 직업 또는 다른 활동에서 부주의한 실수를 저지른다. 둘째, 과제나 놀이를 할 때 지속적으로 주의집중을 하기가 어렵다. 셋째, 주의집중을 방해하는 것이 명백하게 존재하지 않음에도 마음이 다른 곳에 있는 것처럼 다른 사람이 직접 말할 때에 경청하지 않는 것처럼 보인다. 넷째, 과제를 시작은 하지만 쉽게 주의를 잃고 옆길로 새는 등 지시를 완수하지 못하고, 자신이 많은 임무를 수행하지 못한다. 다섯째, 순차적으로 과제를 처리하거나 물건이나 소지품 정리에 어려움이 있거나 시간 관리를 잘 하지 못하고 마감 시간을 잘 맞추지 못하는 등 과제와 활동을 체계화하는 데 어려움이 있다. 여섯째, 지속적인 노력을 요구하는 과제에 참여하는 것을 기피하거나 저항한다. 일곱째, 과제나 활동에 꼭 필요한 물건을 자주 잃어버린다. 여덟째, 외부 자극에 의해 쉽게 산만해지는데, 후기 청소년기와 성인기의 경우에는 관련이 없는 생각들이 포함될 수 있다. 아홉째, 심부름하기나 잡일하기 등과 같이 일상적인 활동을 잊어버리며, 후기 청소년기와 성인기에는 청구서 지불하기, 약속 지키기, 전화 회답하기 등을 잊어버리기도 한다. 이러한 증상은 단지 반항적 행동, 적대감 또는 과제나 지시 이해의 실패로 인한 양상이 아니어야 하며, 17세 이상의 경우에는 적어도 다섯 가지 이상의 증상을 만족해야 한다.

과잉행동/충동성 증상은 다음과 같다. 첫째, 손발을 만지작거리며 가만두지 못하고 의자에 앉아서도 몸을 꿈틀거린다. 둘째, 앉아 있어야 되는 교실이나 다른 상황에서 자리를 이탈한다. 셋째, 적절하지 못한 상황에서 지나치게 뛰어다니거나 기어오르는데, 후기 청소년기와 성인기에는 주관적으로 좌불안석을 경험하는 것에 국한될 수 있다. 넷째, 여가 활동에 조용하게 참여하거나 놀지 못한다. 다섯째, 장시간 동안 가만히 있는 것을 불편해하듯이 끊임없이 활동하거나 마치 모터에 의해 움직이는 것처럼 행동하며, 다른 사람에게도 이러한 모습이 관찰될 수 있다. 여섯째, 지나치게 수다스럽게 말한다. 일곱째, 상대방의 질문이 끝나기 전에 성급하게 대답하는데, 예를 들어 다른 사람의 말을 가로채거나 대화를 할 때 자신의 차례를 기다리지 못한다. 여덟째, 줄을 서 있는 동안 자신의 차례를 기다리지 못한다. 아홉째, 대화나 게임, 활동 중 참견하거나 허락을 받지 않고 다른 사람의 물건을 사용하는 등 다른 사람의 활동을 방해하거나 침해한다. 후기 청소년기 또는 성인기의 경우 다른 사람이 하는 일을 침해하거나 꿰차는 등의 행동이 나타나기도 한다. 이러한 증상은 반항이나 이해의 부족에 기인한 것이 아니어야 하고, 조현병 또는 기타 정신병적 장애의 경과 중에만 발생되지 않으며, 기분장애나 불안장애, 해리장애, 성격장애, 물질중독 또는 금단 등의 다른 정신장애로 더 잘 설명되지 않아야 한다.

주의력결핍 과잉행동장애는 초등학교 시기에 가장 흔히 식별되며, 부주의 관련 증상이 더욱 명확해진다. 학령전기에 보이는 주요 발현 증상은 과잉행동이며, 청소년기에는 이러한 과잉행동의 징후가 약해지지만, 좌불안석, 부주의, 계획성 부족, 충동성 등은 지속되며 상당수가 성인기까지 손상이 나타난다. 초기 청소년기를 지나면서 상대적으로 안정되나 일부의 경우에는 반사회적 행동이 나타나면서 악화될 수 있다. 성별에 따른 유병률은 여아에 비해 남아가 2배 정도 높으며, 기분장애, 불안장애, 학습장애, 의사소통장애가 동반되는 경우 유병률이 더욱 높다. 또한 어머니와의 역기능적인 관계가 악순환되어 적대적 반항장애를 일으키거나 비행 행동이 나타나는 등 행동장애의 빈도수가 일반 아동에 비해 매우 높다.

주의력결핍 과잉행동장애의 원인으로는 기질적 요인과 유전적 · 생리적 요인, 환경적 요인 등이 있다. 기질적 요인으로는 행동 억제의 감소, 조절이나 통제의 어려움, 부정적 정서성 등의 성향과 관련이 있다. 유전적 · 생리적 요인과 관련하여서는 유전성, 시각 또는 청각 손상, 대사 이상, 수면장애, 영양 결핍, 극소저체중 출생, 임신 중 흡연, 아동학대, 방임, 다수의 위탁양육, 신경독성물질에의 노출, 감염, 태아기 알코올 노출 등이 위험요인으로 거론된다. 자기공명영상(MRI) 검사를 통해 살펴본 결과, 낮은 뇌의 용적을 보이며, 뇌의 뒤쪽에서 앞쪽으로 이어지는 피질에서 성숙의 지연을 보이기도 한다. 이 외에 초기 아동기 때 가족 간 상호작용 양상이 주의력결핍 과잉행동장애를 직접적으로 유발하는 것은 아니지만, 주의력결핍 과잉행동장애의 유발에 영향을 주거나 품행 문제 발생에 이차적으로 영향을 줄 수 있다.

주의력결핍 과잉행동장애의 치료에 사용하는 효과적인 약물로는 리탈린(ritalin), 덱시드린(dexdrine), 페몰린(pemoline) 등이 있으며, 리탈린의 경우 주의력결핍 과잉행동장애의 가장 대표적인 치료 약물로서 집중력을 높여 산만한 행동을 감소시키고 학업성취도를 향상시키는 등의 증상 완화 효과가 있음이 보고되고 있다. 하지만 약물치료만으로는 만족스러운 효과를 기대하기보다는 심리치료를 병행하는 것이 더욱 효과적이다. 심리치료에는 아동의 바람직한 행동을 증가시키고 문제행동을 없애거나 줄이기 위해 보상과 처벌을 체계적으로 사용하는 행동치료가 있다. 또한 아동의 생각이나 문제해결 방식을 함께 변화시켜 행동의 변화를 유도하는 인지행동치료와 사회기술 훈련 등이 적용된다. 이에 더불어 부모교육을 병행하여야 하는데, 부모교육은 효과적인 의사소통 방법, 보상을 주는 방법, 긍정적 감정과 부정적 감정을 표현하는 방법 등을 중심으로 이루어진다.

1) 주의력결핍 과잉행동 관련 영화

〈하늘에서 음식이 내린다면〉(2010)

〈바바둑〉(2014)

〈마미〉(2014)

2) 활동

활동 1. 영화 〈마미〉(2014)를 감상한 후, 다음을 생각해 봅시다.

Q1. 영화에서 나타난 주인공의 주요증상은 무엇입니까?

Q2. 어머니와 주인공의 관계는 어떠합니까?

Q3. 어머니는 주인공을 왜 공공병원에 보내지 않았습니까?

Q4. 내가 어머니라면 어떻게 할 것입니까?

Q5. 영화 감상 및 토론 후 느낀 점은 무엇입니까?

활동 2. 성인용 ADHD 자가보고 검사

본 설문지는 ADHD 자가진단을 위한 선별도구입니다. 총 6문항으로 구성되어 있으며, 질문에 답할 때에는 지난 6개월 동안 자신이 어떻게 느끼고 행동하였는지를 가장 잘 설명하는 곳에 체크해 봅시다.

문항	전혀 그렇지 않다	거의 그렇지 않다	가끔 그렇다	자주 그렇다	매우 자주 그렇다
1	어떤 일의 어려운 부분은 끝내 놓고, 그 일을 마무리 짓지 못해 곤란을 겪은 적이 있습니까?				
2	체계가 필요한 일을 해야 할 때 순서대로 진행하기 어려운 경우가 있습니까?				
3	약속이나 해야 할 일을 잊어버려 곤란을 겪은 적이 있습니까?				
4	골치 아픈 일은 피하거나 미루는 경우가 있습니까?				
5	오래 앉아 있을 때, 손을 만지작거리거나 발을 꼼지락거리는 경우가 있습니까?				
6	마치 모터가 달린 것처럼 과도하게 혹은 멈출 수 없이 활동을 하는 경우가 있습니까?				

출처: Kessler et al. (2005).

※ 검사 결과는 다음과 같이 해석해 볼 수 있다. 6개 문항에서 짙게 칠해진 부분에 표시한 문항 수가 4개 이상이면 ADHD일 가능성이 높다.

6. 운동장애

운동장애(Motor Disorders)는 연령이나 지능수준에 비해 운동능력이 현저하게 미성숙하거나 반복적으로 부적응적인 움직임이 나타나는 경우로, 틱 장애와 발달성 운동조정장애, 정형적 동작 장애의 하위유형으로 구분된다.

1) 틱 장애

틱 장애(Tic Disorder)는 갑작스럽게 얼굴의 근육이나 신체의 일부가 움직이거나 이상한 소리를 내는 행동을 반복적으로 나타내는 것이다. 틱은 갑작스럽고 빠르며 목적이 없는 행동이 반복적으로 동작이나 음성으로 나타나는 증상으로, 18세 이전에 발병하며 한 가지 또는 다수의 운동성 또는 음성 틱이 존재하는 경우 틱 장애로 진단된다. 운동성 틱은 눈 깜빡이기, 코나 얼굴 찡그리기, 어깨 움츠리기, 발 구르기 등으로 나타나며, 음성 틱은 헛기침이나 반향 언어증, 관계없는 단어나 구절의 반복, 코를 훌쩍이거나 킁킁거리는 소리 등으로 나타난다. 이러한 장애는 코카인 등과 같은 물질의 생리적 효과나 헌팅턴병, 바이러스성 뇌염 등과 같은 다른 의학적 상태로 인한 것이 아니어야 한다. 틱 장애의 하위유형은 뚜렛장애, 지속성 운동 또는 음성 틱 장애, 잠정적 틱 장애로 구분된다.

뚜렛장애(Tourett's Disorder)는 여러 가지의 운동성 틱과 한 가지 이상의 음성 틱이 일부 기간 동안 나타나는 것으로, 두 가지 틱이 반드시 동시에 나타날 필요는 없다. 틱 증상은 완화와 악화를 자주 반복하지만, 처음 틱 증상이 나타난 시점으로부터 1년 이상 지속된다. 지속성(만성) 운동 또는 음성 틱 장애[Persistent(Chronic) Motor or Vocal Tic Disorder]는 한 가지 또는 그 이상의 운동성 틱 또는 음성 틱이 1년 이상 지속되는 것으로, 운동성 틱과 음성 틱이 함께 나타나지 않는다. 만약 음성 틱과 운동성 틱이 함께 나타나는 경우 뚜렛장애로 진단된다. 지속성 운동 또는 음성 틱 장애는 6~8세에 흔하게 나타나며, 발병 이후 4~6년 정도 지속되다가 사춘기에 사라지는 경향이 있다. 잠정적 틱 장애(Provisional Tic Disorder)는 단일의 또는 다양한 운동성 틱이나 음성 틱이 존재하지만, 처음 틱이 나타난 시점으로부터 1년 미만으로 지속되는 경우를 말한다.

틱 장애는 전형적으로 4~6세에 시작되며, 10~12세 사이에 증상이 가장 심하다가 청소년기에 약해지게 된다. 성별에 따라서는 여성보다 남성에게 더 흔하게 나타난다. 틱 장애를 제대로 치료받지 않을 경우, 만성적인 경과를 보이며 대부분 완화와 악화를 반복하면서 평생 동안 나타나기도 한다. 이러한 틱 장애가 장기화되면 우울장애 또는 심한 부적응적인 문제가 발생할 수 있으며, 심한 경우 자살로 이어지기도 한다. 대부분의 잠정적 틱 장애는 더 심한 수준의 틱 장애로 이행되지 않고 완전히 소실되거나 특수한 스트레스를 받으면 재발하며, 극소수의 경우에만 지속성 운동 또는 음성 틱 장애나 뚜렛장애로 이행한다. 틱 장애가 있는 사춘기 이전의 아동은 주의력결핍 과잉행동장애나 강박장애, 분리불안장애와 동반될 가능성이 높고, 10대의 청소년과 성인은 주요우울장애와 물질사용장애, 양극성 장애를 겪을 가능성이 높다.

틱 장애의 원인을 살펴보면, 뚜렛장애와 지속성 운동 또는 음성 틱 장애의 경우에는 유전적 요인이 중요한 역할을 하며, 잠정적 틱 장애는 기질적 원인과 심리적 원인 또는 복합적 원인으로 인해 발병되는 것으로 추정된다. 이 외에도 고령의 아버지, 저체중 출생, 임신 중인 산모의 흡연, 환경적 요인 등이 틱과 연관이 있다. 틱 증상은 불안과 흥분, 탈진에 의해 악화될 수 있으며, 차분하며 집중적인 활동을 할 때에는 호전될 수 있다.

틱 장애의 치료에는 약물치료가 효과적이며, 심리치료와 행동치료, 가족치료 등을 함께 실시하기도 한다. 잠정적 틱 장애의 경우 초기에는 가족이 무관심한 척 내버려 두는 것이 좋고, 틱 증상이 심해질 경우에는 가족상담과 지지적 정신치료, 행동요법 등을 적용해 볼 수 있다.

2) 발달성 운동조정장애

발달성 운동조정장애(Developmental Coordination Disorder)는 협응된 운동능력의 습득이나 수행이 개인의 생활연령과 지능수준 등에 따라 기대되는 수준보다 현저하게 낮은 경우를 말한다. 앉기나 기기, 걷기, 뛰기 등 운동기술의 발달이 늦고, 동작이 느리거나 서툴고 정확성이 부족하여 물건을 떨어뜨리거나 잘 깨뜨린다. 또한 공놀이, 계단 오르내리기, 자전거 타기 등과 같은 운동을 잘 하지 못한다. 이는 움직임과 관련이 있는 근육 운동을 조정하는 능력에 결함을 나타내는 것으로서 운동기술 장애(Motor Skills Disorder)라고도 불린다. 이러한 운동기술의 결함은 지적장애나 시각 손상으로 더 잘 설명되지 않으며, 뇌성마비나 퇴행성 질환과 같은 신경학적 상태에 기인한 운동기술의 결함이 아니어야 한다.

발달성 운동조정장애의 유병률은 5~11세 아동에게서 약 6% 정도가 나타나는 것으로 알려져 있다. 성별에 따라서는 여성에 비해 남성에게서 2~7배 정도 더 흔하게 나타난다. 주로 아동기 초기에 발병이 시작되며 시간의 흐름에 따라 호전을 보일 수도 있지만, 아동의 50~70% 정도는 청소년기까지 지속된다.

3) 정형적 동작 장애

정형적 동작 장애 또는 상동증적 운동장애(Stereotypic Movement Disorder)는 손이나 몸, 머리 흔들기, 손장난하기, 물어뜯기, 자기 몸 때리기 등과 같이 특정 패턴의 행동을 반복하는 것으로, 이러한 행동을 억제할 수 없는 것처럼 보이고 목적이나 이유가 없는 것 같은 운동 행동을 한다. 반복적인 운동행동은 물질의 생리적 영향이나 신경학적 상태로 인한 것이 아니며, 다른 신경발달장애나 발모광 또는 강박장애 등의 정신장애로 더 잘 설명되지 않아야 한다. 또한 사회적·학업적 또는 기타 활동을 방해하고, 자해의 원인이 될 수 있다. 정형적 동작 장애는 생후 첫 3년 이내에 시작되는 경우가 대부분이며, 반복적인 운동 행동은 시간이 지나면서 해소되거나 억제될 수 있지만, 지적장애가 있는 경우 상동증적 행동과 자해 행동이 수년간 지속될 수 있다.

4) 운동 관련 영화

〈이상한 나라의 피비〉(2008)

〈수상한 고객들〉(2011)

〈물 없는 바다〉(2011)

5) 활동

활동 1. 영화 〈이상한 나라의 피비〉(2008)를 감상한 후, 다음을 생각해 봅시다.

Q1. 영화에서 나타난 주인공의 주요증상은 무엇입니까?

Q2. 주인공을 바라보는 부모님의 태도는 어떠합니까?

Q3. 주인공을 바라보는 선생님의 태도는 어떠합니까?

Q4. 주인공은 어떤 노력을 통해 장애를 극복하였습니까?

Q5. 영화 감상 및 토론 후 느낀 점은 무엇입니까?

참고문헌

강희영, 이문숙(2012). 발달장애아동을 대상으로 낮병동 치료 프로그램의 효과. 소아청소년정신의학, 23(4), 188-195.

권석만(2013). 현대 이상심리학(2판). 서울: 학지사.

전헌선, 윤치연, 공나영, 김성화, 도명애(2012). 특수교육학개론. 경기: 양서원.

정혜경, 김정민, 박은(2018). 사회적 의사소통장애 아동을 위한 사회인지 강화 프로그램 개발 및 효과. 아동학회지, 39(5), 45-66.

APA (2013). *Diagnostic and statistical manual disorders* (5th ed.). Washington, DC: American Psychiatric Association.

APA (2015). *Diagnostic and statistical manual disorders* (5th ed.). 권준수, 김재진, 남궁기, 박원명, 신민섭, 유범희, 윤진상, 이상익, 이승환, 이영식, 이헌정, 임효덕 역. DSM-5 정신질환의 진단 및 통계 편람(제5판). 서울: 학지사. (원 저는 2013년 출간).

Bernthal, J. E., & Bankson, N. W. (1993). *Articulation and phonological disorders* (3rd ed.). Hoboken, NJ: Prentice Hall.

Brothers, L. (1990). The neural basis of primate social communication. *Motivation and Emotion, 14*(2), 81-91.

Choi, C., Kim, T., Chang, K. T., & Min, K. T. (2019). DSCR1-mediated TET1 splicing regulates miR-124 expression to control adult hippocampal neurogenesis. *The EMBO Journal, 38*(14), e101293.

Fisher, N., & Happé, F. (2005). A training study of theory of mind and executive function in children with autistic spectrum disorders. *Journal of Autism and Developmental Disorders, 35*(6), 757-771.

Greenberg, D. A., Hodge, S. E., Sowinski, J., & Nicoll, D. (2001). Excess of twins among affected sibling pairs with autism: Implications for the etiology of autism. *The American Journal of Human Genetics, 69*(5), 1062-1067.

Hallahan, D. P., Pullen, P. C., Kauffman, J. M., & Badar, J. (2020). Exceptional learners. In L. Zhang (Ed.), *Oxford research encyclopedia of education*. New York, NY: Oxford University Press.

Kessler, R. C., Adler, L., Ames, M., Demler, O., Faraone, S., Hiripi, E. V. A., ······ & Walters, E. E. (2005). The World Health Organization Adult ADHD Self-Report Scale (ASRS): A short screening scale for use in the general population. *Psychological Medicine, 35*(2), 245-256.

Van Riper, C. (1973). *The treatment of stuttering*. Hoboken, NJ: Prentice Hall.

난 충분히 미쳤어요, 그렇지 않아요?

···○ 5장

조현병 스펙트럼 장애

1. 망상장애
2. 단기 정신병적 장애
3. 조현양상장애
4. 조현정동장애
5. 조현병
6. 조현병 스펙트럼 관련 영화
7. 활동

조현병은 일반인들에게 다소 생소하게 들릴 수 있지만, 정신분열병(정신분열증)은 대부분의 사람들이 한번은 들어보았을 것이다. 정신분열병(schizophrenia)은 분열과 쪼개짐을 의미하는 'schizo'와 마음(mind)을 의미하는 'phrenia'의 합성어로, '정신·마음이 찢어지고 갈라진 병'에 대해 직관적으로 붙여 놓은 이름이다. 하지만 정신분열병이라는 단어가 주는 부정적인 편견과 오해로 인해 병명을 개정하여야 한다는 주장이 지속적으로 제기되었다. 이에 2011년에 정신분열병을 '조현병'으로 변경하기로 최종 결정되었으며, 2012년 국회에서 '조현병'으로 병명을 개정하는 법령이 공표되었다. 조현(調鉉)은 '현악기를 조율한다' '현악기의 음률을 고르다'라는 의미에서 비롯된 것으로, 현악기의 줄을 조율하여 좋은 소리를 내듯이 정신·마음의 기능이 잘 조절되지 않고 조화롭지 못하여 나타나는 병이라는 뜻을 내포하고 있다.

조현병 스펙트럼 장애(Schizophrenia Spectrum and Other Psychotic Disorders)는 현실을 왜곡하는 기괴한 사고와 혼란스러운 언어를 보이는 장애를 의미하는 것으로, 망상과 환각, 와해된 사고 및 언어, 긴장증을 포함한 부적절하고 비정상적인 운동 행동 그리고 정서적 둔감 또는 둔마된 감정이나 사회적 고립 영역 중 한 가지 이상의 증상을 특징적으로 나타낸다. 조현병 스펙트럼 장애의 하위유형은 증상의 심각도에 따라 망상장애, 단기 정신병적 장애, 조현양상장애, 조현병(정신분열증), 조현정동장애로 구분된다(권석만, 2013).

조현병 스펙트럼 장애의 주요증상 중 첫 번째는 망상(delusion)이다. 망상은 사실과 다른 비합리적인 신념과 생각, 그 사람의 교육 수준, 환경 등과 부합되지 않고 현실과 동떨어진 생각, 논리적·이성적 방법으로 교정이 어려운 고정된 생각 또는 믿음을 의미한다. 망상은 주제와 내용에 따라 다양하게 구분된다. 그 종류에는 자기 자신을 실제보다 더욱 위대하고 특별한 능력이 있는 사람이라고 믿는 과대망상, 각종 정신병에서 가장 흔히 나타나는 것으로 자신이 다른 조직이나 사람들로부터 감시나 괴롭힘을 당하여 피해를 받고 있다고 믿는 피해망상, 우울증이나 조현병에서 주로 나타나는 우울망상, 주위에서 일어나는 일상적인 사실이 모두 자신과 관련된 것이라고 믿는 관계망상이 있다. 또 자신은 모든 이성으로부터 사랑받고 있거나 모든 이성을 사랑해야 할 의무가 있다는 과대적 내용 또는 부정망상, 질투망상과 같은 피해적 내용의 색정망상, 자신의 장기 한 부분이 다른 사람들과 다르게 특이하다고

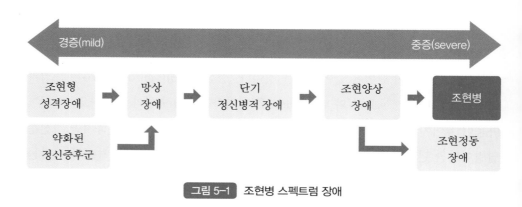

경증(mild)   중증(severe)

| 조현형 성격장애 | → | 망상 장애 | → | 단기 정신병적 장애 | → | 조현양상 장애 | → | 조현병 |

약화된 정신증후군

조현정동 장애

그림 5-1 조현병 스펙트럼 장애

믿고 있거나 자신의 장기가 썩어 들어간다고 믿는 신체망상, 자신이 타인에 의해 조종되고 있다고 믿는 피조종망상 그리고 자신의 생각을 다른 사람들이 이미 다 알고 있다고 믿는 사고망상이 있다.

두 번째 주요증상은 환각(hallucination)으로, 외부의 다른 자극이 없음에도 불구하고 과도하게 왜곡된 비현실적인 감각을 경험하는 것을 의미하며, 환청, 환후, 환시, 환촉, 환미가 있다. 환청(auditory hallucination)은 주위에 아무도 없는데 사람의 말하는 소리가 계속 들리는 증상으로, 그 내용은 대부분 간섭하거나 비웃거나 욕하거나 명령하는 내용으로 환자에게 불쾌감을 주지만, 매우 드물게 충고나 칭찬 같은 즐거운 내용을 포함하기도 한다. 이러한 환청은 조현병 및 관련 장애에서 가장 흔하게 나타나는 지각장애로, 기능적 자기공명영상(fMRI)을 통해 살펴본 결과, 환청이 들릴 때 청각 영역이 자극된다는 것을 확인할 수 있었다. 환시(visual hallucination)는 실제가 없는 것을 마치 있는 것처럼 보거나 보았다고 지각하는 증상이며, 환촉(tactile hallucination)은 실제 아무런 접촉이 없음에도 접촉이 있다고 느끼는 것을 의미한다. 이러한 환시 및 환촉과 관련하여 영화 〈블랙스완〉에서는 주인공이 블랙스완처럼 완벽히 연기해야 한다는 강박관념으로 인해 극심한 스트레스를 받아 자신의 등을 긁던 중 등에 검은 날개가 돋아나는 듯한 느낌을 받고 이를 손으로 뽑으며 아파한다. 또한 아무런 자극이 없음에도 불구하고 자신의 팔에 백조처럼 하얀 깃털이 자라나는 것처럼 변해 가는 것을 느끼는 모습을 볼 수 있다. 환후(olfactory hallucination)는 존재하지 않는 냄새를 맡는 현상이며, 환미(tasteful hallucination)는 미각적인 환각으로 실제로 없는 맛을 지각하는 것을 의미한다.

세 번째 주요증상은 비논리적이고 혼란스러운 와해된 언어(incoherent speech)이다. 예를 들어, "입 닥쳐! 라디오 안 들리게 소리 좀 줄이란 말이야! 정신 사납게." "배터리가 떨어졌잖아. 그래서 내가 교육방송 듣고 충전을 도모했잖아." 등이 있다. 이는 사고장애로 인해 말을 하는 데 논리적인 연결이 없어 목표에서 자주 벗어나는 이야기를 하며, 상대방이 알아듣고 이해하기 어렵다.

네 번째 주요증상은 사고 진행의 장애(Disorders in Progress of Thought)로 사고가 진행되어 가는 형식에 이상이 있어 전체적인 연결성이 없는 말, 무의미한 말의 연합 또는 반복, 사고의 진행이 급격하게 변하거나 느려지는 등의 형태로 나타난다. 사고 진행의 장애에는 사고의 비약, 사고의 지체, 사고의 단절, 보속증, 우원증, 지리멸렬, 언어신작증이 있다. 사고의 비약은 생각의 전환이나 연상이 빨리 진행되며, 생각들 사이에 단편적인 연결성은 가지고 있지만, 전체적인 논리성은 결여되어 있다. 사고의 지체는 연상 속도가 느려 전체적인 사고의 진행이 느리거나 도저히 어떤 결론에 이르지 못하는 경우를 말하며, 사고의 단절은 사고의 흐름이 갑작스럽게 멈추어 사고의 진공 상태가 되는 증상을 의미한다. 보속증은 사고를 진행하려는 노력과 외부로부터 새로운 자극이 들어옴에도 불구하고 사고의 진행이 이루어지지 않고 제자리에서 맴돌고 계속 같은 말이나 단어, 문장을 반복하는 증상을 의미한다. 우원증은 여러 가지 연상의 가지를 뻗치면서 빙빙 돌다가 결론에 도달하는 증상이며, 지리멸렬은 사고의 진행이 급격하게 무너져 토막토막 끊어지듯이 일관성이나 논리적 연결이 없거나 의미론적으로 파괴된 언어의 사용, 단어만 나열하는 증상 등이 나타난다. 언어신작증은 자기만 그 의미를 아는 새로운 말이나 단어를 만들어 내거나, 독특한 말을 조합하여 창조해 내는 증상이다.

이 외에도 조현병 스펙트럼 장애의 주요증상으로 자아 경계의 상실, 자발성 장애, 정서적 둔마, 외부세계와의 단절, 움직임의 감소 등이 있다. 자아 경계의 상실은 자신이 독립된 개체라는 것에 대한 인식을 어렵게 하는 증상으로서 자기가 누구이며, 어디로 가고 있는지에 대한 자아감이 희박해진다. 자발성 장애는 외부세계나 자신의 진로에 관한 관심이 없는 것으로, 사람들이 조현병 스펙트럼 장애 환자에게서 나타나는 자발성 장애를 증상의 일부분이라고 보기보다는 성취 동기의 부족이나 성격적 문제로 보려는 경향이 있으며, 본래 가지고 있는 기질이나 성격적 특성으로 오해하는 증상 중 하나이다. 정서적 둔마는 외부 자극에 대한 정서의 폭이 현저하게

그림 5-2 조현병 스펙트럼 장애의 핵심 증상군

감소하는 것으로, 조현병 스펙트럼 장애 환자들에게서는 눈여겨볼 만한 정서적 반응이나 표현이 거의 또는 전혀 보이지 않으며, 때로는 상황과 전혀 맞지 않는 감정적 상태를 드러내기도 한다. 외부세계와의 단절은 하루 종일 자기 방에 앉아서 무언가에 사로잡힌 것처럼 다른 사람들과의 상호작용에 관심을 보이지 않고, 아무도 찾지 않으며, 만나려고도 하지 않는 것으로, 단순한 성격적 결함이나 다른 사람에 대한 거부라는 오해를 자주 불러일으킨다. 움직임의 감소는 움직임을 거의 보이지 않는 것으로, 간혹 입 주위가 떨리거나 안면 운동 장애가 나타나는데, 이를 항정신성 약물의 부작용으로 생각할 수도 있지만, 약물을 투약하지 않은 환자에게서도 찾아볼 수 있다는 점에서 조현병 스펙트럼 장애에서 나타나는 증상으로 이해할 수 있다.

1. 망상장애

망상장애(Delusional Disorder)는 최소한 1개월 이상 한 가지 이상의 망상이 지속적으로 나타나는 경우를 말한다. 조현병의 진단기준을 만족하는 와해 증상과 음성 증상이 없으며 망상으로 인한 영향이나 결과를 제외하고는 일상생활의 여러 영역이나 기능이 심각하게 손상되어 있지 않고, 행동에서도 뚜렷하게 이상하거나 기괴하지 않을 때 진단된다. 망상장애의 유형에는 애정형(색정형)과 과대형, 질투형, 피해형, 신체형 등이 있다. 애정형 또는 색정형(erotomanic type)은 높은 신분에 있는 사람과 사랑에 빠졌다고 믿고 있는 망상이며, 과대형(grandiose type)은 자신의 힘이나 가치, 지식, 재능 등을 과대하게 평가하는 망상을 의미한다. 질투형(jealous type)은 자신의 배우자나 연인이 부정을 저질렀다고 믿는 망상으로, 이에 대한 근거도 없이 아주 사소한 증거로부터 잘못된 추론을 통해 배우자를 의심하고 공격하는데 의부증이나 의처증을 그 예로 들 수 있다. 피해형(persecutory type)은 자신이나 주변의 가까운 사람이 피해를 받고 있다는 망상으로, 주로 자신이 모함을 받아 감시나 미행을 당하고 있다거나 음식에 독이 들어 있다고 생각하고, 자신에게 피해를 준다고 생각하는 그 대상에게 적대감을 품고 공격적인 행동을 시도하거나 법정이나 정부 기관에 반복적으로 이를 호소하는 모습으로 나타난다. 신체형(somatic type)은 자신에게 신체적 결함이 있다거나 어떤 질병에 걸렸다는 망상으로, 자신에게서 악취가 난다거나 신체 부위가 다른 사람들과는 다르게 기형이라거나 해로운 기생충이 몸 안에 있다고 확고하게 믿고 있는 것이다.

망상장애는 일반적으로 40대의 성인기 중기 또는 후기에 발병이 시작되는 경향이 있으며, 발병연령이 18~90세로 다양하여 젊은 나이에서도 발생한다. 망상장애로 병원에 처음 입원하는 사람의 평균적인 연령은 33~35세 사이가 가장 많다. 평생 유병률은 0.2~0.3%로 추정되며, 관련 병원에 입원한 환자의 1~2%가 이에 해당한다. 성별에 따른 유병률에서 뚜렷한 차이가 나타나지는 않지만, 질투형 망상장애의 경우에는 남성에게서 여성보다 더 흔하게 나타나는 것으로 알려져 있다.

망상장애의 원인으로 먼저 생물학적 요인을 살펴보면, 좌반구의 측두엽과 우반구의 두정엽 손상(Cutting, 1985), 변연계와 기저핵의 과활성(Cummings, 1985) 등과 같이 뇌의 구조적 손상이나 도파민 등 신경전달물질의 활성화가 망상의 유발과 관련이 있다고 하였다. 또 다른 원인으로는 인지적 요인이 있는데, 이는 망상장애 환자에게서 나타나는 논리적 추론에 대한 결함이나 비정상적인 경험으로의 의미 추론 경향성, 정보처리의 편향 등의 관점에서 설명하고 있다. 즉, 망상은 인지적인 결함에 기인하고 있으며, 경험적 정보들에 대해 논리적으로 추론하는 것에 오류가 있어 발생하는 것이라고 주장하였다. 정신분석적 입장에서는 받아들여지지 못하고 무의식적으로 억압되어 있는 동성애적 충동이 방어과정을 거쳐 편집 상태로 발전된 혼란스러운 감정의 산물이 망상이라고 하였다. 예를 들어, '나는 그를 사랑한다'라는 무의식적인 동성애적 충동을 수용할 수 없는 남성이 역전(reversal)이라는 방어기제를 통해 '나는 그를 사랑하지 않는다. 나는 그를 미워한다'로 전환하게 되고, 이는 투사(projection)되어 '그는 나를 미워한다'라는 피해형으로 발전하게 된다고 주장하였다. 또한 과대형은 자신에게는 놀라운 능력이 있고, 원하는 것은 모두 이루어진다고 믿었던 아동기의 전능감으로 퇴행하는 것으로 보았으며, 애정형은 다른 사람들로부터 거부당하는 것에 대한 인식으로 인해 낮은 자존감과 자기애적 손상이 일어날 때 자기애적인 사랑을 투사하여 방어하고자 한 것이라고 하였다. 이 외에도 모든 면에서 완벽할 것을 강요당하거나 그러한 기대를 충족시키지 못해 부당하게 처벌을 받은 아동들은 공상을 통해 자신의 손상된 자존심을 보상하려 할 때 망상으로 발전될 수 있다고 하였으며, 아들러(Adler)와 톨러(Toller)는 자존감의 상실이 망상을 유발하는 주된 원인이라고 가정하였다. 환경적·사회문화적 요인으로는 아동기의 부정적 생활사건, 고독감, 새로운 문화에 대한 부담감 등이 있으며, 이로 인해 망상장애가 유발되기도 한다.

망상장애 환자의 경우 의심이 많고 치료진을 잘 믿지 못하며 냉담하여 초기에 치료 관계를 형성하기가 매우 어렵다. 따라서 망상장애의 치료에는 긴 시간과 인내가 필요하다. 또한 망상에 직접 도전하게 되는 경우 적대감이나 의심, 분노 등을 유발할 수 있으므로 치료의 목표는 망상을 없애는 것보다는 사회에 적응을 잘 해 나갈 수 있도록 도와주는 것으로 설정하여야 한다. 망상장애 환자의 정서적 증상이 심할 경우는 항우울제를 사용하여야 하며, 약물치료와 더불어 심리치료도 함께 진행하여야 한다. 심리치료에서는 지지적 치료와 문제 중심적 치료를 활용하는 것이 효과적이다.

2. 단기 정신병적 장애

단기 정신병적 장애(Brief Psychotic Disorder)는 망상, 환각, 와해된 언어, 전반적으로 와해된 행동이나 긴장증적 행동 등 조현병의 네 가지 양성 증상 중 1개 이상의 증상이 나타나는 것으로, 망상과 환각, 와해된 언어 중 최소한 하나가 나타나야 한다.

증상의 지속 기간은 최소 1일 이상 1개월 이내로 짧게 나타나며, 궁극적으로는 발병 전의 기능 수준으로 완전히 복귀되는 경우이다. 이들은 전형적으로 강렬한 감정적 동요나 혼란을 경험하게 된다. 단기 정신병적 장애의 진단에서 뚜렷한 스트레스 요인이 있는 것, 뚜렷한 스트레스 요인이 없는 것, 산후 발병의 경우에 대해 명시하여야 한다. 뚜렷한 스트레스 요인의 유무에 대해서는 개인의 문화권에서 비슷한 상황이 되었을 때 대부분의 사람들에게 현저하게 스트레스를 주는 단일 사건 혹은 중복 사건에 반응하여 증상이 일어난 것인지 아닌지로 구분된다. 산후 발병은 임신 기간 혹은 산후 4주 이내에 발병하는 경우이다.

　단기 정신병적 장애의 발병은 전 생애에 걸쳐 일어날 수 있으며, 주로 청소년기나 성인기 초기에 잘 나타난다고 알려져 있다. 평균적인 발병연령은 30대 중반이다. 성별에 따라서는 여성에게서 남성보다 2배 정도 더 흔하게 나타난다. 이러한 단기 정신병적 장애는 이미 성격장애가 있는 경우 발생 가능성이 더욱 높은 것으로 알려져 있으며, 극심한 스트레스를 받으면 급격하게 발병하는 경우가 많다.

　단기 정신병적 장애의 원인은 주로 자신이 감당하기 어려울 정도로 심적 부담이 크고 높은 스트레스 등과 같은 심리적 요인과 깊은 관련이 있으며, 일부 예민한 여성들에게서도 발생하는 것으로 알려져 있다. 산후정신증도 단기 정신병적 장애의 원인이 될 수 있는데, 산후정신증이 심한 경우 신생아를 죽이기도 하고 어머니도 자살이라는 극단적인 선택을 하는 경우도 나타날 수 있다. 또한 기존에 성격장애가 있는 경우 더욱 잘 유발된다는 점을 통해 성격장애와 관련된 성격적 특질이 위험요인으로 작용할 수 있다고 보기도 한다.

　단기 정신병적 장애의 치료로는 극심한 스트레스가 해소되거나 사라지게 되면 이전의 정상적인 기능으로 돌아오지만 보통 단기간의 입원이 필요하며, 개인이 스트레스를 잘 관리할 수 있도록 돕는 심리치료와 항정신병 약물치료를 병행하여 진행하는 경우 효과가 있다.

3. 조현양상장애

　조현양상장애(Schizophreniform Disorder)는 조현병과 임상적 증상이 동일하게 나타나지만, 장애의 지속 기간이 단기 정신병적 장애(1일~1개월)와 조현병(6개월 이상)의 중간으로 1개월 이상 6개월 미만인 경우를 말한다. 지속 기간이 6개월 이상이 되면 조현병으로 진단된다. 조현양상장애의 경우 적절한 치료를 받게 되는 경우 정신장애로부터 쉽게 호전되거나 완전한 회복을 보이는 등 치료의 예후가 좋다. 이로 인해 조현양상장애로 진단되는 비율이 조현병으로 진단되는 비율보다 높다. 또한 랑펠트(Langfeldt, 1937)는 이러한 조현양상장애는 정서적 스트레스가 선행되고 급성적인 발병을 보인다는 점에서 조현병과 차이가 있다고 보았다.

조현양상장애의 유병률은 대략 조현병의 1/2 정도로 추정되며, 1년 유병률은 0.1%, 평생 유병률은 0.2% 정도로 알려져 있다. 성별에 따른 유병률에서는 남녀 간 비슷한 것으로 나타났으며, 평균적인 발병연령이 남성은 18~34세, 여성은 18~35세로 나타났다. 발달단계에 따라서는 청소년기에 흔하게 나타난다고 알려져 있다. 이러한 조현양상장애로 진단된 환자 중 1/3은 회복되지만, 나머지 2/3 정도는 조현병 또는 조현정동장애로 진단을 받게 된다. 조현양상장애의 예후는 발병 전에 정상 성격이었는지, 사회적·직업적 기능 상태는 어떠했는지, 사고장애나 기괴한 행동이 있었는지, 음성 증상이 있었는지, 정서적 증상이 있었는지 그리고 단조롭고 둔마된 정동이 있었는지 등에 따라 양호한 예후 특징을 동반한 경우와 양호한 예후 특징을 동반하지 않은 경우로 나뉘진다.

조현양상장애의 원인에 대해 명확하게 알려진 것은 없다. 대부분 감당하기 어려운 극심한 스트레스 사건에 의해 급성으로 발병한다고 하였으며, 그 기저에는 이미 유전적 또는 생물학적 취약성이 내재되어 있다는 주장이 있다. 조현양상장애가 있는 사람의 친척들은 조현병의 위험성이 높다. 이러한 조현양상장애의 치료는 조현병의 치료와 거의 동일하지만 장애에 대한 심리교육과 항정신성 약물을 사용하는 약물치료를 유지하는 것이 필요한지에 따라 달라진다.

4. 조현정동장애

조현정동장애(Schizoaffective Disorder)는 조현(schizo)과 정동(affective)이 혼합된 것으로, 조현병의 증상을 충족하는 동안 주요 우울 삽화 또는 조증 삽화가 동시에 일정한 기간 지속적으로 나타나는 경우를 의미한다. 증상이 나타나는 기간 동안 주요 우울 삽화 또는 조증 삽화가 없이 최소한 2주 이상 망상이나 환각이 존재하여야 한다. 조현정동장애는 삽화의 유형에 따라 우울형과 양극형으로 분류되는데, 우울형은 단지 주요 우울 삽화만이 동반되는 경우이며, 양극형은 조증 삽화가 동반되기도 하고 주요 우울 삽화 또한 나타나기도 하는 경우이다. 조현정동장애의 증상으로는 조현병과 기분장애 둘 다 들어맞지 않는 환자들을 위한 경계진단이고, 어느 하나 독립적으로 진단될 수 없을 정도로 이 진단에는 명확한 경계선이 없으며, 전반적인 임상 양상은 조현병과 기분장애의 중간에 해당한다. 전형적인 경과 패턴으로는 처음에 망상과 환각이 2개월 정도 나타난 이후 주요 우울 증상이 나타나면서 조현병 증상과 주요 우울 삽화가 공존하게 된다. 이후에 주요 우울 증상이 사라지고 1개월 정도 조현병 증상만이 지속되다가 사라진다.

조현정동장애는 청소년기부터 노년에 이르기까지 언제든지 나타날 수 있으며, 평균적인 발병연령은 성인기 초기로 알려져 있다. 특히 양극형은 성인기 초기, 우울형은 성인기 후기에 주로 발병한다. 유병률은 조현병의 1/3 정도로 나타나며, 평생 유병률은 0.3% 정도로 추정된다. 성별에 따라서는 여성에게서 남성보다 더 높게 나타나며, 이는 우울형의 발생률이 여성에게서 더 높은 것과 관련이 있다. 이러한 조현정동장애의 자살 위험성은 5% 정도로 알려져 있는데, 이는 우울 증상을 가지고 있다는 점이 높은 자살 위험성과 관련성이 있다고 보고 있다.

조현정동장애를 유발하는 대표적인 원인은 알려져 있지 않지만, 유전적 요인으로는 조현정동장애에 취약한 특이 소질을 지닌 사람이 감당할 수 없는 심각한 스트레스 자극에 노출되면 심리적 기능이 붕괴되어 조현정동장애가 발병한다는 주장이 있다. 조현정동장애라는 용어를 처음 사용한 정신의학자인 카사닌(Kasanin, 1933)은 성적 본능과 관련된 정서적 갈등이 조현정동장애를 유발한다고 가정하였다.

조현정동장애의 치료 또한 원인과 마찬가지로 잘 알려져 있지 않으며, 치료의 효과도 높지 않은 것으로 알려져 있다. 그 이유로는 조현정동장애에 대한 진단의 신뢰성이 낮다는 점과 연구를 위한 임상적 환자를 구하기 어렵다는 점, 명확한 진료를 위한 지침이 없다는 점을 들 수 있다. 이러한 조현정동장애의 치료에는 급성으로 나타난 장애의 증상을 줄이고, 환자의 심리적 안정을 유지하기 위한 항정신제 약물치료를 활용하며, 장애에 수반되는 조증 증상과 우울 증상에는 리튬이나 기분 안정제,

항우울제를 사용한다. 심리치료에서는 기본적으로 환자에게 적합한 치료방법을 경험적으로 결정해야 하고, 목표로 하고자 하는 증상을 명확하게 설정하여 치료하는 것이 필요하다.

5. 조현병

조현병(Schizophrenia)은 정신분열증이라고도 불리는 것으로, 망상, 환각, 와해된 언어, 와해된 행동이나 긴장증적 행동, 음성 증상의 다섯 가지 증상 중 2개 이상의 증상이 1개월 동안 상당 기간 나타나야 하며, 장애가 계속 진행되고 있다는 징후가 최소 6개월 이상 나타나야 한다. 이때 망상과 환각, 와해된 언어 중 한 가지의 증상은 반드시 포함되어야 한다. 증상이 시작된 이후 직업이나 대인관계, 자기관리 등 한 가지 이상의 영역에서 기능적 수준이 발병 시작 이전보다 현저하게 저하된 경우 진단된다. 조현병의 경과는 증상이 나타나는 양상에 따라 전구기, 활성기, 잔류기로 나누어 볼 수 있다. 전구기는 정신분열의 발병 또는 재발의 조짐이 보이는 시기로, 곧 시작될 것이라고 예고하는 신호단계이다. 활성기는 조현병의 주요증상 다섯 가지 중 2개 이상의 증상이 1개월 이상 나타나는 것이며, 잔류기는 장애의 활성기와 회복기 사이의 과도기적 단계로, 조현병의 증상이 남아 있지만 비교적 경미한 시기이다. DSM-IV에서는 증상에 따라 조현병의 하위유형을 망상형, 해체형, 긴장형, 감별불능형, 잔류형으로 분류하였으나 DSM-5에서는 이러한 하위유형을 모두 삭제하였다.

조현병의 유병률은 국가와 문화 등에 따라 차이가 있지만 대략 0.3~0.7% 정도가 보고되고 있다. 보건복지부에서 5년을 주기로 진행한 정신질환 실태조사의 결과에 따르면, 2016년도 조현병 스펙트럼 장애의 1년 유병률은 0.2%로 나타났다. 이후 2021년에는 조현병 스펙트럼 장애의 유병률이 극히 낮아 조사에서 제외되었다. 조현병의 발병연령은 10대 후반에서 30대 중반에 흔히 나타나며, 아동기 발병이나 청소년기 이전의 발병은 매우 드물다. 성별에 따라서는 비슷한 유병률을 보이며, 평균 발병연령은 남성의 경우 15~24세, 여성의 경우 25~34세로 알려져 있다. 이러한 조현병의 발병은 급성이거나 점차적으로 발생하는 잠행성일 수도 있지만, 대부분의 경우에는 전구기와 활성기의 경과를 보이다가 조현병으로 진단된다.

조현병의 원인으로 생물학적 요인, 심리적 요인, 사회문화적ㆍ환경적 요인, 평가적 요인으로 나누어서 살펴볼 수 있다. 먼저, 생물학적 요인 중 첫 번째는 유전과의 관련성으로, 1980년대 중반에는 특정 유전자가 있다는 주장이 있었다. 이는 조현병 환자의 가족 및 친족에게서의 발병율이 높다는 점과 가족관계가 가까울수록 발병도가 높다는 점 그리고 조현병이 있는 어머니가 자녀를 출생한 후 수 주일 내로 정상 어머니에게 자녀를 양자로 보냈음에도 조현병의 발생빈도가 거의 같았다는 점을 통해 이해해 볼 수 있다. 또한 쌍생아 연구에서 일란성 쌍둥이에게서의 조현병 발생빈도가 이란성 쌍둥이의 발생빈도보다 5배 높다는 점에서 유전성이 강함을 보여 주지만, 일란성 쌍둥이의 일치 빈도가 50~60%로 나타났다는 점에서 환경적 영향을 배제하지 못한다는 것을 보여 주고 있다. 따라서 조현병이 빨리 발병하면 유전적 경향, 늦게 발병하면 환경적 영향을 받는 것으로 보았다.

생물학적 요인 중 두 번째는 신경전달물질과 관련이 있으며, 도파민 가설과 세로토닌 관련 가설, 노르에피네프린 결핍 및 불균형 가설로 설명하고 있다. 도파민(dopamine)은 뇌의 여러 가지 신경전달물질 중 사고와 운동, 감정 등과 관련된 정보를 처리하는 물질로 조현병과 연관되어 있다. 이러한 도파민 시스템에 불균형이 생기면 조현병의 주요증상들이 나타나는데 도파민이 과다하게 분비되면 신경단위의 과다활동을 야기한다고 보았다. 이에 도파민 수용체를 차단하는 약물을 사용하여 정신병적 증상을 완화시킬 수 있다. 세로토닌(serotonin) 관련 가설에서는 세로토닌의 양이 증가하지만, 세로토닌 수용체는 감소하는 경우가 보고되고 있으며 이는 조현병 환자의 우울, 자살과 관련이 있다고 하였다. 또한 세로토닌과 도파민이 함께 작용하여 조현병의 증상이 나타나게 된다는 주장도 있다. 뿐만 아니라 노르에피네프린(norepinephrine) 결핍 및 불균형은 특히 조현병의 재발과 관련이 있으며, 이외에도 GABA(gamma-aminobutyric acid)의 기능 감퇴도 조현병의 유발 요인으로 보고 있다.

생물학적 요인 중 세 번째는 출생 전후의 생물학적 환경과 관련이 있다. 여기에는 임신 중 어머니의 영양실조, 감염 등과 같은 태내 요인과 출산 과정에서 발생하는 산소 결핍, 출혈 등의 출산 시 외상, 출생 이후의 영양부족이나 질병, 사고 등이 해당된다.

생물학적 요인 중 네 번째는 뇌의 구조적 이상 및 기능적 이상이다. 조현병 환자는 뇌실이 크고 뇌 피질의 양이 적으며, 전두엽 등에서도 구조적인 이상을 보이며,

기능적 이상으로는 뇌의 활동이나 반응이 느리거나 기능이 저하되는 것이 조현병 발병과 관련이 있다. 하지만 조현병으로 확진된 사람의 뇌 영상술을 통해 얻은 결과이므로, 뇌의 기능적 이상을 조현병의 원인으로 설명하기에는 근거가 부족하다.

심리적 요인에 있어 첫 번째는 프로이트의 갈등모델과 결손모델이 있다. 갈등모델에서는 심리적 갈등이 부정이나 투사와 같은 원시적인 방어기제를 사용하여 유아적 단계로의 퇴행으로 인해 조현병이 나타난다고 하였다. 결손모델에서는 갈등 유발로 리비도가 점차 내부의 자기상과 신체상에 투여되면서 망상이나 환각 증상을 보이게 된다고 하였다. 이 밖에도 정신역동이론에서는 자아 기능의 결함, 심리적인 욕구와 사회환경적인 기대 사이의 불균형, 어머니와의 관계에서 주목할 만한 양가감정이 있을 때 그리고 어머니와의 분리에서 어려움을 겪을 때 조현병이 유발될 수 있다고 하였다.

심리적 요인 중 두 번째로 대상관계이론에서 조현병의 발병 원인을 생애 초기 어머니와 자녀 간 관계의 발달에서 찾고자 하였다. 즉, 어머니와의 안정된 공생관계를 형성하는 데 실패하여 조현병이 발생한다고 보았다. 또한 분리-개별화의 단계로 성장해 나가는 과정에 문제가 있는 사람이 성장하면서 발생하거나 자폐적 유아기로 퇴행하여 관련 증상이 나타난다는 설명도 있다.

심리적 요인 중 세 번째로 인지심리학에서는 인지기능 중 주의(attention) 기능의 손상이 조현병의 증상 형성과 관련 있다고 주장하였다. 조현병 초기에 외부 자극에 과도하게 민감하고 지나치게 크게 반응하거나 외부에서 오는 자극을 잘 알아차리지 못하고 위축되는 경향성을 보이는 것이 결국은 인지 및 사고장애로 이어지게 된다고 보았다. 하지만 이러한 조현병의 원인과 관련한 심리학적 입장 중 어느 하나의 이론만을 채택하기보다는 다양한 관점에서 환자의 조현병 발병에 대한 배경을 이해하는 것이 중요하다.

조현병의 원인으로 사회문화적 · 환경적 요인 중 조현병의 발병과 관련하여 가장 중요한 요인은 가족 요인이다. 가족 내에서 자녀에 대한 부모의 양육태도, 의사소통, 부모와의 관계 등은 자녀들에게 많은 영향을 미칠 수 있으며, 이러한 가족 요인은 자녀의 발달뿐만 아니라 조현병의 발병과 이후 예후에도 영향을 미치게 된다는 주장이 있다. 특히 비합리적인 의사소통과 가족 간의 갈등, 과도한 부정적 감정 표출 등이 조현병 유발에 기여하는 요인이라고 하였다. 프롬-라이히만(Fromm-

Reichman)은 "조현병적 어머니(schizopherenogenic mother)"라는 표현을 사용하였는데, 다른 사람의 감정을 받아들이지 않고 차갑고 지배적이며 성에 대한 엄격함과 갈등을 조장하는 어머니의 태도가 조현병을 유발하는 요인이 될 수 있다고 보았다. 베이트슨(Bateson)의 이중구속 이론에서는 조현병의 발생 요인으로 가족 내 의사소통 패턴의 중요성을 이야기하였다. 부모가 자녀를 대할 때 상반된 메시지가 동시에 다른 수준에서 자녀에게 전달되는 일이 계속해서 반복되면, 결국 자녀는 혼란 상태에 빠지게 되고 심한 갈등과 불안, 분노, 절망감을 경험하게 되는데, 이로 인해 아이는 분명하고 적절한 의사소통 방식과 사회적 상황에 대한 판단능력을 제대로 발달시키지 못하여 조현병이 발현된다고 보았다.

사회문화적 · 환경적 요인 중 두 번째는 사회원인론(social caution)이다. 사회원인론은 사회경제적으로 낮은 수준이 계속 유지되면 여러 가지 역기능적 정신건강 증상이 나타날 수 있다고 보았으며, 특히 최하위의 빈곤 계층과 사회문화적 불일치 집단에서 조현병의 발병빈도가 높은 것으로 나타났다.

사회문화적 · 환경적 요인 중 세 번째는 사회적 선택론(social selection)으로, 조현병과 같은 정신질환이 먼저 발생하고 이로 인해 사회경제적 문제가 나타난다고 보는 견해이다. 이는 유전이나 생물학적 취약성이 사회경제적 환경보다 조현병의 우선적인 발병 원인이며, 정신질환이 사회경제적으로 낮은 수준에 이르게 한다고 보았다.

조현병의 원인과 관련하여 평가적 요인에서는 스트레스-취약성 이론(vulnerability-stress model)을 통해 설명하고 있다. 이는 유전적 · 생물학적 · 심리사회적 취약성을 지닌 사람에게 어떤 스트레스가 발생했을 때 이를 견디는 힘이 약하거나 적응의 한계 수준을 넘어가게 되면 조현병의 증상을 일으키게 된다는 가설이다. 즉, 유전적 · 생물학적 취약성을 지니고 있더라도 심각한 사회환경적인 스트레스가 없으면 조현병이 발병하지 않을 수 있으며, 반면 유전적 · 생물학적으로 건강하더라도 감당할 수 없는 심각한 스트레스에 지속적으로 노출되는 사람은 조현병의 발병에 영향을 받게 된다고 보았다. 이 이론에서는 조현병의 원인으로 한 가지가 아닌 다양한 요인을 통합하여 설명하고 있어 조현병에 대한 개입에서도 다양하고 포괄적이며 지속적인 개입의 필요성이 함께 제기된다. 또 다른 평가적 요인으로는 스트레스-소진 모형이 있는데, 개인이 경험하는 스트레스의 양과 이러한 내적 스트레스를 이겨 내는 능력의 한계 간의 관계에 근거하여 조현병의 증상들이 시작된다는 가설이다.

조현병의 치료에서는 지속적인 약물치료가 필요하며, 이는 뇌 속의 신경전달물질 체계의 균형을 회복하기 위한 목적이 있다. 정신역동적 접근에서는 심리적인 역동과 무의식적 방어기제에 대한 탐구를 통해 환자의 문제 및 증상을 파악하고, 상담사와의 일대일의 관계 속에서 의미 있는 관계를 형성하여 치료적 접근을 시도하는 것이 필요하다고 하였다. 또한 부정적 사고를 변화시키기 위한 인지행동적 접근과 사회생활이나 대인관계에서 필요한 의사소통 등을 포함한 모든 기술을 훈련하는 사회기술 훈련, 가족교육 및 가족치료, 가족 모임 등을 적용해 볼 수 있다. 조현병이 급성기일 때는 입원치료를 하게 되는데, 특수한 치료 또는 격리가 필요할 때, 신체적 건강이 위협받을 때, 자해나 타해의 위험이 있을 때, 지속적인 관찰과 특수 검사가 필요할 때 입원치료가 필요하다.

사례

1. 조승희(미국 버지니아 공대 총기 난사 살인 사건)

미국 버지니아주 블랙스버그에 위치한 버지니아 공대 캠퍼스에서 2007년 4월 16일 벌어진 총기 난사 살인 사건이다. 이 사건으로 인해 32명의 사망자와 29명의 부상자가 나왔으며, 조승희는 사건 직후 자살하였다. 어린 시절 조승희는 학교에서 친구들과 전혀 어울리지 않았으며 사교성이 매우 부족하였다. 학교 내에서 속을 알 수 없는 '물음표 학생'이라는 표현이 붙었으며, 3명의 여학생을 스토킹 수준으로 쫓아다니기도 하였다. 조승희에 대한 전문가들의 평가를 살펴보면, 그는 피해망상을 보였다고 하는데 '희생당한 나와 내 아이들, 형제자매들'이라는 표현을 사용하였고, 가상의 여자친구가 있었다는 점을 통해 추측해 볼 수 있다. 또한 그는 자신을 영웅시하고 세상에 대한 증오와 억눌린 자살의 욕구가 있었다고 보았으며, 이후 항정신성 약물을 복용하였다는 것이 확인되었다.

2. 빈센트 반 고흐(Vincent Van Gogh)

고흐의 작품 중 〈별이 빛나는 밤〉은 삶의 마지막 1년 동안 조현병과 싸우며 그린 작품으로, 작품에 표현된 것처럼 고흐는 모든 사물이 흔들리는 것처럼 보였다고 한다. 이 작품은 철창이 쳐진 정신병원 창문 너머의 생 레미 시가와 별이 깔린 하늘을 표현한 것이다.

그림 5-3 빈센트 반 고흐의 〈별이 빛나는 밤〉

6. 조현병 스펙트럼 관련 영화

〈샤인〉(1997)

〈트루먼 쇼〉(1998)

〈뷰티풀 마인드〉(2001)

〈스파이더〉(2005)

〈캔바스〉(2006)

〈내겐 너무 사랑스러운 그녀〉(2007)

〈셔터 아일랜드〉(2010)

〈블랙스완〉(2011)

〈더 보이스〉(2018)

〈조커〉(2019)

〈F20〉(2021)

〈피어 오브 레인〉(2021)

7. 활동

활동 1. 조현병 스펙트럼 관련 영화를 하나 선택하여 이야기를 나눠 봅시다.

[전체] 조현병 스펙트럼 관련 영화 포스터를 보고 하나를 선택합니다. 같은 영화를 선택한 사람들이 한 팀이 됩니다.

[개별] 선택한 영화를 보고 난 후, 가장 인상 깊었던 장면과 그 장면이 인상 깊었던 이유에 대해 생각해 봅니다.

[집단] 각자 생각했던 내용을 집단별로 돌아가면서 이야기합니다. 또한 영화 속 등장인물에게서 나타난 장애 관련 주요증상과 치료적 접근에 대해 이야기 나눠 봅니다.

[전체] 집단 활동을 마치면서 각 집단에서 나눈 이야기를 정리하여 서로 자신의 팀에서 본 영화에 대해 소개합니다.

활동 2. 영화 〈조커〉(2019)를 감상한 후, 다음을 생각해 봅시다.

Q1. 주인공의 주요증상은 무엇입니까?

Q2. 주인공의 어린 시절은 어떠하였습니까?

Q3. 주인공과 어머니의 관계는 어떠합니까?

Q4. 주인공은 어떤 삶을 살고 있습니까?

Q5. 영화 감상 및 토론 후 느낀 점은 무엇입니까?

참고문헌

권석만(2013). 현대 이상심리학(2판). 서울: 학지사.

Cummings, J. L. (1985). Organic delusions: Phenomenology, anatomical correlations, and review. *The British Journal of Psychiatry, 146*(2), 184-197.

Cutting, J. (1985). *The psychology of schizophrenia.* Edinburgh, Scotland: Churchill Livingstone.

Kasanin, J. (1933). The acute schizoaffective psychoses. *The American Journal of Psychiatry, 13,* 97-126.

Langfeldt, G. (1937). The prognosis in schizophrenia and the factors influencing the course of the disease. *Acta Psychiatrica et Neurologica Scandinavica, Supplement, 13,* 228.

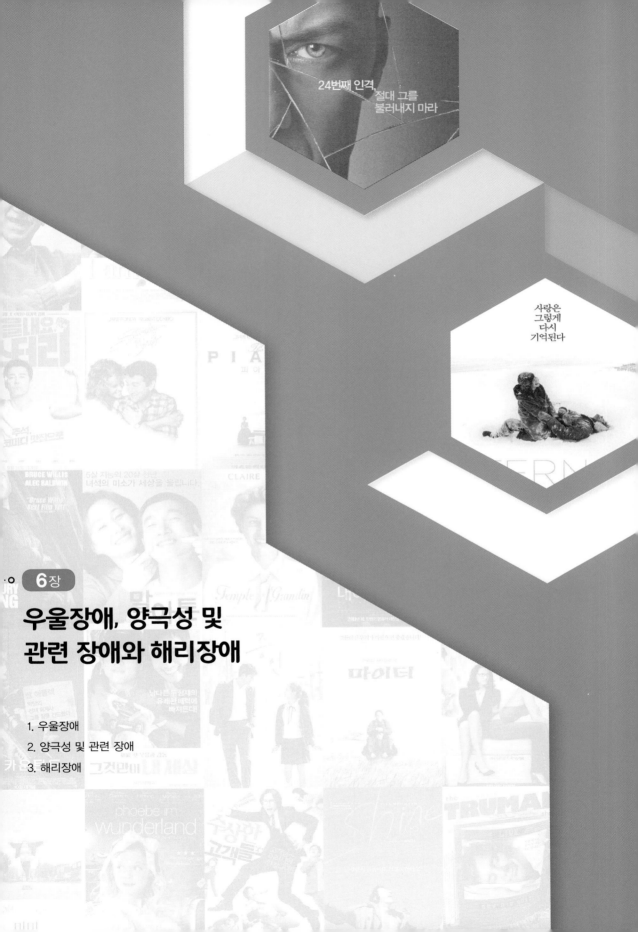

24번째 인격,
절대 그를
불러내지 마라

사랑은
그렇게
다시
기억된다

1. 우울장애

살아가면서 누구나 한 번쯤은 우울함을 느끼게 된다. 우울은 기분이 가라앉는 것으로, 심하지 않은 수준의 경우 시간이 지나면 자연스럽게 회복이 된다. 하지만 우울함의 정도가 지나치게 심각하여 일상생활의 부적응을 초래하게 되는 경우가 있다. 이처럼 전반적으로 슬프고 공허한 느낌과 과민한 기분 등의 정서적 문제와 이로 인한 신체적·인지적 변화가 유발되고 사회적·직업적 부적응을 초래하게 되는 것을 우울장애(Depressive Disorders)라고 한다. 우울은 '심리적 독감'이라고 불릴 만큼 매우 흔한 장애이지만, 자살에 이르게 하는 위험한 심리적 장애이다. 우울장애의 빈도는 점점 높아지고 있으며, 발병연령은 점점 저연령화되어 가고 있는 추세이다. DSM-IV에서는 우울장애가 기분장애 범주에 포함되었으나 DSM-5에서는 별도의 범주로 독립하였으며, 우울 수준의 심각한 정도와 지속 기간에 따라 우울장애를 네 가지로 구분하였다. 그 유형에는 주요우울장애, 지속성 우울장애, 월경 전 불쾌감 장애, 파괴적 기분조절 부전 장애가 있다. 월경 전 불쾌감 장애는 DSM-IV에서 부록에 제시되어 있었으나 개인의 기능적 영역에 상당한 영향을 미칠 수 있음을 이해하고 DSM-5에서 우울장애의 하위유형으로 분류되었다. 파괴적 기분조절 부전 장애는 아동에게 양극성 장애가 과잉 진단될 것을 우려하여 12세 이상 아동의 우울장애로서 DSM-5에 새롭게 추가되었다.

1) 주요우울장애

주요우울장애(Major Depressive Disorder)는 우울장애 중 가장 심한 증세로 우울한 기분 또는 흥미나 즐거움의 상실이 나타나며, 이러한 상태가 거의 매일 연속적으로 2주 이상 나타나야 한다. 주요우울장애의 경우 우울하고 슬프고 희망이 없으며 실망스럽거나 의기소침한 기분을 흔하게 보이며, 다음의 아홉 가지 핵심 증상 중 다섯 가지 이상이 나타나는 경우에 진단할 수 있다. 핵심 증상에는 ① 우울한 기분에 대해 객관적으로 관찰되거나 주관적으로 보고, ② 모든 일상 활동에 대한 흥미나 즐거움 저하, ③ 체중 조절을 하지 않고 있는 상태에서 체중 감소 또는 증가, 식욕 감소 또는 증가, ④ 불면이나 과다 수면, ⑤ 객관적으로 관찰이 가능한 정신운동성 초조나 지연, ⑥ 피로감과 활력의 상실, ⑦ 자신에 대한 무가치감 또는 과도하거나 부적절한 죄책감, ⑧ 사고력이나 집중력의 저하, 우유부단함, ⑨ 단지 죽음에 대한 두려움이 아닌 반복적인 죽음에 대한 생각, 자살 계획이나 시도 등이 있다. 아동과 청소년의 경우 우울한 기분보다는 지나치게 민감하거나 까다로운 기분으로 나타나기도 하며, 아동에게서는 분리불안이 나타날 수 있다. 이러한 증상들로 인해 사회적·직업적 또는 다른 중요한 기능 영역에서 임상적으로 현저한 고통이나 손상이 초래되어야 한다.

주요우울장애는 유병률이 가장 높은 정신장애로, 평생 유병률은 경미한 수준의 우울장애까지 포함하면 20~25% 정도로 나타난다고 하였다. 성별에 따라서는 여자의 경우 평생 유병률이 10~25%, 1년 유병률은 4.3%로 나타났으며, 남자의 경우 평생 유병률이 5~12%, 1년 유병률이 1.8%로 나타났다. 이러한 성별의 차이는 특히 청소년기와 성인기에 크게 나타난다. 하지만 청소년기 이전의 유병률에서는 남아와 여아가 거의 동일하게 나타난다. 주요우울장애의 발병에 대한 가능성은 사춘기에 높으며 20대에 최고치를 보이지만, 어느 연령대에서나 발병할 수 있어 고령에서의 첫 발병도 드물지 않다. 우울장애를 한 번 경험한 사람은 재발 가능성이 높으며, 반복적으로 경험할수록 만성화의 위험이 있다.

주요우울장애의 원인을 살펴보면, 뜻하지 않게 일어나는 통제하기 어려운 부정적 생활사건(negative life events)이 우울장애를 촉발할 수 있다. 부정적 생활사건에는 사랑하는 가족의 사망이나 심각한 질병과 같은 중대한 생활사건, 가족 간의 다툼이나 사람들의 사소한 비난 등과 같은 일상적인 생활사건, 사회적 지지(social support)의 결핍 등이 있다. 하지만 이러한 부정적 생활사건만으로 우울증이 촉발될 가능성은 20%도 되지 않으며, 대부분 생물학적·심리적 취약성 등과의 상호작용에 의해 우울장애를 유발하게 된다. 생물학적 원인으로는 노르에피네프린(norepinephrine)과 세로토닌(serotonin), 도파민(dopamine) 등의 물질과 관련이 있는 신경전달물질의 불균형, 뇌 구조의 기능 이상, 내분비 호르몬인 코르티솔(cortisol)의 과잉분비와 같은 내분비계통의 이상 등이 있다. 또한 유전적 요인과 관련하여 주요우울장애가 있는 사람의 직계가족에서 주요우울장애가 발생할 확률은 일반인보다 1.5~3배 이상 더 높은 것으로 알려져 있다. 기질적 측면에서는 부정적 정서성과 같은 신경증적 경향성이 주요우울장애의 주요한 위험요인이 될 수 있다.

　주요우울장애를 유발하는 심리적 요인을 각각의 이론에 따라 살펴보면, 정신분석이론에서는 사랑하는 대상의 상실에 대한 분노가 무의식적으로 자기에게 집중적으로 향하는 심리적 상태를 우울증이라고 하였다. 행동주의 이론에서는 마틴 셀리그만(Martin Seligman)이 제기한 학습된 무력감(learned helpssness)의 개념으로 설명하고 있다. 이는 좌절 경험을 많이 한 사람은 언제나 부정적인 결과만 남을 것이라는 무력감이 학습되어 우울감을 보이며 상황을 변화시키려고 노력하지 않는다는 것이다(Miller & Seligman, 1975). 인지이론에서는 아론 벡(Aaron Beck, 1963)의 주장에 따라 자기 자신과 세계, 미래에 대한 부정적이고 비관적인 자동적 사고(automatic thoughts)로 인해 우울장애가 유발된다고 설명하였다. 이는 인지삼제(cognitive triad)라고 하며, 우울한 사람은 부정적인 사고로 인해 모든 것이 패배와 상실로 귀결될 것이라고 오해석하여 상황을 개선하려는 적극적인 노력을 하지 않으며, 타인에게 도움을 요청하지 않는 등 사회적으로 위축된다.

　주요우울장애는 시간이 흐르거나 상황이 달라짐에 따라 자발적으로 회복되는 경우가 많다. 하지만 우울장애 증상의 정도가 심해지면 자살로 이어질 수 있으므로 빠른 치료를 필요로 한다. 가장 효과적인 주요우울장애의 치료는 심리치료와 약물치료를 병행하는 것이다. 약물치료에서는 항우울제와 항조증제 등이 사용되는데, 이는 신경전달물질의 부족이나 과잉분비를 조절해 주는 약물로서 효과적이다. 심리치료에는 정신치료와 인지치료를 주로 적용하고 있으며, 사랑하는 대상에 대한 상실감과 부정적 자아개념, 낮은 자신감, 불안정한 자아정체감, 삶에 대한 부정적 생각 등을 수정하는 것을 중점적으로 다룬다. 이 외에도 두뇌를 자극하는 전기 경련 요법(Electro-Convulsive Therapy: ECT)이나 경두개 자기 자극(Transcranial Magnetic Stimulation: TMS) 등의 다양한 치료법이 개발되고 있다.

2) 지속성 우울장애

　지속성 우울장애(Persistent Depressive Disorder)는 DSM-5에서 새로 제시된 진단명으로, 이전에 있던 만성 주요우울장애(Chronic Major Depressive Disorder)와 기분부전장애(Dysthymic Disorder)를 통합한 것이다. 지속성 우울장애는 적어도 2년 동안

우울한 날이 더 많아야 하며, 연속적으로 2개월 이상 나타나야 한다. 이 외에 식욕부진이나 과식, 불면이나 과다 수면, 활력 저하나 피로감, 자존감의 저하, 집중력의 감소나 결정의 곤란, 절망감 중 두 가지 이상의 증상이 나타나는 경우 진단된다. 아동과 청소년의 경우 적어도 1년의 기간을 기준으로 하며, 주요우울장애와 마찬가지로 과민한 기분을 보이기도 한다. 주요우울장애의 진단기준을 만족하는 증상이 2년 이상 계속되면 지속성 우울장애로 진단명이 바뀌게 된다. 지속성 우울장애의 유병률은 약 0.5%이며, 생애 초기에 서서히 발생하여 만성적인 경과를 보이며, 실업이나 재정적 곤란, 운동능력의 약화, 사회적 위축, 일상생활의 부적응 등이 더욱 심하게 나타난다. 지속성 우울장애는 주요우울장애에 비해 다른 장애와의 공병률이 더욱 높으며, 치료 효과가 더 좋지 않은 것으로 알려져 있다.

지속성 우울장애의 원인이 정확하게 밝혀지지는 않았지만, 기질적 취약성이나 가족력 등과 관련된 유전적 요인과 전두엽이나 해마 등의 뇌 기능 저하, 환경적 요인으로는 아동기의 부정적 경험 등이 장기적으로 지속성 우울장애를 예측할 수 있는 요인으로 추정하고 있다. 지속성 우울장애에 대해 특별히 개발된 치료법이 없으며, 항우울제 복용 등의 약물치료와 인지행동치료가 가장 효과적이다. 또한 신체 운동과 수면 패턴의 개선이 치료나 증상의 악화를 방지하는 데 유의한 효과가 있는 것으로 알려져 있다.

3) 월경 전 불쾌감 장애

월경 전 불쾌감 장애(Premenstrual Dysphoric Disorder)는 월경 시작 1주 전 불쾌한 정서적 증상과 행동 및 신체적 증상이 나타나 월경이 시작할 때쯤 최고조에 이르는 것으로, 월경이 시작되고 수일 안에 증상이 호전되며 월경이 끝난 주에는 증상이 경미하거나 사라진다. 정서적인 증상으로는 현저하게 불안정한 기분, 불안, 과도한 긴장감, 우울한 기분, 절망감 또는 자기비난, 과민성이나 분노 또는 대인관계에서의 갈등 증가 등이 나타난다. 이러한 정서적 증상으로 인해 일상 활동에 대한 흥미의 저하, 집중곤란, 기면, 쉽게 피곤하고 현저한 무기력, 식욕의 현저한 변화, 과다수면 또는 불면, 압도되거나 자제력을 잃을 것 같은 느낌, 유방의 압통이나 부종, 두통, 관절통, 근육통, 체중이 증가된 느낌 등의 행동 및 신체적 증상이 동반된다. 이러한 증상은 직업이나 학교, 이상적인 사회활동과 대인관계를 현저하게 저해하여 사회활동의 회피, 직장이나 학교에서의 생산성과 효율성 감소로 나타난다. 필수 증상으로는 불안정한 기분과 불안이 포함되며, 이러한 증상 없이 행동 및 신체적 증상만 나타나는 경우 월경 전 불쾌감 장애로 진단하기 어렵다.

월경 전 불쾌감 장애의 원인을 살펴보면, 유전적 · 생리적 요인에서는 에스트로겐(estrogen)과 프로게스테론(progesterone) 호르몬이 세로토닌 등의 신경전달물질과의 상호작용으로 인해 중추신경계의 민감성이 상승하여 유발된다고 보았다. 환경적 요인으로는 스트레스, 대인관계와 관련된 외상 과거력, 계절의 변화, 여성의 성행동 및 성역할에 대한 사회문화적 측면 등이 추정된다. 이 외에도 인지적 측면과 관련하여 월경 전 징후에 대해 자신의 통제 밖이라는 잘못된 귀인과 부정적 평가가 증상을 더욱 악화시키게 된다. 월경 전 불쾌감 장애가 있는 여성은 실제로 자신에 대해 지나친 기대를 하거나 자신뿐만 아니라 다른 사람들도 돌보아야 한다는 과도한 책임감을 가지는 등 비합리적인 신념을 가지고 있는 경향이 있다.

월경 전 불쾌감 장애의 치료에는 생리적 치료와 인지행동적 치료가 도움이 된다. 생리적 치료에는 항우울제 등의 약물치료가 증상 완화에 도움이 되며, 식이요법(카페인, 당도나 염분, 술 등 자제)과 규칙적 유산소 운동 등이 도움이 되기도 한다. 인지행동적 치료로는 월경 전에 경험하는 사건들을 상세히 기술하여 이에 대해 인식하게 하는 것과 부정적인 사고를 현실적인 사고로 변화시키는 인지적 재구성이 효과적이다.

4) 파괴적 기분조절 부전 장애

파괴적 기분조절 부전 장애(Disruptive Mood Dysregulation Disorder)는 만성적이고 지속적인 과민한 기분과 분노발작으로 인한 극단적인 언어적 · 행동적 통제의 곤란이 나타나는 경우를 말한다. 폭언이나 사람, 사물, 자신에 대한 공격성 등으로 표출되는 분노발작은 분노를 유발하는 상황이나 자극에 비해 지속 시간이나 강도가 비정상적이고, 발달 수준에 부합하지 않아야 하며, 평균적으로 일주일에 3회 이상 발생하여야 한다. 또한 분노발작 사이에 과민한 기분이 지속되거나 대부분의 시간 동안 화가 나 있으며, 부모나 교사, 또래 집단 등을 통해 객관적으로 관찰될 수 있어야 한다. 과민한 기분과 분노발작의 증상들이 10세 이전에 시작되어야 하지만, 6세 미만의 아동에게는 진단될 수 없다. 증상은 지속적으로 12개월 이상 나타나야 하며, 모든 증상이 없는 시간이 연속적으로 3개월 이상이 되지 않아야 한다.

　파괴적 기분조절 부전 장애의 1년 유병률은 2~5%이며, 여아보다 남아에게서 더 흔하게 나타난다. 아동기에서 성인기로 이행되면서 연령이 증가할수록 유병률이 감소한다. 아동기 및 청소년기에 흔하게 나타나는 주의력결핍 과잉행동장애와 적대적 반항장애, 품행장애와 공병률이 높다.

　파괴적 기분조절 부전 장애의 원인으로는 좌절에 대해 과민하게 반응하여 공격적인 반응을 보이는 것이라고 보고되고 있다. 또한 상대방의 표정을 제대로 인식하지 못하고 오해하는 경향이 있고, 다른 사람의 의도나 감정을 이해하는 능력이 부족하여 대인관계에서 느끼는 좌절감을 분노발작으로 표출하는 것으로 여겨지고 있다. 주의집중과 전환의 어려움이나 좌절감을 비롯한 부적절한 감정 반응을 억제하는 뇌 기능의 저하 등의 요인도 파괴적 기분조절 부전 장애의 유발 요인으로 알려져 있다. 이 외에도 부모의 정신병리 등과 같은 가족이나 환경적 요인과 부모의 이혼, 부부생활 갈등, 방임이나 무관심, 비일관적이고 가혹한 처벌 등과 같은 역기능적 양육행동 등이 있다.

　파괴적 기분조절 부전 장애에 대한 치료방법으로는 비지시적 놀이치료와 가족치료를 적용해 볼 수 있다. 비지시적 놀이치료(non-directive play therapy)는 아동이 장난감이나 활동을 결정하여 놀이치료를 이끌어 가면서 자유롭게 표현하고, 치료사는 안전과 구조에 대한 최소한의 지침을 따르도록 하면서 아동의 놀이를 무조건적으로 받아들이는 허용적인 환경을 제공해 준다. 이를 통해 아동은 좌절감을 해소하고, 자기조절 능력을 높일 수 있다. 가족치료를 통해서는 부모의 역기능적 양육행동의 변화 및 가족 간의 갈등을 해소함으로써 아동의 기분조절을 저해하는 스트레스 상황을 감소시킬 수 있다.

5) 우울 관련 영화

〈보통 사람들〉(1980)

〈처음 만나는 자유〉(1999)

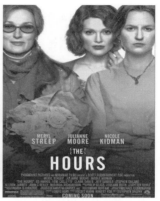

〈디 아워스〉(2002)

〈비버〉(2011)

〈츠레가 우울증에 걸려서〉(2011)

〈어 마우스풀 오브 에어〉(2021)

6) 활동

활동 1. 영화 〈비버〉(2011)를 감상한 후, 다음을 생각해 봅시다.

Q1. 영화에서 나타난 주인공의 주요증상은 무엇입니까?

Q2. 주인공의 가족관계는 어떠합니까?

Q3. 주인공에게 비버는 어떤 존재입니까?

Q4. 주인공은 장애를 극복하기 위해 어떤 노력을 하였습니까?

Q5. 영화 감상 및 토론 후 느낀 점은 무엇입니까?

활동 2. 한글판 우울증 선별검사(PHQ-9)

본 설문지는 지난 2주 동안을 기준으로 우울증을 선별하기 위한 검사입니다. 총 9문항으로 구성되어 있으며, 지난 2주 동안 얼마나 자주 다음과 같은 생각이나 문제들로 곤란을 겪었는지 날을 헤아려 해당하는 곳에 체크해 봅시다.

	문항	없음	2, 3일 이상	7일 이상	거의 매일
1	기분이 가라앉거나, 우울하거나, 희망이 없다고 느꼈다.	0	1	2	3
2	평소 하던 일에 대한 흥미가 없어지거나 즐거움을 느끼지 못했다.	0	1	2	3
3	잠들기가 어렵거나 자주 깼다/혹은 너무 많이 잤다.	0	1	2	3
4	평소보다 식욕이 줄었다/혹은 평소보다 많이 먹었다.	0	1	2	3
5	다른 사람들이 눈치 챌 정도로 평소보다 말과 행동이 느려졌다/혹은 너무 안절부절못해서 가만히 앉아 있을 수 없었다.	0	1	2	3
6	피곤하고 기운이 없었다.	0	1	2	3
7	내가 잘못했거나, 실패했다는 생각이 들었다/혹은 자신과 가족을 실망시켰다고 생각했다.	0	1	2	3
8	신문을 읽거나 TV를 보는 것과 같은 일상적인 일에도 집중할 수가 없었다.	0	1	2	3
9	차라리 죽는 것이 더 낫겠다고 생각했다/혹은 자해할 생각을 했다.	0	1	2	3
	총점				

출처: 박승진 외(2010).

※ 검사 결과는 다음과 같이 해석해 볼 수 있다. 점수 결과가 1~4점인 경우 우울증일 가능성이 낮으며, 5~9점인 경우에는 가벼운 우울증에 해당하는 것으로 스트레스 경감을 위한 자기관리가 필요하다. 10~19점의 경우는 중간 정도의 우울증에 해당하며 심리상담 및 비약물치료 등을 권장한다. 20~27점의 경우에는 심한 우울증으로 전문의 상담 및 치료가 필수적인 것으로 보고 있다.

2. 양극성 및 관련 장애

양극성 및 관련 장애(Bipolar and Related Disorders)는 DSM-IV에서 우울장애와 함께 기분장애의 유형으로 분류되었으나 우울장애와 양극성 장애가 뚜렷한 차이를 보이고 있어 DSM-5에서는 독립된 진단범주로 분류되었다. 양극성 및 관련 장애는 우울한 기분 상태와 조증의 고양된 기분 상태가 번갈아 나타나는 것으로, 흔히 조울증(Manic Depressive Illness)이라고도 불린다. 기분이 과도하게 고양된 조증 상태에서는 평소보다 말을 많이 하여 끊기 어려울 정도로 계속 말을 하거나 자신에 대한 과도한 자신감으로 인해 여러 가지 일을 하려는 경향이 나타난다. 또한 잠을 잘 자지 않음에도 에너지 수준이 높고 활동적이지만, 실제로 성취가 이루어지는 일은 거의 없다. 이러한 조증 삽화는 경조증이나 주요 우울 삽화에 선행하거나 뒤따를 수 있다. 양극성 및 관련 장애의 유형에는 제1형 양극성 장애, 제2형 양극성 장애, 순환성 장애가 있다.

1) 양극성 장애

양극성 장애(Bipolar Disorder)는 조증 또는 경조증 삽화와 주요 우울 삽화를 경험하는 것으로, 기분이 지나치게 들떠 있어 산만하고 불안정한 모습을 보이며, 타인에게 피해가 갈 정도의 부정적 언행을 하는 상황과 일상생활이 불가능할 정도로 기분이 가라앉아 있어 고통스러운 상황이 번갈아 나타난다. 제1형 양극성 장애와 제2형 양극성 장애는 조증의 심도에 따라 구분된다. 제1형 양극성 장애는 심한 조증 상태가 나타나는 경우로, 조증 삽화 기간은 일주일 이상이어야 한다. 제2형 양극성 장애는 가벼운 조증 상태와 심한 우울증 상태가 번갈아 나타나는 경우로, 경조증 삽화가 최소한 4일간 연속되어야 한다.

조증 상태에서 나타나는 주요한 증상으로는 평상시의 모습에 비해 뚜렷하게 나타나는 자존감의 증가 또는 과대감, 수면에 대한 욕구 감소, 끊기 어려울 정도로 계속하는 말, 사고의 비약, 주의 산만함, 목표지향적 활동의 증가 또는 목표 없이 부산하게 움직이는 등 정신운동성 초조, 고통스러운 결과를 초래하기 쉬운 활동에 대한 지나친 몰두 등이 있다. 이 외에 부수적인 특징으로서 조증 삽화 동안 치료가 필요한 상황에 대해 인식하지 못하고, 종종 치료를 받는 것에 대해 저항하기도 한다. 또한 다른 사람에게 적대적이고 위해를 가하려는 행위를 하거나 망상이 있는 경우 자살 충동을 느끼기도 한다. 이러한 증상들은 사회적·직업적 또는 다른 중요한 기능에 현저한 손상을 초래할 정도로 심각하기 때문에 자신과 다른 사람에게 해를 가하는 것을 예방하기 위해 입원이 필요하다.

경조증 삽화는 조증 삽화와 증상이 비슷하지만, 그 정도가 미약하다. 즉, 조증 삽화에 비해 삽화가 분명하게 나타나는 기간이 짧으며, 사회적·직업적 또는 다른 중요한 기능에 현저한 손상을 일으키거나 입원이 필요할 정도로 심각하지 않다.

제1형 양극성 장애로 진단되기 위해서는 적어도 1회의 조증 삽화가 나타나야 하며, 조증 삽화가 물질의 생리적 영향이나 다른 의학적 상태로 인한 것이 아니어야 한다. 또한 우울증 치료 중 조증 삽화가 나타나더라도 치료의 직접적인 생리적 효과가 나타날 수 있는 기간 이후까지 명백하게 조증 증상이 지속되는 경우 제1형 양극성 장애로 진단할 수 있다. 제2형 양극성 장애의 진단에서 조증 삽화는 1회도 없어야 하지만, 적어도 1회 이상의 경조증 삽화와 주요 우울 삽화가 나타나야 한다.

주요 우울 삽화는 2주 연속으로 우울한 기분이 나타나거나 흥미나 즐거움이 뚜렷하게 저하되며, 아동과 청소년에게서는 과민한 기분으로 나타나기도 한다. 주요증상으로는 체중의 변화, 식욕의 감소 또는 증가, 불면이나 과다 수면, 초조, 피로, 활력의 상실, 무가치감, 과도하거나 부적절한 죄책감, 사고력이나 집중력의 감소, 우유부단, 반복적인 죽음에 대한 생각, 자살 계획이나 시도 등이 있다. 제1형 양극성 장애의 진단에서는 주요 우울 삽화가 1회 이상 나타나야 한다는 기준을 제시하고 있지 않다. 하지만 조증 삽화의 기준을 충족하는 대부분의 사람들은 주요 우울 삽화를 경험할 가능성이 높다. 이러한 조증 또는 경조증 및 주요 우울 삽화가 조현정동장애, 조현병, 조현양상장애, 망상장애, 달리 명시된 또는 명시되지 않는 조현병 스펙트럼 및 기타 정신병적 장애로 더 잘 설명되지 않아야 한다.

양극성 장애의 평생 유병률은 제1형 양극성 장애 0.6%, 제2형 양극성 장애 0.3%로 보고되고 있다. 어느 연령에서나 발병이 가능하지만, 주로 10대 후반에서 30대 초반에 발병하며 평균 발병연령은 약 18세이다. 양극성 장애가 있는 사람은 일반인보다 인지기능검사에서 저조한 성적으로 보이며, 대부분 완전한 인지기능 수준을 회복하지만 약 30%에서는 직업적 기능의 수행에 심각한 인지적 손상이 지속된다. 이러한 인지적 손상은 대인관계 및 사회적 · 직업적 영역에서 어려움을 초래하고, 평생 동안 지속되며, 심지어 정상적인 기분을 보이는 동안에도 지속될 수 있다. 양극성 장애가 있는 사람에게서는 아동학대나 배우자 학대, 기타 폭력적 행동 등과 같이 타인에게 위협을 가하는 행동이 나타나기도 한다. 재발성 주요우울증을 경험한 청소년의 10~15% 정도는 양극성 장애로 발전된다. 성별에 따른 유병률은 거의 비슷한 것으로 알려져 있다. 양극성 장애를 가진 여성은 출산 이후 또 다른 증세를 일으킬 위험성이 높은데, 대개 출산 이후 4주 이내에 나타나며 월경 전기에 주요우울증, 조증, 경조증 증상이 악화되는 경향을 보인다. 이러한 양극성 장애 환자의 자살 위험도는 일반 인구의 약 15배 정도 더 높은 것으로 알려져 있다.

양극성 장애의 원인으로는 주로 유전적 · 생물학적 · 환경적 요인이 거론되고 있다. 양극성 장애는 가족력이 강력한 위험 인자 중 하나로, 가족이나 부모 중 한 사람에게 양극성 장애가 있는 경우 12%의 가능성이 있으며, 일란성 쌍둥이를 대상으로 살펴보았을 때 70%의 일치율이 나타났다. 생물학적 측면에서는 신경전달물질과 신경내분비 기능, 생체리듬의 이상과 관련이 있다. 환경적 요인과 관련하여서는 고소득 국가에서 저소득 국가에 비해 2배 정도 더 흔하게 나타나는 것으로 알려져 있다. 양극성 장애의 원인에 대해 여러 가지 이론적 입장에서 살펴보면, 정신분석이론에서는 양극성 장애의 조증 상태를 대상에 대한 상실감이나 손상된 자존감을 방어하거나 보상받기 위한 반응으로 보았으며, 조증은 우울증과 핵심적인 갈등이 유사하지만 에너지가 내부가 아닌 외부로 방출된 것으로 보았다. 대상관계이론에서는 초기 아동기에 좋은 대상(good object)을 가지는 데 실패하여 양극성 장애가 나타나는 것이라고 보았으며, 인지이론에서는 인지적 오류로 인해 자신에 대해 스스로가 비현실적으로 긍정적인 가치를 부여하고 지나친 기대를 하면서 훌륭한 결과와 성취가 나오기를 바라는 부정적 · 자동적 사고를 지닌 사람이 조증 증상을 보인다고 하였다.

양극성 장애에 대한 인지행동치료에서는 우울한 사람의 자동적 사고가 나타나는 사고체계를 정밀하게 탐색하여 인지적 오류를 찾아내고 이를 교정함으로써 자신과 세상, 미래에 대한 현실적이고 긍정적인 사고를 하도록 돕는다. 또한 조증과 우울증이 반복되는 경향이 있으므로 심리교육과 가족교육을 통해 양극성 장애의 초기에 이를 자각하고 심리적 안정을 취하거나 치료를 받는 것이 중요하다. 특히 조증 삽화 시에는 자신과 다른 사람에게 피해를 줄 우려가 있어 입원치료와 함께 약물치료를 우선 고려해야 한다. 항조증 약물로는 리튬(lithium)을 사용하는데, 이는 조증을 진정시키고 예방하는 효과가 있다. 하지만 약물치료만 받은 양극성 장애의 50~70% 정도가 재발하였다는 보고가 있어(Marker & Mander, 1989), 약물치료만을 적용하는 데에는 한계가 있다. 따라서 약물치료는 심리치료와 병행하는 것이 필요하다.

2) 순환성 장애

순환성 장애(Cyclothymic Disorder)는 경조증과 우울증 등 감정 기복이 지속적으로 장기간 나타나는 경우 진단되는 것으로, 가벼운 조증 상태와 가벼운 우울증 상태가 2년 이상 장기적으로 번갈아 나타나야 하는데, 아동과 청소년의 경우에는 1년 이상을 기준으로 한다. 하지만 조증 및 경조증, 주요 우울 삽화를 경험한 적이 한 번도 없어야 하며, 적어도 2년, 아동과 청소년의 경우에는 1년 동안 경조증 삽화의 진단기준을 충족하지 않는 다수의 경조증 기간과 주요 우울 삽화의 진단기준을 충족하지 않는 우울증 기간이 있어야 한다. 이 기간 동안 경조증과 우울증이 절반 이상 나타나야 하며, 증상이 없는 기간이 2개월 이상이어서는 안 된다. 경조증과 우울증의 증상이 조현정동장애, 조현병, 조현양상장애, 망상장애, 달리 명시된 또는 명시되지 않는 조현병 스펙트럼 및 기타 정신병적 장애로 더 잘 설명되지 않아야 한다. 순환성 장애는 주로 청소년기나 초기 성인기에 시작하고, 서서히 발병하여 만성적으로 진행된다. 이 장애를 지닌 사람이 제1형 양극성 장애와 제2형 양극성 장애로 발전하게 될 확률은 약 15~50% 정도로 알려져 있다.

순환성 장애의 원인에 대해 명확하게 알려진 것은 없으나 유전적 요인이 관련 있는 것으로 추정되며, 주로 우울장애나 양극성 장애가 있는 환자의 가족 구성원에게서 흔하게 나타난다. 순환성 장애의 치료에서는 양극성 장애와 마찬가지로 리튬을 사용한 약물치료가 효과적이며, 이와 더불어 규칙적인 일상생활과 안정된 대인관계, 수면 관리, 스트레스에 대한 효과적인 대처가 증상 완화에 필수적인 것으로 알려져 있다.

3) 양극성 관련 영화

〈미스터 존스〉(1994)

〈실버라이닝 플레이북〉(2012)

〈인피니틀리 폴라 베어〉(2014)

〈사랑에 미치다〉(2015)

〈매드 월드〉(2016)

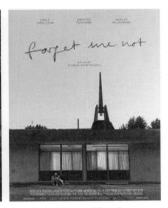

〈포겟 미 낫〉(2017)

4) 활동

활동 1. 영화 〈인피니틀리 폴라 베어〉(2014)를 감상한 후, 다음을 생각해 봅시다.

Q1. 영화에서 나타난 주인공의 주요증상은 무엇입니까?

Q2. 주인공과 아내의 관계는 어떠합니까?

Q3. 주인공은 두 딸과 어떻게 지냈습니까?

Q4. 영화 장면 중 가장 인상 깊었던 장면은 무엇입니까? 또 그 이유는 무엇입니까?

Q5. 영화 감상 및 토론 후 느낀 점은 무엇입니까?

활동 2. 양극성 장애 선별검사

본 설문지는 양극성 장애와 관련하여 조증 삽화를 선별하기 위한 검사입니다. 조증 삽화는 기분이 들떠 쉽게 흥분하는 상태가 일주일 이상 계속되는 증세로, 최근 자신의 모습과 다르게 다음과 같은 행동을 한 적이 있는지 해당하는 곳에 체크해 봅시다.

	문항	아니다	그렇다
1	기분이 너무 좋거나 들떠서 다른 사람들이 "평소의 당신 모습이 아니다."라고 한 적이 있다. 또는 너무 들떠서 문제가 생긴 적이 있다.	0	1
2	지나치게 흥분해 사람들에게 소리를 지르거나 싸우거나 말다툼을 한 적이 있다.	0	1
3	평소보다 더욱 많이 자신감에 찬 적이 있다.	0	1
4	평소보다 잠을 훨씬 덜 자거나 또는 잠잘 필요를 느끼지 않은 적이 있다.	0	1
5	평소보다 말이 더 많았거나 말이 매우 빨라졌던 적이 있다.	0	1
6	생각이 머릿속에서 빠르게 돌아가는 것처럼 느꼈거나 마음을 차분하게 하지 못한 적이 있다.	0	1
7	주위에서 벌어지는 일로 매우 쉽게 방해받았기 때문에 하던 일에 집중하기 어려웠거나 할 일을 계속하지 못한 적이 있다.	0	1
8	평소보다 에너지가 훨씬 넘쳤던 적이 있다.	0	1
9	평소보다 부쩍 사교적이거나 적극적·외향적이었던 적이 있다. 예를 들면, 한밤중에 친구에게 전화를 했다.	0	1
10	평소보다 크게 활동적이었거나 더 많은 일을 한 적이 있다.	0	1
11	평소보다 더욱 성행위에 관심이 간 적이 있다.	0	1
12	평소의 당신과는 맞지 않는 행동을 했거나 남들이 생각하기에 지나치거나 바보 같거나 또는 위험한 행동을 한 적이 있다.	0	1
13	돈 쓰는 문제로 자신이나 가족을 곤경에 빠뜨린 적이 있다.	0	1
	총점		

출처: 전덕인 외(2005).

※ 검사 결과는 다음과 같이 해석해 볼 수 있다. 점수 결과, 6점 이하의 경우 정상으로 간주하며, 7점 이상의 경우 조증 삽화를 의심할 수 있으므로 정신과 전문의와 상담이 필요하다.

3. 해리장애

인간은 '나'라는 자아정체성을 가지고 통합된 기억을 형성하고 일관성 있게 행동을 선택한다. 하지만 감당하기 어려운 고통스러운 경험으로부터 자신을 보호하고 압도당하는 것을 막기 위해 해리가 나타나기도 한다. 해리는 자기 자신과 시간 그리고 주위 환경에 대한 감정이나 사고 등의 연속적인 의식이 단절되는 현상이다. 해리장애(Dissociative Disorders)는 한 개인의 생각과 기억, 의식, 행동 및 자아정체성이 하나로 통합되지 못하고 단절되어 그 기능에 갑작스러운 이상이 나타나는 경우를 말한다. 이러한 해리장애는 해리성 정체성 장애, 해리성 기억상실, 이인성/비현실 감 장애로 구분된다.

1) 해리성 정체성 장애

해리성 정체성 장애(Dissociative Identity Disorder)는 정체성의 붕괴로 인해 둘 또는 그 이상의 서로 다른 별개의 정체감을 지닌 인격이 한 사람 안에 존재하는 경우로, 보통 5~10개의 인격을 가지고 있다. 각각의 인격은 서로 다른 이름과 나이, 과거의 경험, 자아정체성 등을 가지고 있는 것처럼 행동한다. 정체성의 붕괴는 자아감과 행위에 대한 주체감에 뚜렷한 비연속성을 포함하고 있으며, 감정과 행동, 기억, 의식, 인지, 지각, 운동기능 등에서 관련 변화가 동반된다. 아동의 경우 증상이 놀이에서 나타난 상상의 친구 또는 다른 환상극으로 더 잘 설명되지 않아야 한다. 본래의 일차 인격은 주로 수동적 경향성을 보이며, 다른 별개의 인격들은 이와 대조되는 성격을 지닌 이차, 삼차의 인격이 생기는 경우가 많다. 다양한 인격으로 인해 한 인격이 의식에 나타나 경험하는 것을 다른 인격은 기억하지 못하는 기억의 공백이 나타난다. 이러한 공백은 망각과는 일치하지 않는 것으로, 외상성 또는 스트레스성으로 인한 기억상실에만 한정되지 않고, 중요한 자전적 정보를 회상하는 능력을 상실한다.

해리성 정체성 장애가 있는 사람은 자신의 말과 행동에 대해 갑자기 이인화된 관찰자가 된 것 같은 느낌을 받고, 이러한 인격의 교체를 멈출 수 있는 힘이 없다고 느끼거나 목소리의 변화를 지각하기도 한다. 악몽이나 회상, 경악반응과 같은 외상 후 증상 또는 외상 후 스트레스 증상을 보이기도 한다. 또한 우울, 불안, 자해, 자살 행동, 공격적 행동, 충동성, 대인관계에서의 돌발적이고 극심한 변화 등이 동반되어 나타나기도 한다. 해리성 정체성 장애는 거의 모든 연령에서 발병할 수 있으며, 1년 유병률은 1.5%로 알려져 있다. 성별에 따라서는 비슷한 유병률을 보인다. 만성적이고 재발 경향성이 높으며, 정신적·사회적 압박이 심하거나 연장될 때 이러한 정체성 붕괴가 지속될 수 있다.

해리성 정체성 장애의 원인은 주로 아동기의 신체적·성적 학대 또는 방임 등의 외상 경험과 관련이 있다고 알려져 있다. 정신과 의사인 데이비드 슈피겔(David Spiegel)은 고통스럽고 불쾌한 외상 경험에서 벗어나는 데 해리라는 대처 전략을 사용하는 것이 이득을 제공해 준다고 하였다. 리차드 클러프트(Richard Kluft)는 해리성 정체성 장애 유발 요인에 대해 4요인 모델을 제시하였다. 그 요인에는 해리 능력과 외상 경험, 응집력 있는 자아의 획득 실패 그리고 진정 경험의 결핍이 있으며, 이 네 가지의 요인이 모두 있어야지만 해리성 정체성 장애가 유발된다고 하였다. 행동주의 학자인 니콜라스 스파노스(Nicholas Spanos)는 해리장애를 사회적 강화의 산물이라고 하였으며, 베네트 브라운(Bennett Braun)과 로베르타 삭스(Roberta Sachs)는 선천적인 해리 능력과 학대받은 과거력, 평균 이상의 지능, 창의력이 해리성 정체성 장애를 유발하는 요인이라고 하였다.

해리성 정체성 장애의 치료에서는 각기 다른 인격 간 통합을 통해 해리된 기억에 대한 회상과 그에 대한 감정을 다루면서 상실된 것을 회복하여 적응 기능을 향상시키는 것을 목적으로 하고 있다. 클러프트(1991)는 해리성 정체성 장애의 치료를 성공적으로 이끌기 위한 세 가지 조건을 설명하였다. 첫째, 치료자는 인격 간 중립을 유지하며, 일차 인격뿐만 아니라 다른 인격들과도 견고한 치료적 관계를 형성하여야 한다. 둘째, 과거에 겪은 외상에 대한 정화를 도와주어야 하며, 셋째, 인격들이 하나로 통합될 수 있도록 원활한 협동을 유도하는 것이다. 약물치료의 경우 해리성 정체성 장애의 직접적인 증상 완화를 목적으로 사용하기보다는 동반되는 증상에 따라 항우울제 또는 항불안제를 사용한다.

2) 해리성 기억상실

해리성 기억상실(Dissociative Amnesia)은 외상 혹은 충격적인 스트레스 사건들로 인해 중요한 개인적 기억을 회상하는 능력을 상실한 것으로, 외상 전까지의 상황에 대한 기억이 성공적으로 저장되어 있어 영구적 기억상실과 달리 잠재적으로 가역성을 가지고 있다. 이는 새로운 정보를 기억하는 기능과 인지 능력에는 문제가 없으며, 물질의 생리적 효과나 두부 손상에 의한 후유증, 외상성 뇌 손상, 복합 부분 발작 등과 같은 신경학적 상태로 인한 것이 아니어야 한다. 기억상실로 인해 이유 혹은 의미를 모르지만, 자극에 대한 강한 감정표현을 보이기도 한다. 해리성 기억상실에는 국소적 기억상실, 전반적 기억상실 그리고 선택적 기억상실이 있다.

국소적 기억상실이 가장 흔하게 나타나는데, 이는 일정 기간 동안의 사건을 회상하지 못하는 것으로 심각하고 혼란스러운 사건을 겪은 후 처음 몇 시간 동안에 발생하게 된다. 예를 들어, 가족과 함께 당한 교통사고에서 혼자 살아남은 개인이 사고 당시부터 2일 후까지의 어떤 일도 회상하지 못하는 경우이다. 전반적 기억상실은 드물지만, 개인의 정체성을 잊을 수 있으며 급성으로 시작한다. 전반적 기억상실은 자신의 전 생애를 회상하지 못하는 것으로, 지속성 기억상실과 체계성 기억상실이 있다. 지속성 기억상실은 어떤 시기 이후부터 현재까지의 일을 회상해 내지 못하는 것이며, 체계성 기억상실은 가족이나 특정한 사람 또는 아동기의 학대에 관련된 특정 정보에 대해서만 기억상실이 일어나는 것이다. 선택적 기억상실은 병사가 연속적으로 격렬한 전투를 한 가운데 단지 일부분만을 회상하는 것처럼 특정 기간 동안 일어났던 사건 전체가 아닌 부분만의 회상이 가능한 것이다.

해리성 기억상실의 발병은 전쟁이나 성폭행, 극심한 감정적 스트레스 및 갈등 경험, 자연재해 등에 대한 반응으로 급성 형태로 일어나는 경향이 있으며, 외상이나 아동학대, 피해 등에 대한 과거력이 흔하게 나타난다. 일부는 우울 증상, 이인증, 몽환 상태, 통각의 소실, 연령의 자동적 퇴행이 나타난다고 보고하고 있으며, 성적 기능의 장애, 직업 및 대인관계의 장애, 자해, 공격적 충동, 자살 충동 및 자살 행동 등을 동반하기도 한다. 또한 경도 외상성 뇌 손상이 기억상실에 선행될 수 있다. 해리성 기억상실의 1년 유병률은 1.8% 정도이며, 여성이 남성에 비해 더 흔하게 나타나는 것으로 알려져 있다.

해리성 기억상실의 원인에 대해 살펴보면, 피에르 자넷(Pierre Janet)은 과도한 외상에 대한 개인의 대처방식이 해리로 나타나는 것으로, 인간은 심리적 기능을 통합하기 위해 일정한 양의 신경 에너지를 지니고 있는데, 신경 에너지의 수준이 낮으면 자아의 구조가 쉽게 붕괴되고 해리가 일어난다고 하였다. 원인에 대한 또 다른 입장으로서 정신분석이론에서는 불안에 대한 경험이 의식에 이르지 못하도록 능동적으로 방어하고 억압한 상태로 보았다. 행동주의 이론에서는 고통스러운 자극에서 벗어날 수 있는 보상이 주어지기 때문에 나타나는 학습에 의한 습득이라고 보았다. 해리성 기억상실의 치료에서는 상실된 기억을 회복시키는 것이 중요하며, 환자가 경험한 정신적 충격과 정서적 갈등을 완화하여 잊어버리고 있던 기억을 회복할 수 있도록 돕는 심리치료와 약물치료, 최면치료 등을 적용해 볼 수 있다.

3) 이인성/비현실감 장애

이인성/비현실감 장애(Depersonalization/Derealization Disorder)는 지속적·반복적으로 이인증과 비현실감을 느끼는 것으로, 평소와 다르게 지각적 통합의 실패가 나타나 개인의 정신 과정 혹은 자신의 신체에 대해 반복적이고 지속적으로 현실감각과의 분리가 일어날 때 진단된다. 이인성은 자신이 낯설거나 없어지는 듯한 느낌을 받거나 신체적 또는 정서적 감각의 마비가 나타나는 것과 같이 자신의 감정과 생각, 감각, 행동, 신체 등과 관련하여 현실로서 느끼지 못하고, 외부의 관찰자가 된 듯한 경험을 하는 것이다. 비현실감은 꿈속에 살고 있는 것 같은 기분이 들거나 생명이 없는 듯한 왜곡된 경험을 하는 등 주변 환경이나 바깥 세상과 분리되거나 생소하고 비현실적인 느낌을 갖는 경험이다. 또한 자신이 기계가 아님을 인식하고 있지만 기계가 된 것처럼 느끼는 등 이인성 또는 비현실감을 경험하는 동안에도 현실검증 능력이 손상되지는 않는다. 이는 조현병이나 공황장애, 주요우울장애, 외상 후 스트레스 장애, 급성 스트레스 장애 또는 다른 해리장애에 의해 더 잘 설명되지 않아야 한다.

이인성/비현실감 장애의 평생 유병률은 약 2%로 알려져 있으며, 남성과 여성에게서 비슷한 유병률을 보인다. 초기 또는 중기 아동기에 시작될 수 있지만, 평균적인 발병연령은 16세 정도이다. 현재 외상 경험과 관련하여 주목받고 있어 점점 더

혼하게 진단되는 경향이 있으며, 일생 동안 성인의 대략 절반 정도는 적어도 1회 이상 심한 스트레스에 의해 이인증/비현실감 증상이 나타나는 것으로 누구나 경험할 수 있는 정상적인 경험이다. 하지만 그 수준이 심각한 형태로 반복되어 나타나는 경우 병리적인 문제로 간주될 수 있다. 발병은 갑작스러운 것에서부터 서서히 진행되는 것까지 다양하다. 증상이 나타나는 기간도 몇 시간 또는 며칠인 단기간에서 몇 달 또는 몇 년인 장기간까지 다양하게 나타난다. 경과는 흔히 지속적이며 증상의 악화는 심각한 스트레스 경험, 기분 또는 불안 증상의 악화, 새롭거나 과도하게 자극적인 환경, 빛이나 수면 박탈 등과 같은 물리적 환경에 의해 촉발될 수 있다.

이인성/비현실감 장애의 원인에서 기질적 요인으로는 손해에 대한 회피적 기질, 미성숙한 방어기제의 사용, 인지적 단절 또는 과도한 연결 등이 있으며, 환경적 요인으로는 아동기의 정서적 학대와 방임, 가정폭력, 가까운 가족의 죽음이나 자살 등과 관련된 외상 경험 등이 있다. 정신분석적 입장에서는 일종의 방어기제로 간주하며, 불안 유발과 관련된 생각이 의식에 들어오는 것을 방어하기 위함으로 보았다. 자아심리학에서는 자기통합의 어려움에서 야기된 것으로, 자신이 분리되는 것에 대한 두려움과 공포를 반영한 것이라 주장하였다. 인지행동적 입장에서는 누구나 다양한 원인에 의해 경험하는 증상을 어떻게 평가하고 원인을 어디서 찾는지에 따라 병리적으로 발전하게 되는데, 여기서 정신이상이나 통제 상실 등과 같은 잘못된 파국적 귀인으로 인해 이인성/비현실감 장애가 유발된다고 하였다.

이인성/비현실감 장애의 치료에 대해 살펴보면, 궁극적으로 다른 해리장애와 마찬가지로 기존의 분리되었던 정체감을 하나의 자아개념으로 통합하는 것이다. 정신분석적 관점에서는 과거의 외상 사건에 대한 기억들을 정화하고, 무의식적 갈등에 대한 이해를 증가시킴으로써 이인증이나 비현실감에 대한 통제능력을 향상시키는 것이 필요하다고 보았다. 인지행동적 관점에서는 증상에 따른 정확한 정보를 제공해 주고, 자신의 증상을 관찰하고 이후의 감정, 행동, 상황 등을 예측할 수 있도록 일기 쓰기 등을 적용해 볼 수 있다고 하였다. 이러한 이인성/비현실감 장애는 대부분 간헐적으로 나타나며, 불안장애와 우울장애 등과 관련된 증상으로 종종 보고되고 있으므로 이에 대한 약물치료가 도움이 되는데, 주로 사용하는 약물에는 벤조디아제핀 계열의 항불안제나 선택적 세로토닌 재흡수 억제제 등의 항우울제가 있다.

4) 해리 관련 영화

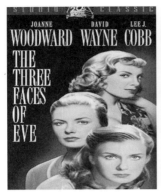
〈이브의 세 얼굴〉(1957)

〈파리, 텍사스〉(1984)

〈환상의 커플〉(1987)

〈카인의 두 얼굴〉(1993)

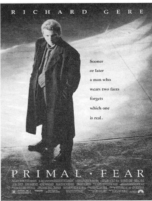
〈프라이멀 피어〉(1996)

〈메멘토〉(2000)

〈마제스틱〉(2001)

〈케이-펙스〉(2001)

〈본 아이덴티티〉(2002)

〈아이덴티티〉(2003)

〈시크릿 윈도우〉(2004)

〈이터널 선샤인〉(2004)

〈나비효과〉(2004)

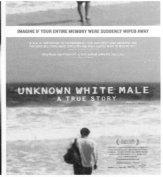

〈언노운 화이트 메일〉(2005)

〈넘브〉(2007)

〈파이트 클럽〉(2016)

〈23 아이덴티티〉(2017)

5) 활동

활동 1. 해리 관련 영화를 하나 선택하여 이야기를 나눠 봅시다.

[전체] 해리 관련 영화 포스터를 보고 하나를 선택합니다. 같은 영화를 선택한 사
람들이 한 팀이 됩니다.

[개별] 선택한 영화를 보고 난 후, 가장 인상 깊었던 장면과 그 장면이 인상 깊었던
이유에 대해 생각해 봅니다.

[집단] 각자 생각했던 내용을 집단별로 돌아가면서 이야기합니다. 또한 영화 속
등장인물에게서 나타난 장애 관련 주요증상과 치료적 접근에 대해 이야기
를 나눠 봅니다.

[전체] 집단 활동을 마치면서 각 집단에서 나눈 이야기를 정리하여 서로 자신의
팀에서 본 영화에 대해 소개합니다.

활동 2. 영화 〈23 아이덴티티〉(2017)를 감상한 후, 다음을 생각해 봅시다.

Q1. 영화에서 나타난 주인공의 주요증상은 무엇입니까?

Q2. 주인공은 몇 개의 인격을 가지고 있으며, 그 인격들은 어떤 특성을 가지고 있
습니까?

Q3. 가장 인상 깊었던 인격은 누구이며, 그 이유는 무엇입니까?

Q4. 각각의 인격은 서로에 대해 어떻게 생각합니까?

Q5. 각각의 인격이 서로 만날 수 있게 된다면, 어떤 대화를 하게 될 것 같습니까?

Q6. 영화 감상 및 토론 후 느낀 점은 무엇입니까?

참고문헌

박승진, 최혜라, 최지혜, 김건우, 홍진표(2010). 한글판 우울증 선별도구(Patient Health Questionnaire-9, PHQ-9)의
신뢰도와 타당도. *Anxiety and Mood*, 6(2), 119-124.

전덕인, 윤보현, 정한용, 하규섭, 신영철, 박원명(2005). 한국형 기분장애 질문지의 타당화 연구. 신경정신의학. 44(5),
583-590.

Beck, A. T. (1963). Thinking and depression: I . Idiosyncratic content and cognitive distortions. *Archives of General Psychiatry, 9*(4), 324-333.

Kluft, R. P. (1991). Clinical presentations of multiple personality disorder. *Psychiatric Clinics of North America, 14*(3), 605-629.

Markar, H. R., & Mander, A. J. (1989). Efficacy of lithium prophylaxis in clinical practice. *The British Journal of Psychiatry, 155*(4), 496-500.

Miller, W. R., & Seligman, M. E. (1975). Depression and learned helplessness in man. *Journal of Abnormal Psychology, 84*(3), 228.

···○ **7장**

불안장애, 신체증상 및 관련 장애

1. 불안장애
2. 신체증상 및 관련 장애

1. 불안장애

누구나 일상생활 속에서 흔히 불안(anxiety)을 경험한다. 불안은 마음이 편하지 아니하고 조마조마함, 분위기 따위가 술렁거리어 뒤숭숭함, 몸이 편하지 아니함, 마음에 미안함, 특정한 대상이 없이 막연히 나타나는 불쾌한 정서적 상태, 안도감이나 확신이 상실된 심리상태로 설명할 수 있다. 불안에 대한 반응은 인지적 요소, 생리적 요소, 행동적 요소로 나누어 볼 수 있다. 인지적 요소는 불안에 의해 주관적 고통을 경험하는 것으로 불안을 경험하는 사람은 안절부절못하거나 짜증을 잘 내고 예민하고 마음이 긴장되며 쉽게 편안하게 되지 않아 극심한 불안인 공황을 나타내기도 한다. 생리적 요소는 말초신경계와 자율신경계와 관련하여 불안할 때 일어나는 주요한 교감신경계의 반응이다. 예를 들어, 심장박동이 빨라지고 혈압이 상승하고, 말초기관에서 피의 흐름이 감소하며 손발이 차거나 오싹해지는 반응이 나타난다. 행동적 요소는 불안할 때 나타나는 행동으로, 얼굴의 표정이 굳어지거나 안절부절못해 초조하거나 불안을 일으키는 상황을 회피하는 행동이 나타난다.

불안은 정상적인 불안과 병적인 불안으로 나누어 볼 수 있다. 정상적인 불안은 현실적으로 위협이 가해지는 상황에서 느끼는 자연스럽고 적응적인 심리적 반응으로서, 부정적인 결과가 발생하지 않게 조심스럽게 행동하도록 하고, 효과적인 대처방안을 탐색하도록 한다. 이처럼 위험할 때 느끼는 불안은 우리를 안전하게 대비하는 역할을 하지만, 불안이 너무 강하거나 이상이 생기는 경우에는 너무 과도하게 긴장하게 하고 혼란 상태에 빠지게 하는데 이를 병적인 불안이라고 한다. 병적인 불안은 현실적인 위험이 없음에도 불구하고 불안을 느끼게 하는 경우, 현실적인 위험 정도에 비해 과도하게 불안을 느끼는 경우, 위협적인 요인이 사라졌음에도 불안이 과도하게 지속되는 경우에 해당한다. 이러한 병적인 불안으로 인해 과도하게 심리적 고통을 느끼거나 현실에 적응하는 데 어려움을 겪는 경우 불안장애(Anxiety Disorders)라 한다. 불안장애는 과도한 불안과 공포(두려움)를 주된 증상으로 하는 장애로, 불안을 느끼는 대상이나 상황, 병적인 불안이 나타나는 양상에 따라 하위유형이 나누어진다. 불안장애의 하위유형에는 분리불안장애, 선택적 함구증, 특정공포증, 사회불안장애(사회공포증), 공황장애, 광장공포증, 범불안장애가 있다.

1) 분리불안장애

어린아이는 대부분 주 양육자와 떨어지게 될 때 불안을 느끼게 되는데 연령이 증가하면서 주 양육자와의 분리 상황에 대해 느끼지 않고, 자발적으로 분리되어 또래와 어울리게 된다. 하지만 발달단계를 고려해 보았을 때, 애착 대상으로부터 분리되는 것에 대해 극심한 두려움과 고통을 겪는 경우를 분리불안장애(Separation Anxiety Disorder)라 한다. 분리불안장애가 있는 사람은 주된 애착 대상을 뜻밖의 사고로 잃거나 애착 대상과 분리되는 것에 대해 지속적이고 과도한 걱정을 하며, 애착 대상과 떨어지는 데 대한 두려움으로 집이 아닌 다른 장소에 가는 것을 꺼리거나 거부한다. 애착 대상과의 분리나 이별이 일어나거나 예상될 때, 두통이나 구토, 복통 등과 같은 신체증상들이 나타날 수도 있다.

애착 대상과의 분리에 대한 공포 또는 불안이 발달 수준에 비추어 지나칠 정도로 발생하여야 하며, 여덟 가지의 증상 중 3개 이상에 해당해야 한다. 그 증상으로는, 첫째, 집 또는 주 애착 대상과 떨어져야 할 때 과도한 고통을 반복적으로 겪음, 둘째, 주 애착 대상을 잃거나 질병이나 부상, 재앙 혹은 죽음 같은 해로운 일들이 그에게 일어날 것이라고 지속적으로 과도하게 걱정함, 셋째, 길을 잃거나 납치, 사고, 질병 등과 같은 곤란한 일이 발생하여 주 애착 대상과 떨어지게 될 것이라고 지속적으로 과도하게 걱정함, 넷째, 분리에 대한 공포 때문에 집을 떠나 학교, 직장 혹은 다른 장소로 외출하는 것을 지속적으로 거부 또는 거절함, 다섯째, 집이나 다른 장소에서 주 애착 대상 없이 있거나 혼자 있는 것에 대해 지속적으로 과도하게 거부 또는 거절함, 여섯째, 집이나 다른 장소에서 주 애착 대상 곁이 아닌 곳에서 자는 것을 지속적으로 과도하게 거부 또는 거절함, 일곱째, 분리 주제와 연관된 반복적인 악몽을 꿈, 여덟째, 주 애착 대상과 떨어져야 할 때 두통이나 복통, 오심, 구토 등과 같은 신체증상을 반복적으로 호소하는 것 등이 있다. 이러한 증상들이 성인의 경우 6개월 이상, 아동 및 청소년의 경우 4주 이상 지속되는 경우 분리불안장애로 진단될 수 있다.

분리불안장애는 12세 미만 아동에게서 흔하게 나타나며, 아동기의 유병률은 약 4% 정도로 나타난다. 아동의 경우 남아와 여아의 유병률이 비슷하지만, 역학조사에서는 남아보다 여아에게서 더 흔하게 발병되었다. 연령이 증가할수록 유병률이 감소하며, 청소년기 이후에는 그리 흔하지는 않지만 1.6% 정도의 유병률을 보인다.

분리불안장애의 평균 시작 연령은 7세이며, 성인에서도 나타나는데 성인들의 1년 유병률은 0.9~1.9%로 나타났다.

분리불안장애의 원인으로는 아동의 기질, 부모의 성격이나 양육태도, 불안정한 가정환경 등이 있으며, 이들이 복합적으로 작용한다. 아동기 분리불안장애는 유전적 경향성이 높은 것으로 나타나 부모가 어린 시절에 이와 유사한 장애를 보이는 경우가 많다(Manicavasagar et al., 2001). 예민하고 의존적이고 행동을 억제하는 경향이 강한 아동의 경우 분리불안이 흔하게 나타나며, 이러한 아동이 부모와 불안정한 애착을 형성하게 되면 역기능적 신념과 미성숙한 사회적 능력을 가지게 되어 분리불안장애를 유발할 가능성이 더욱 높아진다(Altman, Sommer, & McGoey, 2009). 아들러학파에서는 부모의 과잉보호로 인해 아동의 독립성이 발달하지 못하고, 부모에 대한 의존을 강화시킴으로써 분리불안장애가 유발된다고 강조하였다. 또한 심리적으로 불안한 부모가 무의식적으로 자녀와 분리되는 것을 두려워하거나 불안장애, 우울장애 등을 가지고 있는 경우 자녀의 분리불안을 증가시킬 수 있다. 인지행동적 입장에서는 애착 대상을 갑자기 상실할 수도 있을 거라는 인지적 왜곡에 의해 불안이 유발된다 하였다.

분리불안장애의 치료에는 아동의 마음을 이해하기 위한 면담과 놀이치료, 가족치료, 심리치료가 필요하다. 심리치료에서는 아동의 등교와 심부름 보내기, 잠자리 분리 등을 목표로 긍정적 강화 요법이나 긴장이완요법, 체계적 둔감화 기법 등의 행동치료가 효과적이다. 또한 애착 대상과의 헤어짐이나 상실에 대한 인지적 왜곡이 있는 경우에는 이를 바로잡아 주는 인지치료의 시행이 필요하다. 아동이 지속적으로 등교를 거부할 경우에는 약물치료를 적용할 수 있으며, 분리불안의 수준이 심한 경우에 정신과적 입원이 필요하다.

2) 선택적 함구증

선택적 함구증(Selective Mutism)은 언어발달이 정상적으로 이루어져서 말을 할 수 있음에도 불구하고 학교와 같은 특정한 상황에서 일관되게 말을 하지 않는 경우를 의미한다. 사회적 상황에서 말을 하지 않는 증상이 최소 1개월 이상 지속되어야 하는데, 이 기간이 학교에 입학하여 생활하는 첫 1개월에만 국한되지 않아야 한다. 진단을 위한 또 다른 기준으로 사회적 상황에서 말에 대한 지식이 부족하거나, 언어가 익숙하지 않아 말을 하지 않는 것이 아니어야 하며, 의사소통장애로 더 잘 설명되지 않아야 한다. 선택적 함구증을 지닌 아동은 가까운 가족과 함께 있을 때는 말을 하지만, 친구나 사촌, 조부모님 등 친척들 앞에서는 말을 하지 못하는 경우가 흔하게 나타난다. 이로 인해 학교 가는 것을 거부하여 학업적 곤란을 초래하기도 하며, 심한 부끄러움이나 사회적으로 어려운 상황에 대한 두려움, 사회적 위축과 따돌림, 매달림, 강박적 특성, 분노발작, 통제에 대해 반항하는 행동 등의 증상이 동반되어 나타나기도 한다. 선택적 함구증을 지닌 대부분의 아동은 사회불안장애를 함께 지닌 것으로 알려져 있다. 선택적 함구증은 주로 아동에게서 나타나며, 대부분 5세 이전에 발병한다. 유병률은 학교 및 정신보건 장면에서 0.03~1%로 보고되고 있으며, 성별에 따라서는 남아보다 여아에게서 더욱 흔하게 나타난다.

선택적 함구증의 원인은 기질적 위험요인, 사회불안장애, 극심한 심리사회적 스트레스, 입원, 지적장애와 관련이 깊다. 기질적 위험요인에 대해 구체적으로 알려져 있지는 않지만, 행동을 억제하려는 경향성이나 선천적으로 불안에 예민하게 반응하는 기질을 지니고 있으며, 심한 수줍음이 영향을 미칠 수 있다. 특히 선택적 함구증은 사회불안장애를 동반하는 경우가 많아 사회적 상황에 대한 과도한 불안으로 인해 유발된다고 보기도 한다. 20~30%의 일부 아동은 말더듬기를 비롯한 의사소통장애를 유발하는 어떤 요인이 동반되는 경우도 있으며, 정상 범위에 해당하지만 또래에 비해 수용성 언어에서 어려움을 보이기도 한다. 또 다른 원인으로는 부모의 과잉보호적이고 지시적인 양육 행동, 부모의 수줍음이나 사회불안에 대한 병력이 있을 경우 발병 가능성이 높은 것으로 알려져 있으며, 이외에도 생물학적 요인으로 18번 염색체의 이상이 원인으로 작용한다는 보고도 있다.

선택적 함구증은 연령이 증가한다고 해서 자연적으로 치유되지 않으므로 적절한 발달을 위한 효과적인 치료가 중요하다. 선택적 함구증의 치료에는 행동치료와 놀이치료, 약물치료 등이 적용되며, 기본적으로는 아동 자신이 정상적으로 말을 할 수 있는 언어 능력이 있다는 확신을 갖도록 도와주는 것이 중요하다. 약물치료의 경우 선택적 세로토닌 재흡수 억제제나 항우울제 등을 사용하여 불안을 완화시키는 효과가 있지만, 선택적 함구증에 대한 직접적인 치료방법이 아니므로 심리치료가 병행되어야 한다. 행동치료에서는 아동의 불안감을 감소시키며 말을 할 수 있는 상황을 점차 늘려 갈 수 있도록 다양한 방식으로 강화물을 제공한다. 이러한 행동치료를 놀이치료와 접목하여 친밀한 사람과 놀이를 하는 도중에 새로운 사람이 점진적으로 놀이 장면에 들어가도록 하여 새로운 사람이 들어왔음에도 놀이를 계속 하며 이 야기를 나눌 수 있도록 한다.

3) 특정공포증

특정공포증(Specific Phobia)은 특정한 대상이나 상황에 대해 과도한 불안이나 공 포를 느끼고, 이를 회피하는 행동을 나타내는 것으로, 이러한 불안이나 공포, 회 피행동이 6개월 이상 지속되어야 한다. DSM-5에서는 공포 자극에 따라 동물형 (animal type), 자연환경형(natural environment type), 혈액-주사-손상형(blood-injection-injury type), 상황형(situational type)으로 구분된다. 동물형은 동물이나 곤 충에 대해 공포를 느끼는 경우, 자연환경형은 천둥, 번개, 바다, 강 등 자연에 대해 두려움을 느끼는 경우, 혈액-주사-손상형은 피, 주사, 상처 등의 신체적 고통이나 상해를 두려워하는 경우, 상황형은 밀폐된 장소, 비행기가 추락하는 것, 엘리베이터 에 갇히는 것 등에 대해 공포를 느끼고 이러한 상황을 회피하는 경우를 이야기한다. 특정 공포 자극에 대해 느끼는 비합리적인 공포와 불안은 개인의 삶을 유지해 나가 는 것을 심각하게 방해한다. 즉, 공포를 유발하는 특정한 대상이나 상황에 노출되면 예외 없이 즉각적으로 두려움이나 불안이 유발되며, 그 대상이나 상황에 대해 적극 적으로 회피하거나 최소한으로 접하기 위해 많은 노력을 한다.

특정공포증의 1년 유병률은 약 9% 정도이며, 평생 유병률은 10~11% 정도로 보 고되고 있다. 발달 시기에 따라서는 아동 5%, 13~17세 16%, 18세 이후 3~5%로 나 타났으며, 특정공포증의 하위유형에 따른 차이도 있다. 성인은 상황형이 제일 많 고, 다음으로는 자연환경형, 혈액-주사-손상형, 동물형 순으로 나타난다. 반면, 초 등학교 이전의 어린 아동은 동물형이 제일 많고, 초등학생은 혈액-주사-손상형이 제일 많은 것으로 나타났다. 성별에 따라서는 여성이 남성보다 2배 정도 더 많은 것 으로 알려져 있으며, 동물형과 자연환경형, 상황형은 여성에게서 주로 발생하지만, 혈액-주사-손상형은 남성과 여성에게서 비슷한 비율로 발생한다. 상황형의 경우 20대 중반에 발병률이 가장 높으며, 이와 관련하여 치과 공포증도 10~19세에 흔하게 나타난다고 알려져 있다.

특정공포증의 원인으로는 유전적 신경계통의 쇠약과 불안 및 공포에 예민한 신경증적 경향성이나 기질적 취약성이 위험요인으로 작용한다는 주장이 있다. 행동주의 학습이론에서는 이러한 특정공포증이 관찰학습의 결과라고 설명하고 있다. 예를 들어, 어머니가 동물을 무서워하는 모습을 아동이 관찰한 이후 그 동물에 대학 두려움을 학습하게 되어 특정공포증이 유발된다는 것이다. 또한 앨버트(Albert)의 흰 쥐 실험을 통해서도 알 수 있듯이 특정공포증은 흰 쥐라는 중성 자극과 큰 소음이라는 무조건 자극이 연합되면서 흰 쥐라는 조건 자극에 대한 공포반응이 유발되는 고전적 조건형성에 의해 학습이 된 것임을 보여 주고 있다.

특정공포증의 치료에는 체계적 둔감법, 모방학습법, 노출치료, 이완훈련이 도움이 되는 것으로 알려져 있다. 노출치료에는 실제적 노출법과 심상적 노출법, 점진적 노출법 그리고 홍수법이 있다. 약물치료에서는 벤조디아제핀(benzodiazepine) 계열의 항불안제를 사용하는데, 이는 공포증을 없애기보다는 불안을 완화해 주는 것으로 특정공포증의 효과적인 치료를 위해서는 인지행동치료와 병행하여 실시할 수 있다.

4) 사회불안장애

사회불안장애(Social Anxiety Disorder)는 사회공포증(Social Phobia)이라고도 불리는 것으로, 다른 사람들과 대화를 하거나 낯선 사람을 만나는 것과 같이 다른 사람들과 상호작용을 하는 사회적 상황과 연설이나 비공식적 소집단에서의 담화 등과 같이 다른 사람들 앞에서 무엇인가를 수행해야 하는 것을 두려워하는 장애이다. 이는 다른 사람에게 잘 보여야 하는데 그렇지 못할까 봐 걱정하는 데서 시작하는 공포에서 비롯되는 것으로, 부정적으로 평가받는 것에 대해 불안을 느낀다. 즉, 사회불안장애의 본질적인 특징으로서 타인에게 관찰당하거나 자신이 당황하거나 창피 또는 망신을 당할 가능성이 있거나 평가를 받게 되는 사회적 상황에 놓이게 되는 것을 몹시 싫어하고 두려워하는 것이다. 아이들은 성인과의 관계가 아니라 아이들 간의 집단 내에서 공포나 불안을 느끼는 경우에만 진단되어야 한다. 사회불안장애를 가진 사람은 자신이 다른 사람에 의해 관찰되고 평가를 받을 수 있는 특정한 사회적 상황에서 공포와 불안을 느끼고 있다는 사실이 다른 사람들에게 보이는 것을 두려워한다. 이러한 사회적 상황에 노출되었을 때 예외 없이 즉각적으로 공포와 불안 반응이 유발된다. 아동의 경우 이러한 공포와 불안에 대해 울음이나 분노발작, 매달리기, 얼어붙음, 움츠러듦 혹은 말을 하지 못하는 것으로 표현될 수 있다. 공포, 불안, 회피 등의 증상이 6개월 이상 지속되어야 하며, 생활 전반에 걸쳐 현저한 고통을 겪거나 부적응적 증상들이 초래되는 경우에 진단된다. 이러한 사회불안장애는 사회공포증 이외에도 사회신경증, 대인공포증으로 알려져 있다.

사회불안장애를 가진 사람들이 공포와 불안을 느끼는 사회적 상황을 살펴보면, 낯선 사람들과 대화하는 것, 새로운 사람을 만나는 것, 데이트 또는 파티에 참석하는 것, 먹거나 마시거나 화장실에 가는 내 모습을 남들이 보는 것, 다른 사람들 앞에서 연설 및 발표하는 것, 다른 사람이 보는 앞에서 글을 쓰는 것, 합동 프로젝트에서 다른 사람들과 함께 작업하는 것 등이 있다. 이러한 사회적 상황에 노출되게 되면 심장박동이 빨라지며 식은땀이 나고 초조해지게 된다. 이로 인해 이러한 사회적 활동을 회피하거나, 불안과 공포를 지닌 채 견뎌 내야만 한다.

사회불안장애의 유병률을 살펴보면, 미국에서의 1년 유병률은 약 7% 정도로 나타났으며, 동일한 측정 도구를 활용하여 다른 나라에서 측정한 1년 유병률은 약 2% 정도로 나타났다. 성인의 평생 유병률은 3~13%로 나타났고, 1년 유병률은 2~5%로 나타났으며, 아동 및 청소년기의 1년 유병률은 성인과 비슷한 것으로 알려져 있다. 성별에 따라서는 여성에게서 남성보다 더 흔하게 나타났으며, 이러한 성별에 따른 차이는 청소년기와 초기 성인기에 더 뚜렷하게 나타난다. 사회불안장애 환자의 75%가 8~15세에 발병하였으며, 연령의 증가에 따라 유병률이 점차 감소하는 경향을 보인다. 아동기에 지나치게 수줍고 내성적인 경향을 보인 청소년은 10대 중·후반에 사회불안장애가 시작되는 경우가 많다. 사회불안장애가 있는 성인은 치료기관을 찾지 않거나 적절한 치료를 받지 않으며 사회적 관계를 회피하며 살아가는 경우가 많다. 이러한 사회불안장애 환자들은 알코올이나 약물에 의존하기도 하며, 실제 환자 중 남성의 25%와 여성의 17%는 알코올중독자로 판명되고 있다.

사회불안장애의 원인을 살펴보면, 기질적 요인으로는 행동을 억제하고 타인의 부정적인 평가에 대한 두려움이 높은 성격 특성과 관련이 있으며, 이러한 성격 특성은 유전적으로 강한 영향을 받는다. 또한 감정과 기분을 조절하는 세로토닌 등과 같은 신경전달물질의 불균형이나 공포반응에 관여하는 편도체(amygdala)의 민감성 등이 원인으로 추정되고 있다. 정신분석적 입장에서는 의식적으로 수용되지 못하는 개인의 공격적인 충동을 타인에게 투사함으로써 다른 사람이 자신에게 비판적이고 공격적일 것이라고 느껴 다른 사람과의 상호작용을 두려워하게 되는 것이라 보았다. 대상관계이론에서는 생애 초기에 양육자로부터 거부적이거나 불안정한 관계를 경험하게 되면 부정적인 자기 및 타인상을 형성하게 되고, 이는 이후 성인이 되어서도 다른 사람들과의 관계에서 과도한 불안을 느끼게 되는 사회공포증으로 나타날 수 있다고 하였다. 인지적 입장에서는 사회불안장애 환자들의 인지적 특성을 네 가지로 제시하고 있다(권석만, 2013). 그 특성으로는, 첫째, 다른 사람에게 호감을 주지 못한다고 믿는 사회적 자기(social self)에 대한 부정적 개념, 둘째, 다른 사람에게 인정받기 위해 좋은 인상을 심어 주어야 한다는 강한 동기, 셋째, 자신의 사소한 실수에도 다른 사람들이 비판하고 멀리할 것이라는 믿음, 넷째, 사회적 상황에서 자신이 보인 행동에 대해 부정적인 평가를 하는 경향이다.

사회불안장애의 치료에서는 심리치료가 매우 효과적이다. 특히 인지행동적 집단치료를 실시하는 것이 효과적이라고 알려져 있다. 인지행동치료는 개인이 사회적 상황에 대해 가지고 있는 부정적 사고를 수정하는 인지적 재구성과 현실치료, 역할실연, 노출치료, 이완훈련 등이 포함된다. 약물치료는 얼굴이 붉어지거나 몸이 떨리는 것을 완화시켜 주는 베타 차단제(beta blocker)를 비롯하여 삼환계 항우울제, 선택적 세로토닌 재흡수 억제제 등이 효과적이다. 하지만 약물을 중단하는 경우 증상이 재발하는 경향이 있으므로, 심리치료와 병행하여 적용되어야 한다.

5) 공황장애

공황장애(Panic Disorder)는 예기치 못한 심한 공황발작(panic attack)을 반복적으로 경험하는 경우로, 공황발작은 전혀 예상하지 못한 상황에서 아무런 이유 없이 갑작스럽게 '곧 죽을지도 모른다'라는 극심한 공포와 강렬한 불안감이 밀려오는데 그 두려움이 너무 심하여 견디기 힘든 상황에까지 이르는 경험을 말한다. 이러한 공황발작의 증상으로는 가슴이 두근거리거나 심장박동이 빨라지는 심계항진, 진땀 흘림, 몸의 떨림이나 전율, 숨이 가빠지거나 숨이 막히는 느낌, 질식감, 가슴 통증이나 답답함, 구토감이나 복부 불쾌감, 현기증, 한기 또는 열기를 느낌, 감각 이상, 비현실감이나 이인증, 자기통제를 상실하거나 미칠 것 같은 두려움, 죽을 것 같은 두려움이 있으며, 이러한 13가지 증상 중 4개 이상의 증상이 나타나야 한다. 또한 공황발작을 적어도 1회 이상 경험한 이후에 추가적으로 발생할 수 있는 공황발작이나 그에 대한 후유증을 지속적으로 걱정하거나 공황발작과 관련하여 심각한 부적응적 행동의 변화가 나타나는 것 중 하나 이상의 증상이 1개월 이상 지속되어야 한다. 이로 인해 생활 전반에 걸쳐 심각한 고통을 겪거나 부적응적 증상들이 초래되는 경우 공황장애로 진단된다.

공황장애의 경과는 보통 7단계를 거치면서 진행된다. 1단계는 증상발현 단계, 2단계는 공황단계, 3단계는 건강염려 단계, 4단계는 제한적 공포증 단계, 5단계는 사회불안장애(사회공포증) 단계, 6단계는 광장공포증 단계 그리고 7단계는 우울증 단계이다.

공황장애의 유병률을 살펴보면, 미국과 유럽에서 청소년과 성인의 1년 유병률이 2~3%로 나타나는데, 이는 1년 동안 100명 중 2~3명 정도의 공황장애 환자가 발생한다는 것을 보여 주고 있다. 14세 이하에서 나타난 유병률은 0.4%이며, 64세 이상은 0.7% 정도로 나타났다. 광장공포증의 동반과 성별에 따른 차이에서는 광장공포증이 없는 공황장애의 경우 여성이 남성보다 2배 정도 많은 것으로 나타났으며, 광장공포증이 있는 공황장애의 경우 여성이 남성보다 3배 정도 더 많이 나타나는 것으로 알려져 있다. 공황장애의 발병은 모든 연령층에서 나타나지만, 청소년기 이전에는 드물며 대개 청소년기 이후부터 30대 중반 사이에 가장 많이 발생한다. 평균적인 발병연령은 25~29세 사이로 알려져 있다.

공황장애의 원인으로는 신경생물학적 요인을 살펴보면, 뇌의 청반(locus ceruleus)과 관련이 있는데, 세로토닌과 노르에피네프린 등과 같은 흥분성 신경전달물질의 분비와 관련이 있는 청반이 과잉 활성화되면, 쉽게 흥분하게 되고 심장박동 수가 증가하면서 공황발작이 나타나게 된다는 것이다. 유전적 영향력에 대해서도 가족력이 있다는 것과 일란성 쌍둥이에서 이란성 쌍둥이의 발병 일치율보다 높다는 것을 통해 알 수 있다. 심리사회적 요인과 관련하여 살펴보면, 정신분석적 입장에서는 개인의 부정적 정서를 유발하는 심각한 스트레스가 있을 때 공황발작이 발생하는 점을 중점으로 하여 공황발작 발생의 이유를 세 가지로 제시하였다(권석만,

2013). 첫째, 불안을 유발하는 충동에 대한 방어기제의 실패로 인해 나타나며, 둘째, 광장공포증과 함께 나타나는 공황장애의 경우이거나, 부모에게 버림받았다는 어린 시절 분리불안의 재현으로 이해할 수 있으며, 셋째, 무의식적인 상실 경험과 관련된 사회적 스트레스로 인해 공황발작이 나타난다. 인지적 입장에서는 신체감각을 위험한 것으로 왜곡된 해석을 하는 파국적 오해석(catastrophic misinterpretation)에 의해 유발되는 것이라고 보았다(Clark, 1986). 예를 들어, 평상시와는 다른 불규칙한 심장박동이나 흉부의 통증은 심장마비를 예견하는 증상이고, 갑작스러운 호흡곤란은 질식에 의한 죽음을 유발할 가능성이 있으며, 현기증이 나타나는 것은 사람이 미치거나 통제 불능의 상태가 되는 것이라는 파국적 해석을 한다는 것이다.

공황장애의 치료에서는 약물치료와 심리치료가 효과적인 것으로 알려져 있다. 약물치료에서는 주로 항우울제와 항불안제가 사용되고 있으며, 치료의 효과는 2~4주 만에 나타난다. 공황 증상이 회복되고 난 후에도 재발 방지를 위해 2~8개월간 유지치료가 필요하다. 심리치료에서는 인지행동치료가 효과적인데, 인지행동치료에는 불안을 조절하는 호흡조절훈련 및 긴장이완훈련과 파국적 오해석에 대한 인지적 수정 치료를 적용할 수 있다. 만약 치료를 받지 않을 경우에는 증상의 발현부터 자살에 이르기까지 더욱 심각해질 수 있지만, 적절한 치료를 받으면 대부분 완치가 가능하다.

6) 광장공포증

광장공포증(Agoraphobia)은 즉각적으로 피하기 어려운 특정한 장소나 상황에 노출되거나 노출이 기대되는 것에 두려움을 보이는 장애를 말한다. DSM-5에서는 특정한 장소나 상황에 대해 다섯 가지로 제시하고 있다. 첫째, 자동차나 버스, 기차 등과 같은 대중교통을 이용하는 것, 둘째, 주차장이나 시장 등과 같이 열린 공간에 있는 것, 셋째, 영화관이나 공연장과 같이 밀폐된 공간에 있는 것, 넷째, 줄을 서 있거나 군중 속에 있는 것, 다섯째, 집 밖에 혼자 있는 것이며, 이 중 두 가지 이상의 상황에서 뚜렷한 공포와 불안이 나타나야 한다. 이러한 장소나 상황에서 공황과 유사한 증상이 나타나거나 자신이 무능력해지거나 자신을 당혹스럽게 만드는 다른 증상이 발생하였을 때 다른 사람으로부터 도움을 받을 수 없거나 벗어나기 어려울 것이라는 생각으로 인해 그 장소나 상황을 두려워하고 회피하게 된다. 공포를 유발하는 상황에 노출되면 예외 없이 대부분 공포와 불안을 경험하게 되며, 사회문화적 배경을 고려하였을 때 실제로 주어지는 위험에 비해 공포나 불안의 정도가 극심해야 한다. 이러한 강한 공포, 불안, 회피 반응이 6개월 이상 지속되어야 하며, 사회적 · 직업적 또는 다른 중요한 영역에서 임상적으로 현저한 고통이나 손상을 초래하는 경우 진단된다. 만약 염증성 장질환 또는 파킨슨병 등 다른 의학적 상태가 동반되는 경우라면, 공포 및 불안, 회피 반응이 명백히 과도해야만 하며, 다른 정신장애로 더 잘 설명되지 않아야 한다. 광장공포증은 공황장애의 유무와 관계없이 진단되는데, 만약 광장공포증과 공황장애의 진단기준을 모두 충족한다면 두 가지의 진단이 모두 내려져야 한다.

광장공포증의 1년 유병률은 1.7% 정도이며, 미국의 경우 18~54세 사이의 성인에서 약 2.2%로 나타났다고 보고되고 있다. 아동기에도 광장공포증이 발생할 수 있지만, 평균적인 발병연령은 18~40세이며, 공황장애가 선행되지 않는 경우는 25~29세에 발병하는 것으로 나타났다. 후기 청소년기나 초기 성인기에 발병률이 가장 높은 것으로 알려져 있다. 성별에 따라서는 여성이 남성보다 2배 정도 더 많은데, 병원 또는 전문기관을 통해 치료받고자 하는 공포증의 약 60%는 광장공포증이며, 그중 여성이 약 66% 정도를 차지하는 것으로 나타났다.

광장공포증의 원인에 대해 살펴보면, 우선 가족력과 관련되어 있다. 광장공포증의 유전율은 61%로 추정되고 있는데(Kendler, Karkowski, & Prescott, 1999), 광장공포증을 가진 가족 가운데 광장공포증 환자가 많이 발생하는 것은 부정적 정서성, 불안 민감성 등과 같은 기질적 취약성과 관련된 생물학적 요인이 전수되는 것으로 이해해 볼 수 있다. 인지적 관점에서는 공포에 대한 공포가설과 관련된 심리적 요인으로서, 공포에 대한 신체감각에 대한 두려움과 부적응적인 사고가 나타나는 것에 대한 공포, 공포를 유발하는 선행사건에 대한 오해석 경향성을 제시하였다. 이 외에도 아동기의 부정적 경험으로서 학대나 분리불안(고립 불안), 부모의 죽음 등과 같이 심각한 스트레스를 유발하는 사건들이 광장공포증을 유발하는 요인이라고 보고되고 있다.

광장공포증의 치료에는 주로 항우울제가 사용되는데, 약물치료의 효과는 빨리 나타나지만, 치료를 중단하게 되는 경우 재발률이 높다. 따라서 약물치료는 인지행동치료와 병행하여 적용하는 것이 효과적이다. 인지행동치료에서는 광장공포증 환자의 잘못된 믿음과 장소에 대한 잘못된 정보, 특정 장소에서 나타나는 가벼운 신체감각에 대한 잘못된 해석 그리고 파국적인 상황으로 잘못 인식하는 것을 교정해 주고, 이와 동시에 공포 및 불안 반응은 일시적이며 치명적인 것이 아니라는 정확한 정보를 제공해 주어야 한다.

7) 범불안장애

범불안장애(Generalized Anxiety Disorder)는 일상생활 속에서 경험하게 되는 다양한 사건이나 활동에 대해 지나치게 불안해하거나 걱정을 나타내는 경우를 말한다. 이러한 불안이나 걱정을 조절하기 어렵다고 느끼며, 그 기간이 6개월 이상 거의 매일 나타나야 한다. 불안과 걱정은 안절부절못함, 쉽게 피로해짐, 주의집중의 곤란, 정신이 멍해짐, 과민하거나 화를 잘 냄, 근육의 긴장, 잠들기 어렵거나 수면의 질이 불만족스러운 수면장애와 같은 증상으로 나타날 수 있으며, 이 중 3개 이상의 증상이 나타나 생활 전반에 걸쳐 심각한 고통을 겪거나 부적응적 증상들이 초래되는 경우 진단된다. 아동의 경우에는 한 가지의 증상만 만족해도 범불안장애로 진단될 수 있다.

범불안장애 환자의 경우 땀이 나고 얼굴이 붉어지고, 심장이 두근거리며 손이 차가워지는 등의 신체증상과 근육의 긴장 및 통증 등의 증상을 동반한다. 범불안장애가 있는 사람들의 마음은 결코 쉬지 못하는데, 매사에 사소한 걱정을 많이 하고 불안해하며 늘 긴장한다. 걱정을 시작하면, 집중력 저하나 우유부단함 등과 같은 인지적 증상과 과민성, 침울 등의 부정적 기분 증상, 피로감이나 메스꺼움, 소화불량, 설사, 두통, 근육통, 발한, 불면 등의 신체증상이 번갈아서 나타나게 된다. 범불안장애 환자가 느끼는 불안의 주제는 다양하고 광범위하다. 특히 실체가 불분명한 사실에 대해 더욱 위협적인 것으로 생각하고, 자신에게만 위협적인 사건이 일어날 것만 같은 생각에 빠져 있다.

범불안장애의 유병률은 정상적인 불안과의 경계가 불분명하여 정확하게 평가하기는 쉽지 않다. 범불안장애의 유병률을 조사한 연구에 따라 3~12%까지 범위가 넓으며, 불안장애의 하위유형 중 가장 높은 유병률을 보이고 있다. 성별에 따라서는 여성이 남성에 비해 2배 정도 더 흔하게 나타나는 것으로, 남녀 비율은 여성이 60% 정도로 알려져 있다. 아동 및 청소년기에 발병되는 경우에 평균연령은 10~14세이며, 성인기에 발병되는 경우에는 평균연령이 31~33세로 나타났다. 하지만 많은 사람이 평생 불안한 생활을 하고 있으므로 어느 연령에서나 발병이 가능하다. 대체로 만성적인 경과를 보이며, 스트레스 수준이 높은 시기에는 증상이 악화되는 경향이 있다.

범불안장애의 원인으로서 유전적 요인을 살펴보면, 범불안장애 자체가 유전되는 것이 아니라 일반적인 불안의 특질이 유전되는 것으로, 이러한 불안 특질은 부정적 정동성이나 행동 억제 성향이 높고, 예민하게 반응하며 해로운 것을 회피하고자 하는 신경증적 경향성과 관련이 있다고 하였다. 인지적 입장과 관련하여서는 일상생활 속의 잠재적 위험에 대한 예민함, 위험한 사건의 발생 가능성에 대해 높게 평가함, 사건 발생 이후의 결과를 지나치게 치명적인 것으로 평가함, 사건에 대한 자신의 대처능력을 과소평가함 등의 인지적 특성을 제시하고 있다. 정신분석적 입장에서는 억압되어 있던 충동이 강해져서 자아의 통제를 벗어나 계속 표출되고자 하는 상태에서 나타나는 심리적 현상이라고 하였다. 이 외에도 범불안장애가 다른 불안장애와의 공병률이 높다는 점을 통해 유발 요인을 설명하기도 한다.

범불안장애의 치료에서는 벤조다이아제핀 계열의 약물을 주로 처방하지만, 장기적인 관점으로 볼 때 약물에 대한 내성이나 의존, 금단현상이 나타날 수 있다는 점에서 약물치료보다는 심리치료가 더욱 효과적이다. 범불안장애의 치료 목표는 환자가 느끼는 만성적인 불안을 조절함으로써 증상을 호전시키고, 일상생활에서의 여러 기능 회복과 함께 재발을 방지하여 삶의 질을 향상시키는 것이다. 정신역동치료에서는 범불안장애 환자의 무의식적인 갈등을 해결하기 위해 자유연상이나 전이분석 및 꿈의 분석 등과 같은 기법을 적용한다. 인지행동치료에서는 비현실적인 사고를 재구조화하고 불안이나 걱정이 떠오르는 것에 대한 대처 기술을 습득하기 위한 기법과 체계적 둔감화, 긴장이완훈련 등을 적용할 수 있다.

8) 불안 관련 영화

〈애니홀〉(1977)

〈카피캣〉(1995)

〈애널라이즈 디스〉(1999)

〈코요테 어글리〉(2000)

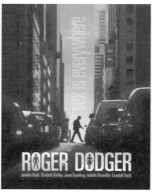
〈로저 다저〉(2002)

〈패닉룸〉(2002)

〈배트맨 비긴즈〉(2005)

〈40살까지 못해본 남자〉(2005)

〈다빈치 코드〉(2006)

〈디파티드〉(2006)

〈브로큰 잉글리쉬〉(2007)

〈아이언 맨 3〉(2013)

〈빅스카이〉(2015)

〈병훈의 하루〉(2018)

〈디어 에반 핸슨〉(2021)

9) 활동

활동 1. 불안 관련 영화를 하나 선택하여 이야기를 나눠 봅시다.

[전체] 불안 관련 영화 포스터를 보고 하나를 선택합니다. 같은 영화를 선택한 사람들이 한 팀이 됩니다.

[개별] 선택한 영화를 보고 난 후, 가장 인상 깊었던 장면과 그 장면이 인상 깊었던 이유에 대해 생각해 봅니다.

[집단] 각자 생각했던 내용을 집단별로 돌아가면서 이야기합니다. 또한 영화 속 등장인물에게서 나타난 장애 관련 주요증상과 치료적 접근에 대해 이야기를 나눠 봅니다.

[전체] 집단 활동을 마치면서 각 집단에서 나눈 이야기를 정리하여 서로 자신의 팀에서 본 영화에 대해 소개합니다.

활동 2. 범불안장애 자가진단 검사

본 설문지는 범불안장애를 선별하기 위한 검사입니다. 총 7문항으로 구성되어 있으며, 지난 2주 동안 자신이 다음 문제들로 얼마나 자주 방해를 받았는지 해당하는 곳에 체크해 봅시다.

	문항	전혀 방해받지 않았다	며칠 동안 방해받았다	2주 중 절반 이상 방해받았다	거의 매일 방해받았다
1	초조하거나 불안하거나 조마조마하게 느낀다.	0	1	2	3
2	걱정하는 것을 멈추거나 조절할 수가 없다.	0	1	2	3
3	여러 가지 것에 대해 걱정을 너무 많이 한다.	0	1	2	3
4	편하게 있기가 어렵다.	0	1	2	3
5	쉽게 짜증이 나거나 쉽게 성을 내게 된다.	0	1	2	3
6	너무 안절부절못해서 가만히 있기가 힘들다.	0	1	2	3
7	마치 끔찍한 일이 생길 것처럼 두렵게 느껴진다.	0	1	2	3
	총점				

출처: Spitzer et al. (2006).

※ 검사 결과는 다음과 같이 해석해 볼 수 있다. 점수 결과, 0~4점 이하의 경우 정상으로 간주하여 주의가 필요할 정도의 과도한 불안이나 걱정을 보고하지 않는다고 본다. 5~9점은 경미한 불안 수준으로 보고, 주의 깊은 관찰이 필요한 것으로 해석한다. 10~14점은 중간 수준의 걱정과 불안 수준으로 간주하였으며, 주의가 필요하다고 보아 추가적인 평가나 전문가의 도움을 받아 보길 권한다. 15~21점은 일상생활에 지장을 초래할 정도의 심하고 과도한 걱정과 불안으로 보고, 전문 기관이나 전문가를 통해 상세한 평가와 상담이 필요하다.

활동 3. 공황장애 자가진단 검사

　본 설문지는 DSM-5의 진단기준에서 공황발작에 대한 주요증상을 중심으로 질문들이 구성된 것으로, 공황장애를 선별하기 위한 도구입니다. 총 13문항으로 구성되어 있으며, 해당하는 곳에 체크해 봅시다.

	문항	아니다	그렇다
1	가슴이 두근거리고 맥박이 빨라진다.	0	1
2	땀을 흘리거나 식은땀이 난다.	0	1
3	몸이 떨리면서 전율을 느낀다.	0	1
4	숨이 가쁘고 숨 막히는 느낌이 든다.	0	1
5	숨을 못 쉬어서 질식할 것 같은 느낌이 든다.	0	1
6	가슴 부위에 통증이 나타나거나 답답한 불쾌감이 든다.	0	1
7	속이 메스껍고 토할 것 같은 느낌이 들거나 복부의 불쾌감이 든다.	0	1
8	어지러워서 휘청거리거나 머리가 멍하거나 기절할 것 같은 느낌이 든다.	0	1
9	현실감각이 없어지고 내가 다른 사람인 것 같은 느낌이 든다.	0	1
10	자제력을 상실할 것 같은 두려움이나 미치는 것은 아닌가 하는 두려움이 든다.	0	1
11	죽을 것 같은 두려움이 든다.	0	1
12	감각이 이상해져서 마비감이나 짜릿짜릿한 느낌이 든다.	0	1
13	오한이나 얼굴이 화끈 달아오르는 것을 느낀다.	0	1
	총점		

※ 검사 결과에 대해 다음과 같이 해석해 볼 수 있다. 13가지의 증상 중 4개 이상이 해당하고 1개 이상의 증상이 1개월 이상 지속되는 경우 공황장애를 의심해 볼 수 있다.

2. 신체증상 및 관련 장애

　신체증상 및 관련 장애(Somatic Symptom and Related Disorders)는 의학적 검사를 통해 병리적 소견이나 신체적 이상이 발견되지 않았음에도 불구하고 심리적 요인으로 인해 신체적인 질환이 있을 것이라 생각하는 정신장애를 의미한다. DSM-5에서는 신체증상 및 관련 장애를 증상이 발현되는 특징에 따라 신체증상장애, 질병불안장애, 전환장애, 허위성 장애의 하위유형으로 분류하고 있다.

1) 신체증상장애

신체증상장애(Somatic Symptom Disorder)는 일상생활을 현저하게 방해하는 한 가지 이상의 고통스러운 신체증상을 호소하는 경우를 의미한다. 또한 신체증상이나 건강에 대한 염려와 관련하여 과도한 사고와 느낌, 감정 또는 행동으로 표현되어야 한다. 이는 증상의 심각성에 대한 편중되고 지속적인 사고, 지속적으로 높은 수준의 불안, 이에 대해 과도한 시간과 에너지를 소비하는 것 등으로 나타날 수 있다. 진단을 위해서는 지속적인 경과가 6개월 이상 나타나야 한다.

신체증상장애의 유병률은 명확하게 알려져 있지는 않지만, 대략 5~7% 정도로 추정되고 있다. 성별에 따라서는 신체증상에 대해 여성이 남성보다 더 많이 호소하는 것으로 보고되고 있다. 또한 신체증상장애는 사회경제적 지위와 교육 수준이 낮은 계층이나 시골에 거주하는 사람, 아시아 또는 아프리카에 거주하는 사람에게 더 흔하게 나타나는 경향이 있다. 연령에 따라서는 초기 아동기 또는 청소년기에 시작되는 경향이 있으며, 치료가 잘 이루어지지 않아 만성적인 경과를 보이고 예후가 나쁜 편이다. 이러한 신체증상장애는 부정적 감정을 억압할 때 나타날 수 있는데 신체적 변화에 많은 주의를 기울이고 신체감각을 증폭하여 지각함으로써 신체증상의 원인을 질병으로 잘못 해석하는 경향이 나타날 수 있다.

신체증상장애는 DSM-5에서 처음 제시되어 원인에 대한 임상적 연구와 관련된 자료 등이 미흡한 실정이다. 신체증상장애의 원인에 대한 몇몇 주장을 살펴보면, 생물학적 입장에서는 유전적 요인과 신경생리적 요인에 대해 주장하였다. 이는 자율신경계의 활동과 관련이 있는 것으로, 사람마다 개인차가 있어 스트레스에 대응하는 기관이나 그 반응이 다르며, 이러한 신체적 취약성이 부정적인 신체화 증상에 영향을 미친다고 하였다. 또 다른 신경생리학적 취약성과 관련하여 행동 억제 체계 또는 행동 활성화 체계의 조절 및 통제의 어려움으로 인해 유발된다고 하였다(최정윤, 박경, 서혜희, 2015).

하지만 이보다 심리적 영향이 더 중요하다고 보고되고 있다. 정신분석적 입장에서 프로이트는 적절하게 표현되지 못하고 억압된 감정이 신체적으로 과도하게 표현된 것이 신체화 증상이라고 하였다. 자신의 감정을 제대로 자각하지 못하여 이를 언어로 나타내지 못하고 신체적 변화와 관련지어 오해석하는 감정표현 불능증이 이에 해당한다. 또한 심리적 갈등으로 인해 어린 시절의 익숙했던 신체적 반응으로 표현하던 상태로 퇴행하는 것이라 본 정신분석학자도 있다. 어린이는 고통을 언어적으로 표현하기 어려워 신체적으로 이를 알리게 되고, 성장하면서 언어적 표현의 증가로 탈신체화가 나타나게 된다. 하지만 심리적 문제가 있는 성인이 이를 제대로 해소하지 못하게 되면 재신체화가 나타나 과거의 신체적 반응으로 퇴행하는 현상이 나타난다. 행동주의적 입장에서는 개인의 신체증상을 이용하여 외부 환경으로부터 얻게 되는 이득을 통해 강화된 것이라고 보았다. 이는 관찰학습 또는 모방학습을 통해 강화되거나 신체증상장애 환자가 됨으로써 얻게 되는 이득과 관련이 있다. 신체증상장애 환자가 되어 얻을 수 있는 이차적 이득으로는 불쾌감을 회피하게 되고, 신체증상을 통해 자신의 고통을 전달할 수 있으며, 죄책감을 해소하기 위해 스스로를 처벌하는 의미를 지니기도 한다. 또 다른 이차적 이득으로는 신체화 증상을 호소함으로써 타인의 마음을 움직여 자신이 원하는 바를 이루거나 현실적인 책임과 의무에서 해방될 수 있고, 타인의 관심과 동정을 얻을 수 있으며, 피해 보상금이나 보험금 등과 같은 경제적 이득을 얻을 수도 있다. 인지적 입장에서는 신체증상을 보이는 사람들이 지닌 특징에 대해 설명하고 있다(권석만, 2013). 그 특징으로는 신체적·감각적 변화에 과도하게 주의를 기울이고 예민하게 반응하고, 건강에 대해 경직된 신념을 지니고 있으며, 자신의 신체적 감각이나 증상에 대해 과하게 지각하는 경향이 있다. 또한 신체적 감각이나 증상의 원인을 심각한 신체적 질병으로 인한 것이라 잘못된 귀인을 하는 경향이 있어 사소한 신체적 증상에 대해서도 더욱 부정적으로 편향되게 해석하여 신체적 질병과 관련시키게 된다. 이 외에도 신체증상에 대한 부모의 대응 행동이나 가족의 영향, 신체화의 허용 수준에 따른 사회문화적 요인 등이 신체증상장애를 유발할 수 있다.

신체증상장애는 치료하기가 매우 어려운 질환이지만, 집단치료가 유용하다는 몇몇 연구가 제시되고 있다(Ford & Long, 1977). 신체증상장애에 대한 집단치료에서는 신체화 증상을 낮게 하기보다는 이러한 증상에 적절하게 대처할 수 있도록 하는 것을 목적으로 지지적 치료, 문제해결 기술, 대인관계 향상시키기 등을 적용해 볼 수 있으며, 이외에도 직업적 재활, 물리요법, 이완훈련 등이 강조된다.

2) 질병불안장애

질병불안장애(Illness Anxiety Disorder)는 건강염려증(Hypochodriasis)이라고도 불리는 것으로, 자신이 심각한 질병에 걸렸을지도 모른다는 것에 대해 과도한 공포와 집착을 갖는 장애이다. 실제로는 신체증상이 존재하지 않거나 존재하더라도 경미한 수준이어야 한다. 하지만 건강에 대한 염려와 집착이 명백하게 지나친 수준으로 나타나 신체에 과도하게 주의를 기울이고 신체감각에 대한 지각이 증폭되어 이러한 신체감각을 심각한 만성질병에 기인한 것으로 잘못 해석하는 경향이 있다. 질병불안장애를 가진 사람은 건강에 대한 불안 수준이 높고, 자신의 건강 상태와 관련된 사소한 정보에도 쉽게 놀란다. 또한 의학적 진료를 추구하는 유형과 회피하는 유형으로 세분화될 수 있는데, 건강과 관련하여 쇼핑하듯 여러 병원을 다니는 과도한 행동이나 의학적 치료를 거의 이용하지 않는 부적응적인 회피행동이 나타난다. 이러한 질병에 대한 집착이 적어도 6개월 이상 지속되어야 질병불안장애로 진단될 수 있으며, 두려움을 느끼는 질병이 이 기간 동안에 변화할 수 있다.

질병불안장애의 유병률은 구체적으로 알려져 있지는 않지만, 일반 내과를 내원한 환자들 중 약 4~9% 정도에서 질병불안장애를 보이는 것으로 알려져 있다. 성별에 따라서는 남성과 여성에게서 비슷한 비율로 나타난다. 발병연령과 관련하여서는 어느 연령에서도 발병할 수 있으나 초기 청소년기에 흔하게 나타난다. 질병불안장애는 대개 만성적인 경과를 보이지만, 불안장애나 우울장애와 공존하고 성격적 장애 요소가 없으며 어린 나이에 증상이 나타나거나 갑작스러운 발병의 경우에는 예후가 좋다고 보고되고 있다.

질병불안장애의 원인을 살펴보면, 정신분석적 입장에서 프로이트는 무의식적인 성적 충동이 과도하게 자신에게 향하게 된 것에 대한 결과라고 하였다. 즉, 외부의 대상에게 향해졌던 성적 리비도가 자기애적 리비도로 자신에게로 다시 향하게 되면서 그 에너지 수준이 높아져 신체증상으로 전환된 것이라고 보았다. 조지 엥겔(George Engel)은 환자가 느끼는 신체적 통증이나 고통이 과거의 잘못된 행위나 죄인이라는 죄책감을 속죄하고자 하는 의미를 담고 있다고 하였다. 허버트 브라운(Herbert Brown)과 조지 베일런트(George Vaillant)는 다른 사람들과의 관계 속에서 실망이나 상처, 버림받음, 사랑받지 못함에 대한 분노를 외부에 표출하지 못하는 대신 신체에 대해 과도하게 관심을 가지는 것에서 기인한 것으로 보았다. 이는 질병불안장애를 가진 사람의 경우 낮은 자기존중감과 자신에 대한 무가치감을 느끼는 것보다 신체적 이상에 집착하는 것이 견딜 만하기 때문이다. 행동주의적 입장에서는 신체화 증상으로 인한 환자 역할을 하면서 얻었던 이득과 관련하여 자율신경의 반응들이 고전적 또는 조작적 조건형성에 의해 습득된 것이라 설명하였다. 인지적 입장에서는 자신의 신체적 감각을 증폭시켜 지각하고 이를 왜곡하여 해석하는 인지와 지각의 장애로 인한 것이라고 보았으며, 질병불안장애 환자들의 경우 좋은 건강에 대해 신체증상이 하나도 없는 상태라고 생각하는 비현실적인 믿음 또는 경직된 인지도식을 가지고 있다고 하였다.

질병불안장애의 치료와 관련하여서는 인지행동치료와 스트레스 관리 훈련이 효과적이다. 인지행동치료는 세 가지의 요소로 구성되어 있다. 첫째, 신체감각을 질병과 관련지어 왜곡되게 해석한 내용을 확인하고 이에 대해 도전하기, 둘째, 자신의 특정한 신체 부위에 주의 집중함으로써 비슷한 신체감각이 느껴지는 과정 체험하기, 셋째, 병원을 방문하여 신체증상과 관련된 질병을 확인하고 안심을 구하는 행동 감소시키기이다. 이러한 인지행동치료와 함께 스트레스 관리 훈련을 한다면 치료 효과의 지속성이 더욱 증가한다.

3) 전환장애

전환장애(Conversion Disorder)는 기능성 신경학적 증상장애(Functional Neurological Symptom Disorder)라고도 불리는 것으로, 운동기능이나 감각기능에서 의도적으로 하나 또는 그 이상의 변화를 나타내는 증상을 나타내는 경우를 말한다. 이러한 증상은 신체적·기질적 이상에 대한 신경학적 또는 의학적 소견과 불일치함을 보여 주는 증거가 있어야 한다. 관련 증상으로는 근육 긴장 이상, 신체적 경련, 마비 증상, 보행장애, 발성곤란, 발작, 무감각증 등이 있다.

전환장애는 후기 아동기나 초기 성인기에 처음 발병하는 경우가 일반적이며, 10세 이전이나 35세 이후의 발병은 드물게 나타난다. 10세 이전의 아동에게서는 걸음걸이나 경련 등에 국한된 증상으로 나타난다. 유병률은 신경과에 의뢰된 환자의 약 5% 정도인 것으로 알려져 있으며, 과거에 비해 전반적으로 감소하고 있다. 성별에 따라서는 남성에 비해 여성에게서 2~10배정도 더 흔하게 나타났는데, 여기에는 여성의 의존적 역할이 승인되는 사회문화적 분위기로 인한 것이라는 주장이 있다. 또한 시골에 거주하는 사람이나 사회경제적 지위와 교육 수준이 낮은 사람들에게서 더 빈번하게 나타나는 것으로 알려져 있다.

전환장애의 원인으로 정신분석이론을 살펴보면, 과거에는 히스테리성 신경증(Hysterical Neurosis)이라고 불렸는데, 이는 해소되지 않은 무의식적 감정이나 생각을 표현하려는 욕구와 이를 표현하는 것에 대한 두려움의 타협으로서 무의식적 갈등이 신체증상으로 전환된 것이라는 의미를 내포하고 있는 것으로 프로이트에 의해 전환이라는 용어가 처음 소개되었다. 프로이트는 안나(Anna)의 사례를 분석하면서 전환장애를 심리성적 발달과정의 오이디푸스 갈등으로 인한 수동적인 성적 유혹이 억압된 것이라 보았다. 안나는 아버지를 간호하면서 팔의 마비가 나타났는데, 이는 아버지의 성기를 만지고 싶은 성적 욕망이 행동으로 나타나게 되는 것을 방지하는 동시에 이러한 욕망을 지닌 자신을 처벌하고 죄책감을 완화하고자 하는 의미를 지니고 있는 것으로 보았다(권석만, 2013). 행동주의적 입장에서는 외부로부터 강화되어 전환 증상이 유발되는 것으로 보았다. 생물학적 입장에서는 뇌의 손상이나 기능 이상에 의한 것으로, 대뇌피질과 망상체의 기능에 이상이 생겨 주의와 각성에 장애가 나타나고 자신의 증상에 대한 무관심이 나타나는 것이라고 하였지만, 아직 분명하게 밝혀진 것은 아니다. 이 외에도 어린 시절 겪은 학대나 방임의 환경적 요인이 전환장애의 유발에 영향을 미친다고 자주 보고되고 있다.

전환장애의 경우 치료를 위한 여러 방법이 제안되었지만, 그 치료 효과가 잘 나타나지 않는다. 전환장애를 가진 환자에게서 신체화 증상이 함께 나타나는 경우가 많아 이와 관련된 치료방법을 적용하기도 한다. 특히 전환장애 치료에서는 증상을 유발하는 충격적인 스트레스 사건을 확인하고, 이러한 부정적 상황이 지속되지 않도록 제거하여야 한다. 또한 전환 증상을 통해 얻게 되는 이차적 이득을 면밀하게 확인하여 이를 제거하는 것이 필요하다. 이 외에도 최면치료를 적용해 볼 수 있으며, 불안장애를 동반하는 경우는 항불안제를 처방할 수 있다.

4) 허위성 장애

허위성 또는 인위성 장애(Factitious Disorder)는 의도적으로 환자의 역할을 하기 위하여 신체적이거나 심리적인 증상을 허위로 조작하거나 위장하는 경우를 의미한다. 이는 경제적 보상이나 법적 책임의 회피 등과 같은 현실적인 이득이나 외적 보상이 없음에도 불구하고, 다만 환자의 역할을 하고자 하는 심리적 욕구에 기인한 것으로 추정된다. 이는 꾀병과는 다른 것으로, 꾀병은 책임 및 형벌의 회피나 보상금 취득 등의 이득이나 보상에 대한 목적을 가지고 의도적으로 증상을 만들거나 과장하는 것으로, 시간이 지나면 밝혀지게 된다. 그러나 허위성 장애의 경우 환자의 역할을 하는 것 이외에 어떠한 목적이나 이득이 없다는 점에서 차이가 있다. 허위성 장애의 유병률은 잘 알려져 있지 않지만, 병원에 내원한 환자 중 약 1% 정도에서 나타난다고 추정된다. 성별에 따라서는 여성보다 남성에게서 더 많이 나타나는 것으로 알려져 있다. 주로 성인기 초기에 발병하며 신체적 또는 심리적 장애로 병원에 입원한 후 시작되기도 하는데, 한두 번의 입원으로 허위성 장애가 호전될 수도 있지만 대부분 만성적인 경과를 보인다.

허위성 장애의 원인과 관련하여 살펴보면, 어린 시절에 겪은 무시나 학대, 버림받음에 대한 경험으로 인해 자신에 대한 가치감을 획득하지 못하고, 의존에 대한 욕구가 좌절되는 경험을 하게 되는 것과 관련이 있다. 이는 아동기나 초기 청소년기에 병으로 입원하게 되었을 때 누군가로부터 사랑과 돌봄을 받아 회복되었던 경험이 있으며, 과거에 자신이 원했던 부모와 자녀 간의 관계를 재구성하고자 하는 의미를 가지는 것으로 보았다. 또한 허위성 장애를 가지는 환자는 과거의 경험대로 자신이 타인으로부터 거부될 거라고 믿으면서 자기파괴적인 행동을 하게 되는데, 이는 다른 사람을 향한 적개심이나 증오를 내면화함으로써 가족에 대한 복수로서 나타나게 되는 것이다.

허위성 장애의 치료에서는 허위성 장애 환자가 자신이 나타내는 증상에 대해 인지하고 자각하는 것이 중요하며, 이와 더불어 심리치료를 통해 현실적인 방법으로 자신의 욕구를 충족할 수 있도록 유도하는 것이 도움이 될 수 있다.

5) 신체증상 관련 영화

〈마이걸〉(1991)

〈세이프〉(1995)

〈한나와 그 자매들〉(1996)

〈밴디츠〉(2001)

〈헐리우드 엔딩〉(2002)

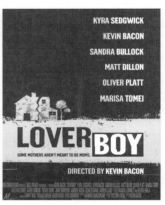

〈러버 보이〉(2004)

〈슈퍼처방전〉(2014)

〈디어 마이 프렌드〉(2019)

6) 활동

활동 1. 영화 〈헐리우드 엔딩〉(2002)을 감상한 후, 다음을 생각해 봅시다.

Q1. 영화에서 나타난 주인공의 주요증상은 무엇입니까?

Q2. 장애의 원인은 무엇입니까?

Q3. 주인공은 어떻게 장애를 극복했습니까?

Q4. 영화 장면 중 가장 인상 깊은 장면은 무엇이고, 그 이유는 무엇입니까?

Q5. 영화 감상 및 토론 후 느낀 점은 무엇입니까?

활동 2. 건강염려증 자가진단 검사

본 설문지는 건강염려증(질병불안장애) 및 신체증상장애를 선별하기 위한 자가진단 검사(Patient Health Questionnaire somatic symptom severity scale: PHQ-15)입니다. 총 15문항으로 구성되어 있으며, 지난 4주 내에 외과적으로 이상이 없음에도 다음과 같은 문제들에 시달리고 있는지를 가장 잘 설명하는 곳에 체크해 봅시다.

	문항	전혀 시달리지 않음	약간 시달림	대단히 시달림
1	위통	0	1	2
2	허리통증	0	1	2
3	팔, 다리, 관절(무릎, 고관절 등)의 통증	0	1	2
4	생리기간 동안 생리통 등의 문제(여성만 해당됨)	0	1	2
5	두통	0	1	2
6	가슴 통증, 흉통	0	1	2
7	어지러움	0	1	2
8	기절할 것 같음	0	1	2
9	심장이 빨리 뜀	0	1	2
10	숨이 참	0	1	2
11	성교 중 통증 등의 문제	0	1	2
12	변비, 묽은 변이나 설사	0	1	2

13	메슥거림, 방귀, 소화불량	0	1	2
14	피로감, 기운 없음	0	1	2
15	수면의 어려움	0	1	2
	총점			

출처: Kroenke, Spitzer, & Williams (2002).

※ 검사 결과는 다음과 같이 해석해 볼 수 있다. 총점이 5점 이상인 경우 건강염려증(질병불안장애)이나 신체 증상장애에 대한 가능성을 의심해 볼 수 있다.

참고문헌

권석만(2013). 현대 이상심리학(2판). 서울: 학지사.

최정윤, 박경, 서혜희(2015). 이상심리학. 서울: 학지사.

Altman, C., Sommer, J. L., & McGoey, K. E. (2009). Anxiety in early childhood: What do we know? *Journal of Early Childhood & Infant Psychology, 5,* 157-175.

Clark, D. M. (1986). A cognitive approach to panic. *Behaviour Research and Therapy, 24*(4), 461-470.

Ford, C. V., & Long, K. D. (1977). Group psychotherapy of somatizing patients. *Psychotherapy and Psychosomatics, 28*(1/4), 294-304.

Kendler, K. S., Karkowski, L. M., & Prescott, C. A. (1999). Fears and phobias: Reliability and heritability. *Psychological Medicine, 29*(3), 539-553.

Kroenke, K., Spitzer, R. L., & Williams, J. B. (2002). The PHQ-15: Validity of a new measure for evaluating the severity of somatic symptoms. *Psychosomatic Medicine, 64*(2), 258-266.

Manicavasagar, V., Silove, D., Rapee, R., Waters, F., & Momartin, S. (2001). Parent-child concordance for separation anxiety: A clinical study. *Journal of Affective Disorders, 65*(1), 81-84.

Spitzer, R. L., Kroenke, K., Williams, J. B. W., & Lowe, B. (2006). A brief measure for assessing generalized anxiety disorder: The GAD-7. *Archives of Internal Medicine, 166*(10), 1092-1097.

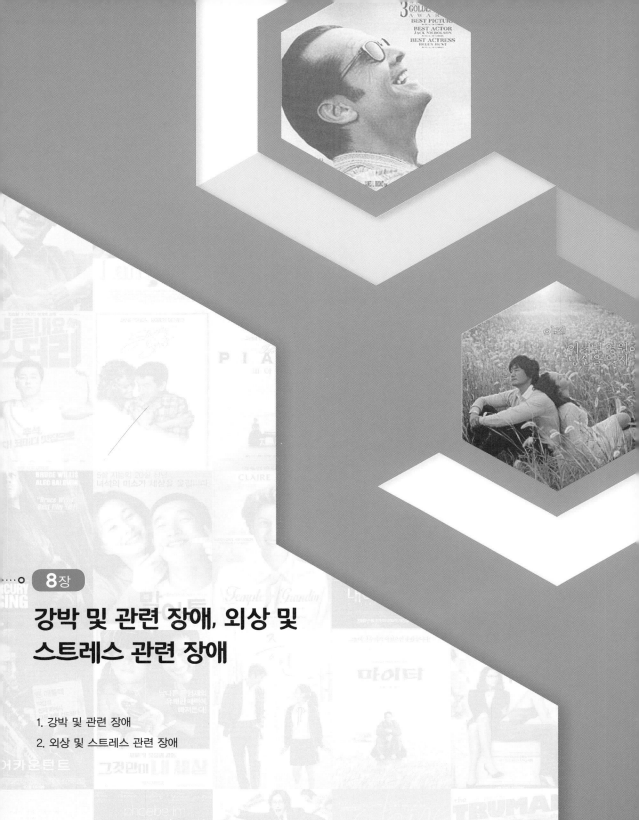

8장

강박 및 관련 장애, 외상 및
스트레스 관련 장애

1. 강박 및 관련 장애
2. 외상 및 스트레스 관련 장애

1. 강박 및 관련 장애

강박은 강한 압박의 줄인 말로, 심리적으로 무언가에 눌리거나 집착하여 어찌할 수 없는 심리상태를 의미한다. 강박 및 관련 장애는 강박적 집착(obsessive preoccupation)과 반복적인 행동(repetitive behaviors)을 주된 특징으로 나타낸다. 즉, 개인의 의지와 관계없이 어떤 충동이나 생각이 자꾸만 의식에 떠올라 떨쳐 버리고 싶은데도 그것에 집착하며, 이와 관련된 반복적인 행동을 하게 되는 다양한 부적응 문제를 뜻한다. 강박 및 관련 장애의 하위유형에는 강박장애, 신체이형장애, 저장장애, 발모광(모발 뽑기 장애), 피부 뜯기 장애가 있다.

1) 강박장애

강박장애(Obsessive-Compulsive Disorder)는 자신이 원하지 않는 생각과 이를 떨쳐 버리기 위한 행동을 반복하게 되는 장애로, 불안을 유발하는 강박사고에 대한 집착과 강박행동의 반복이 핵심 증상이다. 즉, 의지의 간섭을 벗어나 특정한 생각(강박사고)이나 행동(강박행동)을 반복한다. 강박사고(obsession)는 자신이 생각하고 싶지 않음에도 불구하고 반복적이고 지속적으로 의식에 떠오르는 생각, 충동 및 심상을 의미한다. 대부분 현저한 불안이나 괴로움을 유발하며 이를 무시하거나 억압하려고 다른 생각을 시도하거나 강박행동을 함으로써 중화시키려고 노력한다. 강박행동(compulsion)은 강박사고에 대한 반응으로, 손 씻기와 정리정돈, 확인하기 등과 같은 엄격하게 적용해야 할 법칙에 따라 반드시 수행해야 할 것처럼 느껴지는 반복적인 행동이나 기도하기, 숫자 세기 등과 같은 정신활동을 하는 것이다. 이러한 반복적 행동이나 정신적 활동은 두려운 사건이나 상황을 방지하고 불안과 고통을 감소하기 위한 것이지만, 실제 완화하거나 방지하려고 하는 것과는 달리 명백하게 지나치게 나타나야 한다. 여기서 주의할 점은 어린 아동의 경우 강박행동이나 정신적인 행위들에 대해 인식하지 못할 수 있다.

강박장애는 강박사고와 강박행동의 형태에 따라 순수한 강박사고형, 내현적 강박행동형, 외현적 강박행동형으로 나누어진다. 순수한 강박사고형은 외현적 강박행동 없이 내면적 강박사고만 지니는 경우로, 원치 않는 성적인 생각, 공격적이거나 난폭한 충동, 비윤리적인 심상 등이 있다. 내현적 강박행동형은 강박사고와 더불어 외부로 관찰되지 않는 내면적 강박행동만을 지닌 경우로, 숫자 세기, 기도하기, 반복적으로 어떤 단어 외우기 등을 예로 들 수 있다. 외현적 강박행동형은 강박사고와 더불어 겉으로 분명히 드러나는 강박행동을 하는 것으로, 청결행동, 확인행동, 반복행동, 정돈행동, 수집행동, 지연행동 등이 나타난다.

강박장애의 평생 유병률은 일반 인구를 기준으로 2~3%이며, 성별에 따라 남자 0.5%, 여자 1.0%로 나타난다. 우리나라의 1년 유병률은 0.6%로 성별에 따라서는 남자가 0.3%, 여자는 0.8%로 알려져 있다. 발병 시기는 주로 청소년기나 초기 성인기에 시작하게 되는데, 아동기에 시작되는 경우도 있다. 평균적인 발병연령을 살펴보면, 19세 정도이며 25% 정도는 14세경에 발병한다. 성별에 따른 발병연령은 남성은 6~15세로 청소년기이며, 여성은 20~29세로 성인기에 나타나는데, 남성의 25% 정도는 10세 이전에 발현된다. 최근에는 강박장애 환자가 꾸준히 늘어나고 있으며, 특히 20대에 많이 발병한다는 통계적 결과가 나왔다(국민건강보험공단, 2020). 증상의 발현은 대부분의 경우 서서히 발생하여 만성적 경과를 보이는 점진적인 양상을 보이지만, 급성 발현도 간혹 보고되고 있다. 보통 치료를 받지 않으면 만성으로 이환되며 증상의 악화와 호전을 반복하는데, 스트레스를 받으면 증세가 악화되고, 그렇지 않으면 호전되는 경향이 있다. 이러한 강박장애는 단기간에 완치되기는 쉽지 않으므로 가능하다면, 현실 속에서 적응하고 일도 하면서 치료를 하도록 계획하는 것이 좋다. 강박장애의 공병 장애로는 불안장애, 우울증, 섭식장애, 강박성 성격장애, 뚜렛장애 등이 있다.

강박장애의 원인으로는 생물학적 입장, 정신분석적 입장, 인지행동적 입장이 있다. 먼저, 생물학적 입장에서는 뇌의 구조적 결함으로 인한 기능 이상, 전두엽의 기능 이상, 세로토닌과의 관련성, 뇌의 여러 영역에 구조적 또는 신경화학적 이상 등으로 설명한다. 정신분석적 입장에서는 무의식적 갈등으로 인한 불안에 특정한 방어기제를 통해 대처하고자 할 때 나타난다고 하였다. 프로이트는 '항문기에 억압된 충동이나 욕구가 재활성화되면서 나타나는 것'이라고 설명하였는데, 의식에 떠오르는 이런 욕구나 충동을 통제하기 위해 방어기제로서 반동형성(reaction formation)과 대치(displacement), 격리(isolation), 취소(undoing)를 주로 사용한다. 인지행동적 입장에서는 내적 사고가 우연히 의식에 떠오르는 침투적 사고(intrusive thought)와 이러한 침투적 사고에 대한 사고로서 자동적 사고(automatic thought)와 관련이 있다고 하였다. 즉, 자동적 사고는 침투적 사고에 대해 의미를 부여하는 것으로, 강박장애를 가진 사람은 침투적 사고에 대한 위협을 과대평가하고 자신의 책임감에 대해 과하게 평가한다. 이러한 사고와 행동이 융합되면서 자신이 생각한 것이 곧 행동한 것과 다르지 않다는 믿음을 가지게 되어 불확실성이나 불안전함에 대해 참지 못하며 완벽함과 완전함을 추구하는 '사고 억제의 역설적 효과(ironic effect of thought suppression)'가 나타난다(Wegner et al., 1987).

강박장애에 대한 약물치료에는 증상 완화에 도움이 되는 선택적 세로토닌 재흡수 억제제와 클로미프라민(clomipramine)이 대표적이지만, 치료 효과가 제한적이라는 점(Greist, 1990)과 약물을 중단하게 되면 증상이 재발한다는 문제점이 있다. 강박장애 치료에서 핵심적인 역할을 하는 것은 인지행동치료로서, 치료 효과가 뛰어나고 재발 방지 및 유지에 탁월하다. 인지행동치료에서는 강박장애 환자가 불쾌한 생각을 회피, 억제, 중성화하는 것이 더 강한 침투적 사고를 야기한다는 점을 알리고,

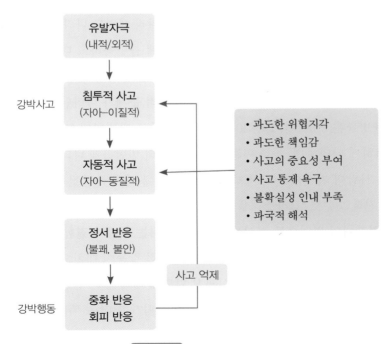

그림 8-1 인지행동적 접근

출처: 권석만(2013).

점진적 노출 형식을 이용한 행동 과제를 부여할 수 있다. 또한 강박장애 환자가 두려워하는 자극이나 사고에 노출시키지만, 강박행동을 하지 못하도록 함으로써 자극과 사고를 견뎌 내는 둔감화 효과를 주는 노출 및 반응 억제법(exposure and response prevention)을 활용할 수 있다. 이러한 인지행동치료는 약물치료와 병행하거나 단독으로 활용될 수 있다.

2) 신체이형장애

신체이형장애(Body Dysmorphic Disorder)는 '신체추형장애' '신체변형장애' '신체기형장애'라고도 불리는 것으로, 자신의 신체 일부가 기형적이라는 생각에 대한 집착을 보이는 것이 핵심 증상이다. 신체적 외모에서 하나 이상의 주관적 결함에 대해 과도하게 걱정하고 집착하는 것으로, 주관적 결함은 다른 사람에 의해 그 결함이 인식되지 않거나 경미한 수준으로 여겨지는 것이다. 신체이형장애 환자는 외모적 염려에 대한 반응으로, 반복적인 외현적 행동을 보이는데, 예를 들어 거울을 보면서 계속 확인하기, 지나치게 몸 단장하기, 안심 구하기, 피부 벗기기 등이 나타난다. 또한 자신의 외모를 다른 사람과 비교하는 등의 내현적 행위도 나타난다. 신체적 결함을 성형수술을 통해 바꾸려고 시도하지만, 결과에 불만족하고 다른 신체적 결함을 찾아 그에 대해 집착하게 된다. 이러한 신체적 결함에 대한 믿음으로 인해 심한 열등감과 자신감 상실, 대인관계 위축 등의 부적응적 문제가 나타난다. 신체이형장애의 평생 유병률은 2%이며, 15~20세 사춘기에 주로 발병한다. 남자보다는 여자에게서 더 흔하게 나타나며, 특히 미혼 여성에게서 더 빈번하게 나타난다. 신체이형장애는 다른 사람이 자신의 외모에 대해 언급한 것에 의해 촉발될 수 있으며, 증상의 시작은 점진적일 수도, 갑작스러울 수도 있다.

신체이형장애의 원인으로 정신분석적 입장에서는 주관적 결함이 있는 신체 부위에 어린 시절 경험한 무의식적인 성적 또는 정서적 갈등이 대치되어 나타나는 것으로 보았다. 인지행동적 입장에서는 신체적 외모에 대해 높은 민감성을 가지고 있다는 점과 모호한 사회적 상황이나 외모와 관련된 평가를 더욱 부정적이고 위협적인 것으로 해석하게 되면서 결함이 있다고 생각되는 자신의 신체상에 대한 집착을 유발하게 된다고 하였다. 하지만 신체이형장애 환자의 경우에 심리적 원인이 받아들여지지 않아 대부분 심리치료를 거부하는 경향이 있다. 신체이형장애의 치료로는 세로토닌 재흡수 억제제를 사용하는 약물치료와 비교적 경미한 증상을 보이는 경우에는 인지행동적 치료방법으로서 노출 및 반응 억제법을 활용하는 것이 효과적이라고 보고되고 있다.

3) 저장장애

저장장애(Hoarding Disorder)는 언젠가는 필요할지도 모른다는 생각으로 버려야 하는 불필요한 물건들을 버리지 못하고 집안에 쌓아 두는 장애로, 핵심 증상은 다양한 물건을 과도하게 수집하여 저장하는 것에 대한 집착이다. 여기에는 강박적 저장과 강박적 수집이 나타나는데, 강박적 저장(compulsive hoarding)은 불필요한 물건을 버리지 못하고 보관하는 행동이며, 강박적 수집(compulsive collecting)은 불필요한 물건을 집안으로 끌어들이는 행동을 의미한다. 저장장애를 가진 사람은 물건을 버리는 것에 대해 고통을 느끼며, 쓸모없는 것들을 버리지도 못하고 다른 사람에게 팔거나 주지도 못하여 계속해서 보관하려는 모습이 나타난다. 저장장애는 DSM-5에서 새롭게 추가된 장애로, 소유물의 가치와는 상관없이 소유물을 버리는 것에 대해 어려움을 느낀다. 또한 물품의 유용성이나 미적 가치를 평가하는 능력에 문제가 있으며, 소유물에 대한 강한 감정적 애착을 지니고 있기 때문에 물건이나 중요한 정보 혹은 기회를 잃어버리는 것에 대한 두려움을 가지고 있다.

저장장애의 유병률은 2~5%로 보고되고 있으며, 여성보다 남성에게서 더 높은 유병률을 보이고 있다. 저장장애의 증상은 보통 11~15세에 처음 발병하지만, 이 시기에는 증상이 약한 수준으로 나타나 장애로 진단되지 않는다. 이후 연령이 증가할수록 심각한 문제로 발전하게 되고, 초기 성인기에 비해 장년층 이상의 유병률이 3배 이상 높은 것으로 나타났다.

저장장애의 원인으로 정신분석적 입장에서는 항문기적 성격으로 인한 인색함 및 반항적 공격성과 관련이 있다고 보았다. 대상관계적 입장에서는 전이 대상(transitional object)과 관련이 있다고 하였다. 즉, 어린아이가 독립성을 발달시켜 나가는 과정에서 부모를 대신하여 과도하게 집착하는 애착 대상으로서 불필요한 물건을 수집하고 저장하는 것으로 보았다. 인지행동적 입장에서는 의사결정에 대해 어려움을 보이는 우유부단함, 범주화/조직화, 기억의 결함, 손실에 대한 과장된 평가 등과 같은 정보처리의 결함, 즉 인지기능의 결함을 원인으로 보았다. 저장장애의 치료에는 삼환계 항우울제, 선택적 세로토닌 재흡수 억제제를 사용한 약물치료를 활용한다. 또한 인지행동치료에서는 강박적 수집 이유 자각, 소유물의 가치와 유용성에 따라 정리하는 방법 습득, 의사결정 기술 향상, 치료사나 정리전문가의 가정방문 등을 적용하여 강박사고의 수정 및 강박행동의 감소에 도움을 줄 수 있다.

4) 발모광(모발 뽑기 장애)

발모광(Trichotillomania)은 모발 뽑기 장애(Hair-Pulling Disorder)라고도 불리는 것으로, 탈모로 이어질 수 있는 반복적인 발모 행동, 즉 자신의 머리카락을 계속해서 반복적으로 뽑는 장애이다. 발모광은 발모 행동을 감소시키거나 중단하려 반복적으로 시도함에도 불구하고 계속해서 반복적으로 털을 뽑게 되며, 이러한 발모 행동이 임상적으로 중요한 고통이나 사회적·직업적 영역 또는 기타 중요한 영역의 기능에서 손상을 초래하는 경우에 진단된다. 발모광을 지닌 사람들은 발모 행동을 하기 직전에 긴장감이 고조되지만, 발모 행동 이후에는 이전에 느끼던 긴장 대신 쾌락이나 만족감, 해방감을 느끼게 된다. 이러한 발모 행동은 하루 동안의 짧은 삽화로 일어나거나 지속적인 기간으로 계속 나타나기도 한다. 머리카락 이외에도 눈썹이나 속눈썹, 턱수염, 겨드랑이, 음모 등 신체 중 모든 부위의 털을 뽑을 수 있으며, 특히 자주 나타나는 부위는 머리카락, 눈썹, 속눈썹이다. 발모 행동은 다른 사람들이 보는 앞에서는 잘 나타나지 않지만, 많은 시간을 함께 보내는 가족들은 쉽게 관찰할 수 있다. 또한 머리카락을 뽑는 행동과 더불어 머리카락을 비틀거나 만지작거리는 행동, 머리카락을 입에 넣어 잘근잘근 씹는 행동, 타인의 머리카락을 뽑으려는 충동으로도 나타난다.

발모광의 유병률은 1~2%로 추정되며, 남성에 비해 여성이 10배 정도의 높은 비율로 나타난다. 발모광의 증상은 유아기에도 보일 수 있는데, 보통 초기 발달 시기인 5~8세 아동과 사춘기 전후에 흔하게 나타난다. 털을 뽑는 행위가 일시적으로 나타나기도 하지만 시간이 지남에 따라 지속될 수 있으며, 털을 뽑는 부위가 다양해질 수 있다.

　발모광의 원인으로는 정신역동적 입장에서 어린 시절 주 양육자로부터 정서적 결핍을 경험한 것과 관련이 있다고 한다. 타인과의 애정과 신체 접촉에 대한 욕구가 강하지만, 이를 제대로 해소하지 못해 자신의 털을 뽑는 행동과 같은 부적응적이고 미성숙한 방식으로 욕구를 충족하게 된다. 이러한 행동을 통해 혼자 남겨지는 것에 대한 두려움이 감소하고, 사랑하는 대상을 상실한 것에 대한 보상을 받는다고 여겨지면서 털을 뽑는 행동이 더욱 강화된다. 이 외에도 심한 스트레스 상황에서 발모 증상이 시작되어 긴장감 완화 또는 안도감을 느끼게 되면서 점차 심각해질 수 있다.

　발모광에 대한 치료에는 행동치료와 약물치료가 있다. 행동치료에서는 머리를 뽑는 행위를 감소시키는 것에 중점을 두고 있으며, 자기관찰법, 습관 반전법, 동기 향상법, 내면적 독백 변화시키기 등이 있다. 자기관찰법은 자신이 스스로 머리카락을 뽑는 행동을 살펴보고 주의를 기울여 보게 하는 방법이며, 습관 반전법은 머리카락을 뽑고 싶다는 충동이 들 때 대체 행동을 하게 하는 방법이다. 동기 향상법은 발모 행동을 그만해야 하는 이유에 대한 목록을 작성하여 이를 반복적으로 읽게 하는 방법이며, 내면적 독백 변화시키기는 '이 정도는 괜찮아' 등과 같이 발모 행동을 하면서 내면적으로 떠올렸던 언어를 '이 행동은 안 돼! 참을 수 있어!' 등과 같이 바꿔 생각하는 방법이다. 약물치료에서는 주로 리튬, 항불안제, 선택적 세로토닌 재흡수 억제제 등이 효과적이라고 알려져 있다. 이 외에도 심한 스트레스로 인해 발모광이 나타난 것이라면 그 스트레스 상황 및 유발 요인에 대한 분석을 통해 스트레스 감소를 위한 심리상담을 진행할 수 있다.

5) 피부 뜯기 장애

　피부 뜯기 장애(Excoriation Disorder)는 반복적으로 자신의 피부를 긁거나 뜯는 행동을 하여 피부의 변색이나 흉터 등이 발생하면서 피부조직이 손상되는 것으로, 강박적 피부 뜯기(Dermatillomania)라고도 불린다. 피부를 뜯는 부위는 주로 얼굴, 팔, 손 등의 신체 부위이며, 건강한 피부뿐만 아니라, 작은 피부 이상, 여드름이나 굳은 살, 예전 피부 뜯기에서 생겨난 딱지 등을 뜯는 모습을 보인다. 대부분 손톱으로 뜯는 경우가 많지만, 다른 도구를 이용하여 피부를 벗기기도 한다. 이러한 증상은 하루에 짧게 수시로 나타나기도 하지만 대부분 몇 시간 동안 피부를 뜯는 데 보내기도 한다. 피부를 뜯는 행위를 줄이거나 멈추려는 반복적인 시도를 하지만 대부분 실패하게 되고, 이로 인해 일상생활에 심각한 어려움이 발생하는 경우 피부 뜯기 장애로 진단된다. 피부 뜯기 장애의 유병률은 1.4%이며, 그중 여성이 75% 이상을 차지하고 있는 것으로 나타난다. 피부를 벗기는 행위는 사춘기 혹은 사춘기 직후에 여드름이 생기면서 주로 시작되며, 여드름이 줄어든 이후에도 지속되어 피부 뜯기 장애로 발전될 수 있다. 피부 뜯기 장애의 경과는 만성적이며, 치료를 받지 않는 경우 완화와 악화가 반복되어 나타난다.

피부 뜯기 장애의 원인으로 정신역동적 입장에서는 권위적인 부모의 태도에 대한 억압된 분노의 표출로 보았으며, 인지행동적 입장에서는 스트레스에 대한 대처방식으로 피부를 뜯음으로써 진정되는 효과와 지루함을 느낄 때 각성 수준을 높이기 위한 자극하기의 효과를 통해 적정 수준의 각성을 유지하는 것과 관련이 있다고 보았다. 또한 완벽주의적 성향이 피부 뜯기 장애를 유발할 수 있는데, 완벽한 피부 상태를 이루기 위해 자신의 피부를 세밀하게 살펴보면서 아주 미세한 문제도 찾아내고, 이를 고치려고 피부를 뜯게 된다. 하지만 피부를 뜯는 행동을 통해 상처를 입게 되고 더욱 심한 피부 문제가 발생하게 되어 피부를 뜯는 행동을 계속하게 되는 악순환이 나타나게 된다.

피부 뜯기 장애의 치료에는 약물치료와 행동치료를 적용해 볼 수 있다. 약물치료에는 선택적 세로토닌 재흡수 억제제 계열의 항우울제를 주로 처방한다. 행동치료에서는 피부를 뜯고 싶은 충동을 느낄 때 피부를 뜯는 행동이 아닌 다른 대처 행동을 하게 함으로써 피부를 뜯는 행동의 빈도를 감소시키고 나아가 피부를 뜯고자 하는 충동을 덜 느끼도록 한다. 이를 위해 먼저 자신이 어떤 상황에서 피부를 뜯는지, 그 빈도는 어떤지, 어느 부위를 뜯는지 등에 대해 자기관찰을 통해 기록함으로써 자신의 증상에 대해 인지한다. 이와 더불어 피부를 뜯고자 하는 충동이 올라오면 손을 바쁘게 움직이는 행동, 예를 들어 뜨개질하기, 구슬 꿰기 등과 같은 피부를 뜯는 행동과 동시에 하기 어려운 행동을 하도록 한다.

6) 강박 관련 영화

〈밥에게 무슨 일이 생겼나〉(1991)

〈이보다 더 좋을 순 없다〉(1998)

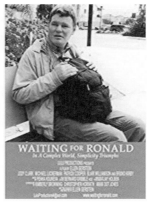

〈로널드를 기다리며〉(2003)

〈매치스틱 맨〉(2003)

〈에비에이터〉(2004)

〈다섯 번째 계절〉(2005)

〈플랜맨〉(2013)

〈강박이 똑똑!〉(2017)

〈괴짜들의 로맨스〉(2021)

7) 활동

활동 1. 영화 〈플랜맨〉(2013)을 감상한 후, 다음을 생각해 봅시다.

Q1. 영화에서 나타난 주인공의 주요증상은 무엇입니까?

Q2. 어린 시절 주인공은 어머니와의 관계에서 어떤 경험을 하였습니까?

Q3. 주인공에게 나타난 장애의 원인은 무엇입니까?

Q4. 주인공은 자신의 장애를 어떻게 극복하였습니까?

Q5. 영화 감상 및 토론 후 느낀 점은 무엇입니까?

활동 2. 영화 〈강박이 똑똑〉(2017)을 감상한 후, 다음을 생각해 봅시다.

Q1. 영화에 나온 인물들이 각각 보이는 주요증상은 무엇입니까?

Q2. 가장 인상 깊은 인물은 누구인가? 그 이유는 무엇입니까?

Q3. 각각의 인물들은 자신의 증상을 극복하기 위해 어떤 노력을 하였습니까?

Q4. 내가 만약 이 모임에 참여하게 된다면, 누구에게 어떤 이야기를 해 주고 싶습니까?

Q5. 영화 감상 및 토론 후 느낀 점은 무엇입니까?

활동 3. 한국판 차원적 강박 검사

　　본 설문지는 자신이 경험했거나 하지 않았을 수도 있는 서로 다른 네 가지 종류의 걱정(① 오염, ② 피해, 부상 또는 불운에 대한 책임감, ③ 용납할 수 없는 강박사고, ④ 대칭, 완벽성 그리고 정확성)에 관한 것입니다. 각각의 범주별로 전형적으로 나타나는 생각(강박사고)과 행동(의례적 행동 또는 강박행동)에 대한 설명이 제시된 후, 이러한 생각 및 행동과 관련된 자신의 경험에 대한 질문으로 구성되어 있습니다. 각각의 설명을 주의 깊게 읽고, 지난 한 달 동안의 경험을 바탕으로 각 범주의 문항에 해당하는 곳에 표시해 봅시다(김혜원 외, 2013).

범주 1 | **세균과 오염에 대한 걱정**

예시

• 특정한 물건, 사람과 접촉했거나 그 근처에 있어서 자신이 오염되었다는 생각이나 느낌

• 특정한 장소(예: 화장실)에 있었기 때문에 오염되었다는 느낌

• 세균, 병 또는 오염이 확산될 가능성에 대한 생각

• 오염에 대한 걱정으로 손 씻기, 손 소독제 사용, 샤워, 옷 갈아입기 또는 물건 닦기

• 오염에 대한 걱정 때문에 특정한 의례적 행동을 따르는 것(예: 화장실에서, 옷 입을 때)

• 오염에 대한 걱정 때문에 특정한 사람, 물건 또는 장소를 피하는 것

---

1. 오염에 대해 생각하고, 오염 때문에 씻거나 청소하는 데 하루에 대략 얼마나 시간을 소비했습니까?

   ⓪ 시간을 전혀 쓰지 않았다.

   ① 하루 1시간 미만

   ② 하루 1시간에서 3시간 사이

   ③ 하루 3시간에서 8시간 사이

   ④ 하루 8시간 또는 그 이상

2. 오염에 대해 걱정하지 않기 위해 또는 씻거나 청소하거나 샤워하는 데 시간을 쓰지 않기 위해 얼마나 그런 상황을 피했습니까?

   ⓪ 전혀 피하지 않았다.

   ① 약간 피했다.

   ② 중간 정도로 피했다.

   ③ 많이 피했다.

   ④ 거의 모든 것을 심하게 피했다.

3. 오염에 대한 생각이 들지만 씻거나 청소하거나 샤워할 수 없었을 때(또는 다른 방식으로 오염을 제거할 수 없었을 때) 얼마나 괴롭거나 불안했습니까?

   ⓪ 전혀 괴롭거나 불안하지 않았다.

① 약간 괴롭거나 불안했다.

② 중간 정도로 불안했다.

③ 심하게 괴롭거나 불안했다.

④ 극도로 괴롭거나 불안했다.

4. 오염에 대한 걱정, 과도한 씻기, 청소하기, 샤워하기 또는 회피행동 때문에 자신의 일상생
   활(직장, 학교, 자기관리, 사회생활)은 얼마나 지장이 있었습니까?

   ⓪ 전혀 지장이 없었다.

   ① 약간 지장은 있었지만, 대부분은 잘 생활한다.

   ② 많은 일에 지장이 있지만, 아직은 감당할 수 있다.

   ③ 여러 가지 면에서 내 일상에 지장이 있고, 감당하는 데 항상 어려움을 겪는다.

   ④ 모든 면에서 내 일상에 지장이 있고, 나는 아무것도 하지 못한다.

5. 오염에 대한 생각을 무시하고, 씻거나 청소하거나 샤워하거나 기타의 다른 방식으로 오염
   을 제거하려는 의례적 행동을 자제하려고 할 때 얼마나 어렵습니까?

   ⓪ 전혀 어렵지 않다.

   ① 약간 어렵다.

   ② 중간 정도로 어렵다.

   ③ 매우 어렵다.

   ④ 극도로 어렵다.

범주 2　피해, 부상 또는 불운에 대한 책임을 져야 할 것 같은 걱정　

예시

• 자신이 뭔가 끔찍하거나 해로운 일을 일으킬 만한 실수를 저질렀을지도 모른다는 의심

• 끔찍한 사고, 재앙, 부상이나 다른 불운이 생긴 것 같고, 자신이 그것을 예방할 만큼 충분히
  조심하지 않았다는 생각

• 자신이 일을 특정 방식으로 했거나, 특정 숫자를 세었거나 또는 특정 '나쁜' 숫자나 단어를
  피했다면 피해나 불운을 예방할 수도 있었다는 생각

- 자신이 잃어버릴 가능성이 적은 중요한 것(예: 지갑, 신원도용, 서류)을 잃어버린다는 생각
- 자물쇠, 스위치, 지갑과 같은 물건을 필요 이상으로 자주 확인하는 것
- 나쁜 일이 일어나지 않는다(또는 일어나지 않을 것이다)라고 안심하기 위해 반복적으로 질문하거나 확인하는 것
- 자신이 잘못된 일을 저지르지 않았다는 것을 확신하기 위해 마음속으로 과거의 사건들을 되새기는 것
- 피해나 재앙이 일어나는 것을 막을 수 있다는 생각 때문에 특정한 의례적 행동을 따르려는 욕구
- 피해에 대한 두려움 때문에 특정한 숫자를 세거나, 특정 나쁜 숫자를 피하려는 욕구

---

1. 피해나 재앙의 가능성을 생각하고, 그러한 일은 생기지 않는다(또는 않았다)고 안심하기 위해 확인하고 노력하는 데 하루에 대략 얼마나 시간을 소비했습니까?

   ⓪ 시간을 전혀 쓰지 않았다.

   ① 하루 1시간 미만

   ② 하루 1시간에서 3시간 사이

   ③ 하루 3시간에서 8시간 사이

   ④ 하루 8시간 또는 그 이상

2. 위험을 확인하거나 피해나 재앙을 걱정하지 않기 위해 얼마나 그런 상황을 피했습니까?

   ⓪ 전혀 피하지 않았다.

   ① 약간 피했다.

   ② 중간 정도로 피했다.

   ③ 많이 피했다.

   ④ 거의 모든 것을 심하게 피했다.

3. 피해나 재앙의 가능성에 대해 생각할 때 또는 이러한 것들에 대해 확인하거나 안심할 수 없을 때 얼마나 괴롭거나 불안했습니까?

   ⓪ 전혀 괴롭거나 불안하지 않았다.

① 약간 괴롭거나 불안했다.

② 중간 정도로 괴롭거나 불안했다.

③ 심하게 괴롭거나 불안했다.

④ 극도로 괴롭거나 불안했다.

4. 피해나 재앙에 대해 생각하는 것 또는 안심하기 위해 지나치게 확인하거나 질문하는 것 때문에 자신의 일상생활(직장, 학교, 자기관리, 사회생활)은 얼마나 지장이 있었습니까?

⓪ 전혀 지장이 없었다.

① 약간 지장은 있었지만, 대부분은 잘 생활한다.

② 많은 일에 지장이 있지만, 아직은 감당할 수 있다.

③ 여러 가지 면에서 내 일상에 지장이 있고, 감당하는 데 항상 어려움을 겪는다.

④ 모든 면에서 내 일상에 지장이 있고, 나는 아무 일도 하지 못한다.

5. 피해나 재앙에 대한 생각을 무시하고, 확인 또는 안심하기 위한 행동을 자제하려고 할 때 얼마나 어렵습니까?

⓪ 전혀 어렵지 않다.

① 약간 어렵다.

② 중간 정도로 어렵다.

③ 매우 어렵다.

④ 극도로 어렵다.

범주 3   **용납할 수 없는 생각들**

예시

• 자신의 의지와 반대로 마음속에 떠오르는 성행위, 부도덕 또는 폭력에 대한 불쾌한 생각들

• 자신이 실제로 하기를 원치 않는 끔찍하거나, 부적절하거나 또는 창피한 일을 하는 것에 대한 생각들

• 나쁜 생각 때문에 특정 행동을 반복하거나 의례적 행동을 따르는 것

• 원치 않거나 불쾌한 생각을 없애기 위해 마음속으로 특정 행동을 수행하거나 기도를 하는 것
• 원치 않거나 불쾌한 생각과 관련된 사람, 장소, 상황 또는 그 밖에 그것을 떠오르게 만드는 대상을 회피하는 것

1. 원치 않는 불쾌한 생각을 하고 그 생각을 다스리기 위한 실제 행동이나 정신적 행동을 하는 데 하루에 대략 얼마나 시간을 소비했습니까?
   ⓪ 시간을 전혀 쓰지 않았다.
   ① 하루 1시간 미만
   ② 하루 1시간에서 3시간 사이
   ③ 하루 3시간에서 8시간 사이
   ④ 하루 8시간 또는 그 이상

2. 원치 않거나 불쾌한 생각과 관련된 상황, 장소, 물건 또는 그것을 떠오르게 만드는 대상(예: 숫자, 사람)을 얼마나 피했습니까?
   ⓪ 전혀 피하지 않았다.
   ① 약간 피했다.
   ② 중간 정도로 피했다.
   ③ 많이 피했다.
   ④ 거의 모든 것을 심하게 피했다.

3. 원치 않거나 불쾌한 생각이 당신의 의지와는 반대로 떠올랐을 때 얼마나 괴롭거나 불안했습니까?
   ⓪ 전혀 괴롭거나 불안하지 않았다.
   ① 약간 괴롭거나 불안했다.
   ② 중간 정도로 괴롭거나 불안했다.
   ③ 심하게 괴롭거나 불안했다.
   ④ 극도로 괴롭거나 불안했다.

4. 원치 않거나 불쾌한 생각이 떠오르는 것과 그것을 피하거나 다스리기 위한 노력 때문에 당신의 일상생활(직장, 학교, 자기관리, 사회생활)은 얼마나 지장이 있었습니까?

⓪ 전혀 지장이 없었다.

① 약간 지장은 있었지만, 대부분은 잘 생활한다.

② 많은 일에 지장이 있지만, 아직은 감당할 수 있다.

③ 여러 가지 면에서 내 일상에 지장이 있고, 감당하는 데 항상 어려움을 겪는다.

④ 모든 면에서 내 일상에 지장이 있고, 나는 아무 일도 하지 못한다.

5. 원치 않거나 불쾌한 생각을 무시하고, 그것을 다스리기 위한 실제 행동이나 정신적 행동을 자제하려고 할 때 얼마나 어렵습니까?

⓪ 전혀 어렵지 않다.

① 약간 어렵다.

② 중간 정도로 어렵다.

③ 매우 어렵다.

④ 극도로 어렵다.

| 범주 4 | 대칭, 완벽성 그리고 사물이나 상황이 '정확하게 딱 맞아야 하는' 필요성에 관련된 걱정 | |

예시

• 대칭, 균등, 균형 또는 정확성에 대한 필요성

• 무엇인가 '정확하게 딱 맞지 않다'라는 느낌

• '정확하게 딱 맞다' 또는 '균형이 잡혔다'라는 느낌이 들 때까지 의례적 행동을 반복하는 것

• 무의미한 것을 세는 것(예: 천장의 타일, 문장 속의 단어)

• 필요 이상으로 물건을 순서대로 정리하는 것

• '정확하게 딱 맞다'라는 느낌이 들 때까지 무엇인가를 같은 방식으로 계속 반복해서 말해야 하는 것

1. 대칭, 순서 또는 균형에 관해 원치 않는 생각을 하고, 그것을 맞추려는 행동을 하는 데 하루에 대략 얼마나 시간을 소비했습니까?

   ⓪ 시간을 전혀 쓰지 않았다.

   ① 하루 1시간 미만

   ② 하루 1시간에서 3시간 사이

   ③ 하루 3시간에서 8시간 사이

   ④ 하루 8시간 또는 그 이상

2. 무엇인가 대칭이 아니거나 '정확하게 딱 맞지 않다'라는 느낌과 관련된 상황, 장소 또는 대상을 얼마나 피했습니까?

   ⓪ 전혀 피하지 않았다.

   ① 약간 피했다.

   ② 중간 정도로 피했다.

   ③ 많이 피했다.

   ④ 거의 모든 것을 심하게 피했다.

3. 무엇인가 '정확하게 딱 맞지 않다'라는 느낌이 들 때, 얼마나 괴롭거나 불안했습니까?

   ⓪ 전혀 괴롭거나 불안하지 않았다.

   ① 약간 괴롭거나 불안했다.

   ② 중간 정도로 괴롭거나 불안했다.

   ③ 심하게 괴롭거나 불안했다.

   ④ 극도로 괴롭거나 불안했다.

4. 무엇인가 '정확하게 딱 맞지 않다'는 느낌과 그것을 순서대로 또는 딱 맞은 느낌이 들도록 맞추려는 노력들 때문에 자신의 일상생활(직장, 학교, 자기관리, 사회생활)은 얼마나 지장이 있었습니까?

   ⓪ 전혀 지장이 없었다.

   ① 약간 지장은 있었지만, 대부분은 잘 생활한다.

   ② 많은 일에 지장이 있지만, 아직은 감당할 수 있다.

③ 여러 가지 면에서 내 일상에 지장이 있고, 감당하는 데 항상 어려움을 겪는다.

④ 모든 면에서 내 일상에 지장이 있고, 나는 아무 일도 하지 못한다.

5. 대칭이나 순서가 맞지 않다는 생각을 무시하고 물건을 제대로 맞추거나 특정 행동을 반복
하고 싶은 욕구를 자제해야 할 때 얼마나 어렵습니까?

⓪ 전혀 어렵지 않다.

① 약간 어렵다.

② 중간 정도로 어렵다.

③ 매우 어렵다.

④ 극도로 어렵다.

※ 검사 결과는 다음과 같이 해석해 볼 수 있다. 각 범주의 5개 항목들은 지난 한 달
동안 해당하는 증상 차원에 속하는 강박 증상의 심각성을 평가해 볼 수 있다. 각
항목들은 ① 강박사고와 강박행동에 소비하는 시간, ② 회피의 정도, ③ 강박행
동을 못할 경우 따르는 괴로움, ④ 기능적으로 방해받는 정도, ⑤ 강박사고를
무시하거나 강박행동을 자제할 때 어려운 정도이다. 이러한 5개의 항목에서 점
수가 높을수록 강박사고와 강박행동의 수준이 높은 것으로 평가된다.

2. 외상 및 스트레스 관련 장애

외상(trauma)은 외부로부터 받은 강력하고 충격적인 사건으로 인해 입은 극심
한 고통과 혼란 등과 같은 심리적 상처를 의미한다. 생명을 위협할 정도의 극심한
스트레스 사건은 드물지 않게 일어나고 있으며, 이러한 사건을 경험하고 나서 발
생하는 부정적인 심리적 반응으로 인해 정상적인 사회생활이 어려운 경우 장애를
초래할 수 있다. 외상은 대인관계 요소가 관여하는 정도에 따라 인간 외적인 외상
(impersonal trauma)과 대인관계적 외상(interpersonal trauma), 애착 외상(attachment
trauma)으로 나누어진다. 인간 외적인 외상은 대인관계가 관여되지 않은 것으로, 지
진, 산사태, 홍수, 태풍 등과 같은 자연재해를 의미한다. 대인관계적 외상은 다른 사

람의 고의적인 행동에 의한 것으로, 전쟁, 살인, 폭력, 테러 등이 이에 해당한다. 애착 외상은 정서적으로 친밀하고 의존도가 높은 관계에 있는 사람으로부터 받은 심리적 상처로, 학대와 방임 등이 있다. 또한 외상을 비의도적인 인재(human made disaster)로 인한 외상과 의도적이고 악의적인 재해(intentional disaster)로 인한 외상으로 나누어 볼 수 있다. 비의도적인 인재로 인한 외상으로는 대구 지하철 화재 참사 후 대중교통을 이용하지 못하는 사람, 교통사고 후 차를 탈 수 없는 사람, 갑작스러운 질병으로 중환자실에서 천신만고 끝에 살아남은 사람, 세월호 사건 등을 예로 들 수 있다. 의도적이고 악의적인 재해에는 부모의 학대, 결혼 후 가정폭력, 세계무역센터가 테러로 무너지는 장면을 반복해서 시청한 경우 등이 해당된다.

외상 및 스트레스 관련 장애의 하위유형에는 외상 후 스트레스 장애, 급성 스트레스 장애, 반응성 애착 장애, 탈억제성 사회적 유대감 장애, 적응장애가 있다. DSM-IV에서는 유아기 또는 아동기 초기의 반응성 애착 장애를 타인과의 관계를 두려워하거나 회피하는 억제형(inhibited type)과 누구에게나 부적절하게 친밀함을 나타내는 탈억제형(disinhibited type)으로 구분하였으나 DSM-5에서는 각각 반응성 애착 장애, 탈억제성 사회적 유대감 장애라는 명칭으로 외상 및 스트레스 관련 장애의 하위유형으로 분류되고 있다.

1) 외상 후 스트레스 장애

외상 후 스트레스 장애(Posttraumatic Stress Disorder: PTSD)는 외상 사건으로 인해 다양한 심리적 부적응 증상이 1개월 이상 나타나는 것으로, 직접 경험하거나 다른 사람에게 일어난 것을 목격하는 경우, 자신과 가까운 가족이나 친구에게 외상 사건이 일어난 것을 알게 된 경우 등과 같이 외상 사건에 노출된 후 발생하게 된다. 핵심 증상으로는 침습 증상, 외상 사건과 관련된 자극의 회피, 외상 사건과 관련된 인지와 감정의 부정적 변화, 각성과 반응성의 현저한 변화가 있다. 침습 증상은 외상 사건에 대한 기억이나 감정이 반복적이고 불수의적으로 떠오르거나 관련 내용에 대한 고통스러운 꿈을 꾸는 것으로 나타난다. 아동의 경우 외상 사건의 내용이 반복적인 놀이로 표현되거나 내용을 알 수 없는 악몽을 꾸기도 한다. 또한 침습 증상으로서 사건이 재생되는 것처럼 관련된 감정이나 생리적 반응이 나타나는 재현 경험

(flashback)을 하거나 외상 사건을 상징하는 단서에 노출되었을 때 심리적 고통을 느끼게 된다. 외상 사건과 관련된 자극에 대한 지속적인 회피는 외상 사건과 밀접한 관련이 있는 고통스러운 기억과 생각, 정서를 떠올리려고 하지 않으며, 이를 떠올리게 하는 장소, 사람, 대화 등의 단서나 자극을 회피하는 것이다. 외상 사건과 관련된 인지의 부정적 변화에서는 외상 사건의 중요한 부분을 기억하지 못하거나 사건의 원인 또는 결과에 대해 지속적으로 왜곡된 인지를 하여 자신 또는 타인을 비난하게 되며, '누구도 믿을 수 없다' '나는 나쁘다' 등과 같은 부정적 믿음이나 신념을 가지게 된다. 정서의 부정적 변화에서는 지속적으로 공포나 분노, 죄책감, 수치심 등과 같은 부정적인 감정을 보이거나 다른 사람들과의 거리가 멀어져 소외감을 느끼고, 긍정적 감정을 경험할 수 없는 무능력감을 경험하게 된다. 각성과 반응성의 뚜렷한 변화로는 과도하게 놀라거나 집중력의 저하, 무모하거나 파괴적인 행동, 수면의 곤란, 사소한 일에도 예민하게 반응하는 모습 등이 나타난다. 외상 후 스트레스 장애의 일반적인 진단기준은 7세 이상의 아동과 청소년, 성인에게 적용할 수 있으며, DSM-5에서는 DSM-IV와 달리 6세 이하의 아동을 위한 별도의 기준을 추가하였다.

외상 후 스트레스 장애의 발병은 어느 연령대에서도 나타날 수 있으며, 대부분 외상 사건 후 3개월 이내에 증상이 시작되는데 수개월에서 수년 정도의 지연된 표출이 나타나기도 한다. 외상 후 스트레스 장애의 1년 유병률은 3.5%이며, 평생 유병률은 8.7%로 알려져 있다. 성별에 따른 차이에서는 일반적으로 여성이 남성에 비해 더 높은 유병률을 보이는 것으로 나타났는데, 이는 여성의 생물학적 · 사회적 · 심리적 요인이 작용한 것으로 보았다.

외상 후 스트레스 장애는 충격적인 사건 자체가 일차적인 원인이지만, 충격적인 사건을 경험한 모든 사람에게서 반드시 발병하는 것은 아니다. 반면, 직접 사고를 당하지는 않았을지라도 사고 및 사고 처리에 관련된 사람들도 피해자가 될 수 있다. 이와 관련하여 외상 후 스트레스 장애의 원인을 객관적 관점과 주관적 관점으로 나누어 살펴보면, 객관적 관점은 죽음이나 신체적 손상을 유발할 수 있는 매우 위협적인 사건에 노출되는 것이며, 주관적 관점은 외상 사건에 노출된 사람이 경험하는 심리적 요인과 관련이 있다. 또한 외상 후 스트레스 장애의 원인을 외상 이전 요인과 외상 사건 요인, 외상 이후 요인으로 나누어 볼 수 있는데, 외상 이전 요인에는 외상 사건 이전에 가지고 있던 과거력이나 우울증, 불안장애, 부모와의 애착 파괴, 성

외상 사건 요인

외상 사건 자체의 양태와 강도

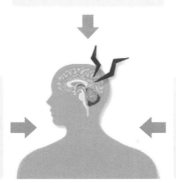

외상 이전 요인

이번 외상 사건 이전의 외상의 과거력, PTSD의 과거력, 우울증이나 불안장애의 과거력, 성격장애, 부모와의 애착 파괴, 아동기 외상의 병력 등

외상 이후 요인

사회적 지지망의 기능과 형태, 경제적 지원, 부가적인 스트레스 사건 등

그림 8-2　외상 후 스트레스 장애의 유발 위험요인

출처: Newport & Nemeroff (2000).

격장애, 아동기 외상 등이 있다. 외상 사건 요인은 외상 사건 자체를 의미하는 것으로, 외상 사건에 자주 노출되거나 강도가 심한 경우 유발 가능성이 높다. 외상 이후 요인은 사회적 지지망과 경제적 지원, 부가적인 스트레스 사건, 부적절한 대처 기술 등과 관련된 것으로, 외상 사건을 겪은 내담자의 심리적 적응을 저해하게 된다.

외상 후 스트레스 장애의 원인으로 생물학적 입장에서는 스트레스 사건에 대한 취약성과 관련된 유전적 요인 그리고 신경전달물질인 도파민과 세로토닌에 관여하는 COMT, TPH-2 유전자의 변이와 같이 특정한 신경전달물질의 이상으로 설명하고 있다(Goenjian et al., 2015). 정신분석적 입장에서는 유아기에 해결되지 못한 무의식적 갈등이 남아 있었으며, 외상 사건으로 인해 이러한 갈등을 다시 불러일으키게 된 것으로, 퇴행이나 억압, 취소, 부인 등의 방어기제를 사용하게 된다고 하였다. 또 다른 원인으로는 스트레스 반응 이론(stress response theory)이 있다. 스트레스 반응 이론은 외상 사건과 관련된 정보의 인지적 처리와 기존의 사고체계에 통합되는 과정을 설명하는 것으로, 절규, 회피, 동요, 전이, 통합 순으로 이루어진다고 하였다(Horowitz, 1976). 인지적 입장에서는 박살난 가정 이론(theory of shattered assumptions)을 제안하고 있다. 이 이론에서는 외상 사건으로 인해 세상의 우호성이나 합리성, 자신의 가치에 대한 역기능적인 신념을 지니게 되어 일상생활 속에서 무기력감과 심각한 혼란을 겪게 된다고 하였다(Janoff-Bulman, 1989).

외상 후 스트레스 장애의 정신역동치료에서는 내담자가 사용하는 방어기제에 초점을 두고 정서적 카타르시스를 통해 이전에 겪은 외상 사건을 재구성하여 그로부터 발생한 심리적 어려움을 해소하고 무의식적 갈등을 해결함으로써 건강한 자아를 확립할 수 있도록 한다. 인지행동치료(Cognitive Behavior Therapy: CBT)에는 인지처리기법(Cognitive Processing Therapy: CPT)과 지속적 노출치료(Prolonged Exposure therapy: PE), 안구운동 민감소실 및 재처리 기법(Eye Movement Desensitization & Reprocessing: EMDR) 등이 있다. 인지처리기법은 외상 사건에 대한 왜곡된 인지가 부정적 정서를 유발하고 이는 외상 사건으로부터의 회피를 유발한다는 가정을 토대로 외상 사건을 재평가하여 왜곡된 인지를 수정하고 외상 사건과 관련된 고통스러운 기억이나 감정으로부터 회복하도록 한다(Resick & Schnidke, 1993). 지속적 노출치료는 근육이완법이나 호흡법과 함께 외상 사건에 대해 단계적으로 떠올리게 하여 불안 기억에 지속적이고 반복적으로 노출시킴으로써 외상 사건에 대한 공포를 덜 느끼도록 하고, 외상 기억을 회피하지 않도록 하는 것이다. 외상 사건을 떠올리게 되면 교감신경계에서 아드레날린을 분비하고 심장박동수가 빨라지게 된다. 이때 근육이완법이나 호흡법을 통해 스트레스와 긴장을 완화시키는 것이 필요하다. 호흡법은 심호흡과 관련이 있는 것으로, 횡격막을 이용한 복식호흡을 하면 자율신경계를 의식적으로 조절할 수 있게 된다. 근육이완법은 긴장감과 이완감을 구분하여 어느 근육이 긴장하는지를 알게 하며, 긴장한 근육을 하나씩 이완시켜 나가 궁극적으로는 모든 근육을 이완시키는 방법이다. 안구운동 민감소실 및 재처리 기법은 손가락을 따라 인위적으로 안구를 움직이도록 하여 외상 사건에 대한 고통스러운 기억이나 생각을 감소시키는 기법이다.

외상 후 스트레스 장애의 치료에는 외상 사건의 의미를 파악하기 위한 정신요법이 주로 사용되어 왔다. 하지만 외상 후 스트레스 장애가 뇌 생리학적 기능의 이상으로 유발될 수 있다는 생물학적 입장이 대두되면서 약물치료도 적용되고 있다. 약물치료에서는 주로 선택적 세로토닌 재흡수 억제제를 처방하고 있으며, 이는 외상 후 스트레스 장애에 동반하는 공포, 불안, 충동성 등의 증상을 조절하는 데 효과적이다.

2) 급성 스트레스 장애

급성 스트레스 장애(Acute Stress Disorder)는 외상 사건에 노출된 이후 부적응적 증상이 3일에서 1개월 이내의 기간 동안 지속되는 것으로, 외상 후 스트레스 장애의 핵심 증상과 진단기준이 유사하지만, 지속 기간이 짧다는 점에서 차이가 있다. 핵심 증상으로는 외상 사건을 경험한 이후에 1개월 이내로 나타나는 재경험 증상과 회피 행동, 심한 무력감을 느끼게 한 외상 사건에 대한 단기적인 신체적·심리적 반응, 외상 경험의 부정적인 결과를 과장하는 파국적 평가, 무력감, 죄책감, 절망감 등이 나타난다. 급성 스트레스 장애의 진단기준으로는 침투 증상과 부정적 기분, 해리 증상, 회피 증상, 각성 증상을 고려해야 한다.

급성 스트레스 장애의 유병률은 어떠한 외상 사건을 경험했는지에 따라 다르게 나타난다. 특히 대인관계적 외상을 경험한 경우 20~50%의 높은 비율로 보고되고 있으며, 대인관계적 외상을 제외한 외상 사건의 경우에서는 20% 미만의 유병률을 보이는 경향이 있다. 급성 스트레스 장애의 증상이 1개월이 지나도 개선되지 않고 지속되거나 악화되는 경우 외상 후 스트레스 장애로 진단되는데, 급성 스트레스 장애의 약 50%는 외상 후 스트레스 장애로 진단된다. 급성 스트레스 장애 원인과 치료는 외상 후 스트레스 장애와 유사하며, 조기에 적절히 치료하면 외상 후 스트레스 장애로 진단되는 것을 예방하는 데 효과적이다.

3) 반응성 애착 장애

반응성 애착 장애(Reactive Attachment Disorder)는 정서적으로 친밀한 관계에 있는 양육자와의 애착 외상으로 인하여 과도하게 위축된 대인관계 패턴을 나타내는 경우를 말한다. 반응성 애착 장애 아동은 양육자로부터 보호와 지지, 돌봄 등을 받기 위해 의지하는 모습이 거의 나타나지 않거나 최소한의 수준으로 나타난다. 이로 인해 부모를 비롯한 다른 사람들과의 접촉을 두려워하고 회피하여 사회성 발달에 방해요인이 된다. 아동은 주 양육자로부터 불충분한 극단적 양육을 경험한 적이 있어야 하는데 그 예로는 성인 보호자에 의해 기본적인 감정적 요구에 대한 결핍을 경험하는 것으로, 학대 또는 방임 등의 형태로 나타난다. 또한 보육원 생활 등으로 인한 보호자의 반복된 교체로 충분한 애정을 받지 못하고 안정 애착 형성의 기회가 제한되는 것도 예로 들 수 있다.

반응성 애착 장애는 증상이 5세 이전에 시작된 것이 명백해야 하며, 부모와 영아 간의 애착이 형성되는 시기를 고려하여 아동의 발달연령이 최소 9개월 이상이어야 한다. 인지 및 언어, 운동 능력 등의 차이로 표현되는 방식이 다를 수는 있지만, 애착 행동과 관련된 최소한의 감정적 일탈 행동은 생후 9개월에서 5세 사이에 명백하게 나타나야 한다. 반응성 애착 장애의 유병률은 매우 드문 것으로 보고되고 있으며, 심각하게 방임되었던 아동의 경우에서도 10% 이하로 나타난다고 알려져 있다.

반응성 애착 장애의 원인과 관련하여 볼비(Bowlby)의 애착이론(attachment theory)을 살펴보면, 주 양육자의 일관성이 없는 행동이나 학대, 방임과 같이 비판적이고 거부적인 양육행동은 아동과 불안정 애착을 형성하게 하여 타인은 믿을 수 없는 존재이며, 자신은 무가치한 존재로 인식되면서 타인을 회피하는 행동이 나타나게 된다고 하였다. 정신분석적 입장의 대상관계이론(object relations theory)에서는 부모의 부정적 양육행동에 저항하다가 이내 실망과 좌절을 경험하게 되면서 관계를 형성하려는 노력을 중단하게 되는데, 이로 인해 부모에 대한 분노와 자신을 다시 떠날 것에 대한 두려움으로 양가감정을 가지게 되고, 성장하면서 다른 사람들과의 관계에서도 회피하거나 무관심한 반응을 보이게 된다고 하였다. 이처럼 반응성 애착 장애는 사회적 방임이라는 애착 외상이 진단적 필요조건으로 제시되어 있지만, 심각하게 방임된 아동 모두 반응성 애착 장애가 나타나는 것은 아니라는 점을 통해 부모의 양육행동이나 양육환경의 질과 더불어 아동의 기질적 특성이 어떻게 상호작용하는지를 살펴보아야 한다. 아동의 기질과 관련하여서는 선천적으로 과민성을 보이는 아동의 경우 애착이 결핍되는 상황에 대해 과도하게 좌절하고 위축된 회피행동을 보이면서 반응성 애착 장애를 유발하게 된다고 보았다(Lemelin, Tarabulsy, & Provost, 2002).

반응성 애착 장애의 치료는 주 양육자와 아동 간의 애착관계를 변화시키는 데 중점을 두고 있으며, 아동에게 애정과 관심을 줄 수 있는 양육자의 제공이 필수적이다. 아동과의 긍정적인 상호작용을 위해 양육자의 정서적 민감성과 그에 대한 반응성을 향상시킬 수 있도록 도와야 한다. 아동과의 애착 형성이 어려운 경우에는 아동을 안전하게 보호하고 신뢰할 수 있는 관계를 형성할 수 있는 새로운 양육자를 모색해 보아야 한다. 또한 아동이 즐거움을 느끼며 쉽게 몰입할 수 있는 놀이치료를 활용하여 주 양육자와의 긍정적인 상호작용 기회를 제공할 수 있도록 유도한다.

4) 탈억제성 사회적 유대감 장애

탈억제성 사회적 유대감 장애(Disinhibited Social Engagement Disorder)는 양육자와의 관계에서 애착 외상을 경험하여 낯선 성인에게 주저하지 않고 무분별하게 과도한 친숙함을 표현하며 접근하는 것이다. 이는 반응성 애착 장애와 마찬가지로 양육자의 학대나 방임이 유발 요인이 될 수 있다는 점에서는 유사하지만, 회피 반응 대신 무분별한 사회성과 과도한 친밀감을 보인다는 점에서 차이가 있다. 탈억제성 사회적 유대감 장애의 행동 패턴을 살펴보면, 낯선 성인에게 활발하게 접근하고 소통하거나 따라가는 데 망설임이나 주저함이 없으며, 지나치게 친밀한 언어적 · 신체적 행동을 나타내거나 낯선 상황에서도 성인 보호자의 존재를 확인하지 않고 주변을 탐색하는 행동을 보인다. 이러한 증상은 양육자의 불충분한 양육으로 인한 결핍 후에 시작되어야 하며 탈억제성 사회적 유대감 장애를 진단하기 위해서는 아동의 발달연령이 최소 9개월 이상이어야 한다. 탈억제성 사회적 유대감 장애의 유병률은 반응성 애착 장애와 마찬가지로 매우 드문 것으로 보고되고 있으며, 심각한 사회적 방임을 경험한 아동의 20% 정도에서 이러한 장애가 나타나지만, 다른 임상적 환경에서는 거의 나타나지 않는다.

탈억제성 사회적 유대감 장애의 원인은 심각한 사회적 방임이라는 진단적 필요조건이 제시된다는 점에서 반응성 애착 장애의 원인과 유사하지만, 다른 양상을 보이는 것과 관련하여 선천적인 기질의 차이가 있다. 반응성 애착 장애의 경우 내향성과 과민성, 회피적 성향의 기질을 가지고 있는 반면, 탈억제성 사회적 유대감 장애의 경우에는 외향성과 자극추구 그리고 무분별한 사회성과 충동성 등이 영향을 미친다(Lemelin, Tarabulsy, & Provost, 2002). 또한 양육자와의 친밀하지 못한 관계에서 오는 고통으로부터 벗어나기 위해 자신이 느끼는 두려움이나 외로움을 억압하고 낯선 성인에게 무분별하게 친밀한 행동을 하면서 가짜 위안을 얻기 위한 노력으로 이해해 볼 수 있다.

탈억제성 사회적 유대감 장애의 치료방법은 반응성 애착 장애와 마찬가지로 아동과 안정 애착을 형성할 수 있는 양육자의 제공과 양육자가 아동의 감정과 행동, 욕구 등에 대해 민감하고 적절하게 반응할 수 있도록 양육기술을 교육하여야 한다.

하지만 탈억제성 사회적 유대감 장애의 경우 부주의나 과잉행동과의 관련성이 높아 양육자가 제공하는 양육환경의 질이 향상되어도 아동의 증상이 개선되지 않는 경우가 나타나기도 한다.

5) 적응장애

적응장애(Adjustment Disorders)는 스트레스 사건으로 인한 정서적·행동적 부적응을 의미하는 것으로, 스트레스 사건이 시작한 지 3개월 이내에 증상이 발현되어야 한다. 또한 부적응 증상의 심각도와 발현이 환경적 맥락과 문화적 요인을 고려하였을 때, 스트레스 사건의 강도에 비해서 현저하게 심한 것이어야 진단될 수 있다. 스트레스 사건으로는 상급학교로의 진학, 연인과의 이별에서부터 사업의 실패, 가족의 죽음 등까지 갑자기 발생하기도 하고, 일반적인 발달과정에서 발생할 수 있는 일 등 다양하다. 이러한 스트레스 사건으로 인해 나타날 수 있는 부적응 증상으로는 우울한 기분, 무력감, 심한 불안감, 신경과민, 과도한 음주, 폭력적 행동, 비행 행동(청소년) 등이 해당된다. 적응장애의 유병률은 조사를 실시한 집단과 진단 및 평가를 위한 방법에 따라 다양하지만, 비교적 흔하게 나타나는 심리적 문제이다. 정신건강 치료 관련 기관에 방문한 사람 중 약 5~20% 정도에서 나타나며, 정신과 병원에 내원한 사람 중 50% 정도가 적응장애로 진단된다.

적응장애의 원인에 대해서는 동일한 스트레스 사건을 경험하여도 개인마다 적응능력이 다르게 나타나는 이유와 관련하여 살펴볼 수 있다. 정신분석적 입장에서는 생후 초기 주 양육자의 양육행동이 아동의 성장 과정에서 스트레스에 대한 대처방식에 중요한 영향을 미친다고 하였다. 즉, 주 양육자가 아동의 욕구에 대해 민감하게 반응하고 지지해 줌으로써 스트레스 사건에 대한 역경과 좌절을 극복하는 회복탄력성(resilience)이 발달하게 된다. 이 외에도 개인의 성격특성, 자존감과 자신감, 문제해결 능력 등에 따라서 다양한 수준의 적응 능력이 형성된다고 하였으며, 자신과 세상에 대한 신념 내용과도 관련하여서는 자신의 부적응적 반응을 수용하지 않아 비난, 실망, 새로운 좌절을 초래하는 경우 적응 능력이 낮아지게 된다. 이 외에도 스트레스 사건 자체가 너무 강력한 경우 개인적 특성과 관련 없이 적응장애를 유발하는 원인이 될 수 있다.

　적응장애를 위한 심리치료에서는 스트레스 사건으로 인한 내담자의 충격과 심리적 어려움을 함께 나누고, 이에 대해 공감하고 지지해 주는 것이 필요하다. 또한 내담자의 부적응적 행동 증상을 조금 더 효과적이고 적응적인 대처 행동으로 변화시키고 적용해 볼 수 있도록 도와주어야 한다. 스트레스 사건 이후의 정서적 · 행동적 증상을 중심으로 치료를 진행하는 것 이외에 스트레스 사건에 대해 개인이 어떻게 인지하고 있는지를 살펴보는 것도 치료에 도움이 될 수 있다. 스트레스 사건에 대한 부적응적 대처방식이 어린 시절 겪은 외상과 어떤 관련이 있는지 탐색하여 부적응적 증상을 되풀이하지 않도록 돕는다. 적응장애의 약물치료에 대한 근거는 제한적이지만, 불안이나 우울, 불면증 등과 같은 증상을 치료하기 위해 심리치료와 더불어 약물치료를 적용하기도 한다.

6) 외상 및 스트레스 관련 영화

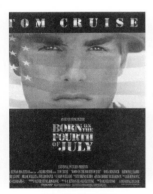
〈7월 4일 생〉(1989)

〈공포 탈출〉(1993)

〈인 더 베드룸〉(2001)

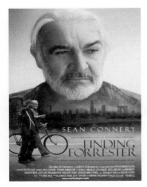
〈파인딩 포레스터〉(2001)

〈가을로〉(2006)

〈레인 오버 미〉(2007)

〈굿바이 그레이스〉(2008)

〈늑대소년〉(2012)

〈터널〉(2016)

7) 활동

활동 1. 외상 및 스트레스 관련 영화를 하나 선택하여 이야기를 나눠 봅시다.

[전체] 외상 및 스트레스 관련 영화 포스터를 보고 하나를 선택합니다. 같은 영화
　　　를 선택한 사람들이 한 팀이 됩니다.

[개별] 선택한 영화를 보고 난 후, 가장 인상 깊었던 장면과 그 장면이 인상 깊었던
　　　이유에 대해 생각해 봅니다.

[집단] 각자 생각했던 내용을 집단별로 돌아가면서 이야기합니다. 또한 영화 속
　　　등장인물에게서 나타난 장애 관련 주요증상과 치료적 접근에 대해 이야기
　　　를 나눠 봅니다.

[전체] 집단 활동을 마치면서 각 집단에서 나눈 이야기를 정리하여 서로 자신의
　　　팀에서 본 영화에 대해 소개합니다.

활동 2. 외상 후 스트레스 증상 자가진단 검사

　본 설문지는 외상 후 스트레스 증상과 관련된 불편감을 살펴보기 위한 검사입니
다. 살면서 두려웠던 경험, 끔찍했던 경험, 힘들었던 경험, 그 어떤 것이라도 있다
면, 그것 때문에 지난 한 달 동안 다음의 문제들을 경험한 적이 있는지 해당하는 곳
에 표시해 봅시다.

문항	아니요	예
1	그 경험에 관한 악몽을 꾸거나, 생각하고 싶지 않은데도 그 경험이 떠오른 적이 있었다.	0	1
2	그 경험에 대해 생각하지 않으려고 애쓰거나, 그 경험을 떠오르게 하는 상황을 피하기 위해 특별히 노력하였다.	0	1
3	늘 주변을 살피고 경계하거나, 쉽게 놀라게 되었다.	0	1
4	다른 사람, 일상 활동 또는 주변 상황에 대해 가졌던 느낌이 없어지거나, 그것에 대해 멀어진 느낌이 들었다.	0	1
5	그 사건이나 그 사건으로 인해 생긴 문제에 대해 죄책감을 느끼거나, 자기 자신이나 다른 사람에 대한 원망을 멈출 수가 없었다.	0	1
총점		

출처: Jung et al. (2018).

※ 검사 결과는 다음과 같이 해석해 볼 수 있다. 총점 0~1점은 정상으로 평가되며, 일상생활 적응에 지장을 초래할 만한 외상 사건 경험이나 이와 관련된 인지적·정서적·행동적 문제를 거의 보고하지 않는다. 총점 2점의 경우에는 주의요망으로 평가되며, 총점이 3~5점의 경우 외상 후 스트레스 증상 수준이 심한 것으로 평가된다. 이는 외상 사건과 관련된 반응으로 불편감을 호소하고 있는 것으로 보고, 평소보다 일상생활에 적응하는 데 어려움을 느낀다면 추가적인 평가나 정신건강 전문가의 도움을 받아 보는 것이 필요하다.

참고문헌

국민건강보험공단(2020). 2020 건강보험통계연보. 강원: 국민건강보험공단.

권석만(2013). 현대 이상심리학(2판). 서울: 학지사.

김혜원, 감지인, 김승준, 정경운, 김은주, 김세주(2013). 한글판 차원적 강박척도의 표준화 연구. *Journal of the Korean Neuropsychiatric Association, 52*(3), 130-142.

Goenjian, A. K., Noble, E. P., Steinberg, A. M., Walling, D. P., Stepanyan, S. T., Dandekar, S., & Bailey, J. N. (2015). Association of COMT and TPH-2 genes with DSM-5 based PTSD symptoms. *Journal of Affective Disorders, 172*, 472-478.

Greist, J. H. (1990). Treatment of obsessive compulsive disorder: Psychotherapies, drugs, and other somatic treatment. *The Journal of Clinical Psychiatry, 51*(Suppl), 44-50.

Horowitz, M. J, (1976). *Stress response syndromes.* New York, NY: Jason Aronson.

Janoff-Bulman, R. (1989). Assumptive worlds and the stress of traumatic events: Applications of the schema construct. *Social Cognition, 7*(2), 113-136.

Jung, Y. E., Kim, D., Kim, W. H., Roh, D., Chae, J. H., & Park, J. E. (2018). A brief screening tool for PTSD: Validation of the Korean Version of the Primary Care PTSD Screen for DSM-5 (K-PC-PTSD-5). *Journal of Korean Medical Science, 33*(52), e338.

Lemelin, J. P., Tarabulsy, G. M., & Provost, M. A. (2002). Relations between measures of irritability and contingency detection at 6 months. *Infancy, 3*(4), 543–554.

Newport, D. J., & Nemeroff, C. B. (2000). Neurobiology of posttraumatic stress disorder. *Current Opinion in Neurobiology, 10*(2), 211–218.

Resick, P. A., & Schnicke, M. (1993). *Cognitive processing therapy for rape victims: A treatment manual (Vol. 4)*. New York, NY: Sage Publications.

Wegner, D. M., Schneider, D. J., Carter, S. R., & White, T. L. (1987). Paradoxical effects of thought suppression. *Journal of Personality and Social Psychology, 53*(1), 5–13.

전 세계가 기다린
어느 한국 가족의 힘더물한 이야기

낯선 땅에 뿌리내린 희망

미나리

정이삭 감독 작품

9장

수면-각성 장애, 배설장애 및 섭식장애

1. 수면-각성 장애
2. 배설장애
3. 급식 및 섭식장애

1. 수면-각성 장애

수면-각성 장애를 설명하기 위해서는 수면의 기능에 대한 이해가 필요한데 아직까지 많이 연구되지 않고 있다. 수면은 낮 동안에 소모되는 손상된 신체와 중추신경계를 회복시켜 주는 역할을 한다고 알려져 있는데, 이처럼 수면활동은 인간이 정상적 생활을 하는 데 매우 중요한 활동이다. 수면시간 동안에는 여러 가지 변화가 일어나는데, 수면 중 눈이 빨리 움직이는 급속안구운동 여부에 따라 REM 수면과 비REM 수면으로 구분될 수 있다 REM 수면상태에서는 안구운동을 제외한 신체의 움직임은 없으나 단백질 합성을 증가시켜 뇌 기능을 회복하며, 낮 동안에 학습한 정보들 중 불필요한 것은 버리고 기억이 잘 되도록 재정리한다. 또한 불쾌하고 불안한 감정을 정화하여 상쾌한 기분을 가지도록 하기도 한다. 비REM 수면상태에서는 크고 느린 뇌파가 나타나기 때문에 신체근육이 이완되고 산소 소비량도 감소하여 뇌가 휴식을 취한다. 또한 다양한 신체 호르몬이 분비되는데 이는 수면이상증(수면 중 보행하거나 경악하는 것)과 관련이 깊다. 수면에 문제가 생겨서 주간의 각성 유지에 어려움을 초래하는 경우를 수면-각성 장애라 한다.

인간은 평균적으로 하루에 6~8시간 잠을 자며 그중 1/4은 꿈을 꾸는 데 소비한다. 하루의 평균 수면시간은 수명과 깊은 관계가 있다. 수면은 뇌파의 양상과 수면의 깊이에 따라 크게 4단계로 구분될 수 있는데, 1단계 수면은 깨어 있는 상태에서 수면상태로 이행되는 과정으로 뇌파의 알파(α)파가 사라지고 세타(θ)파가 50% 이상 차지하며 수면시간의 약 5%를 차지한다. 2단계 수면은 수면방추사(수면 중에 신경활동이 억제되는 것을 반영)와 K복합체(외부나 내부로부터 주어지는 자극에 대한 뇌의 반응을 반영)가 나타나는 특성이 있으며 수면시간의 약 50%를 차지한다. 3단계 수면은 델타(δ)파와 같은 느린 뇌파가 나타나는 깊은 수면상태를 의미하며 수면시간의 10~20%를 차지한다. 이 단계에서는 델타파가 전체의 20~50%를 차지한다. 4단계 수면은 델타파가 50% 이상을 차지하며 더욱 깊은 수면이 이루어진다. 1단계에서 4단계는 비REM 수면상태라고 하며, 그 후 REM 수면이 나타나 다시 비REM 수면이 2단계에서 4단계까지 90분 동안 진행된다. 이러한 과정에서 REM 수면은 15~20분 정도 나타나게 되고, 하룻밤 사이에 다섯 차례 정도 반복하며 나타난다. 곰이나 뱀의 경우 일정 기간 집중적으로 잠을 자는 특성을 보이지만 인간은 매일 일정한 시간대에 잠을 자고 깨는 하루를 주기로 변하는 생체리듬을 가지는데 이를 일주기 리듬(circadian rhythm)이라고 부른다.

수면시간은 연령에 따라 다양하게 나타나는데 아동기 및 청소년 초기에는 3, 4단계의 수명의 양이 많아 숙면을 취할 수 있는 반면, 성인기에 접어들면 1단계 수면이 증가하고 3, 4단계 수면시간이 감소하게 되어 깊고 지속적인 수면을 취하기 어려워진다. 즉, 수면의 연속성이 크게 떨어지는 것이다. 수면-각성 장애는 불면장애, 과다수면장애, 수면발작증, 호흡 관련 수면장애, 일주기 리듬 수면-각성 장애, 수면이상증, 미분류형 수면-각성 장애로 분류될 수 있다.

1) 불면장애

(1) 불면장애의 특징

불면장애(Insomnia Disorder)란 밤에 잠을 제대로 이루지 못하는 날들이 지속되어 낮 활동에 심각한 장애를 받게 되는 경우를 의미한다(Roth, 2007). 불면장애는 양상에 따라 세 가지 유형으로 구분될 수 있는데, 첫 번째로 잠들기에 어려움을 겪는 수면시작 불면증(sleep onset insomnia)이 있다. 정상인의 경우 잠이 들기 위해 걸리는 시간이 15분 이내이지만 이 유형의 경우 30분 이상 잠자리에 누워 잠을 자려고 시도하지만 이루지 못하는 경우가 반복된다. 두 번째로 수면 중 잠을 자주 깨고 다시 잠들기에 어려움을 겪는 수면유지 불면증(sleep maintenance insomnia)이 있다. 끝으로 이른 아침에 깨어나 다시 잠들기에 어려움을 겪는 수면종료 불면증(sleep terminal insomnia)이 있다. 이러한 세 가지 유형은 복합적으로 나타나기도 하지만 대부분의 경우 한 가지 양상이 두드러지게 나타난다.

4,548명의 불면증 환자를 대상으로 유병률을 조사한 결과, 표본의 20.8%가 주당 최소 3일 이상 불면증 증상을 보인다고 보고하였으며, 여성(23.9%)이 남성(17.6%)보다 더 높은 비율을 보이며 연령이 높아질수록 증가한다고 보고하였다(Ohayon & Sagales, 2010). 국내 연구로는 국민건강보험공단 표본(2005~2013년)을 바탕으로 실시한 불면증 환자의 연간 신규 유병률을 분석한 자료가 있다. 2013년 기준 노인의 불면증 유병률이 60대는 10.28%, 70대 15.22%, 80대 이상 18.21%로 집계되었다.

나머지 연령대별 불면증 유병률은 20대가 1.58%, 30대 2.59%, 40대 3.74%, 50대 6.50%로 보고되었는데, 이는 나이가 들수록 젊은 사람에 비해 신체활동이 급속히 줄어들고 소화기 및 근골격계 기능이 저하됨에 따라 불면증도 심해지고 있음을 알 수 있다. 여성은 성호르몬 등의 영향으로 인해 남성보다 우울증 환자 비율이 높은 것으로 보고되고 있다.

　불면증의 발병 시기는 청소년기나 중년기이며, 아동기나 청소년기에는 매우 드물게 나타나고 연령이 증가함에 따라 점차 증가한다. 대부분 심리적 압박감을 느끼는 시기에 불면증이 갑자기 시작되는 경우가 많다. 성인의 30~40%는 한 해의 한 번 이상 불면증을 경험한다고 보고하고 있으며, 그중 10~15%는 한 달 이상 지속된다고 보고되고 있다(American Psychiatric Association, 2013). 청소년기와 성인기의 경우 수면시작 불면증이 많이 관찰되지만, 중·노년기에는 수면유지 및 수면종료 불면증이 많이 관찰된다.

(2) 불면장애의 원인

　불면장애가 발생하는 원인으로 신경학적 요인, 기질적 요인, 사회심리적 요인, 인지행동적 요인을 들 수 있다. 신경학적 요인에서는 불안감과 걱정하는 경향이 있는 성격을 가진 사람에게서 불면장애가 나타날 가능성이 높다고 보고하고 있다. 기질적 요인에서는 쉽게 흥분하여 높은 각성 상태를 유지하는 사람, 감정 억제 성향 등의 기질을 가진 사람이 불면장애를 유발시킨다고 보고 있다. 사회심리적 요인에서는 소음, 빛, 온도, 고도 등이 불면장애를 유발시키며, 나이와 가족력 또한 원인으로 작용함을 보고하고 있다. 인지행동적 요인에서는 취약성 요인과 불면증 유발 요인, 불면증 지속 요인으로 구분하여 설명하고 있으며, 불면증이 있는 사람은 한 가지 생각에 강박적으로 몰두하는 경향이 높고 사소한 일에 과도하게 걱정하며 불안해한다고 보고되고 있다(Drake, Roehrs, & Roth, 2003).

(3) 불면장애의 치료

　불면장애의 치료를 위해 약물치료와 인지행동치료가 주로 활용된다. 약물치료에서는 벤조디아제핀계(항불안제)의 수면제와 항히스타민제(수면유도제), 신경안정제가 주로 사용되는데 이는 불안과 흥분 상태를 감소시키는 진정효과와 중추신경을 억제하여 졸음을 유도하여 잠들게 하는 효과를 지니고 있다. 이러한 약물의 부작용으로는 현기증, 폭식, 정서불안 등이 나타날 수 있으며, 고령자의 경우 뇌 기능 및 기억력 감소로 인한 치매 위험이 커질 수 있다. 의학적 질환이나 정신과적 질환에 의한 이차적 불면증의 경우 기저 질환의 적정한 치료가 우선적으로 이루어져야 한다.

인지행동치료에서는 네 단계를 통해 불면장애를 치료한다. 첫째, 인지적 재구성 (cognitive restructuring)을 통해 수면을 방해하고 있는 부정적 신념이나 생각을 긍정적인 새로운 신념으로 대처할 수 있도록 한다(Means, Lichstein, Epperson, & Johnson, 2000). 예를 들면, '나는 매일 여덟 시간 이상 반드시 자야 하고, 그렇지 못하면 내일 일을 제대로 할 수 없을 것이다' '낮 동안 일을 제대로 하지 못한 것은 밤에 잘 자지 못했기 때문이다'와 같은 인지적 왜곡에 대해, 자신이 주간에 겪는 어려움이 야간의 수면과는 무관할 수 있다는 증거를 제시하는 과정을 통해 인지 재구조화를 시도한다(Semler & Harvey, 2005). 이러한 과정을 통해 좀 더 적응적이고 현실적인 생각을 가지도록 돕는다. 둘째, 수면위생(sleep hygiene)에 대한 교육을 통해 숙면을 취할 수 있는 환경이나 습관을 교육하여 수면환경의 조성이 중요하다는 점을 강조한다. 셋째, 자극통제(stimulus control)를 통해 수면을 유도하는 자극과 더불어 수면의 연합을 형성, 강화한다. 끝으로, 긴장이완훈련(relaxation training)을 통해 불면증을 초래하는 높은 수준의 각성과 긴장 상태를 낮추기 위한 노력을 시도한다.

2) 과다수면장애

과다수면장애(Hypersomnolence Disorder)는 불면장애와는 반대로 과도한 졸음으로 인하여 낮 동안의 활동에 심각한 지장을 초래하여 일상생활에 어려움을 겪는 것을 말한다. 하루에 최소한 7시간 이상의 수면을 취하는데도 불구하고 피로가 해소되지 않으며, 동일한 날에 반복적인 수면기를 보이거나, 반복적으로 깜박 잠이 들거나 갑자기 깬 후에 완전 각성 상태를 유지하는 데 어려움을 가지는 경우 과다수면장애에 해당한다. 낮 동안에도 잠에 취한 상태를 보이며 남들의 눈에는 게으르고 무기력한 사람으로 보일 수 있으며, 이들은 야간에 9~12시간 이상의 잠을 자도 아침에 일어나기를 힘들어하는 특성을 보인다. 이로 인해 자신의 일과 대인관계에서 어려움을 보이며, 가족관계에서도 어려움을 가진다. 과다수면장애의 유병률은 잘 알려져 있지 않으나, 주간에 졸음을 호소하여 수면장애 진료소를 방문하는 사람들 중 5~10%가 과다수면장애를 지닌 것으로 보고되고 있다(Kolla et al., 2019). 과다수면 장애의 발병 시기는 15~25세로 보고되고 있으며, 몇 주에서 몇 개월 동안 서서히 진행된다. 첫 증상 출현 후에 장애로 진단받기까지는 10~15년 정도 걸린다. 치료를 받지 않을 경우에는 만성적으로 변화하며, 연령의 증가와는 무관하게 나타나고 우울 증상을 함께 가지고 있는 경우도 있다.

과다수면장애가 발생하는 원인에 대한 연구는 미비한 실정이며, 신경학적 요인이 대표적이다. 신경학적 요인에서는 대뇌 외상 후 6~18개월 사이 과다수면장애가 나타날 수 있다고 보고 있으며, 성염색체 우성 유전자 유형의 가족력, 바이러스 감염, 에이즈 바이러스로 인한 폐렴, 전염성 단핵구증(키스병) 등이 원인이 될 수 있음을 보고하고 있다. 자가 면역질환(류마티스 관절염, 강직성 척추염, 베체트병), 클라인–레빈 증후군(잠자는 공주 증후군) 또한 원인으로 작용할 수 있다(Sowa, 2016).

과다수면장애의 치료를 위해 약물치료, 심리치료가 주로 활용된다. 과다수면장애가 있는 사람들의 경우 매우 낮은 각성 상태를 나타내고 있으므로, 각성 수준을 올려 주는 약물치료를 주로 활용한다. 심리치료에서는 적절한 각성 수준을 유지할 수 있도록 돕기 위해 낮 동안에는 운동 및 사회적 활동 수준을 증가시킬 수 있도록 돕는다. 심리적 갈등이나 환경적 스트레스를 감소시키기 위해 대처능력 향상을 위한 심리치료를 실시한다(Adenuga & Attarian, 2014).

3) 수면발작증

수면발작증(Narcolepsy)은 주간에 깨어 있는 상태에서 갑자기 저항할 수 없을 정도의 졸음으로 인해 수면에 빠지게 되는 경우를 말한다. 수면발작증은 낮에 갑작스럽게 심한 졸음을 느껴 자신의 의지와 상관없이 잠에 빠지는 수면발작이 주요증상이다. 수면발작증을 지닌 사람들 60%에서 탈력발작이 나타나는데, 이러한 탈력발작은 매달 여러 차례 ① 또는 ②가 나타난다. ① 격렬한 감정(분노, 놀람, 흥분, 환희)의 변화를 느끼고 난 후에 갑자기 전신근육이 이완되어 몇 초에서 몇 분간 지속된다. 가볍게는 맥이 탁 풀리면서 처지는 느낌이 들지만 심한 경우 옮기던 물건을 떨어뜨리거나 무릎이 저절로 구부러져 땅에 주저앉게 된다. ② 뚜렷한 정서적 촉발 요인이 없는데도 불구하고 자발적으로 얼굴을 찡그린다. 혀를 내밀면서 입이 열리거나 전신의 긴장이 풀리는 증상을 보인다. 수면발작증을 보이는 사람들은 잠이 들 때 나타나는 입면 시 환각(hypnapompic hallucination)과 잠이 깰 때 나타나는 출면 시 환각(hypnogogic hallucination)이 나타나는데, 약 20~40%의 사람들이 이러한 환각을 경험한다. 수면발작증을 지닌 사람의 30~50% 정도가 수면 마비(sleep paralysis)를 경험하는데, 수면 마비로 인해 입·출면 시에 의식은 있지만 전신근육이 마비되어서 움직일 수 없는 상태에 이르게 된다. 잠에서 깨려고 하지만 말을 하거나 움직일 수 없게 되는 것이다. 수면발작증의 유병률은 일반 인구의 0.02~0.16%로 남녀의 비율은 비슷하게 나타난다. 수면발작증의 발병 시기는 청소년기에 시작하여 중년까지 이어지는데, 40세 이후에 나타나는 경우는 거의 없다. 수면발작증을 보이는 사람들은 다른 정신장애를 동반(40%)하거나 과거에 정신장애를 경험한 적이 있다. 양극성 장애 및 주요우울장애, 물질-관련 및 중독장애, 범불안장애 순으로 높은 비율을 보인다. 수면 중 보행장애, 이 갈기, 야뇨증, 조현병 증상이 동반되기도 한다.

수면발작증이 발생하는 원인으로 유전적 요인, 신경학적 요인과 사회심리적 요인이 복합적으로 작용함을 알 수 있다. 수면발작증을 나타나는 사람 35~80%가 가족 중에 수면발작증 혹은 과다수면장애를 지닌 사람들이 있다. 수면발작증을 설명하는 대표적 이론인 2역치 다중요인 모델에서는 유전적 요인과 환경적 스트레스가 상호작용하여 수면발작을 유발시킨다고 보고 있다. 6번 염색체를 구성하는 일부 유전자에 의해 생성되는 HLA단백질을 가지고 있는 사람은 수면발작증에 취약성을 가지고 있는 것으로 밝혀졌으며, 이러한 유전적 취약성과 환경적 스트레스의 합이 역치에 도달하면 수면발작이 나타나게 된다. 하이포크레틴(hypocretin) 분비가 적을 경우, 수면 중 나타나는 사건(수면이상증, 이 갈기, 야뇨증 등), 갑작스러운 심리사회적 스트레스 또한 수면발작증의 원인이 될 수 있다(Bassetti & Aldrich, 1996).

수면발작증 치료를 위해 약물치료 및 심리치료가 주로 활용된다(An American Academy of Sleep Medicine Review et al., 2007). 약물치료에서는 각성 수준을 올려 주는 여러 약물(methylphenidate, amphetamin, pemoline), 하이포크레틴의 역할을 대신하는 약물, 탄력발작과 수면마비, 입·출면 시 환각의 증상을 완화시키는 데 도움이 되는 삼환계 항우울제가 주로 사용된다. 심리치료에서는 수면발작증에 대한 불안과 두려움을 극복할 수 있도록 심리적 갈등이나 스트레스, 현실 대처능력을 높이기 위한 접근을 시도한다. 또한 환경적 스트레스를 효과적으로 대처하기 위한 능력을 향상시켜 수면발작 빈도를 감소시킬 수 있다.

4) 호흡 관련 수면장애

호흡 관련 수면장애(Breathing-Related Sleep Disorders)는 수면 중 호흡곤란으로 인해 과도한 졸음이나 불면증이 유발되는 경우를 말한다. 호흡 관련 수면장애의 주요증상으로 과도한 졸음이 있는데, 이러한 졸음은 야간 수면 시에 정상적인 호흡을 하지 못해 자주 잠에서 깨어나게 되어 숙면을 취하지 못하게 되면서 나타난다. 호흡장애는 세 가지로 구분될 수 있는데, 첫째, 폐색성 수면 무호흡증 및 호흡저하증(Obstructive Sleep Apnea Hypopnea)이 있다. 수면 중에 기도가 막혀서 다섯 번 이상의 무호흡증이나 호흡저하증이 반복적으로 나타나는 경우 이에 해당한다. 둘째, 중추성 수면 무호흡증(Central Sleep Apnea)이 있는데, 기도의 막힘은 없으나 신경학적 질환이나 심장질환 등으로 인해 수면 중 다섯 번 이상의 호흡정지가 나타나는 경우가 이에 해당한다. 셋째, 수면-관련 환기저하증(Sleep Related Hypoventilation)이 있다. 수면 중 호흡의 기능이 저하되어 동맥의 이산화탄소 수준이 증가하는 경우가 이에 해당하며, 과도한 졸음이나 불면증을 호소한다. 무호흡증은 발견되지 않기 때문에 폐의 의학적 특성은 정상이며 비만한 젊은 성인 남성에게 많이 나타난다. 호흡 관련 수면장애의 유병률은 아동이 1~2%, 중년 성인은 2~15%, 중년 이후 20% 이상으로 추정되며, 남녀 성비는 8대 1로 남성이 더 높은 비율을 보이며 나이가 들면서 남녀 비율의 격차는 줄어든다.

호흡 관련 수면장애가 발생하는 원인으로 신경학적 요인을 들 수 있다. 40~60대의 과체중(턱이 작거나 목이 짧고 굵은 사람)일 경우와 심혈관계에 문제가 있는 경우 발병될 확률이 높으며, 편도선이 비대한 아동과 폐경기 이후 여성에게서도 나타날 수 있다.

호흡 관련 수면장애 치료를 위해 수면 중 호흡을 원활하게 하는 방법이 주로 활용되고 있다. 증세가 심하지 않는 경우에는 잠을 자는 자세를 변화시키거나 호흡 기능을 억제하는 요인을 제거하는 경우 호전될 수 있다. 비만이나 기도 구조의 이상이 있는 경우는 체중 감소가 먼저 이루어질 필요가 있다.

5) 일주기 리듬 수면-각성 장애

(1) 일주기 리듬 수면-각성 장애의 특징

일주기 리듬 수면-각성 장애(Circadian Rhythm Sleep-Wake Disorder)는 수면-각성 주기의 변화로 인하여 과도한 졸음이나 불면이 반복되는 경우를 말한다. 환경에 의해서 요구되는 수면-각성 주기와 개인의 일주기 수면-각성 주기 간 부조화가 나타남으로써 과도한 졸음이나 불면이 반복되고 지속될 경우 진단될 수 있다. 일주기 리듬 수면-각성 장애는 다섯 가지 유형으로 구분될 수 있다. 첫째, 지연된 수면단계형(delayed sleep phase type)이다. 개인의 수면-각성 주기가 사회적으로 요구되는 것보다 지연되는 경우로서 늦게 자고 늦게 일어나는 올빼미형이다. 우울증과 성격장애, 신체증상장애, 질병불안장애와 관련성이 높다. 유병률은 일반 인구의 경우 0.17%, 청소년은 7% 이상으로 보고되고 있다. 둘째, 조기 수면단계형(advanced sleep phase type)이다. 개인의 수면-각성 주기가 사회적으로 요구되는 것보다 앞서 있는 경우로 일찍 자고 일찍 일어난다. 저녁 6~9시에 잠이 들고 새벽 1~3시에 깨어나 아침까지 잠을 못 자는 특성을 보인다. 유병률은 중년 성인이 1%이며, 노년기로 갈수록 증가한다. 셋째, 불규칙한 수면-각성형(irregular sleep-wake type)이다. 수면-각성 주기가 일정하지 못하여 하루에도 여러 번 낮잠을 자고 밤에 수면을 취하지 못한다. 24시간 내 수면시간의 총합은 거의 정상 시간에 해당한다. 넷째, 비24시간 수면-각성형(non-24-hour sleep-wake type)이다. 개인의 수면-각성 주기가 24시간 환경과 일치하지 않아서 잠이 들고 깨어나는 시간이 매일매일 지속적으로 늦어지는 경우이다. 빛과 어둠의 주기가 상관없는 사람에게서 관찰될 수 있으며, 맹인들의 50% 이상에서 흔히 나타난다. 다섯째, 교대 근무형(shift work type)이다. 교대 근무로 인해 요구되는 수면-각성 주기와 개인의 수면-각성 주기가 불일치하는 경우로 야간 교대 근무자는 주간 근무자보다 수면시간이 짧아지고 수면의 연속성에 있어서 어려움이 나타나며 야간 근무 도중에 졸음을 느끼게 된다. 장기간 교대 근무 시 위장장애과 심혈관 질환, 당뇨, 암과 같은 신체건강 문제가 동반될 수 있다. 유병률은 밤에 일하는 인구의 5~10%, 힘든 일을 하는 노동자의 16~20%에서 주로 나타나며, 중년기 이후에 증가한다.

(2) 일주기 리듬 수면-각성 장애의 원인

일주기 리듬 수면-각성 장애가 발생하는 원인으로 신경학적 요인을 들 수 있는데, 뇌의 생체시계와 깊은 관련성을 가진다(Duffy et al., 2021). 뇌 시상하부의 시교차상핵에서는 외부의 빛 자극을 받아 몸 안의 시간을 맞춘다. 아침의 밝은 빛에 노출될 경우 세로토닌, 아드레날린, 코티솔 등의 호르몬이 다량 분비되고, 밤의 어둠에 노출될 경우 멜라토닌 호르몬 생성이 촉진된다. 낮이라도 외부의 빛을 차단하면 멜라토닌 분비가 촉진될 수 있다. 생체시계의 하루는 24.5~25.5시간에 이르지만 생활시계, 즉 외부시계는 24시간으로 생체시계와 30분~1시간 30분까지 차이를 보이기 때문에 일정한 규칙을 정해 놓지 않으면 사람은 점점 늦게 자고 늦게 일어나게 된다. 생체시계는 동조인자(외부의 햇빛 강도, 해의 위치, 체온, 업무시간, 식사시간, 기상시간 등의 자극)를 이용해 신체리듬을 생활시계에 맞추는 기능을 하는데, 생체시계가 동조인자의 단서를 잃어버리게 되면 생활시계와의 차이를 발생시킨다. 이러한 불일치가 회복되지 않으면 생체시계는 수면의 타이밍을 알 수 없게 되고 수면장애가 나타나게 된다.

(3) 일주기 리듬 수면-각성 장애의 치료

일주기 리듬 수면-각성 장애 치료를 위해 광 노출치료와 심리치료가 주로 활용된다(Auger et al., 2015). 광 노출치료에서는 2~3일간 7,000~12,000lux의 밝은 빛에 주기적으로 노출시킴으로써 수면단계에 변화가 나타나게 한다. 심리치료에서는 각성 장애 유형에 따라 다양한 접근을 시도한다. 지연된 수면단계형의 경우 수면 계획을 세우고 실천하도록 하기 위해 수면시간과 깨어 있는 시간을 매일 조금씩 앞당길 수 있도록 돕는다. 교대근무형의 경우 야간 근무가 끝난 후 정오에 잠을 자도록 계획을 세우고, 야간 근무시간 초반부에는 불을 밝게 할 수 있도록 한다. 근무 후, 잠자기 전에는 밝은 불빛을 피하도록 한다.

6) 수면이상증

수면이상증(Parasomnias)은 수면상태에서 일어나는 비정상적인 행동이나 경험을 의미한다. 밤에 잠을 자면서 자율신경계, 운동계, 인지 과정의 활성화가 일어나서 수면에 방해를 받게 되고, 이해할 수 없는 행동 특징을 나타내는 경우가 이에 해당한다. 수면이상증은 비REM 수면 각성장애와 악몽장애, REM 수면 행동장애, 초조성 다리 증후군으로 분류된다.

(1) 비REM 수면 각성장애

비REM 수면 각성장애(Non-Rapid Eye Movement Sleep Arousal Disorders)는 주된 수면시간의 처음 1/3 기간에 수면에서 불안전하게 깨어나는 경험을 반복하는 것을 말하는데, 이는 수면 중 보행형(몽유병)과 수면 중 경악형(야경증)으로 분류될 수 있다.

① 수면 중 보행형(몽유병)

수면 중 보행형(sleepwalking type)은 수면 중 잠자리에서 일어나 걸어 다니는 일이 반복되는 경우를 말하며, 흔히 '몽유병'이라고 한다. 비REM 수면 3, 4단계에 발생하며, 몇 분에서 30분 이내에 종결한다. 앉아서 주위를 둘러보거나 집안을 걸어 다니면서 멍하게 응시하는 표정, 집 밖으로 나가는 경우가 있다. 대부분 규칙적이고 복잡하지 않으며 깨우기가 어렵다. 아침에 일어나면 꿈의 일부를 막연하게 기억할 수 있지만 이야기식으로 줄거리를 회상하지는 못한다. 이러한 장애를 가진 사람들은 자신의 수면 중 보행 행동이 노출될 상황을 피하기 때문에 사회적 고립이나 직업적 적응에 어려움을 가질 수 있다. 몽유병의 유병률은 아동의 경우 10~30%는 한 번 이상 수면 중 보행을 경험하며, 2~3%는 가끔씩 경험한다. 그중 진단기준에 맞는 아동은 1~5% 정도이다. 성인의 경우 1~7%가 수면 중 보행 경험이 있으며, 그중 진단기준에 맞는 성인은 0.5~0.7% 정도이다. 몽유병의 발병률을 살펴보면, 4~8세에 처음 시작되는 경향을 보이며 12세 무렵 가장 많다. 15세경이 되면 자연적으로 소실된다. 성인은 악화와 호전이 반복되는 만성적 경과를 보이며, 주요우울장애나 강박장애가 동시에 나타나는 경우도 많다.

몽유병이 발생하는 원인으로 유전적 요인, 신경학적 요인을 들 수 있다(Popat & Winslade, 2015). 유전적 요인으로 직계가족에게서 높은 공병률을 나타내고 있음이 보고된다. 신경학적 요인에서는 신경계에 영향을 미칠 정도의 발열과 전신질환, 갑상선 기능 항진증, 음주, 진정제 복용, 수면박탈이 있다. 내적 자극으로 팽창된 방광과 외적 자극으로 소음, 호르몬의 변화 등이 있다. 신체적·정서적 스트레스를 받은 직후, 적개심이나 분노감정을 잘 표현하지 못하고 억누르는 사람에게도 잘 나타난다. 성격장애, 기분장애, 불안장애와도 밀접할 관련성을 가진다.

몽유병의 치료를 위해 약물치료 및 심리치료가 주로 활용된다. 약물치료에서는 벤조디아제핀 계열의 항불안제를 사용한다. 심리치료에서는 이완치료와 최면술, 스트레스 관리 훈련이 주로 활용된다. 수면 중 보행 발견 시 자신의 행동을 자각하고 불안과 당혹감을 느낄 수 있기 때문에 깨우지 말고 다시 잠자리로 돌아가게 한다. 사춘기까지 지속될 경우 더 정확한 심리적 평가와 치료가 필요하다(Kennedy, 2002).

② 수면 중 경악형(야경증)

수면 중 경악형(sleep terror type)은 수면 중에 심장이 빨리 뛰고 호흡이 가빠지며 진땀을 흘리는 등의 자율신경계의 흥분과 더불어 강렬한 불안 증상을 느껴 자주 잠에서 깨는 경우를 말하며 '야경증'이라고도 한다. 비REM 수면 3, 4단계, 수면시간의 첫 1/3에 집중되어 있다(잠든 뒤 30분 내지 1~2시간 뒤). 낮잠 동안에도 일어날 수 있으며 완전히 깨어나지 못한 채 고통스러워하다가 다시 잠드는 경우도 존재한다. 야경증을 보이는 사람들은 이런 경악반응이 나타나는 것을 타인에게 보이지 않기 위해서 다른 사람과 함께 자는 것을 피하며, 이로 인한 개인적 고통과 일상생활에 심한 지장을 초래한다. 꿈 내용을 상세히 기억하는 악몽장애와는 달리 야경증은 꿈 내용을 기억하지 못하는 특징을 보인다. 야경증의 유병률을 살펴보면, 18개월에 36.9%, 30개월 19.7% 아동이 경험하며, 그중 진단기준에 충족하는 아동의 실제 유병률은 1~6% 정도이다. 성인의 경우 2.2%가 경험하며, 진단기준에 충족하는 실제 성인의 유병률은 1% 미만이다. 야경증의 발병 시기는 4~12세에 시작하여 청소년기에 자연적으로 좋아지며 성인의 경우 20~30세에 발병한다.

야경증이 발생하는 원인으로 유전적 요인, 신경학적 요인, 사회심리적 요인으로 들 수 있다(Chokroverty, 2010). 유전적 요인에서는 야경증을 겪고 있는 직계 가족이 있다면 유병률은 10배가 높아진다고 보고되고 있다. 신경학적 요인에서는 중추신경계의 성숙이 덜 발달된 상태의 일시적 현상 또한 원인이 될 수 있으며, 내인성 벤조디아제핀 수용기가 결여된 경우도 야경증이 발생할 가능성이 높다고 보고된다. 사회심리적 요인에서는 수면부족, 수면박탈, 정서적 불안에서 오는 스트레스, 수면위생 등이 주요 원인이 될 수 있음을 보고하고 있다.

야경증 치료를 위해 약물치료와 심리치료가 주로 활용된다(Kohen, Mahowald, & Rosen, 1992). 약물치료에서는 항우울제와 항불안제를 사용한다. 심리치료에서는 정서적 스트레스를 평가하고 개인 및 가족치료를 실시한다. 환자가 기억하지 못하는 수면 중 경악반응에 대해서는 불안을 가중하므로 언급하지 않는 것이 좋다.

(2) 악몽장애

악몽장애(Nightmare Disorder)는 밤에 잠을 자다가(낮잠을 자다가) 끔찍하고 무서운 꿈을 꾸게 되어 잠에서 깨어나는 일이 반복되는 경우를 말한다. 주로 생명을 위협당하는 끔찍한 악몽을 빈번하고 지속적으로 꾸게 된다. 악몽장애의 유병률은 청소년기 후기, 성인기 초기에 나타나며, 3~5세 아동의 10~50%가 부모를 괴롭힐 정도의 심각한 악몽을 경험한다. 성인의 경우 50%가 일시적 악몽을 경험한다. 여성 대 남성은 2 대 1 혹은 4 대 1로 나타나며, 별도의 임상적 관심을 받을 만큼의 심각한 고통이나 장애가 없다면 악몽장애로 진단 내려서는 안 된다.

악몽장애의 원인은 신경학적 요인, 사회심리적 요인을 들 수 있다. 신경학적 요인에서는 내성적 성격, 예술적 기질이 있는 사람에게 잘 나타난다고 보고 있으며, 흥분제의 부작용 또한 요인이 될 수 있다고 보고 있다. 사회심리적 요인에서는 사람들이 경험하는 심각한 심리사회적 스트레스, 불안, 우울, 죄책감, PTSD 후유증이 원인이 될 수 있음을 제안하고 있다.

악몽장애 치료를 위해 약물치료, 심리치료가 주로 활용된다. 약물치료에서는 REM 수면 억제제를 사용하고 있으며, 정신질환, PTSD, 약물 및 알코올 남용 등의 원인과 관련되어 있다면 원인을 우선적으로 치료해야 함을 제안하고 있다. PTSD로 악몽장애를 경험하는 경우 탈감각 · 노출요법을 통해 근육을 이완 상태로 두고 악몽을 일부러 떠올리게 하면서 긴장 상태가 될 때마다 진정시켜 주는 작업을 한다. 긴장이완훈련과 명상, 스트레스 대처능력을 증진시키는 접근을 시도한다. 심상치료 또한 악몽장애를 치료하는 데 활용되고 있다(Thunker & Pietrowsky, 2012). 즐거웠던 기억을 계속해서 떠올리게 연습한 다음, 악몽 중 가장 공포스러운 장면을 긍정적으로 재구성하여 반복적으로 사고하게 한다.

(3) REM 수면 행동장애

REM 수면 행동장애(Rapid Eye Movement Sleep Behavior Disorder)는 수면 중 소리를 내거나 복잡한 동작을 반복적으로 나타내며 잠에서 깨어나는 일이 반복되는 경우를 말한다. REM 수면 행동장애의 사람들은 수면 중에 소리를 내거나 복합적 동작을 나타내면서 깨어나고, 이러한 행동을 하고 난 후에는 완전히 깨어나서 명료한 의식을 되찾고, 이로 인해 생활 전반에 걸쳐 심각한 고통을 겪거나 부적응적 증상들이 초래될 경우 REM 수면 행동장애로 진단될 수 있다. REM 수면 행동장애를 가진 사람들은 꿈 실현 행동을 하는데, 소리 지름, 팔다리를 휘저음, 옆에 자는 사람을 때리거나 발로 참, 격렬하게 몸부림치다가 침대에서 떨어짐 등의 행동을 보인다. 본인의 행동은 기억하지 못하고 무서운 꿈을 꾼 것만 기억한다. 뇌간의 노화나 뇌의 퇴행성 질환으로 인하여 수면 중 전신근육 긴장도가 떨어지지 않아 잠을 자면서도 지속적이고 간헐적으로 근육의 수축 현상이 나타나는 특징을 보인다. REM 수면 행동장애의 유병률을 살펴보면, 일반 인구 중 0.38~0.5%에서 관찰될 수 있으며, 파킨슨병 환자의 경우 33%, 다기관위축증(다계통 위축증) 환자의 90%에게서 나타난다(Aguirre-Mardones et al., 2015). REM 수면 행동장애의 발병 시기는 50대 이후 남성에게서 많이 발생하며, 장애 양상은 점진적이거나 급진적이다. 환자의 30%가 수면발작증을 동시에 나타내기도 한다.

REM 수면 행동장애의 원인으로 신경학적 요인, 사회심리적 요인을 들 수 있다(McKenna & Peever, 2017). 신경학적 요인에서는 만성적 퇴행성 신경질환이 원인이 될 수 있다고 보고 있다. 약물 부작용과 독성 또는 약물남용 및 금단증상 또한 주요 요인이다. REM 수면 행동장애 발병 후 5년 내 10%, 10년 내 40%, 13년 이후 65%가 파킨슨병이나 치매로 이어질 수 있다. 사회심리적 요인에서는 심리사회적 스트레스로 인한 불안과 초조, 압박감, 좌절을 유발 요인으로 보고 있다.

REM 수면 행동장애 치료는 REM 수면 억제제를 비롯한 약물치료를 통해서 효과적으로 치료될 수 있다. 대표적 약물은 클로나제팜(clonazepam)으로 90% 가까이 효과를 보는 것으로 알려져 있다.

(4) 초조성 다리 증후군

초조성 다리 증후군(Restless Legs Syndrome)은 수면 중 다리의 불쾌한 감각으로 인해 다리를 움직이고 싶은 충동을 강하게 느끼는 경우를 말한다. 초조성 다리 증후군을 지닌 사람은 다리 혹은 신체 일부에 무언가가 기어 다니는 듯한 불쾌한 감각과 다리를 움직이고 싶은 강한 충동을 느끼며, 다리를 움직이고 나면 좋아지지만 잠시 뿐이며, 증상은 낮보다 밤, 쉬고 있을 때 나타난다. 또한 잠에 잘 들지도 못하고 자다가도 잘 깨며, 수면이 시작될 때 시작하여 비REM 수면과 REM 수면 동안 증상이 감소하는 특징을 보인다. 초조성 다리 증후군의 유병률은 일반 인구의 경우 2~7.2% 정도이며, 일주일에 한 번 4.5%, 일주일에 세 번 이상 1.6%, 매일 증상이 나타나는 경우는 전체 환자의 25%에 이른다. 60세까지는 점진적으로 증가하나 그 후 감소한다. 여성이 남성에 비해 1.5배 정도 많으며, ADHD 환자의 44%가 초조성 다리 증후군 증상이 나타난다(Allen et al., 2005). 초조성 다리 증후군의 발병 시기는 주로 20~30대에 시작하며, 여성과 노인에게 많고 주로 40대 이상에서 흔히 진단된다. 환자들은 우울장애, 불안장애, 주의력 장애를 동반하는 경우가 많다.

초조성 다리 증후군이 발생하는 원인으로 신경학적 요인, 사회심리적 요인을 들수 있다. 신경학적 요인에서는 철분 결핍 가설과 도파민 가설로 초조성 다리 증후군이 나타나는 원인을 설명하고 있다. 수면 중 도파민 수준이 저하되어 초조성 다리 증후군이 나타날 수 있다고 보고되고 있으며, 평상 시 초조성 다리 증후군 환자의 경우 정상인에 비해 도파민 수준이 높아 도파민 수용체들이 둔감화되는데, 수면 시 도파민 분비가 줄어들기 때문에 팔다리의 떨림, 어색한 감각을 느끼게 된다(Ekbom & Ulfberg, 2009). 사회심리적 요인에서는 약물, 스트레스, 오래 앉아 있어야 하는 특별한 상황(여행, 극장)이 초조성 다리 증후군을 유발시킬 수 있음을 말해 주고 있다.

초조성 다리 증후군 치료를 위해 약물치료가 주로 활용된다(Tippmann-Peikert et al., 2007). 약물치료에서는 도파민 수준을 낮추기 위해 도파민 길항제를 사용하며, 경구 철분보충제도 활용한다. 증상 완화를 위해서는 단색성 근적외선 치료, 다리 근육의 스트레칭, 뜨겁거나 찬 물 찜질을 통해 증상이 완화될 수 있음을 보고하고 있다.

7) 수면-각성 장애 관련 영화

〈오즈의 마법사〉(1939)

〈환생〉(1991)

〈인썸니아〉(2002)

〈밴디츠〉(2002)

〈도니 다코〉(2002)

〈아메리칸 스플랜더〉(2003)

〈죽음의 침묵〉(2003)

〈고티카〉(2004)

〈노브레인 레이스〉(2004)

〈머시니스트〉(2005)

〈사이드 이펙트〉(2013)

〈미스테리어스 스킨〉(2017)

8) 활동

활동 1. 영화 〈미스테리어스 스킨〉(2003)을 감상한 후, 다음을 생각해 봅시다.

Q1. 영화에서 가장 인상적인 장면은 무엇입니까?

Q2. 영화 속 주인공에게서 관찰되는 악몽장애의 증상은 무엇입니까?

Q3. 영화 속 주인공이 악몽장애를 겪게 된 원인은 무엇입니까?

Q4. 영화를 감상한 후 느낀 점에 대해 자유롭게 이야기해 봅시다.

활동 2. 주간 졸림증 자가진단 검사

본 설문지는 주간 졸림증 여부를 선별하기 위한 검사입니다. 총 7문항으로 각 문항에 해당하는 범주 하나를 체크해 봅시다.

	문항	졸린 정도			
		전혀 졸지 않는다.	가끔 졸음에 빠진다.	종종 졸음에 빠진다.	자주 졸음에 빠진다.
1	앉아서 책을 읽을 때	0	1	2	3
2	텔레비전을 볼 때	0	1	2	3
3	극장이나 회의석상과 같은 공공장소에 가만히 앉아 있을 때	0	1	2	3
4	오후 휴식시간에 편안히 누워 있을 때	0	1	2	3

5	앉아서 누군가에게 말을 하고 있을 때	0	1	2	3
6	점심시간 후 조용히 앉아 있을 때	0	1	2	3
7	차를 운전하고 가다가 교통체증으로 몇 분간 멈추었을 때	0	1	2	3
총점					

출처: 국가트라우마센터(https://www.nct.go.kr/distMental/rating/rating01_5_2.do).

※ 검사 결과는 다음과 같이 해석해 볼 수 있다. 점수 결과가 10점 미만인 경우 정상 범위, 10점 이상인 경우 주간 졸림증이 있는 단계, 14~18점인 경우 중등도의 주간 졸림증이 있는 단계, 19점 이상인 경우 심한 주간 졸림증이 있는 단계이다.

활동 3. 불면증 자가진단 검사

본 설문지는 불면증 여부를 선별하기 위한 검사입니다. 총 5문항으로 각 문항에 해당하는 범주 하나를 체크해 봅시다.

문항		정도				
		없다	약간	중간	심함	매우 심함
1	당신의 불면증에 관한 문제들의 현재(최근 2주간) 심한 정도를 다음에 표시해 주세요.					
a	잠들기 어렵다.	0	1	2	3	4
b	잠을 유지하기 어렵다.	0	1	2	3	4
c	쉽게 깬다.	0	1	2	3	4
2	현재 수면 양상에 관하여 얼마나 만족하고 있습니까?	0	1	2	3	4
3	당신의 수면장애가 어느 정도나 당신의 낮 활동을 방해한다고 생각합니까?(예: 낮에 피곤함, 직장이나 가사에 일하는 능력, 집중력, 기억력, 기분 등)	0	1	2	3	4
4	불면증으로 인한 장애가 당신의 삶의 질의 손상 정도를 다른 사람들에게 어떻게 보인다고 생각합니까?	0	1	2	3	4

5	당신은 현재 불면증에 관하여 얼마나 걱정하고 있습니까?	0	1	2	3	4
	총점					

출처: 국가트라우마센터(https://www.nct.go.kr/distMental/rating/rating01_5_2.do).

※ 검사 결과는 다음과 같이 해석해 볼 수 있다. 점수 결과가 7점 미만인 경우 유의할 만한 불면증 증상이 없는 단계, 8~14점인 경우 약간의 불면증 경향이 있는 단계, 15~21점인 경우 중등도의 불면증이 있는 단계, 22~28점인 경우 심한 불면증이 있는 단계이다.

2. 배설장애

배설장애(Elimination Disorders)란 대소변을 가릴 수 있는 충분한 나이(4~5세)가 되었음에도 불구하고 이를 가리지 못하고 옷이나 적절하지 않은 장소에서 반복적으로 배설하는 경우를 말한다. 배설장애는 유뇨증과 유분증으로 구분된다.

1) 유뇨증

유뇨증(Enuresis)은 배변훈련이 끝나게 되는 5세 이상의 아동이 신체적 이상이 없음에도 불구하고 옷이나 침구에 반복적으로 소변을 보는 경우를 말한다. 연속적으로 3개월 이상 매주 2회 이상 부적절하게 소변을 보는 경우 유뇨증으로 진단될 수 있는데, 밤에만 나타나는 야간형, 낮에만 나타나는 주간형, 밤과 낮의 구분 없이 나타나는 주야간형으로 구분된다. 야간형 유뇨증은 가장 흔한 경우로 수면의 초기에 주로 나타나며, 주간형 유뇨증은 남아보다 여아에게 많이 나타나며, 사회적 불안, 학업 및 놀이에 열중하여 화장실 가기를 싫어하여 발생하기도 한다. 유뇨증의 유병률은 5세 아동은 5~10%이며, 남아가 여아보다 2배 정도 많다. 5세 이후 매년 자발적으로 5~10% 정도 감소된다. 청소년과 성인의 일반적인 유병률은 1%이다. 유뇨증의 경우 경과에 따라 소변을 가리는 것을 한 번도 하지 못한 일차성 유뇨증(primary enuresis)과 일정 기간 동안 소변을 가린 후 장애가 나타나게 된 이차성 유뇨증(secondary enuresis)으로 구분된다(Kalo & Bella, 1996).

유뇨증이 발생하는 원인은 명확히 밝혀지지 않았으나 신경학적 요인, 사회심리적 요인을 들 수 있다(Vurgun et al., 1997). 신경학적 요인에서는 중추신경계의 미성숙, 방광의 부분적 기능장애를 원인으로 보고 있다. 유뇨증은 일반적 발달장애의 한 형태로서 여러 가지 발달지연이 2배나 많이 나타난다. 사회심리적 요인에서는 환경으로부터의 스트레스를 원인으로 보고 있다. 이차성 유뇨증은 동생의 출생, 부모와의 이별, 부모에 대한 불만, 두려움 등으로 인해 나타날 수 있다고 보았다.

　유뇨증 치료를 위해 행동치료와 약물치료가 주로 활용된다. 행동치료에서는 잠자리나 요에 소변이 한 방울이라도 떨어지면 즉시 벨이 울려 잠자는 아동을 깨우는 전자식 경보장치를 사용한다. 일정량의 수분을 먹게 한 후 가능한 오랫동안 소변 보는 것을 참게 하는 방광훈련도 자주 활용된다. 약물치료는 거의 사용하지 않지만 다른 치료법이 효과를 거두지 못할 경우 사용하며, 삼환계 항우울제를 주로 사용한다.

2) 유분증

　유분증(Encopresis)은 4세 이상의 아동이 대변을 적절하지 않은 곳에 반복적으로 배설하는 경우를 말한다. 이러한 행동이 3개월 이상 매주 1회 이상 나타날 경우 유분증으로 진단된다. 대부분은 불수의적으로 나타나지만 때로는 의도적이기도 하다. 유분증이 있는 아동은 수줍음이 많고 난처한 일이 일어날 수 있는 상황을 피하려고 한다. 장애의 정도는 아동의 자존심, 또래의 놀림, 돌보는 사람의 분노와 처벌, 거부 등에 영향을 받을 수 있다. 고의적인 경우, 반항성 장애나 품행장애의 특징이 나타나기도 한다. 유분증이 있는 아동은 유뇨증을 경험하기도 한다. 유분증의 유병률은 4세 아동의 경우 약 3%이며, 6세 아동은 약 2% 정도 나타난다. 10~11세 아동의 유병률은 1.6%이며, 남아에게 더 흔히 나타나고 대부분 연령이 증가함에 따라 감소한다. 5세 유아의 1% 정도가 유분증이 있다. 몇 년 동안 간헐적으로 악화되면서 지속될 수 있으나 만성화되는 경우는 거의 없다.

　유분증이 발생하는 원인으로 사회심리적 요인을 들 수 있다. 입학, 동생의 출산, 부모의 불화, 어머니와의 이별 등의 심리사회적 스트레스가 유분증을 발생시키는 원인으로 작용한다. 때때로 변기를 사용하는 것에 대한 공포를 지닌 아동도 유분증에 노출될 수 있다(Loening-Baucke, 2002).

　유분증 치료를 위해 행동치료, 심리치료가 주로 활용된다. 행동치료에서는 규칙적인 시간에 대변을 보게 하는 습관을 기르는 훈련을 시키거나 대변을 잘 가리는 행동에 대해서 보상을 주는 방법이 활용된다. 심리치료에서는 가족 내의 긴장을 줄이고 아동을 수용하는 분위기를 유도하게 하며, 낮아진 아동의 자존심을 높여 주고 자신감을 가질 수 있도록 돕는다.

3) 배설장애 관련 영화

〈여섯 개의 시선〉(2003)

〈샤오마〉(2011)

〈미나리〉(2021)

4) 활동

활동 1. 영화 〈샤오마〉(2011)를 감상한 후, 다음을 생각해 봅시다.

Q1. 영화에서 가장 인상적인 장면은 무엇입니까?

Q2. 영화 속 주인공에게서 나타나는 야뇨증의 증상은 무엇입니까?

Q3. 영화 속 주인공의 야뇨증을 치료하기 위한 방법은 무엇입니까?

Q4. 영화를 감상한 후 느낀 점에 대해 자유롭게 이야기해 봅시다.

활동 2. 영화 〈미나리〉(2021)를 감상한 후, 다음을 생각해 봅시다.

Q1. 영화에서 가장 인상적인 장면은 무엇입니까?

Q2. 영화 속 손주가 유뇨증 증상을 보인 원인은 무엇입니까?

Q3. 부모로서 유뇨증을 겪는 자녀에게 제공할 수 있는 대처방안은 무엇입니까?

Q4. 영화를 감상한 후 느낀 점에 대해 자유롭게 이야기해 봅시다.

3. 급식 및 섭식장애

　급식 및 섭식장애(식이장애)는 장기간 동안 지속되는 섭식장애 혹은 섭식과 관련된 행동들로 인하여 음식 소비, 섭취의 변화가 생기고 신체건강 및 정신사회적 기능에 심각한 손상을 가져오는 특징을 보인다. 이러한 급식 및 섭식장애는 신경성 식욕부진증과 신경성 폭식증, 폭식장애, 이식증, 반추장애로 구분될 수 있다.

1) 신경성 식욕부진증(거식증)

(1) 신경성 식욕부진증의 특징
　신경성 식욕부진증(Anorexia Nervosa)은 체중 증가와 비만에 대해서 극심한 두려움으로 인해 음식 섭취를 현저하게 감소시키거나 거부하여 체중이 비정상적으로 저하되는 경우를 말한다. 체중이 증가하거나 비만이 되는 것에 대해서 극심한 강박적 두려움과 혐오 혹은 체중 증가를 막기 위한 지속적인 행동, 자기평가에서의 체중과 체형에 대한 지나친 압박 혹은 현재의 저체중에 대해 심각성을 인식하는 데 결여되어 있다. 이로 인해 필요한 양에 비해서 지나치게 음식물의 섭취를 제한하기 때문에 연령이나 성별, 신체적 건강 수준에 비해 현저하게 저체중이 유발된다.
　자신이 현재 심각한 영양부족의 상태에 놓여 있음에도 불구하고 의학적인 결과를 인식하지 못한다. 손가락을 입에 넣어서 인위적으로 구토를 유도하여 치아가 누렇게 삭게 되고, 구강, 식도, 위장계에 상처와 염증이 생기며, 설사제와 이뇨제의 잦은 복용으로 인한 대사장애가 오고 경련이 일어나기도 한다. 이러한 행위는 무월경, 낮아진 체온, 낮은 혈압, 전신 부종, 골밀도 감소를 불러오게 한다. 또한 신진대사 및 전해질 불균형이 일어나며, 피부 거침, 건조, 갈라짐, 손톱 깨짐, 손과 발의 냉기, 갑상선 기능 저하증 등의 문제를 야기한다. 나아가 심부전 혹은 순환 허탈을 야기해 사망으로 이르게 한다.
　성별에 따른 유병률을 살펴보면 90% 이상이 여성에게 발생하며, 특히 청소년기

여학생에게 흔하게 관찰된다. 15~24세에 신경성 식욕부진증이 있는 여성을 대상으로 그들의 사망률과 일반 인구의 사망률을 메타분석을 통해 비교해 본 결과, 연간 사망률이 12배 이상으로 보고되고 있으며(Sullivan, 1995), 종단연구 자료에서는 일반 인구에 비해 신경성 식욕부진증을 가진 여성이 자살할 확률이 56배나 높다고 밝히고 있다(Keel et al., 2003). 국내 연구로는 국민건강보험공단 표본(2015~2019년)을 바탕으로 실시한 신경성 식욕부진증 환자에 대한 연간 분석자료가 있다. 최근 5년간 신경성 식욕부진증으로 진료를 받은 인원은 8,417명으로 집계되었는데, 2015년 1,590명에서 2019년 1,845명으로 16% 증가폭을 보이고 있으며, 같은 기간 남성(2,071명)에 비해 여성(6,346명) 환자가 3배 이상 많이 나타났다. 신경성 식욕부진증의 평균 발병연령은 평균 17세이며, 초기 청소년기와 후기 청소년기에 해당하는 14세와 18세경, 두 번 정점에 도달하는 양극 양상이 나타날 수 있다(American Psychiatric Association, 2013). 평생 유병률은 일반 인구의 0.5%, 추정 유병률의 범위는 0.3~3.7%라고 보고되고 있다(American Psychiatric Association, 2013).

(2) 신경성 식욕부진증의 원인

신경성 식욕부진증이 발생하는 원인은 사회적 관점, 생물학적 관점, 정신분석적 관점, 환경적 관점에서 살펴볼 필요가 있다. 사회적 관점에서는 사회적 분위기와 높은 관련성을 가진다고 보고 있다. 날씬한 사람을 선호하고, 운동을 강조하는 사회적 분위기와 매스컴의 영향은 신경성 식욕부진증 증상을 증가시킨다. 스트레스가 많은 생활사건 또한 신경성 식욕부진증을 유발시킬 수 있다. 생물학적 관점에서는 신경성 식욕부진증은 유전적 기반을 가지고 있음을 제안하고 있다. 아동기에 강박증적 특성을 보인 경우 신경성 식욕부진증에 걸릴 확률이 높으며, 일란성 쌍생아가 이란성 쌍생아에 비해 일치율이 높음을 알 수 있다. 정신분석적 관점에서는 어머니로부터 심리적 독립을 하지 못한 여성이 구강적인 욕구를 탐욕적으로 수용할 수 없는 것으로 판단하여 자신들의 욕구를 외부로 투사하여 자신과 관련 없다고 믿게 되는 경우 신경성 식욕부진증이 나타날 수 있다고 보고 있다. 이들은 자신에게 섭식을 강요하는 부모나 주위 사람들을 탐욕스럽다고 생각하기도 한다. 끝으로 환경적 관점에서는 부모의 양육방식과 높은 관련성을 가진다고 보고 있다. 통제가 심한 부모로부터 독립을 위한 욕구를 표현하기 위해 신경성 식욕부진증이 나타날 수 있는데, 이는 내면 욕구를 간접적으로 주장하는 방식으로 섭식 문제를 이용하는 것이다. 이러한 사람들은 자율성과 자아감의 결여를 특징으로 하고 있으며, 자신의 나약한 자율성과 자아감을 음식과 체중 조절이라는 자기 원칙을 고수함으로써 유지하려는 태도를 보인다.

(3) 신경성 식욕부진증의 치료

신경성 식욕부진증 치료를 위해 약물치료, 인지행동치료가 주로 활용된다. 신경성 식욕부진증은 심리적 및 내과적 증상이 복합적으로 나타나므로 입원치료와 외래치료를 병행하게 된다. 정상 체중의 30% 이상 체중이 감소할 경우 전신쇠약, 탈수, 영향불균형 등으로 인한 영양실조로 생명을 잃을 수 있기 때문에 입원치료가 먼저 이루어진다. 병원에 입원 후 정상적 수준에 가까운 체중에 회복되고 신경성 식욕부진증 증상이 감소하게 되면 집중적인 외래치료를 실시한다. 약물치료에서는 세로토닌 재흡수 억제제 및 식욕자극제가 주로 사용되며, 우울증이 동반된 경우 삼환계 항우울제 등이 사용되기도 한다.

인지행동치료에서는 신경성 식욕부진증을 가진 사람들이 가지는 체중 증가에 대한 강한 공포, 성에 대한 공포, 체중 감소를 통해 얻을 수 있는 성공감 및 자기통제감 등의 문제를 회복시키기 위해 세 단계 과정을 활용한 치료 모델을 제안하고 있다. 첫 번째 단계에서는 기아 상태가 지속될 경우 나타나는 파급 효과 및 영양에 대한 정보를 제공하는 교육을 실시한다. 두 번째 단계에서는 표준적 인지 기법들을 활용하여 왜곡된 신념들을 조작적으로 정의, 조사하여 경험적으로 검증해 나간다. 신경성 식욕부진증을 가진 사람들이 대표적으로 가질 수 있는 왜곡된 사고는 완벽주의 성향, 체중 증가에 대한 강한 공포, 체중 감소를 통해 얻을 수 있는 성공감 및 자기통제감 등이 있다(Vitousek, Watson, & Wilson, 1998). 세 번째 단계에서는 재발 방지를 위한 기법 및 종결에 대한 준비에 초점을 둔다(Garner, Vitousek, & Pike, 1997). 신경성 식욕부진증과 신경성 폭식증에 대한 인지행동적 접근은 차이점이 존재한다. 신경성 식욕부진증의 경우 인지적 개입 과정에서 신경성 폭식증에 비해 더욱 광범위한 인간관계와 개인적 영역들에 초점을 두고 접근한다(Garner et al., 1997). 특히 신경성 식욕부진증의 경우 치료를 위해 체중 및 모든 기록된 변화들에 대한 규칙적 점검이 필수적으로 이루어져야 한다. 따라서 신경성 폭식증에 비해 더 많은 시간을 필요로 한다.

2) 신경성 폭식증

(1) 신경성 폭식증의 특징

신경성 폭식증(Bulimia Nervosa)은 짧은 시간에 많은 양을 먹는 폭식행동과 이로 인하여 체중이 증가되는 것을 막기 위한 구토 등의 보상행동이 반복되는 것을 말한다. 이러한 장애를 가진 사람들은 다량의 음식을 폭식하고, 복통과 구역질이 날 때까지 먹는 행위를 하게 된다. 먹은 후 일부러 토하기 때문에 자기혐오, 우울증 등의 문제를 야기한다. 일정 시간 동안 지나치게 많은 양의 음식을 먹는 행위가 반복될수록 음식 섭취를 스스로 조절하기 위한 통제감을 상실하게 된다(예: 음식 섭취를 참을 수 없거나 한번 먹기 시작하면 멈출 수 없음). 이러한 폭식행동이 반복되면 이로 인한 심한 자책감을 느끼게 되어 체중이 증가하는 것을 막기 위해서 반복적으로 부적절한 보상행동(이뇨제, 설사제, 관장약 사용)이 나타나기도 한다. 신경성 폭식증은 다양한 신체적 고통을 동반할 수 있다. 반복적으로 행하는 구토는 더 큰 허기짐을 유발시켜 결과적으로 더 빈번하고 더 심각한 폭식을 야기한다. 또한 구토로 인해 충치가 생기거나 찰과상이 생기고, 손등에 흉터가 생기기도 한다. 치아 에나멜 층 붕괴로 인한 치아 손상, 무월경, 불규칙한 월경주기가 나타나기도 한다. 나아가 심각한 칼륨 결핍으로 인한 신체 약화, 장 문제, 신장질환, 심장 손상 문제까지 발생할 수 있다. 성별에 따른 유병률은 90%가 여성이다. 국내에서 건강보험심사평가원 자료를 근거로 폭식증 환자를 분석한 결과, 2020년 폭식증으로 치료를 받은 사람은 2019년에 비해 6.2% 증가한 3,418명에 이르고 있으며, 전체 환자 가운데 중 여성은 3,070명, 남성은 348명으로 보고되고 있다. 신경성 폭식증의 발병률은 청소년기 후기 및 초기 성인기가 대부분이며, 평생 유병률은 1.0~4.2%로 보고되고 있다(American Psychiatric Association, 2013).

(2) 신경성 폭식증의 원인

신경성 식욕부진증이 발생하는 원인은 생물학적 관점과 환경적 관점에서 살펴볼 필요가 있다. 생물학적 관점에서는 기질적으로 체중에 대한 염려, 낮은 자아존

증감, 우울, 사회불안장애, 범불안장애가 발병 위험성을 높일 수 있으며 유전적으로 취약성이 있다고 보고 있다. 환경적 관점에서는 날씬한 몸을 이상적 기준으로 내재화함으로써 체중에 대한 염려의 위험성을 증가시키고 아동기 성적·신체적 학대를 경험한 사람의 비율이 높은 것으로 보고 있다. 부모의 양육방식 또한 원인이 될 수 있는데 통제적이고 친밀하지 않고 갈등이 많은 환경에 노출될 경우 신경성 식욕부진증이 유발될 수 있다. 거부적이고 무관심한 부모에게 노출될 경우 부모에게 양가감정을 느끼면서 부모와 결합하려는 소망으로 인해 폭식, 부모와 분리되려는 소망으로 구토 행위가 나타날 수 있다.

(3) 신경성 폭식증의 치료

신경성 폭식증 치료를 위해 약물치료, 인지행동치료가 주로 활용된다. 약물치료에서는 선택적 세로토닌 재흡수 억제제와 삼환계 항우울제가 주로 사용되는데, 항우울제는 폭식증의 증상을 경감시켜 준다. 영양상태에 있어서 문제가 있거나 내과적 합병증이 심한 경우 입원치료를 병행하기도 한다.

인지행동치료에서는 신경성 폭식증을 가진 사람들이 자신의 신체 및 체중에 대해 가지는 불만족감을 회복시키기 위한 네 단계 과정을 활용한 치료 모델을 제안하고 있다. 첫 번째 단계에서는 신경성 폭식증에 대한 교육과 인지행동치료 원리에 대한 오리엔테이션을 실시한다. 매주 체중 및 음식 섭취, 자기감찰과 같은 행동적 기법을 활용하여 폭식과 같은 보상행동의 주기를 깨뜨릴 수 있도록 한다. 두 번째 단계에서는 행동치료 기술들을 지속하고, 장애를 유지시키는 왜곡된 사고를 변화시키기 위한 문제해결과 인지적 재구성을 위한 인지기법을 활용한다. 끝으로, 재발 방지에 초점을 맞추며, 그 목적은 고위험 상황들과 촉발요인을 포함한 미래의 모든 문제에 대하여 환자를 준비시키는 데 있다(Wilson, Fairburn, & Agras, 1997).

3) 폭식장애

폭식장애(Binge Eating Disorder)는 폭식을 일삼으면서 자신의 폭식에 대해서 심한 고통을 경험하지만 음식을 토하는 등의 보상행동이 나타나지 않는 것을 말한다. 고칼로리 식품을 다량 섭취하거나 다른 사람들을 피해 몰래 음식을 먹는 비밀스러운 식사행동, 음식이나 체중에 과도한 집착을 보이는 특성을 보인다. 또한 음식을 매우 빠르게 먹고 배가 불러서 불편해질 때까지 먹으며, 배가 고프지 않으면서도 많은 양의 음식을 먹기도 한다. 폭식 후 자신에 대한 혐오감과 죄의식, 우울감을 느끼기도 한다. 일반 인구에서 유병률은 0.7~3.0%라고 보고되고 있다(Brownley, Berkman, Sedway, Lohr, & Bulik, 2007). 충동적으로 폭식을 하는 사람들은 과체중이거나 비만인 경우가 많은데(Yanovski, 2002), 비만인 사람에게서 나타나는 유병률은 5~40%에 이른다(Grilo, Masheb, & Wilson, 2005). 국내의 경우 비만 환자 5명 중 1명이 폭식장애를 가지고 있으며, 이는 폭식장애 환자의 2/3에 해당한다고 보고하고 있다. 신경성 폭식증의 경우 남성보다 여성에게 더 많이 나타났지만, 폭식장애의 남성과 여성의 비율은 1 대 1.5 정도로 나타난다. 신경성 폭식증이나 식욕부진증에 비해 치료에 대한 반응이 빠르고 예후가 좋은 것으로 보고된다(Crow et al., 2002). 폭식장애의 발병연령은 후기 청소년기에 시작되지만, 평균적으로 30~40대에 가장 많은 것으로 나타났다(American Psychiatric Association, 2013).

폭식장애가 발생하는 원인으로 사회심리적 요인을 들 수 있다. 사회심리적 요인에서는 날씬한 몸매를 가져야 한다는 사회적 압력과 날씬한 몸매가 아름답다는 마른 신체상에 대한 내면화가 자신의 신체에 대한 불만족을 야기한다고 보았다(Stice, 2001).

폭식장애 치료를 위해 인지행동치료가 주로 활용된다. 폭식장애를 가진 사람들의 식사 양상의 정상화, 적당한 열량 섭취, 다이어트-폭식 주기와 관련한 인지적 왜곡을 회복시키기 위해 세 단계 과정을 활용한 치료 모델을 제안하고 있다(Stein et al., 2001). 첫 번째 단계에서는 규칙적인 식사양상을 수용하는 것, 과대 또는 과소 제한되는 양상 파악을 위한 자기감찰을 적용시킨다. 두 번째 단계에서는 폭식 주기를 지속시키는 인지적 왜곡들을 파악하고 이에 도전하는 데 초점을 둔다. 폭식과 관련된 그들만의 부정적 사고에 반박하는 인지기술을 배우도록 한다. 세 번째 단계에서는 치료 진전을 파악하고 재발을 방지하기 위한 기술을 배운다(Wifley & Saelens, 2002). 신경성 식욕부진증과 신경성 폭식증에서는 심한 식사 제한이 폭식과 구토 주기를 유지하는 데 핵심적 문제행동으로 지적되고 있으나 폭식장애를 겪는 환자의 경우 혼란스러운 식사 양상을 나타낸다는 점에서 식사 제한을 줄이기보다 전반적 음식 섭취를 조절하는 것에 초점을 둔다(Wifley & Saelens, 2002).

4) 이식증

이식증(Pica)은 흡수가 가능한 영양분이 없는 물질(종이, 점토, 금속, 분필, 모래 등)을 1개월 이상 지속적으로 먹는 경우를 말한다. 음식에 대한 혐오가 없으며 문화적으로 허용된 행동이 아닌 부적절한 행동으로 성인에서는 지적장애나 기타 정신질환이 있을 때 유병률이 증가한다. 초기 아동기에 부적응적인 섭식행동과 이식증, 폭식증으로 발달할 위험이 있으며, 까다로운 섭식과 소화 문제는 후에 신경적 식욕부진증으로 이어질 수 있다. 납중독현상(페인트나 페인트가 묻어 있는 플라스틱류를 섭취), 위장장애(머리카락, 모래 등을 섭취), 위장으로 내려간 오물이나 유분 등으로 인한 혈관 기생충 독소증에 감염될 가능성도 있다. 이식증의 발병 시기는 어린 아동에게서 많이 나타나며, 때로 임신한 여성에게서 나타나기도 한다. 대부분은 몇 개월 동안 지속되다가 완화되지만 간혹 청소년기까지 지속되거나 드물게는 성인기까지도 지속되기도 한다.

이식증이 발생하는 원인은 신경학적 요인, 사회심리적 요인을 들 수 있다. 신경학적 요인에서는 지적장애가 심할수록 이식증의 빈도도 증가할 수 있다고 보고 있으며, 일부 비타민, 무기질 결핍이 보고되지만 대개는 특별한 생물학적 이상은 발견되지 않는다. 사회심리적 요인에서는 방임, 감독의 부재, 빈곤, 아동학대, 부모의 정신병리적 문제를 주요 요인으로 보고 있다.

이식증 치료를 위해 심리치료가 주로 활용된다. 어머니가 아동이 먹는 것에 대해서 세심한 관심을 가지고 적절하게 양육하도록 교육하는 것이 필요하다. 영양분 결핍으로 인해 이식증이 초래된 경우는 결핍된 영양분을 보충해야 한다.

5) 반추장애

반추장애(Rumination Disorder)는 섭취한 음식을 위에서 입으로 역류시켜 다시 씹은 후 삼키거나 뱉는 행동을 1개월 이상 나타내는 경우를 말한다. 반추장애의 핵심 증상은 반복적인 음식역류(regurgitation)이다. 반추를 통해 자기만족을 느끼며, 음식물을 역류시키기 위해 등을 구부리거나 입에 손가락이나 옷 또는 손수건, 헝겊 등을 넣는 자기자극 행동 등이 나타난다. 체중 감소, 영양실조, 탈수 증상, 저항

력과 면역력 감퇴 등의 신체증상이 나타날 수 있다. 반추장애의 발병연령은 생후
3~12개월 사이에 발병하며, 증상이 심한 일부는 상당한 기간 동안 지속될 수 있다
(Hartmann, Becker, Hampton, & Bryant-Waugh, 2012).

반추장애가 발생하는 원인으로 심리사회적 요인, 정신분석적 요인, 행동적 요인
을 들 수 있다(Fredericks, Carr, & Williams, 1998). 심리사회적 요인에서는 부모의 무
관심, 정서적 자극의 결핍, 스트레스가 많은 생활환경이 중요한 유발 요인으로 알려
져 있다. 정신분석적 요인에서는 환자의 어머니가 대체로 미숙하고 부부갈등으로
인해 아이에게 충분한 관심과 애정을 주지 못하여 아이는 자기 내부에서 만족을 찾
는 과정에서 반추장애가 발생한다고 보고 있다. 행동적 요인에서는 스스로 자극이
나 쾌감을 추구하고 긴장을 해소하기 위한 목적에서 음식역류 행위가 정적 강화로
작용하여 반추행동이 지속되는 것으로 보았다.

반추장애의 치료를 위해 행동치료가 주로 활용되며, 혐오적 조건화를 통해 환자
가 음식역류 행동을 감소시키는 방법을 사용한다.

6) 급식 및 섭식장애 관련 영화

〈열정의 무대〉(2001)

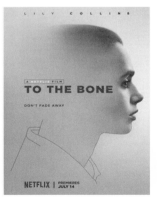
〈투 더 본〉(2003)

〈엘리펀트〉(2003)

〈누군가와 치즈를 함께
먹고 싶을 때〉(2006)　　〈스왈로우〉(2020)　　〈스펜서〉(2021)

7) 활동

활동 1. 영화 〈301,302〉(1995)를 감상한 후, 다음을 생각해 봅시다.

Q1. 영화에서 가장 인상적인 장면은 무엇입니까?

Q2. 영화에서 나타나는 신경성 식욕부진증을 가진 사람의 행동적 특성은 무엇입니까?

Q3. 영화에서 나타나는 신경성 식욕부진증을 가진 사람의 관계적 특성은 무엇입니까?

Q4. 영화를 감상한 후 느낀 점에 대해 자유롭게 이야기해 봅시다.

활동 2. 급식 및 섭식장애 자가진단 검사

본 설문지는 급식 및 섭식장애 여부를 선별하기 위한 도구입니다. 총 26문항으로 각 문항에 해당하는 범주 하나를 체크해 봅시다.

	문항	전혀 아니다	가끔 그렇다	거의 그렇다	항상 그렇다
1	살이 찌는 것이 두렵다.	0	1	2	3
2	배가 고파도 식사를 하지 않는다.	0	1	2	3
3	나는 음식에 집착하고 있다.	0	1	2	3

4	억제할 수 없어 폭식을 한 적이 있다.	0	1	2	3
5	음식을 작은 조각으로 나누어 먹는다.	0	1	2	3
6	내가 먹고 있는 음식의 영양분과 열량을 알고 먹는다.	0	1	2	3
7	빵이나 감자 같은 탄수화물이 많은 음식은 특히 피한다.	0	1	2	3
8	내가 음식을 많이 먹으면 다른 사람들이 좋아하는 것 같다.	0	1	2	3
9	먹고 난 다음 토한다.	0	1	2	3
10	먹고 난 다음 심한 죄책감을 느낀다.	0	1	2	3
11	좀 더 날씬해져야겠다는 생각을 떨쳐 버릴 수가 없다.	0	1	2	3
12	운동을 할 때 운동으로 인해 없어질 열량에 대해 계산하거나 생각한다.	0	1	2	3
13	남들이 내가 너무 말랐다고 생각한다.	0	1	2	3
14	내가 살이 쪘다는 생각을 떨쳐 버릴 수가 없다.	0	1	2	3
15	식사시간이 다른 사람보다 더 길다.	0	1	2	3
16	설탕이 든 음식은 피한다.	0	1	2	3
17	체중 조절을 위해 다이어트용 음식을 먹는다.	0	1	2	3
18	음식이 나의 인생을 지배한다는 생각이 든다.	0	1	2	3
19	음식에 대한 자신의 조절 능력을 과시한다.	0	1	2	3
20	다른 사람들이 나에게 음식을 먹도록 강요하는 것 같이 느껴진다.	0	1	2	3
21	음식에 대해 많은 시간과 정력을 투자한다.	0	1	2	3
22	단 음식을 먹고 나면 마음이 편치 않다.	0	1	2	3
23	체중을 줄이기 위해 운동이나 다른 것을 하고 있다.	0	1	2	3
24	위가 비어 있는 느낌이 좋다.	0	1	2	3
25	새로운 기름진 음식 먹는 것을 즐긴다.	0	1	2	3
26	식사 후에 토하고 싶은 충동을 느낀다.	0	1	2	3
총점					

출처: 이민규 외(1998).

※ 검사 결과는 다음과 같이 해석해 볼 수 있다. 점수 결과가 여성은 18점, 남성은 15점 이상이면 이상섭식의 경향이 있다고 볼 수 있으며, 여성 22점, 남성 19점 이상일 경우 섭식장애일 가능성이 있다고 보아 전문적인 치료를 권장한다.

참고문헌

권석만(2013). 현대 이상심리학(2판). 서울: 학지사.

권석만(2015). 이상심리학의 기초. 서울: 학지사.

이민규, 이영호, 박세현, 손창호, 정영조, 홍성국, 이병관, 장필립, 윤애리(1998). 한국판 식사태도검사-26(The Korean Version of Eating Attitudes Test-26: KEAT-26) 표준화 연구 I: 신뢰도 및 요인분석. 정신신체의학, 6(2), 155-175.

이순민(2014). 정신건강론. 서울: 학지사.

Adenuga, O., & Attarian, H. (2014). Treatment of disorders of hypersomnolence. *Current Treatment Options in Neurology, 16*(9), 1-12.

Aguirre-Mardones, C., Iranzo, A., Vilas, D., Serradell, M., Gaig, C., Santamaría, J., & Tolosa, E. (2015). Prevalence and timeline of nonmotor symptoms in idiopathic 99 rapid eye movement sleep behavior disorder. *Journal of Neurology, 262*(6), 1568-1578.

Allen, R. P., Walters, A. S., Montplaisir, J., Hening, W., Myers, A., Bell, T. J., & Ferini-Strambi, L. (2005). Restless legs syndrome prevalence and impact: REST general population study. *Archives of Internal Medicine, 165*(11), 1286-1292.

American Psychiatric Association (2013). *Diagnostic and Statistical Manual of Mental Disorders-5th edition (DSM-5).* Washington, DC: Author.

An American Academy of Sleep Medicine Review, Wise, M. S., Arand, D. L., Auger, R. R., Brooks, S. N., & Watson, N. F. (2007). Treatment of narcolepsy and other hypersomnias of central origin. *Sleep, 30*(12), 1712-1727.

Auger, R. R., Burgess, H. J., Emens, J. S., Deriy, L. V., Thomas, S. M., & Sharkey, K. M. (2015). Clinical practice guideline for the treatment of intrinsic circadian rhythm sleep-wake disorders: advanced sleep-wake phase disorder (ASWPD), delayed sleep-wake phase disorder (DSWPD), non-24-hour sleep-wake rhythm disorder (N24SWD), and irregular sleep-wake rhythm disorder (ISWRD). An update for 2015: An American Academy of Sleep Medicine clinical practice guideline. *Journal of Clinical Sleep Medicine, 11*(10), 1199-1236.

Bassetti, C., & Aldrich, M. S. (1996). Narcolepsy. *Neurologic Clinics, 14*(3), 545-571.

Brownley, K. A., Berkman, N. D., Sedway, J. A., Lohr, K. N., & Bulik, C. M. (2007). Binge eating disorder treatment: A systematic review of randomized controlled trials. *International Journal of Eating Disorders, 40*(4), 337-348.

Chokroverty, S. (2010). Overview of sleep & sleep disorders. *Indian Journal of Medical Research, 131*(2), 126-140.

Connor, J. R., Patton, S. M., Oexle, K., & Allen, R. P. (2017). Iron and restless legs syndrome: Treatment, genetics and pathophysiology. *Sleep Medicine, 31*, 61-70.

Crow, S. J., Stewart Agras, W., Halmi, K., Mitchell, J. E., & Kraemer, H. C. (2002). Full syndromal versus subthreshold anorexia nervosa, bulimia nervosa, and binge eating disorder: A multicenter study. *International Journal of Eating Disorders, 32*(3), 309-318.

Drake, C. L., Roehrs, T., & Roth, T. (2003). Insomnia causes, consequences, and therapeutics: an overview. *Depression and Anxiety, 18*(4), 163-176.

Duffy, J. F., Abbott, S. M., Burgess, H. J., Crowley, S. J., Emens, J. S., Epstein, L. J., ⋯⋯ & Klerman, E. B. (2021). Workshop report. Circadian rhythm sleep-wake disorders: Gaps and opportunities. *Sleep, 44*(5), zsaa281.

Ekbom, K., & Ulfberg, J. (2009). Restless legs syndrome. *Journal of Internal medicine, 266*(5), 419-431.

Fredericks, D. W., Carr, J. E., & Williams, W. L. (1998). Overview of the treatment of rumination disorder for adults in a residential setting. *Journal of Behavior Therapy and Experimental Psychiatry, 29*(1), 31-40.

Garner, D. M., Vitousek, K. M., & Pike, K. M. (1997). *Cognitive-behavioral therapy for anorexia nervosa*. New York, NY: Guilford Press.

Grilo, C. M., Masheb, R. M., & Wilson, G. T. (2005). Efficacy of cognitive behavioral therapy and fluoxetine for the treatment of binge eating disorder: A randomized double-blind placebo-controlled comparison. *Biological Psychiatry, 57*(3), 301-309.

Hartmann, A. S., Becker, A. E., Hampton, C., & Bryant-Waugh, R. (2012). Pica and rumination disorder in DSM-5. *Psychiatric Annals, 42*(11), 426-430.

Hooley, J. M., Maher, W. B., & Maher, B. A. (2013). *Abnormal psychology*. New York, NY: John Wiley & Sons, Inc..

Kalo, B. B., & Bella, H. (1996). Enuresis: Prevalence and associated factors among primary school children in Saudi Arabia. *Acta Paediatrica, 85*(10), 1217-1222.

Keel, P. K., Dorer, D. J., Eddy, K. T., Franko, D., Charatan, D. L., & Herzog, D. B. (2003). Predictors of mortality in eating disorders. *Archives of General Psychiatry, 60*(2), 179-183.

Kennedy, G. A. (2002). A review of hypnosis in the treatment of parasomnias: Nightmares, sleepwalking, and sleep terror disorders. *Australian Journal of Clinical and Experimental Hypnosis, 30*(2), 99-155.

Kohen, D. P., Mahowald, M. W., & Rosen, G. M. (1992). Sleep-terror disorder in children: The role of self-hypnosis in management. *American Journal of Clinical Hypnosis, 34*(4), 233-244.

Kolla, B. P., He, J. P., Mansukhani, M. P., Kotagal, S., Frye, M. A., & Merikangas, K. R. (2019). Prevalence and correlates of hypersomnolence symptoms in US teens. *Journal of the American Academy of Child & Adolescent Psychiatry, 58*(7), 712-720.

Loening-Baucke, V. (2002). Encopresis. *Current Opinion in Pediatrics, 14*(5), 570-575.

McKenna, D., & Peever, J. (2017). Degeneration of rapid eye movement sleep circuitry underlies rapid eye movement sleep behavior disorder. *Movement Disorders, 32*(5), 636-644.

Means, M. K., Lichstein, K. L., Epperson, M. T., & Johnson, C. T. (2000). Relaxation therapy for insomnia: Nighttime and day time effects. *Behaviour Research and Therapy, 38*(7), 665-678.

Nevid, J. S., Rathus, S. A., & Greene, B. (1991). *Abnormal psychology*. Hoboken, NJ: Prentice Hall.

Ohayon, M. M., & Sagales, T. (2010). Prevalence of insomnia and sleep characteristics in the general population of Spain. *Sleep Medicine, 11*(10), 1010-1018.

Popat, S., & Winslade, W. (2015). While you were sleepwalking: Science and neurobiology of sleep disorders & The enigma of legal responsibility of violence during parasomnia. *Neuroethics, 8*(2), 203-214.

Roth, T. (2007). Insomnia: Definition, prevalence, etiology, and consequences. *Journal of Clinical Sleep Medicine, 3*(5), S7-S10.

Semler, C. N., & Harvey, A. G. (2005). Misperception of sleep can adversely affect daytime functioning in insomnia. *Behaviour Research and Therapy, 43*(7), 843-856.

Sowa, N. A. (2016). Idiopathic hypersomnia and hypersomnolence disorder: A systematic review of the literature. *Psychosomatics, 57*(2), 152-164.

Stein, R. I., Saelens, B. E., Dounchis, J. Z., Lewczyk, C. M., Swenson, A. K., & Wilfley, D. E. (2001). Treatment of eating disorders in women. *The Counseling Psychologist, 29*(5), 695-732.

Stice, E. (2001). A prospective test of the dual-pathway model of bulimic pathology: Mediating effects of dieting and negative affect. *Journal of Abnormal Psychology, 110*(1), 124-135.

Sullivan, P. F. (1995). Mortality in anorexia nervosa. *American Journal of Psychiatry, 152*(7), 1073-1074.

Thünker, J., & Pietrowsky, R. (2012). Effectiveness of a manualized imagery rehearsal therapy for patients suffering from nightmare disorders with and without a comorbidity of depression or PTSD. *Behaviour Research and*

Therapy, 50(9), 558-564.

Tippmann-Peikert, M., Park, J. G., Boeve, B. F., Shepard, J. W., & Silber, M. H. (2007). Pathologic gambling in patients with restless legs syndrome treated with dopaminergic agonists. *Neurology, 68*(4), 301-303.

Vitousek, K., Watson, S., & Wilson, G. T. (1998). Enhancing motivation for change in treatment-resistant eating disorders. *Clinical Psychology Review, 18*(4), 391-420.

Vurgun, N., Gümüş, B. H., Ece, A., Ari, Z., Tarhan, S., & Yeter, M. (1997). Renal functions of enuretic and nonenuretic children: Hypernatriuria and kaliuresis as causes of nocturnal enuresis. *European Urology, 32*, 85-90.

Wilfley, D. E., & Saelens, B. E. (2002). Epidemiology and causes of obesity in children. *Eating Disorders and Obesity: A Comprehensive Handbook, 2*, 429-432.

Wilson, G. T., Fairburn, C. G., & Agras, W. S. (1997). *Cognitive-behavioral therapy for bulimia nervosa*. New York, NY: Guilford Press.

Yanovksi, S, Z. (2002). Binge eating in obese persons. In C. G. Fairburn & K. D. Brownell (Eds.), *Eating disorders and obesity: A comprehensive handbook*. New York, NY: Guilford Press.

국가트라우마센터(https://www.nct.go.kr/)

1. 파괴적, 충동조절 및 품행장애

파괴적, 충동조절 및 품행장애(Disruptive, Impulse Control, and Conduct Disorder)는 정서 및 행동에 대한 자기조절 문제와 관련이 있으며, 다른 사람의 권리를 침해하고, 사회적 규준, 권위자나 성인과 현저한 갈등을 유발하는 행동 특징을 보인다. 아동기나 청소년기에 처음으로 발병하는 경향이 있으며, 여성보다 남성에게 흔하다. 파괴적, 충동조절 및 품행장애는 적대적 반항장애, 간헐적 폭발장애, 품행장애, 방화증, 도벽증 등이 있다.

1) 적대적 반항장애

적대적 반항장애(Oppositional Defiant Disorder)는 어른에게 거부적 · 적대적이며 반항적 행동을 지속적으로 나타내는 경우를 말한다. 세 가지 핵심 증상은 분노하며 짜증 내는 기분, 논쟁적이고 반항적인 행동, 복수심이다. 적대적 · 반항적 · 거부적 행동 특성이 적어도 6개월 이상 지속되어 학교나 가정에서 많은 문제가 생기는 경우, 품행장애 기준에 해당되지 않으면 적대적 반항장애로 진단될 수 있다. 사회 또는 학업에 중대한 지장을 초래하며 같은 또래에 비해 문제행동이 더 자주 발생한다. 불복종적이고 반항적인 행동을 보이지만, 반사회적 행동이나 공격적 행동은 두드러지게 나타나지 않는 특징을 보인다. 화나거나 민감한 기분 증상도 같이 나타나며, 행동장애는 가까운 사회적 환경(예: 가족, 또래 집단, 직장 동료)의 개인이나 다른 사람의 고통과 연관되거나, 사회적 · 학업적 · 직업적 또는 기타 중요한 영역의 기능에 부정적으로 영향을 미친다. 적대적 반항장애의 유병률은 학령기 아동의 16~22%에서 나타난다고 보고되고 있다. 빠른 경우 3세경부터 시작될 수 있으나 전형적으로 8세 이전에 시작된다. 사춘기 이전에는 남성에게 많으나 사춘기가 지난 후에는 남녀 비율이 비슷해진다. 여아는 적대적 반항장애, 남아는 품행장애로 진단되는 경향을 보인다.

적대적 반항장애가 발생하는 원인으로 유전적 요인, 신경학적 요인, 정신분석적 요인, 인지적 요인, 사회심리적 요인을 들 수 있다(Hamilton & Armando, 2008). 유전적 요인에서는 기질적으로 정서조절 문제(예: 높은 정서적 반응성, 낮은 좌절 인내력)가 나타날 수 있다고 보고 있다. 또한 부모 중 1명이 기분조절 부전장애, 적대적 반항장애, 품행장애, 주의력결핍 과잉행동장애, 반사회성 성격장애, 물질 관련 장애를 가지고 있을 경우 발병률이 더 높을 수 있다고 보고 있다. 신경학적 요인에서는 과소행동 억제 체계(BIS)와 과다행동 활성 체계(BAS)의 불균형, 낮은 자율신경계 활성과 같은 낮은 시상하부-뇌하수체-부신피질축(HPA) 반응과 관련성을 보고하고 있다. 정신분석적 요인에서는 부모-자녀 간 투쟁관계에서 적대적 반항장애가 나타날 수 있음을 보고 있는데, 아동기 후기나 사춘기에 과잉의존에서 벗어나 자율성과 자기결정성을 강화하는 시기로 인해 나타난다고 보고 있다. 인지적 요인에서는 사회적 상황에 대한 부정적 사고, 인지처리 과정에서의 인지적 왜곡과의 결합으로 인해 나타난다고 보고 있다. 사회심리적 요인에서는 양육자가 자주 바뀜에 따라 아동에 대한 보살핌이 결여된 가정, 지나치게 엄격하고 모순된 부모의 일관성 없는 양육태도, 방임적 양육 등이 적대적 반항장애를 유발시키는 원인이 된다.

적대적 반항장애 치료를 위해 약물치료와 인지치료, 심리치료가 주로 활용된다(Turgay, 2009). 약물치료를 활용할 경우 극심한 공격적 및 품행장애 행동에 사용되는 리튬, 들뜬 기분과 흥분 상태, 과대 사고 등을 조절하는 카바마제핀 등의 정신 자극제가 주로 사용되며, 아토목세틴이 효과적일 수 있음을 보고하였다. 인지치료에서는 인지행동적·사회적 기술, 문제해결 및 분노관리 훈련 프로그램이 주로 활용된다. 심리치료에서는 부모훈련 및 가족치료가 효과적일 수 있음을 제안하고 있으며, 감정코칭을 활용해 긍정적 또래 상호작용 패턴을 만들기 위한 접근을 시도한다.

2) 간헐적 폭발장애

간헐적 폭발장애(Intermittent Explosive Disorder)는 공격적 충동이 조절되지 않아서 심각한 파괴적 행동으로 나타나게 되는 경우를 말한다. 간헐적 폭발장애를 가진 사람은 마치 공격적 발작을 하듯이 폭발적인 행동을 한다. 전조 증상이 거의 없거나 아예 없으며, 폭발은 짧게 지속되고 가까운 친구나 동료의 작은 자극에 대한 반응으로 나타난다. 반복적 폭발들 중에 나타나는 공격성은 자극이나 어떤 심리사회적 스트레스 요인에 비해 극도로 지나치게 나타난다는 특징을 보인다. 반복적인 공격적 폭발들은 미리 중재할 수 없으며(예: 폭발은 충동 또는 분노에 기반함), 돈, 권력, 위협 등의 어떤 실질적 목표를 성취하기 위해 저질러지는 것이 아니다. 반복적인 공격적 폭발들은 개인에게 현저한 고통이나 직업적·대인관계적 영역에서 손상을 초래하거나 경제적·법적 결과와 연관되어 있다. 생활연령이 적어도 6세(또는 동등한 발달 단계)이어야 하며, 반복적인 공격적 폭발들은 다른 정신장애(예: 주요우울장애, 양극성 장애, 파괴적 기분 조절곤란 장애, 정신병적 장애, 반사회성 성격장애, 경계성 성격장애)에 의해 더 잘 설명되지 않으며, 다른 의학적 상태(예: 머리 외상, 알츠하이머병)나 물질(예: 약물남용, 약물치료)의 생리적 영향에 기인하지 않아야 한다. 간헐적 폭발장애의 유병률은 미국의 경우 2.7%로 보고되고 있다(Kessler et al., 2006). 간헐적 폭발장애의 발병률의 경우 35세 이하의 젊은 사람들에게 흔하게 나타나는 것으로 알려져 있으며, 주된 발병 시기는 10대 후반에서 30대까지이다.

간헐적 폭발장애가 발생하는 원인으로 신경학적 요인, 사회심리적 요인을 들 수 있다(McLaughlin et al., 2012). 신경학적 요인에서는 신경전달물질인 세로토닌의 비정상적 활동과 전두엽의 피질손상이 연관되어 있다고 보고되고 있다. 또한 감정조절 중추인 변연계와 충동을 조절하는 안와전두엽과 관련이 있다고 보고된다. 사회심리적 요인에서는 어려서 부모나 다른 사람에게 학대나 무시당한 경험, 폭력적인 가족 분위기가 간헐적 폭발장애를 유발시킬 수 있음을 주장하고 있다.

간헐적 폭발장애 치료를 위해 약물치료와 인지행동치료, 심리치료가 주로 활용된다(Coccaro, 2012). 약물치료에서는 항우울제(선택적 세로토닌 재흡수 억제제)가 주로 사용되는데, 이는 뇌 속 세로토닌 분비를 증가시켜 공격성을 낮추는 역할을 한다. 인지행동치료에서는 인지적 재구성, 대처 기술 훈련 및 이완훈련을 통해 간헐적 폭발장애가 치료될 수 있다고 본다. 심리치료에서는 학교 기반 폭력 예방 프로그램, 집단치료, 가족치료가 효과적이라고 보고되고 있다.

3) 품행장애

품행장애(Conduct Disorder)는 폭력, 방화, 도둑질, 가출 등과 같이 난폭하거나 무책임한 행동을 통해 타인을 고통스럽게 하는 행위를 반복적으로 나타내는 것을 말한다. 타인의 기본적 권리를 침해하고 연령에 적합한 사회적 규범이나 규칙을 위반하는 행동을 지속적 · 반복적으로 나타낸다. 품행장애는 크게 네 가지의 문제행동을 보이는데, 사람과 동물에 대한 공격성, 재산 파괴, 사기 또는 절도, 심각한 규칙위반이 있다. 품행장애는 아동기와 청소년기에 흔하며, 품행장애의 대표적인 공격적 행동을 살펴보면, 약자를 괴롭히거나 폭력을 남발하거나 잔인한 행동을 보인다. 또한 잦은 학교 결석, 약물남용, 음주, 공공기물 파괴 행동 등이 나타난다. 이러한 문제행동에 대하여 처벌이 이루어질 경우 그런 행동이 감소되기보다 오히려 반항심, 분노심을 증가시켜 문제행동이 더 악화되는 경향을 보인다. 품행장애의 유병률은 18세 이하 남자 아동의 경우 6~16%, 여자 아동의 2~9%에서 나타나며, 남성이 여성보다 4~12배 정도 많은 것으로 보고된다. 남성의 경우 평균 연령은 10~12세, 여성은 14~16세에 시작된다(Schubiner et al., 2000). 품행장애의 발병률은 연령에 따라 세분화된다. 아동기 발병형(10세 이전에 품행장애가 발생된 경우)과 청소년기 발병형(10세 이전에는 품행장애가 나타나지 않음)으로 나뉜다. 아동기 발병형의 경우 타인에 대한 신체적 공격성을 빈번히 보이며 또래 관계에 어려움이 있고 아동기 초기 동안 적대적 반항장애가 있다. 13세 이전부터 부모의 금지에도 불구하고 밤늦게까지 집에 들어오지 않거나 가출과 무단결석을 하는 경우가 빈번하며, 청소년기 발병형보다 더 지속적이다. 성인에 이르면 품행장애가 완화되나 반사회성 성격장애로 지속되는 경우도 있다.

품행장애가 발생하는 원인으로 유전적 요인, 신경학적 요인, 사회심리적 요인을 들 수 있다(Lahey, Moffitt, & Caspi, 2003). 유전적 요인에서는 까다롭고 통제하기 어려운 유아의 기질적 특성이 품행장애의 원인임을 제안하고 있다. 신경학적 요인에서는 교감신경계의 흥분에 의해 방출되는 카테콜아민과 세로토닌 분배와 관련이 있다고 보고 있다. 사회심리적 요인에서는 부모의 거부와 방임, 비일관적 양육방식, 엄격한 훈육, 신체적 또는 성적 학대 등 부모의 양육태도와 가정환경이 주요 요인임을 보고하고 있다. 또한 부모가 반사회성 성격장애나 알코올 관련 장애, 주의력 결핍 과잉행동장애, 품행장애의 과거력을 가지고 있는 경우, 형제가 품행장애가 있는 경우, 또래의 거부, 비행집단에 연류된 경우, 폭력에의 노출 등이 요인으로 작용할 수 있다. 사회경제적 수준이 낮은 계층, 낮은 교육 수준, 높은 실업률, 경제적 곤란도 품행장애를 유발시킨다.

품행장애 치료는 약물치료, 행동치료가 주로 활용된다(Kazdin, 1993). 약물치료에서는 항정신병 약물, 항경련제, 항우울제, 중추신경자극제가 주로 사용되는데, 이는 다른 사람을 곤경에 빠뜨리는 행동과 충동적 행동을 완화시키는 역할을 한다. 행동치료에서는 역할 연습과 같은 방법을 통하여 새로운 행동양식을 습득할 수 있도록 한다. 특히 부모, 가족, 교사, 정신건강 전문가의 협력적 노력이 동반될 필요가 있음을 제안하고 있다. 부모는 품행장애 아동에 대해 실망감과 분노를 느끼며, 처벌을 가할 수 있지만, 이러한 악순환을 끊는 것이 필요하다. 정신건강 전문가나 교사의 개입을 통해 아동에 대한 부모의 태도를 변화시키는 것이 중요하며, 가정불화가 있는 경우 부부갈등이나 갈등 표현방법을 변화시키도록 유도할 필요가 있다.

4) 방화증

방화증(Pyromania)은 불을 지르고 싶은 충동을 조절하지 못하여 반복적으로 방화를 하는 경우를 말한다. 방화를 준비하는 데서 오는 긴장감과 정서적 각성을 즐긴다. 불과 관련된 시설이나 기구, 소방사를 보면 기쁨을 느끼며, 가짜 경보를 울리기도 하고, 불을 지르고 그것을 보며 방화 행위에 기쁨과 만족감 또는 안도감을 보이기도 한다. 방화를 하기 위해 사전에 충분한 준비를 하며 방화로 인한 생명 파괴나 재산 손상에 무관심하고 재산을 파괴함으로써 만족을 얻는 특징을 보인다. 품행장애, 조증 상태, 반사회성 성격장애로는 설명되지 않는 반복적 방화행위가 이루어진다면 방화증으로 진단될 수 있다. 방화증의 발병 시기가 주로 아동기와 청소년기이기는 하지만(미국에서 방화죄로 체포된 사람의 40% 이상이 18세 이하) 아동기의 방화는 드물게 나타나며, 청소년기 방화는 보통 품행장애, 주의력결핍 과잉행동장애, 적응장애와 관련되어 있다. 불량한 대인관계 기술과 학습장애가 있는 남성에서 보다 흔하게 나타난다(Burton, McNiel, & Binder, 2012).

방화증이 발생하는 원인으로 정신분석적 요인, 신경학적 요인, 심리사회적 요인을 들 수 있다. 정신분석적 요인에서는 방화증을 지닌 사람들의 경우 성적 욕구를 해소할 수 있는 대체수단으로 불을 지르게 된다고 보고 있다. 불의 따뜻한 느낌은 성적인 흥분 뒤에 일어나는 감각과 비슷한 느낌을 일으킨다고 보았다. 신경학적 요인에서는 뇌의 기능적 결함으로 방화증이 나타날 수 있음을 보고하고 있다. 심리사회적 요인에서는 방화증 환자의 경우 아동기에 이미 가출, 무단결석, 비행 등의 반사회적 경향의 과거력을 경험한 경우가 많음을 보고하고 있다.

　방화증 치료를 위해 단기간의 상담, 주간 치료 프로그램, 행동치료가 효과적이라고 보고하고 있다(Grant & Odlaug, 2011). 하지만 특정한 치료법이 알려지지 않고 있으며, 불을 지르는 동기가 없는 경우가 많아서 치료가 매우 어렵다. 특히 아동기 방화는 심각한 문제를 야기할 수 있기 때문에 처벌보다는 치료와 예방에 더 관심을 가져야 한다.

5) 도벽증

　도벽증(Kleptomania)은 남의 물건을 훔치고 싶은 충동을 억제하는 데 반복적으로 실패하는 것을 말하며, 다른 말로 절도광이라고도 한다. 훔치기 직전에 고조되는 긴장감을 경험하고 훔친 후에는 기쁨, 만족감, 안도감을 느끼며, 훔치는 행위는 분노나 복수를 나타내거나 망상이나 환각에 대한 반응이 아니다. 훔치는 물건이 가치가 없고 자신이 지불할 능력이 있으며, 훔친 후에는 남에게 주거나 버리면서도 이러한 행위가 나타난다. 미리 계획하지 않고 체포 위험성에 대해서 충분히 고려하지 않으며 타인의 보조나 협력 없이 도둑질을 하는 특성을 보인다. 훔치고 싶은 충동을 억제하고자 하며, 이런 행동이 잘못된 것이고 비상식적이라는 점을 인지하고 있으며, 체포될 것을 두려워하고 자신의 행동에 대하여 우울해하거나 죄책감을 느낀다. 보통 청소년기에 시작되며, 훔치는 행위로 인해 여러 번 유죄 판결을 받더라도 수년간 지속될 수 있다. 여성에서 더 흔하며 의도적이거나 무심코 저지른 도둑질과는 구별되어야 한다. 도벽증의 유병률은 극히 드물며, 상습적 소매치기 중 도벽증인 경우는 100명 중 5명이 되지 않는 것으로 보고되고 있다(Grant, Odlaug, & Kim, 2010). 발병률은 남성보다 여성에게 더 많이 나타난다고 보고되고 있다.

　도벽증이 발생하는 원인으로 유전적 요인, 신경학적 요인, 정신분석학적 요인을 들 수 있다(Lejoyeux, McLoughlin, & Ades, 2000). 유전적 요인에서는 도벽이 있는 사람들의 가족 중 강박장애나 기분장애가 많이 나타난다고 보고되고 있다. 신경학적 요인에서는 세로토닌, 도파민, 아편계를 포함한 중독 행동과 관련된 신경전달물질 경로가 관련되어 있는 것으로 추정하고 있으며, 충동구매뿐만 아니라 우울 및 양극성 장애, 불안장애, 섭식장애, 성격장애, 물질 관련 장애 등과 관련될 수 있음을 제안하고 있다. 정신분석학적 요인에서는 물건을 훔치는 행동이 아동기에 잃어버린 애정과 쾌락에 대한 대체물을 추구하는 행위라고 보기 때문에 억압된 성적 욕구를 분출하기 위한 수단으로 도벽행동이 나타난다고 보았다.

도벽증 치료를 위해 약물치료, 정신분석치료, 인지행동치료가 주로 활용된다. 병적 도벽은 충동조절장애에 해당되므로 약물치료에서는 항우울제, 선택적 세로토닌 재흡수 억제제의 약물들을 주로 사용하여 도벽증을 치료한다. 정신분석치료에서는 도벽증을 절도하는 행위 동안에 불안, 금지된 본능이나 소망, 풀리지 않는 갈등이나 금지된 성적 욕구, 거세에 대한 두려움, 성적 흥분, 성적 만족이나 오르가슴에 대한 무의식적 자아 방어를 반영하는 것으로 해석하고 이에 대한 장기적인 치료를 제공하고 있다. 인지행동치료에서는 메스꺼움과 구토의 혐오스러운 현상화를 사용한 내재적 민감화, 혐오요법, 체계적 둔감법 등의 기법을 사용한다.

6) 파괴적, 충동조절 및 품행장애 관련 영화

〈검모〉(1997)

〈푸줏간 소년〉(1999)

〈Life as a House〉(2001)

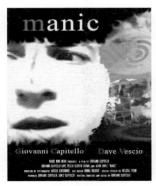
〈매닉〉(2001)

〈헐크〉(2003)

〈펀치 드렁크 러브〉(2003)

〈앤트원 피셔〉(2003)   〈마이 퍼스트 미스터〉(2004)   〈케빈에 대하여〉(2012)

7) 활동

활동 1. 영화 〈Life as a House〉(2001)를 감상한 후, 다음을 생각해 봅시다.

Q1. 영화에서 가장 인상적인 장면은 무엇입니까?

Q2. 영화 속 주인공의 자녀가 보이는 품행장애의 특징은 무엇입니까?

Q3. 영화 속 주인공의 자녀가 품행장애를 보이게 된 배경은 무엇입니까?

Q4. 영화를 감상한 후 느낀 점에 대해 자유롭게 이야기해 봅시다.

활동 2. 간헐적 폭발장애 자가진단 검사

본 설문지는 간헐적 폭발장애 여부를 선별하기 위한 도구입니다. 총 12문항으로 각 문항에 해당하는 범주 하나를 체크해 봅시다.

	문항	예	아니요
1	성격이 급하며 금방 흥분하는 편이다.		
2	내가 한 일이 잘한 일이라면 반드시 인정받아야 하며 그러지 못하면 화가 난다.		
3	온라인 게임에서 본인의 의도대로 되지 않아 화가 난 적이 여러 번 있다.		
4	자신이 하는 일이 잘 풀리지 않으면 쉽게 포기하고 좌절감을 느낀다.		
5	타인의 잘못을 그냥 넘기지 못하고 꼭 마찰이 일어난다.		
6	다른 사람들이 나를 무시하는 것 같고 억울하다는 생각이 자주 든다.		
7	화가 나면 주변의 물건을 집어 던진다.		

8	화가 나면 상대방에게 거친 말과 함께 폭력을 행사한다.		
9	분이 쉽게 풀리지 않아 우는 경우가 종종 있다.		
10	내 잘못도 다른 사람의 탓을 하면서 화를 낸다.		
11	중요한 일을 앞두고 화가 나 그 일을 망친 적이 있다.		
12	분노의 감정을 어떻게 해야 할지 모르겠다.		

출처: 삼성서울병원(http://www.samsunghospital.com/).

※ 검사 결과는 다음과 같이 해석해 볼 수 있다. 12개의 문항 중 '예'를 체크한 문항이 1~3개일 경우 감정조절이 가능한 단계, 4~8개일 경우 감정조절 능력이 약간 부족한 단계, 9개 이상일 경우 간헐적 폭발장애가 의심되는 단계이다.

2. 성 관련 장애

성적 욕구, 성적 쾌락은 인간의 기본동기이며, 성은 전체 인격의 일부이며 성적 발달은 인격발달과 함께 이루어진다. 성적 행동은 생물학적·정신적·사회적 요인들의 복합적 상호작용의 결과이다. 개인의 신체조건, 인격, 자아에 대한 감각, 젠더(gender)에 대한 인식, 성장기 경험, 대인관계, 생활 및 사회문화적 환경 등의 요인에 의해 성적 행동이 결정된다. 심리성적 요인은 정신성(psychosexuality, 성에 의해 영향을 받는 인격의 발달과 기능), 성 정체성(sexual identity, 생물학적 특성), 성적 정체성(gender identity, 성적 역할), 성적 지향(sexual orientation, 성충동을 느끼는 대상)이 있다.

1) 성기능부전

성기능부전은 임상적으로 성적 반응, 성적 즐거움을 경험하는 것을 방해하는 다양한 기능 의 문제를 말하며, 성반응주기(성욕구단계, 흥분단계, 절정단계, 해소단계)를 특징짓는 성적 과정에서의 장애이다. 성적 기능은 생물학적·사회문화적·심리적 요인들 간의 복잡한 상호작용이 관련되어 있다. 동반자 요인으로는 동반자의 성적 문제, 건강 상태 등이 있으며, 관계 요인으로는 불량한 의사소통, 성적 활동의 욕구에 대한 차이 등이 있다. 개인의 취약성 요인으로는 불량한 신체상, 성적 또는 정서적 학대의 과거력이 있으며, 정신과적 요인으로는 우울증, 불안 등이 있다. 스트레스 요인으로는 실직, 애도 반응 등이 있으며, 문화적 또는 종교적 요인으로는 성적 활동이나 즐거움에 대한 금기로 인한 억제, 성에 대한 태도 등이 있다. 성과 생리에 대한 무지, 혐오와 기피, 상대방과의 상호관계에 있어서 거부, 증오, 무관심, 결혼생활의 불화, 대화와 감정교류의 결핍은 성기능부전을 악화시킬 수 있다. 성기능부전은 사정 지연, 발기장애, 여성 극치감(절정감) 장애, 여성 성적 관심/흥분 장애, 성기-골반 통증/삽입 장애, 남성 성욕감퇴 장애, 조기사정으로 구분될 수 있다.

성기능부전이 발생하는 원인은 다양하게 존재한다. 성을 죄악시하는 종교적 편견, 성추행이나 성폭행으로 인한 충격적 성경험, 동성애 성향으로 인한 발기장애나 절정감 장애, 비과학적인 왜곡된 정보로 인한 잘못된 성지식, 과도한 음주로 인한 성적 흥분의 감소 효과, 성병, 약물복용, 당뇨병 등으로 인한 신체적 문제, 남성과 여성의 성역할에 대한 사회문화적 요인 등이 있다. 성적 수행에 대한 두려움(Fear about Sexual Performance) 또한 성기능부전의 요인으로 작용할 수 있는데, 성기능을 발휘하지 못하여 상대방을 실망시킬 것에 대한 두려움으로 인한 불안과 긴장이 성기능을 억제하는 것이다. 성행위에 몰두하지 못하고 자신의 성적 반응상태를 평가하는 행위, 즉 관찰자적 행위는 성기능을 억제하고 위축시킬 수 있다.

성기능부전 치료를 위해 부부치료와 정신분석치료, 인지행동치료가 주로 활용된다. 부부치료에서는 성기능장애의 증상과 원인에 대한 다각적 평가가 이루어진다. 정신분석치료에서는 배우자에 대한 무의식적 갈등과 분노 해소, 부 또는 모에 대한 무의식적인 성적 갈등 해결을 목표로 두고 행해진다. 인지행동치료에서는 성에 대한 역기능적 신념의 자각과 변화, 성행위 시의 부정적 사고에 대한 탐색과 변화를 시도한다.

(1) 사정 지연

사정 지연은 사정에 도달하지 못하거나 사정에 도달하는 시간이 지연되는 것을 말하며, 적절한 성적 자극과 사정하고 싶은 욕구에도 불구하고 사정이 불가능하거나 사정에 어려움을 겪는다. 현저한 사정 지연, 현저하게 드문 사정 또는 사정의 부재가 최소한 6개월 이상 지속되고 개인에게 임상적으로 현저한 고통을 초래할 경우 진단될 수 있다. 노화에 따른 빠른 전도성의 말초감각신경의 상실과 성 스테로이드 분비의 감소가 50대 이상 남성에서의 사정 지연과 관련 있다.

(2) 발기장애

발기장애(Erectile Disorder)는 성행위의 욕구가 있음에도 불구하고 음경이 발기되지 않아 성교에 어려움을 겪는 상황을 말한다. 동반자가 있는 성적 활동에서 남성의 성기가 발기되지 않거나 성행위를 마칠 때까지 발기를 유지하지 못하는 일이 대부분의 성행위(75~100%) 시에 6개월 이상 반복적으로 나타날 경우 발기장애로 진단될 수 있다. 발기장애가 특정한 형태의 자극이나 특정 동반자 등의 특정 상황에서 발생할 수도 있고 혹은 일반적인 방법이나 모든 방식의 상황, 자극, 동반자와의 관계에서 발생할 수도 있다. 발기장애 문제가 발생하면, 낮은 자존감, 자신감 저하, 남성성의 감소, 우울감을 경험하게 된다. 발기장애의 경우 남성에게 있어 가장 빈도가 높은 성기능장애이다. 청장년의 8%가 발기장애 문제를 지니며, 나이가 증가함에 따라 빈도가 늘어나 80대가 되면 75%가 영구적 발기불능 현상을 보인다고 보고되고 있다(Weinhardt & Carey, 1996). 과거 성교를 하기 위해 필요한 시간만큼 발기를 유지해 본 적이 없는 경우를 일차적 발기부전(primary impotence)라고 하며, 이전에 적절한 발기 경험이 있으나 어느 시점 이후 발기에 어려움을 겪는 경우를 이차적 발기부전(secondary impotence)라고 한다. 일차적 발기부전은 1~3.5%이며, 이차적 발기부전은 성인 남성의 10~20% 정도로 보고되고 있다.

발기장애의 원인으로 신경학적 요인, 사회심리적 요인이 있다(Phatarpekar, Wen, & Xia, 2010). 신경학적 요인으로는 다발성 경화증과 같은 만성질환과 기타 신경계 질환, 피부경화증, 만성 폐쇄성 폐질환 등이 있다. 사회심리적 요인에서는 정서적 스트레스, 우울, 불안 등이 발기부전을 유발한다고 보고 있다. 또한 과도한 음주나 흡연, 정신적 사랑과 성적 욕구 사이의 갈등, 상대에 대한 신뢰감 부족 등도 발기장애에 영향을 줄 수 있다고 보았다.

(3) 여성 극치감(절정감) 장애

여성 극치감 장애(Female Orgasmic Disorder)는 적절한 성적 자극이 주어졌음에도 불구하고 절정감을 느끼지 못하는 경우를 말한다. 성행위 시에 극치감을 경험하기 어렵거나 극치감의 강도가 반복적·지속적으로 결여되거나 지연되며, 종종 성적 관심 혹은 성적 각성과 관련된 문제를 동시에 가지고 있다. 성행위 시 절정감을 거의 느끼지 못하거나 절정감 강도가 현저하게 약화되는 일이 대부분의 성행위

(75~100%) 시 6개월 이상 반복적으로 나타날 경우 여성 극치감 장애로 진단될 수 있다. 여성 극치감 장애의 경우 여성이 나타내는 성기능장애 중 가장 흔한 것으로 성인 여성의 약 10%가 경험한다고 보았다. 일반적으로 나이가 많아짐에 따라 절정감을 경험하기 쉽기 때문에 젊은 여성에게 더 흔하게 나타난다.

여성 극치감 장애의 원인은 사회심리적 요인이 대표적이다(Laan, Rellini, & Barnes, 2013). 부부간의 갈등이나 긴장, 임신에 대한 상반된 감정, 상대방에 대한 매력 상실, 성에 대한 억제 또는 혐오, 죄의식, 과거의 충격적인 성경험 등이 여성 극치감 장애를 유발시킨다고 보고되고 있다.

(4) 여성 성적 관심/흥분 장애

여성 성적 관심/흥분 장애(Female Sexual Interest/Arousal Disorder)는 성욕 저하와 신체적 흥분 저하가 함께 나타나는 것을 말한다. 남성의 경우는 성욕 저하와 발기 부전이 별개로 나타나는 경우가 대부분이어서 남성 성적 흥분장애와 발기장애로 구분하고 있으나, 여성의 경우 성욕 저하와 신체적 흥분 저하가 함께 나타나는 경우가 흔하기 때문에 성적 관심/흥분 장애로 통합하여 명명하고 있다. 여성 성적 관심/흥분 장애의 유병률은 성인 여성 기준 14%로 보고되고 있으며, 성기능 문제로 치료기관을 찾는 여성의 51%가 성적 흥분장애를 호소하고 있음이 보고된다(Brotto & Luria, 2014).

여성 성적 관심/흥분 장애의 원인은 심리사회적 요인을 들 수 있다. 극치감 문제, 성교통, 드문 성적 활동, 연인 간의 성욕 불일치, 관계의 어려움, 기분장애 등과 관련이 있다. 또한 부부간의 불화, 우울증, 과거의 심한 성적 공포감, 동성애적 충동, 자신의 신체에 대한 부정적 이미지 등도 여성 성적 관심/흥분 장애의 주요 요인이 될 수 있다.

(5) 성기-골반 통증/삽입 장애

성기-골반 통증/삽입 장애(Genito-Pelvic Pain/Penetration Disorder)는 성교 시 지속적으로 통증을 경험하여 성행위를 고통스럽게 느끼는 것을 말한다. 성행위 시에 질 삽입의 어려움, 성교를 시도하는 동안 생식기나 골반의 심한 통증, 성교 시 생식기나 골반의 심한 통증에 대한 공포, 질 삽입을 시도하는 동안 골반 근육의 심한 수축 중 1개 이상의 문제가 6개월 이상 나타난다면 진단된다. 이러한 문제로 인해 개인에게 심각한 고통이나 대인관계의 어려움이 초래되는 경우도 나타날 수 있다. 성기-골반 통증/삽입 장애의 유병률은 미국 여성의 경우 15%가 성교 시 통증을 경험한다고 보고되고 있다(Alizadeh, Farnam, Raisi, & Parsaeian, 2019).

성기-골반 통증/삽입 장애의 원인은 심리적 요인(성폭행)과 신체적 요인(폐경기)이 있다. 심리적 요인으로는 어린 시절의 성적 학대, 강간 등의 고통스러운 경험이 성인이 되어 성교 시 통증을 유발시킬 수 있다고 보았다. 신체적 요인으로는 폐경기 전후에 나타날 수 있으며, 이 외에도 성행위에 대한 죄의식, 상대방에 대한 거부감과 혐오감 등이 원인이 될 수 있다고 보고되고 있다.

(6) 남성 성욕감퇴 장애

남성 성욕감퇴 장애(Mail Hypoactive Sexual Desire Disorder)는 성적 욕구를 느끼지 못하거나 성욕이 현저하게 저하되어 스스로 고통스럽게 생각하거나 대인관계에 어려움을 느끼는 것을 말한다. DSM-5에 따르면, 6개월 이상 성적 공상이나 성행위 욕구가 지속적으로 결여되어 있는 상태를 말한다. 성적 공상이나 성행위 욕구의 결여는 개인의 나이와 사회문화적 맥락을 고려해야 하며, 이러한 문제로 인해 개인에게 심각한 고통이나 대인관계의 어려움이 초래되는 경우 남성 성욕감퇴 장애로 진단될 수 있다. 성욕감퇴 장애의 유병률은 젊은 남성(18~24세)의 약 6%, 노년기 남성(66~74세)의 약 41%가 성욕구 저하나 결핍을 경험한다고 보고되고 있다.

성욕감퇴 장애의 원인은 사회심리적 요인으로 인한 경우가 대부분이다. 부부간 갈등이 가장 흔한 원인이 될 수 있으며, 어렸을 때 심한 성적 공포감이나 성적 학대 경험이 성욕감퇴 장애의 원인이 되기도 한다.

(7) 조기사정

조기사정(Premature Ejaculation)은 여성이 절정감에 도달하기 전에 미리 사정하는 일이 반복적으로 나타나는 경우를 말하며, 흔히 '조루증'이라고 한다. 남성의 성기를 여성의 질에 삽입한 후 약 1분 이내에 그리고 사정을 원하기 전에 일찍 사정하게 되는 일이 대부분의 성행위(75~100%) 시에 6개월 이상 반복적으로 나타날 경우 조루증으로 진단되며, 사정을 자신의 뜻대로 전혀 조절할 수 없는 점에서 큰 어려움을 가진다. 조루증은 남성이 지니는 성기능장애 중 가장 흔한 것으로, 모든 연령대의 남성들 중 25~40%가 사정을 조절하는 데 어려움을 겪고 있음이 보고되고 있다. 객관적 진단 방법이 없기 때문에 적게는 4%, 많게는 66%까지 조루증의 유병률을 보고하고 있다.

조루증의 원인은 신경학적 요인, 정신분석적 요인, 사회심리적 요인이 있다. 신경학적 요인에서는 중추신경계에서 세로토닌의 농도가 감소한 경우 조루증이 나타날 수 있다고 보고하고 있으며, 내분비장애로 인해 생식선 기능이 지나치게 활성화된 경우도 조루증이 나타날 수 있다고 보고된다. 정신분석적 요인에서는 조루증을 지닌 남자들이 여성의 질에 대해 가지는 무의식적 공포가 조루증의 원인으로 보고 있다. 사회심리적 요인으로는 신체적 과로, 과음상태, 심한 스트레스, 성경험 부족이 원인이 될 수 있다고 보았다.

(8) 지루증

지루증(Delayed Ejaculation)은 사정에 어려움을 겪으면서 성적 절정감을 느끼지 못하는 경우를 말하며 남성 절정감 장애(Male Orgasmic Disorder)라고도 한다. 성행위 시에 사정이 현저하게 지연되거나 사정을 하지 못하는 일이 대부분의 성행위(75~100%) 시에 반복적으로 6개월 이상 나타날 경우 진단될 수 있다. 지루증은 부부갈등, 상대방에 대한 매력 상실, 임신에 대한 두려움, 상대방에 대한 적대감 등의 심리적 원인에서 비롯된다. 지루증의 유병률은 성인 남성 약 4~10%가 절정감 장애를 지니고 있는 것으로 보고되고 있으며, 성 클리닉을 찾는 사람 중 3~17%는 지루증을 진단받는다.

2) 성별 불쾌감(성정체감) 장애

성별 불쾌감 장애(Gender Identity Disorder)는 자신의 생물학적 성과 성역할에 대해 지속적으로 불편감을 느끼며 자신의 성을 혐오하고 이로 인해 고통받는 것을 의미하며, 성 불편증(Gender Dysphoria)이라고 불리기도 한다. 이성이 되고 싶은 강한 갈망 또는 자신이 이성이라고 주장하며 이성의 복장을 입거나 흉내내기를 선호하며, 자신의 성의 복장을 착용하는 것에 강한 저항을 보인다. 가상 놀이에서 이성의 역할을 강하게 선호하며 이성이 사용하거나 참여하는 인형, 게임, 활동을 강하게 선호한다. 그들은 다른 성이 되기 위해 성전환수술이나 호르몬 치료를 받고 싶어 한다. 성별 불쾌감 장애의 유병률은 성인 남성의 경우 0.005~0.014%, 성인 여성의 경우 0.002~0.003%로 보고되고 있다. 성별에 따른 남녀의 비율은 아동기에 5 대 1로 남아가 여아에 비해 높으며, 성인의 경우 남성이 여성에 비해 2~3배 높은 비율을 보인다(Blosnich et al., 2013)

성별 불쾌감 장애의 발병 시기는 아동기, 청소년기, 성인기에 걸쳐서 나타나며 연령에 따라 다른 형태로 표현된다. 아동기는 소아기 성 정체성 장애로 어린아이가 생물학적 성에 대한 부적절감과 불편감을 가지는 것을 의미한다. 여아들은 남자가 되고 싶어 하고 남자라고 우기고 남자 옷을 입고 남아와 어울린다. 음경이 자랄 것이라 믿거나 음경이 있다고 생각하기도 하며 서서 소변을 보려고 하고 유방, 월경을 거부한다. 남아들은 여자가 되고 싶어 하고 여자라고 우기고 여자 옷을 입고 여자아이의 놀이를 한다. 청소년기에는 아동 또는 성인과 유사하며 2차 성징과 같은 신체적 변화에 대해 염려한다. 등교 거부, 우울증, 불안, 물질남용 등이 초래될 수 있다. 성인기에는 자신의 해부학적 성에 대해 지속적으로 불편을 느끼며 다른 성이 되기를 원하여 다른 성의 역할을 하거나, 다른 성의 옷을 입거나 그러한 공상을 하며, 성전환수술을 원한다. 남성의 경우 거세하거나 여성호르몬을 사용하며, 여성의 경우 유방, 자궁을 제거하고 남성호르몬을 사용한다. 성별 불쾌감(성정체감) 장애는 성적 관계 문제, 학교와 직장에서의 기능 저하, 사회적 낙인, 차별로 인해 부정적 자아개념, 동반 정신질환의 발생, 자퇴, 실직 등 경제활동의 소외 등을 초래한다.

- 트랜스젠더(transgender): 일시적 혹은 지속적으로 자신의 출생 성별과 다른 성별을 동일시하는 사람
- 성전환자(transsexual): 남성에서 여성 또는 여성에서 남성으로 변화를 겪는 또는 변화하려는 사람

성별 불쾌감 장애의 원인으로 생물학적 요인과 사회심리적 요인을 들 수 있다. 생물학적 요인에서는 유전자 이상과 태내 호르몬 이상이 성별 불쾌감 장애를 유발한다고 보고 있다. 사회심리적 요인에서는 양육 시 아동의 기질, 부모의 양육태도, 주위환경, 이성의 부모를 과도하게 동일시하거나 성적 학대를 받은 경험 등이 성별 불

쾌감 장애를 유발한다고 본다.

3) 성도착장애

성도착장애(Paraphilic Disorders)는 성행위 대상이나 성행위 방식에서 비정상성을 보이는 것을 말하며 '변태성욕증'이라고 불리기도 한다. 부적절한 대상이나 목표에 대해 강렬한 성적 욕망을 느끼고 성적 상상이나 행위를 반복적으로 나타낸다. 성도 착장애의 하위유형으로는 노출 장애, 관음 장애, 마찰도착장애, 성적 피학 장애, 성적 가학 장애, 소아성애 장애, 물품음란 장애, 복장도착장애가 있다.

노출장애(Exhibitionistic Disorder)는 낯선 사람에게 자신의 성기를 노출시키는 것으로, 노출하거나 노출했다는 상상을 하면서 자위행위를 하기도 한다. 관음 장애(Voyeuristic Disorder)는 다른 사람이 옷을 벗고 있거나 성행위를 하는 모습을 숨어서 훔쳐 봄으로써 성적 흥분을 느끼는 경우를 말한다. 마찰도착장애(Frotteuristic Disorder)는 동의하지 않은 사람에게 자신의 성기나 신체 일부를 접촉하거나 문지르는 행위를 반복적으로 나타내는 경우를 말하며, '접촉마찰장애'라고도 한다. 성적 피학 장애(Sexual Masochism Disorder)는 굴욕을 당하거나 매질을 당하거나 묶이는 등 고통을 당하는 행위를 통해 성적 흥분을 느끼거나 성적 행위를 반복하는 경우를 말하는데 이는 실제일 수도 가상일 수도 있다. 성적 가학 장애(Sexual Sadism Disorder)는 상대방으로 하여금 고통이나 굴욕감을 느끼게 함으로써 성적 흥분을 즐기거나 그러한 성적 행위를 반복하는 경우를 말한다. 소아성애 장애(Pedophilic Disorder)는 사춘기 이전의 아동을 대상으로 하여 성적 공상이나 성행위를 6개월 이상 반복적으로 하는 경우를 말한다. 물품음란 장애 혹은 성애물 장애(Fetishistic Disorder)는 무생물인 물건에 대해서 성적 흥분을 느끼며 집착하는 경우를 말한다. 여성의 내의, 스타킹, 신발 등의 물건을 만지거나 문지르거나 냄새를 맡으면서 자위를 하기도 한다. 복장도착장애 혹은 의상전환 장애(Transvestic Diosrder)는 이성의 옷으로 바꿔 입음으로써 성적 흥분을 하는 경우를 말한다. 기타 성도착장애로는 동물애증, 시체애증, 외설언어증, 전화외설증 등이 있다. 성도착장애의 유병률은 50% 이상이 기혼자이며, 남녀의 비율은 20 대 1이다. 18세 이전에 발병하고 20세 중반까지 흔하다가 그 이후 감소한다.

성도착장애의 원인으로 정신분석적 요인, 행동주의적 요인이 있다. 정신분석적 요인에서는 성도착장애를 유아적인 성적 발달단계에 대한 고착이 성인기까지 지속된 것으로 보았다. 행동주의적 요인에서는 고전적 조건형성 과정을 통해 성도착장애가 발생하였다고 보았다.

성도착장애 치료를 위해 정신분석치료, 행동주의치료가 주로 활용된다. 정신분석치료에서는 성도착장애 환자가 어린 시절 경험한 성적인 충격 경험을 회상해 내고 거세불안을 위시한 심리적 갈등이 성도착 문제로 나타날 수 있음을 깨닫게 한다. 행동주의치료에서는 물건과 성적 흥분의 잘못된 조건형성을 행동적 재조건형성 (re-conditioning)을 통해 수정하고자 하였다. 사회기술훈련, 자기주장훈련 또한 성도착장애를 치료하는 데 효과적임을 제안하고 있다.

4) 성 관련 장애 관련 영화

〈소년은 울지 않는다〉(2000)

〈세크리터리〉(2003)

〈킨제이 보고서〉(2005)

〈트랜스 아메리카〉(2006)

〈플루토에서 아침을〉(2007)

〈더 리더: 책 읽어 주는 남자〉(2009)

〈가져선 안 될 비밀〉(2011)   〈셰임〉(2013)   〈돈 존〉(2014)

5) 활동

활동 1. 영화 〈셰임〉(2013)을 감상한 후, 다음을 생각해 봅시다.

Q1. 영화에서 가장 인상적인 장면은 무엇입니까?

Q2. 영화 속 주인공이 겪고 있는 성 관련 장애는 무엇입니까?

Q3. 영화 속 주인공을 비롯한 등장인물들이 보이는 행동적 특징은 무엇인가요?

Q4. 영화를 감상한 후 느낀 점에 대해 자유롭게 이야기해 봅시다.

활동 2. 영화 〈세크리터리〉(2003)를 감상한 후, 다음을 생각해 봅시다.

Q1. 영화에서 가장 인상적인 장면은 무엇입니까?

Q2. 영화 속 주인공이 보이는 성도착장애의 유형은 무엇입니까?

Q3. 영화 속 등장인물들이 경험하고 있는 병리적 대인관계로 인해 나타날 수 있는 부작용들은 무엇입니까?

Q4. 영화를 감상한 후 느낀 점에 대해 자유롭게 이야기해 봅시다.

참고문헌

권석만(2013). 현대 이상심리학(2판). 서울: 학지사.

권석만(2015). 이상심리학의 기초. 서울: 학지사.

이순민(2014). 정신건강론. 서울: 학지사.

Alizadeh, A., Farnam, F., Raisi, F., & Parsaeian, M. (2019). Prevalence of and risk factors for genito-pelvic pain/ penetration disorder: A population-based study of Iranian women. *The Journal of Sexual Medicine, 16*(7), 1068-1077.

Blosnich, J. R., Brown, G. R., Shipherd, PhD, J. C., Kauth, M., Piegari, R. I., & Bossarte, R. M. (2013). Prevalence of gender identity disorder and suicide risk among transgender veterans utilizing veterans health administration care. *American Journal of Public Health, 103*(10), e27-e32.

Brotto, L., & Luria, M. (2014). Sexual interest/arousal disorder in women. *Principles and Practice of Sex Therapy, 5*, 17-41.

Burton, P. R., McNiel, D. E., & Binder, R. L. (2012). Firesetting, arson, pyromania, and the forensic mental health expert. *Journal of the American Academy of Psychiatry and the Law Online, 40*(3), 355-365.

Coccaro, E. F. (2012). Intermittent explosive disorder as a disorder of impulsive aggression for DSM-5. *American Journal of Psychiatry, 169*(6), 577-588.

Grant, J. E., & Odlaug, B. L. (2011). Assessment and treatment of pyromania. In P. E. Nathan (Series Ed.), J. E. Grant & M. N. Potenza (Vol. Eds.), *The oxford library of psychology: Oxford handbook of impulse control disorders* (pp. 353-359). Oxford, UK: Oxford University Press.

Grant, J. E., Odlaug, B. L., & Kim, S. W. (2010). Kleptomania: Clinical characteristics and relationship to substance use disorders. *The American Journal of Drug and Alcohol Abuse, 36*(5), 291-295.

Hamilton, S., & Armando, J. (2008). Oppositional defiant disorder. *American Family Physician, 78*(7), 861-866.

Hooley, J. M., Maher, W. B., & Maher, B. A. (2013). *Abnormal psychology*. New York, NY: John Wiley & Sons, Inc.

Kazdin, A. E. (1993). Treatment of conduct disorder: Progress and directions in psychotherapy research. *Development and Psychopathology, 5*(1-2), 277-310.

Kessler, R. C., Coccaro, E. F., Fava, M., Jaeger, S., Jin, R., & Walters, E. (2006). The prevalence and correlates of DSM-IV intermittent explosive disorder in the National Comorbidity Survey Replication. *Archives of General Psychiatry, 63*(6), 669-678.

Laan, E., Rellini, A. H., & Barnes, T. (2013). Standard operating procedures for female orgasmic disorder: Consensus of the International Society for Sexual Medicine. *The Journal of Sexual Medicine, 10*(1), 74-82.

Lahey, B. B., Moffitt, T. E., & Caspi, A. (Eds.) (2003). *Causes of conduct disorder and juvenile delinquency*. New York, NY: Guilford Press.

Lejoyeux, M., McLoughlin, M., & Ades, J. (2000). Epidemiology of behavioral dependence: Literature review and results of original studies. *European Psychiatry, 15*(2), 129-134.

McLaughlin, K. A., Green, J. G., Hwang, I., Sampson, N. A., Zaslavsky, A. M., & Kessler, R. C. (2012). Intermittent explosive disorder in the national comorbidity survey replication adolescent supplement. *Archives of General Psychiatry, 69*(11), 1131-1139.

Nevid, J. S., Rathus, S. A., & Greene, B. (1991). *Abnormal psychology*. Hoboken, NJ: Prentice Hall.

Phatarpekar, P. V., Wen, J., & Xia, Y. (2010). Role of adenosine signaling in penile erection and erectile disorders.

The Journal of Sexual Medicine, 7(11), 3553-3564.

Schubiner, H., Tzelepis, A., Milberger, S., Lockhart, N., Kruger, M., Kelley, B. J., & Schoener, E. P. (2000). Prevalence of attention-deficit/hyperactivity disorder and conduct disorder among substance abusers. *Journal of Clinical Psychiatry, 61*(4), 244-251.

Turgay, A. (2009). Psychopharmacological treatment of oppositional defiant disorder. *CNS Drugs, 23*(1), 1-17.

Weinhardt, L. S., & Carey, M. P. (1996). Prevalence of erectile disorder among men with diabetes mellitus: Comprehensive review, methodological critique, and suggestions for future research. *Journal of Sex Research, 33*(3), 205-214.

서울삼성병원(http://www.samsunghospital.com/)

인간의 성격은 유전적 성향(53~57%)과 환경적 경험(43~47%)의 결정체(총화)로 이루어져 있으며, 출생부터 성인기 초기까지 독특한 심리적 특성으로 완성되어 간다. 성격은 성인기 초기까지 완성된 이후 죽을 때까지 거의 변하지 않는다(지속성, 일관성, 개별성). 자신의 성격에 아무런 잘못이 없으며, 잘못이 있는 것은 다른 사람이나 상황이라고 생각하고, 어릴 때부터 형성해 온 성격특성이 고착되어 이후 삶의 과정에 지속적으로 영향을 미치는 경향을 보인다. 성격장애(Personality Disorder)는 어린 시절부터 서서히 발전하여 성인기에 개인의 성격으로 굳어진 심리적 특성이 부적응적 양상을 나타내는 경우를 말한다. 성격장애가 다른 정신장애의 결과로 나타나는 것이 아니어야 하고, 약물복용 또는 약물남용의 생리적인 결과나 의학적 상태의 결과와 직접적인 관련이 없어야 한다.

DSM-5에서는 성격장애를 10가지 하위유형으로 구분하고 있으며 크게 세 가지 군집으로 분류하고 있다. 사회적으로 고립되어 있고, 이상하고 엉뚱한 성격유형인 A군 성격장애(Cluster A Personality Disorders)에는 편집성 성격장애, 조현성 성격장애, 조현형 성격장애가 포함되어 있다. 2015년 이전에는 조현성 성격장애 · 조현형 성격장애를 분열성 성격장애 · 분열형 성격장애로 사용하기도 하였으나, 2015년 이후에는 조현성 성격장애 · 조현형 성격장애라는 명칭으로 사용한다(이우경, 2021). 감정적이며 극적이고 변덕스러운 성격유형인 B군 성격장애(Cluster B Personality Disorders)에는 반사회성 성격장애, 연극성 성격장애, 경계성 성격장애, 자기애성 성격장애가 포함된다. 불안, 근심걱정, 두려움을 많이 느끼는 성격유형인 C군 성격장애(Cluster C Personality Disorders)에는 강박성 성격강애, 의존성 성격장애, 회피성 성격장애가 포함된다.

1. 기묘한(A군) 성격장애

A군 성격장애(Cluster A Personality Disorders)에는 불신과 의심, 경계와 긴장, 악의적인 태도를 가지는 편집성 성격장애와 사회적 무관심과 고립, 감정표현의 위축과 결여, 혼자 있기 원하는 조현성 성격장애, 대인관계의 기피, 인지적 · 지각적 왜곡,

기이한 외모와 행동, 심한 사회적 고립 상태의 조현형 성격장애가 포함된다.

1) 편집성 성격장애

편집성 성격장애(Paranoid Personality Disorder)는 타인에 대한 강한 의심과 불신을 지니고 적대적 태도를 나타내어서 사회적 부적응을 나타내는 성격특성을 말한다. 타인에 대한 불신과 의심, 다른 사람을 매우 불신하고 그들의 동기를 의심하며, 다른 사람의 약점과 실수에 매우 비판적이다. 자신의 삶에 문제 발생 시 타인을 비난하기 쉬우며 반복적으로 앙심을 품기도 한다. 편집성 성격장애를 지닌 사람은 친밀한 관계를 맺기 어렵고, 과도한 의심과 적대감으로 인하여 주변 사람들과 적대적인 관계를 형성하는 경우가 많다. 주변 사람들과 지속적 갈등을 경험하기 때문에 스트레스 또한 많이 경험하며, 우울, 공포, 강박, 알코올 남용과 같은 정신장애를 나타낼 가능성이 높다는 특징이 있다. 나아가 강한 스트레스로 인한 심리적 혼란 경험과 망상장애, 조현병 등의 문제가 나타나기도 한다. 다른 성격장애와의 관련성이 높기 때문에 조현형, 조현성, 자기애성, 회피성, 경계선 요소를 함께 지니고 있는 경우가 많다.

편집성 성격장애의 유병률을 살펴보면, 인구의 0.5~2.5%, 정신과 입원환자 10~30%, 정신과 외래환자 2~10%가 진단됨을 알 수 있고 남성이 여성보다 더 많다. 아동기와 청소년기부터 편집성 성격장애 징후가 나타난다고 보고되고 있는데, 그 징후로는 빈약한 친구 관계, 학교나 사회에 대한 불만, 과민하고 특이한 생각 등이 있다(Lee, 2017).

편집성 성격장애가 발생하는 원인으로 사회심리적 요인, 정신분석적 요인, 유전적 요인, 인지행동적 요인을 들 수 있다. 사회심리적 요인에서는 어린 시절에 부모로부터 가학적인 양육을 받은 경향이 있으며 이 과정에서 자신과 타인에 대한 가학적 태도를 내면화함으로써 편집성 성격장애가 나타날 수 있음을 보고하고 있다. 또한 가혹하고 학대적인 부모의 양육태도는 타인에 대한 깊은 불신을 학습하게 되고 아무도 신뢰하지 않으며 자신만이 결정의 주체임을 확신하게 한다고 주장하고 있다. 정신분석적 요인에서는 동성애적 욕구에 대한 불안을 제거하기 위한 방어기제, 부모의 성격특성과 양육방식에 따른 아동의 동일시와 투사가 편집성 성격장애를 유발시킨다고 보고 있다. 유전적 요인에서는 조현병의 유전인자, 망상장애(특히 피해망상) 인자가 편집성 성격장애를 발병시킬 수 있으며, 인지적 요인에서는 개인이 가진 잘못된 신념과 사고과정이 편집 증상을 유발시킨다고 제안하고 있다.

편집성 성격장애 치료를 위해 인지행동치료, 약물치료가 주로 활용된다. 인지행동치료에서는 편집성 성격장애 환자들이 겪고 있는 문제와 갈등의 근원이 자신에게 있음을 자각하고, 자신을 변화시키기 위해 실제적 노력을 시도하도록 돕는다. 구체적으로는 환자의 자기효능감을 증진시키고, 환자의 자동적 사고, 대인관계 행동, 기본 가정 등과 같은 측면들을 수정할 수 있도록 돕는다. 첫째, 환자가 문제 상황을 다루는 능력이 있음에도 불구하고 그 상황에 대한 위험성을 과대평가하거나 혹은 자신의 대처능력을 과소평가하는 경우에는 자기효능감을 증진시킬 수 있도록 한다. 둘째, 환자가 문제 상황을 다루는 데 있어서 필요한 능력을 지니지 않았거나 혹은 대처 기술을 향상시킬 만한 여지가 있는 경우에는 대처 기술 향상을 이끄는 개입을 통해 자기효능감이 증진될 수 있도록 한다. 약물치료에서는 항불안제, 망상적일 때는 항정신병제를 사용한다.

2) 조현성 성격장애

조현성 성격장애(Schizoid Personality Disorder)는 다른 사람들과의 친밀한 관계를 맺는 데에 관심이 없고 감정표현이 부족하여 사회적 적응에 현저한 어려움을 나타내는 성격특성을 말한다. 사회적으로 위축되고 고립되어 있으며, 다른 사람들과 어울림이나 접촉을 거부하고 관계에서의 만족감을 찾지 못하며, 혼자서 외롭게 대부분의 시간을 보낸다. 조현성 성격장애는 몇 가지 하위유형으로 구성되어 있다 (Millon, 1996). 첫 번째, 감정표현이 없는(affectless) 유형으로 강렬한 감정을 잘 드러내지 않고, 반응이 없으며, 기운이 없고, 생기가 없고, 흥분하지 않고, 모든 정서가 감소된 특징을 보인다. 두 번째, 대인관계에서 거리를 두는(remote) 유형으로 다른 사람들과 거리를 두고 동떨어져 지내며, 다가가기 힘들고, 혼자 외롭게 고립되며, 은둔적이고, 목적 없이 떠도는 특징을 보인다. 세 번째, 맥이 빠진 채 침체된 (languid) 유형으로 심한 무기력감에 사로잡혀 있으며, 거의 활동을 안 하고, 침체되어 있고, 지친 듯이 보이며, 쇠약한 특징을 보인다. 네 번째, 이인화 경향을 보이는 (depersonlaized) 유형으로 타인 및 자신에게 관여를 하지 않고, 자신을 육체로부터 이탈되거나 동떨어져 있는 대상으로 간주, 자신의 육체와 정신이 서로 분할되고 격리·분리·제거된 것으로 생각하는 특징을 보인다.

조현성 성격장애의 유병률을 살펴보면, 인구 중 1% 미만에게서 나타나며, 남성이 여성보다 약간 더 많고 남성일 경우 증상이 더 심각한 경향을 보일 수 있음을 제시하고 있다. 강한 스트레스에 망상장애나 조현병으로 발전할 수도 있다. 아동기와 청소년기부터 조현성 성격장애 징후가 나타난다고 보고되고 있으며, 그 징후로는 사회적 고립과 빈약한 친구 관계, 학교성적 저하 등이 있다.

조현성 성격장애가 발생하는 원인으로 사회심리적 요인, 대상관계 요인, 인지행동적 요인을 들 수 있다. 사회심리적 요인에서는 어려서 부모로부터 충분히 수용되지 못하거나 거부당하는 경험, 가정의 분위기가 형식적이고 경직되어 있을 수 있고 가족 구성원들이 싸우지는 않으나 애정표현이 결여되는 경험 등이 있다. 부모는 지배적·강요적·적대적 태도를 지니고 있으며, 불안하고 냉정하며 항상 거리감을 갖게 하는 부모로부터 자란 사람은 조현성 성격장애가 나타날 수 있다. 대상관계 요인에서는 어린 시절 충족되지 못한 접촉 욕구로 인하여 증상이 초래될 수 있음을 제안하였다. 조현성 성격장애를 가진 부모들은 자녀를 수용하지 않거나 학대하는 경우가 많이 발생하는데 이러한 경험은 사랑을 주고받지 못하는 상황에 이르게 한다. 인지행동적 요인에서는 '나는 혼자 있는 것이 낫다' '아무도 나를 간섭하지 않는다' '다른 사람과 관계를 맺으면 문제가 일어난다' '나는 사회 속에 어울리기에는 부적절한 사람이다'라는 생각을 내면적으로 가지고 있기 때문에 조현성 성격장애가 발생할 수 있음을 설명하고 있다.

조현성 성격장애 치료를 위해 심리치료, 인지행동치료, 약물치료가 주로 활용된다. 심리치료에서는 환자가 적절한 감정을 표현하고 사회적 고립에서 벗어나며, 사회적 상황에 효과적으로 적응하도록 돕는다. 장기적인 치료적 동맹관계를 유지해야 한다. 인지행동치료에서는 조현성 성격장애를 겪고 있는 환자들은 돕기 위해 그들이 사회적 고립에서 벗어나고 사회적 상황에 효과적으로 적응할 수 있도록 하는 데 초점을 둔다. 이를 위한 구체적 방법으로 환자들이 가진 불안과 핵심믿음을 재구성하는 데 초점을 둔다. 약물치료에서는 항정신병제, 항우울제, 중추신경자극제를 사용하여 조현성 성격장애를 치료한다.

3) 조현형 성격장애

조현형 성격장애(Schizotypal Personality Disorder)는 사회적으로 고립되어 있으며 기이한 생각이나 행동을 나타내어 사회적 부적응을 초래하는 성격특성을 말한다. 친밀한 관계에서 극도의 불편함을 느끼고 기이한 사고와 지각 및 특이한 행동을 한다. 조현성 성격장애와 조현형 성격장애를 감별하기 위해서는 두 장애 간 차이를 살펴보아야 한다. 두 장애 모두 사회적 상호작용에서의 결핍을 가진다는 공통점을 지니고 있으나, 조현형 성격장애 환자들은 일반적으로 기이한 믿음, 지각적 이상 경험, 마술적 사고, 행동이나 외모가 평범하지 않고 기괴한 모습을 보인다. 또한 경미한 조현병적 증상을 동반하기 때문에 과거에는 단순형 조현병으로 불리기도 하였다. 이에 반해 조현성 성격장애 환자들은 무관심하게 초연하고, 동떨어져 지내고, 두드러지지 않는 모습을 보인다.

조현형 성격장애의 유병률을 살펴보면, 인구 중 3.9%에서 나타나며 남성이 여성보다 더 많이 나타나며 유전성이 강하다고 보고되고 있다. 조현형 성격장애는 비교적 안정된 상태로 지속되는 경향은 있지만 조현병, 다른 정신병적 장애로 발전되기도 한다. 조현형 성격장애 진단자 중 30~50%는 과거 주요우울장애를 경험한 경우가 많다(Pulay et al., 2009).

조현형 성격장애가 발생하는 원인으로 유전적 요인, 사회심리적 요인, 인지적 요인을 들 수 있다. 유전적 요인에서는 조현병 유전인자와 인지 및 신경심리 결함(뇌실 확장, 적은 양의 측두엽 회백질)이 조현병과 밀접한 유전적 소인이 관여하고 있음을 제시하고 있다. 사회심리적 요인에서는 부모의 양육방식, 부모의 냉담성, 의사소통 부재, 불안정한 애착, 무시와 학대, 방치, 조기분리, 심리적 외상 등이 조현형 성격장애 발생에 영향을 미친다고 보고 있다. 인지적 요인에서는 관계망상, 마술적 사고, 괴이한 믿음의 원인인 내면적 사고가 왜곡되어 조현형 성격장애가 유발될 수 있음을 말해 주고 있다.

조현형 성격장애의 경우 치료가 어려우며, 약물치료와 인지행동치료, 행동치료가 주로 활용된다. 약물치료에서는 때로는 항정신병제, 항우울제를 사용하여 효과성이 입증되었으나, 부작용이 나타난다. 인지행동치료에서는 환자에게 현실을 직시시키고자 할 때 이에 대해 극심한 스트레스를 경험하므로 주변환경 평가, 돌봄을 이끌어 내는 것이 절대적 영향으로 작용한다. 행동치료에서는 해석을 하지 않는 것이 가장 치료적일 수 있으며 치료자와의 관계 형성이라는 새로운 경험을 제공하는 것에 주 목적을 두는 것이 가장 효과적이다. 증상들이 매우 다양하고 개인차가 있기 때문에 상태를 정확하게 평가하는 것이 매우 중요하다. 체계적이고 지지적이며 사회적인 기술들을 가르치는 것에 초점을 둘 때 가장 효과적일 수 있다.

4) 기묘한(A군) 성격장애 관련 영화

〈프렌치 커넥션〉(1971)

〈적과의 동침〉(1991)

〈택시 드라이버〉(1996)

〈그 남자는 거기 없었다〉(2001)

〈바틀비〉(2001)

〈지구를 지켜라!〉(2003)

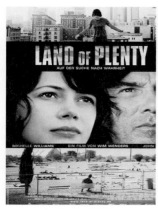

〈랜드 오브 플렌티〉(2005)   〈찰리와 초콜릿 공장〉(2005)   〈레인 오버 미〉(2007)

5) 활동

활동 1. 영화 〈적과의 동침〉(1991)을 감상한 후 이야기해 봅시다.

Q1. 영화에서 가장 인상적인 장면은 무엇입니까?

Q2. 편집성 성격장애의 행동 특성과 영화 속 남편의 행동 간 공통점은 무엇입니까?

Q3. 편집성 성격장애를 극복하기 위한 방법은 무엇입니까?

Q4. 영화 감상 및 토론 후 느낀 점에 대해 자유롭게 이야기해 봅시다.

활동 2. 영화 〈지구를 지켜라〉(2003)를 감상한 후 이야기해 봅시다.

Q1. 영화에서 가장 인상적인 장면은 무엇입니까?

Q2. 조현형 성격장애인 사람들에게서 관찰되는 특징과 영화 속 주인공의 언어,
    사고, 행위와의 관련성은 무엇입니까?

Q3. 조현성 성격장애를 가진 사람에게 가장 필요한 치료적 접근은 무엇입니까?

Q4. 영화 감상 및 토론 후 느낀 점에 대해 자유롭게 이야기해 봅시다.

활동 3. 편집성 성격장애 자가진단 검사

본 설문지는 편집성 성격장애 여부를 선별하기 위한 도구입니다. 총 7문항으로
각 문항에 해당하는 범주 하나를 체크해 봅시다.

문항	예	아니요
1 충분한 근거 없이 다른 사람이 자신을 관찰하고 해를 끼치며 속인다고 의심한다.		
2 친구나 동료의 믿음에 대하여 근거 없는 의심에 사로잡혀 있다.		
3 어떤 정보가 자신에게 나쁘게 이용될 수 있다는 두려움으로 인해 타인에게 비밀을 털어놓기 꺼려진다.		
4 호의적인 말이나 사건 속에서도 자기 품위를 손상시키거나 위협적인 숨겨진 의도를 읽어 내려고 한다.		
5 타인에게 모욕이나 상처를 받거나 경멸당하면 용서하지 않고 지속적으로 한을 품는다.		
6 타인은 그렇게 안 보는데도 자기 성격이나 명성이 공격당했다고 느끼고 즉시 화를 내거나 반격한다.		
7 특별한 근거 없이 연인이나 배우자의 순결성을 자꾸 의심한다.		

출처: 우리중독상담센터(http://www.savealcoholics.org/?page_id=541).

※ 검사 결과는 다음과 같이 해석해 볼 수 있다. 7개의 문항 중 4개 이상의 문항에서 '예'를 체크하였다면 편집성 성격장애에 해당될 수 있다.

활동 4. 조현성 성격장애 자가진단 검사

본 설문지는 조현성 성격장애 여부를 선별하기 위한 도구입니다. 총 7문항으로 각 문항에 해당하는 범주 하나를 체크해 봅시다.

문항	예	아니요
1 가족의 일원이 되는 것을 포함하여, 친밀한 관례를 원하지도 즐기지도 않는다.		
2 거의 항상 혼자서 하는 활동을 선택한다.		
3 다른 사람과 성 경험을 갖는 일에 거의 흥미가 없다.		
4 만약 있다고 하더라도, 소수의 활동에서만 즐거움을 얻는다.		
5 직계가족 이외에는 가까운 친구나 마음을 털어놓은 친구가 없다.		
6 타인의 칭찬이나 비평에 무관심해 보인다.		

7	정서적인 냉담, 무관심 또는 둔마된 감정 반응을 보인다. • 인생의 목표가 없는 듯 표류하는 삶을 살아간다. • 강한 스트레스가 주어지면 짧은 기간 동안 정신증적 증상을 나타내기도 한다. • 우울증을 지니는 경우가 흔하며, 다른 성격장애의 요소를 지니고 있는 경우가 많다.	

출처: 우리중독상담센터(http://www.savealcoholics.org/?page_id=541).

※ 검사 결과는 다음과 같이 해석해 볼 수 있다. 7개의 문항 중 4개 이상의 문항에서 '예'를 체크하였다면 조현성 성격장애에 해당될 수 있다.

활동 5. 조현형 성격장애 자가진단 검사

본 설문지는 조현형 성격장애 여부를 선별하기 위한 도구입니다. 총 9문항으로 각 문항에 해당하는 범주 하나를 체크해 봅시다.

	문항	예	아니요
1	관계망상과 유사한 사고		
2	행동에 영향을 미치는 괴이한 믿음이나 마술적 사고(미신, 텔레파시 등)		
3	신체적 착각을 포함한 유별난 지각 경험		
4	괴이한 사고와 언어(모호, 우회적, 은유적, 지나친 묘사 등)		
5	의심이나 편집증적인 사고		
6	부적절하거나 메마른 감정		
7	괴이하고 엉뚱하거나 특이한 행동이나 외모		
8	직계가족 외에는 가까운 친구나 마음을 털어놓을 수 있는 사람이 없음		
9	공포와 관련된 과도한 사회적 불안		

출처: 우리중독상담센터(http://www.savealcoholics.org/?page_id=541).

※ 검사 결과는 다음과 같이 해석해 볼 수 있다. 9개의 문항 중 5개 이상의 문항에서 '예'를 체크하였다면 조현형 성격장애에 해당될 수 있다.

2. 극적인(B군) 성격장애

B군 성격장애(Cluster B Personality Disorders)에는 사회적 규범과 법 어김, 타인의

인격과 권리 침해, 죄책감 결여를 포함하는 반사회성 성격장애, 타인의 애정과 관심을 끌기 위한 과장된 감정표현, 유혹적인 행동, 높은 피암시성을 포함하는 연극성 성격장애, 강렬하고도 불안정한 기분 및 대인관계, 분노, 충동성, 불안정성을 포함하는 경계성 성격장애, 자신에 대한 과대평가, 칭찬에 대한 욕구, 특권의식, 오만 행동을 포함하는 자기애성 성격장애가 포함되어 있다.

1) 반사회성 성격장애

반사회성 성격장애(Antisocial Personality Disorder)는 사회의 규범이나 법을 지키지 않고, 무책임하고 폭력적인 행동을 반복적으로 나타내어 사회 부적응을 초래하는 성격특성을 말한다. 반사회성 성격장애의 경우 성인 범죄와 매우 밀접한 관련이 있으며, 도저히 용납될 수 없는 행동, 한계를 넘어서는 대인관계 양상을 보인다. 반사회성 성격장애는 연령이 적어도 18세 이상이어야 하며, 15세 이전에 발생한 품행장애의 증거가 있어야 한다. 자신의 쾌락이나 이득을 위한 수단·방법을 가리지 않으며, 다른 사람의 고통, 감정, 권리에 아랑곳하지 않는다. 타인에 대한 관심은 그에게서 무엇인가를 얻어 내려 할 때만 표현하고, 냉담·냉소적이며, 피상적·호전적이고, 충동적이며 배우자나 자녀를 구타하기도 한다. 성생활이 문란하고 무책임하며 착취적이다. 원하는 것을 얻지 못하면 쉽게 흥분하고 난폭해지며, 술이나 약물을 남용하는 경향이 높고 자살 위협과 자해가 흔하다. 위험한 상황에서도 불안, 긴장이 없고 후회나 죄책감이 없으며 거짓말로 넘긴다. 폭력, 절도, 사기와 같은 범죄 행동을 반복(교도소나 교정기관 수감 반복)하고, 흉악 범죄까지 만성적으로 반복한다. 반사회성 성격장애의 유병률을 살펴보면, 인구 중 0.2~3.3%이며, 남성이 3%, 여성이 1% 정도이다. 알코올 사용장애 및 약물남용자, 도박장애, 충동조절장애, 대가족 출신의 남자, 도시의 빈민층, 교도소에 수감된 죄수의 유병률이 높다. 범법자의 50% 이상이 반사회성 성격장애를 보이며, 흉악범죄의 75~80%이 진단된다. 경과 양상은 만성적인 것이 보통이나 나이가 들어감에 따라, 특히 40대에 이르게 되면 감소되거나 완화되는 특징을 보인다.

반사회성 성격장애가 발생하는 원인으로 유전적 요인, 심리사회적 요인, 정신역동적 요인, 신경학적 요인, 인지행동적 요인을 들 수 있다(Black, 2022). 유전적 요인에서는 범죄행위의 일치성에서 일란성 쌍둥이는 55%, 이란성 쌍둥이는 13%로 보고되고 있다. 입양아 대상 연구에서 입양아의 범죄는 양부모보다 친부모가 범죄자인 경우와 관련성이 높다고 보고되고 있다. 심리사회적 요인에서는 어린 시절 양육경험(거칠고 거절을 잘하는 부모), 남성, 도시 빈민가 출신, 많은 형제, 부모의 방임적 양육태도, 성장과정에서 가정 및 학교의 적응 문제, 일관성 없는 애정, 보상, 벌 등을 주는 부모, 알코올중독이나 반사회적 성격의 부모에게 태어난 경우 반사회성 성격장애에 노출될 가능성이 높음을 보고하고 있다. 정신역동적 요인에서는 어머니와 유아 간 관계 형성에 문제가 발생하였을 때 반사회성 성격장애 발생 빈도도 높아질 수 있다고 제안하였는데, 부모-자녀 간 기본적 신뢰가 형성되지 못하여 폭력적이고 파괴적인 방법으로 관계 맺기를 시도할 수 있다고 보았다. 신경학적 요인에서는 부모의 전수-행동유전학 결과로 인해 반사회성 성격장애가 나타날 수 있다고 보았다. 뇌파가 느린 경우 정서 반응의 부적절성, 충동적이고 공격파괴적인 반응이 나타날 수 있으며, 중추신경계와 자율신경계의 각성 수준이 매우 낮으면 각성 수준을 높이기 위해 충동이나 스릴을 추구하며 지루하고 단조로운 일을 피한다고 보았다. 불안 수준이 낮고, 처벌중추가 둔감할 경우 보상중추를 추구하기 위해 반사회성 성격장애가 나타날 수 있음을 제시하고 있다. 인지행동적 요인에서는 '사람들을 이길 수 있다' '내가 먼저 공격하지 않으면 다른 사람이 나를 먼저 공격할 것이다' '들키지 않는다면 거짓말을 해서 속여도 상관없다'라는 왜곡된 인지가 반사회성 성격장애를 유발시킬 수 있음을 주장하고 있다.

반사회성 성격장애를 근본적으로 치료하는 것은 거의 불가능하다. 따라서 조기 개입으로 집중적이고 예방적인 노력(부모교육 등)이 필요하다. 그들은 치료 동기가 없으며 어떤 이득을 위해 일부러 치료받는 것처럼 흉내 내기도 한다. 따라서 정신병동에 입원한 경우에도 지속적인 감시와 보호가 필요하다.

2) 연극성 성격장애

연극성 성격장애(Histrionic Personality Disorder)는 타인의 애정과 관심을 끌기 위해 지나친 노력을 하고 과도한 감정표현을 하는 성격특성을 말한다. 과도한 정서표현과 관심추구 행동을 하며, 관계의 깊이를 과장해서 표현하는 특징을 보인다. 인생을 연극하는 것처럼 살아가며, 관심의 초점이 되려는 욕망으로 이를 유지하기 위해 매력, 외모, 성적인 유혹을 이용한다. 애정을 이끌기 위해 지나치게 감정적으로 말하고 경험과 감정을 과장되고 극적인 형태로 말하며 뭔가를 과시하기 위해 노력한다. 파티 같은 인생을 살기를 원하며 조그마한 일에도 지나치게 화내고 불만에는 위협과 협박을 하고 상식에서 벗어난 행동을 한다. 정서가 불안정하고 감정 위주로 일을 처리하며 상대방 의사를 자기환상에 따라 해석한다. 연극성 성격장애를 가진 사람들은 대인관계 초기에는 매력적으로 느껴질 수 있지만, 관계가 지속됨에 따라 지나치게 요구적이며 끊임없이 인정을 바라기 때문에 부담스럽게 느껴진다. 연극성 성격장애의 유병률을 살펴보면, 인구의 1.84%에서 나타나고, 정신과 임상장면에서는 10~15%가 나타나며, 여성이 남성보다 흔하게 나타난다. 연극성 성격장애의 발병 시기는 주로 성인기 초기이다. 경과는 만성적이지만 나이 들수록 좋아지는 경향을 보인다. 피암시성이 높기 때문에 타인이나 환경에 쉽게 영향을 받고 조그마한 환경 변화에도 적응하지 못해서 우울해지기 쉽다. 신체증상장애나 전환장애를 호소하는 경우가 흔하다.

연극성 성격장애가 발생하는 원인으로 정신분석적 요인, 인지적 요인을 들 수 있다. 정신분석적 요인에서는 남근기에 대한 고착이 연극성 성격을 유발할 수 있으며 남근기에 고착된 사람은 성적으로 유혹적이며 노출증적이고 감정이 풍부하며 자기중심적 성향이 있다고 주장하고 있다. 인지적 요인에서는 자신은 부적절한 존재이며 혼자서는 삶을 영위해 나가는 것이 너무 힘이 든다고 생각하기 때문에 연극성 성격장애에 노출될 수 있다. 연극성 성격장애와 반사회성 성격장애는 밀접한 관련이 있으며, 연극성 성격장애의 65%가 반사회성 성격장애의 진단기준에도 해당된다. 공통적 원인이 여성은 연극성 성격장애로, 남성은 반사회성 성격장애로 발현된다.

연극성 성격장애 치료를 위해 약물치료, 인지행동치료가 주로 활용된다(Callaghan, Summers, & Weidman, 2003). 약물치료에서는 항우울제(우울증 호소), 항불안제(불안), 항정신제(이인화나 착각 호소)를 통해 연극성 성격장애를 치료하려는 시도를 하고 있다. 인지행동치료에서는 애정을 얻을 수 있는 현실적인 방법을 습득시키고, 일시적이지 않은 장기적 관계를 잘 유지하기 위한 방안을 습득시키며, 잘못된 사고방식을 바로잡는 체계적인 문제중심적 사고로 전환될 수 있도록 해 주어야 한다고 제안하고 있다. 애정을 얻기 위해 과도한 외모치장, 성적 유혹, 불평, 위협 등을 사용하여 타인을 조종하려 하기 때문에 타인에게 적절한 애정을 얻는 현실적인 방법을 습득시키는 것이 중요하다. 부적응적 사고를 지적하고 도전하기, 사고를 검증하는 행동실험하기, 활동 계획 세우기, 자기주장훈련 등을 시행할 것을 제안하고 있다. 다른 정신과적 문제나 신체적 질병이 있는 경우 다른 조건이 치료될 때까지 합리적인 지지적 치료를 하는 것도 유용할 수 있다.

3) 경계성 성격장애

경계성 성격장애(Borderline Personality Disorder)는 강렬한 애정과 분노가 교차하는 불안정한 대인관계를 형성하는 성격특성을 말한다. 대인관계와 자아상 및 기분에서 불안정성, 충동적 행동이 반복적으로 나타나며, 만성적 감정을 해소하기 위한 목적으로 자신에게 해를 입힌다. 짧은 만남에도 이상화하고, 관계에서의 경계를 침범하며, 버림받지 않기 위해 필사적으로 노력한다. 극단적인 감정과 행동의 기복, 생각과 기분의 변화와 충동성이 강하기 때문에 본인도 자신에 대한 혼란감(자아에 대한 인식 불안정), 즉 심리적 불안정성을 느낀다. 대인관계에서도 불안정감을 느끼게 되는데, 처음엔 기대로 가득차지만 다툼과 실망으로 좌절하는 대인관계를 형성하게 된다. 이들은 혼자일 때 만성적인 공허감에 시달리며, 혼자 있지 못해 이성관계에 집중하고 파괴적인 헤어짐을 경험한다. 자기주체성, 가치관 및 인생 목표를 찾으려 하지만 좌절하게 된다. 경계성 성격장애를 가진 사람들의 돌출행동은 목표가 실현되려는 순간을 손상시킨다(졸업 앞두고 자퇴, 치료 진행기에 퇴행, 좋은 관계면 헤어짐). 이는 매우 불안정한 자아상을 형성하게 하며, 일시적 망상이나 해리 증상이 나타나기도 한다.

경계성 성격장애는 인구의 1.6%에게서 나타나며, 1차 의료기관의 6%, 정신과 외래환자 10%, 정신과 입원환자의 20%에게서 나타난다. 여성이 남성보다 3배 정도 많다. 경계성 성격장애는 전체 성격장애에 40% 이상을 차지할 정도로 가장 흔하다. 또한 경계성 성격장애 환자의 7.5%가 자살을 시도했던 것으로 보고되고 있다.

경계성 성격장애가 발생하는 원인으로 사회심리적 요인, 정신분석적 요인, 인지적 요인 등이 있다. 사회심리적 요인에서는 어렸을 때 성적 학대를 경험하거나, 유아기 시절 심한 박탈 또는 중요한 사람과의 일관성 있는 감정적 유대관계가 결핍될 경우 경계성 성격장애에 노출될 가능성이 높아질 수 있음을 보고하였다. 또한 아동기에 부모와의 격리, 부모의 학대 등 어린 시절 외상 경험이 경계성 성격장애를 유발시킨다고 보았다. 특이소질(취약성)-스트레스 요인도 경계성 성격장애의 원인으로 작용할 수 있는데, 유전적으로 물려받은 생물학적 취약성 때문에 정서조절과 충동조절이 잘 안 되는 사람과 상호작용하여 발현된다고 보았다. 정신분석적 요인에서는 오이디푸스 갈등 이전 어머니와의 부적절한 관계를 형성할 경우 분리 개별화 단계에서 심각한 갈등을 경험하게 되고, 이 단계에서 고착될 수 있음을 주장하였다. 인지적 요인에서는 경계성 성격장애인들이 가지는 세 가지 독특한 내면적 믿음을 원인으로 보았다(Wenzel, Chapman, Newman, Beck, & Brown, 2006). 첫째, 세상은 위험하며 악의에 가득 차 있다고 느끼는 세상에 대한 부정적인 믿음, 둘째, 나는 힘없고 상처받기 쉬운 존재라는 자신에 대한 부정적 믿음, 끝으로 나는 원래부터 환영받지 못하는 존재라는 믿음이다. 이러한 믿음은 인지적 오류를 일으켜 자신의 경험과 외부 사건을 왜곡하여 받아들이는 경향을 보이게 한다.

경계성 성격장애 치료를 위해 약물치료, 심리치료, 정신분석치료가 주로 활용된다. 약물치료에서는 항정신병제, 항우울제와 더불어 전반적인 정신건강 증진을 위해 항뇌전증약인 카르바마제핀을 처방하기도 한다. 심리치료에서는 치료적 관계 형성에 주력하며 심리치료를 활용한다. 환자의 자아강도가 약하면 지지적 또는 표현적 치료를 적용하고, 자아강도가 강하면 통찰지향적 치료를 적용한다. 정신분석 치료에서는 어머니와의 관계 경험을 재인식하여 통찰력을 증가시켜 자신의 증상을 이해하도록 한다.

4) 자기애성 성격장애

자기애성 성격장애(Narcissistic Personality Disorder)는 자신에 대한 과장된 평가로 인하여 특권의식을 지니고 타인에게 착취적이거나 오만한 행동을 하여 사회적 부적응을 초래하는 성격특성을 말한다. 자신의 재능, 성취도, 중요성, 특출성에 대해 과장되게 생각하는 과대적 느낌이 있으며, 타인의 비판에 매우 예민하나 감정이입은 결핍된 모습을 보인다. 과대망상, 선망욕구, 공감능력 결여를 보인다. 이로 인해 주변 사람들로부터 지속적으로 관심을 기대하고, 사소한 일에 우울해지고 자존감이 불안정하다. 이는 단기적으로는 매력적일 수 있으나 장기적 관계를 유지하는 데 어려움을 겪는다. 자신만이 세계의 중심이기 때문에 자기사랑과 자기도취에 빠지며 거만하고 독단적이며 특권의식을 가지고 타인으로부터 경의와 존경을 받기를 기대한다. 이러한 비현실적 기대로 만족스럽지 않을 때 자주 실망하고 패배감을 느낀다. 자기이익만을 생각하기에 대인관계 결함이 있으며 질투심이 높고 자존심이 약하다. 이들은 과시성이 강하고 공감능력이 결여되고 항상 타인을 깎아내리는 경향이 있다. 자기애성 성격장애는 무감각형과 과민형으로 나눌 수 있는데, 무감각형은 무관심, 잘난 체, 자기도취, 상처받지 않음, 관심의 초점을 원한다. 이에 반해 과민형은 타인의 반응에 민감함, 관심의 초점을 피함, 경멸과 비난에 매우 민감함 등을 보이며, 타인의 말을 주의 깊게 듣고, 쉽게 상처를 받는다.

자기애성 성격장애는 내현적 자기애와 외현적 자기애로 구분될 수 있다(Wink & Donahue, 1997). 외현적 자기애(overt narcissism)는 제3자가 객관적으로 관찰할 수 있을 정도로 자기애성 성격장애 특성이 잘 드러나기 때문에 진단기준에 잘 부합한다. 이에 반해 내현적 자기애(covert narcissism)는 겉으로는 잘난 척하거나 거만한 자기애적 특성이 잘 나타나지 않지만 내면의 깊숙한 곳에 자기애적 성격특성을 지니고 있는 경우를 말한다. 외현적 자기애를 지닌 사람들은 자신만만하고 외향적이며, 타인의 반응에 개의치 않고 자기 주장을 잘하지만, 내현적 자기애를 지닌 사람은 수줍음이 많으며, 내향적이고 타인의 반응에 매우 민감하고 조심스럽게 행동하는 특징을 보인다.

자기애성 성격장애의 유병률을 살펴보면 인구의 1% 미만에게서 나타난다고 보고되고 있다. 임상 환자집단에서는 2~16%가 진단되며, 남성이 50~70%에 이른다. 미국에서는 평생 유병률이 남성 7.7%, 여성 4.8%에 이르며, 발병 시기는 주로 성인기에 나타난다. 자기애적 성향은 사춘기에 흔하지만 이러한 성향이 반드시 성격장애로 발전하는 것은 아니다. 자기애성 성격장애를 지닌 사람은 신경성 식욕부진증과 물질사용장애를 나타내는 경우가 흔하며, 연극성ㆍ경계성ㆍ반사회성ㆍ편집성 성격장애 요소도 흔히 나타난다.

자기애성 성격장애가 발생하는 원인으로 신경학적 요인, 사회심리적 요인, 정신분석적 요인을 들 수 있다. 신경학적 요인에서는 출생 시 까다롭고 예민하게 반응하는 특성 기질, 자기만을 돌봐야 하고 자기만을 돌보려는 경향은 자기애성 성격 취약성을 가지게 함을 제안하고 있다. 공감능력, 동정심, 정서조절, 인지기능 담당 좌측 전전두엽 회백질 부족의 비정상적 대뇌구조 또한 자기애성 성격장애를 유발시킬 수 있다. 사회심리적 요인에서는 매우 취약한 자존감을 감추려는 측면과 열등감을 모면하려는 것, 부모의 훈육방식 중 동정심 없는 냉담함이 오히려 아동을 치켜세움으로써 대리만족을 느끼고 본다. 이로 인해 아동은 부족함 때문에 열등감과 수치심을 느끼고 무의식적 자기도취, 자기애성이 발달하게 되므로 부모의 예측되지 않는 보살핌, 정서적 학대, 부모의 속임수 행동 등도 취약한 자존감을 만들고 자기애성 성격장애로 변화하게 한다. 정신분석적 요인에서는 유아기 시절 일치적 자기애(심리적 에너지가 자신에게 향함)에 고착되어 집중되는 경우 병적인 자기애가 될 수 있음을 보고하고 있다. 인지행동적 요인에서는 자기우상화 사고방식이 자기애성 성격장애를 유발시킨다고 제안하고 있다.

자기애성 성격장애 치료에는 정신분석치료, 인지치료가 주로 활용된다. 정신분석치료에서는 어린 시절 수치스럽고 부서지기 쉬운 자존감의 상처를 회복할 수 있도록 하고, 환자의 현실 파악으로 실망감과 허망감은 지지적 치료로 회복시킨다. 인지치료에서는 자신에 대한 과대평가와 칭찬에 대한 욕구의 환상을 줄이고 현실적인 사고방식을 증진시켜 감정 반응을 조절할 수 있도록 한다. 여기에 타인에 대한 공감능력을 향상시키는 공감능력 훈련이 포함된다.

5) 극적인(B군) 성격장애 관련 영화

〈바람과 함께 사라지다〉(1939)

〈위험한 정사〉(1987)

〈양들의 침묵〉(1991)

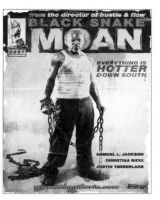

〈아메리칸 사이코〉(2000)　　〈처음 만나는 자유〉(2000)　　〈블랙 스네이크 모운〉(2006)

〈포 미니츠〉(2006)　　〈악마를 보았다〉(2010)　　〈시카고〉(2016)

6) 활동

활동 1. 영화 〈악마를 보았다〉(2010)를 감상한 후 이야기해 봅시다.

Q1. 영화에서 가장 인상적인 장면은 무엇입니까?

Q2. 영화에 등장하는 주인공의 행동양식을 반사회성 성격장애 진단기준과 관련
시켜 설명해 보세요.

Q3. 영화 속 주인공이 반사회성 성격장애를 가지게 된 원인은 무엇입니까?

Q4. 영화 감상 및 토론 후 느낀 점에 대해 자유롭게 이야기해 봅시다.

활동 2. 영화 〈아메리칸 사이코〉(2000)를 감상한 후 이야기해 봅시다.

Q1. 영화에서 가장 인상적인 장면은 무엇입니까?

Q2. 자기애성 성격장애를 잘 나타내는 영화 속 주인공의 대사는 무엇입니까?

Q3. 영화 속 주인공이 살인을 하는 이유는 무엇입니까?

Q4. 영화 감상 및 토론 후 느낀 점에 대해 자유롭게 이야기해 봅시다.

활동 3. 반사회성 성격장애 자가진단 검사

본 설문지는 반사회성 성격장애 여부를 선별하기 위한 도구입니다. 총 7문항으로 각 문항에 해당하는 범주 하나를 체크해 봅시다.

	문항	예	아니요
1	법에서 정한 사회적 규범을 준수하지 못하며, 구속 사유에 해당하는 행위를 반복적으로 한다.		
2	자신의 이익과 쾌락을 위해 반복적으로 거짓말을 하며, 가명을 사용하거나 타인을 속인다.		
3	행동이 계획적이지 못하며 충동적이다.		
4	자극 과민성과 공격성으로 육체적 싸움이 잦으며, 폭력사건에 연루된다.		
5	자신 및 타인의 안전에 아랑곳하지 않으며, 서슴없이 무모한 행위를 한다.		
6	직업 활동을 지속적으로 성실하게 수행하지 못하며, 채무를 이행하지 못하는 등 무책임한 양상을 보인다.		
7	타인에 대한 상해, 학대, 절도 행위를 하고도 무덤덤한 모습을 보이며, 오히려 자신의 행위를 합리화한다.		

출처: 우리중독상담센터(http://www.savealcoholics.org/?page_id=541).

※ 검사 결과는 다음과 같이 해석해 볼 수 있다. 7개의 문항 중 3개 이상의 문항에서 '예'를 체크하였다면 반사회성 성격장애에 해당될 수 있다.

활동 4. 연극성 성격장애 자가진단 검사

본 설문지는 연극성 성격장애 여부를 선별하기 위한 도구입니다. 총 8문항으로 각 문항에 해당하는 범주 하나를 체크해 봅시다.

문항		예	아니요
1	자신이 관심의 중심에 있지 않는 상황에 있는 것을 불편해한다.		
2	다른 사람과의 관계행동이 자주 외모나 행동에서 부적절하게 성적, 유혹적 내지 자극적인 것으로 특징지어진다.		
3	감정이 빠른 속도로 변화하고, 피상적으로 표현한다.		
4	자신에게 관심을 집중시키기 위하여 지속적으로 외모를 사용한다.		
5	지나치게 인상적이고 세밀함이 결여된 비논리적인 언어를 사용한다.		
6	자기 극화, 연극성 그리고 과장된 감정의 표현을 보인다.		
7	피암시적임, 즉 다른 사람이나 상황에 의해 쉽게 영향을 받는다.		
8	상대방을 실제보다도 더 가까운 관계로 생각한다.		

출처: 우리중독상담센터(http://www.savealcoholics.org/?page_id=541).

※ 검사 결과는 다음과 같이 해석해 볼 수 있다. 8개의 문항 중 5개 이상의 문항에서 '예'를 체크하였다면 연극성 성격장애에 해당될 수 있다.

활동 5. 경계성 성격장애 자가진단 검사

본 설문지는 경계성 성격장애 여부를 선별하기 위한 도구입니다. 총 7문항으로 각 문항에 해당하는 범주 하나를 체크해 봅시다.

문항		예	아니요
1	버림받는다는 생각이나 현실에서 벗어나기 위해 노력한다.		
2	남을 극단적으로 이상화하거나 과소평가하는 것을 반복한다.		
3	자신에 대한 이미지나 생각이 불안정하다.		
4	부주의한 운전이나 과소비, 도둑질, 과식 등 자신에게 해로운 버릇이 2개 이상 있다.		
5	자살 시도나 위협적인 제스처, 자해 행동을 한다.		
6	수시로 공허한 느낌이 든다.		
7	기분이 들떴다가 가라앉는 등 불안정해지고 불안하다.		

출처: 우리중독상담센터(http://www.savealcoholics.org/?page_id=541).

※ 검사 결과는 다음과 같이 해석해 볼 수 있다. 7개의 문항 중 5개 이상의 문항에서 '예'를 체크하였다면 경계성 성격장애에 해당될 수 있다.

활동 6. 자기애성 성격장애 자가진단 검사

본 설문지는 자기애성 성격장애 여부를 선별하기 위한 도구입니다. 총 9문항으로 각 문항에 해당하는 범주 하나를 체크해 봅시다.

	문항	예	아니요
1	자신의 능력과 성취 등을 과대하게 여긴다.		
2	무한한 성공, 권력, 명석함, 미(美)와 이상적 사랑 같은 공상에 몰입한다.		
3	자신의 문제는 특별해서 특별히 높은 지위의 사람만 이해할 수 있다고 믿는다.		
4	과도한 칭찬을 요구한다.		
5	자신이 특별한 자격이 있어 대접을 받아야 하며, 남들은 무조건적으로 자신의 기대에 순응해야 한다고 믿는다.		
6	자신의 목적을 이루기 위해 타인을 이용한다.		
7	타인의 느낌을 알려고 하지 않는다.		
8	타인이 자신을 시기한다고 믿는다.		
9	남들이 오만하고 건방지다고 이야기한다.		

출처: 우리중독상담센터(http://www.savealcoholics.org/?page_id=541).

※ 검사 결과는 다음과 같이 해석해 볼 수 있다. 9개의 문항 중 5개 이상의 문항에서 '예'를 체크하였다면 자기애성 성격장애에 해당될 수 있다.

3. 불안한(C군) 성격장애

C군 성격장애(Cluster B Personality Disorders)에는 사소한 세부사항이나 규칙에 집착하거나, 완벽주의를 고집하거나, 지나치게 고지식하거나, 자신의 방식을 고수하는 등의 완고한 성격이 특징적인 강박성 성격장애와 자신의 정신적 · 신체적 욕구를 충족하기 위해 다른 사람에게 지나치게 의존하는 만성적인 상태를 포함하는 의존성 성격장애, 사회적으로 억제 · 위축되고, 부적절한 느낌을 받으며, 부정적 평가에 과민한 양상이 특징인 회피성 성격장애를 포함하고 있다.

1) 강박성 성격장애

강박성 성격장애(Obsessive-Compulsive Personality Disorder)는 지나치게 완벽주의적이고 세부적 사항에 집착하며 과도한 성취 지향적 태도와 인색함을 특징으로 하는 성격특성을 말한다. 순서, 완벽, 통제에 과도하게 몰입되어 있어 융통성과 개방성, 효율성이 떨어진다. 엄격한 개인 기준을 가지기 때문에 자신이 하는 것에 대한 만족감이 낮으며 규칙에 따른 도덕적 행동으로 인한 만성불안이 많이 나타난다. 지나치게 정확하고 세밀하고 질서정연하고 규칙적이기 때문에 도덕주의자, 완벽주의자, 이론주의자라는 말을 듣는다. 하지만 완벽 추구 때문에 결단을 내리지 못하고 많은 시간을 허비하여 일을 효율적으로 하지 못하는 한계를 보인다. 대인관계는 수직적인 것으로 지배와 복종의 관계를 보이며, 자신이 일하는 방식을 따르지 않으면 타인에게 일을 맡기거나 함께 일하기를 꺼린다. 결단력과 정서가 부족하고 감정표현이 억제되어 있어 감정표현을 잘하는 사람과 함께 있으면 심한 불편을 느낀다. 또한 돈에 민감하고 인색하며 궁핍하게 살아가기 때문에 가족이 이로 인해 고통받는다. 강박성 성격장애의 유병률을 살펴보면 인구의 2.1~7.9%에서 발생할 수 있으며, 성격장애 중 일반 인구에서 가장 높은 유병률을 보인다(Diedrich & Voderholzer, 2015). 정신과 임상장면에서는 3~10%의 유병률을 보이는데, 남성이 여성보다 2배 정도 더 많다. A군 성격특성과 중첩되는 부분이 상당히 많은데, 지나친 성공에 얽매여 도전의식이 높고, 일에 몰두되어 있으며, 경쟁심이 강하고, 만성적으로 시간에 쫓기며, 공격적이고, 적대감이 강하며, 참을성이 부족하고, 초조감을 많이 느끼며, 마음의 여유가 없고, 스트레스에 민감하며, 심근경색을 잘 일으키는 특성 등이 그러하다.

강박성 성격장애가 발생하는 원인으로 사회심리적 요인, 정신분석적 요인, 인지적 요인을 들 수 있다. 사회심리적 요인에서는 어머니의 부적절한 양육태도, 즉 엄격한 훈육을 받은 성장배경, 정확한 시간과 장소, 규칙적 배변훈련 경험이 강박성 성격장애를 유발시킬 수 있다고 보았다. 정신분석적 요인에서는 강박성 성격장애가 항문기 경험과 밀접한 관련을 가진다고 보고 있다. 오이디푸스 시기의 거세불안으로 인해 항문기의 안정된 상태로 퇴행하는 것이라고 보았다(Abraham, 1927). 또한 부모로부터 엄격하고 통제적·억압적인 양육을 받았다면 적개심이나 분노와 같은 감정은 억압하고 이와 반대되는 행동만 행하는 반동형성이 원인이 될 수 있다고 보았다. 유전적 요인에서는 강박성 성격장애를 지닌 유전인자 전수, 생물학적 취약성을 위험요인으로 보았다. 인지적 요인에서는 흑백논리적 사고, 의미 확대와 의미 축소와 같은 사람들의 인지적 왜곡이 강박성 성격장애를 유발시킨다고 보았다.

강박성 성격장애 치료를 위해 정신분석치료, 인지치료가 주로 활용된다. 정신분석치료에서는 '너 자신을 비난하라. 다른 사람을 비난하라. 다른 사람이 너를 비난하게 하라'라는 초자아의 삼제(superego triad)를 다루어 지나치게 엄격한 초자아를 수정하고 불완전 사람임을 수용하게 유도한다. 인지치료에서는 완벽추구에 대해 현실적·합리적 사고방식으로 사고를 전환시키기 위한 시도를 하며, 행동치료에서는 완벽하지 않아도 어떤 일이 일어나지 않음을 체험하게 한다.

2) 의존성 성격장애

의존성 성격장애(Dependent Personality Disorder)는 스스로 독립적 생활을 하지 못하고 다른 사람에게 과도하게 의존하거나 보호받으려는 행동을 하는 성격특성을 말한다. 사람들에게 매달리고 복종적이며, 분리되는 것을 두려워하고, 지속적인 돌봄을 요구하는 특성을 보이며, 매우 사소한 결정에 대해서도 본인 스스로 하지 못하고 남에게 의존한다. 또한 누구와 관계를 맺을 때 애착 대상에게 지나치게 의존한다. 혼자서는 적절하게 기능할 수 없고 스스로 바보 같고 나약하다는 자아인식으로 인한 두 가지 핵심 생각을 한다. 첫째, 자신감이 결여되어 있어서 자신의 능력을 과소평가하고, 의존 상대에게 지나치게 의존하며, 의존 상대의 의사에 따른다. 둘째, 버림받을까 봐 불안해하고, 이를 방지하기 위해 순종적이고 헌신적인 태도를 보인다. 의존 상대와의 관계가 끝나면 곧 다른 상대를 찾아 유사한 의존관계를 형성하고자 한다. 이러한 특성 때문에 인간관계가 빈약하고 협소하며, 의존 상대가 착취적이면 일방적으로 이용당하고 고통당하거나 의존행동으로 인해 상대방을 곤궁에 빠뜨린다. 의존성 성격장애의 유병률은 인구의 0.5%, 2~48% 등 매우 다양하게 보고되며, 여성이 남성보다 더 흔하다(Bornstein, 1996). 정신과 임상장면에서는 다른 성격장애보다 빈도가 높게 나타난다. 발병 시기는 성인기 초기이고, 아동기나 청소년기 때 분리불안장애나 만성적 신체질환을 경험한 병력이 많다. 흔히 경계성·회피성·연극성 성격장애의 요소도 함께 나타난다. 기분장애, 불안장애, 적응장애의 발병 위험도 높다. 결정 상황에 심한 불안을 느끼고, 사회적 활동이 매우 소극적이며, 책임지는 자리의 직업에 종사하기는 어렵다.

의존성 성격장애가 발생하는 원인으로 사회심리적 요인, 정신분석적 요인, 신경학적 요인을 들 수 있다(Faith, 2009). 사회심리적 요인에서는 어린 시절 부모의 부적절한 처벌적 양육방식으로 인하여 독립적 시도를 실패하는 경우 의존성 성격장애에 노출될 경향이 높음을 보고하고 있다. 또한 부모가 과잉보호적이고 권위적인 경우와 부모의 부적절한 양육방식으로 인한 자기효능감 발달이 저해된 경우는 의존성 성격장애가 나타날 수 있다. 정신분석적 요인에서는 구강기에 고착된 결과, 의존성, 불안감, 인내심 부족과 같은 성격특성을 보일 수 있음을 제시하고 있다. 신경학적 요인에서는 의존성 성격장애가 변연계의 기능 이상과 관련을 가지게 되어 작은 스트레스 자극에도 변연계가 예민하게 반응하여 지나친 긴장감이나 공포를 경험할 수 있다고 보았다.

의존성 성격장애 치료를 위해 심리치료, 약물치료, 인지행동치료가 주로 활용된다. 심리치료에서는 의존성 성격장애를 가진 사람들로 하여금 자기신뢰와 자기효능감을 회복시킬 수 있는 접근을 시도하며, 독립성을 증가시킬 실제 경험들을 통해 자각할 수 있는 기회를 제공한다. 약물치료에서는 우울증이나 불안장애를 수반하는 경우엔 항우울제, 항불안제를 사용한다. 인지행동치료에서는 왜곡된 사고의 수정, 자기주장훈련, 문제해결 기술훈련, 문제해결 기술능력, 사회기술 재훈련, 의사결정 능력과 그에 대한 책임감을 증진시킬 수 있는 접근을 시도한다.

3) 회피성 성격장애

회피성 성격장애(Avoidant Personality Disorder)는 다른 사람들과의 만남에 대한 두려움과 불안으로 인해 사회적 상황을 회피함으로써 적응에 어려움을 나타내는 성격특성을 말한다. 그들은 부적절감에 압도되고 부정적 평가에 극도로 민감하기 때문에 사회적 상황에서 불편감을 지속적으로 느낀다. 거절에 대한 두려움이 매우 크므로 거절당할 상황 혹은 자신이 수용될 기회를 만들지 않으려고 한다. 자신감이 없고 자존감도 매우 낮아서 부정적 자아상을 가지고 있으므로 사회적으로 위축되고, 항상 남들이 자기를 어떻게 평가하는지를 살피며, 대인접촉이 많은 직업이나 환경을 기피하는 특성을 보인다. 조현성 성격장애와는 다르게 인간관계를 열망하지만 두려워하기에 심리적 긴장 속에서 부정적 감정을 만성적으로 경험하고 상처를 받게 되면 은둔적인 생활을 하려고 한다. 하지만 대부분 가까운 관계를 오랫동안 유지하는 극소수의 친구는 있다. 이렇게 극소수의 사람에게 의존하기 때문에 의존성 성격장애도 함께 진단되는 경우가 흔하다. 사회불안장애와 유사하지만 회피 상황의 범위가 더 광범위하며 심각하고 만성적이며, 기질적 성향이 강하고 성인기 초기에 발현된다(사회불안장애는 유발 계기가 있고 10대의 중반인 청소년 시기부터 시작됨).

회피성 성격장애의 유병률은 전 인구의 0.5~1% 정도이며, 임상 외래 환자집단에서는 10%가 나타나고, 성별의 차이는 없다(Reich & Schatzberg, 2021). 회피성 성격장애의 발병 시기를 살펴보면, 어릴 때부터 회피 행동이 나타나지만 주로 성인기 초기에 시작된다. 흔히 기분장애나 불안장애를 동반하고, 어릴 때부터 수줍음이 많고 부끄러워하며 조용하고 내성적이며 눈에 띄지 않는 성향이 있고 낯선 사람과 새로운 상황을 두려워하며 고립되었던 경험이 많다. 나이가 들면서 점차 완화되는 경향을 보인다.

회피성 성격장애의 원인으로 유전적 요인, 사회심리적 요인, 정신분석적 요인을 들 수 있다. 유전적 요인에서는 기질과의 관련성이 있는데, 회피성 성격장애인은 기질적으로 수줍고 억제적인 경향을 가지며, 어렸을 때 매우 소심한 특성을 보인다고 설명하고 있다. 사회심리적 요인에서는 사회적으로 은둔적인 생활을 하려는 특징이 있음을 보고하고 있다. 정신분석적 요인에서는 회피성 성격장애를 가진 사람들은 배변훈련 시에 겪은 부적절한 경험으로 인해 수치감을 가지게 된 것을 주요 요인으로 보고 있다.

회피성 성격장애 치료를 위해 정신분석치료, 인지치료, 약물치료가 주로 활용된다. 정신분석치료에서는 그들이 가지는 수치심과 두려움의 원천에 대한 통찰이 이루어지도록 한다. 인지치료에서는 인지적 왜곡과 실패의 효과에 대한 잘못된 생각을 수정하도록 돕는다. 치료적 신뢰관계를 형성한 후 회피 상황들에 노출되는 점진적 활동위계표, 역설적 명령법을 사용하여 가장 실패할 가능성이 있는 행동을 수행하도록 한다. 우울증이나 불안장애가 동반되는 경우 약물치료에서는 우울증이나 불안장애가 동반되는 경우 항우울제나 항불안제를 보조적 수단으로 사용한다.

4) 불안한(C군) 성격장애 관련 영화

〈별난 커플〉(1968)

〈길버트 그레이프〉(1994)

〈달빛 상자〉(1996)

〈이보다 더 좋을 순 없다〉(1998)

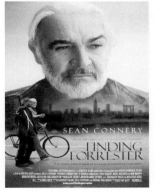

〈파인딩 포레스터〉(2000)

〈플랜맨〉(2014)

5) 활동

활동 1. 영화 〈플랜맨〉(2014)을 감상한 후 이야기해 봅시다.

Q1. 영화에서 가장 인상적인 장면은 무엇입니까?

Q2. 영화 속 주인공의 행동 특성을 통해 강박장애와 강박성 성격장애의 차이를 설명한다면 무엇입니까?

Q3. 강박성 성격장애의 원인을 정신분석적 측면에서 살펴본다면 영화 속 주인공 이 사용하는 방어기제는 무엇입니까?

Q4. 영화 감상 및 토론 후 느낀 점에 대해 자유롭게 이야기해 봅시다.

활동 2. 영화 〈파인딩 포레스터〉(2000)를 감상한 후 이야기해 봅시다.

Q1. 영화에서 가장 인상적인 장면은 무엇입니까?

Q2. 영화 속 주인공을 회피성 성격장애로 진단하기 위한 행동 특성은 무엇입니까?

Q3. 영화 속 회피성 성격장애를 겪고 있는 주인공을 돕기 위한 효과적인 치료법은 무엇입니까?

Q4. 영화 감상 및 토론 후 느낀 점에 대해 자유롭게 이야기해 봅시다.

활동 3. 강박성 성격장애 자가진단표

본 설문지는 강박성 성격장애 여부를 선별하기 위한 도구입니다. 총 8문항으로 각 문항에 해당하는 범주 하나를 체크해 봅시다.

	문항	예	아니요
1	일의 자질구레한 내용이나 규칙, 목록, 순서 등에 집착하여 본질을 놓친다.		
2	자신의 기준을 채우려다 일을 못 마치곤 한다.		
3	여가 활동이나 친구 교제보다 일에 매달리는데 생산성이 별로 없다.		
4	양심의 가책을 쉽게 느끼고 소심하다.		
5	별로 감상할 가치가 없는데도 낡고 가치 없는 물건을 버리지 못한다.		
6	동료나 부하 직원이 절대 복종하지 않으면 일을 맡기지 않는다.		
7	자린고비이며 돈은 미래의 재난을 대비하기 위한 것이라고 믿는다.		
8	성격이 경직되고 완강하다고 평가받는다.		

출처: 우리중독상담센터(http://www.savealcoholics.org/?page_id=541).

※ 검사 결과는 다음과 같이 해석해 볼 수 있다. 8개의 문항 중 4개 이상의 문항에서 '예'를 체크하였다면 강박성 성격장애에 해당될 수 있다.

활동 4. 의존성 성격장애 자가진단표

본 설문지는 의존성 성격장애 여부를 선별하기 위한 도구입니다. 총 8문항으로 각 문항에 해당하는 범주 하나를 체크해 봅시다.

	문항	예	아니요
1	다른 사람으로부터 과도할 정도의 조언이나 위안이 없이는 매일매일의 결정을 내리기 어렵다.		
2	자기 인생의 매우 중요한 영역까지도 대신 책임져 줄 수 있는 타인을 필요로 한다.		
3	지지와 승인을 상실할까 봐 두려워하여 타인의 의견에 반대하지 못한다.		
4	스스로 어떤 일을 시작하거나 수행하기 어렵다.		
5	타인의 보살핌과 지지를 얻기 위하여 불쾌한 일까지 지원해서 한다.		
6	스스로 잘 해낼 수 없다는 과도한 공포로 인해 혼자 있으면 불편하거나 무기력하게 느낀다.		
7	어떤 친밀한 관계가 끝났을 때 보살핌과 지지를 얻기 위해 또 다른 관계를 애타게 찾는다.		
8	스스로 자신을 돌봐야 하는 상황에 처하게 될지 모른다는 두려움에 비현실적으로 집착한다.		

출처: 우리중독상담센터(http://www.savealcoholics.org/?page_id=541).

※ 검사 결과는 다음과 같이 해석해 볼 수 있다. 8개의 문항 중 5개 이상의 문항에서 '예'를 체크하였다면 의존성 성격장애에 해당될 수 있다.

활동 5. 회피성 성격장애 자가진단표

본 설문지는 회피성 성격장애 여부를 선별하기 위한 도구입니다. 총 7문항으로 각 문항에 해당하는 범주 하나를 체크해 봅시다.

	문항	예	아니요
1	비난, 거절, 불인정이 두려워 꼭 만나야 할 사람을 안 만나거나 꼭 해야 할 일을 하지 않는다.		
2	나를 확실히 좋아하는 사람만 사귄다.		
3	수치심을 느끼게 되거나 놀림받을 것 같아 사람 사귀는 것을 주저한다.		
4	비판의 대상이 되거나 의견을 거절당하면 자꾸 생각나 괴롭다.		
5	사람을 새로 사귀는 것이 부자연스러워 힘들다.		
6	타인에 비해 사회적으로 부적절하고 개인적으로 매력이 없는 열등한 사람이라고 생각된다.		
7	당황스러움을 보일까 봐 새로운 일을 하거나 모험하기를 극도로 꺼린다.		

출처: 우리중독상담센터(http://www.savealcoholics.org/?page_id=541).

※ 검사 결과는 다음과 같이 해석해 볼 수 있다. 7개의 문항 중 5개 이상의 문항에서 '예'를 체크하였다면 회피성 성격장애에 해당될 수 있다.

참고문헌

이우경(2021). DSM-5에 의한 최신 이상심리학(2판). 서울: 학지사.

Abraham, K. (1927). Manifestations of the female castration complex. *The Psychoanalytic Review (1913-1957), 14,* 108.

Black, D. W. (2022). *Bad boys, bad men: Confronting antisocial personality disorder (Sociopathy)* (3rd ed.). Oxford, UK: Oxford University Press.

Bornstein, R. F. (1996). Sex differences in dependent personality disorder prevalence rates. *Clinical Psychology: Science and Practice, 3*(1), 1-12.

Callaghan, G. M., Summers, C. J., & Weidman, M. (2003). The treatment of histrionic and narcissistic personality disorder behaviors: A single-subject demonstration of clinical improvement using functional analytic psychotherapy. *Journal of Contemporary Psychotherapy, 33*(4), 321-339.

Diedrich, A., & Voderholzer, U. (2015). Obsessive-compulsive personality disorder: A current review. *Current Psychiatry Reports, 17*(2), 1-10.

Faith, C. (2009). Dependent personality disorder: A review of etiology and treatment. *Graduate Journal of Counseling Psychology, 1*(2), 1-12.

Lee, R. J. (2017). Mistrustful and misunderstood: A review of paranoid personality disorder. *Current Behavioral Neuroscience Reports, 4*(2), 151-165.

Millon, T. (1996). *Disorders of personality: DSM-IV and beyond* (2nd ed.). New York, NY: Wiley.

Pulay, A. J., Stinson, F. S., Dawson, D. A., Goldstein, R. B., Chou, S. P., Huang, B., ······ & Grant, B. F. (2009). Prevalence, correlates, disability, and comorbidity of DSM-IV schizotypal personality disorder: Results from the wave 2 national epidemiologic survey on alcohol and related conditions. *Primary Care Companion to the Journal of Clinical Psychiatry, 11*(2), 53-67.

Reich, J., & Schatzberg, A. (2021). Prevalence, factor structure, and heritability of avoidant personality disorder. *The Journal of Nervous and Mental Disease, 209*(10), 764-772.

Wenzel, A., Chapman, J. E., Newman, C. F., Beck, A. T., & Brown, G. K. (2006). Hypothesized mechanisms of change in cognitive therapy for borderline personality disorder. *Journal of Clinical Psychology, 62*(4), 503-516.

Wink, P., & Donahue, K. (1997). The relation between two types of narcissism and boredom. *Journal of Research in Personality, 31*(1), 136-140.

우리중독상담센터(http://www.savealcoholics.org/)

12장

물질 관련 및 중독 장애

　우리가 섭취하는 물질 중에는 중독성이 있어 몸과 마음에 부정적인 영향을 미치는 물질이 있는데, 그중 대표적인 물질로 알코올이 있다. 알코올을 적당히 마시면 긴장완화, 대인관계 향상 등 긍정적 효과가 있지만, 과음이나 장기적 음주는 의존성으로 인해 '술 없이는 살 수 없는 중독 상태'에 이르게 된다. 이는 심리적 기능 손상, 정상적 사회활동, 재정곤란, 가정의 파탄, 심리적 황폐, 폐인으로의 전락 등 부정적 효과가 나타난다. 이러한 물질뿐만 아니라 행위에서도 중독현상이 있는데, 물질이 아닌 어떤 심리적 현상이나 행동을 반복하여 의존하는 현상인 비물질 중독이 있다. 대표적인 비물질 관련 장애로는 도박중독, 쇼핑중독, 인터넷중독, 게임중독 등이 있다.

　물질 관련 및 중독 장애(Substance-Related and Addictive Disorders)는 술, 담배, 마약 등과 같이 중독성 물질을 사용하는 것으로, 중독성 행위에 몰두함으로 생겨나는 다양한 부적응적 증상을 포함하고 있다. 물질 관련 및 중독 장애에는 술이나 담배, 마약 등 같은 특정한 물질을 과도하게 사용하여 개인적 고통과 사회적 부적응이 초래되는 물질사용장애(Substance Use Disorders)와 특정한 물질을 섭취하였을 때 나타나는 부적응적인 심리상태를 의미하는 물질 유도성 장애(Substance Induced Disorders)가 있다. 물질 관련 및 중독 장애는 물질중독과 금단, 정신장애 순으로 나타난다. 물질중독은 특정한 물질의 과도한 복용으로 인해 일시적으로 나타나는 부적응적 증상군에 속하며, 금단은 물질복용의 중단으로 인해 일시적으로 나타나는 부적응적 증상군에 속한다. 정신장애는 물질남용으로 인해 일시적으로 심각한 중추신경장애를 나타낼 때에 해당한다. 이러한 물질 관련 및 중독 장애를 유발하는 물질에는 알코올, 타바코, 카페인, 대마계(칸나비스), 환각제, 흡입제, 아편계, 자극제, 진정제, 수면제 또는 항불안제, 기타 물질(스테로이드, 코르티솔, 카바 등) 등이 있으며, 물질별 구체적인 진단이 가능하다. 비물질 관련 장애(Non-Substance-Related Disorders)는 행위중독이라고도 불리는데, 대표적으로 도박장애(Gambling Disorder)가 있다. 도박장애에는 12개월 이상 지속적인 도박행동과 더불어 도박욕구, 집착, 몰두, 안절부절못함, 반복적인 거짓말 등이 나타난다.

1. 알코올 관련 장애

1) 알코올 관련 장애의 특징

알코올중독은 전통적 음주습관의 영역을 넘거나 혹은 그 사회에서 인정하는 범위보다 지나치게 많이 음주하고 사회와 가정에 지장이 있고 이상을 초래하는 경우를 말한다(American Psychiatric Association, 2013). 알코올 관련 장애(Alcohol-Related Disorders)는 알코올 사용으로 발생되는 다양한 심리적 장애를 말하는 것으로 하위유형으로는 알코올 사용장애(Alcohol Use Disorders), 알코올 유도성 장애(Alcohol-Induced Disorders), 알코올중독(Alcohol Intoxication), 알코올 금단(Alcohol Withdrawal), 알코올 유도성 우울증(Alcohol-Induced Depression), 알코올 유도성 정신병(Alcohol-Induced Psychosis), 알코올 유도성 성기능장애, 수면장애, 치매 등이 있다. 알코올 관련 장애를 크게 알코올 사용장애와 알코올 유도성 장애로 구분할 수 있는데, 알코올 사용장애에는 알코올 의존(Alcohol Dependence), 알코올 남용(Alcohol Abuse)이 있으며, 알코올 유도성 장애로는 알코올중독(Alcohol Intoxication)과 알코올 금단(Alcohl Withdrawal)이 있다.

알코올 의존은 잦은 음주로 인해 알코올에 대한 내성이 생기게 됨으로써 알코올의 섭취량, 빈도가 증가하며, 술을 마시지 않게 되면 여러 가지 고통스러운 금단현상이 나타나 술은 반복해서 계속 마시게 되는 것을 말한다. 알코올 의존의 4단계는 다음과 같다(Thompson, 2013). 1단계는 전알코올 증상단계(pre-alcoholic phase)로, 사교적 목적으로 음주를 시작하면서 즐기는 단계이며 대부분의 음주자가 해당되고, 긍정적 효과로는 긴장해소와 대인관계 맺기가 있다. 2단계는 전조단계(pro-dromal phase)로, 술에 대한 매력 증가, 음주량과 빈도수의 증가, 과음 횟수 증가, 음주 동안 일어난 일을 종종 기억하지 못하는 망각현상이 있다. 3단계는 결정적 단계(crucial phase)로, 음주에 대한 통제력이 상실되어 아침에도 술을 마시고, 수시로, 혼자, 식사를 거르면서 마시기도 하고, 부적응 문제 발생, 직장에서 문제 발생, 폭행, 친구나 가족을 잃게 되는 부정적 영향이 나타나게 된다. 4단계는 만성단계(chronic phase)로, 알코올에 대한 내성과 심한 금단증상이 나타나고, 알코올에 대한 통제력을 완전히 상실하고, 지속적인 음주로 외모 및 사회 적응에 무관심해지게 되며, 영양실조와 신체적 질병, 직업상의 어려움, 생활 전반에 심각한 부작용이 발생하게 된다.

알코올 남용은 잦은 과음으로 인하여 직장, 가정, 학교에서 자신의 역할을 제대로 수행하지 못하거나 법적인 문제를 반복해서 유발하는 것을 말한다. 내성이나 금단과 같은 증상은 나타나지 않지만 자주 폭음을 하며, 업무 수행을 제대로 하지 못하고 가족이나 타인에게 폭행을 하여 구속되는 일이 반복적으로 나타난다.

알코올 유도성 장애는 알코올의 섭취나 사용으로 인하여 나타나는 부적응적인 후유증을 말한다. 알코올중독은 과도하게 알코올을 섭취하여 취한 상태에서 부적응 행동이 나타나는 것을 말한다. 알코올중독으로 심하게 취한 상태에서는 부적절한 공격적 행동, 정서적 불안정, 판단력 장애 등과 같은 부적응 행동이 발생하며, 불분명한 말투, 운동조정장애, 불안정한 걸음, 안구 진탕, 집중력/기억력 손상, 혼미또는 혼수 등이 나타날 수 있다.

알코올 금단은 지속적으로 사용하던 알코올을 중단했을 때 나타나는 여러 가지 신생리적 또는 심리적 증상을 말한다. 주요증상으로는 자율신경계 항진, 손 떨림, 불면증, 오심 및 구토, 환각, 초조증세, 불안, 발작 등이 있다. 금단증상은 금주 후 이틀째 그 강도가 절정에 이르며, 4~5일째는 현저히 개선되는 모습을 보인다. 금단증상이 지난 후에도 불안, 불면, 자율신경계 기능 저하가 미약한 상태로 3~6개월 동안 지속되며, 알코올 투여, 뇌 억제제에 의해 완화되기도 한다. 이는 반복적인 알코올 사용의 주된 원인이 된다.

알코올중독은 네 가지 유형으로 분류된다(West & Brown, 2013). 첫째, 심리적 의존형은 술에 대해서 신체적 의존성은 없고 심리적 의존성만 있는 경우로, 조절력의 상실도 없으며, 스트레스나 정신적 고통을 이기려고 술을 마신다. 둘째, 진행형은 만성적으로 점점 악화되는 유형으로 심리적 의존형 상태에서 진행되어 신체적 의존성, 조절력의 상실도 일어난다. 이들은 습관화되어 술을 계속 마신다. 셋째, 유지형은 한번에 취할 정도로 술을 마시지는 않고 적당히 마시지만 하루도 술을 마시지 않고는 견딜 수 없어 하는 사람들의 유형으로, 술에 대한 내성이 증가하고, 심한 금단증상이 나타난다. 넷째, 사회형은 술을 자주 마시는 사회적 상황에서 지나친 음주로 인한 신체적 합병증(예: 위궤양, 간경화 등)이 발생하고, 신체적 · 심리적 의존은 없으나 생활에 문제가 발생한다.

알코올 관련 장애로 인해 수반될 수 있는 문제는 다음과 같다. 알코올 관련 장애는 사고, 폭력, 자살과 관련성이 매우 높으며, 교통사고의 30%는 음주상태에서 발생한다. 또한 자제력이 낮아지고 슬픔과 흥분이 유발되면서 자살 시도가 나타나기도 한다. 남성 살인자의 42%, 강간범죄자의 76%는 취한 상태에서 범죄를 저질렀다. 결근, 직업 관련 사고, 고용생산성 저하가 나타나며, 마약, 다른 중독성 약물의 사용 동반이 흔하게 나타난다. 또한 기분장애, 불안장애, 조현병 등 다른 정신장애와 함께 나타나기도 하며, 청소년의 경우에는 품행장애, 반복적인 반사회적 행동이 알코올 사용장애와 함께 발생하기도 한다. 이러한 알코올 관련 장애는 신체적 질병을 유발하기도 하는데, 간, 내장, 심장혈관, 중추신경계 등 모든 신체 장기에 영향을 미치고, 간질환(7.5%는 지방간, 15%는 알코올성 간염, 27.5%는 알코올성 간염 의심), 위염, 위궤양, 십이지장궤양, 식도, 위, 내장에 암 발생, 중추신경계의 손상(주의력, 기억력, 판단력, 인지적 손상)이 나타나며, 심하면 새로운 경험을 기억하지 못하는 코르사코프 증후군을 유발한다. 임신 중 알코올을 섭취하게 되면 태아 알코올 증후군(fetal alcohol syndrome)을 유발할 수 있으며, 이외에도 태아의 체중미달, 발육부진, 신체적 기형, 지적장애 등을 초래하게 된다.

알코올 관련 장애는 유병률이 높은 장애 중 하나로, 특히 한국에서의 유병률이 높은 편이다. 미국에서는 성인 인구의 약 8%가 알코올 의존, 5%는 알코올 남용을 일생 중 한 번 이상 경험했고, 6%는 지난해에 의존 및 남용을 경험했다고 보고하였다. 한국에서는 2011년에 실시한 역학조사에서 평생 유병률이 13.4%로 나타났으며 성별에 따라 남성의 경우에는 20.7%, 여성의 경우에는 6.1%로 나타났다. 알코올 사용장애는 남성이 여성보다 5배 더 많이 나타났으며, 연령이나 문화권, 계층에 따라 다양한 유병률을 보였다. 여성의 경우 인생의 후반기에 과도한 음주를 하게 되는데, 이로써 장애 발생이 늦게 나타나지만 발생하면 급속도로 진행되는 경향을 보인다. 문화권에 따라서는 아시아와 라틴아메리카에서는 남성의 유병률이 여성보다 더 높은 것으로 나타났다.

알코올 관련 발병률을 살펴보면, 남성과 여성 모두 20~34세에 많이 발생하며, 이 시기에 음주율이 가장 높은 것으로 나타났다. 알코올 의존의 경우에는 40세 이상 집단에서 높게 나타났는데, 나이가 많아짐에 따라 발병률이 더욱 높아졌다. 알코올 남용의 경우에는 25세 이후에 발병률이 높아지며, 시골보다는 서울에서 더 높은 비율로 나타났다.

2) 알코올 관련 장애의 원인

알코올 관련 장애가 발생하는 원인으로는 유전적 요인, 사회문화적 요인, 정신분석적 요인, 인지적 사회학습이론, 인지적 요인을 들 수 있다. 먼저, 유전적 요인에서는 알코올 신진대사에 대한 신체적인 특성으로 설명할 수 있다. 알코올 의존자의 아들은 알코올 관련 장애를 보일 확률이 25%였으며, 이는 일반인보다 4배 높은 수준이었으며, 알코올 관련 문제로 입원하는 환자의 경우는 80%이다. 또한 일란성 쌍둥이는 일치율이 높은 것으로 나타났는데, 이는 알코올에 대한 신체 반응이 유전된다는 것을 보여 준다.

사회문화적 요인으로는 가족, 또래 집단이 음주행위에 중요한 영향을 미치며, 가족 구성원이 술을 잘 마시는 경우에 쉽게 접하게 되고, 부모의 행동을 모방하게 된다. 청소년의 경우에는 또래 집단이 중요한 요인이 된다. 종족과 문화적 요인으로는 이탈리아계 미국인과 유대계 미국인의 경우 가정에서 술을 먹는 비율이 낮으며, 아일랜드계 미국인은 술집에서 음주를 하는 경우가 높다. 한국의 경우에는 술에 대해 유난히 관용적인 문화를 가지고 있으며, 특히 남자의 경우에는 만남에서 호주가에 대해 긍정적인 평가를 한다. 이는 심리적 긴장이나 스트레스 해소의 배출 통로가 제한적이고, 과음 후 폭행이나 실수의 경우에 대해 관용적인 수용을 보이기 때문이다.

정신분석적 요인에서는 구순기에 자극 결핍이나 자극 과잉으로 구순기에 고착된 구강기 성격와 관련된 것으로 보았으며, 이는 의존적·피학적이고 위장된 우울증으로 표현된다. 또한 물질 남용자들은 가혹한 초자아와 관련된 심각한 내면적 갈등으로 인해 긴장, 불안, 분노를 회피하기 위해 알코올이나 약물을 사용한다고 보았다. 대상관계이론의 입장에서는 자기파괴적인 자살 행위의 의미로서 동일시하여 내면화시킨 '나쁜 어머니'를 파괴하고자 하는 무의식적 소망으로 보았다. 행동주의적 입장에서는 불안을 줄여 주는 알코올의 강화 효과 때문에 의존 행동이 나타난다고 하였으며, 이는 쥐들이 불안에 노출되면 더 많이 마신다는 실험연구를 통해 보여 주었다.

인지적 사회학습이론에서는 고전적 조건형성, 조작적 조건형성, 모방학습과 인지적 요인이 개입된 것이라고 보았다. 고전적 조건형성에서는 술과 즐거운 체험이 반복적으로 짝지어지는 긍정성 습득으로 인한 것으로 보았고, 조작적 조건형성에서는 일시적으로나마 긴장과 불안이 완화됨으로써 음주행위가 강화된다고 하였다.

모방학습에서는 부모, 친구가 즐겁고 멋있게 술 마시는 모습을 관찰함으로써 학습하게 되고 알코올에 대한 긍정적인 기대를 가지게 된다고 보았다.

인지적 요인에서는 알코올에 대한 긍정적 기대와 신념의 중요성을 강조하였다. 음주행동에 대한 대표적 이론인 음주기대론은 알코올의 효과는 음주 결과에 대한 기대나 신념의 결과로 보았다. 또한 술을 섭취했다는 믿음이 술의 효과에 대한 지각과 알코올 섭취의 결과에 대해 어떤 기대나 신념을 지니느냐가 중요하다. 이 외에도 직접경험과 간접경험을 통해서도 형성하게 되며, 기분이 좋아지는 것과 사교성 촉진, 성적 증진으로서의 기대감으로 인해 음주행동이 유발된다고 하였다.

3) 알코올 관련 장애의 치료

알코올 관련 장애는 금주로 할 것인가, 절주로 할 것인가에 대한 논란이 많다. 금주는 술에 대한 유혹을 이기지 못하고 통제력 상실로 재발하게 되는 반면, 절주는 과음에 대한 유혹을 이겨 내도록 하는 것이 근본적 치료 목표이다. 금주를 목표로 하는 치료 프로그램이 많이 개발되고 있는 추세이며, 절주는 캐나다와 유럽에서 사용되는 경향이 있다. 의존이 심한 사람은 입원치료가 바람직하며, 입원치료는 술을 쉽게 구할 수 있는 상황에서 배제하고, 금단현상을 줄일 수 있는 진정제 투여, 알코올의 부정적 영향 교육과 더불어 스트레스 대처훈련, 자기주장훈련, 이완훈련, 명상 등을 함께 시행하게 된다.

알코올 관련 장애는 해독치료와 집중치료가 주로 활용된다. 해독치료는 알코올중독의 치료를 시작하면서 곧바로 신체에 남아 있는 알코올 성분을 제거하는 과정으로 약물해독과 사회적 해독과정(위기 개입)이 입원해서 1주 이내에 시도된다. 집중치료 프로그램과 기법에 대해서 밀러와 헤스터(Miller & Hester, 1995)는 입원환자 치료 프로그램과 기법을 매우 포괄적으로 제시하고 있다. 첫째, 알코올 교육은 알코올중독증의 심각성을 중독자 본인에게 알리고, 자신의 문제를 부정하지 않고 인식하도록 돕는 방법으로 단주의 동기를 가지도록 돕는 것이 목적이다. 둘째, 개인상담은 치료자와 환자의 1 대 1 면담으로, 정확한 평가와 다른 치료를 계획하고 실천하는 방법을 찾는 것이다. 셋째, 집단치료는 1~2명의 치료자와 같은 문제를 가진 여러 사람이 함께 참석하여 상담을 하는 과정이다. 자신과 비슷한 문제로 어려움을 겪고 있는 다른 사람이 그 문제와 싸워 나가는 과정을 듣고, 문제해결을 위한 앞으로의 계획을 다른 중독자와 치료자에게 털어놓고 의견을 교환하는 것이다. 넷째, 인지행동치료는 사회학습이론, 행동 모델링이 결합된 것으로 알코올 의존의 원인이 인지적 왜곡이라고 보고, 내적·외적 요인을 탐색하여 그 요인을 인식시키고 알코올에 대한 대처능력을 훈련시킨다. 다섯째, 단주친목모임은 자신들의 공통 문제를 해결하고 다른 사람들이 알코올중독으로부터 회복되도록 돕기 위한 서로의 경험과 힘과 희망을 함께 나누는 것이다. 우리나라에서는 단주친목모임이 오랫동안 부진한 시기를 거치면서 점차적으로 성장하여 오다가 최근에는 비약적인 발전을 하고 있다. 여섯째, 알코올중독자가 있는 가족들의 모임인 가족회는 알코올중독자 문제해결을 위해서 국회나 지방행정 그리고 사회에 호소하고 추진하는 역할과 상호 연대하여 지지하고 함께 성장하는 자조조직의 역할을 하는데 이것이 가족모임의 원형이다. 일곱째, 부부 및 가족상담은 치료자와 중독자 그리고 부부 혹은 가족들이 함께 참석하여 중독증의 특성에 관하여 배우고 상담하는 시간이다. 여덟째, 심리극(사이코드라마)은 중독자가 치료자들과 보조인들의 도움을 받아 지난날의 자기의 삶을 연극화하는 과정을 통하여 문제를 이해하고 통찰할 수 있는 기회를 가지며, 이런 과정을 통하여 자신을 변화시켜 갈 수 있도록 돕는 집단치료의 한 방법이다. 아홉째, 자서전 발표와 생존계획 수립은 자신이 살아온 과정을 기록하고 여러 사람 앞에서 솔직하게 발표 한 후 토론을 통하여 자신에 대해 타인에게 알리고 자신에 대한 이해를 깊게 할 수 있는 시간을 가지는 것이다. 열째, 약물치료에서는 단주제와 항우울제, 항불안제 등이 쓰이고 있다.

4) 알코올 관련 장애 관련 영화

〈잃어버린 주말〉(1948)

〈남자가 사랑할 때〉(1994)

〈라스베이거스를 떠나며〉(1996)

〈프라이즈 위너〉(2005)

〈술이 깨면 집에 가자〉(2012)

〈플라이트〉(2013)

5) 활동

활동 1. 영화 〈남자가 사랑할 때〉(1994)와 〈라스베이거스를 떠나며〉(1996)를 감상한 후, 다음을 생각해 봅시다.

Q1. 영화에서 가장 인상적인 장면은 무엇입니까?

Q2. 영화 〈남자가 사랑할 때〉(1994)에서 나타난 알코올중독 문제로 인한 부적응적 행동은 어떤 것이 있습니까?

Q3. 영화 〈라스베이거스를 떠나며〉(1996)를 통해 알코올중독 문제를 지닌 사람들이 겪게 되는 심리적 어려움을 생각해 보고, 그들을 돕기 위한 치료적 방법은 어떤 것이 있습니까?

Q4. 영화를 감상한 후 느낀 점에 대해 자유롭게 이야기해 봅시다.

활동 2. 알코올중독 자가진단 검사

본 설문지는 알코올중독 수준을 선별하기 위한 자가진단 검사입니다. 총 10문항으로 각 문항에 해당하는 범주 하나를 체크해 봅시다.

문항	0점	1점	2점	3점	4점
1. 얼마나 자주 술을 마십니까?	전혀 안 마심	월 1회 미만	월 2~4회	주 2~3회	주 4회 이상

	1~2잔	3~4잔	5~6잔	7~9잔	10잔 이상
2. 술을 마시면 한번에 몇 잔 정도 마십니까?					
3. 한번에 소주 1병 또는 맥주 4병 이상 마시는 경우는 얼마나 자주 있습니까?	전혀 없음	월 1회 미만	월 1회	주 1회	거의 매일
4. 지난 1년간 한번 술을 마시기 시작하면 멈출 수 없었던 때가 얼마나 자주 있었습니까?	전혀 없음	월 1회 미만	월 1회	주 1회	거의 매일
5. 지난 1년간 평소 같으면 할 수 있던 일을 음주 때문에 실패한 적이 얼마나 자주 있었습니까?	전혀 없음	월 1회 미만	월 1회	주 1회	거의 매일
6. 지난 1년간 술을 마신 다음날, 일을 위해 해장술이 필요했던 적은 얼마나 자주 있었습니까?	전혀 없음	월 1회 미만	월 1회	주 1회	거의 매일
7. 지난 1년간 음주 후에 죄책감을 느끼거나 후회한 적이 얼마나 자주 있었습니까?	전혀 없음	월 1회 미만	월 1회	주 1회	거의 매일
8. 지난 1년간 음주 때문에 전날 밤에 있었던 일이 기억나지 않았던 적이 얼마나 자주 있었습니까?	전혀 없음	월 1회 미만	월 1회	주 1회	거의 매일
9. 자신의 음주 때문에 자신 또는 다른 사람이 다친 적이 있습니까?	없음		지난 1년간 없었음		지난 1년간 있었음
10. 친척이나 친구 또는 의사가 당신이 술 마시는 것을 걱정하거나 당신에게 술 끊기를 권유한 적이 있습니까?	없음		지난 1년간 없었음		지난 1년간 있었음

출처: 우리중독상담센터(http://www.savealcoholics.org/?page_id=23).

※ 검사 결과는 다음과 같이 해석해 볼 수 있다. 점수 결과가 12점 이상인 경우 상습적 과음주자에 해당되며, 알코올에 대한 주의가 필요하다. 점수 결과가 15점 이상인 경우 문제음주자에 해당되며, 알코올 관련 적절한 조치가 필요하다. 점수 결과가 20점 이상인 경우는 전문가와 상담이 요구된다. 점수 결과가 25점 이상인 경우 알코올중독자에 해당되며, 전문적 입원치료 및 상담이 필요하다.

2. 타바코 관련 장애

1) 타바코 관련 장애의 특징

타바코 관련 장애(Tobacco-Related Disorders)는 중독성 물질인 니코틴을 함유하는 담배(궐련, 시가, 씹는 담배, 냄새 맡는 담배 등)와 관련된 장애이다. 니코틴(Nicotine)은 중추신경 자극제로, 소량 섭취 시 각성 수준의 향상, 우울한 기분 완화가 나타나지만, 과량 사용 시 메스꺼움, 무력감, 두통, 빈맥, 고혈압, 주의집중 장애, 수면곤란, 호흡곤란 등이 나타난다. 니코틴은 미국 인디언이 처음 사용한 것으로 콜럼버스에 의해 유럽으로 그리고 전 세계로 확산되었다. 흡연의 직간접 영향으로 연간 수백만 명 사망하며, 경제적인 손실도 발생한다. 타바코 관련 장애는 타바코 사용장애, 타바코 금단으로 분류된다. 타바코 사용장애는 장기간 니코틴 섭취로 내성과 금단 증상이 발생하고 일상생활에 부적응이 나타나는 것으로, 처음에는 기침과 구토, 어지러움을 보이지만, 내성이 생기면 적당한 각성 효과를 보이게 된다. 타바코 금단은 적어도 몇 주 이상 타바코를 매일 사용하다가 타바코의 사용을 급격하게 중단하거나 그 사용량이 줄어들었을 때 24시간 이내 부적응적 징후가 나타나는 것을 의미한다. 주요증상으로 불쾌감, 우울감, 불면, 과민성, 불안, 집중력 저하 등이 나타난다. 타바코 관련 장애의 평생 유병률은 7.2%로, 남자는 12.7%, 여자는 1.7% 정도로 나타난다. 하루 2갑을 30년 동안 피운 사람은 비흡연자보다 2배 높은 사망률을 보인다(Palermo et al., 2016). 흡연은 단기적으로 매우 긍정적인 효과를 보이는데, 주의집중력 향상, 불안, 우울 등 부정적 감정의 해소 등이 이에 해당한다. 이러한 즉시적인 긍정적 효과가 흡연행위를 강화하게 되는 요인이 되기도 한다. 하지만 장기간 흡연은 폐암, 후두암, 심장혈관질환의 위험을 높이는 요인으로 작용한다. 하루 2갑씩 30년을 피운 사람은 비흡연자에 비해 2배의 사망률을 보이게 된다(Bennett & Richardson, 1984).

2) 타바코 관련 장애의 원인

타바코 관련 장애의 원인으로는 신경학적 요인과 사회심리적 요인이 있다. 신경학적 입장의 니코틴 일정 효과 이론에서는 신경계통 내의 보상중추를 자극하기 때문에 강화되면서 지속적인 흡연욕구가 발생한다고 하였다. 니코틴 조절 이론에서는 인체 내에 적당량의 니코틴 수준을 유지하기 위한 조절기제와 관련된 것으로, 니코틴 수준이 적당량에 이르지 못하면 흡연욕구를 상승시켜 니코틴 섭취를 유도하게 된다고 보았다. 다중 조절 모형은 정서적 조절과 니코틴의 신체적 조절을 결합한 설명으로, 니코틴 수준과 불안 수준의 연합에 의해 니코틴 수준이 낮고 불안 수준이 높으면 흡연행동이 나타난다고 보았다. 흡연의 사회심리적 요인에서는 흡연행동을 다양한 유형에 따라 분류하고 있다. 사회형은 타인과 함께 있을 때, 자극형은 바쁘고 힘든 일을 할 때, 긴장이완형은 마음이 편안해지고 싶을 때, 감정발산형은 부정적 감정을 느낄 때, 고독형은 혼자 있거나 심심할 때, 자신감 증진형은 사회적 능력이나 자신감을 증가시키기 위해, 감각운동형은 담배를 피우는 동작과 감각에서 즐거움을 느끼기 위해, 음식대체형은 단것을 먹고 싶을 때 이를 대신하기 위해 흡연행동을 하고, 습관형은 자신도 모르게 담배가 입에 물려져 있는 것과 관련된다고 보았다. 이처럼 담배가 끊기 어려운 이유는 갈망이 매우 집요하고 금단증상이 매우 불쾌한 반면, 구하기가 너무 쉽기 때문이다.

3) 타바코 관련 장애의 치료

타바코 관련 장애의 치료는 행동치료와 인지행동치료가 주로 사용된다. 흡연자의 80%가 금연을 원하지만, 5% 정도만 금연에 성공한다. 하지만 금연한 사람들 중 50%는 6개월 내 재발하고, 75% 정도는 1년 내에 재발하게 되므로, 금연을 유지하는 것이 중요하며, 처음부터 담배를 피우지 않는 것이 좋다. 타바코 사용장애의 치료법은 금연하는 것으로, 금연 방법으로는 니코틴 껌이나 패치를 사용하는 니코틴 대체치료, 급속 흡연법과 혐오 조건형성 등을 활용하는 혐오치료, 금연동기 강화와 구체적인 금연 계획 작성, 흡연행동 기록 및 분석, 흡연 상황 회피, 흡연 유발자극 통제, 금연에 대한 자기강화 등을 활용한 다중양식적 치료 등이 있다. 혐오치료(aversion therapy)는 금연을 위한 행동치료적 기법으로 담배에 대한 혐오감을 조건형성시킨다. 급속흡연법은 여러 개피의 담배를 한꺼번에 빨리 피우게 되면 기침, 눈물, 가슴의 답답함, 구토 등의 불쾌감을 경험하게 되는데 이러한 절차를 여러 번 반복하게 함으로써 흡연에 대한 혐오적 조건형성이 일어나도록 한다(Bobo, McIlvain, Lando, Walker, & Leed-Kelly, 1998). 다중양식적 치료(Multimodel Intervention)는 금연을 위한 인지행동치료적 기법으로 금연의 동기를 강화시키고 그 구체적 계획을 스스로 작성하도록 하며 금연 계획을 실행에 옮기도록 한다. 흡연자는 자신이 매일 담배를 피우는 시간, 상황, 개수를 관찰하고 기록함으로써 담배를 피우게 되는 상황을 회피하거나 변화시켜 흡연행위 유발자극을 통제하게 한다. 금연에 대해서 스스로 자기 강화를 하여 금연 행위를 지속하게 한다.

4) 타바코 관련 장애 관련 영화

〈로얄 태넌바움〉(2002)

5) 활동

활동 1. 영화 〈로얄 태넌바움〉(2002)을 감상한 후, 다음을 생각해 봅시다.

Q1. 영화에서 가장 인상적인 장면은 무엇입니까?

Q2. 영화에 등장하는 마고 태넌바움이 흡연행위를 지속하는 이유는 무엇입니까?

Q3. 마고 태넌바움의 흡연행위를 감소시키기 위한 적절한 치료는 무엇입니까?

Q4. 영화를 감상한 후 느낀 점에 대해 자유롭게 이야기해 봅시다.

본 설문지는 니코틴 중독 여부를 선별하기 위한 검사입니다. 총 5문항으로 각 문항에 해당하는 범주 하나를 체크해 봅시다.

	문항	예	아니요
1	의도한 것보다 많은 양의 담배를 피운다.		
2	줄이거나 조절하려고 노력했지만 실패했었다.		
3	담배를 구하거나 피우기 위해 많은 시간을 쓴다.		
4	담배에 대한 갈망, 강한 욕구가 있다.		
5	반복되는 흡연으로 중요한 역할을 수행하지 못한다.		

출처: 늘한방병원(https://nulhospistal.modoo.at/).

※ 검사 결과는 다음과 같이 해석해 볼 수 있다. 5개의 문항 중 2개 이상의 문항에서 '예'를 체크하였다면 니코틴 중독에 해당될 수 있다.

3. 카페인 관련 장애

카페인 관련 장애(Caffeine Related Disorders)는 커피, 홍차, 청량음료, 진통제, 감기약, 두통약, 각성제, 살 빼는 약, 초콜릿, 코코아에 포함된 카페인 성분으로 인한 것으로, 장기간 섭취하면 금단현상이 나타나고 의존성이 생기게 된다(Addicott, 2014). 그러나 내성과 금단현상은 물질사용장애에 해당될 만큼 현저한 부적응을 초래하지는 않는다. 카페인 관련 장애는 카페인 중독과 카페인 금단으로 구분된다. 카페인 중독(Caffeine Intoxication)은 250mg 이상의 카페인을 섭취했을 때 안절부절못함, 신경과민, 흥분, 불면, 안면홍조, 잦은 소변, 소화기 장애, 근육경련, 두서없는 사고와 언어의 흐름, 빠른 심장박동 또는 심부정맥, 지치지 않음, 정신운동성 초조 등의 증후 중 5개 이상이 나타난다. 카페인 금단(Caffeine Withdrawal)은 카페인을 지속적으로 사용하다가 중단하였을 때 두통, 현저한 피로감이나 졸림, 불쾌한 기분, 우울한 기분 또는 짜증스러움, 집중 곤란, 감기 같은 증상(구토, 구역질 또는 근육통/뻣뻣해짐) 등이 나타나는 경우를 말한다.

카페인을 과용하게 되면 심부정맥, 위장관계의 통증, 설사와 같은 신체증상이 생기거나 악화될 수 있다. 카페인을 지속적으로 사용하던 사람이 갑자기 사용을 중단하게 될 경우 두통과 피곤, 우울, 메스꺼움, 구토, 근육통 등의 금단증상이 나타날 수 있는데, 진통제나 항불안제 등을 복용하며 1~2주에 걸쳐 카페인 섭취를 점차 줄이는 것이 좋다.

활동 1. 카페인 중독 자가진단 검사

본 설문지는 카페인 중독 여부를 선별하기 위한 검사입니다. 총 15문항으로 각 문항에 해당하는 범주 하나를 체크해 봅시다.

	문항	예	아니요
1	불안해진다.		
2	신경이 예민해진다.		
3	잠이 오지 않는다.		
4	얼굴이 화끈거린다.		
5	소변이 자주 마렵다.		
6	흥분이 된다.		
7	근육이 떨린다.		
8	소화가 안 되거나 설사를 한다.		
9	정신 집중이 안 된다.		
10	심장이 빨리 뛴다.		
11	지칠 줄 모르는 활기찬 기간이 있다.		
12	안절부절못한다.		
13	메스꺼움을 느낀다.		
14	두통이 생긴다.		
15	몸이 나른하고 졸립다.		

출처: 건강샘(https://healthkorea.net).

※ 검사 결과는 다음과 같이 해석해 볼 수 있다. 15개의 문항 중 4~13개 문항에서 '예'를 체크하였다면 카페인 섭취량을 줄이는 것이 좋으며, 14개 이상을 체크하였다면 중증도의 카페인 중독이 의심된다.

4. 대마계(칸나비스) 관련 장애

칸나비스(Cannabis)는 식물 대마초로부터 추출된 물질로서 '대마계 제제'라 하는데, 대마의 잎과 줄기를 건조시켜 담배로 만든 것이 대마초(마리화나)이다. 하시시(Hashish)는 대마 잎의 하단부와 상단부의 진액을 건조시켜 훨씬 효과가 빠르다. 칸나비스 관련 장애는 대마계 물질, 화학적으로 유사한 합성물질에 대한 의존, 중독현상으로 나타난다.

대마초 사용장애(Cannabis Use Disorder)는 과도한 대마초 사용으로 인해 발생하는 부적응 문제를 의미하며, 생리적 의존이 잘 발생하지 않으며 금단증상도 심각하지 않다(Rogeberg & Elvik, 2016). 의존이 있는 사람은 몇 개월, 몇 년에 걸쳐 매우 심하게 대마계 제제를 사용하는데, 물질을 구하는 데 하루 중 많은 시간을 보내게 되고, 가정, 학교, 직장, 여가 활동에 지장을 준다. 대마초 사용에 따른 신체적 문제로는 만성적인 기침이 있으며, 심리적 문제는 반복적인 고용량 사용으로 과도한 진정이 나타나며, 이외에도 대마계 제제의 소지로 체포되어 법적인 문제가 생기기도 한다.

대마초 중독(Cannabis Intoxication)은 대마계 제제의 사용으로 인해 심각한 부적응적 행동 변화나 심리적 변화(운동조정장애, 불안, 시간이 느리게 지나가는 느낌, 판단력 장애, 사회적 위축)가 나타나는 경우를 말한다(Rogeberg & Elvik, 2016). 전형적으로 기분고조 상태의 느낌으로 시작되고 부적절한 웃음, 자신만만한 태도와 더불어 고양된 기분이 뒤따르며, 수면발작, 단기기억장애, 판단력 장애, 왜곡된 감각적 지각 등이 나타난다.

5. 환각제 관련 장애

환각제(hallucinogen)는 환각효과를 나타내는 다양한 물질로, 펜사이클라딘, 엘에스디, 암페타민류, 항콜린성 물질 등이 있다. 환각제는 경구 또는 주사제로 투여하는 것으로 감각기능이 고양, 신체상과 시공간지각이 변화, 다행감, 만화경 같은 환시, 현실감각의 상실, 감정의 격변, 공감각(음악 소리가 색깔로 보이는 등 감각변형 현상)을 경험하게 된다. 그러나 환각제는 불안, 우울, 공포, 피해망상, 판단력 장애, 다양한 신체적 부작용을 유발하여 결과적으로 심각한 부적응을 초래하게 된다. 환각제 관련 장애는 환각제 사용장애와 환각제 유도성 장애, 환각제 지속성 지각장애로 구분된다(Halpern & Pope, Jr., 2003).

환각제 사용장애(Hallucinogen Use Disorder)는 환각제 사용으로 인하여 내성과 금단현상이 나타나 반복적으로 환각제를 사용하는 것을 말한다(Hardaway, Schweitzer, & Suzuki, 2016). 환각제는 다행감과 환각효과에 대한 내성은 빨리 발전하나 자율신경효과(동공산대, 과잉반사, 혈압상승)에 대해서는 내성이 생기지 않는다. 반감기가 길고 작용 시간이 광범위하여 약효를 얻고 회복하기까지 며칠이 걸리며, 중독 상태에서는 기억력 장애, 공황장애로 나타나는 '지옥여행' 경험을 하게 된다. 판단력 상실로 창밖으로 뛰어내리기도 하지만 계속해서 사용하게 되고, 부적절한 행동, 고립된 생활양식, 중요한 타인과의 갈등으로 인해 사회적 문제, 대인관계 문제가 발생한다.

환각제 유도성 장애(Hallucinogen Induced Disorders)에는 환각제 중독, 환각제 지속성 지각장애가 있다. 환각제 중독은 부정적 행동 변화나 심리적 변화와 관련된 증상으로서 동공산대, 빈맥, 발한, 가슴 두근거림, 시야 혼탁, 진전, 운동조정 곤란 중 2개 이상이 나타나야 한다. 또한 수다스럽고 산만하고 기분이 빨리 변하며, 정신이상이나 죽음에 대한 두려움을 가진다. 지각이나 판단력에 장애가 생겨 자동차 사고, 죽음, 싸움, 높은 데서 날려는 시도 등을 하게 된다.

환각제 지속성 지각장애(Hallucinogen Persisting Perception Disorder)는 환각제 중독 기간 동안 경험한 지각적 증상(기하학적 환각, 주변 시야에서의 움직임에 대한 잘못된 지각, 강렬한 색감, 양성적 잔상, 미시증, 거시증)을 재경험하는 경우를 말한다. 이를 '플랙시백'이라고 하며, 이러한 경험은 여러 달이 지나면서 약화되지만 때로는 5년 이상 지속되기도 한다.

6. 흡입제 관련 장애

흡입제(inhalants)는 환각을 유발하는 다양한 휘발성 물질로, 본드, 부탄가스, 가솔린, 페인트 시너, 분무용 페인트, 니스 제거제, 고무시멘트 세척제, 구두약 등이 있다. 이는 정신활성 효과를 유발하는 여러 가지 물질 복합체로, 사용물질이 복합적이고 확인이 어려워 '흡입제'라는 용어를 사용한다(Howard, Bowen, Garland, Perron, & Vaughn, 2011). 흡입제 관련 장애는 흡입제 사용장애와 흡입제 유도성 장애로 구분된다. 흡입제 사용장애(Inhalants Use Disorder)는 과도하게 흡입제를 사용하여 나타나는 다양한 부적응적 문제를 말한다. 흡입제로 인한 금단증후군은 수면장애, 몸떨림, 과민성, 발한, 메스꺼움, 순간적인 착각 등이 나타나며 사용 중단 후 24~48시간에 시작되고, 2~5일 동안 지속된다. 흡입제는 원래 의도한 것보다 더 오랜 기간, 더 많은 용량을 사용하므로 끊거나 조절이 어렵다. 흡입제는 값이 싸고 합법적으로 판매되기 때문에 구입이 용이하며, 사용하고 회복하는 데 상당한 시간이 소요된다. 간질환, 신경계 손상 같은 신체적 문제를 유발할 수 있으며, 중요한 사회적 · 직업적 활동이 감소되면서 현저한 부적응이 나타나는 경우에 진단된다.

흡입제 유도성 장애(Inhalants Induced Disorders)는 휘발성 흡입제를 의도적으로 사용하거나 단기간 많은 용량에 노출되어 현저한 부적응적 증상이 나타나는 것을 말한다. 휘발성 흡입제 사용 도중 또는 직후 심각한 부적응적 행동 변화나 심리적 변화(호전성, 공격성, 정서적 둔마, 판단력 장애, 사회적─직업적 기능 손상)가 나타난다.

7. 아편계 관련 장애

아편(opium)은 양귀비라는 식물에서 채취되는 진통효과를 지닌 물질로, 의존과 중독을 나타내는 대표적인 마약이다. 아편계는 아편과 유사한 화학적 성분이나 효과를 나타내는 물질로, 천연 아편계에는 모르핀이 있으며, 반합성 아편계에는 헤로인이 있다. 이 중 헤로인은 가장 흔하게 남용되는 물질로서 정제된 헤로인을 주사나 흡연, 코로 삽입하게 된다. 또한 합성아편계에는 코데인, 하이드로 모르핀, 메사돈, 옥시코돈, 메페리딘, 펜타닐 등이 있다. 이러한 아편계는 진통제, 마취제, 지사제, 기침억제제로 처방되고, 의학적 목적 외 법적으로 불허한다(Mowla, Kianpor, Bahtoee, Sabayan, & Chohedri, 2008).

아편계 사용장애(Opium Use Disorder)는 아편계에 대한 의존과 남용으로, 아편계는 의존성이 강해 아편 의존자들은 강한 내성을 지니고, 중단할 때 심한 금단증상을 경험한다. 아편계 중독자들은 각성 수준이 저하되어 위험한 사건들을 무시할 정도로 환경에 대해 주의를 기울이지 않고, 착각이나 환각을 경험할 수 있다. 과용량 사용 시에는 혼수상태, 호흡저하, 의식소실을 나타내며 죽음을 초래할 수도 있다.

아편계 유도성 장애(Opium Induced Disorders)에는 아편계 중독, 아편계 금단이 있다. 아편계 중독은 아편계 사용 도중 혹은 직후에 발생되는 심각한 부적응적 행동 변화 또는 심리적 변화가 나타나는 것을 말한다. 아편계 중독이 있는 사람은 각성 수준이 저하되어서 위험한 사건들을 무시할 정도로 환경에 대한 주의를 기울이지 않으며 착각, 환각 등을 경험할 수 있다. 아편계 금단은 지속적으로 사용하던 아편계의 중단 후 특징(불쾌한 기분, 오심 또는 구토, 근육통, 눈물 흘림, 동공산대)적인 금단증후군이 나타나는 것을 말한다.

1) 아편계 관련 장애 관련 영화

〈펄프 픽션〉(1994)

〈스위트 낫씽〉(1995)

〈아편전쟁〉(1997)

〈라스베이거스의 공포와 혐오〉(1998)

〈레이〉(2004)

〈우리의 4일〉(2020)

2) 활동

활동 1. 영화 〈펄프 픽션〉(1994)을 감상한 후 다음을 생각해 봅시다.

Q1. 영화에서 가장 인상적인 장면은 무엇입니까?

Q2. 영화 속 장면을 통해서 아편계(헤로인) 관련 장애로 나타날 수 있는 주요 신체증상은 무엇입니까?

Q3. 영화를 감상한 후 느낀 점에 대해 자유롭게 이야기해 봅시다.

활동 2. 영화 〈레이〉(2004)를 감상한 후 다음을 생각해 봅시다.

Q1. 영화에서 가장 인상적인 장면은 무엇입니까?

Q2. 주인공이 아편계 관련 장애에 빠져들게 된 원인이 무엇입니까?

Q3. 아편계 관련 장애를 극복하기 위한 방법은 무엇입니까?

Q4. 영화를 감상한 후 느낀 점에 대해 자유롭게 이야기해 봅시다.

활동 3. 영화 〈우리의 4일〉(2020)을 감상한 후 다음을 생각해 봅시다.

Q1. 영화에서 가장 인상적인 장면은 무엇입니까?

Q2. 약물중독을 극복하기 위한 가족의 역할은 무엇입니까?

Q3. 영화를 감상한 후 느낀 점에 대해 자유롭게 이야기해 봅시다.

8. 자극제 관련 장애

자극제(stimulants)는 암페타민(amphetamines), 코카인을 비롯한 중추신경계를 자극하는 물질을 의미한다. 암페타민은 중추신경흥분제로, 각성과 흥분의 효과가 있다. 초기에는 천식치료제로 사용되었으며, 신경흥분 작용이 알려진 후에는 우울증 치료제로 활용되었으며, 제2차 세계대전 중 병사들에게 지급되기도 하였다. 오늘날에는 ADHD 아동에게 사용된다. 적은 용량으로는 각성 수준과 심장박동을 높이고 식욕을 낮추며 유쾌감과 자신감을 높이는 효과가 있다. 반면, 많은 용량으로는 예민하거나 안절부절못하고, 두통, 현기증, 불면, 타인에 대한 공격적 행동을 보이게 된다. 장기적으로 과다 복용하게 되면, 망상을 포함해 정신병 상태가 되며 뇌 손상을 야기한다고 한다. 또 다른 자극제에는 히로뽕(필로폰)이라고 불리는 메스암페타민이 있다.

자극제 사용장애는 자극제의 과도한 사용으로 파생되는 부적응 문제로, 매우 강력한 행복감을 느끼는 효과가 있으며, 매우 짧은 기간 내에 의존으로 발전하게 된다. 반감기가 짧아 '기분고조 상태' 유지를 위해 자주 투여하게 되는데, 이로 인해 단기간의 약물사용으로 많은 액수의 돈을 소비하게 된다. 자극제의 지속적인 사용은 편집적 사고, 공격적 행동, 불안, 우울, 체중 감소, 심리 신체적 합병증이 유발되는데, 투여 방법에 관계없이 반복적으로 사용하게 되면 내성이 생긴다.

자극제 유도성 장애에는 자극제 중독과 금단이 있다. 자극제 중독은 자극제의 사용 도중 또는 그 직후에 심각한 부적응 행동이나 심리 변화(사교성의 변화, 대인관계 민감성, 불안, 긴장, 분노, 판단력 장애)가 나타나는 것을 말한다. 자극제 금단은 지속적으로 사용하던 자극제의 사용을 중단하거나 용량을 감소하였을 때 불쾌한 기분을 비롯한 부적응적인 생리적 변화가 일어나는 것을 말한다. 1991년 기준 미국 전체 인구 중 12%가 일생 동안 한 번 이상의 코카인을 사용한 경험이 있으며 3%는 전년도, 1%는 그 전달에 사용한 적이 있다고 보고되고 있다.

1) 자극제 관련 영화

〈레퀴엠〉(2002)

〈스펀〉(2002)

〈뷰티풀 보이〉(2018)

2) 활동

활동 1. 영화 〈뷰티풀 보이〉(2018)를 감상한 후, 다음을 생각해 봅시다.

Q1. 영화에서 가장 인상적인 장면은 무엇입니까?

Q2. 영화에 등장하는 닉은 왜 약물중독에 빠졌습니까?

Q3. 영화 속 약물중독의 주요증상은 무엇입니까?

Q4. 아들을 구제(약물중독 문제)하기 위해 아버지는 어떠한 노력을 했으며, 여러
   분들이 생각하는 구제 방법은 무엇입니까?

Q5. 영화를 감상한 후 느낀 점에 대해 자유롭게 이야기해 봅시다.

활동 2. DAST-10 약물남용 선별검사

본 설문지는 지난 12개월 동안 메트암페타민(필로폰), 대마 등 불법 마약류와 처
방/일반 의약품의 남용 여부를 선별하기 위한 검사입니다. 총 10문항으로 각 문항
에 해당하는 범주 하나를 체크해 봅시다.

	문항	예	아니요
1	의학적 용도 이외에 다른 용도로 약물을 사용한 적이 있습니까?		
2	한번에 한 가지 이상의 약물을 남용합니까?		
3	신이 원하면 언제든지 약물사용을 중단할 수 있습니까? (만일 한 번도 사용한 적이 없으면 '예')		
4	약물사용 결과로 의식을 잃거나, 과거의 일이 회상 장면으로 재현된 적이 있습니까?		
5	약물사용으로 인해 죄의식을 느낍니까? (약물을 사용한 적이 없으면 '아니요')		
6	당신의 배우자(부모, 파트너, 가족, 친구 등)가 당신의 약물사용에 대해 호소합니까?		
7	약물사용으로 인해 가족들을 등한시한 적이 있습니까?		
8	약물을 구하기 위해 범법 행위를 한 적이 있습니까?		
9	약물사용을 중단하였을 때 금단증상을 느낀 적이 있습니까?		

10	약물사용으로 인해 기억상실, 간염, 발작, 출혈 등과 같은 문제가 있었습니까?		

출처: Yudko, Lozhkina, & Fouts (2007).

※ 검사 결과는 다음과 같이 해석해 볼 수 있다. 점수 결과가 1~2점인 경우 저위험군 집단에 해당되며, 중독의 가능성은 낮지만 약물사용을 지속하거나 다시 시작하지 않도록 주의할 필요가 있다. 점수 결과가 3~5점인 경우 중위험군 집단에 해당되며, 중독으로 이어질 수 있는 가능성이 있으니 주의할 필요가 있다. 6~10점인 경우 고위험군 집단에 해당되며, 중독일 가능성이 높다.

활동 3. 약물 ○× 퀴즈

이 설문지는 약물과 관련한 상식을 묻는 퀴즈입니다. 총 10문항으로 각 문항별 질문에 대해서 자신이 생각하는 정답을 체크해 봅시다.

	문항	○	×
1	중독은 치료가 가능한 뇌 질환이다.		
2	중독은 나쁜 습관이다.		
3	말기 암 환자가 통증을 없애려고 의사의 처방에 따라 마약으로 지정된 진통제를 복용하는 것은 약물남용이다.		
4	약물남용과 중독은 사용자 개인의 문제이다.		
5	중독은 치료하지 않으면 일평생 지속될 수 있다.		
6	다른 사람에게 중독성이 없는 약물은 나에게도 중독성이 없다.		
7	임신 혹은 수유 중인 엄마가 복용해도 태아, 수유 중인 영아에게는 별다른 영향을 미치지 않는다.		
8	청소년 시기는 뇌의 발달에 있어 매우 중요한 시기로, 이 시기에 약물에 노출되는 것은 성인보다도 더욱 심각한 뇌 손상을 일으킨다.		
9	한 가지 요인으로 약물에 중독될 수 있는 사람인지 아닌지를 예측할 수 있다.		
10	약물사용장애는 일반인보다 기분장애, 불안장애, 우울, 조증 등의 정신질환이 있는 환자들에게 더 많이 발병한다.		

출처: 한국마약퇴치운동본부(http://www.drugfree.or.kr/).

다음은 문항별 약물 관련한 ○× 퀴즈 정답입니다. 이를 통해 약물 관련하여 올바른 정보를 알고 계시기 바랍니다.

	문항	○	×
1	중독은 치료가 가능한 뇌 질환이다.	✓	
2	중독은 나쁜 습관이다.		✓
3	말기 암 환자가 통증을 없애려고 의사의 처방에 따라 마약으로 지정된 진통제를 복용하는 것은 약물남용이다.		✓
4	약물남용과 중독은 사용자 개인의 문제이다.		✓
5	중독은 치료하지 않으면 일평생 지속될 수 있다.	✓	
6	다른 사람에게 중독성이 없는 약물은 나에게도 중독성이 없다.		✓
7	임신 혹은 수유 중인 엄마가 복용해도 태아, 수유 중인 영아에게는 별다른 영향을 미치지 않는다.		✓
8	청소년 시기는 뇌의 발달에 있어 매우 중요한 시기로, 이 시기에 약물에 노출되는 것은 성인보다도 더욱 심각한 뇌 손상을 일으킨다.	✓	
9	한 가지 요인으로 약물에 중독될 수 있는 사람인지 아닌지를 예측할 수 있다.		✓
10	약물사용장애는 일반인보다 기분장애, 불안장애, 우울, 조증 등의 정신질환이 있는 환자들에게 더 많이 발병한다.	✓	

출처: 한국마약퇴치운동본부(http://www.drugfree.or.kr/).

9. 진정제, 수면제 또는 항불안제 관련 장애

진정제(sedatives), 수면제(hypnotics), 항불안제(anxiolytics)에는 벤조디아제핀 계열의 약물, 카바메이트 제제, 바비튜레이트와 유사 수면제가 포함된다. 진정제와 수면제 또는 항불안제는 알코올과 유사한 문제를 일으키며, 알코올과 혼합 사용 시 치명적일 수 있다(Busto & Sellers, 1991). 진정제, 수면제 또는 항불안제 중독은 심각한 부적응적 변화가 나타나는 것으로, 부적절한 성적 · 공격적 행동, 불안정한 기분, 판단력 장애, 사회적 · 직업적 기능장애가 나타나며, 내성과 금단증상이 현저하여 의존을 나타낼 수 있다. 금단증상의 시기와 심각도는 약물에 따라 다양하게 나타나지만 이러한 약물에 의하여 나타나는 금단증후군은 생명을 위협할 수 있는 섬망이 발생한다. 또한 진정제와 수면제, 항불안제의 남용은 다른 물질 사용과 결합되어 나타날 수 있다. 코카인이나 암페타민의 효과를 지속시키기 위해 진정제나 항불안제를 함께 사용할 수 있다. 이러한 물질의 남용은 기분고조 상태에 빠져들게 하여 위험한 상황에 노출될 수 있고 직장이나 학교를 이탈하여 가정에 소홀할 수 있다.

10. 도박장애

1) 도박장애의 특징

도박이란 돈이나 가치 있는 것을 걸고 더 많은 돈이나 재물을 따기 위해서 결과가 불확실한 사건에 내기를 거는 행위이다. 이용방식에 따라 도박의 종류는 다양하다. 놀이도구로서 화투, 장기, 바둑, 체스, 주사위, 트럼프가 있고, 기계를 이용하는 것으로는 카지노, 성인오락실(바다이야기, 스크린 경마, 파친코 등)이 있다. 추첨방식으로는 복권, 로또가 있으며, 기타로 주식, 선물, 옵션 등이 있다. 또한 스포츠 경기로는 경마, 경륜, 경정이 있고, 동물을 대상으로 하는 경기에는 소싸움, 투견, 투계가 있으며, 인터넷을 이용한 각종 인터넷 도박도 있다.

도박은 인간이 즐기는 놀이의 하나로서, 도전과 경쟁 등 일련의 과정을 통해 즐거움을 얻는 동시에 금전 획득이라는 이중의 즐거움을 제공하기 때문에 강력한 중독 효과를 야기하며, 과도하게 도박에 몰입되기 쉽다(Potenza et al., 2019). DSM-5에서 비물질 관련 장애로서 도박장애를 포함시켰는데, 도박이나 노름을 하고 싶은 충동으로 반복적으로 도박을 하게 되는 경우를 도박장애(Gambling Disorder) 또는 병적인 도박중(pathlogical gambling)이라고 한다.

도박자의 유형에는 네 가지가 있다. 첫째, 사교성/여가성 도박자가 있다. 이들은 도박을 하는 시간과 돈을 통제할 수 있으며, 도박의 목적이 여가 혹은 친목이며 도박에 대한 기대가 적어 통제력을 유지할 수 있다. 둘째, 위험 도박자는 사교성 도박에서 문제성 도박으로 넘어가고 있는 사람들이며, 이들은 문제성 도박이나 병적 도박으로 진전해 나갈 수 있다. 셋째, 문제성 도박자는 삶에서 도박이 문제를 일으키고 있는 사람이며, 넷째, 병적/강박적 도박자는 도박에 대한 통제력을 완전히 잃은 상태에 해당한다.

도박중독은 도박으로 인해 본인, 가족 및 대인관계의 갈등과 재정적·사회적·법적 문제가 발생함에도 불구하고 자신의 의지로 도박행위를 조절하지 못하고 지속적으로 도박을 하게 되는 것으로, 문제성 도박과 병적 도박을 포함한다.

도박중독의 영향을 개인, 가족, 지역사회, 사회·국가로 나누어서 살펴볼 수 있다. 먼저, 개인에게 미치는 영향에서는 개인의 심리적 측면과 관련하여 낮은 자존감과 인생태도에 대한 주도성이 낮으며, 우울감이 높아지고, 절망감과 무력감에서도 벗어나기 어렵다. 또한 음주량과 흡연량이 정상집단에 비해 유의하게 많은데 이것은 도박중독이 물질남용과 관련이 있음을 추정할 수 있는 결과이다. 도박중독자들의 경우 사회적 지지 수준이 낮고, 사회적 갈등 수준이 높아지며, 병적 도박자는 감당할 수 없는 빚을 지게 됨은 물론 직장을 잃게 되거나 수입원이 없어지게 되어 타인에게 경제적으로 의존하게 된다. 병적 도박자는 자살 생각과 자살 시도 경험이 상대적으로 높은데 이것은 우울과 관련이 있을 것으로 판단된다.

가족에게 미치는 영향을 살펴보면, 병적 도박자는 도박으로 인한 부부싸움, 부부 간의 신체적 폭력 경험, 도박으로 인한 가족의 자살 시도 경험 등이 더 많으며 문제성 및 병적 도박자는 정상집단에 비해 이혼/별거율이 높은 것으로 나타났다. 직장에 미치는 영향에서는 병적 도박자가 회사에 지각을 하거나 결석을 하고, 도박을 하기 위해 조퇴하는 행동이 나타나며, 도박을 하고 싶은 생각과 도박 빚에 대한 걱정 때문에 집중력과 능률 및 의욕이 저하되고 도박자금 마련을 위해 공금횡령을 하기도 한다. 지역사회에 미치는 영향으로는 도박자금과 관련된 공금횡령, 절도, 문서위조 등의 재물범죄, 도덕적 해이를 비롯한 지역사회 정신건강 문제 등이 발생할 수 있다. 사회·국가에 미치는 영향으로는 개인 파산, 기업 부도 등으로 인해 국민생산성을 저하시키고 국가 부담을 증가시키며, 도박중독 치유에 많은 시간과 비용을 투자하게 됨으로써 정신건강 및 물질남용에 대한 치료비용의 증가, 이혼, 자살, 범죄 등의 사회적 불안요인이 증가되는 등 많은 부담이 발생하게 된다.

도박중독의 진행 및 회복단계를 살펴보면, 도박중독자들이 처음에 도박을 시작할 때는 중독이 아니지만, 도박을 지속하면 중독에 이르게 된다. 이후 도박중독자들이 중독에서 회복하기까지는 7단계를 거치게 된다. 먼저, 중독과정에는 4단계까

표 12-1   도박중독자의 사고 특징

확률에 대한 잘못된 이해	• 도박을 해서 쉽게 돈을 벌 수 있다. • 많이 잃었으니 이제 딸 때가 되었다. • 이번에는 지난번과 달리 이길 것이다.
운과 미신	• 따고 싶다고 기원했거나 이길 것이라고 생각했기 때문에 이겼다. • 결국에는 따게 될 것이다. • 행운을 가져오는 부적(행운의 옷을 입어서, 행운의 자리에 앉아서)을 가지고 있어서 딴 것이다. • 승리를 가져오는 나만의 특유한 행동(징크스)이 있다.
도박 기술에 대한 과신	• 다른 사람들보다 내가 실력이 좋아서 딴 것이다. • 나는 이기는 방법을 알고 있다.
선택적 회상	• (실제로 잃은 적이 더 많았음에도) 나는 잃을 때보다 딸 때가 더 많다.
기타 생각	• 나와 맞는 기계가 있고, 나와 맞지 않는 기계가 있다. • 이 기계는 어제 내가 잃은 돈을 가지고 있기 때문에 나는 되찾을 수 있다. • 도박으로 돈만 딴다면 지금 내가 처한 모든 문제가 해결될 것이다.

표 12-2   도박중독자의 행동 및 정서 특징

도박중독자의 행동	도박중독자의 정서
• 거짓말과 변명이 늘어난다. • 도박을 조절하거나, 줄이거나, 중지하려는 노력을 반복적으로 실패한다. • 도박으로 돈을 잃은 후, 그 돈을 만회하기 위하여 다시 도박을 한다(추격도박). • 도박으로 야기된 경제적 문제해결을 위하여 다른 사람에게 의존한다. • 도박자금 조달을 위하여 지폐 위조, 사기, 도둑질, 횡령과 같은 불법행위를 저지른다. • 공과금 · 관리비 미납이 잦아진다. • 도박으로 인하여 의식주 등 기초생활과 관련된 부분에 문제가 생긴다. • 가족의 중요한 기념일과 일정을 놓친다. • 도박 때문에 학교나 직장에 소홀해진다. • 도박이나 돈 문제로 가족이나 친구와 다툰다. • 도박 때문에 다른 사람으로부터 비난을 듣는다.	• 도박을 못하면 안절부절못하거나 불안해한다. • 도박을 하지 않을 때 상실감이나 공허감을 느낀다. • 도박의 결과로 매우 극단적인 감정 변화(예: 천국과 지옥을 오가는 감정 변화)를 경험한다. • 분노, 불안, 우울 등 부정적인 감정이나 개인적인 문제에서 벗어나기 위해 도박을 한다. • 도박 행동이나 도박으로 인한 결과 때문에 죄책감, 수치심을 느낀다.

지가 해당된다. 1단계는 승리단계로, 사교적 여가의 목적으로 우연한 도박을 하게 되고, 여기서 흥분하고 대박을 경험하게 되면서 승리에 대한 환상을 가지고 배팅액을 증가시킨다. 2단계는 손실단계로, 도박에 집착하게 되어 빚이 늘어나고, 도박 사실을 숨기게 되며, 거짓말과 대인관계의 문제가 발생하게 된다. 3단계는 절망단계로, 빚을 갚아 줄 것을 주변에 요청하게 되지만, 대인관계에서 소외를 경험하게 되고, 도박하는 시간이 증가하게 되면서 법적인 문제가 발생하게 된다. 4단계는 포기단계로, 자살 문제, 부부 문제(이혼), 금단증상, 약물사용과 음주 증가, 정서적 고통의 상태에서도 맹목적으로 도박을 계속하게 되는데 자살, 감옥수감, 도피, 도움 요청 중 하나의 선택만 가능하게 된다. 다음으로 회복과정에는 5단계에서 7단계까지가 해당된다. 5단계는 결심단계로, 도움에 대한 정서적 열망, 희망 갖기, 도박중단, 도박문제에 대한 책임 있는 태도, 단도박 결심이 나타난다. 6단계는 재건단계로, 채무 상환, 돈 관리 계획, 새로운 분야에 대한 관심, 가족과의 관계 개선, 자신감 회복이 나타난다. 마지막으로 7단계는 성장단계로, 자기에 대한 통찰, 도박에 대한 집착 감소, 타인을 위한 희생, 문제에의 직면, 새로운 삶의 방식 전환이 이루어진다.

도박장애는 대개 몇 년 동안 사교적 도박을 해 오다가 발병하게 되는데, 에드먼드 버글러(Edmund Bergler)는 모험을 즐기고, 도박에 흥미, 활동, 돈을 딸 것이라는 낙관주의, 실패할 가능성을 계산하지 못하고, 도박을 하는 동안 즐거운 긴장감과 스릴을 만끽하면서 도박장애가 발병된다고 하였다.

도박장애의 유병률은 성인 인구의 1~3% 정도로 추정되고, 점차 증가하는 추세를 보이고 있다. 이 중 2/3는 남성, 1/3은 여성으로, 여성의 경우 우울이나 도피의 수단으로 도박을 사용하는 것으로 보았다. 하지만 익명의 도박자 모임(gambler anomymous)에 참여하는 여성은 2~4%밖에 되지 않는다. 성별에 따른 발병 시기를 살펴보면, 남성의 경우에는 초기 청소년기에, 여성의 경우에는 인생 후반기에 시작된다고 보았다.

2) 도박장애의 원인

도박장애에 대한 원인으로는 정신역동적 요인, 행동주의적 요인, 사회심리학적 요인, 인지적 요인이 있다. 정신역동적 요인에서는 오이디푸스 갈등과 관련된 무의식적 동기와 관련된 것으로, 공격적·성적 에너지를 방출하려는 욕구의 무의식적 대치로 보았다. 돈을 딸 것이라는 불합리한 확신은 어린 시절 전지전능감에서 찾을 수 있으며, 유아적 전지전능감에 상처를 입게 되고 무의식적 공격성이 증가하게 되면 자신을 처벌하고자 하는 무의식적 욕구가 도박행동에 빠져들게 한다. 행동주의적 요인에서는 모방학습, 조작적 조건형성으로 도박장애를 설명하고 있는데, 도박행동은 모방학습을 통해 습득된 것이며, 돈을 따는 과정에서 강한 흥분이 강한 정적 강화물이 된다고 하였다. 또한 돈을 잃어도 지속되는 이유는 간헐적 강화 경험 때문이라고 하였으며, 즉시 강화물이 주어지는 카지노, 슬롯머신이 병적 도박을 유발할 가능성이 높다고 하였다. 사회심리학적 요인에는 도박을 허용하는 문화와 도박 시설에 대한 접근용이성, 다른 놀이문화의 부재, 돈을 중시하는 분위기 등이 있다. 인지적 요인에서는 돈을 따게 될 주관적 확률을 객관적 확률보다 높게 평가하거나 돈을 계속 잃었기 때문에 나쁜 운이 끝나고 보상할 행운이 올 것이라는 인지적 왜곡과 관련이 있다고 보았다. 또한 내성과 금단증상으로 인해 더 많이 따려 하고 우울, 불안정, 집중력이 떨어지는 모습이 나타나기도 하고, 우울증의 변형으로 인해 우울하고 불쾌한 내면적 정서 상태를 변화시키려는 시도를 하게 된다.

3) 도박장애의 치료

도박장애는 원인이 다양한 만큼 치료도 다양하지만 치료가 어렵고 재발률도 높다. 도박장애는 심리치료, 인지치료, 정신분석치료, 행동치료, 약물치료가 주로 활용된다. 가족과 법원에 의해 강제로 치료받는 경우가 흔하며, 집단치료로서 익명의 도박자 모임을 모델로 하여 만든 자조 집단 프로그램과 도박중독자 가족모임(gam-anon)이 진행된다. 인지치료에서는 중독자들이 흔히 가지고 있는 도박에 대한 오해와 잘못된 신념을 바꾸어 주는 인지적 교정, 문제해결 기술훈련, 사회기술훈련, 재발 방지를 다룬다. 정신분석치료에서는 무의식적 동기에 대한 통찰을 유도하며, 행동치료에서는 혐오적 조건형성이 사용된다. 약물치료에서는 클로라민, 세로토닌 억제제를 활용하며, 입원치료는 증세가 심각하거나 자살에 대한 위험이 있을 때 적용된다.

4) 도박장애 관련 영화

〈도신-정전자〉(1989)

〈라운더스〉(1999)

〈타짜〉(2006)

5) 활동

활동 1. 영화 〈타짜〉(2006)를 감상한 후, 다음을 생각해 봅시다.

Q1. 영화에서 가장 인상적인 장면은 무엇입니까?

Q2. 영화에 출연하는 등장인물을 통해 도박장애를 겪고 있는 사람들의 신체·심리적 증상은 무엇입니까?

Q3. 등장인물들이 도박장애가 나타나게 된 원인은 무엇입니까?

Q4. 도박장애를 치료하기 위한 효과적인 치료방법은 무엇입니까?

Q5. 영화를 감상한 후 느낀 점에 대해 자유롭게 이야기해 봅시다.

활동 2. 습관성 도박 자가진단 검사

본 설문지는 습관성 도박 여부를 선별하기 위한 검사입니다. 총 10문항으로 각 문항에 해당하는 범주 하나를 체크해 봅시다.

	문항	예	아니요
1	원래 의도했던 것보다 도박을 더 많이 한다.		
2	도박에 빠져 다른 사람들에게 비난을 받거나 평판이 나빠진 적이 있다.		
3	자신의 도박을 하는 방식이나 도박 때문에 벌어진 일들로 인해 죄책감을 느낀 적이 있다.		
4	도박을 끊고 싶지만 끊지 못할 것 같다고 느낀 적이 있다.		
5	배우자나 아이들, 가족, 친구 등 당신의 인생에서 중요한 사람들에게 도박을 한다는 것을 들키지 않기 위해 표시가 날 만한 물건을 숨긴 적이 있다.		
6	돈을 관리하는 방식 때문에 배우자 등 좋아하는 사람들과 다툰 적 있다.		
7	(6번 문항에 해당되는 경우) 돈 문제로 다툰 원인이 주로 도박이다.		
8	도박 때문에 돈을 빌리고 갚지 못한 적이 있다.		
9	도박으로 인해 직장(학교)에서 일(공부)할 시간을 빼앗기거나 흥미를 잃었다.		
10	도박할 돈을 마련하거나 도박 빚을 갚기 위해 생활비나 친척, 친구, 은행, 카드회사, 사채업자 등으로부터 돈을 구하거나 집안의 물건, 동산 또는 부동산 등을 판 적이 있다.		

출처: 한국마사회 유캔센터(https://m.kra.co.kr/ucan/index.do).

※ 검사 결과는 다음과 같이 해석해 볼 수 있다. 10개의 문항 중 '예'를 체크한 문항이 3개 이상일 경우 문제성 도박이 의심되는 단계, 5개 이상일 경우 습관성 도박이 의심되는 단계이다.

참고문헌

Addicott, M. A. (2014). Caffeine use disorder: A review of the evidence and future implications. *Current Addiction Reports, 1*(3), 186-192.

American Psychiatric Association (2013). *Diagnostic and statistical manual of mental disorders, 5th edition (DSM-5)*. Washington, DC: American Psychiatric Association.

Bennett, C. H., & Richardson, D. R. (1984). Effects of chronic tobacco smoke exposure on arterial blood pressure regulation. *American Journal of Physiology-Heart and Circulatory Physiology, 247*(4), H556-H562.

Bobo, J. K., McIlvain, H. E., Lando, H. A., Walker, R. D., & Leed-Kelly, A. (1998). Effect of smoking cessation counseling on recovery from alcoholism: Findings from a randomized community intervention trial. *Addiction, 93*(6), 877-887.

Busto, U. E., & Sellers, E. M. (1991). Anxiolytics and sedative/hypnotics dependence. *British Journal of Addiction, 86*(12), 1647-1652.

Halpern, J. H., & Pope, Jr., H. G. (2003). Hallucinogen persisting perception disorder: What do we know after 50 years? *Drug and Alcohol Dependence, 69*(2), 109-119.

Hardaway, R., Schweitzer, J., & Suzuki, J. (2016). Hallucinogen use disorders. *Child and Adolescent Psychiatric Clinics, 25*(3), 489-496.

Howard, M. O., Bowen, S. E., Garland, E. L., Perron, B. E., & Vaughn, M. G. (2011). Inhalant use and inhalant use disorders in the United States. *Addiction Science & Clinical Practice, 6*(1), 18-31.

Miller, W. R., & Hester, R. K. (1995). *Treatment for alcohol problems: Toward an informed eclecticism.* Boston, MA: Allyn & Bacon.

Mowla, A., Kianpor, M., Bahtoee, M., Sabayan, B., & Chohedri, A. H. (2008). Comparison of clinical characteristics of opium-induced and independent major depressive disorder. *The American Journal of Drug and Alcohol Abuse, 34*(4), 415-421.

Palermo, A., Mangiameli, G., Tabacco, G., Longo, F., Pedone, C., Briganti, S. I., ······ & Manfrini, S. (2016). PTH (1-34) for the primary prevention of postthyroidectomy hypocalcemia: The THYPOS trial. *The Journal of Clinical Endocrinology & Metabolism, 101*(11), 4039-4045.

Potenza, M. N., Balodis, I. M., Derevensky, J., Grant, J. E., Petry, N. M., Verdejo-Garcia, A., & Yip, S. W. (2019). Gambling disorder. *Nature Reviews Disease Primers, 5*(1), 1-21.

Rogeberg, O., & Elvik, R. (2016). The effects of cannabis intoxication on motor vehicle collision revisited and revised. *Addiction, 111*(8), 1348-1359.

Thompson, C. E. (2013). The prodromal phase of alcoholism in Herman Melville's bartleby, the scrivener and cock-a-doodle-d! *The Explicator, 71*(4), 275-280.

West, R., & Brown, J. (2013). *Theory of addiction.* Hoboken, NJ: John Wiley & Sons.

Yudko, E., Lozhkina, O., & Fouts, A. A. (2007). Comprehensive review of the psychometric properties of the drug abuse screening test. *Journal of Substance Abuse Treatment. 32*(2), 189-198.

건강샘(https://healthkorea.net)

늘한방병원(https://nulhospistal.modoo.at/)

우리중독상담센터(http://www.savealcoholics.org/)

한국마사회 유캔센터(https://m.kra.co.kr/ucan/index.do)

한국마약퇴치운동본부(http://www.drugfree.or.kr/)

3부

정신건강 관리

1. 상담의 이해

1) 상담의 의미

정신건강에 어려움을 겪을 때 사람들은 자신의 불편하고 어려움을 해결하기 위해 상담을 받으러 간다. 상담(counseling)이란 라틴어의 'counsulere'에서 유래한 것으로 '고려하다' '반성하다' '깊이 생각하다' 등의 의미를 가지고 있다. 인간의 사고, 행동, 정서 등을 다루는 상담은 과학이면서도 예술적 요소를 지니고 있다. 상담의 가장 기본적인 요소 세 가지는 다음과 같다. 첫째, 스스로 해결할 수 없는 문제를 가지고 있어서 도움을 필요로 하는 내담자, 둘째, 이러한 내담자를 돕는 상담자(심리치료사), 셋째, 내담자와 상담자 간에 상호주관적이면서 인격적인 만남(encounter)과 상호작용을 하면서 이루어지는 특수한 조력의 과정. 상담자는 상담에 관한 전문적인 이론과 기술을 습득하기 위해 전문적 훈련을 받고 자격을 취득한 사람이어야 하고, 상담의 조력과정을 통해서 내담자는 자기이해 증진, 문제 예방과 해결, 삶의 질 향상, 바람직한 인간적 성장과 발달, 행복한 삶을 추구할 수 있게 된다. 김춘경 (1994)은 상담을 "도움을 필요로 하는 사람과 도움을 줄 수 있는 사람 사이의 개별적인 관계를 통하여 내담자의 문제해결과 성장발달을 위한 새로운 학습이 이루어지는 과정이다."라고 정의하였다.

상담이 '도움을 필요로 하는 사람'을 대상으로 한다고 할 때 도움을 필요로 하는 사람들의 문제는 단순한 정보를 필요로 하는 문제에서부터 기술적인 정보를 필요로 하는 문제, 내담자의 태도상의 문제, 심리적 갈등 문제, 나아가 정신질환 문제까지 다양하다(김춘경, 2004). 상담에서는 매우 다양하고 광범위한 문제를 다룬다. 이와 관련된 학문으로는 심리상담(counseling), 심리치료(psychotherapy)가 있다. 이 둘은 상담학 범주에 함께 넣어 공용어로 사용하기도 하고 따로 구분하여 사용하기도 한다. 구분하는 이유는 학자들마다 상이하다. 이장호(1995)는 상담은 문제를 가진 보다 소수 사람의 구체적인 생활과제 해결과 적응을 돕는 활동으로, 심리치료는 신경증이나 정신장애 같은 보다 심각한 문제를 다루는 활동으로 구분한다. 이러한 분류는 내담자의 문제를 정상과 비정상으로 나누어 생각하는 데 있어서 다소 무리가 있다는 평을 받고 있다. 또한 대상을 정상인과 비정상인으로 나누어 분류하기도 한다. 즉, 상담이란 태도상의 문제와 심리적 갈등 문제에 대해 새로운 학습을 하도록 도와주는 과정으로 정상적인 사람(normal person)은 상담에서, 비정상적인 사람(abnormal person)은 심리치료에서 다룬다. 심리치료와 상담을 전문분야에 따라 분류하는 학자도 있다. 즉, 심리치료는 의학에 근거를 두고 있고, 상담은 여러 분야의 학문이 통합되어 독자적인 학문 형태를 갖춘 분야라는 것이다. 심리치료의 목적은 정신건강의 회복인 반면, 상담은 정신질환의 퇴치보다는 개인의 능력 배양을 목적으로 환경에의 적응 능력과 잠재적 능력의 최대화를 목적으로 한다. 또한 심리치료가 질병 요소의 제거에 치중하여 심층적인 원인 제거에 초점을 두는 경향이 있는 반면, 상담은 관계 형성과 의사소통을 통해 내담자의 힘을 북돋우는 방법에 주로 초점을 둔다는 것에서 차이가 있다(홍경자, 2001).

김계현(1997)은 생활지도, 상담, 심리치료는 전혀 별개의 것이라기보다는 성격과 정도가 조금씩 다르기 때문에 다양한 문제 내에서 서로 중첩되지만, 다소 다른 활동으로 보아야 한다는 결론을 내린다. 다소간의 구분이라고 했지만 이 점은 상담자에게 있어 주요한 윤리사항이기도 하다. 상담자가 자신이 교육받고 훈련받은 정도에 따라 자신의 역량을 분명히 파악하여 자신이 다룰 수 있는 내담자의 문제 범위를 분명히 알고 있어야 한다. 만일 자신이 다룰 수 있는 범위를 넘어선 상담일 경우 상담자는 다른 전문가에게 의뢰해야 한다.

2) 상담의 목표

상담자의 인간 이해와 철학, 이론적 배경에 따라 내담자의 문제에 대한 관점, 상담의 목표, 상담의 방법 및 과정 등에 차이가 생긴다. 상담이론에 따른 상담의 목표가 다양하지만, 대부분의 상담에서는 내담자의 문제행동의 변화 촉진시키기, 내담자의 일상생활 적응 기술 향상, 의사결정 향상, 인간관계 형성과 유지 능력 향상, 내담자의 잠재 능력의 개발 및 촉진 등을 상담목표로 하고 있다(George & Cristiani, 1995).

정원식 등(1999)은 상담의 목표를 조금 더 세분화하여 소극적 목표와 적극적 목표로 구분하여 제시하고 있다.

(1) 소극적인 상담

소극적 목표는 내담자가 불편이나 고통을 경험할 때 또는 새로운 환경에 적응하지 못하거나 쉽게 해결할 수 없는 문제를 가지고 있을 때 설정하는 것으로 구체적으로 다음과 같다.

- 내담자 스스로 문제라고 생각하는 것을 해결할 수 있도록 돕는다. 상담은 현재 내담자에게 고통을 주거나 미해결된 문제에 초점을 맞추고 문제를 집중적으로 관리할 수 있는 힘을 길러 다른 문제까지도 스스로 해결할 수 있게 돕는 것을 목표로 한다.
- 내담자의 다양한 욕구를 다루어 개인 내적 또는 외적으로 훌륭하게 적응할 수 있도록 돕는다. 상담은 내담자의 욕구와 환경 사이에서 혹은 내담자의 다양한 내적 욕구들 사이에서 생기는 갈등과 대립을 해소하여 삶 자체가 방해받지 않도록 돕는 것을 목표로 한다.
- 내담자의 심리적 상처를 치료해 준다. 불안, 갈등, 좌절, 분노, 스트레스 등 현대인들이 가지고 있는 마음의 상처 자체가 주는 고통이 매우 크고, 그것들이 인간의 삶에 미치는 영향이 크기 때문에 상담은 내담자의 심리적 상처를 치료하는 것을 목표로 한다.
- 폭력, 가출, 범죄나 비행, 성격장애, 신경증과 정신병 등 인간이 가질 수 있는 문제를 사전에 예방한다. 교육, 직업, 성격, 결혼, 여가 등 광범한 삶의 문제를 장기적으로 예방하고, 발달과정에서 제기되는 장애나 문제를 사전에 방지하고 대비하여 바르게 성장할 수 있게 돕는 것을 목표로 한다.
- 내담자가 심리적 및 대인 간 갈등을 극복하고 해소하도록 돕는다. 인간은 심리적 갈등을 극복하면서 정신적으로 성숙하기도 하지만 만성적으로 지속되는 심리적 갈등은 삶에 나쁜 영향을 준다. 또한 가족관계, 교우관계, 상사와 부하 관계, 이성관계 등 사람과 사람 사이에 발생하는 대인 간의 갈등은 자연스러운 것이며, 사회적 성숙의 기회가 될 수도 있지만, 고통스러워 정신적 이상의 원인이 될 수도 있다. 따라서 상담은 가정, 학교, 사회, 직장 등 일생생활에서 인간관계의 갈등을 해소하도록 돕는 것을 목표로 한다.

(2) 적극적인 상담

적극적 목표는 긍정적이고 적극적인 인간 특성을 형성하고 강화시키기 위할 때 설정하는 것으로 구체적으로 다음과 같다.

- 가정, 학교, 사회, 직장 등의 생활에서 내담자가 보다 생산적이고 만족스러운 삶을 누릴 수 있도록 적극적이고 긍정적인 행동의 변화를 가져오도록 한다. 상담은 내담자가 자신과 주변 환경에 대하여 바른 통찰력을 가지고, 긍정적으로 사고하고 바람직한 가치관을 형성하도록 하며, 증오와 의심 등의 부정적 정서를 극복하고, 사랑과 믿음 등의 긍정적 정서를 발달시키도록 돕는 것을 목표로 한다.
- 교육, 직업, 결혼 및 기타 수많은 선택과 결정에서 합리적이고 현실적이며 논리적이고 융통성 있는 의사결정을 할 수 있는 능력을 키운다. 인간의 삶이 크고 작은 의사결정의 계속적 과정 속에 있다고 할 때, 비합리적이고 비현실적인 선택과 결정은 개인의 삶에 불행과 실패를 가져다줄 것이다. 그러므로 선택과 결정의 필요를 내담자가 인식하고 그에게 요구되는 정보를 이해 · 수용 · 수집 · 평가하는 긍정적이고 적극적인 태도를 기르도록 도와주는 것을 목표로 한다.
- 내담자의 잠재적 능력을 개발하고 다양한 인간 특성을 조화롭게 발달시킨다. 조화와 균형을 이루지 못하면 개인의 심리적 안정이 깨지고 사회적 적응이나 인격적 통합이 어려워진다. 그러므로 상담은 개인의 신체적 · 심리적 · 사회적 · 문화적 측면이 균형 있고 조화롭게 발달할 수 있게 하여 하나의 통합적 인격체로서 전인의 모습을 조형해 내도록 돕는 것을 목표로 한다.
- 긍정적 자아개념을 형성하고 발달시킨다. 자아개념이 성격의 발달은 물론 인간의 적응 행동 등 삶 전체에 걸쳐 영향을 미치기 때문에 자아개념 형성은 매우 중요하다. 자아와 환경에 관해 대립과 모순, 갈등과 부조리 같은 것을 넘어 조화와 균형을 이루고 그 가운데 자기 자신의 참된 가치를 발견할 때 건실한 자아존중감이 형성된다. 따라서 자아의 부정적 요소와 긍정적 요소의 대립과 모순을 넘어서 참된 자아의 가치와 의미를 발견하도록 돕는 것을 상담의 목표로 한다.
- 개인적 강녕을 누릴 수 있도록 돕는다. 강녕이란 건강하고 편안하다는 의미로

신체적인 것만을 가리키는 것이 아니라 사회적으로 평화롭고 안정되어 있으며 정신적으로 굳세고 흔들림이 적은 것을 가리킨다. 상담은 내담자로 하여금 신체적·심리적·사회적·도덕적·경제적으로 건강하고 안정되어 있을 뿐만 아니라 의연하고 평화로운 가운데 보람을 느끼는 삶을 살아가도록 하는 데에 그 목표를 둔다.

보편적이고 기본적인 상담의 목표는 유사하더라도 구체적인 상담이론에 들어가면 각 이론마다 상담의 목표는 다양하다. 가장 대표적인 상담이론 몇 가지에 대해 살펴보기로 한다.

2. 정신분석상담

정신분석의 창시자이자 '정신의학의 아버지'라고 불리는 프로이트(Freud)는 인간의 무의식, 초기 경험, 성(性), 공격성 등을 강조하였다. 그는 인간을 비합리적이고 결정론적인 존재로 보았으며, 개인의 사고, 감정, 행동이 심리내적 원인에 의해 결정된다고 하였다. 개인이 겪는 심리적 정신적 문제와 갈등은 개인 내부, 즉 무의식에 존재하는 어떤 정신적 원인이 작용한 결과이기에 그러한 원인을 제거하여야 심리적 문제를 해결할 수 있다고 하였다. 프로이트는 인간이 의식하지 못하는 무의식이 인간의 정신세계의 대부분을 차지하며, 행동을 이해하는 단서가 된다고 하였다. 그래서 무의식의 내용과 그 과정을 분석하는 것은 정신분석의 핵심이 된다.

1) 정신분석상담의 인간관

프로이트는 인간의 성격과 행동을 이해하는 데 있어서 결정론적 관점을 가지고 있다. 인간의 어렸을 때의 경험, 즉 무의식 속에 잠재해 있는 어린 시절의 심리성적인 사건들이 인간의 성격과 행동을 형성하는 데 크게 영향을 미친다는 것이다. 인간의 행동이 환경적 요인에 의해 결정된다는 의견이나 인간이 현재 자신의 행동을 결정하고 그에 대한 책임을 질 수 있는 주체적 존재라는 의견과는 달리 정신분석에서는 인간은 과거 어린 시절의 생활경험에 의해 절대적인 영향을 받는 존재라고 한다(Arlow, 1989; Baker, 1985).

인간이 현재 자신의 행동을 결정하고 책임을 지는 주체적 존재가 되기 어렵다는 것은 인간이 자신이 의식하거나 통제할 수 있는 범주를 넘어선 무의식의 영향을 많이 받기 때문이다. 프로이트는 논리적이고 합리적이고 이성적인 힘보다는 비이성적인 힘인 본능적 추동이나 무의식적 동기가 인간의 행동을 결정한다는 사실을 발견한 것이다.

프로이트는 마음의 대부분이 의식할 수 없는 무의식 속에 잠겨 있다는 사실과 인간의 많은 행동은 무의식적으로 일어난다는 사실 그리고 무의식에 잠겨 있는 많은 사건이 위협적인 기억, 감정, 생각들이 억압되어 저장된 것이라는 사실을 증명하였다. 이렇게 억압된 무의식의 내용은 모든 신경증적 증상이나 부적응의 근원이 된다.

2) 정신분석상담의 목표

정신분석상담의 목표는 억압된 무의식의 내용들을 의식화하는 것이다. 무의식의 의식화를 통해 증상의 의미, 행동의 원인 그리고 적응을 방해하는 억압된 감정이나 충동들을 밝혀내는 것이다. 즉, 심리 내면에 자리한 무의식 깊은 곳에 억압되어 증상으로 나타나던 것들이 더 이상 억압되어 있지 않고 자유롭게 표현될 수 있도록 촉진하는 것이다. 이를 통해 내담자는 자신의 현재 행동의 부적절성을 탐색하고, 자신의 문제행동의 원인을 통찰할 수 있게 된다. 나아가 자아를 강하게 하여 본능의 요구보다는 현실에 바탕을 둔 행동을 취할 수 있게 된다(Corey, 2010).

3) 정신분석상담 기법

정신분석의 대표적인 상담기법으로는 자유연상, 꿈분석, 전이분석, 저항분석, 해석, 훈습 등이 있다(김헌수, 김태호, 2006; 김형태, 2003; Arlow, 1989; Baker, 1985).

(1) 자유연상
자유연상은 억압된 무의식의 내용을 탐색하기 위해 사용하는 기법으로 내담자의 마음속에 떠오르는 것은 모두 이야기하도록 하는 방법이다. 내담자가 이완된 상태에서 어린 시절로 되돌아가는 퇴행이 가능하여 자유연상이 가능하도록 상담자는 내담자를 긴 카우치에 눕게 하고 자신은 내담자가 보이지 않는 위치에 앉는다. 내담자는 이완된 상태에서 의식에 떠오르는 모든 것을 매우 사소한 것이더라도, 어떠한 검열이나 자기비판 없이 이야기하도록 지시를 받는다. 이때 내담자는 불안과 신경증을 유발시킨 억압된 어린 시절의 경험이나 잊힌 장면 또는 사건을 떠올리거나, 그러한 경험과 관련된 억압된 감정을 표현한다. 상담자는 자유연상 기법을 적용하여 내담자가 연상하는 내용으로부터 내담자의 증상과 관계되는 무의식적 자료들을 끌어내고, 그 의미를 해석해 주며, 내담자로 하여금 자신의 문제 증상과 관련된 무의식적 내용들을 이해할 수 있도록 돕는다(김춘경 외, 2016b).

(2) 꿈분석

프로이트는 꿈을 "무의식에 이르는 왕도"라고 하였다. 잠을 자는 동안에는 무의식에 대한 자아의 방어가 약해지므로 억압된 욕구와 본능적 충동들이 의식의 표면으로 보다 쉽게 떠오른다. 꿈은 무의식적인 소망, 욕구, 두려움 등이 표출된 것이다. 꿈분석은 꿈의 내용이 갖는 상징들을 탐구하여 숨겨져 있는 의미를 파악하는 작업이다. 꿈은 '현시적 내용(manifest content)'과 '잠재적 내용(latent content)'의 두 가지 수준의 내용을 담고 있다. 현시적 내용은 바로 꿈속에 나타나는 구체적인 꿈의 내용들을 뜻한다. 반면, 잠재적 내용은 무의식 속에 감춰져 있던 매우 고통스럽고 위협적인 내용들로 꿈에 상징적으로 나타난다. 꿈을 분석할 때에는 꿈의 현시적 내용이 아니라 상징적으로 드러나 있는 동기와 갈등, 즉 꿈의 잠재적 내용에 초점을 둔다. 또한 내담자로 하여금 꿈이 시사하는 현재 상황에 대한 이해뿐만 아니라 과거의 중요한 타인과의 경험도 인식하도록 돕는다. 상담자는 꿈분석을 통해 내담자의 무의식 속에 억압되어 있는 욕구를 찾아내고 내담자로 하여금 해결되지 않은 자신의 문제들에 대한 통찰력을 얻도록 도와준다(김춘경 외, 2016b).

(3) 전이분석

전이분석은 내담자가 어린 시절 중요한 대상과의 관계에서 가졌으나 억압하여 무의식에 묻어 두었던 감정, 신념, 욕망 등을 자신도 모르게 상담자에게 이동시켜 나타내는 전이현상을 분석하는 것이다. 내담자는 상담자에게 감정을 전이함으로써 현재의 어려움을 야기하는 초기의 인생 갈등을 정서적으로 다시 경험하게 된다. 상담관계에서 전이현상이 발생하면 내담자는 상담자에 대한 지각이 왜곡되어 상황에 맞지 않는 경험과 행동양식을 나타낸다. 전이를 통해 내담자는 해결되지 않은 아동기의 갈등이 재현되고 있는 것을 볼 수 있게 되고, 전이분석을 통해 왜곡된 관계를 재정립할 수 있게 된다. 정신분석을 통해 전이 감정이 해소되면 내담자는 과거의 영향으로부터 벗어나게 되고 보다 정서적으로 성숙한 상태에 도달할 수 있게 된다.

(4) 저항분석

저항분석은 상담에 협조하지 않는 내담자의 행위인 저항의 의미를 분석하는 작업이다. 상담에서 나타나는 내담자의 저항으로는 상담시간 어기기, 어릴 적 기억의 회상이나 표현 회피하기, 의미 없거나 사소한 말 반복하기 등이 있다. 무의식에 억압시켜 놓은 내용들을 들춰내는 것은 매우 고통스러운 일이기에 저항은 정신분석과정에서 자연스러운 일이다. 내담자가 자신의 억압된 충동이나 감정을 자각하게 되면 불안이 유발되는데, 이때 이러한 불안으로부터 자아를 방어하고자 하는 무의식적 역동성이 곧 저항으로 나타난다. 사람들은 고통스러운 것은 피하려는 습성이 있다. 하지만 저항은 무의식적 욕구와 숨겨진 갈등의 원인을 파악하는 데 방해가 되기 때문에 상담자는 내담자의 저항의 이유를 밝혀 직면시켜야 한다. 저항 원인의 직면과 통찰, 저항의 극복 등은 내담자의 문제해결에 매우 중요한 작업이다.

(5) 해석

해석은 내담자가 자유연상, 꿈, 전이, 저항 등의 내용과 그 의미를 깨닫도록 지적하고 설명하고 가르쳐서 내담자가 자신의 문제를 새로운 각도에서 이해하도록 설명하는 것이다(김환, 이장호, 2006). 이를 통해 내담자에게 무의식이었던 것을 의식하도록 도와주어서 자신의 문제 및 증상에 대한 통찰을 얻게 하고, 자신의 삶과 문제에 대한 책임과 자기통제를 촉진시키는 효과를 볼 수 있게 한다.

(6) 훈습

훈습이란 내담자의 증상 또는 갈등 등을 반복적으로 이야기하고 해석하는 과정을 의미한다. 무의식적 갈등이 한두 번의 통찰 경험으로 해결되기 어렵기 때문에 이런 통찰 경험을 반복적으로 연습함으로써 통찰을 정교화하고 확대하는 과정이 필요하다. 상담자는 내담자의 일상생활이 변화될 때까지 지속적으로 내담자의 무의식적 억압 내용을 정확히 이해하고 통합하는 작업을 해야 한다. 상담을 통해 얻은 통찰은 실생활 속에서 실천에 옮겨져야만 그 효과를 거둘 수 있다.

3. 분석심리상담

융(Jung)은 프로이트를 포함한 다른 어느 학자보다 더 깊고 넓은 차원의 무의식을 강조하였다. 융은 프로이트의 성적 본능에 근거한 심리적 에너지, 리비도에 관한 관점이 너무 협소하다고 생각하였고, 리비도보다 더 중립적이며, 생명 에너지에 근접한 심리내적 에너지가 있다고 주장하였다. 융은 인간을 긴 역사의 산물로 보았고, 생물학적 유전뿐만 아니라 문화적·정신적 유전을 선조로부터 물려받은 존재로 보았다. 이런 관점에서 융은 개인무의식뿐만 아니라 집단무의식을 주장했고, 초개인적인(transpersonal) 영성을 지향하는 이론을 발전시켰다. 분석심리학은 신화, 천문학, 신학, 점성술, 연금술 등의 여러 학문분야를 종합적으로 연구하여 정립된 것이다.

1) 분석심리상담의 인간관

프로이트가 성격 형성에 있어서 무의식의 영향이 막강함을 우리에게 일깨워 준 사람이라면, 융은 사람들의 내적인 삶을 보다 깊은 차원으로 이끌어 준 사람이다. 융의 무의식에는 각 개인이 살아가면서 경험한 것(개인무의식)뿐만 아니라 모든 인간의 종족과 인간 이전의 동물 조상들이 축적한 경험(집단무의식)도 포함되어 있다. 그는 인간을 긴 역사의 산물로 보았다.

융에 따르면 인간의 많은 고통과 절망 그리고 무감각하고 목표도 없고 무의미하다는 느낌들은 성격의 무의식과의 접촉 상실로 인해서 초래되는 것이다. 과학과 이성을 중시하는 현대 사회의 기류는 그러한 접촉 상실을 더욱 심화하고 있다. 개인의 의식적이고 합리적인 부분만을 강조하다 보면, 그 반대편 무의식적인 면을 희생시켜 잃어버리게 된다. 우리는 미신적인 신앙으로부터 해방되었으나 그 과정에서 영혼의 가치와 자연과의 합일(合一)을 상실하였다. 이로 인해 우리는 비인간화되어 버렸다. 그래서 우리는 자신을 의미가 없는 혹은 사람과의 관계를 맺지 않는 존재로 느끼며 무용성과 공허감에 압도되어 있다고 느낀다는 것이다. 융은 이러한 우리 시대의 일반적인 신경증이 과거와의 영적 결합의 상실로 인한 직접적인 결과이며, 그 치료방법으로는 성격의 무의식 세력과의 접촉을 회복하는 길밖에 없다고 하였다 (Schultz, 1977).

프로이트가 성격 형성의 결정론을 주장하면서 아동기의 경험을 강조한 것과 달리 융은 아동기 경험의 중요성을 무시하지는 않았지만 인간은 중년기의 경험 및 미래에 대한 희망과 기대에 의해서 보다 많은 영향을 받는다고 하였다. 융의 인간관은 개성화(individuation)에서 드러난다. 개성화란 자기 자신이 되어 가는 것, 자기답게 되는 것, 자기실현이라고 할 수 있다. 즉, 한 개인이 독특한 개인, 단 하나의 동일체적 존재가 되어 가는 것이라고 정의할 수 있다. 융은 완전히 개성화된 성격의 소유자로 예수와 석가를 예로 들었다. 이는 일반인들이 이러한 목적을 완전히 성취하기란 좀처럼 어렵다는 의미이다. 하지만 인간으로 하여금 끊임없이 그 목적을 추구하도록 동기를 부여하고자 하는 뜻이기도 하다.

프로이트의 인간관이 부정적이라면 융은 프로이트보다는 긍정적이고 희망적인 관점을 지니고 있다. 융은 인간을 끊임없이 성장·발달하며, 확장하고, 개선하며, 앞으로 나아가고자 노력하는 존재라고 하였다. 인간은 개별적으로나 집단적으로 앞을 바라보면서 앞을 향해 나아가며, 프로이트가 가정했던 것처럼 발달과 변화 및 진보는 아동기에 멈추는 것이 아니라 끝이 없는 영원한 과정이라는 것이다. 이처럼 융은 인간을 항상 지금 이 순간보다 더 좋아지고 나아지려는 희망을 가지고 있는 존재로 보았다(Schultz & Schultz, 2013).

2) 분석심리상담의 목표

융은 자기 자신과의 합일, 동시에 바로 우리 자신인 인류와의 합일을 분석심리학의 목표로 삼았다. 자기 자신과의 합일과 인류와의 합일을 이루는 과정은 융의 개성화 과정을 통해 성취된다. 융은 개인과의 합일과 인류와의 합일, 즉 개인성 발달과 공동체성의 발달이 함께 이루어져야 한다고 하였다. 개인성의 자립화 과정이 자유롭게 인정되는 곳에 진정한 공동체가 존재하고, 다른 한편으로는 그러한 공동체 없이는 자신의 내부에서 존재 근거를 발견하는 자립적인 개인도 지속적으로 발전할 수가 없다는 것이다. 또한 융은 개인성과 공동체의 힘 사이의 균형을 찾아야 하듯이 인간의 삶에서 기쁨과 고통도 균형을 이루어야 한다고 했다. 삶의 고통과 아픔, 운명적인 일이 받아들여지는 것에서 삶은 비로소 전체성과 충만함을 찾을 수 있다. 그렇기 때문에 상담과 심리치료의 가장 중요한 목표는 내담자를 성취하기 어려운 행복 속으로 옮겨 놓는 것이 아니라 그에게 고통을 견딜 수 있는 강성과 철학적 인내를 얻을 수 있게 해 주는 것이다(Wehr, 1999). 융의 분석심리학에서 추구하는 상담 및 심리치료의 목표는 내담자 혹은 환자로 하여금 무의식적으로 작동하는 정신원리를 의식화하고 개성화 혹은 자기실현 과정을 촉진하는 것이다.

3) 분석심리상담 기법

융은 그의 내담자들과 서로 대면하여 앉아서 대화를 나누었다. 융이 사용한 대표적인 상담기법으로는 단어연상검사, 증상분석, 꿈분석 등이 있고, 그 외에도 사례사, 상징의 사용, 그림치료 등이 있다.

(1) 단어연상검사

단어연상검사는 내담자에게 일련의 단어들을 읽어 주고 각 단어에 대해 그때그때 연상되는 것을 말하게 하며 소요된 반응시간을 측정하는 임상적 도구이다. 이 검사는 융이 1900년에 제일 먼저 사용하였는데, 그는 이 검사를 통해 내담자의 콤플렉스나 저항과 갈등 영역을 밝혀냈다. 이 검사를 진행하는 중에 내담자들은 강한 정서적 반응을 일으키는 관념이나 기억 속에서 잠재된 감정의 복합체인 콤플렉스에 부딪히게 된다. 특정 단어에 대한 내담자의 반응시간 지연, 연상 불능, 부자연스러운 연상 내용 등이 내담자가 지닌 콤플렉스를 발견하는 근거가 된다(Wehr, 1999).

(2) 증상분석

증상분석은 내담자가 앓고 있는 증상들에 초점을 두고, 내담자가 그 증상에 대해서 자유연상을 하도록 하여 드러나는 내용을 분석하는 것이다. 증상에 대한 환자의 연상과 그에 대한 치료자의 해석이 이루어지는 사이에 증상들이 종종 호전되고, 때로는 말끔히 사라지기도 한다(Schultz & Schultz, 2013).

(3) 꿈분석

융도 프로이트와 같이 꿈을 통해 인간의 무의식을 파악하려고 하였다. 융은 프로이트가 꿈에서 무의식적 소망을 찾는 것 이상의 것을 꿈분석을 통해 발견하고자 했다. 융은 꿈에는 두 가지 기능과 목적이 있다고 하였다. 첫째는 꿈이 미래 예견적(prospective)이라는 것이고, 둘째는 꿈이 보상적이라는 것이다.

예견적 꿈이란 우리나라의 많은 사람들이 알고 있듯이 꿈이 개인이 가까운 미래에 예상하고 기대하는 경험과 사건을 준비하도록 도와준다는 것이다. 돼지꿈을 꾸면 복권을 사야 한다거나, 떨어지는 꿈은 키가 큰다고 믿는 꿈해몽은 예견적 꿈의 예라 할 수 있다. 태몽 역시 예견적 꿈의 예가 될 수 있다.

보상적 꿈이란 꿈이 어떤 정신구조의 지나친 발달을 보상함으로써 상반되는 정신과의 균형을 유지하도록 도와준다는 것이다. 이런 점에서 꿈은 적응을 위한 노력이며 성격의 결함을 교정하려는 시도이다(Ryckman, 2013). 매우 수줍어하는 사람이 파티에서 자신이 매우 사교적이고 활발한 역할을 하는 꿈을 꾸는 경우나 사업에 실패한 사람이 벤처기업을 세워 성공한 꿈을 꾸는 경우가 보상적 꿈의 예라 할 수 있다.

4. 개인심리학 상담

아들러(Adler)는 프로이트와 동료였으나, 프로이트가 심리성적 발달을 지나치게 강조한 것에 반대하고, 사회적 존재인 인간의 통합적이고 전체론적 관점의 중요성을 강조하면서 개인심리학파를 창설하였다. 아들러는 인간의 정신은 분석하여 파악할 수 있는 존재가 아니라 인간은 그 자체로 완전한 전체를 이룬 전체적인 통합적 존재임을 강조하였다. 또한 인간의 사회적인 관계성의 중요성을 강조하면서 개인의 공동체감의 정도가 그 사람의 정신건강의 척도라고 하였다. 아들러의 이론은 인본주의 상담과 인지행동상담은 물론이고, 다양한 현대 심리상담 및 심리치료 발달에 크게 기여하였다.

1) 개인심리학 상담의 인간관

아들러는 인간에 대해 단일하여 분할할 수 없으며 그 자체로서 통합된 전체적인 존재로 보았다. 이런 자신의 입장을 강조하기 위해 나눌 수 없는(in-divide) 전체성의 의미를 지닌 개인(individium)을 넣어 자신의 이론을 개인심리학이라고 칭하였다.

아들러는 인간이 본질적으로 사회적 존재이며, 인간의 행동은 사회적 충동에 의해서 동기화되기에 사회적 맥락 속에서 이해될 수 있다고 하였다. 인간은 '사회적 관심(social interest)'을 발달시킬 능력을 가지고 태어나며, 사회적 관심이 있기 때문에 다른 사람을 이해하고 공감하며 그들과 협동하고 기여할 수 있다는 것이다. 아들러는 긍정적인 생의 의미가 사회적 관심 안에 놓여 있다고 강력하게 믿었다.

프로이트의 과거 어린 시절의 경험에 따른 결정론적인 입장과 달리, 아들러는 목표, 계획, 이상, 자기결정 등이 인간 행동에 있어서 실제적인 힘이 된다고 주장하였다. 아들러는 미래를 지향하는 인간은 자신의 삶을 창조하고 선택할 수 있으며 자기결정을 내릴 수 있는 역량이 있는 존재라고 하였다. 아들러에게 있어서 인간은 외부 환경에 반응하는 반응자(reactor)가 아니라 자기가 선택한 목표를 향해 운명을 개척하고 창조해 나가는 행위자(proactor)이다.

개인의 창조성을 인식한 아들러는 두 사람이 실직과 같은 불행을 같이 경험했다 하더라도 그 사건에 대한 주관적인 인식과 사건에 대한 해석은 다를 수 있고 이에 따라 그들의 반응 역시 다르게 나타난다는 현상학적인 관점을 수용하여 개인마다 같은 경험을 했을지라도 세상을 다르게 인식한다는 개인의 주관성을 강조하였다. 당시 그는 이미 현실은 객관적이지 않고 주관적이며 개인적이라는 구성주의적 관점을 지니고 있었다. 사람들이 행동하는 방식은 사람들이 세계를 어떻게 인식하고 해석하는가에 따라 결정된다고 하였다.

2) 개인심리학 상담의 목표

아들러는 사람이 지닌 문제가 사람과 분리된 것이 아니기에 심리상담은 전인격적 치료가 필요하다고 했다. 내담자를 병든 존재나 치료받아야 할 존재로 보지 않기 때문에 상담의 목표도 증상 제거보다는 열등감을 극복하고, 잘못된 생의 목표와 생활양식을 수정하며, 사회에서 다른 사람과 상호작용할 수 있도록 타인과 동등한 감정을 가지고, 공동체감을 증진시키는 것으로 설정한다(Dreikurs, 1967; Mosak, 1998).

3) 개인심리학 상담기법

개인심리학 상담에는 많은 상담기법이 있다. 이 기법들은 아들러뿐 아니라 아들러의 제자들에 의해 개발되었다.

(1) 질문기법

상담에서 질문은 전통적으로 진단적 또는 치료적 목적으로 사용되어 왔다. 아들러 상담에서 활용되는 주요한 질문 유형에는 순환질문(circular questions), 반사질문(reflexive questions), 전략질문(strategic questions) 등이 있다. 이 중에서 '반사질문'은 내담자가 새로운 견해나 맥락을 발견하도록 도움을 주는 것인데, 이 질문은 내담자의 문제해결 자원을 촉진시키고 동원하기 위한 것이다. 반사질문의 대표적인 예는 '만약 내가 마술 지팡이나 마법의 약이 있어서 당신의 증상을 즉각적으로 제거해 준다면 당신의 삶은 어떻게 달라질까?'이다. 이 질문에 대한 내담자의 답을 통해 상담자는 내담자가 가장 두려워하는 것이나 회피하고 있는 것을 이해할 수 있게 되고, 내담자의 증상에 대한 목적을 파악할 수 있게 된다.

(2) 단추 누르기 기법

이 기법은 내담자가 자신의 감정을 창조하는 것임을 깨닫도록 돕는 데 사용되는 것이다. 자신이 원하는 장면을 자의적으로 상상해 보면(마음의 단추를 누르면) 자신이 원하는 정서를 스스로 만들 수 있다는 사실을 알게 된다. 마음속에 행복한 장면을 떠올리면서 행복단추를 누를 수 있고, 불행한 장면을 떠올리면서 불행단추를 누를 수 있다. 어떤 마음을 선택하고 창조했는가가 내담자의 선택임을 강조하고 부정적 감정을 느끼는 내담자에게 왜 부정적 감정을 선택했는지를 묻는다. 아들러는 내담자가 무엇을 생각하느냐를 스스로 통제함으로써 매 순간에 그들이 어떻게 느끼는지를 내적으로 통제할 수 있다는 것을 실감하도록 했다.

(3) 수프에 침 뱉기

아들러는 상담자가 내담자의 잘못된 인식, 생각 또는 행동에 감추어진 목적을 말해 주는 행위를 '수프에 침 뱉기'라고 하였다. 자신의 행동의 잘못된 의미나 목적을 알게 되면 내담자는 그와 같은 것을 더 이상 하지 않거나 주저하게 될 것이라는 생각에서 개발된 기법이다. 아들러는 이 기술을 '깨끗한 양심에 먹칠하기'라고도 했다.

(4) '마치 ~인 것처럼' 행동하기

이 기법은 내담자가 바라는 행동을 실제 장면이 아닌 가상 장면에서 '마치 ~인 것처럼' 해 보게 하는 것 또는 바람직한 자신의 모습을 상상함으로써 실제로 그렇게 되도록 하는 것이다. 이 기법은 미래목표를 당기는 데 기반을 두고 있다.

(5) 과제 설정하기

과제 설정하기는 바람직한 행동이나 목표를 설정하여 그것을 꾸준히 반복 실천해 보도록 하는 방법이다.

(6) 자기 포착하기

원하지 않는 행동을 시작하는 순간을 포착하는 것이다. 문제행동이 작동하기 시작하는 순간을 좀 더 빨리 알아채서 더 이상 진행되지 않게 하는 것이다. 보통 문제행동은 오랫동안 습관화된 행동이기에 그것을 바꾸기 위해서는 그 문제행동이 작동하는 순간을 보다 더 잘 포착해야 한다. 포착하기를 반복 연습하다 보면 부적응행동의 좋지 않은 결과가 상상되어서 행동을 변화시킬 수 있게 된다.

(7) 역설기법

역설기법은 바라지 않거나 바꾸고 싶은 행동을 의도적으로 반복 실시하게 함으로써 역설적으로 그 행동을 제거하거나 그 행동에서 벗어날 수 있게 하는 방법이다. 불면증 환자에게 잠을 자지 않고 책을 읽거나 청소 등의 일을 하라고 지시하는 것이 그 예이다.

(8) 초기 기억

아들러는 생후 6개월부터 8세까지의 초기 어린 시절의 선별된 기억과 관련된 작업이 생활양식, 즉 개인이 자기 자신과 다른 사람, 삶을 어떻게 지각하는지, 삶에서 무엇을 갈구하는지, 삶에서 무엇이 일어날 것이라고 예견하는지에 대한 간략한 틀을 제시해 준다고 믿었다. 그 기억들은 그들의 생각과 신념을 상징한다.

(9) 꿈분석

아들러는 꿈을 인간 정신의 창조적 활동이 낳은 결과물로 보고, 꿈을 꾼 사람이 지닌 생활양식을 강화시키는 것으로 보았다. 꿈분석 역시 생활양식 파악에 중요한 기법이다. 꿈을 통해 내담자의 생활양식을 확인하고, 그 사람이 지속적으로 유지하며 강화하고 싶어 하는 인생의 목표를 찾을 수 있다. 아들러는 "꿈은 '문제에 대한 쉬운 해결책에 도달하려는 시도'이고, 꿈들은 개인의 용기에 대한 좌절을 드러낸다."고 밝혔다. 상담자들은 꿈을 활용하여 문제의 요점을 빨리 찾고 꿈의 메시지를 추출해 내거나 변화를 촉진하기 위해 꿈언어 자체를 활용하여 행동 변화를 촉진한다.

(10) 격려하기

격려는 내담자가 자신의 열등감을 극복하고 자신의 가치를 깨닫도록 돕는 데 초점을 둔다. 상담자는 내담자를 격려함으로써 내담자가 자신의 능력과 유용성을 소유하고 있다는 것을 깨닫도록 돕는다. 개인의 신념을 변화시키기 위해서는 그가 가진 강점과 장점을 인식하게 하여 자신의 삶의 문제에 용감하게 다가갈 수 있도록 도와주는 것이 필요하다. 격려란 용기를 북돋아 주는 것이다. 삶의 문제에 대한 해결책을 찾기 위한 용기는 삶의 가장 큰 강점 중의 하나이다.

5. 실존주의 상담

실존주의 상담은 인간에 대한 실존주의 철학의 기본 가정을 현상학적 방법과 결합시켜 내담자에게 존재하는 세계 그대로를 이해시키려는 견해에서 생겨난 것이다. 이 상담은 실존주의 철학자들의 연구에 근거를 두고 발달한 것으로, 인간이 된다는 것이 무엇인지, 존재의 의미가 무엇인지에 대한 철학적 이해에 기초를 두고 발달한 상담 접근이다. 대표적인 이론가로는 프랭클(V. Frankl), 메이(R. May), 얄롬(I. Yalom) 등이 있다.

실존주의 상담자들은 개인 증상을 정신병리적 입장에서 분석하려는 시도에 반대하고, 인간 실존, 즉 삶 그 자체를 장애로 간주한다. 인간의 실존은 불안, 죄책감에 대한 경험, 죽음을 앞둔 삶, 삶에 대한 자신의 의미를 찾아야 하는 책임감, 세계와 더불어 사는 동시에 궁극적으로는 고립된 존재라는 소여(所與)를 포함한다. 삶, 죽음, 자유, 의미, 가치, 선택 등의 모든 도전에 맞서야 하는 개인이 도전에 맞서지 않고 존재의 소여를 회피하는, 즉 책임을 회피하거나 자유를 거부하고 가능성을 무시하는 행동을 취하게 될 때 문제를 벗어나지 못하고 문제를 지속시키는 삶을 살게 된다. 문제에 직면하고 자신의 선택에 책임을 짐으로써, 보다 큰 통제감을 경험할 수 있게 된다. 위험을 받아들이고 불안전과 불확실을 허용할 준비를 한다면 삶이 우리에게 가져다주는 것을 보다 잘 다룰 수 있게 된다. 자신의 삶에 스스로 책임을 진다는 것이 건강한 사람들의 행동이라는 점을 강하게 주장하는데, 신학과 철학, 정신의학, 심리학, 교육학 등의 다학제적 연구에 의해 발달한 이론이다.

1) 실존주의 상담의 인간관

대표적인 실존주의 상담인 의미치료(logotherapy)의 창시자인 프랭클은 인간에 대한 결정론적 관점을 거부하였다. 그는 인간이 자신의 환경을 선택할 수 있는 자유를 가지고 있고, 최악의 상황과 조건에서도 생존할 수 있으며, 존재에 대한 의미를 가지고 있는 한 학습하고 성장할 수 있는 존재라고 보았다. 그는 인간이 삶에서 의미를 찾고자 하는 주요 동기를 가지고 '의미에의 의지(willing to meaning)'를 원동력으로 하여 살아가는 존재인 점을 강조하였다.

인간을 존재론적 입장에서 이해하려고 한 메이는 "나는 존재한다. 그러므로 나는 생각하고 느끼고 행동한다."라고 하였다. 인간(human being)이란 용어에서 'being'은 현재 진행형으로 어떤 것이 되어 가는(becoming) 과정을 함축하고 있다. 즉, 인간은 생성되어 가는 존재라는 것이다. 또한 인간을 다른 생물과는 달리 자기에 대해 의식하는 존재로 보았다. 즉, 그는 인간을 자기 자신이 되기 위해서 자신에 대해 지각하고 책임을 가져야 하는 특별한 존재로 보았다.

얄롬은 인간의 궁극적 관심사(ultimate concerns)를 죽음, 자유와 책임, 고립, 무의미성이라고 하였고, 인간은 이러한 궁극적 관심사에 대한 자각으로 말미암아 갈등과 불안을 느낀다고 하였다(Yalom, 2007). 인간의 심리적 문제를 해결하기 위해서는 이러한 궁극적 관심사에 대한 진정한 이해와 수용이 본질적임을 강조하였다.

패터슨(Patterson, 1986)은 실존주의 철학에 기반한 실존주의 상담학자들의 인간관을 종합하여 다음과 같이 기술하였다.

- 인간은 이 세상에 우연히 내던져진 존재이다. 인간이 이 세상에 내던져진 존재이긴 하나 주어진 환경을 수용하거나 거부할 선택권을 가진 자유로운 존재이며, 자신의 본성을 스스로 창조하며 결정할 수 있고, 그 자신의 본질에 대한 책임을 가지고 있다.
- 인간은 계속해서 되어 가는 존재이다. 인간은 정적인 존재가 아니라 의미 있는 전체로서 끊임없이 생성되고 변천되는 상태에 놓여 있는 존재이다.
- 인간은 영원히 사는 것이 아니라 언젠가는 죽을 수밖에 없다는 사실을 알고 있는 존재이다. 즉, 삶은 죽음을 그리고 존재는 비존재를 수반하기 마련이므로 고립(고독), 허무, 개인적 의미나 주체성의 상실, 소외를 의식하지 않을 수 없다.
- 모든 인간은 존엄성과 가치를 지닌 존재이다. 인간의 자존감은 타인이 자신을 평가해 주는 관점에 의거해서 형성되는 것이 아니다. 각 개인은 누구와도 비교될 수 없는 독자적이고 중요한 존재이다.
- 인간은 과거를 떨쳐 버리고 일어나 즉각적인 상태에서 자신을 초월할 능력을 가진 존재이다. 인간은 자기 초월에의 능력이 있기 때문에 선택의 가능성도 열리는 것이다.

2) 실존주의 상담의 목표

실존주의 상담은 내담자가 자신의 실존을 있는 그대로 경험하도록 하면서 의미, 책임성, 인식, 자유 그리고 잠재성의 중요성을 자각하도록 돕는 데 상담목표를 두고 있다. 다시 말해서, 실존주의 상담은 내담자로 하여금 자신의 내면세계를 있는 그대로 자각하고 이해하도록 하며, 지금 현재의 자기 자신을 신뢰하도록 돕는 데 그 목표를 두고 있다(정원식, 박성수, 김창대, 1999). 상담자는 내담자가 비록 제한된 세계 내의 존재일 망정 이 세상에 던져진 삶을 수동적으로 살아갈 것이 아니라 자기 나름대로의 주관을 가지고 능동적으로 삶의 방향을 선택하도록 도와주어야 한다.

상담자는 내담자가 자기의 세계를 수용하고 한계 상황을 초월하기 위해서는 자신의 무한한 잠재력을 깨닫고 자기에게 주어진 선택과 책임을 통하여 자유를 향유해야 한다는 사실을 깨닫도록 도와야 한다(홍경자, 1988). 또한 실존주의적 상담에서는 내담자의 자각을 최대화함으로써 실존적 공허를 갖는 무의미성이나 신경증에서 벗어나 내담자가 삶의 의미와 목적을 스스로 발견하도록 돕고 자기 인생에 대한 확고한 방향 설정과 결단을 내리도록 도와주는 것에 그 목표를 두고 있다.

3) 실존주의 상담기법

실존주의 상담은 몇 가지 기법으로 제한하지 않고 인간에 관한 모든 철학적·심리학적·정신적 영역에 관련되는 다양한 기법을 활용하고 있다(이형득, 1992). 여기서는 실존주의 상담의 가장 대표적인 기법을 세 가지 정도 소개하고자 한다.

(1) 직면

상담자는 내담자가 겪는 실존적 불안이나 실존적 공허감이 그의 궁극적 관심사와 관련되어 있다는 전제에서 그러한 문제를 진솔하게 직면할 수 있도록 격려한다. 얄롬은 개인이 네 가지 궁극적 관심사, 즉 죽음, 자유, 고립, 무의미성에 직면하게 될 때 실존적인 준거들로부터 나온 내적 갈등의 내용이 구성된다고 보았다. 얄롬은 내담자로 하여금 자신의 묘비명이나 사망기사를 쓰게 하거나, 자신의 장례식을 상상하도록 해서 죽음에 직면해 보도록 하거나, 실직이나 심한 질병, 관계의 상실, 경제적 파산 등과 같은 한계 상황에 직면하게 하여 죽음불안에 대한 자각을 촉진시키는 기회를 제공하였다.

(2) 역설적 의도

이 기법은 프랭클의 의미치료 기법으로 내담자가 두려워하는 일 자체를 하도록 하거나 일어나기를 소망하도록 촉진하는 기법이다. 내담자의 불안에 대한 불안 혹은 공포에 대한 공포의 가장 일반적인 반응은 불안 혹은 공포를 야기했던 상황으로부터의 도피이다. 실존주의 상담에서는 내담자에게 불안에 대한 불안은 불안으로부터 도피를 유도한다는 것을 가르쳐 주어서 그가 이러한 악순환에서 벗어나기 위해서는 불안으로부터 도피하지 말고 직면하도록 한다. 이것이 역설적 의도이다. 역설적 의도는 내담자의 증상에 대한 자신의 태도를 반전시켜 줌으로써 내담자로 하여금 자기의 증상으로부터 벗어날 수 있게 해 준다. 상담자는 역설적 의도를 적용할 때 증상 자체에 지나치게 관심을 두지 않고 오히려 신경증과 그것의 증상적인 표현들에 대한 내담자의 태도에 관심을 둔다.

(3) 탈숙고

이 기법 역시 프랭클이 제안한 것으로 역설적 의도와 더불어 예기불안의 악순환에서 벗어나게 하기 위해 사용하는 기법이다. 이 기법은 내담자가 자신의 문제에 대해 지나치게 숙고(hyper-reflection)하면 자발성과 활동성에 방해가 되므로 지나친 숙고를 상쇄시킴으로써 내담자의 자발성과 활동성을 회복시켜 주는 것이다. 즉, 지나친 주의나 지나친 숙고, 자기관찰이 오히려 장애 혹은 증상의 원인이 될 수 있기 때문에 그러한 지나친 주의나 숙고를 내담자의 관심 밖으로 돌려 문제를 무시하도록 함으로써 내담자의 의식을 긍정적이고 생산적인 쪽으로 전환할 수 있도록 돕는 방법이다. 불면증 환자가 잠을 자려고 애를 쓰는 대신에 음악을 듣거나 다른 흥미 있는 일을 함으로써 잠을 자는 일에 쏟는 관심을 다른 곳으로 돌리고 집중하다 보면 오히려 쉽게 잠을 잘 수 있게 되는 것이 그 예이다.

6. 인간중심상담

인간중심상담의 창시자인 로저스(Rogers)는 정신분석학과 행동주의 방식의 전통을 거부하고, 인간이 본질적으로 신뢰할 수 있고 사회적이며 창조적이라는 인간에 대한 긍정적인 신념에 기초하여 자신의 상담이론을 개발하였다. 인간중심상담에는 인본주의적이고 실존적인 입장이 포함되어 있다. 로저스는 인간은 촉진적이고 심리적인 토양이 제공되면 스스로 자신의 잠재 능력을 발현하여 자신을 치유할 뿐 아니라 성장하고 발전할 수 있다고 주장하였다(Rogers, 1986). 인간에 대한 매우 긍정적인 관점을 가진 인간중심상담은 긍정적이고 가능성 있는 관계 형성을 위한 기본 원리로 인정되어 대부분의 상담에서 널리 사용되고 있다.

1) 인간중심상담의 인간관

로저스는 모든 인간은 자신을 지지하고 존중하고 진심으로 믿어 주는 조건에서 성장할 수 있는 가능성을 지닌다는 강력한 신념을 지녔다. 성장을 촉진하는 존경과 신뢰의 분위기만 갖추어지면, 선천적으로 타고난 성장 가능성을 실현하는 과정에서 자신의 인생 목표와 행동 방향을 스스로 결정하고, 자기가 한 결정에 따르는 책임을 수용하는 자유로운 존재로서 자기를 조절하고 통제하는 능력을 지니고 있다는 것이다.

인간은 자아실현의 경향성을 토대로 계속 성장해 가는 존재이다. 인간중심상담에서는 인간이 자아실현경향성을 발휘할 수 있도록 촉진적 환경을 제공하는 데 역점을 둔다. 촉진적 환경을 마련하는 데 있어서 가장 중요한 요소는 진실성, 무조건적인 긍정적 존중, 공감적 이해 등이 있다. 이런 환경 속에서 내담자는 방어를 풀고, 자신과 자신의 세계를 더 개방적으로 보게 되고, 결국 사회적이고 건설적인 방법으로 행동하게 된다.

진실성이란 상담자의 진실성을 뜻한다. 내담자와의 관계에서 진실해질수록 상담은 더욱 효과를 나타내게 되는 것이다. 진실해진다는 것은 거짓이나 겉치레 없이 자신 안에 존재하는 다양한 감정과 태도를 말과 행동으로 기꺼이 그렇게 되기를 바라고 표현하는 것을 말한다.

무조건적인 긍정적 존중은 내담자의 조건, 행동, 감정과 상관없이 내담자를 무조건적인 가치를 지닌 사람으로, 그를 하나의 고유한 인간으로서 따뜻하게 존중하는 것이다. 로저스는 상담자가 내담자의 감정, 성향과 특성을 대할 때 온정적 · 긍정적 · 수용적일수록 내담자의 성장과 발달을 촉진할 수 있다고 보았다. 무조건적인 긍정적 수용 혹은 존중은 내담자로 하여금 한 인간으로서 누군가가 자신을 좋아해 주고 존중해 준다는 안정감을 갖게 하고 이러한 느낌은 상담조력관계에서 매우 중요한 요소로 작용한다.

공감적 이해는 상담자가 '잠시 내담자의 내적 세계에 들어가 내담자와 함께 민감하게 기복을 겪으면서 그 어떤 비판이나 판단을 하지 않는 것'이다. 내담자가 경험하고 있는 감정과 내담자가 가지고 있는 개인적인 중요한 의미를 정확하게 감지하고, 그렇게 이해한 것을 내담자에게 성공적으로 전달해 주면, 내담자는 공감적으로 이해받는 느낌을 갖게 되고 상담자-내담자 관계 속에서 자유를 체험한다. 이러한 자유 속에서 내담자는 의식적인 부분과 무의식적인 부분 모두를 자유롭게 탐험할 수 있게 된다.

이러한 세 가지 기본적인 조건이 충족되면 내담자는 자신의 내면에서 일어나고 있는 마음의 흐름에 좀 더 민감하고 정확하게 귀 기울일 수 있게 된다. 내담자가 자기를 이해하고 소중히 여기게 되면 내담자의 자기는 그가 경험하고 있는 현실의 자기(real self)와 더욱 일치한다. 더 일치할수록 내담자는 더 진실하고 온전한 사람이 되고 자아를 실현시키는 데까지 나아가게 된다.

2) 인간중심상담의 목표

인간중심상담의 궁극적 목표는 내담자가 스스로의 힘으로 문제에 잘 대처할 수 있도록 내담자의 자아실현경향성을 향상시켜 주고, 성장하여 충분히 기능하는 인간, 곧 자기 자신이 되도록 돕는 것이다. 이렇게 자기 자신이 되면 그 행동은 건설적이고 생산적이고 적응적인 것이 된다. 개인적인 고유함과 사회성이 조화롭게 움직이는 사람이 된다.

인간중심상담은 내담자의 자기개념과 유기체적 경험 간의 불일치를 제거하고, 내담자가 느끼는 자아에 대한 위협과 그것을 방어하려는 방어기제를 해체하여 충분히 기능하는 사람이 되도록 돕는 것을 목표로 하는 것이다.

3) 인간중심상담 기법

인간중심상담은 기법보다는 상담자의 철학이나 태도, 상담관계를 중시하여서 따로 구체적인 어떤 기법을 개발하기보다는 상담자의 촉진적 태도를 기법으로 제시하고 있다.

(1) 무조건적인 긍정적 존중

상담자는 내담자를 하나의 인격체로서 무조건적으로 존중하고 있는 그대로의 모습을 따뜻하게 수용하여야 한다. 내담자 존재 자체의 잠재성과 자아실현의 경향성을 전폭적으로 신뢰하고 확신하면서 내담자를 전체로서 받아들이고 내담자가 표현하는 혹은 표현하지 않은 감정, 사고, 행동 등에 대하여 있는 그대로 받아들이고 어떠한 판단이나 평가도 하지 않는다.

(2) 진실성

상담자가 내담자와의 관계에서 나타내는 반응이 순간순간 상담자 자신이 내적으로 경험하고 느끼는 바와 일치되는 상태를 의미한다. 내담자의 경험에 대해 상담자가 느끼거나 생각하는 것을 진솔하게 표현하는 것이다. 인간중심상담에서는 상담자와 내담자 모두 적정 수준의 진실한 자기표현이 이루어져야 하므로 상담자는 진솔성, 진실성을 갖추기기 위해 자기를 이해하고 수용하며 솔직하게 개방하려는 노력이 필요하다.

(3) 공감적 이해

상담자가 내담자의 감정에 빠져들지 않으면서 내담자의 생각, 감정, 경험에 대하여 상담자 자신의 주관적인 입장에서가 아니라 상담자 자신의 감정인 것처럼 내담자의 입장에서 듣고 반응하는 것이다. 상대방의 내적 세계를 깊이 경청하는 것이 공감이다. 여기에는 인지적 이해, 신체적·감정적·직관적 반응을 다 포함한다. 상담자는 공감적 이해를 위해 먼저 내담자가 경험하는 것을 민감하게 느끼고 이해해야 한다. 그런 다음, 상담자는 그 경험에 대해 이해하는 것에 그치지 않고 자신의 이해와 느낌을 표현해 주어야 한다. 상담자가 내담자의 고유한 경험 세계를 탐색하고 이를 공감하는 것이 중요하다.

7. 행동주의 상담

행동주의 상담은 관찰과 측정이 가능한 인간 행동의 변화를 목표로 한다. 인지, 정서, 행동 중 행동의 변화가 다른 두 가지의 변화를 이끌 수 있다고 전제한다. 행동 변화에 초점을 맞추어서 행동의 변화가 결국 가동적으로 감정과 생각의 변화를 가져온다는 관점을 취한다.

고전적 조건형성 이론을 만든 파블로프(Ivan Pavlov)와 울프(Joseph Wolpe), 조작적 조건형성 이론을 만든 스키너(B. F. Skinner), 사회학습이론을 만든 밴듀라(Albert Bandura) 등의 학자들에 의해 발전되었다. 이들은 모든 행동이 고전적 또는 조작적 조건형성에 의해 학습된다는 관점을 취한다. 또한 모든 증상은 객관적으로 관찰할 수 있고 측정 가능한 바람직하지 않은 행동으로 보기 때문에 상담의 효과 및 효율성 등을 객관적으로 평가할 수 있는 장점을 지녔다.

1) 행동주의 상담의 인간관

행동주의 상담자들은 인간을 기질이나 성격을 통해 특정 반응을 하는 존재가 아니라, 환경과의 상호작용을 통해 사는 데 필요한 기술과 능력을 학습해 나가는 존재로 보았다. 그들은 인간을 자극에 대한 반응자이고, 조건화의 산물이라고 하였다. 행동주의자들은 인간 행동이 환경적 사건에 의해 형성되고 결정된다는 입장을 취하고 있다.

행동주의 상담이론은 시대가 변함에 따라 조금씩 변화하였는데, 초기 행동주의자들의 인간관은 주로 인간을 환경에 반응하는 수동적인 존재로 보는 기계론적이고 결정론적인 입장이었다. 즉, 행동주의 상담자는 인간이 조건형성의 산물이라고 보며 모든 인간학습의 기본적 유형으로서 자극-반응의 패러다임을 주장했다. 행동주의의 대변자인 왓슨(Watson)은 개인의 모든 행동이 학습의 결과로 이해될 수 있다고 주장하였다. 그러나 최근에는 인간이 환경에 영향을 줄 수 있다는 면이 강조되면서, 행동주의 심리학자들의 인간관은 인간의 자유와 의지에 의한 선택을 중심으로 인간의 능동적인 측면이 강조되는 경향으로 변화하였다. 이에 따라 최근 행동주의 상담에서는 자기지도, 자기관리, 자기통제 등의 개념이 나오면서 인간에게 자신의 행동을 스스로 수정할 수 있는 능력이 있다는 점이 더 강조되고 있다(김춘경 외, 2016a).

2) 행동주의 상담의 목표

행동주의 상담에서는 인간의 행동을 학습의 원리에 의해 생겨나기도 하고 없어지기도 하는 것으로 본다. 따라서 행동주의 상담의 목표는 기본적으로 학습의 새로운 조건을 창출하는 것이라 할 수 있다. 행동주의 상담에서는 바람직한 행동은 더욱더 증강시켜 주며 바람직하지 못한 행동은 약화 또는 감소시킴으로써 이상행동자의 적응력을 높이게끔 도와주는 데 근본 목표가 있다. 보다 구체적인 행동주의 상담목표는 다음과 같다(김춘경 외, 2016a).

- 자신의 감정이나 생각 및 희망을 필요한 경우에 일상 장면에서 자유롭게 표현할 수 있도록 훈련한다.
- 사회적인 활동을 저해하는 비현실적인 공포를 제거한다.
- 내담자가 중요한 의사결정을 내리는 데 방해가 되는 내면의 갈등을 해소하도록 도와준다.

3) 행동주의 상담기법

행동주의 상담에서 사용하는 기법들은 상담 현장보다는 교육 현장에서 더 많이 사용된다고 해도 과언이 아닐 것이다. 이 기법들은 긍정적 행동을 강화하는 기법과 부정적 행동을 감소시키는 기법으로 나눠서 살펴볼 수 있다(김춘경 외, 2016a; 이미리 외, 2019).

(1) 긍정적인 행동 강화기법
- 정적 강화: 바람직한 행동에 대해 보상을 주어 그 행동을 증강하는 경우 그 보상을 정적 강화자극이라고 하는데, 흔히 사용되는 정적 강화물로는 음식, 돈,

승진, 인정, 주목, 칭찬, 자유 시간, 사탕, 어떤 특혜를 주는 것, 좋아하는 활동을 할 수 있도록 허용하는 것 등이 있다.

- 부적 강화와 처벌: 어떤 바람직한 행동을 할 때 내담자가 싫어하는 대상물을 제거해 주는 방법으로서 이때 제거되는 것을 부적 강화자극이라고 하는데, 긍정적인 행동을 함으로써 꾸중, 벌로서의 청소, 구속 등 불쾌한 자극을 피할 수 있다. 처벌은 바람직하지 않은 행동을 감소시키거나 제거할 때 사용되는 것이라는 점에서 부적 강화와는 구별된다.
- 차별강화: 어떤 사람의 여러 행동 중 어느 하나만을 골라 선택적으로 강화하는 것으로, 수업 시간에 수시로 자리를 이탈하는 학생의 경우 학생이 수업 시간에 제자리에 앉아 있을 때만 강화를 하고 그 이외의 시간에는 강화하지 않는 것이 그 예이다.
- 조성: 내담자에게 한 번도 해 본 적이 없거나 거의 하지 않는 어떤 새로운 행동을 가르칠 때 효과적으로 사용되는 방법으로, 초기 행동과 최종 목표 행동을 난이도와 완성도에 따라 단계별로 나누어 놓고, 쉬운 행동부터 한 단계씩 어려운 단계로 나가면서, 내담자가 한 단계의 행동을 완수할 때마다 강화를 하는 방법이다.
- 용암법: 한 행동이 다른 사태에서도 발생할 수 있도록 그 조건을 점차적으로 변경하는 과정을 말한다.
- 간헐강화: 어떤 행동이 발생할 때마다 강화하지 않고 부분적으로 강화하는 것이다.
- 토큰 강화: 행동을 수정할 때 많이 사용하는 방법으로 별표나 스티커를 사용하여 바람직한 행동을 할 때마다 토큰을 주고, 일정의 토큰이 모아지면 내담자가 좋아하는 다양한 강화자극과 교환하는 방법이다.

(2) 부정적인 행동 감소기법

- 상반행동의 강화: 바람직하지 못한 행동 대신에 바람직한 행동을 강화하면 나쁜 행동은 차츰 감소하고 바람직한 새로운 행동을 학습하게 된다는 원리에 근거하고 있는 기법이다.
- 소거: 바람직하지 않은 행동에 주어지던 강화를 차단하는 기법으로, 학생들이

잘못했을 때 틀렸다고 이야기하고 개선 방향을 알려 주는 것보다는 잘했을 때 칭찬과 인정을 해 주고, 잘못했을 때는 무시하는 것이 더 효과적이다.

- 벌: 어떤 행동에 후속되어 그 행동이 재발할 확률을 감소시킬 수 있는 자극을 주는 기법이다.
- 자극포화법: 혐오통제의 한 방법으로, 부적응적 행동을 충족시켜 줄 수 있는 자극을 정도가 넘도록 제공함으로써 질리게 하여 그 행동을 그만하도록 만드는 기법이다.
- 체계적 둔감법: 이완된 상태에서 불안을 발생시키는 상황들을 위계적으로 상상하게 하여 불안을 일으키는 상황에 점진적이고 체계적으로 둔감해지도록 훈련시켜서 불안을 감소시키는 기법이다.
- 행동기술 훈련: 행동기술을 가르치기 위해서 모델링, 교수, 시연, 피드백의 과정을 사용한다. 모델링은 내담자가 다른 사람의 행동을 관찰하고 관찰한 것을 활용하는 것이다. 교수는 학습자에게 적절한 행동을 설명하는 것이고, 교수를 받은 후에 혹은 모델링 후에 학습자에게 그 행동을 연습할 기회를 제공하는 것을 시연이라고 한다. 시연을 한 후에는 피드백이 뒤따라야 하며 행동의 정확도가 높아질 때까지 반복적인 시연이 필요하다. 피드백은 그 행동을 시연한 후에 즉각적으로 제공되는 것이 바람직하고, 정확한 수행에 대해서는 칭찬이나 강화를 해 줘야 한다.

8. 인지행동상담

인지행동상담은 1950~1960년대 등장한 비교적 짧은 역사를 지닌 상담이론으로 1980년대부터 각광받기 시작하였고 최근에는 빠르게 발전하고 있는 상담이론이다. 인지행동상담은 인지결정론적 입장, 즉 인간의 여러 측면 중 감정이나 행동도 중요하지만 그중에서 인지, 즉 사고가 가장 중요하다는 입장을 강조한다. 이 상담은 단일한 이론이 아니고, 여러 개별적인 이론들의 집합체라고 할 수 있다. 대표적인 이론으로는 엘리스(Albert Ellis)가 개발한 합리적 정서행동치료(REBT)와 벡(Aaron Beck)이 개발한 인지행동치료(CBT)가 있다. 두 이론 모두 개인의 사고와 인지를 변화시키면 부차적으로 감정과 행동을 수정할 수 있다는 견해를 강조한다.

1) 인지행동상담의 인간관

인지행동상담을 연구한 학자들은 각자 다른 이론을 개발하였지만 그들 모두 인간이 환경적 조건에 의해서만 전적으로 결정지어지는 존재라는 행동주의 인간관과 인간이 본능에 의해서 움직이는 생물학적 존재라는 정신분석적 인간관을 거부하였다.

엘리스는 인간을 독특하고 고유하며 한계를 이해하는 능력을 지니고 있는 이성적인 존재라고 보았다(박경애, 1997). 그는 정신분석학보다 더 효과적인 접근을 개발하려고 노력하던 중 AD 1세기 그리스의 철학자인 에픽테투스(Epictetus)의 말 "인간은 객관적 사실 때문에 혼란되는 것이 아니라, 그 사실에 대한 자신의 관점 때문에 혼란된다."로부터 영감을 얻었다. 에픽테투스는 개인이 고통받는 것은 타인의 비방이나 모욕이 아닌 그것을 모욕으로 여기는 자신의 생각 때문이라고 주장했다. 즉, 인간은 대상 자체가 아닌 그 대상에 대한 관념에 의해 혼란을 겪는다는 것이다. 이러한 사상에 영향을 받은 엘리스는 다음과 같은 인간관을 가지고 있다(박경애, 1997).

- 인간은 선천적으로 이중적 존재이다. 즉, 인간은 합리적이면서 동시에 비합리적인 존재이다.
- 인간은 비합리적 사고의 결과로 정서적 문제를 만들어 내는 존재이다. 즉, 인간은 자신이 원하는 것을 선호적 사고가 아닌 당위적 사고로 여김으로써 정서·행동상의 어려움을 겪는 존재이다.
- 인간은 자신의 인지·정서·행동을 변화시킬 수 있는 존재이다. 즉, 인간은 특정 상황에 대한 신념을 바꿈으로써 자기패배적인 행동과 부적절한 감정을 변화시킬 수 있는 역량을 지니고 있다.
- 인간은 왜곡되게 생각하려는 생리적·문화적 경향성이 있으며 자신이 스스로를 방해하는 존재이다.

벡은 사람들이 자신의 인지, 정서, 행동 과정을 변화시킬 수 있는 능력이 있다고 믿었다. 즉, 사람들은 스스로의 선택에 의하여 그동안의 행동 패턴과는 다르게 반응하고 비합리적인 신념에 동요되지 않으며, 자기훈련을 지속함으로써 사는 동안 혼란을 최소한으로 할 수 있다. 그뿐 아니라 사람들은 자기와 대화할 수 있고(self-talking), 자기를 평가할 수 있으며(self-evaluating), 자기를 유지할 수 있는(self-substaining) 존재라고 믿었다(김춘경 외, 2016a).

2) 인지행동상담의 목표

인지행동상담의 목표는 내담자가 보다 효과적으로 기능하도록 비합리적 신념이나 인지적 왜곡을 최소화하고, 현실적이고 적응적인 사고를 증진시키도록 돕는 것이다. 바람직하게 제거하고, 내담자의 문제행동에 바람직한 대안을 찾도록 돕는 것이다.

각 이론별로 그들의 용어로 표현한 상담목표를 살펴보면, 우선 REBT에서는 내담자가 가지고 있는 자기패배적 신념과 자기 또는 타인을 비난하는 태도를 감소시키고, 좀 더 실제적이고 현실적인 사고를 증진시키도록 돕는 것을 목표로 한다. CBT에서는 내담자의 왜곡된 인지나 인지적 오류를 제거하여, 인지적 재구성을 목표로 한다.

3) 인지행동상담 기법

인지행동상담은 매우 많은 상담기법을 개발하였다. REBT의 기법으로는 무조건적 수용, 실제적 해결 대 정서적 해결, 철학적/우아한 해결 대 우아하지 못한 해결, 인지적 기법, 정서적 기법, 행동적 기법 등이 있다. CBT의 기법으로는 불안감소법, 인지 재구성법, 새로운 행동의 학습법, 마이켄바움의 인지행동수정 등이 있다(김춘경 외, 2016a). 여기서는 두 이론의 대표적인 상담기법 두 가지씩만 소개하고자 한다.

(1) 인지적 기법

REBT에서는 확실하고 강력한 인지적 기법을 사용한다. ABCDE 분석을 하고 난 후 내담자에게 비합리적 신념체계를 깨닫게 해 주고 보다 합리적이고 현실적인 신념을 가지도록 돕는다. 대표적인 인지적 기법으로 비합리적 신념을 논박하기가 있다. 내담자의 비합리적 신념을 상담자가 적극적으로 반박하는 것이다. 이 밖에도 내담자의 문제 목록표를 만들어서 그 문제에 내포되어 있는 절대적 신념을 논박하기 위해 인지적 과제를 부여하는 기법이 있고, 유인물이나 독서치료 기법도 함께 사용한다. 그리고 사고가 언어를 조정하고 언어는 사고를 조정한다고 보기 때문에 내담자의 언어 패턴에 주의를 기울여 내담자의 언어를 변화시키는 기법도 사용한다. 예를 들어, '해야만 한다' '당연히 해야 한다'를 '그렇게 되면 더 낫다' 등으로 바꾸어 말하도록 하는 것이다.

(2) 정서적 기법

REBT에서는 비합리적 신념에 의해 억압 혹은 억제되었던 감정이 있음을 인정하고 이런 감정을 밝히고, 이를 보다 더 합리적이고 적절한 정서로 바꾸는 작업을 한다. 이를 위해 내담자가 어떤 감정 상태를 지녀도 자신을 무조건적으로 수용하도록 하는 자신에 대한 무조건적 수용기법을 사용하고, 자신을 구속해 온 비합리적 신념을 인지적으로나 정서적으로 과장되게 또는 엉터리로 표현해 보는 유머기법을 사용할 것도 제안한다. 합리적 · 정서적 이미지(Rational Emotive Imagery: REI) 기법도 있는데, 이는 습관적으로 부적절한 감정을 느끼는 상황을 상상하고 REBT의 원리를 활용하여 극복해 나가도록 하는 기법이다. 이 밖에도 모범적인 신념을 가지고 있는 모범행동 보여 주기 기법도 있고, 역할연기, 부끄러운 공격연습 기법 등도 사용한다.

(3) 인지 재구성법

CBT에서는 인지 재구성을 목표로 하여 내담자의 자동적 사고를 밝히고, 그 사고 뒤에 깔린 논리와 역기능적 가정을 확인하기 위해 많은 기법을 개발하였다.

- 사고와 감정의 감시법: 내담자의 일상생활(상황)에서 나타나는 자동적 사고와 그때의 감정, 보다 합리적인 반응, 그 결과 등 네 가지를 기록하면서 사고와 감정을 감시하도록 하는 기법이다.
- 증거 탐문: 내담자의 특정 신념을 입증할 증거를 찾아보도록 도와주는 기법으로 '그 생각에 대해 어떤 증거를 가지고 있는가?'라고 물어볼 수 있다.
- 대안 검토: 내담자의 강점과 대처 자원에 기초하여 대안을 선택하게 하는 기법이다.
- 탈파국화: 내담자가 자신이 처한 상황을 파국적으로 이해하는 바를 알아차리

고, 그것에서 벗어나도록 돕기 위해 사용하는 기법으로 '일어날 수 있는 가장 나쁜 일은 무엇인가?' '그것이 정말 일어난다면 그렇게 끔찍할 것인가?' 등의 질문을 할 수 있다.

- 재구성: 내담자의 왜곡된 사고를 변화시키기 위해 문제의 다른 측면에 초점을 두게 하거나, 다른 시각에서 문제를 바라보도록 돕는 기법이다.
- 사고 중지: 역기능적인 사고가 나타나는 것을 감지할 때 '중지(stop)'라고 외치거나 속으로 상상하면서 그 사고를 중지시키는 기법이다.

(4) 새로운 행동의 학습법

CBT에서는 자동적 사고와 가정을 수정하기 위해 행동적 기술을 사용하는데, 이는 행동주의 상담기법을 응용한 것이 많다. 이와 관련해서는 모델링 또는 대리학습, 행동형성, 토큰경제, 역할극, 사회기술훈련, 혐오요법, 임시계약 등의 기법이 있다. 여기서 임시계약 기법이란 내담자의 어떤 행동이 변화되어야 하며, 그 행동에 어떤 결과가 따르게 되는지에 대해 내담자와 상담자가 형식적인 계약을 하는 것이다.

9) 활동

활동 1. 사례분석

① 가상의 내담자 도널드 그린(Donald Green)의 사례*입니다. 도널드 그린의 사례를 함께 읽고, 여러분이 선호하는 상담이론에 준하여 사례를 분석해 봅시다.

도널드 그린의 사례

1) 내담자의 인적사항

- 도널드 그린(남, 42세, 미혼, 엔지니어)
- 키가 작고 다소 뚱뚱해 보이는 외모. 업무능력 평가는 우수함. 어릴 때부터 혼자 놀았고, 독서를 즐겼음. 상담이나 심리치료의 경험은 없음. 아버지처럼 외롭고, 어머니처럼 일만 하는 사람. 항상 바쁘게 지냄. 어릴 적에는 성적이 좋았고, 집안일도 많이 도와드림. 성인 남성 상위 수준의 지능을 가짐. 인간중심 지향적 활동. 특히 판매에 흥미를 보임. 인성검사에서도 정상범위에 있었고 창의력과 상상력 수준이 뛰어남. 자신의 직업(중고차 수리 판매)에 만족하고 있음

2) 상담 의뢰 경위

- 주치의가 모든 종류의 검사 후, 신체적 결함은 없고, 심리적 위축의 문제가 발견되어 상담에 의뢰하였음

3) 의뢰 사유

- 직장 문제. 거의 매일 아침 지각. 3년 전부터 지각이 습관이 됨
- 자명종 시계를 여러 개 두고 자고, 이웃에게 깨워 줄 것을 요구하고, 신문배달부에게까지 아침에 벨을 울려 줄 것을 요구하였으나, 아침에 일어나지 못함
- 업무 시간 외 근무를 함

4) 내담자의 가족관계

- 아버지(98세, 사망): 경리직. 혼자 있는 것을 좋아함. 사교적이나 조용하게 지내는 편임. 부부 간의 관계는 서먹함. 각방을 쓰고, 두 사람이 거의 말이 없음
- 어머니(83세, 사망): 성인(聖人) 같이 조용히 일만 했음. 아버지보다 15세 아래. 애정이 깊은 분이시고 희생적이어서 자녀를 잘 보살펴 주기는 하나 다정한 성격은 아님
- 누나(50세): 그린보다 8세 많음. 성격은 거칠고 반항적이지만 밖에서는 사교적임. 집에서 늘 혼이 나서 주로 밖에 나가서 놀았음. 그린과는 관계가 좋지 않아서 10년 이상 서로 안 만나고 지냄

5) 도널드 그린의 초기 기억(3세)

- "아파트 지붕에서 어머니와 함께 아버지를 기다리고 있었어요. 어머니가 먼저 아버지를 발견해서, 제게 아버지를 가리켰고, 아버지가 무언가를 사 오신다고 하면서 아이스크림이기를 희망했어요. …… 저는 근시여서 아버지를 멀리서도 볼 수 있는 어머니가 부러웠던 기억이 나요. 저도 아버지가 아이스크림을 사 오시기를 바랐던 생각이 나요. 어머니가 원하는 것이었기에."

6) 내담자의 호소 문제

- 깊은 내면의 외로움: 외롭고 우울한 느낌이 자주 듦. 고독한 운명의 사람 같음. 자살 충동까지 있음. 사교적이고 싶지만, 다른 사람과의 교제가 어려움. 여성과 데이트한 적이 한 번도 없음. 동성연애자는 아님. 성적으로 충동을 느끼나 잘 조절하고 있으며, 관계 속에서 경직될 때가 많음. '인생의 실패자'라고 느낌
- 끔찍한 공포와 공상: 큰 재해가 일어나는 끔찍한 공상이나 실수한 것이 밝혀져서 난처해지는 공상을 자주함. 실수에 대해서 파국적인 처벌을 받을 것에 대한 공상이나 미친 듯한 환상에 자주 빠짐

---

* 이 사례는 코로시니(Corsini, 1997)의 『다섯 명의 치료자와 한 명의 내담자』에 나오는 가상의 내담자 도널드 그린의 사례이다. 더 자세한 내용은 본 책을 참조하기 바란다.

② 집단원들에게 이번 장에서 다룬 여덟 가지의 상담이론 중에서 본인이 가장 선호하는 상담철학과 인간관을 가진 상담이론 한 가지를 선택하게 하고, 같은 이론을 선택한 사람끼리 한 조가 되게 합니다. 각 조는 4~6명이 좋습니다.
③ 각 조에서 선택한 상담이론에 맞추어서 도널드 그린의 사례를 논의합니다.

• 도널드 그린의 문제 분석
• 도널드 그린의 상담목표
• 상담목표를 달성할 상담기법 등

④ 조별 활동내용을 서로 나눈다.

참고문헌

김계현(1997). 카운슬링의 실제. 서울: 학지사.
김춘경(2004). 아동상담: 이론과 실제. 서울: 학지사.
김춘경, 이수연, 이윤주, 정종진, 최웅용(2016a). 상담의 이론과 실제(2판). 서울: 학지사.
김춘경, 이수연, 이윤주, 정종진, 최웅용 편(2016b). 상담학 사전. 서울: 학지사.
김헌수, 김태호(2006). 상담 이론과 실제. 서울: 태영출판사.
김형태(2003). 21세기를 위한 상담심리학. 서울: 동문사.
김환, 이장호(2006). 상담면접의 기초. 서울: 학지사.
박경애(1997). 인지 · 정서 · 행동치료. 서울: 학지사.
이미리, 김춘경, 여종일(2019). 청소년 심리 및 상담. 서울: 학지사.
이장호(1995). 상담 면접의 기초. 서울: 중앙적성출판사.
이형득(1992). 상담이론. 서울: 교육과학사.
이형득, 김선남, 김성회, 이성태, 이수용, 전종국, 정욱호(1984). 상담의 이론적 접근. 서울: 형설출판사.
정원식, 박성수, 김창대(1999). 카운슬링의 원리. 서울: 교육과학사.
홍경자(1988). 실존주의적 상담사례보고. 광주: 전남대학교 학생생활연구소.
홍경자(2001). 상담의 과정. 서울: 학지사.

Arlow, J. A. (1989). Psychoanalysis. In R. J. Corsini (Ed.), Current psychotherapies. Itasca, IL: Peacock.
Baker, E. L. (1985). Psychoanalysis and psychoanalytic psychotherapy. Contemporary Psychotherapies, 19-68.
Chung, C. K. (1994). Zwei Vertreter der Ermutigungspädagogik: Ein Vergleich der pädagogischen Konzepte von Maria Montessori und der Individual-psychologie Alfred Adlers. Berlin, Germany: Köster.
Corey, G. (2003). Theory and practice of counseling and psychotherapy (6th ed.). 조현춘, 조현재 역. 심리상담과 치료의 이론의 실제. 서울: 시그마프레스. (원저는 1998년 출간).
Corey, G. (2010). Theory and practice of counseling and psychotherapy (8th ed.). 조현춘, 조현재, 문지혜, 이근배,

홍영근 역. 심리상담과 치료의 이론의 실제. 서울: 시그마프레스. (원저는 2008년 출간).

Corsini, R. J. (1997). *Five therapists and one client.* 이혜성 역. 다섯 명의 치료자와 한 명의 내담자. 서울: 이화여자대학교 출판부. (원저는 1991년 출간).

Dreikus, R. (1967). *Psychodynamics, psychotherapy, and counseling: Collected papers.* Chicago, IL: Alfred Adler Institute.

George, R. L., & Cristiani, T. S. (1995). *Counseling: Theory and practice.* (4th ed.). London, UK: Pearson.

Mosak, H. (1998). Adlerian psychotherapy. In R. J. Corsini (Ed.), *Current psychotherapies.* 김정희, 이장희 역. 현대 심리치료. 서울: 중앙적성출판사. (원저는 1989년 출간).

Patterson, C. H. (1986). Theories of counseling and psychotherapy (4th ed.). New York, NY: Harper & Row.

Rogers, C. R. (1986). Client-centered therapy. In I. L. Kutash & A. Wolf (Eds.), *Psychotherapist's case book* (pp. 197-208). San Francisco, CA: Jossey-Bass.

Ryckman, R. M. (2013). *Theorise of personality* (10th ed.). Belmont, CA: Wadsworth.

Schultz, D. P., & Schultz, S. E. (2013). *Theorise of personality* (10th ed). Belmont, CA: Wadsworth.

Schultz, T. (1977). *Distortions of agricultural incentives.* Bloomington, IN: Indiana University.

Wehr, G. (1999). *C. G. Jung.* 김현진 역. 융. 서울: 한길사. (원저는 1969년 출간).

Yalom, I, D. (2007). *Existential psychotherapy.* 임경수 역. 실존주의 심리치료. 서울: 학지사. (원저는 1980년 출간).

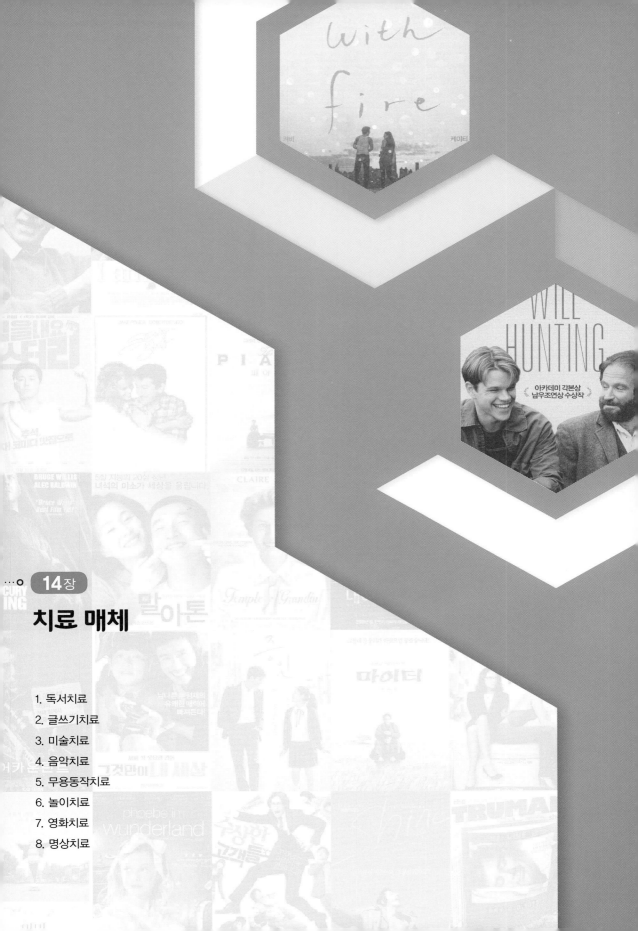

14장

치료 매체

　사람들은 여가를 즐기기 위해서, 자기 발전과 성취를 위해서, 또는 스트레스를 해소하거나, 사람들과의 친교를 위해서 다양한 취미생활을 한다. 예술적 취미활동의 예로는 독서하기, 글쓰기 등의 문학활동이나 음악 감상이나 연주 또는 노래 부르기 등의 음악활동, 그림 그리기 또는 작품감상 등의 미술활동, 영화 및 드라마, 연극 감상 및 토론, 몸 동작 및 무용, 운동하기, 명상, 다양한 놀이활동 등이 있다. 평소에 편식을 하지 않고 골고루 음식을 잘 섭취하면 건강을 유지하듯이 다양한 예술적 취미활동은 평소의 정신건강을 유지하는 데 크게 도움이 된다.

　우리들의 일상생활에 깊숙이 들어와 있는 다양한 예술치료 매체는 정신병리가 신뢰받고 있는 최근에는 치료적 목적으로 적극 활용되고 있다. 사람들은 다양한 목적을 가지고 예술을 통해 대부분 창조적인 활동으로 자신을 표현하고, 자기 내면을 통찰할 수 있는 기회를 제공하고 이를 통해 자기인식과 자각이 향상되고 변화를 촉진시킬 수 있게 한다. 표현적인 혹은 창조적인 상담 매체로는 미술, 음악, 동작, 연극, 독서, 글쓰기, 영화 등이 있다.

　예술의 치료적 활용은 고대시대부터 있어 왔다(Frostig & Essex, 1998; Pardeck, 1994). 로마에서는 인간의 걱정을 진정시키는 데 시를 사용했다는 기록이 있고, 고대 이집트인은 정신치료에 놀이와 음악 감상을 사용했다고 한다(Gladding & Gladding, 1991). 현대 사회에서 상담사들은 혁신적인 통합 표현 예술 분야에 관심을 가지고, 그런 매체들을 상담 및 심리치료에 활용하고 있다. 상담과정에서 의사소통과 통찰을 촉진하고, 신체적·정서적·인지적·사회적 기능을 증진시키고, 자기표현과 인식을 촉진하여 통합된 정체성을 확립시키는 데 예술 매체를 사용한다.

　일반적으로 상담 장면에서 상담자가 내담자에게 치료 효과를 촉진시킬 수 있는 매체를 선택하여 상담자-내담자-상담 매체 간의 상호작용을 통해 상담의 목적을 이루게 된다. 그러나 예술 매체는 자기조력적 치료 효과를 지니고 있다는 점이 큰 장점이다. 이 장에서는 국내에서 크게 발전하고 있는 치료 매체에 대해 소개하고자 한다.

1. 독서치료

독서치료란 책이라는 매체를 상담 및 심리치료에 적용하여 개인의 심리·사회·행동적 문제의 해결 및 더 깊은 자기성찰, 나아가 삶의 질 향상을 추구하기 위해 행하는 독서활동의 통칭이라고 정의할 수 있다. 파르덱(Pardeck, 1994)은 독서치료를 개인이 독서를 통해 문제를 해결하고 자신들을 더 잘 이해하도록 고안된 과정으로 정의하였다. 고대 테베의 도서관에는 '영혼을 치유하는 곳'이라는 현판이 붙어 있었고, 알렉산드리아 도서관에서는 책을 '영혼을 치유하는 약'이라고 불렀다고 한다. 플라톤(Plato)은 이런 말을 했다. "전체가 건강하지 않는 한 부분적으로 건강할 수가 없다. 만일 신체와 정신이 건강해지려면 우선 정신부터 치료해야 한다. 치료는 어떤 매력적인 것을 사용해야 하는데, 그것은 아름다운 문자들(words)이다." 이런 사실들은 고대 때부터 책이 지닌 치료적 효과를 인정했다는 증거이다.

사람들은 '한 권의 책이 나의 인생을 바꿨다.'라는 말을 한다. 독서는 사람들에게 지식과 정보를 줄 뿐 아니라 사람들을 변화시킨다. 사람을 변화시키는 독서의 치료적 힘은 독서하면서 경험하는 다음의 세 가지 핵심 요소, 즉 동일시, 카타르시스, 통찰 때문이다(김춘경 외, 2021).

- 동일시: 독자는 자기가 읽은 문학작품과 자신을 강하게 동일시한다. 다른 사람의 문제를 보면서 자신의 문제를 깨달을 수 있게 되고, 문제에 대한 정보가 없을 때는 자신만의 문제로 생각했던 것을 책을 통해 자신이 겪는 문제가 자신만의 문제가 아님을 보면서 안심하게 되고 등장인물에 빗대어서 자신의 문제를 밖으로 꺼내 놓을 용기도 가지게 된다. 이야기 속 등장인물이 내담자와 나이가 비슷하고 가진 문제나 행동도 비슷하고, 내담자가 겪고 있는 문제들과 유사한 문제를 다룬 작품이면 동일시가 더욱 쉽게 일어날 수 있을 것이다. 문학작품은 내담자가 겪을 수 있는 여러 가지 변화와 관련된 두려움, 죄의식, 부끄러움 등의 부정적인 감정들과 쉽게 만날 수 있도록 도울 수 있다. 뿐만 아니라 치료자의 입장에서도 문학이라는 매개체로 내담자가 곤란을 겪고 있는 드러내기 힘든 내면세계로 우회로를 통해 안전하고 자연스럽게 다가갈 수도 있다. 내담자

는 자신이 말로 제대로 표현할 수 없었던 감정이나 자기 내면세계를 문학을 통해서 만나고, 주인공과 자기를 동일시하면서 자기 삶과 사고 및 생활 태도에 변화를 일으키게 된다.

- 카타르시스: 독서를 통해 내담자는 자신이 겪을 수 있는 다양한 문제와 관련된 두려움, 죄책감, 부끄러움의 감정과 접촉하게 되며 그 과정에서 카타르시스를 경험하게 된다. 상담자는 문학작품을 통해서 내담자의 내면세계에 자연스럽게 우회적으로 접근할 수 있고, 내담자의 경우에도 자신이 말로 표현할 수 없었던 자신의 내면세계에 더 가까이 다가갈 수 있게 된다(Kramer & Smith, 1998).
- 통찰: 이런 과정을 거쳐 내담자는 자기와 타인, 세상에 대한 통찰력이 생긴다. 그 이후에는 통찰력을 개인의 생활에 적응해서 자신의 문제나 어려운 현실을 창조적으로 대응해 나갈 수 있도록 돕는 것이 상담자의 역할이다.

1) 독서활동의 치료적 가치 및 효과

플라톤이 아름다운 문자들(words)의 치료적 효과에 대해 설파한 이후, 문자는 정신건강 분야에서 수세기 동안 치료방법으로 사용되어 왔다. 독서활동이 주는 치료적 가치는 셀 수 없이 많다.

무엇보다 독서활동은 독자가 겪을 수 있는 다양한 변화와 관련된 두려움, 죄책감, 부끄러움의 감정과 접촉할 수 있게 돕는다(Kramer & Smith, 1998). 문학작품을 통해서 독자의 내면세계에 자연스럽게 우회적으로 접근할 수 있고, 표현력이 부족한 내담자들에게도 자신이 말로 표현할 수 없던 자신의 내면세계에 다가갈 수 있는 이점이 있다. 독서활동은 내담자와 상담자 사이를 연결하고 상호소통할 수 있는 매체로서의 역할을 한다. 그래딩과 그래딩(Gladding & Gladding, 1991)도 독서치료가 "구조적인 개인적 성장과 대인 간의 상호작용을 막았던 감정을 해결하는 방법을 제공한다."는 것을 발견하였다.

문젤(Munzel, 1985: 변학수, 1999 재인용)에 의하면 병상에서 읽는 책은 "자기의 상황을 잊어버리고 다른 곳으로 생각을 유도하는 기능"을 가지고 있다고 한다. 자신의 고통을 잊어버리고 타인의 고통에 관심을 가지게 하며 다른 사람을 생각하게 하여 자신의 문제에서 벗어나 객관적으로 문제를 볼 수 있으며, 또한 자신뿐 아니라 다른 사람들도 같은 문제를 지니고 극복하고 있다는 점에서 독서는 안도감을 얻고 새로운 문제해결의 가능성과 힘을 준다(변학수, 1999).

독서를 통해서 얻을 수 있는 치료의 구체적인 효과에 대해 아펠(Appell, 1963: Rubin, 1978 재인용)은 다음과 같이 여섯 가지를 지적하고 있다.

- 독서는 사람들로 하여금, 인간 행위의 심리학과 생리학에 대한 지식과 정보를 얻게 한다.
- 자신을 더 잘 이해하게 한다.
- 관심을 넓혀 주변에 대한 관심을 갖게 한다.
- 무의식적 고통으로부터 해방시킨다.
- 주인공과의 동일시를 통해 보상을 체험하게 한다.
- 자신의 문제를 알고 자신의 행위에 대한 통찰을 할 수 있다.

구메어(Gumaer, 1997)는 독서활동 과정에서 경험하게 되는 동일시, 전이, 암시, 통찰력, 정화 등이 상담자와 내담자의 치료적인 상호작용을 촉진시켜, 내담자의 문제를 해결하고 예방하게 된다고 하였다. 독서를 통한 치료의 효과성에 대해서 브라이언(Bryan, 1943: Bryan & Merkle, 1988 재인용)은 다음과 같은 점을 지적하였다.

- 독서를 통해서 내담자는 자신이 문제를 안고 있는 유일한 사람이 아니라는 사실을 알 수 있다.
- 그가 안고 있는 문제에 대한 해결방도가 있고, 그 해결방법 또한 여러 가지가 있을 수 있다는 사실을 알 수 있다.
- 다른 사람은 어떻게 하다 그가 처해 있는 상황과 같은 상황에 처하게 되었는지 알 수 있다.
- 이런 경험은 돈 주고도 못 살 인생에 값진 교훈이라는 점을 알 수 있다.
- 그 문제를 해결하기 위해 구체적으로 어떻게 해야 할지 알 수 있다.
- 문제를 해결하기 위해 진정으로 계획하고 실천할 용기를 얻게 된다.

2) 독서치료의 목표

여러 학자가 다양한 시각에서 독서치료의 목적을 제시하고 있다. 그중에서 파르덱 부부(J. T. Pardeck & J. A. Pardeck)는 문제에 대한 정보 제공, 문제에 관한 통찰 제공, 문제에 대한 토론 자극, 새로운 가치와 태도 제공, 유사한 문제를 겪고 있는 사람들이 있음을 알림, 문제에 대한 해결책 제시 등을 독서치료의 목표로 설정하였다. 또한 클레버(Kleber, 1982)는 다음과 같은 10가지의 독서치료 목표를 제시하였다.

- 문제해결을 위한 현실적인 태도 변화를 유발한다.
- 감동을 시켜 인격을 조정하고 변화시킨다.
- 감정과 체험의 결과를 표현하게 유도한다.
- 자신의 특성과 행동양식을 인식시킨다.
- 새로운 체험을 할 수 있도록 유도한다.
- 인성을 강화하거나 제한한다.
- 상담자와 내담자의 관계를 원활히 한다.
- 사회적·문화적 행동양식을 제공한다.
- 대리만족의 기회를 제공한다.
- 사회 적응력을 키워 준다.

클레버가 제시한 독서치료의 목표에서는 상담자의 역할이 많이 강조되어 있다. 책이 가진 치료적 힘으로 내담자의 인격과 심리정서적 문제를 해결하는 데는 상담자의 치료적 개입이 중요하다.

알렉스(Alex, 1993: Kramer & Smith, 1998 재인용)는 독서치료를 사용하는 이유로 개인의 자기인식, 자기이해 그리고 다른 사람을 공감하고 이해하는 것을 증진시키는 것이라고 하였다. 또한 스트레스를 경감시키고, 대처방략을 제공하며, 문제 또는 어려움에 대한 감정과 생각 모두를 성공적으로 표현할 수 있도록 개인을 돕기 위해서라고 하였는데, 이 역시 독서치료의 목표라 할 수 있다.

3) 독서치료 기술

고대 그리스의 철학자들 이래 무수한 책이 있듯이 독서치료에서 사용할 수 있는 책도 무수히 많다. 독서치료에서는 가장 중요한 것이 치유적 힘을 지닌 도서의 선정과 활용이다. 구메어(1997)는 독서치료에서 가장 기본적인 세 가지 기술이 필수적으로 요구된다고 하였다.

- 적절한 유형의 도서를 선정하여 적절한 시기에 읽게 하는 일
- 책에서의 경험과 관련하여 내담자와 상담자 사이에 상호작용을 하는 것
- 그러한 상호작용을 자극하기 위한 상담자의 활동

(1) 도서 선정

독서치료자에게는 도서 선정이 최우선적인 과제일 것이다. 일반적으로 독서치료에서 활용되는 도서들로는 시/동시, 동화, 소설, 수필, 희곡 등의 문학작품, 신문과 잡지 기사, 노래 가사, 그림책 등이 있다. 문학작품을 치료적 장면에서 사용할 때는 작품의 문학성을 논하기보다는 작품에 들어 있는 치료적 기능과 치료적 요소들이 더 중요하다. 문학성이 있는 작품들 이외에 탈장르적으로 독서치료에서 사용할 수 있는 책들을 살펴보면, 위기 극복이나 체험이 든 수기, 드라마 등의 개인적인 글, 교육을 목적으로 쓴 인생의 위기 극복 방법에 관한 책들, 즉 문제를 어떻게 극복하였는지 구체적 사례를 제시한 책들(암 투병, 술이나 담배 끊기, 마약 극복 등에 관련된 책들)이 있다(Merkle, 1988).

여러 학자가 도서 선정의 중요성과 도서 선정에서 주의해야 할 사항에 대해 말했다. 번스타인(Bernstein, 1977)이 제시한 도서 선정의 주의점은 다음과 같다.

- 책의 내용이 가지는 범위와 성격은 어떠한가?
- 책 속의 모든 서술이 정확한가?
- 만약에 서술이 정확하지 않다면 잘못된 정보인가, 아니면 성인이 명백하게 하거나 정정하기를 원하는 부적당한 사항인가?
- 책의 내용이 주는 정서적인 영향은 무엇인가?

- 책의 내용이 주는 종교적인 설득력은 무엇인가?
- 책의 내용이 문학적 관점에서 가치가 있고, 감정적 수준과 정신적 수준에서 아동을 만족시킬 만한가?
- 꾸민 이야기인가, 아니면 사실을 바탕으로 한 것인가?

(2) 책에서의 경험과 관련하여 내담자와 상담자와의 상호작용

독서치료 과정에서 상담자는 내담자와의 상호작용을 통해 주요 치료 요소인 동일시, 카타르시스, 통찰을 경험할 수 있도록 도와야 한다.

- 동일시: 동일시는 내담자가 좋아하거나 자신과 비슷한 상황이나 정서를 가지고 있는 작품의 인물을 만날 때 생기는데, 책 속에 나오는 등장인물의 삶, 감정, 생각, 행동 등을 대리 경험하면서 동일시 현상을 보인다. 상담자는 동일시를 촉진하기 위해 책을 읽고, "이 책의 사건과 비슷한 사건을 경험했거나 등장인물과 비슷한 사람을 알고 있나요? 책 속에서의 주인공과 같은 경험을 해 본 적이 있나요? 그것은 주인공의 경험과 똑같은 것이었나요? 아니면 다른 점이 있었나요? 어떻게 느꼈나요? 그때 어떻게 행동했나요? 작품 속 등장인물이 겪은 어떤 경험을 자신도 겪어 봤나요? 그 문제가 현재에도 계속 진행되고 있나요? 이 책의 내용이 연극이나 영화로 만들어진다면 당신은 어떤 사람의 역할을 하고 싶나요? 왜 그런가요?" 등의 질문을 해 볼 수 있다.
- 카타르시스: 내담자가 책 속의 작중 인물과 동일시를 하게 되면, 그때 내담자는 카타르시스를 경험하게 된다. 카타르시스를 통해 억압되었던 감정을 경험하게 되고, 정화를 통해 공격성과 성적 욕망과 같이 사회적으로 부정적으로 인식되는 감정과 행동을 배출할 수 있게 된다. 카타르시스를 촉진시키기 위해 상담자는 "작중 인물 중 ○○에게 하고 싶은 말은 무엇인가요? 왜 그렇게 말하고 싶은가요? 만약 내가 ○○였다면 나는 어떻게 했을까요? 왜 그렇게 했을까요? 작중 인물 중 가장 마음에 드는 인물은 누구인가요? 그의 어떤 행동이 마음에 드나요? 작중 인물 중 비난을 받아야 할 인물은 누구라고 생각하나요? 어떤 이유에서인가요?" 등의 질문을 해 볼 수 있다.
- 통찰: 책을 읽으면서 평소에 자신의 문제를 부인하거나 제대로 표현하지 못했

던 내담자들은 '그게 바로 내가 느꼈던 거야'라고 반응하면서 카타르시스를 느낄 뿐 아니라 지금까지 비밀로 감추어 두면서 자신을 괴롭혔던 내적 두려움을 인식하게 되어 자신의 심리상태에 대한 지적 통찰력을 가지게 된다. 통찰을 촉진시키기 위해 상담자는 "이 작품을 읽고 나서 이 작품을 읽기 전에 가졌던 생각과 달라진 점은 무엇인가요? 새롭게 알게 된 점은 무엇인가요? 등장인물 간의 행동을 비교할 수 있나요? 주인공과 다른 문제해결 방법을 찾아볼까요? 작가가 왜 이 작품을 썼다고 생각하나요? 그런 작가의 생각에 동의하나요? 어떤 인물의 가치관에 동의하나요? 작품 속에서 일어난 ○○과 같은 일이 현실적으로 타당성이 있다고 생각하나요? 왜 그런 생각이 들었나요?" 등의 질문을 해 볼 수 있다.

(3) 상호작용을 자극하기 위한 상담자의 후속 활동

책을 읽고 나서 치료적 효과를 보거나 증진시키기 위해 후속 활동으로 치료적 글쓰기나 치료적 말하기 활동을 한다.

- 치료적 글쓰기 작업: 이 작업은 처음에는 독서치료의 후속 활동으로 진행되던 것에서 발전하여 이제는 글쓰기치료라는 하나의 전문분야가 되었다. 치료적 글쓰기는 책을 읽고 나서 책 속의 내용을 기억하고 지식화하려는 목적이라기보다 책을 읽으며 독자의 몸과 마음에서 일어나는 정서 반응과 인식의 변화에 대해 기술함으로써 독서치료의 주요 원리인 동일시, 카타르시스, 통찰에 대한 경험은 물론 글쓰기를 통한 치료적 효과를 극대화하려는 것이다. 이 부분에 대해서는 다음 절에서 상세히 다루고자 한다.
- 치료적 말하기 작업: 독서치료의 궁극적 목적은 바로 마음의 상처로 남은 억압되었던 '자기 이야기'를 하도록 하는 데 있다. 책을 매개로 감정의 찌꺼기를 토해 내고 책에서 얻은 다양한 정보와 간접 경험을 통해 왜곡되고 편협했던 자기 인식을 바로 세워서 주체적인 자아상을 정립하게 된다. 치료적 말하기 활동에서 중요한 것은 다른 사람들의 말을 잘 경청하고 공감하는 것이다. 말하기를 통하여 자신의 문제가 객관적으로 보이기도 하고 문제에 대한 해결책을 구하기도 하면서 그동안 지고 있던 마음의 짐과 고통을 내려놓게 된다.

4) 독서치료 활동

활동 1. 집단 독서치료

① 4~6권의 그림책을 보여 주고 마음에 끌리는 그림책을 한 권씩 선택합니다. 같은 그림책을 선택한 사람들을 한 조로 합니다. (수강생의 수에 따라 책의 숫자는 조정 가능)

② 한 조에 1권으로 돌아가면서 읽을 수도 있지만, 여유가 되면 같은 제목의 그림책 2권 또는 3권을 주고 함께 책을 읽도록 하는 것이 활동의 집중도를 높일 수 있습니다. 읽는 방법은 집단원들이 원하는 방식으로 읽도록 합니다.

③ 각자가 읽은 내용 중에서 가장 인상 깊었던 대목이나 장면에 대해 생각해 보고 그 장면이 가장 인상 깊었던 이유가 무엇인지에 대해 생각해 보고 간단히 적어 봅시다.

④ 각자가 적은 내용을 조에서 서로 돌아가면서 이야기해 봅시다.

⑤ 다시 한번 조에서 조원들이 돌아가면서 이 그림책을 통해 깨달은 점과 느낀 점을 이야기합니다.

⑥ 조 활동의 결과를 발표하며 나눕니다.

로렌스 데이비드의 『변신』(2000)

제임스 애그레이의
『날고 싶지 않은 독수리』(2000)

앤터니 브라운의 『겁쟁이 빌리』(2006)

메르세 로페즈의 『넌 누구니?』(2008)

숀 탠의 『빨간 나무』(2019)

한라경의 『오늘 상회』(2021)

활동 2. 집단 독서치료

여러 권의 책이 아니라 전체 집단이 한 권의 책을 선정하여 작업을 할 수도 있다. 이렇게 하면 좀 더 집중력이 높아지고, 심도 깊은 활동을 할 수 있다. 그리고 조별로 활동을 할 충분한 시간이 없거나 그림책을 여러 권 마련할 여건이 안 될 경우도 이 방법이 도움이 된다.

① 그림책 일부(주로 이야기의 전환점이 되는 지점까지)를 PPT로 만들어 같이 읽습니다.

② 뒷이야기를 각자 써 봅시다. 조로 모여서 각자 쓴 이야기를 나누어 보며 소감을 나눕니다.

③ 조원들이 서로 나누며 가장 마음에 드는 이야기를 만듭니다.

④ 전체 집단에서 발표하며 다른 조원들의 생각도 들어 봅니다.

⑤ 조로 다시 돌아가 조원들이 모여 같은 제목으로 이번에는 첫 장부터 시작하는 그림 책 이야기를 만듭니다.

⑥ 뒷이야기만 다시 썼을 때와 마무리가 달라진 점이 있다면 이유가 무엇인지 나누어 봅시다.

⑦ 전체 집단에서 발표하며 나눕니다.

2. 글쓰기치료

글쓰기치료란 글쓰기 매체를 상담 및 심리치료에 적용하여 개인의 심리·사회·행동적 문제의 해결 및 더 깊은 자기성찰, 나아가 삶의 질 향상을 추구하기 위해 행하는 글쓰기 활동의 통칭이라고 정의할 수 있다. 톰슨(K. Thompson)은 글쓰기치료를 심리적·정서적·신체적 치유를 촉진하기 위해 목적 지향적이고 계획적인, 반영적 또는 과정적 글쓰기의 총칭이라고 정의하였다(Bolton, 2004 재인용).

어려서부터 그림일기 쓰기를 필두로 대부분의 사람들은 글쓰기 교육을 받으면서 자랐다. 학생들에게 글쓰기는 교육적 차원에서 강조되었지만, 치료적 측면에서도 매우 중요한 매체로 각광받고 있다. 일찍이 랜즈먼(Landsman, 1951)은 일반적으로 내담자가 말하는 것보다는 쓰기를 통해서 그들의 불안을 좀 더 잘 표현할 수 있다는 것을 발견하였다. 글쓰기는 내적 갈등, 불안과 혼란을 줄이는 데 도움이 된다. 글을 쓰면서 감정을 표현하고 하고 싶은 말을 종이 위에 적으면서 느낌을 확인할 수 있게 된다. 애덤스(Adams, 1982)는 자신의 사랑, 고통, 승리, 상처, 성장과 변화를 모두 알고 있는 가장 유능한 치료사를 "2천 원짜리 스프링노트"라고 하였고, 글쓰기치료의 가장 큰 힘은 자기의 마음, 정신, 영혼의 내면을 명료화시켜 글쓴이의 눈앞에 분명하게 보여 준다는 점이라고 하였다.

글쓰기치료의 기원을 말할 때 그리스 아폴론 신전의 신탁과 글의 관계 그리고 고대 이집트 신의 글쓰기의 힘 등을 이야기한다. 글쓰기가 본격적으로 치료에 활용된 것은 19세기 초에 미국에서 병원을 중심으로 정신적으로나 육체적으로 건강하지 못한 사람들에게 독서와 글쓰기를 권장하는 활동들을 사용한 것이고, 이후 시 쓰기, 일기 쓰기, 전기나 생애사 쓰기, 전쟁을 경험한 군인들의 외상 회복을 위한 트라우마 기술하기 등과 같이 부분적으로 글쓰기를 치료적 도구로 사용한 것이다(채연숙, 2010).

'치료로서의 글쓰기'는 그 자체로도 대인관계적 주제에 직면하는 적극적 수단이 된다. 글쓰기는 내적 갈등과 포착하기 어려운 자기기만을 직면하는 것에 대한 저항을 무너뜨린다. 내담자는 자신의 내적 갈등과 고통이 만들어 낸 감정을 종이에 기록함으로써 자신의 문제 상황에 원인이 되는 얽힘들을 알아차릴 수 있고, 자기통찰 상태에서 해결방안을 모색해 볼 수 있게 된다.

1) 글쓰기 활동의 치료적 가치 및 효과

애트우드(M. Atwood)에 따르면, 글쓰기는 "어둠을 다스려 욕망과 충동 속으로 발을 들이도록 한 다음, 그것을 비추어 밝은 데로 나오도록 하는 것"이다. 글쓰기는 강한 내적 감정을 풀어 놓게 함으로써 정화의 효과를 제공한다. 글쓰기 활동이 심리치료의 효과를 극대화시키는 데 도움이 되는 가장 큰 이점은 내담자가 쓴 글이 내담자의 감정을 분석하고 표현하기 위한 매개물을 제공한다는 것이다. 이는 글쓰기가 사고와 느낌, 감정과 이미지와 깊은 연계를 형성할 수 있기 때문이다(채연숙, 2010). 보다 깊은 수준에서의 글쓰기는 ① 개인이 자신의 내부 자아를 형성하는 것을 돕고, ② 개인적 완성과 자기확인에 기여하고, ③ 정화적 감정의 이완을 제공함으로써 지각을 강화한다(Brand, 1987). 프로고프(Progoff, 1978)는 자신의 내담자들과 함께 심리공책(psychological notebook)을 만들면서 글쓰기가 내담자들의 심리 성장과 정서적 안녕감에 큰 효과가 있다고 하였다. 글쓰기는 질병의 증상 감소뿐 아니라 정서적 갈등 유화, 자기인식 양성, 행동조절, 문제해결, 불안 감소, 현실 지향 원조, 자긍심 증대 등의 심리적 효능을 가지고 있다고 하였다(김춘경 외, 2016). 글쓰기는 사람의 방어벽을 무너뜨릴 수 있는 힘을 가지고 있다. 내면의 자기 목소리를 찾아가는 작업을 통해 내담자는 자기성찰은 물론 자신과 타인의 관계 구축을 하는 힘을 얻게 된다.

애덤스(1982)는 일기장을 "펜 끝에서 만나는 친구"라고 하였다. 그는 글쓰기가 개인적인 문제를 넘어서 사업상의 문제까지 해결하고, 자기 내면의 여러 다른 모습을 발견할 수 있게 도와주며, 창조력을 찾게 해 주고, 관계를 치유하며, 직관력까지 개발해 주는 등 무수한 도움을 주는 선물이라고 했다. 볼턴(Bolton, 2004)은 글쓰기가 창조적 행위로 자신감과 자존감을 향상시키고 삶에의 동기를 부여하는 경향이 있다고 하였다. 최근 컴퓨터와 스마트폰의 발달로 문자로 소통하는 환경이 더욱 확산되면서 일상 속에서의 글쓰기의 치료적 가치까지 더 크게 조명받고 있다.

2) 글쓰기치료의 목표

글쓰기치료의 궁극적인 목표는 글쓰기를 통해 의식이 확장되고 통합되는 것이다. 글쓰기는 예전에는 표현하지도 못하고 다가가지도 못했던 것들을 표면으로 끌

어울리는 힘을 가지고 있다. 글쓰는 행위를 누군가에게 의존하지 않고도 언제든 자기가 있는 그 자리에서 스스로 할 수 있는 치료적 행위로 본 볼턴(2004)은 글쓰기치료의 목적으로 다음과 같이 다섯 가지를 제시하였다.

- 카타르시스의 경험
- 자기 경험의 확인
- 자기와의 소통
- 자기존재의 확인
- 행동과 감정의 명료화

3) 글쓰기치료 기법

거의 모든 사람이 한 번씩은 써 봤을 일기 쓰기를 비롯하여 치료적 효과를 낼 수 있는 다양한 글쓰기치료의 기법이 있다. 내담자가 호소하는 문제, 내담자의 연령과 글쓰기 선호 등의 내담자의 특성과 상담자가 받는 글쓰기치료 훈련 정도 등에 따라 글쓰기 기법도 활용할 수 있다. 대표적인 글쓰기 기법 몇 가지를 소개하면 다음과 같다(김춘경, 2004; 김춘경 외, 2016).

- 일기, 편지, 메일 쓰기: 일기는 자기성찰을 하는 데 매우 뛰어난 글쓰기 방법이다. 편지의 경우도 보내지 않는 편기 쓰기로 말하지 못할 사연이나 미처 말하지 못한 사연 등을 써서 속마음을 표현할 수 있다. 컴퓨터에 익숙한 사람들에게는 메일을 통해 일기 쓰기와 보내지 않는 편지 쓰기 등을 할 수 있다.
- 자서전 쓰기: 자신이 지나온 삶을 정리하는 데 도움이 되는 글쓰기로 심리적 외상을 겪은 내담자의 경우, 자신의 생활 중에 중요한 사건을 중심으로 자서전을 쓰면서 상담에서 다루어야 할 사건이 드러날 수 있고, 이에 대한 내용을 다룰 수 있게 된다. 자서전은 내담자의 자기노출에 도움이 된다.
- 유언, 사망기사, 비문 쓰기: 이 기법은 내담자의 상상력을 이용하여 현재를 넘어서는 통찰력을 발달시키는 효과가 있다. '당신이 오늘 죽는다면 마지막으로 남길 말은 무엇인가요?' '사람들은 당신의 죽음을 어떻게 평가할까요?' '당신은

어떻게 기억되기를 바라나요?' 등과 같은 질문은 내담자의 상상력을 활용해서 현재 처한 문제와 저항을 넘어서서 자신의 삶에 대한 더 큰 통찰력을 발달시키게 한다.

- 구조적 글쓰기: 글쓰기에 거부감이 있거나 자기표현에 익숙하지 않은 내담자에게 유용한 기법으로 치료자가 글쓰기의 시작을 도와주는 것이다. 3행시, 가나다 시 쓰기, 미완성 문장 완성하기, 스프링보드 등이 여기에 포함된다.
- 이야기나 시 완성시키기: 글쓰기에 저항이 있거나 부담을 느끼고 또는 무엇을 써야 할지 몰라서 망설일 때, 내담자에게 먼저 노래 가사나 책 속의 문장 일부 또는 첫 행이나 첫 연 정도의 시를 제시하고, 내담자에게 그 뒤를 이어 완성하도록 격려하는 기법이다.
- 시 쓰기: 글쓰기치료에서 가장 많이 사용하는 기법인데, 아주 간단하게 한 낱말 시 쓰기, 한 문장 시 쓰기 등의 매우 짧은 시 쓰기부터 3행시 쓰기처럼 행과 연을 정해 주는 시, 기존의 시를 바꿔서 쓰는 패러디 시, 시조처럼 글자 수를 맞춰서 쓰게 하는 정형시 등 여러 가지 방법이 있다.
- 100가지 목록 쓰기: 아동이나 청소년의 경우는 10가지 목록 쓰기를 하게 하거나, 30가지, 50가지로 변경이 가능하다. 성인의 경우 자신의 긍정적인 면들을 100가지 쓰게 하여, 자신에 대한 긍정적인 면들을 탐색하여, 자신을 좀 더 긍정적인 시각으로 바라볼 수 있게 하는 기법이다.

이 밖에도 글쓰기치료 전문가인 애덤스와 페너베이커(Pennebaker)는 집중적 글쓰기, 감정표현 글쓰기라는 이름으로 자기성찰이 가능한 어느 정도의 자발적 글쓰기 능력과 지속성을 갖춘 글쓰기 기법을 소개하고 있다. 애덤스(1982)는 문장 완성, 5분간 전력질주, 구조화된 글쓰기, 클러스터 기법, 공동 글쓰기, 100가지 목록 쓰기, 가나다 시 짓기, 순간포착, 보내지 않는 편지, 인물 묘사, 대화, 관점의 변화, 스프링보드, 시 짓기, 내면의 지혜와의 대화, 꿈, 자유로운 글쓰기 등을 글쓰기 기법으로 소개한다. 또 페너베이커(2004)는 기본적인 글쓰기치료 기법으로 4일간의 글쓰기를 제안하고, 4일간의 글쓰기를 마치고 나서 참여자가 자기 글을 보면서 관점을 바꾸고 명사부터 시작해서 글을 다시 바꾸는 연습을 하도록 지도한다. 그 외에 의식의 흐름 기법에서 반자동 글쓰기를 소개하였다.

4) 글쓰기 활동

활동 1. 모방시 쓰기

① 시를 천천히 두 번이나 세 번 낭독합니다.

② 눈을 감고 시를 들으며 숨이 가빠하며 산 정상을 올라가고 있다고 상상하고 다시 좀 더 여유를 가지고 내려온다고 상상합니다.

③ 눈을 뜨고 가장 인상 깊었던 단어나 문장을 돌아가며 세 번씩 크게 낭송합니다. 그 부분을 선택한 이유를 조원들과 나눕시다.

④ 자신에게 있어 '올라갈 때'와 '내려갈 때' 해당하는 때는 언제였나요? 혹시 그 당시 발견한 것들이 있었는지 함께 나눕니다.

⑤ 나눈 것을 바탕으로 모방시를 완성합시다.

⑥ 모방시에 드러난 자신의 모습(생각, 감정, 가치관, 성품 등)에 대해 생각해 봅시다.

⑦ 전체 집단 모방시를 먼저 낭독하고 이 모방시를 통해 새롭게 깨달았거나 느낀 점을 발표하고 나눕니다.

```
            그 꽃
                        고은
        내려갈 때
          보았네
        올라갈 때
        보지 못한
          그 꽃
```

```
            그 (      )
                        (지은이)
    (                    ) 때
          보았네.
    (                    때
        보지 못한
    그 (                    )
```

활동 2. 모방시 쓰기

모방시 쓰기 활동 1과 같은 순서로 진행한다.

```
            너에게 묻는다
                        안도현
        연탄재 함부로 차지 마라.
              너는
    한 번이라도 누군가에게 뜨거운 사람이었느냐.
```

> (   )에게 묻는다.
>
>   (지은이)
>
>   (   ) 하지 마라.
>
>   (   )는
>
> 한 번이라도 (   )에게 (   ) 사람이었느냐.

모방시 쓰기 활동으로 추천할 만한 시로는 윤동주의 〈서시〉, 나태주의 〈풀꽃〉, 김춘수의 〈꽃〉, 이상의 〈거울〉, 신형건의 〈가끔〉 등이 있다.

활동 3. 자신의 강점 및 장점 100가지 작성하기

이 활동을 통해 자신에 대해 새롭게 발견한 점을 적어 보고, 집단에서 함께 나눕시다.

_____

_____

_____

_____

_____

활동 4. 현명한 나를 불러내기(박정혜, 2020)

① 조용한 분위기를 마련한 후 지도자는 다음의 문장을 천천히 읽습니다.

> 그동안 나는 지혜로운 삶을 살아왔다고 자부할 수 있을까요? 그런 순간도 분명 있었겠지만, 돌이켜보면 후회스러울 때가 더 많을 것입니다. 그래서 이렇게 할 걸, 저렇게 할 걸 하고 후회하게 되지요. 하지만 과거는 이미 흘러가 버렸습니다. 물론 후회가 쓸모없기만 한 것은 아닙니다. 우리는 후회하면서 성찰하고, 실수를 되풀이하지 않겠다는 의지를 다짐으로써 이후 비슷한 일이 생겼을 때 다른 식으로 대처할 수 있게 되지요. 후회야말로 가장 좋은 기회입니다. 성공은 무수한 실패의 경험을 바탕으로 합니다. 성공이라는 말의 정의를 새롭게 내려 보고자 합니다. "성공은 고난의 극복입니다."
> 자, 이제 과거가 아니라 미래를 향해 나가 보겠습니다. 미래의 어딘가로 자연스럽게 낚싯줄을 툭! 던져 보시기 바랍니다. 우리가 낚을 것은 바로 '현명한 나'입니다. 지금보다 훨씬 더 현명하고 지혜롭고 따뜻하고 너그럽고 배려심 많은 나의 이미지를 미래 속에서 찾아보기 바랍니다. 그러면 미래의 내가 분명히 답할 것입니다. 우리는 지금 목표 지점으로 희망을 가지고 낚싯줄 휙 던지는 것까지 용기 낼 때입니다.

② '지금보다 현명한 나' 하면 몇 살의 내가 떠오르나요? 지금으로부터 몇 년 후의 나인가요? 현명한 나를 미래에서 찾아봅시다. '현명한 나' 하면 떠오르는 나이를 적고 이미지를 떠올려서 한 단어로 나타내고 그 이유를 적어 봅시다.

_____

_____

_____

----

③ ②에서 떠올린 내가 지금, 현재, 이 순간의 나에게 들려주는 메시지를 적어 봅시다. 어떤 말이든 좋습니다. 펜은 들고 적는 순간, 나는 '현명한 나'와 한마음이 되어 지금의 나에게 말은 거는 것입니다.

----

④ 지금, 현재, 이 순간의 나로 돌아와서 ②의 메시지를 찬찬히 읽어 봅시다.

⑤ ④를 한 후 어떤 생각과 느낌이 드는지 적어 봅시다.

----

⑥ 활동 소감을 적고 전체 집단에서 나눕니다.

활동 5. 치베나 활동

다음 그림은 카스파르 프리드리히(Caspar David Friedrich)의 〈안개 바다 위의 방랑자(Der Wanderer über dem Nebelmeer)〉에서 일부를 지운 그림이다.

① 그림 속 인물이 서 있는 바위 위에 당신이 서 있다고 상상해 봅시다. 그리고 눈
  앞 안개 속에 당신의 가장 멋진 하루가 숨겨져 있다고 상상합니다. 당신의 하
  루를 멋지게 만드는 일이 무엇인지 그림을 채워서 완성해 봅니다.

② 그림을 완성한 후 다음의 정해진 규칙(네덜란드의 시 '체베나' 형식)에 맞추어 시
  를 만들어 봅니다.

> 1행: 장소
>
> 2행: 행위가 들어 있는 '나'로 시작하는 문장
>
> 3행: 질문이나 비교
>
> 4행: 앞의 내용을 좀 더 세밀하게
>
> 5행: 4행의 내용을 상술
>
> 6행: 1행과 같게
>
> 7행: 2행과 같게

③ 작성한 체베나를 집단원들과 나눕시다.

팔공산에서

○○○

알록달록 단풍잎이 예쁘게 물든 팔공산에서
나는 파랗고 맑은 가을하늘을 눈에 담는다.
구름 한 점 없는 하늘은 어디까지 이어져 있을까?
저 하늘 너머에는 평화로운 또 다른 세상이 있을까?
나도 어디론가 떠나고 싶어진다.
알록달록 단풍잎이 예쁘게 물든 팔공산에서
나는 파랗고 맑은 가을하늘을 눈에 담는다.

일청담 앞에서

○○○

일청담 앞 시계 정원
나는 6시 꽃 곁에 서 있네.
오늘은 어떤 얘기가 시간 속에 숨어 있을까?
꽃잎과 줄기 속에 깊이
또는 꽃가루로 뽐낼 그 무엇이 숨어 있을까?
일청담 앞 시계 정원
나는 6시 꽃 뿌리에 서 있네.

3. 미술치료

미술치료란 미술 매체를 상담 및 심리치료에 적용하여 개인의 심리·사회·행동적 문제의 해결 및 더 깊은 자기성찰, 나아가 삶의 질 향상을 추구하기 위해 행하는 미술활동의 통칭이라고 정의할 수 있다. 울먼(Ulman, 1961)은 미술치료를 시각예술이라는 수단을 이용하여 인격의 통합 혹은 재통합을 돕기 위한 시도라고 정의하였다. 웨이드슨(Wadeson, 1980)도 미술치료는 환자의 사고, 감정 등이 미술활동을 통해 표출되는 비언어적인 의사소통 기법이라고 정의하였다. 주리애(2000)는 미술치료란 환자의 미술작품과 창작과정을 통해 환자의 상태와 문제를 파악하여 이를 경감시키고 개선하여 환자의 적응 상태를 형성해 나가는 것이라고 정의 내렸다.

미술치료의 기원은 선사시대의 동굴벽화에서 찾을 수 있다. 자신의 생각이나 소망을 벽화에 그린 것이나 사후세계에 대한 두려움과 공포를 다스리기 위해서 주술적인 목적으로 동굴벽화를 그렸는데, 이는 미술에 치료적인 힘이 있음을 선사시대부터 인식했다는 증거이다.

보이스(Beuys, 2007)는 "미술은 바로 치료이다(Kunst ist ja Therapie)."라고 하였다. 그는 미술(Kunst: art)을 통하여 모든 인간은 자신의 고통을 극복하고 삶의 의미를 부여하는 능력을 가지게 되고, 미적 활동이 지닌 치료적 기능으로 인해 창작하는 바로 자신을 치유할 수 있게 된다고 주장하였다(Beuys, 2007).

1) 미술활동의 치료적 가치 및 효과

미술활동은 내담자로 하여금 자기 내면에서 일어나는 내적 욕망이나 꿈, 환상 등을 직접적으로 표현하도록 하며, 내담자의 무의식이 그림에 투사되어 나타남으로써 언어로 표현할 수 없는 것이 언어의 검열 기능을 거치지 않고 표현되어 자기 내면과의 대화를 촉진한다. 또한 표현된 작품을 통해 내담자는 무의식에 잠겨 있던 문제나 기억들을 의식화할 수 있게 된다.

치료적 효과를 낼 수 있는 미술의 특징에 대해 웨이드슨(1980)은 다음과 같은 면을 지적하였다(김동연 외, 2000).

- 미술은 심상(image)의 표현이다: 삶의 초기 경험이 심상으로 기억되며, 그 심상이 성격 형성에 중요한 역할을 하고, 미술활동에서는 언어가 아닌 심상이 표현되기 때문에 무의식에 저장된 심상의 표출이 가능하고, 말로 표현할 수 없는 꿈이나 환상, 경험이 표현될 수 있는 매체라는 것이 심리상담에서 유용하게 활용될 수 있는 가치를 가진다.
- 미술은 비언어적 수단이므로 통제를 적게 받아 내담자의 방어를 감소시킨다: 내담자의 방어는 상담의 진행을 어렵게 하는 것인데, 미술은 비언어적 수단이므로 통제를 적게 받고 작업을 하게 한다. 다양한 미술활동은 내담자가 의도하

지 않았고, 전혀 예상하지 못했던 작품으로 제작되는 경우도 많다. 이런 작품을 보면서 내담자는 자기 내면의 모습과 상태를 인식할 수 있게 된다.

• 구체적 유형의 자료를 즉시 얻을 수 있다: 내담자 활동의 결과물로 작품이 탄생한다. 그리고 이 작품 속에는 내담자의 감정이나 사고 등이 내포되어 있다. 내담자의 문제를 그림을 통해서 접근하는 것이 직접 언어를 통해 접근하는 것보다 수월하다. 또한 그 작품 자체를 통해 깨닫게 되는 내담자의 실존적 상태는 엄청난 통찰을 가져다줄 수 있다.

• 자료의 영속성이 있다: 미술작품은 보관이 가능하다. 작품을 통해 상담의 진행과정을 볼 수 있고, 내담자가 변화되어 감에 따라 새로운 통찰도 가능하게 된다는 점에서 자료의 영속성은 치료적 가치를 지닌다.

• 미술은 공간성을 지닌다: 미술에서는 다양한 경험이 동시에 한 공간에서 표현될 수 있다. 가깝고 먼 것이나 결합과 분리, 유사점과 차이점, 감정, 특정한 속성, 가족의 생활환경 등이 한 공간 안에 표현됨으로 개인과 집단의 성격을 이해하는 데 도움이 된다.

• 미술은 창조성과 신체적 에너지를 유발한다: 미술활동을 진행하는 과정에서 발휘되는 창조성과 에너지는 심리적ᆞ정서적으로 위축되고 어려움을 가진 내담자에게 활기와 의지, 생명력을 불어넣어 준다.

김춘경(2004)은 미술활동이 지닌 치료적 가치를 다음과 같이 설명하고 있다.

• 미술활동이 언어보다는 자신에게 일어나는 내적인 욕망이나 꿈, 환상을 직접적으로 표현하도록 한다.

• 무의식이 그림에 투사됨으로써 언어적 표현이 지니는 검열 기능이 약화되어 치료 과정이 촉진된다.

• 그림의 영속성 때문에 내용이 망각에 의해 소실되지 않고, 내담자가 그 내용을 부정하기 어려우며, 전이 문제가 쉽게 해결될 수 있다.

• 미술작품은 내담자의 자기통찰에 큰 유익이 된다.

이 밖에도 상담자는 미술활동을 통해 아동의 자기인식(감정, 느낌, 사고, 직관)과 타인인식 그리고 환경인식을 강화할 수 있다. 미술활동은 자기 내면과의 대화를 촉진시킨다. 여기서 무의식에 잠겨 있던 문제나 기억들이 의식화된다. 창조적 미술활동은 자아통제와 자기통합을 돕고, 이는 내적 치유와 내적 성장으로 나아가게 한다. 창의적 경험은 내적 풍요로움과 융통성 있는 사회적 관계를 맺는 데도 도움이 된다. 미술 창조과정은 언어적 그리고 비언어적 의사소통 모두를 촉진시키고, 인간관계의 문제를 받아들여 다루고 극복하는 능력을 기른다. 자기인식과 타인인식 향상을 통해 형성된 자기정체성과 자신감은 사회적 통합을 가능하게 하고, 균형 있는 삶을 사는 데 도움이 된다.

2) 미술치료의 목표

미술활동 자체가 치료가 될 수 있는 미술활동은 엄청난 치료적 가치와 효과를 지니고 있다. 이러한 치료적 가치와 효과를 보기 위해 시도되는 미술치료의 목표는 다음과 같이 크게 네 가지로 정리해 볼 수 있다.

- 표현: 심리정서적 문제에 압도되어 생활에 어려움을 지닌 내담자들은 문제와 관련된 감정과 정서를 표현하기 어려워한다. 그런데 미술활동은 부정적인 감정을 안전하게 사회적으로 수용될 수 있는 방식으로 표현하도록 도움을 준다. 미술은 다양한 매체의 조작을 용이하게 하며 생각이나 감정을 구두로 의사소통하는 것을 원활하게 하여(Rubin, 1988), 미술활동 자체가 자신을 표현하는 의사소통의 방식이 된다. 미술활동은 긴장을 이완시키고 누그러뜨려서, 내담자의 억압된 정서와 사고의 표현을 용이하게 하고, 내담자가 죄의식을 덜 가지고 자신의 분노와 적대감을 표현하게 한다(Kwiatkowska, 2001).
- 정화: 내담자는 자신의 작품을 상담자와 함께 보면서 자신의 감정과 사고에 대해 언어로 표현하는 과정을 거치면서 카타르시스를 경험하게 된다. 미술활동은 내담자로 하여금 사회적으로 수용되며 해롭지 않은 방식으로 분노, 적대감 등을 해소시킬 수 있는 정화의 기능을 가지고 있다.
- 성장: 미술활동을 하는 것 자체가 정신, 감각, 신체 등을 사용하는 것이기에 미술활동은 내담자의 인지적 능력의 향상은 물론이고 자신감을 고양하고 개인적

인 만족감, 가치감, 성취감을 느끼게 한다. 미술활동은 미술 매체의 선택, 작업
할 작품 주제 및 내용의 선택으로 시작하여 자기주도적으로 자유롭고 창의적인
작품을 만드는 과정을 포함한다. 이 과정을 거치는 자체가 내담자의 성장 과정
이 되고, 창조적 활동은 내담자의 응집적이고 강력한 자기의 표현이나 발달을
가능하게 한다. 그리고 이런 과정을 거쳐 완성된 작품은 성취감과 자신감을 높
여 준다. 브렘스(Brems, 1993)는 창조적인 미술활동의 과정과 작품을 통해 내담
자가 갈등을 자유롭게 표현하게 되고 해결과 숙달을 경험하게 된다고 하였다.
미술치료의 궁극적인 목적은 치유와 성장을 향해 나아가는 것이다.

• 평가: 미술치료는 인간발달이론이나 심리학이론에 근거하고 있으며, 치료적
이해뿐만 아니라 진단의 목적으로도 쓰일 수 있다. 대인관계나 개인 내적 문제
를 개념화하고 진단하는 데 미술기법을 활용할 수 있다. 사람들은 과거나 현재
의 사건과 관계되는 생각이나 감정, 심지어는 미래에 대한 생각까지도 미술로
표현할 수 있다. 따라서 상담자는 내담자의 미술작품을 통해 직접적으로는 관
찰하기 어려울 수 있는 내담자의 자기 행동에 대한 인식을 알아볼 수 있고, 내
담자가 말로 표현하지 못한 문제에 대한 정보를 알 수 있다. 또한 내담자의 마
음을 다치지 않고, 내담자의 방어기제를 허물어뜨리지 않으면서 그들의 무의
식 세계를 알아볼 수 있게 해 준다. 사람들은 미술활동을 통해 순간순간의 진
실을 그대로 드러낸다. 가령 내담자가 극도로 자신을 방어하고 있을 때는 그림
을 전혀 그리지 않거나, 선만 그어 대거나, 똑같은 것만 계속 그리는 것 등을 보
아 알 수 있다. 따라서 상담자는 내담자가 지니고 있는 대인관계나 개인 내적
문제를 개념화하고 진단하는 평가 도구로 사용할 수 있고, 미술작품을 통해 상
담의 진보를 파악하고 상담의 종결을 결정하기도 한다. 미술치료활동을 진단
또는 평가하는 도구로 사용하기 위해 수많은 표준화된 절차가 발달되었다.

3) 미술치료 기법

미술이라는 매체는 그림 그리기로 한정되지 않는다. 그리기의 매체는 연필, 색연
필, 물감, 파스텔, 크레용, 크레파스 등 한정 없이 많고, 종이의 종류도 종이 색과 종
이의 재질, 종이의 크기 등 다양하다. 그리기 이외에 점토, 비누, 돌멩이, 얼음 등의

매체를 사용한 조각 또는 잡지 및 그림으로부터 파손된 종이나 사진을 사용한 콜라주 등 미술치료의 매체는 무한하다고 할 수 있다.

많은 사람이 그림이나 작품 활동을 잘 하지 못할까 봐 두려워한다. 미술치료에서는 작품이나 미술 솜씨가 중요한 것이 아니라는 점을 강조해야 한다. 부담 없는 자유로운 표현이 강조되어야 하고, 그렇게 표현된 작품을 통해 자기 내면에 감추어져 있던 부정적 감정, 무의식적 동기와 욕구들을 분출시키며 치유와 성장을 가능하게 해야 한다.

미술치료 기법은 크게 진단용 기법과 치료용 기법으로 나눌 수 있다.

(1) 진단용 미술치료 기법

- 집-나무-사람(HTP) 검사: 모든 연령층의 누구나 쉽게 그릴 수 있는 집-나무-사람은 내담자가 비교적 솔직하고 자유롭게 설명하는 것이 가능하며, 무의식적 상징성으로 인해 내면세계가 잘 드러난다. 특히 이 검사는 자신과 환경에 대한 내면적 관점을 반영하기 때문에 내담자 자신과 내담자의 환경, 특히 가정생활과 가족관계에 대한 정보를 많이 알 수 있다.
- 인물화(DAP) 검사: 사람들은 인물을 그리면서 자신과 가까운 대상이나 자기 자신을 표현하는 경우가 많다. 그래서 인물화검사는 다른 어떤 투사검사보다 더욱더 무의식 세계의 동기나 욕구를 종합적이면서 객관적으로 파악하는 데 귀중한 자료가 된다.
- 빗속의 사람(PITR) 검사: 빗속에 있는 사람을 그리라고 하는 기법인데, 인물화에 비가 오는 장면이 추가된 것으로 현재 겪고 있는 스트레스의 정도와 대처능력을 파악하기 위한 기법이다.
- 나무 그림 검사: 심리검사의 보조도구로 사용되는데, 나무 그림이 내담자의 현실과 많이 비슷하다는 것을 발견한 후 개발된 것이다.
- 가족화와 동적가족화(DAF & KFD): 가족 그림을 통해 내담자의 가족과 가족 구성원 사이의 관계와 역동성에 대한 내담자의 지각을 이해하고, 내담자의 자아개념이나 대인관계 갈등 등의 정서적 특성을 파악하기 위한 목적으로 사용된다. 학생들의 생활을 파악하기 위한 학교생활화(KSD)도 있다.
- 동물가족화: 동적가족화와 비슷한 목적으로 가족관계에서 내담자의 정서적 상태를 평가하기 위한 목적으로 사용된다. 여기서는 직접 사람을 그리는 것보다

좀 더 간접적인 방법으로 가족에게 접근하게 하고, 동물이라는 상징에 포함된 의미를 해석하면서 얻을 수 있는 정보가 많다.

• 물고기 가족화 검사: 어항에 물고기 가족이 무엇인가를 하고 있는 그림을 그리게 하는 것으로 가족관계의 역동과 현재 심리적 갈등을 일으키는 주제를 파악하는 데 유용하다.

• 동그라미 중심 가족화(PSGD): 상담자가 그려 준 동그라미 안에 부모상과 자기 상을 한꺼번에 그리라고 하는 기법으로, 부모와 자신의 관계를 파악하고 그 관계를 통해 자기 자신을 이해하는 데 도움을 주는 기법이다.

• 풍경구성법(LMT): 강, 산, 밭, 길, 집, 나무, 사람, 꽃, 동물, 돌 등을 차례대로 그리어 하나의 풍경이 되도록 채색하는 기법으로, 치료 가능성의 평가와 문제점의 추측과 관찰에 유용하다.

• 난화게임법: 난화(낙서)를 제시하고 그림을 완성하게 하여, 다 그리고 난 후 이야기를 꾸며 나가게 하는 기법으로, 특히 유아들의 심리를 평가하는 데 유용하다.

(2) 치료용 미술치료 기법

• 자유화: 내담자 스스로 그리고 싶은 것을 결정하여 그리라고 하는 방법으로 내담자의 반응 폭이 넓고, 의식 및 무의식 상태나 태도, 동기 등이 잘 드러난다. 내담자가 그린 그림의 내용과 색채 사용, 선과 형태, 공간 이용과 형태 등의 내용을 분석한다.

• 과제화법: 내담자에게 내담자가 가지고 있는 문제와 관련하여 과제를 미리 주고 그리게 하는 기법이다. 예를 들면, 가족관계에 문제가 있는 내담자에게 가족의 모습을 그리는 과제화를 그리게 한다.

• 여러 가지 자화상 그리기: 다양한 크기의 상자를 만들고 그 위에 자신의 자화상을 각기 다르게 그리고 꾸민 다음, 상자를 액자에 붙이는 작업이다. 여러 가지 다양한 모습의 자화상을 그려 봄으로써 내 안의 '나'가 하나가 아니라 여러 개 존재한다는 사실을 알게 되고, 이들의 통합을 이루게 하는 데 도움이 된다.

• 난화 그리기: 아무런 부담 없이 종이 위에 낙서를 한 다음, 자신의 난화를 다양한 각도에서 보면서 발견되거나 떠오르는 이미지를 찾아서 그 이미지를 완성하는 기법이다. 이 기법은 내담자의 심리적 긴장을 이완시키고 발달을 촉진시

켜 자신의 감정이나 생각을 풀어 놓을 수 있게 도와준다.

- 만다라 그리기: 만다라는 이미 나와 있는 모형을 사용해도 되고, 색연필, 사인펜, 크레파스, 색종이, 나뭇잎이나 돌과 같은 자연물을 사용하여 만들 수도 있다. 이 기법은 융(Jung)이 즐겨 사용하던 미술기법으로, 융은 만다라 그리기가 내담자의 분열된 자아를 통합하고 삶의 본질을 찾는 데 도움이 된다고 하였다. 이 외에도 심리적 불안에서 벗어나 정신을 집중하는 동시에 이완하면서 긴장을 완화시킬 목적으로 만다라 그리기를 활용한다.

- 콜라주 기법: 콜라주 기법은 질이 다른 여러 가지 잡지, 헝겊, 비닐, 타일, 나뭇조각, 종이, 상표 등을 붙여 화면을 구성하는 기법이다. 이 기법은 표현이 쉽고 그리는 것보다 정확하게 감정을 전달할 수 있는 장점은 있으나 다양한 매체를 준비해야 하는 번거로움이 있다.

- 점토로 만들기: 부드럽고 촉촉하고 찬 촉감을 가지고 있는 점토는 다양한 심리치료 효과를 나타낸다. 우선, 점토를 만지고 주무르면서 심리적 긴장을 이완하고 억압된 감정을 쉽게 발산할 수 있고, 점토를 두드리고 치대는 작업을 통해 공격성과 감정을 분출하기도 한다. 또 원하는 모양을 자유롭게 만드는 작업을 통해 자기표현, 내면의 동기와 욕구의 통찰, 창의성 개발 등의 도움을 받게 된다.

- 감정 표현하기: 부정적 감정의 표현과 정화가 상담의 주요 주제이기에 감정 표현하기와 관련된 미술치료 기법은 여러 가지가 있다. ① 인생 색칠하기 기법은 상담자가 내담자에게 몇 가지 색채들에 대해서 보편적인 정서를 연관시키도록 가르쳐 주고, 자신의 인생을 나타내는 색을 골라 칠하도록 하는 기법이다. ② 감정차트는 4장의 종이를 준비한 뒤 각각의 종이에 기쁨과 슬픔, 분노, 그 밖에 표현하고 싶은 감정을 색칠하게 한 후, 색깔에 대한 느낌을 적게 한다. 감정차트에는 내담자가 원하는 색깔을 내담자가 느끼는 주관적인 정서 및 감정에 연결하여 표현하게 한다. ③ 행복한, 슬픈, 화난 감정 표현하기는 가장 기본적인 감정을 서로 다른 표정으로 그리게 한 후, 언제 그런 감정을 가졌는지에 대해 그림이나 글로 표현하게 한다. ④ 화난 모습 기법은 종이 중앙에 화난 얼굴을 그리게 한 다음에 얼굴 주변에 화나게 만드는 것들을 그림이나 글로 표현하게 한다.

- 명화 따라 그리기: 복사한 명화 하나를 내담자에게 주어 색을 칠하거나 색종이나 잡지의 사진을 찢어서 붙이게 한 다음, 작품을 감상하면서 이야기를 나누게

한다. 또는 명화에서 얻은 느낌을 직접 말풍선에 적어 보게 한다. 이 기법은 명화 속의 인물과 상황에 자신의 감정을 이입해 봄으로써 내면의 억압된 감정을 발산할 수 있게 하는 효과가 있다.

이 밖에도 테두리법, 역할 교환법, 색채 선택법, 갈겨 그리기법, 그림완성법, 이미지 묘화법, 자아감각발달법, 과거 · 현재 · 미래 나타내기법, 그림대화법, 집단만다라 벽화 그리기법, 핑거페인팅, 조소활동법, 동물자화상 그리기, 난화와 콜라주 합쳐 표현하기, 삼자관계 그리기, 가계도 그리기, 자기집 평면도 그리기 등이 있다.

4) 미술치료 활동

활동 1. 나무 그리기

① 자신의 감정 및 현재 상태를 잘 나타내는 나무를 그리고 색을 칠해 꾸며 봅시다.

② 나무의 이름을 붙여 줍니다.
③ 나무 그림에 나타나는 특징을 찾아보고, 나무 해석지침을 참고하여 본인의 나무 그림에 표현된 자신의 모습을 잠정적으로 이해해 봅니다. 나무 그림을 통해 자신의 현재 상태와 기분 등에 대한 통찰과 변화하고 싶은 부분에 대해 깊이 생각해 봅시다.
④ 조원이나 전체 집단에서 자신의 나무 그림을 보여 주고 자신이 느낀 점을 이야기합니다.

해석지침: 나무 그림을 보면서 다음과 같은 점을 유심히 볼 수 있고, 이 기준은 나무 그림 검사 기준에서 가져온 것이다.

- 나무에서 좌측(왼쪽)을 강조: 내향성, 거부, 억제 성향
- 나무에서 우측(오른쪽)을 강조: 외향성, 자아확대, 반항, 허세
- 나무 그림자를 강조: 부모의 문제, 친구 간의 트러블, 형제간의 갈등에서 고통받고 있음을 나타냄
- 가지의 묘사: 대인관계의 증가와 일치
- 떨어지는 열매를 그림: 체념, 희생, 상실, 산만, 위축
- 나뭇가지가 아래로 향하는 경우: 우울, 무기력, 피로, 복종
- 나뭇가지가 위로 향하는 경우: 열심, 활동성, 의기양양, 현실감 결여
- 톱으로 잘린 것 같은 가지: 억제된 경향, 박탈, 외부세계와의 관계가 원만하지 않음
- 구름이나 공 모양의 큰 관부: 환상적, 허세 부림, 현실에 대한 공포
- 그늘지거나 음영이 있는 관: 공상적, 불안정한, 결단력이 없는 쾌락 추구형, 성격의 상실
- 혼잡한 선으로 된 관: 안정성의 결여, 흥분, 난폭, 혼란, 의지박약, 집중력의 결여
- 꽃을 그린 경우: 자기존경, 가면적인, 자기 자신을 장식하는, 사랑받고 싶은 욕구
- 부속물이 많이 그려진 경우: 주변 사항에 관심이 많고 의존적인 경향
- 수관이 짓눌린 것 같은 형상: 외부로부터 심한 압박을 받고 있음
- 팔을 벌린 모양: 무언가를 구하고 있는 형상
- 나무줄기에 홈이나 상처: 발달과정에서 상처나 사고를 입은 것으로 해석. 홈의 위치와 나무의 전체적 높이를 비교해서 발달장애의 시기를 추적

응용: 글쓰기치료와 접목해 보기

- 나무 그림을 그리고 나무의 이름 붙인다.
- 심호흡을 고요히 세 번 정도 깊게 하고 나무와의 대화 작업을 해 본다.
- 나무 그림을 보면서 자신에게 다음의 질문을 해 본다.

① 이 나무는 지금 이 모습으로 있기까지 많은 비바람을 맞으며 아픔과 고통의 나날을 보냈을 것입니다. 당신은 이 나무의 내면의 소리를 알아들을 수 있습니다. "나무는 자신이 어떤 아픔과 고통을 지니고 있다고 하나요?" "지금까지 그 고통을 어떻게 참아내며 살아왔다고 하나요?" "지금은 어떤 상태인가요?" "앞

으로 어떤 미래를 희망하고 있다고 하나요?" "그러기 위해서는 어떤 노력을 해야 하나요?" 등에 대해 나무에게 물어보세요.

② 이제 나무에게 해 주고 싶은 위로와 격려의 말을 적어 봅시다.

---

③ 나무 그림에 나타나는 특징을 찾아보고, 나무 해석지침을 참고하여 나무에 나타난 자신의 내면의 모습을 이해해 봅시다.

④ 활동을 통해 새롭게 깨달은 점과 느낀 점에 대해 기록합니다.

---

⑤ 집단원들에게 자신의 나무 그림을 보여 주는 활동을 하면서 깨달은 점을 나눕니다.

활동 2. 집-나무-사람(House-Tree-Person: HTP) 검사

① 준비물로 A4 용지, 연필, 지우개를 준비합니다.

② A4 크기 종이를 가로로 제시하면서 "여기에 집, 나무 그리고 어떤 행동을 하는 사람의 전체 모습을 그리세요. 사람의 전체 모습을 그릴 때 만화 혹은 막대 인물상으로 그리지 마세요."라고 지시합니다.

③ 지시문에 따라 A4 용지에 집, 나무, 사람을 그려 봅니다.

④ 자신의 그림을 감상하면서 그 그림 안에 나타난 특이한 점이 있는지 찾아봅니다.

⑤ 그림을 이해할 수 있게 해석지침을 보면서 HTP 그림에 나타난 무의식적 내면
   세계, 자신과 환경에 대한 내면적 관점, 가족관계와 가정생활에 관한 정보 등
   을 탐색해 보고, 이 검사를 통해 새롭게 발견한 부분을 정리해 봅시다.

⑥ 조별 또는 전체 집단에서 자신의 HTP를 보여 주면서 이 활동을 통해 새롭게
   발견한 부분을 돌아가면서 이야기합니다.

예시: 가정폭력으로 모자원에서 임시 거주하는 아동들의 HTP

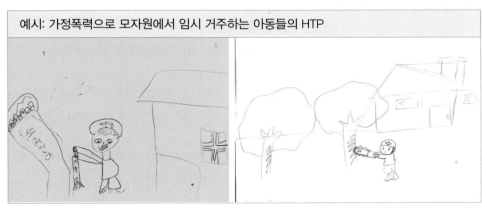

출처: 김춘경(2004).

해석지침: 개개의 그림은 각각 다른 의미와 깊이와 내용을 갖추고 있고, 피험자의 마음의 눈으로 본 자신을 둘러싼 세계, 그중에서 가족에 대한 해석을 내리는 수단이다. 하나의 동적가족화에 의해서 피험자의 심리역동적 기제를 해석한다는 것은 매우 신중을 기해야 한다(김동연 외, 1998).

- 집 해석: 집은 개인 현실을 반영하는 것으로 아동의 경우 가정에 대한 태도나 부모, 형제와의 관계를 반영하고, 나무는 개인의 성장 과정을 표현해 주는 것으로 심층적이고 지속적이며 무의식적인 감정과 갈등을 투사한다. 집은 보호와 안전을 위한 장소로서, 집이 쓰러질 것 같은 형상은 우울, 죽음을 생각하고 있음을 나타낼 수 있고, 커다란 집, 값비싸 보이는 집은 성공, 지위, 권력에 대한 욕구의 표현으로, 문을 그리지 않은 그림은 접근 금지, 사람들로부터 자신을 보호하려는 표현, 집의 문이 측면으로 작게 그려진 경우는 대인관계에 어려움이 있지 않나 의심해 볼 수 있고, 창문에 × 표시를 한 그림은 가정에서의 갈등 상황을 반영한다고 볼 수 있고, 대인관계에서 타인의 접근을 금하고 있다고 해석할 수 있다.
- 나무 해석: 앞의 활동 해석지침 참조.
- 사람 해석: 사람 그림은 자아상과 밀접한 관계가 있으므로 검사자의 정서적 지지를 가장 필요로 한다. 사람 그림을 통해 피검자에 대한 정보, 피검자와 환경과의 관계에 대한 의식 수준에서의 문제를 반영한다. 해석할 필요가 있는 부분을 이해하는 데 도움이 되는 부분을 인물화 검사에서 가져왔다.
  - 음영이나 갈기기: 신체 부분에 음영이 그려진 경우는 그 신체 부분에 대한 몰두, 고착, 불안을 시사한다.
  - 윤곽선 형태: 강박적 사고와 관련이 있는데, 집착의 정도를 나타내기도 한다.
  - 신체 부분의 과장: 신체 부분의 확대 혹은 과장은 그 부분의 기능에 대한 집착을 나타낸다. 어떤 이들은 신체 내부를 투명하게 보여 주는데, 이는 현실왜곡, 빈약한 현실감각, 정신장애 가능성을 내포하며 낮은 지적 기능을 시사한다(Reynolds, 1978).
  - 신체 부분의 생략: 종종 그 신체 부위의 기능 거부와 그 부분에 집착된 불안 또는 죄의식을 의미한다(Burns & Kaufman, 1972; Reynolds, 1978).
  - 얼굴 표정: 직접적인 감정을 나타내어 해석이 분명하다.
  - 의복의 장식: 의복의 단추 모양이나 액세서리를 강조하는 것은 의존성 또는 애정욕구의 불만을 의미한다.
  - 회전된 인물상: 기울어졌거나 옆으로 누워 있는 인물상은 가족에 대한 인식 기능이 상실되었을 때, 거절, 다른 가족 구성원과의 분리감정을 나타낸다. 보편적으로 강한 불안과 정서 통제가 되지 않는 사람에게서 나타난다.
  - 정교한 묘사: 정교하고 세밀한 그림은 묘화자의 관심과 욕구를 반영한 것이다. 너무 과도하고 정교하게 표현된 것은 강박적이고 불안정한 심리상태를 의미한다.
  - 필압: 선이 굵고 강한 것은 충동성이 밖으로 향하고 공격적이고 활동적임을 나타내고, 반대로 약하고 가는 선은 위축되고 우울하고 소극적임을 나타낸다.

활동 3. 동물가족화

① 준비물로 A4 용지, 연필, 지우개를 준비합니다.

② "옛날이야기 속에서 자주 동물이 사람으로 변하기도 하고, 사람이 동물로 변하기도 하지요. 자, 가족이 동물로 변했다고 상상해 보세요. 가족을 어떤 동물로 표현할 수 있을까요? 자신은 물론 가족을 동물로 그려 보세요."라고 지시합니다. 그림 모양이나 크기, 위치, 방법에 대해서 어떠한 단서를 주어서는 안 되며 어떤 경우라도 "하고 싶은 대로 자유롭게 하면 됩니다."라고 안내합니다.

③ 지시문에 따라 A4 용지에 동물가족화를 그립니다.

④ 그림을 그린 후 그린 순서와 그림 속의 인물이 누구인지에 대해 적어 봅니다.

⑤ 그림 속 동물들을 보면서 동물들의 어떤 특징을 가족 구성원들에게 연결시켰는지에 대해 탐색해 보고, 자신의 가족에 대해 새롭게 발견한 부분을 정리해 봅니다.

⑥ 조원 또는 전체 집단원들에게 자신의 동물가족화를 보여 주면서 이 활동을 통해 새롭게 발견한 부분을 돌아가면서 이야기합니다.

유의점

이 검사의 해석에는 정해진 해석은 따로 없다. 일반적으로 아버지는 호랑이, 코끼리, 사자, 말, 개 등으로 표현되고, 어머니는 토끼, 새, 고양이, 개, 캥거루 등으로 많이 표현되는데, 각 가정마다 다 다를 수 있기 때문에 작업한 각자의 통찰과 해석이 중요하다.

활동 4. 빗속의 사람(Person In The Rain; PITR) 검사

① 준비물로 A4 용지, 연필, 지우개를 준비합니다.

② "비가 내리고 있습니다. 빗속에 있는 사람을 그려 주세요. 만화나 막대기 같은 사람이 아닌 완전한 사람을 그리세요."라고 지시합니다. 내담자의 질문에는 "그리고 싶은 대로 하면 됩니다."라고 말하고, 그림 모양이나 크기, 위치, 방법에 대해 어떠한 단서도 주어서는 안 됩니다.

③ 지시문에 따라 A4 용지에 빗속의 사람을 그립니다.

④ 그림을 그린 후 그린 순서와 그림 속의 인물이 누구이며 그 사람이 무엇을 하고 있는지에 대해 기록하고, 그림을 통해 나타난 본인의 스트레스 정도와 스트레스 대처방식에 대해 간단히 진단해 봅시다.

해석지침

• 빗줄기의 양: 비는 스트레스로, 빗줄기의 양은 스트레스의 양을 나타낸다. 빗속의 사람을 그리라고 했지만 그림 속에 비가 없다거나, 빗물이 아주 적은 경우는 내담자가 스트레스에 무딘 경우라고 할 수 있다. 그러나 빗줄기의 양이 많고 굵기가 굵다면 받고 있는 스트레스의 양이 그만큼 많다는 것을 나타낸다.

- 비에 대한 반응: 스트레스의 대한 대응을 나타낸다. 우산을 쓴다거나, 처마가 달린 집에 피해 있다는 것 등 비를 맞지 않고 대응을 한다면 그것은 내담자가 처해 있는 스트레스에 적절히 대응하고 있다는 것을 의미한다. 반면, 어떠한 대응 없이 비를 맞고 있다는 것은 스트레스에 적절히 대응하지 못하는 것을 의미한다.
- 사람: 그림 속 사람의 크기는 자신의 자아에 대한 크기를 나타낸다. 사람의 표정은 스트레스를 받는 정도를 나타내는 것으로, 힘든 표정은 스트레스로 인해 힘들고 지쳐 있음을 뜻한다.
- 기타: 그림에 나타난 가로등은 애정, 지지, 관심 등을 나타내고, 우산의 크기는 스트레스에 대한 대응을 의미하는데 우산이 지나치게 크다는 것은 스트레스에 대처하는 데 에너지가 크다는 것을 뜻한다. 천둥과 번개를 그렸다면 지금 상당한 스트레스에 직면해 있다는 것을 나타낸다. 타인에게 우산을 씌어 주는 것은 자신이 타인의 스트레스까지 맡으려는 것을 의미한다.

4. 음악치료

음악치료란 음악 매체를 상담 및 심리치료에 적용하여 개인의 심리·사회·행동적 문제의 해결 및 더 깊은 자기성찰, 나아가 삶의 질 향상을 추구하기 위해 행하는 음악활동의 통칭이라고 정의할 수 있다. 브루샤(Bruscia, 1998)는 음악치료를 "치료자가 내담자를 도와 건강을 회복시키기 위해 음악적 경험과 관계들을 통해 역동적인 변화를 이끌어 내는 체계적인 치료의 과정"이라고 정의 내렸다. 한국음악치료학회(KAMT)에서는 음악치료를 "음악활동을 체계적으로 사용하여 사람의 신체와 정신기능을 향상시켜 개인의 삶의 질을 추구하고 보다 나은 행동의 변화를 가져오게 하는 음악의 전문분야이다."라고 정의하였다.

4,000년 전 이집트의 고문서에 음악으로 질병을 치료한 기록이 있다는 것에서 음악치료의 기원을 찾아볼 수 있고, 아폴로 신이 의학의 창시자였다는 사실도 음악과 의술의 관계를 말해 주고 있다. 원시시대의 음악치료는 주술적이고 샤머니즘적인 방법으로 사용되었다. 원시시대의 예술은 주로 종교의식과 마술에 음악을 활용하였다고 할 수 있다. 음악은 의식적·무의식적으로 인간의 신체적·심리적·인지적·사회적 기능을 변화시키고 치료하는 목적으로 사용되어 왔다. 그리스 신들 중

에서 음악을 주관하는 아폴로 신이 의학의 창시자였다. 고대 원시 부족 사람들은 질병의 원인을 마술이나 혹은 부족들이 부족의 금기사항을 깨서 신이 노한 것으로 생각하였다. 이때 음악은 춤과 북소리 등과 더불어 신과 영적인 교감을 하는 도구로 사용되었다. 이렇듯 음악이 '치료'의 도구로 사용된 것은 인류 문명의 시작과 그 시기를 같이한다고 할 수 있다.

1) 음악활동의 치료적 가치 및 효과

박실(Boxill, 1994)은 음악이 지닌 다음과 같은 특징들이 상담 및 심리치료 장면에서 치료적 효과를 낼 수 있다고 하였다.

- 음악은 범문화적인 표현양식이다.
- 음악에는 비언어적 특성이 있으므로 의사소통의 보편적인 수단이 된다.
- 음악은 일종의 소리 자극으로서 개인의 상태나 지적 수준에 상관없이 인간의 몸과 마음을 꿰뚫는 힘이 있다. 즉, 음악은 감각을 자극하고 감정과 정서를 불러일으키며 생리적 · 정신적 반응을 유발하고 몸과 마음에 활력을 북돋우는 역할을 한다.
- 음악이 본래 가지고 있는 구조와 성질은 개인으로 하여금 자아를 구조화(self-organization)하도록 돕고 집단의 구조화도 가능하게 한다.
- 음악은 음악적 · 비음악적 행동에 영향을 준다.
- 음악은 학습과 기술의 습득을 촉진한다.
- 음악은 모든 내담자 집단에 적용 가능한 기능적 · 적응적 · 심미적 양식이다.

이미리 등(2019)은 음악활동이 지닌 치료적 가치를 다음과 같이 설명하고 있다.

- 음악은 신체활동을 유발하고 기분, 혈압, 호흡, 맥박, 심장박동수, 근육긴장, 고통 등의 이완에 유익한 신체적 변화를 촉진한다.
- 음악은 좌뇌와 우뇌를 동시에 사용하게 하므로 내담자의 인식 기능을 자극하고, 언어기술을 높이는 데도 도움이 된다.

- 음악은 정서적 측면에서 우울, 불안, 고독 및 비애의 감정을 완화시킨다.
- 음악활동은 감정을 표출시켜 주며 기억을 자극하고 개인을 집단으로 통합시키며, 사람을 즐겁게 해 준다.

이 밖에도 음악은 기억, 환상 및 시각적 이미지를 도출하는 데 다른 기법들과 결합하여 큰 효과를 내고, 배경음악은 상담 환경의 분위기 개선에 기여한다. 또한 음악은 언어로 표현할 수 없는 것을 대변해 주고(William, Michael, & Kate, 2002), 자기표현을 향상시키고, 부정적인 자기표현을 감소시킨다(Jensen, 2001). 뉴콤브(Newcomb, 1984)는 음악이 음성으로 스스로를 표현하는 데 어려움을 가지는 내담자에게 이상적인 접근 방법이라고 강조하였다. 음악활동은 안전한 환경 안에서 자신의 역할과 가치를 발견하도록 돕고, 심리적 안정에 도움을 준다.

2) 음악치료의 기능 및 원리

음악은 신체적 활동을 야기하고 사람에게 상징성과 만족감을 주고 환경과 접촉하게 하며 의사소통의 기능을 가지고 있다. 또한 감정을 표출시켜 주며 기억을 자극하고 내적·외적 동기가 되며 개인을 집단으로 통합시키며 사람에게 즐거움을 주기도 한다. 이런 것들이 모두 치료적 기능으로 작용한다.

음악치료는 내담자의 정신적, 신체적, 정서적, 사회적 그리고 영적 측면의 치료목표를 달성하기 위해 음악이 지닌 치료적 특성을 활용한다. 앞에서 음악이 지닌 치료적 가치와 효과에 대해 살펴보았는데, 여기서는 음악이 지닌 치료적 기능 및 원리에 대해 살펴보고자 한다.

가스톤(Gaston)은 음악치료의 아버지라고 불린다. 그는 음악이 사람과의 관계에서 사회적 기능으로 사용될 수 있는 측면을 주로 연구하였고, 이 밖에도 심리적 영역과 생리적 영역에서의 음악의 기능 또는 원리를 제시하였다.

- 사회적 영역에서 볼 때, 음악은 '치료자와 환자 그리고 환자들 간의 교류를 통한 관계의 확립 내지는 재확립'을 가능하게 한다. 비언어적 교류의 수단이 되는 음악은 언어로 표현할 수 없는 것을 자연스럽게 표현할 수 있도록 도와주고, 사

회적인 상황을 묘사하거나 미래의 방향을 예견하는 도구의 역할을 할 뿐 아니라, 음악이 개인보다 집단을 통해 더욱 강력하게 힘을 낸다. 이런 점에서 음악은 관계 확립의 기능을 지니고 있다.

- 심리적 영역에서 볼 때, 음악은 즐거움과 자기만족의 원천이 되며, 비경쟁적으로 성취할 수 있는 자원인 음악은 집단 속에서 자신에 대한 바람직한 자아상을 갖도록 돕기 때문에 자기성찰을 통한 자긍심을 증진시키는 기능을 한다.
- 생리적 영역에서 볼 때, 음악은 구조적으로 잘 짜인 현실이고, 에너지와 질서의 원천으로서의 기능을 하는 리듬은 사람으로 하여금 함께 모이도록 해 주며, 동시에 조직자이며 에너지원으로서의 기능을 한다.

시어스(Sears, 1968)는 경험의 과정으로서의 음악치료를 이야기했는데, 음악은 성공적인 경험을 하게 해 주고, 다른 사람에게 필요한 존재가 되는 느낌을 제공하며, 함께 참여하는 타인에 의해 자긍심이 증진되는 기회를 제공한다. 더 나아가서 음악은 자아를 각성시키며 감정의 긍정적인 배출구를 제공한다. 시어스는 사회적 영역과 심리적 영역, 생리적 영역에서의 음악의 기능을 좀 더 상세히 말하였다.

- 생리적 영역에서 음악은 시간에 입각한 행동을 요구하며, 능력에 따른 행동을 허용하고, 정서적인 행동을 불러일으키며, 감각과 관련된 행동을 이끌어 낸다는 점이 구조 속에서의 경험(music)을 가능하게 한다.
- 심리적 영역에서 음악은 자기표현을 하도록 하고, 장애인을 위한 보상적 행동을 제공하며, 사회적으로 허용되는 것과 그렇지 않은 행동을 위한 기회를 제공하고, 자신의 자랑을 증대시키도록 한다. 이런 점들이 음악을 통해 자신을 조직화하는 경험(me)을 가능하게 한다.
- 사회적 영역(you & me)에서 음악은 사회적으로 허용되는 자기표현의 방법을 제공하고, 집단에서 개인적 반응의 선택 기회를 제공하며, 자신과 타인에 대한 책임감을 받아들이는 기회를 제공하고, 언어적 · 비언어적 사회교류와 의사소통을 강화시킨다. 또한 일반적인 치료적 환경에 필요한 즐거움과 오락을 제공하며, 사회적으로 허용되는 형태로 협동과 경쟁의 경험을 제공하고, 기관과 지역사회에서 허용되는 현실적인 사회적 기술과 개인적 행동의 패턴을 학습하도

록 돕는 기능이 있다. 이와 같이 음악활동은 타인과 관련된 경험을 촉진시키는
기능을 한다.

3) 음악치료 기법

음악만큼 우리의 생활 속에 깊이 들어와 있는 예술활동도 없을 것이다. 치료적
효과를 볼 수 있는 대표적인 음악치료 기법으로는 다음과 같은 것이 있다(강문희,
2008; 김춘경, 2004).

- 연주 형태로서의 음악 집단 활동: 노래 부르기, 악기 연주하기—재창조 연주활
  동이라고도 하는데, 악기를 배우고 연주하는 활동, 합창, 합주하기 등의 활동
  을 통해 음악치료사가 내담자의 행동을 변화시키기 위해 하는 체계적이고 계
  획적인 활동이다.
- 즉흥연주활동: 규칙, 계획, 체계 없이 내담자가 원하는 대로 자유롭고 즉흥적으
  로 연주하게 하는 것으로, 내담자가 자신의 감정을 즉각적으로 표현하도록 도
  와주고, 내담자는 감각의 세련화, 현실에의 적응, 창조력, 질서와 협동심 등을
  배우게 되고, 비언어적 교류를 통해 타인과 의사소통하며 음악행위를 통해 책
  임, 질서, 상호교류, 대인관계, 사회복귀를 위한 행동학습도 가능하게 된다. 이
  밖에도 특별한 기술이 없어도 자신만의 악기 연주를 성공적으로 해 본 경험을
  가지게 되면서 성취감과 자신감을 느끼게 된다.
- 창작활동: 노래 가사 만들기, 간단한 멜로디 만들기, 새로운 화음 또는 새로운
  악기 만들기 등 다양한 창작활동을 해 보는 것이다. 박실(1994)은 창작활동을
  통해 계획과 조직력, 창의적인 문제해결 기술, 기억 기술, 책임감, 의사소통 등
  을 발달시킬 수 있다고 하였다. 노래 가사를 통해서는 치료적 주제를 탐구할
  수 있으며, 부분을 전체로 연합시키고 통합하는 능력을 발달시킬 수 있다고 하
  였다.
- 적극적인 음악 감상과 인식활동, 상상활동, 말하기 유도활동: 음악 감상이 가지
  는 치료적 효과가 크다. 음악을 감상하면서 함께할 수 있는 다양한 활동들, 노
  래 알아맞히기, 악기 소리 찾기, 함께 따라 부르기, 음색 구별하기 등의 음악 인

식활동이 있고, 음악을 들으면서 유도된 심상 음악활동 등을 통해 무의식의 탐구를 해 보는 상상활동, 음악을 들으면서 그 음악에 대해 토의하고 음악을 들으면서 느껴졌던 감정, 생각 등을 함께 토론해 보는 활동도 할 수 있다. 이런 활동들을 통해 수용력을 향상시키고, 정서적 상태나 경험을 일깨우며, 기억, 회상, 심상 등을 유발시키고, 절정의 경험, 영적인 경험을 자극시킨다.

• 배경음악을 사용한 다른 활동들: 이완활동, 미술활동, 동작활동 등에 배경음악을 사용하여 내담자가 더 편안하게 저항과 방어 없이 자신을 표현하게 하는 시간을 가지도록 한다. 내담자가 좋아하는 음악을 내담자 활동의 배경음악으로 사용하면 더 큰 효과를 볼 수 있다.

4) 음악치료 활동

활동 1. 나의 인생음악 목록(play list) 소개

① '나의 인생음악 목록' 활동지를 작성합니다.

곡명	언제	나의 스토리(장소, 사람, 이야기, 감정 등)

② 활동지의 내용을 발표하며, 자신을 소개합니다.

③ 현재 내가 추천하고 싶은 곡, 다른 사람이 소개한 곡들 중에 듣고 싶은 곡을 선정하여 함께 감상해 봅니다.

④ 서로 공감대가 많이 형성되는 곡, 이야기를 듣고 다르게 들리는 곡 등에 대해 이야기합니다.

⑤ 활동을 통해 느낀 점을 서로 나눕니다.

활동 2. 〈나는 나비〉 가사 토의

① 노래 〈나는 나비〉를 함께 감상합니다.
② 가사를 제공하여 주고, 가사를 보면서 몇 차례 듣고 나서 함께 따라 불러 봅니다.

> ### 나는 나비
>
> 내 모습이 보이지 않아 앞길도 보이지 않아
> 나는 아주 작은 애벌레
> 살이 터져 허물 벗어 한 번 두 번 다시
> 나는 상처 많은 번데기
>
> 추운 겨울이 다가와 힘겨울지도 몰라
> 봄바람이 불어오면 이제 나의 꿈을 찾아 날아
> 날개를 활짝 펴고 세상을 자유롭게 날 거야
> 노래하며 춤추는 나는 아름다운 나비
> (후략)

③ 곡의 전체적인 느낌, 떠오르는 생각, 노래와 관련된 기억 등에 대해 자유롭게 이야기해 봅니다.
④ 노래의 가사에서 특별히 와닿는 부분을 각자 말해 보고, 그 이유에 대해 이야기 해 봅니다. 지도자는 탐색을 위한 구체적인 질문을 할 수 있습니다. 단, 개인적인 이야기에 대한 공유의사를 확인하고, 조원들의 비밀보장을 약속받도록 합니다.

> 예: 내 모습이 보이지 않아, 앞길도 보이지 않아.
> "이 가사가 가장 와 닿는 이유가 무엇인가요?"
> "이 가사를 보며 어떤 것이 떠올랐나요?"
> "최근에 내가 이런 상황이었을 때가 있었나요?"
> "이런 상황이 된다면 어떤 기분이 들까요?"
> "이런 상황에서 무엇이 가장 필요할까요?"

⑤ 모든 조원의 의견을 서로 듣고 나눈 후, 나에 대해 알게 된 점, 다른 사람에 대해 알게 된 점, 새롭게 알게 된 점, 궁금한 점 등에 대해 더 이야기 나눠 봅니다.
⑥ 활동을 통해 가장 중요한 주제 혹은 제목을 정해 봅시다.

활동 3. 가사 바꾸기('나는 ○○')

① 노래 〈나는 나비〉를 함께 감상합니다.

② 가사에서 고치고 싶은 부분을 찾아 나의 말로 고쳐 써 봅니다.

> 나는 아주 작은 애벌레
>
> 살이 터져 허물 벗어 한 번 두 번 다시

> 예: 나는 아직 사회 초년생
>
> 실수하고 깨지고 그래도 또 같은 실수

③ 나의 말로 바꿔 쓴 노래를 발표하고, 같이 불러 봅니다.

④ 서로의 곡들에 대한 인상 깊은 가사, 공감되는 부분 등 소감을 나눕니다.

⑤ 마지막으로 제목을 정해 보고, 원하는 방식으로 자신의 노래를 저장합니다.

• 참고: 주제별 추천 곡(가사 토의 및 가사 바꾸기)

주제	국내가요 곡명
가족	• 이승환 〈가족〉(1997) • 왁스 〈엄마의 일기〉(2000) • 김진호 〈가족사진〉(2013) • 양희은 〈엄마가 딸에게〉(2015) • 혁오 〈톰보이〉(2017)
꿈, 희망	• 토이 〈스케치북〉(1999) • 이한철 〈슈퍼스타〉(2005) • 이적 〈거위의 꿈〉(2007) • 러브홀릭 〈버터플라이〉(2008) • 김광석 〈바람이 불어오는 곳〉(2014) • 서영은 〈꿈을 꾼다〉(2017) • 안예은 〈문어의 꿈〉(2021)
좌절, 슬픔, 위로	• 하림 〈위로〉(2004) • 옥상달빛 〈수고했어 오늘도〉(2011) • 정인 〈오르막길〉(2012) • 커피소년 〈내가 니편이 되어 줄게〉(2014) • 스웨덴 세탁소 〈두 손, 너에게〉(2015) • 이하이 〈한숨〉(2016) • 선우정아 〈도망가자〉(2019)

활동 4. 비합리적 신념 바꾸기

① 다음은 엘리스(Ellis)의 주요 비합리적 신념의 목록입니다. 여러분의 일상적인 말이나 자동적 사고 속에 숨겨진 비합리적 생각들에는 어떤 것들이 있는지 목록에 체크하고, 본인의 삶에 가장 강하게 부정적인 영향을 미치는 것 하나를 선택합니다.

비합리적 신념 목록

1. 자신의 주위에 있는 모든 사람으로부터 항상 사랑과 인정을 받아야만 한다.

2. 가치 있다고 여겨지기 위해서는 완벽하리만큼 유능하고, 적절하며, 성취적이어야만 한다.

3. 어떤 사람은 나쁘고, 사악하며, 악랄하다. 그러므로 그러한 사람들은 반드시 비난과 처벌을 받아야만 한다.

4. 일이 바라는 대로 되지 않는 것은 곧 무시무시한 파멸이다.

5. 사람의 불행은 외부 환경 때문이며, 사람으로서는 그것을 어쩔 수 없다.

6. 위험하거나 두려운 일은 항상 일어날 가능성이 있는 것으로 큰 걱정의 원천이 된다.

7. 인생에 있어서 어떤 어려움이나 주어진 자기 책임을 직면하는 것보다는 이를 피하는 것이 더 쉬운 일이다.

8. 사람은 타인에게 의존해야만 하고, 자신이 의존할 만한 더 강한 누군가가 있어야만 한다.

9. 과거의 경험이나 사태는 현재의 행동을 결정하며, 사람은 과거의 영향에서 벗어날 수 없다.

10. 사람은 다른 사람의 문제와 방해에 대해 매우 화를 내야 한다.

11. 모든 문제에는 가장 적절하고도 완벽한 해결책이 반드시 있으며 사람이 그것을 찾지 못한다면 그 결과는 파멸적이다.

12. 사람은 늘 고통 없이 편안해야 한다.

13. 세상은 공평해야만 하고 공정해야만 한다. 그렇지 않다면 그것은 끔찍한 일이고 참을 수 없는 일이다.

---

② 같은 신념을 선택한 사람끼리 한 조로 묶고, 각 조의 이름을 정하게 합니다.

③ 조별로 각자가 선정한 비합리적인 신념이 드러나는 상황과 그 신념이 자신의 삶에 미친 영향이나 피해에 대해서 돌아가면서 이야기합니다.

④ 자기 조의 비합리적 신념을 합리적 신념으로 바꿔 봅니다.

⑤ 〈시계〉〈작은 별〉 등의 동요 악보를 나눠 줍니다.

⑥ ④에서 작업한 내용, 즉 비합리적 신념과 작업하여 바꾼 합리적 신념의 주요 내용을 토대로 동요의 노래 가사를 바꿔 씁니다. 바꾼 내용이 많으면 2절, 3절까지 만들 수 있습니다.

⑦ 각 조에서 새로 만든 노래를 조원끼리 반주에 맞춰 불러 봅니다.

⑧ 조별로 돌아가면서 노래를 부르고 그 과정을 소개합니다.

⑨ 활동을 통해 새롭게 알게 된 점과 배운 점, 느낀 점 등에 대해 돌아가면서 이야기해 봅니다.

유의점
활동 절차를 자세히 나눴으나, 모두 다 할 필요는 없고 가능한 부분만 선별해서 사용해도 좋다.

5. 무용동작치료

무용동작치료란 무용동작 매체를 상담 및 심리치료에 적용하여 개인의 심리·사회·행동적 문제의 해결 및 더 깊은 자기성찰, 나아가 삶의 질 향상을 추구하기 위해 행하는 무용동작 활동의 통칭이라고 정의할 수 있다. 말란(Malan, 1989, p. 464)은 무용동작치료를 "움직임을 통해 신체와 정신을 재통합하는 개인과 집단의 치료법이다."라고 정의하였고, 미국무용동작치료협회(ADTR)에서는 "개인의 정서적·인지적·사회적·신체적 통합을 목적으로 하는 과정으로서 동작을 심리치료적으로 사용하는 것"이라고 무용동작치료를 정의하였다.

무용동작치료의 기원은 고대 원시사회의 종교의식에서 찾아볼 수 있다. 언어로 표현할 수 없는 공포, 경외, 숭배를 춤으로 표현하였고, 춤에 의한 엑스터시(ecstacy)는 억눌린 감정의 카타르시스라 할 수 있다. 한국 무속의 굿판도 같은 효과를 보인다고 할 수 있다.

윔포리 등(Wimpory et al., 1995)은 "동작은 인간에게 가장 본질적인 것일 뿐 아니라 자아표현이나 의사소통 그리고 건강 증진의 가장 강력한 수단 중 하나이다. ……자유로운 자아표현의 직접적이고 자연스런 방법이 바로 동작이다."라고 하였다. 몸은 사람들의 삶의 경험을 고스란히 담고 있다. 몸은 내담자의 상처와 아픔을 그때 그 현장에서 같이 경험하였고, 몸은 그것을 다 기억하고 있다. 사람들은 몸을 통해 자신과 타인 그리고 세상을 알게 된다. 인간의 인지발달이 인생 초반에 감각운동기부터 시작되듯이 몸은 내담자의 삶과 인생에 대해 많은 것을 간직하고 있고, 또 그것들을 표현하는 도구이다. 동작과 춤은 몸의 언어 또는 신체의 언어라 할 수 있다. 사람들은 동작을 통해 그들 몸에 저장되고 기록된 것들, 기억, 감정, 사고, 행동들을 표현한다. 몸의 표현 범위가 넓어지고, 표현 동작 방식이 다양해지면 내담자의 정서나 상상의 범위도 더욱 확장되어 나갈 수 있게 된다. 사람들은 동작을 통해 자신의 문제와 어려움을 몸으로 표현하여 내면의 문제를 외부 공간으로 표출해 낼 수 있다. 그뿐 아니라 문제에 갇혀서 위축된 또는 혼란스럽고 불안한 몸 동작에 머물러 있지 않고, 평화로운 몸, 안전한 몸 상태를 유지할 수 있도록 새로운 몸 동작을 습득할 수도 있다(이미리 외, 2019).

1) 무용동작치료의 치료적 가치 및 효과

류분순(2000)은 무용의 표현적이고 창의적인 개념들을 심리치료의 통찰력과 결합시킨 것이 무용치료라고 하였다. 무용동작은 몸의 물리적 움직임을 통해 다양한 감정, 정서, 사고, 욕구 등을 자연스럽고 창의적으로 표현할 수 있게 한다. 이러한 동작이 지닌 치료적 효과에 대해서 김인숙(2012)은 다음과 같이 말하였다.

- 동작은 내담자에게 카타르시스를 제공한다.
- 동작을 통한 근육의 긴장과 이완은 새로운 감정을 불러일으킨다.
- 신체 기능이 정상적으로 제 기능을 발휘할 때 신체는 외부세계와 정신세계의 조화를 이룬다.
- 동작은 효과적인 의사소통 도구이다.
- 동작은 서로 자연스러운 접촉을 할 수 있게 도와주고, 그러한 접촉은 사회적 소속감, 심리적 충족감을 제공한다.
- 창조적 활동인 동작을 통해 내면세계의 갈등이 표현되고 승화되며 새로운 모습으로 변화가 가능하다.

이미리 등(2019)은 무용동작활동이 다음과 같은 효과를 지니고 있다고 하였다.

- 스트레스를 경감시킨다.
- 사람들이 보통 피하려고 하는 정서나 감각을 건드린다.
- 자신감을 키운다.
- 타인과의 관계에서 자연스럽게 개인적으로나 신체적으로 경계선을 분명히 한다.
- 자아감을 잃지 않고서도 주장적이거나 친밀할 수 있다.
- 치유의 단계에 관계없이 현재를 경험하고 존중한다.
- 무용, 동작, 음악, 글쓰기, 예술 작업을 통해 자신을 진솔하게 표현한다.

다른 표현예술치료와 같이 무용동작치료도 심각한 정서적 장애가 있는 사람들뿐만 아니라 모든 연령의 심리·정서·행동의 문제를 지닌 사람들에게 제공된다.

2) 무용동작치료의 목표

음악, 미술, 드라마와 함께하는 예술치료의 한 분야인 무용동작치료는 무용동작을 심리치료적으로 사용하여 개인의 감정과 정신, 신체를 통합시키는 것을 목적으로 한다. 정신분석학자들은 무용동작치료는 신체자아(body-ego)를 강화하여 자아의 성숙을 촉진하고, 신체 접촉을 통해 긍정적인 변화가 일어나도록 하는 것을 목표로 하였다. 신체상은 자아발달에 중요한 역할을 하며, 심리 · 정서 문제의 해결을 위해 긍정적 신체상이 중요하다는 점을 강조하였다.

보다 광범위한 무용동작치료의 목표는 다음과 같다(강문희, 2008).

- 신체 요소들의 활성화와 재통합할 수 있는 기회를 제공한다. 직접적인 동작워밍업과 간접적인 즉흥동작을 이용하여 내담자에게 활력, 통합, 자극 그리고 동기를 제공해 준다.
- 개인의 정체성 확립과 사회적 재창조 및 독립성을 제공한다. 집단의 상호반응적 동작 경험을 통해 개인적인 역할 수행 능력을 향상시킬 수 있고, 집단에서의 자기표현적인 동작을 통해 효율적으로 다른 사람을 이끌고 개인적인 효율성과 독립심을 발전시킬 수 있게 되고, 타 집단원들과의 감정이입과 협동 작업이 가능하게 된다.
- 상징, 심상, 은유 등의 사용을 통한 감정적 문제의 표현과 행동을 통한 감정의 표출로 말과 행동의 통합을 가능하게 한다. 무용동작치료는 개인적이고 심리적인 경험이 담긴 동작을 안정된 분위기 속에서 표현할 수 있는 장을 제공하고, 이런 동작이 수용되는 경험이 자신의 내적 경험들을 스스로 통합할 수 있는 기회를 제공한다.

3) 무용동작치료 기법

무용동작치료 기법과 관련하여서는 김옥희(2005)가 정신역동원리와 체이스(Chace) 방법론, 융의 분석심리학에 근거한 화이트하우스(Whitehouse) 방법론, 류분순의 무용동작치료 프로그램 등을 종합 정리하여 제시한 12가지 기법을 소개하고

자 한다.

- 호흡하기: 신체의 기본동작으로, 깊은 복식호흡은 마음을 가라앉히는 효과가 있고, 단전호흡은 이완과 자신감 향상에 도움을 주어 우울, 불안, 적대감 감소에 도움을 준다.
- 스트레칭: 머리부터 발끝까지 움직이는 것으로 인해 신체를 자각하고 근육 긴장을 완화시키고, 근력을 강화하며, 신체상과 유연성을 증가시키고, 신체 범위나 공간지각을 확대하여 자신감을 높여 준다.
- 반영하기: 동작으로 반영하는 것으로, 단순히 상대방의 행동을 모방하는 것이 아니라, 상대방의 전체 움직임인 패턴, 질, 감정적 톤 등에 참여하는 것이며 타인의 경험으로 들어가는 무아(selflessness)의 질을 내포한다. 이 기법은 공감적인 관계를 구축하게 하며, 자기긍정적인 분위기를 조성하여 서로 깊이 탐색하게 하며, 상호작용을 확대시켜 동작에서의 무의식적 주제를 밝혀 준다. 또한 수용감과 신뢰감을 길러 주어 치료적 관계 형성에도 효과적이다. 동요 율동, 감정표현 동작, 리더 따라 하기, 리듬 즉흥동작 등에서 다양하게 사용된다.
- 표현 동작: 언어로 표현될 수 없는 억압된 감정들이 신체 움직임을 통해 드러나 무의식적 감정을 알 수 있고, 억압된 부정적 감정과 정서 상태를 회복시키는 데 유용하다. 이 기법에는 감정표현 동작과 감각표현 동작이 있다. 감정표현 동작에서는 슬픔, 불안, 분노 등의 부정적 감정에 대해 울고, 두려워 떨고, 화내는 행동화와 기쁨, 사랑, 행복 등의 긍정적 감정에 대해 웃고, 보듬어 주고, 껴안는 동작을 한다. 이런 동작활동을 통해 억압된 감정은 충분히 분출되어 정화되는 경험을 하게 되고, 나아가 긍정적 감정으로 승화되는 효과까지 경험할 수 있게 된다. 감각표현 동작에서는 맛, 소리, 냄새 등의 감각을 느껴 보고 동작으로 표현하고 반영하는 동작을 하는데, 이를 통해 신체감각인식이 증가되고 감정표현 불능현상이 감소된다.
- 즉흥동작: 내부에서 분출되는 이미지와 메시지를 받아들여 외적 행동으로 표현하는 것으로, 정적인 의식이 동적인 몸짓을 통해 인간의 잠재의식을 표현하는 것이다. 즉흥동작은 신체를 자연스럽게 해방시켜 창조적이고 지적인 능력을 향상시킨다. 자유로운 즉흥 춤, 신체의 매력의 즉흥표현, 즉흥 민속춤 동작

등은 수동적인 동작을 보이는 내담자들의 창의성과 자발성을 향상시키고 자신
감과 사회성을 높인다.

- 역할극: 사이코드라마의 일부로 카타르시스나 자기이해, 통찰행위의 효과를
기대할 수 있다. 즉흥 무용극은 자발성과 창조성으로 즐거움과 자신감을 증진
시키고, 잠재된 무의식에 대한 통찰을 높여 준다.

- 상징적 표현: 자아의 내적 세계와 외적 세계를 연결해 주고 사람과 사회를 연결
시켜 준다. '나의 일대기를 신체로 표현하기' '바다세계, 헤엄치는 물고기, 피어
나는 꽃, 자유로운 새, 아름다움, 포근함, 희망, 하늘과 우주' 등을 상징적인 동
작으로 표현하여 긍정적 사고와 무아지경의 기쁨을 경험해 보게 한다.

- 적극적 상상, 진정한 움직임: 이 기법에서는 환상과 이미지, 꿈을 가지고 동작
에 참여하여 무의식적 자아를 의식화시키는 것에 목표를 둔다. 처음에는 상담
자가 영상 또는 명상음악을 배경으로 깔고 지시적 심상을 주어 움직임이 일어
나도록 유도한다. 이때 움직임은 저절로 '일어나도록 하는(letting it happen)' 경
험과 자연스럽게 '움직여지는(being moved)' 것으로 과장됨 없이 단순하고 자발
적으로 일어나도록 한다. 자연과 우주의 에너지를 챠크라(chakra)를 통해 몸과
마음을 통합시킬 수 있도록 적극적 상상을 한다. 예를 들면, 비, 물, 바람 속을
연상하고 슬픔을 씻어 내는 동작을 해 보거나 새, 나비, 물고기가 되어 자유로
움과 아름답고 신비로운 세계를 찾아 승화하는 상상을 표현해 보면서 몸과 마
음이 자유로워지는 상태를 경험한다.

- 명상: 명상치료에서 자세히 다룬다.

- 점진적 근육이완법: 근육의 긴장과 이완을 통해 신체감각을 지각하며, 자기조
절력을 키워 불안을 감소시켜 준다. 신체감각기관에 의한 동작을 인식하는 것
은 뇌로 전달되어 신체 인식력을 높여 주며 자신감과 표현력을 향상시킨다.

- 접촉하기: 본래 엄마에게 보호받고 있다는 안도감을 주는 것으로, 서로 교류하
고 신뢰관계를 만들어 내는 도구이다. 접촉의 동작은 상실과 소외된 마음을 회
복시키며, 신체 전체를 부드럽게 접촉함으로써 이완과 안정감을 높여 불안과
우울을 감소시킨다.

- 리듬 집단 활동: 2, 3인 또는 더 많은 수의 집단원이 원(circle)을 이루어 함께 무
용동작을 하는 것이다. 이때 집단 상호작용은 일체감과 응집력을 높이고, 이

과정에서 하게 되는 접촉과 반영하기는 자연스럽게 친밀감과 신뢰감, 감정이
입이 생기게 한다. 특히 무용동작치료 집단에서의 리듬은 공동의 에너지와 고
양된 힘과 안전의 감각을 느낄 수 있게 하고 참여자들의 의사소통과 신체 지각
을 위한 치료적 도구로 사용된다. 리듬을 일깨우고 회복시키는 것은 치유성을
갖는 요인이 된다.

아동을 대상으로 사용할 수 있는 무용동작기법으로는 행진하기, 뛰기(깡충 뛰기,
한 발 뛰기, 말 같이 뛰기), 느리게 걷기, 박수 치기, 손가락으로 딱딱 소리내기, 발 구
르기, 다양한 대상(코끼리, 오리, 게, 물고기, 화성인 등) 흉내내기, 모든 행동을 반대로
하기, 춤추기 등이 있다.

4) 무용동작치료 활동

활동 1. 동작대화(김춘경, 정여주, 2000)

지도자는 집단원들을 2명씩 짝을 짓게 한 후, 한 집단원의 행동에 반대되는 행동
을 상대 집단원이 판토마임식으로 묘사하게 한다. 동작으로 표현할 때 말은 절대 하
지 않고, 표현하고자 하는 행동 또는 역할을 동작과 효과음으로만 표현하게 한다.

① "각자 함께 활동할 짝을 짝으세요." …… "짝끼리 서로 마주 보고 서서 말 없이
대화를 하세요. 몸 동작과 소리 효과로만 대화를 나누셔야 합니다. 몸 전체를
이용하여 동작대화를 해 보세요." …… "어떤 느낌이 드나요? 두 사람 사이에
무슨 일이 일어났는지 살펴보세요." …… "이제 말 없이 짝에게 이별을 고하고
다음 대화를 위해 다른 짝을 찾아보세요."

② "이번에는 두 사람 중에 한 사람은 경찰 역할, 짝은 도둑 역할을 해야 합니다.
키가 더 큰 사람이 경찰이 되고, 작은 사람은 도둑 역할을 해 보세요. 이번에도
동작과 소리만으로 대화를 해야 합니다." …… "본인이 자신을 어떻게 표현하
고 있는지 살펴보세요." (1분간) "경찰과 도둑 역할을 바꿔서 새로운 동작대화
를 해 보세요." (1분간) "반대 역할을 해 보니 어떤 느낌이 드세요?" …… "이제
말 없이 짝에게 이별을 고하고 다음 대화를 위해 다른 짝을 찾아보세요."

③ "이번에는 손이 더 큰 사람이 정신 나간 사람이 되고 손이 더 작은 짝은 간호사가 되어 보세요." (1분간) "역할을 바꿔서 해 보세요." (1분간) "이 활동을 통해 어떤 느낌이 드셨나요? 다시 말 없이 인사를 하고 새로운 짝을 찾아보세요."

④ "이번에는 키 큰 사람은 사랑을, 키 작은 사람은 미움을 묘사합니다. 사랑과 미움 사이의 동작대화를 해 보세요." (1분간) "이제 역할을 바꿔서 해 보세요." (1분간) "짝과 작별하고 다른 마지막 파트너를 찾아보세요." …… "이번에는 키 큰 사람이 쥐 역할을 해 보고, 키가 작은 사람이 코끼리 역할을 해 봅니다." …… "각자 그 역할을 어떻게 표현하고 있는지 주의를 기울여 보세요." (1분간) "이제 역할을 바꿔 보세요."

⑤ 제자리로 돌아가서 다음의 질문에 답해 봅니다.

- 어떤 역할이 가장 재미있었나요?
- 어떤 역할이 가장 불편했나요?
- 지금 기분은 어떤가요?
- 어떤 역할을 동작대화에서 가장 잘 표현할 수 있겠나요?
- 나는 어떻게 비언어적으로 표현할 수 있었나요?
- 나는 평소에 신체적으로 얼마나 활달하게 표현하나요?

활동 2. 주먹 열기(김춘경, 정여주, 2000)

집단원들 사이에 갈등과 긴장이 있고 대립된 분위기로 어려움이 있을 때 시도해 볼 수 있는 활동이다. 이 활동은 두 사람 사이에서 주먹 펴는 과정이 사람마다 매우 달라 각 팀마다 필요한 시간도 매우 다르게 된다. 그래서 진행 순서를 처음에 모두 말해 준 다음, 시작하도록 한다.

① "먼저, 좀 더 가까이 사귀고 싶은 짝을 찾아보세요. 짝을 선택했으면 남에게 방해를 받지 않는 둘만의 자리를 찾아서 앉아 보세요. 서로의 눈을 바라보며 내가 말하는 것을 잘 듣고 따라 해 보세요. 두 사람 중에 키가 작은 사람이 A가 되고 큰 사람은 B가 됩니다. 자, 이제 A는 눈을 감고 오른손 주먹을 꽉 쥐어 봅니다. A는 주먹을 꽉 쥐고 조용한 가운데 다음과 같은 말을 합니다. '나는 내

자신이 이렇게 움켜쥔 주먹 같다고 느낄 때가 종종 있어. 그때는 아무도 받아들이고 싶지 않아. 안전하고 보호받는다고 느끼기 위해서 고슴도치처럼 웅크린 모습으로 지내지.' A는 이렇게 말하면서 그가 특히 상처받고 움츠러졌다고 느낀 상황들을 생각해 봅니다." …… "B는 자신의 역할을 시작하기 전에 A가 자신의 움켜쥔 주먹에 집중할 수 있도록 30초 동안 기다립니다." (이때는 아무도 말을 하여서는 안 된다.) …… "이제 B는 A가 서서히 믿음을 발전시킬 수 있도록 A의 주먹을 조심스럽게 펴 줍니다. 짝에게 무리하게 하지 말고 충분한 시간을 가지고 주먹을 펴 주셔야 합니다. 짝의 신체언어와 작은 움직임과 얼굴 표정을 잘 살펴보세요. 상대가 머뭇거리는 것도 존중해 주어야 합니다. A가 주먹을 폈으면 역할을 바꾸어서 이제는 B가 눈을 감고 오른손 주먹을 쥡니다. A는 B가 '나는 내 자신이 이렇게 움켜쥔 주먹 같다고 느낄 때가 종종 있어. 그때는 아무도 받아들이고 싶지 않아. 안전하고 보호받는다고 느끼기 위해서 고슴도치처럼 웅크린 모습으로 지내지.'라는 말을 끝내면 주먹을 펴 줍니다. A가 B의 주먹을 펴 준 후에는 서로 조용히 자신의 느낌을 이야기합니다." …… "자, 이제 시작해 봅니다."

② 활동을 마친 후 짝끼리 다음의 질문에 답해 봅니다.

- 나는 이 활동을 어떻게 느꼈나요?
- 어느 역할이 더 편안했나요? 주먹을 쥔 역할인가요, 아니면 주먹을 펴는 역할인가요?
- 나의 짝은 나의 주먹을 펴기 위해서 어떤 방법을 사용하였나요?
- 나의 짝에게서 어떤 것을 경험했나요?
- 나는 짝의 주먹을 열기 위해 어떠한 방법을 사용했나요? 나는 내가 평소에 하는 것과는 다른 방법을 사용했나요?

③ 다음의 문장을 조용히 끝까지 읽고 완성시킵니다.

- 나는 네가 _____면, 나를 열 준비가 되어 있다.

④ 활동 후 소감을 나눕니다.

활동 3. 감정표현 동작

① 지도자는 집단원을 원으로 둘러서게 한 후 다음과 같이 말합니다.

② "우리는 보통 ~할 때 어떻게 하나요? 어떻게 움직이나요? 한 집단원이 떠오르는 감정을 동작으로 자유롭게 표현하면, 다른 집단원들은 그대로 따라 해야 합니다. 동작을 하면서 떠오르는 느낌에 주의를 기울여 보세요."

③ "이제는 감정 상태를 동작으로 표현해 보고자 합니다. 자신의 현재 감정 상태를 표현해도 좋고, 표현해 보고 싶은 감정을 포현해도 좋습니다." 집단원들이 표현하기를 어려워하거나 어색해하면 다음과 같이 예를 들어 줍니다.

- 사랑스러움: 귀에다 속삭임. 얼굴을 어루만짐
- 행복함: 포근히 안김, 미소 짓기
- 기쁨: 손뼉 치며 노래 부르기, 소리 내어 웃기, 달려 가서 안기기
- 슬픔: 속으로 꾹꾹 삼키기, 훌쩍이거나 쪼그림, 소리 내어 울기
- 분노(화): 소리 지르거나 씩씩거리는 걸음, 가슴을 치며 참기, 주먹을 휘두르기, 문을 쾅 닫기, 발로 차기
- 불안, 공포, 무서움: 쪼그리기, 초조하기, 신경질 부리기, 거만하게 눈과 턱을 치켜올림, 왔다 갔다 함, 벌벌 떨기 등

④ (조용한 배경음악) 조용힌 공간을 자유롭게 걸어 보면서 감정에 대한 동작을 재현해 보고 버릴 것은 버리고, 미래에 자신이 바라는 긍정적인 표정과 걸음, 동작을 수용하고 표현하면서 자신의 동작에 차분히 몰입합니다.

⑤ 가부좌하고 앉아서 또는 심호흡을 하면서 마음을 고요히 합니다.

⑥ 모두 제자리로 돌아가서 다음의 질문에 답해 봅니다.

- 여러 감정을 표현하였을 때, 어떤 감정을 표현하는 것이 가장 불편하였나요?
- 어떤 감정을 가장 잘 표현할 수 있었나요?
- 지금 기분은 어떤가요?

- 본인이 주체적으로 동작표현을 할 때와 상대의 동작표현을 따라 할 때 중 어떨 때가 더 쉽고 편했나요?
- 감정표현 동작을 하면서 연상되는 것이 있었나요? 있었다면 어떤 것이었나요?
- 본인이 표현했던 동작이 의미하는 바가 무엇이었나요?
- 앞으로 다르게 표현해 보고 싶은 감정 동작은 무엇인가요?
- 어떻게 다르게 표현하고 싶은가요?

⑦ 활동 후 소감을 나눕니다.

6. 놀이치료

놀이치료란 놀이 매체를 상담 및 심리치료에 적용하여 개인의 심리 · 사회 · 행동적 문제의 해결 및 더 깊은 자기성찰, 나아가 삶의 질 향상을 추구하기 위해 행하는 놀이활동의 통칭이라고 정의할 수 있다. 『상담학 사전』(김춘경 외, 2016)에서는 놀이치료를 "훈련을 받은 놀이치료사가 심리사회적 어려움을 예방 또는 해결하고, 최적의 발달을 용이하게 하며, 적응적인 놀이행동에 참여하는 능력을 재확립하도록 내담자에게 도움을 주면서, 대인관계 과정을 확립하는 데 사용하는 일군의 이론 주도적 처치양식"이라고 정의하였다.

놀이가 아동치료에 직접 적용된 것은 1919년에 허그헬무트(Hug-Hellmuth)가 아동상담에 놀이를 활용한 것으로 기록되어 있고, 그 이후 안나 프로이트(Anna Freud)나 클라인(Klein) 등이 아동심리치료에 놀이를 활용하면서 놀이치료가 발전하였다. 미국에서는 최근 반세기 이상 놀이치료가 아동의 정신건강치료에 가장 널리 행해졌다고 하는데, 최근에는 놀이치료가 아동뿐 아니라 10대와 성인의 치료에도 사용되고 있다(김춘경 외, 2016).

놀이는 "자기표현을 위한 가장 자연스러운 수단"이고(Axline, 1947), 아동과 성인 사이뿐 아니라 아동 간의 의사소통에 뛰어난 수단이다. 건강한 사람일수록 잘 논다는 말이 있는데, 그건 아동이나 어른 모두에게 해당하는 말이다. 놀이는 놀이하는 사람의 내적 요구를 만족시켜 주고, 즐거움과 기쁨과 같은 긍정적인 느낌을 주어 삶의 활력을 되찾게 도와주고, 노는 사람을 놀이에 몰두하게 하여 주의집중 능력을 키워 주며, 놀면서 맛보는 자유로움과 자기주도력과 자기결정의 경험을 하게 한다. 놀이의 이러한 경험들은 충분히 치유적 기능을 담당한다고 볼 수 있다.

1) 놀이의 치료적 가치 및 효과

놀이치료는 놀이의 속성을 상담에 이용하여 상담의 목표를 이루는 것인데, 놀이의 어떤 특징이 이것을 가능케 하는가? 쉐퍼(Schaefer, 1993)는 다음의 일곱 가지 특징으로 놀이를 설명하고 있다.

- 놀이는 외부로부터 동기화되는 것이 아니고 내재적인 것에 의해 동기화된다. 자신을 위해서 하는 활동은 활동 그 자체에 쾌감이 있기 때문에 내재적으로 동기화된다. 아동은 외적 보상을 주어서 놀도록 하거나, 강제로 놀도록 압력을 주어서도 안 된다. 놀도록 내버려 두면 놀이는 아동 안에 있는 내적 요구를 만족시킨다.
- 놀이자는 활동의 결과나 놀이를 성공적으로 끝마치려고 하기보다는 놀이행동 자체에 더 관심을 갖기 때문에 놀이 과정을 중요시한다.
- 놀이는 긍정적인 느낌을 동반한다. 놀이하는 동안이나 놀이에 바로 뒤이어서 아동이 나타내는 미소, 웃음, 기쁨 등에서 분명해진다.
- 아동은 놀이에 너무 몰두해서 시간과 장소에 대한 자각을 잃어버리기도 한다.
- 놀이는 '마치 ~인 것처럼' 혹은 현실세계가 아닌 것처럼 하는 허구적인 특성을 가지고 있다.
- 놀이는 목적과 사건에 신선한 의미를 부여하는 자유를 준다. 이것은 놀이에 항상 어떤 변화와 창조적이고 혁신적인 결과가 있다는 사실에서 확인할 수 있다.
- 놀이는 목적을 탐색하고, 무엇을 할 수 있는가를 결정하기 위한 탐색활동과는 다르다. 놀이는 '내가 이 물건으로 무엇을 할 수 있는가?'라는 의문에 답하려고 한다.

강문희(1989)는 놀이의 치료적 가치를 일곱 가지로 제시하였다.

- 놀이는 치료적 관계를 형성하는 데 도움이 된다.
- 놀이는 아동이 자신이 감정을 표현하고 이해하는 데 도움이 된다.
- 놀이는 아동이 자기의 감정을 표출함으로써 억압된 감정을 소통시키는 데 도움이 된다.
- 놀이는 아동이 과거에 있었던 정신적 외상을 극복하는 데 도움이 된다.
- 놀이는 상상과 환상을 통한 심리적 보상이 가능하도록 돕는다.
- 놀이는 아동이 스트레스를 해소하는 데 도움이 된다.
- 놀이는 아동이 바람직한 새로운 행동을 연습하는 학습의 장이 된다.

이상과 같이 놀이의 특징과 놀이의 가치는 왜 잘 노는 아동들과 사람들이 건강할 수 있는 지를 잘 설명하고 있다. 놀이시간이 점점 줄어들고 미디어, 매스컴, 게임 등을 통한 유해한 놀이가 많이 범람하고 정신건강이 크게 위협받고 있는 현대 사회의 아동과 청소년들에게 놀이를 되찾아 주는 것은 매우 중요한 일이다.

2) 놀이치료의 목표

암스터(Amster)는 놀이의 기능을 진단적 이해 기능, 관계 형성 기능, 방어수단 기능, 언어 촉진 기능, 무의식적 소재의 발견과 긴장의 해소 기능, 발달의 촉진 기능의 여섯 가지를 제시하였다(Landreth, 1982 재인용). 브렘스(1993)는 좀 더 핵심적인 기능만을 모아서 놀이의 기능을 세 가지로 정리했다.

- 관계 형성 기능: 놀이는 상담자와 내담자 간에 신뢰할 수 있고 특별한 관계의 발달을 촉진시켜 주는 데 효과적으로 사용될 수 있다.
- 자기노출 기능: 의식적이든지 무의식적이든지 간에 내담자는 놀면서 자기노출(self-disclosure)을 한다. 놀면서 내담자의 감정, 갈등, 문제, 관계의 어려움이 직접적 또는 상징적으로 재연된다. 이는 다른 매개체를 통해 표현되지 못하는 다양한 정보를 상담자에게 제공해 준다. 특히 상담에 거부감이 많은 내담자들에게 자기노출의 기능은 매우 유용하다. 놀이를 통해 정보를 획득하는 것은 상담자가 내담자를 더 잘 이해하도록 도울 뿐 아니라 내담자에게도 건전하다. 흔히

자유롭게 감정과 갈등을 표현할 기회를 가지는 것은 내담자에게 치료적이다.
- 치유 기능: 놀이를 통해 감정과 갈등이 자연스럽고 자유롭게 표현되므로 내담자는 카타르시스를 경험하게 된다. 가장 단순한 형식의 놀이도 카타르시스와 정화(catharsis & abreaction)를 촉진하여 치료의 효과를 제공한다. 자유로운 감정의 발산과 정화 능력을 지닌 놀이는 치유의 힘을 지니고 있다.

랜드레스(Landreth, 1987)는 놀이치료의 목표를 구체적으로 제안하고 있다.

- 아동들을 위해서 온화하고 일관된 방식으로 아동에게 대함으로써 안전성과 보호의 환경을 제공한다.
- 아동과 아동들의 세계관에 대해 놀이실에서 그들의 단어와 행동으로 실제적으로 흥미를 보여 주면서 수용하고 이해한다. 아동들의 관점에서 관계와 상호작용을 이해하려고 노력하고, 항상 그들의 관점을 인정하고 수용하도록 노력한다.
- 아동들이 그들의 감정을 수용하면서 그들의 정서를 표현하도록 격려한다.
- 놀이도구의 선택과 사용법, 역할놀이의 사용법 그리고 공통적으로 상담과정에서 일어나는 다른 결정들에 대해서 아동들이 스스로 선택할 수 있는 비교적 허용적인 환경을 만들어 주어, 자기책임감과 의사결정 능력을 향상시킬 수 있도록 격려한다.
- 아동들이 자기 스스로 어떤 것을 하도록 격려하고 놀이 장면에서 가능한 한 많은 사건과 많은 상호작용을 확실히 조정함으로써, 자기 스스로 통제력을 발달시키고 사건들을 통제할 수 있는 기회를 아동들에게 제공한다.
- 아동을 위해 상담자가 아동의 감정과 행동을 경험하고 관찰한 것을 말로 나타낸다. 상담자에 의한 이러한 언어화는 아동들에게 감정적인 언어를 가르치고 그리고 그들이 그들의 동기, 내재된 정서 그리고 상호작용 패턴을 통찰하도록 도와준다.

놀이치료가 주로 아동을 대상으로 하여 놀이의 기능과 놀이치료 목표가 아동 위주로 되어 있으나, 청소년이나 성인들에게도 놀이는 유용한 치료 매체가 된다.

3) 놀이치료 기법

놀이치료는 놀이 매체를 활용하여 상담하는 것이라고 할 때 치료적 힘을 지닌 놀이 매체를 치료적 환경에 마련해 놓고, 상담자와 놀잇감을 매개로 하여 치료적 대화를 하는 것이 중요한다. 상담자의 치료적 대화기법을 여기서 제시하기는 어렵고, 여기서는 놀잇감 선정에서 지켜야 할 원칙을 제시하고자 한다(김춘경, 2004; 강문희, 2008; Ginott, 1961; Landreth, 1991).

- 놀잇감은 내담자에게 성공의 기회를 제공하고, 자아존중감과 자기확신을 가질 수 있게 도와야 한다.
- 놀잇감은 상담자와 내담자 간의 긍정적 관계를 촉진시킬 수 있어야 한다.
- 놀잇감은 내담자의 폭넓은 감정표현이 가능한 것이어야 한다.
- 놀잇감은 내담자의 흥미를 유발할 수 있어야 한다.
- 놀잇감은 내담자의 창의적 활동을 촉진시킬 수 있어야 한다.
- 놀잇감은 말을 요구하지 않고 탐색하고 표현하도록 촉진시킬 수 있는 것이어야 한다.
- 놀잇감은 내담자에게 현실생활과 공상 모두를 탐색할 기회를 제공해야 한다.

치료에 활용할 수 있는 놀잇감은 일상생활 영역에서 발생하는 사건 또는 내담자가 가진 문제를 표출할 수 있는 것이어야 한다. 기본적으로 현실생활, 공격성, 두려움, 표현적/창조적 종류의 놀잇감을 갖추어야 한다(김춘경, 2004; 김춘경 외, 2021; Landreth, 1987; Kottman & Schaefer, 2006).

- 현실생활 놀잇감: 아기인형, 구부릴 수 있는 가족인형이나 인형집 및 인형가구, 놀이접시, 단지, 팬, 용기, 전화기, 차, 트럭, 비행기와 같은 운송수단 놀잇감이 해당된다. 내담자의 일상생활에서 일어난 일을 실연시킬 수 있는 놀잇감으로, 학교에서의 갈등이나 불안 등을 다룰 수 있고, 다양한 놀이 상황극을 통해 상황에 대한 통제감과 조절감을 익힐 수 있다. 아동들에게는 인형집이나 부엌세트 같은 양육 행동을 해 볼 수 있는 놀잇감이 중요하다. 인형의 옷은 쉽게 입히고 벗길 수

있어야 할 뿐 아니라 구부릴 수 있는 가족인형을 준비하는 것이 좋다. 성학대를 받은 아동들은 대부분 인형 옷을 벗겼다 입혔다 하면서 시간을 보낸다.

- 공격적인 놀잇감: 권총집이 있는 권총, 고무로 만든 칼, 총이나 다른 시끄러운 소리를 내는 무기, 화살총, 수갑, 군인 장난감, 공격적인 동물(호랑이, 사자, 악어, 뱀, 공룡 등) 등이 해당된다. 내담자들은 억압된 분노와 공격성을 안전한 방법으로 표현하기 위해 공격적인 놀잇감을 사용할 수 있다. 스스로 감당하기 힘든 부정적인 감정들을 놀잇감을 통해 표현하고 통제하는 방법을 배워 나간다. 권총과 고무 칼을 가지고 놀면서 아동들은 그들이 위험에서 자기 자신을 방어하고, 그들을 위협하는 사람들과 그들의 적들을 쳐부수는 방법을 실연해 볼 수 있다. 아동들은 공격적인 종류의 놀이, 구출시나리오, 방어적인 공상들, 위험한 상황에서 도망가는 상상을 하는 데 펀치백과 군인 장난감을 사용한다. 무기력함과 부적절한 감정을 지닌 아동들은 이런 감정을 표현하기 위해서 수갑을 사용하기도 한다.

- 무서운 놀잇감: 괴물, 거미, 다른 벌레, 들쥐, 뱀과 같은 놀잇감이 해당된다. 아동들은 이러한 놀잇감을 가지고 그들이 두려워하는 것과 악몽을 실연할 수 있다. 그들은 이러한 무서운 것들이 그들을 위협하기 전에 두려움들을 공격하고 패배시킬 수 있다. 빈번히 성학대를 받았던 아동들은 다양한 두려움과 공상을 실연하기 위해서 뱀을 사용한다. 뱀 장난감은 비틀 수 있고, 잡아 늘일 수 있으며, 주름을 잡을 수 있고, 다르게도 쉽게 조작할 수 있는 유연한 고무로 만들어진 것이 가장 좋다. 이런 유연한 형태의 뱀은 아동들이 조정할 수 있고, 그들에게 일어난 일을 자유롭게 표현할 수 있게 해 준다.

- 창의적 표현 놀잇감: 크레용, 종이, 가위, 파이프 크리너, 플레이도우(play-doh)나 점토놀이, 연필, 매직펜류, 테이프, 풀, 핑거페인트, 수채물감, 템페라화법 페인트와 같은 미술재료가 포함된다. 그리고 내담자들이 흉내 내거나 변장하는 데 사용할 수 있는 평범한 작은 마스크, 모자, 지갑, 굽이 높은 구두, 보석 등의 놀잇감과 퍼펫이 포함된다. 아동들은 다른 인물의 퍼펫을 사용하여 학교와 집의 상황을 나타내는 시나리오를 재연할 수 있다. 직접 자신을 표현하는 것을 두려워하는 아동들은 그들의 사고와 감정을 말로 표현하는 데 퍼펫을 사용할 것이다.

- 규칙이 있는 게임도구: 보드게임, 카드게임, 주사위 게임 등이 포함된다. 이러한 게임에는 지켜야 할 규칙이 있다. 규칙을 지키는 게임을 하면서 내담자들은 자기 통제력과 인내심을 발달시키고, 게임에 이기기 위해서 다양한 전략을 짜면서 문제해결 능력과 논리적 사고능력을 발달시키게 된다. 이 외에도 게임에 졌을 때 느끼는 분노감과 좌절감 등의 부정적인 감정을 수용하게 되고, 이겼을 때도 졌을 때를 생각하며 상대방을 놀리거나 무시하지 않는 행동을 하는 것을 배우면서 사회성도 키워 간다. 대인관계 문제와 학교나 직장 등 사회생활에서 문제를 지닌 내담자들에게 규칙이 있는 게임도구가 매우 유용할 것이다.

7. 영화치료

영화치료란 영화 매체를 상담 및 심리치료에 적용하여 개인의 심리 · 사회 · 행동적 문제의 해결 및 더 깊은 자기성찰, 나아가 삶의 질 향상을 추구하기 위해 행하는 영화 관련 다양한 활동의 통칭이라고 정의할 수 있다. 심영섭(2011)은 상담과 심리치료에 영화 및 영상매체를 활용하는 모든 방법을 지칭하는 것이라고 정의 내렸다.

영화치료라는 용어는 버그-크로스(Berg-Cross) 등에 의해 처음 사용되었는데, 버그-크로스는 영화치료가 영화가 가지고 있는 무한한 가능성의 하나인 '꿈, 기억, 환상' 등을 통하여 인간 내면의 특수한 마음 상태를 발견하고 숨겨진 자아를 찾아 재현해 내는 능력을 가지고 있다고 하였다(김은하 외, 2021)

1) 영화의 치료적 가치 및 효과

영화치료를 이해하기 위해서는 영화의 특성에 대한 이해가 우선되어야 할 것이다. 김홍규(2003)는 영화의 특성을 다음과 같이 말하였다.

- 영화는 예술적 가치가 있다. 영화는 집단예술 또는 제7의 예술이라고 불린다.
- 영화는 빛의 예술이요, 시각제일의 영상매체이다.
- 영화는 대중에 호소하는 매체로서의 사회적 성격을 갖는다.

- 영화는 정책 PR 및 정치 목적에 이용된다.
- 영화는 시대적 · 국가사회적 이념의 영향을 받는다.
- 영화는 오락성과 흥행성이 중요하다.
- 영화는 작가 양식과 제작자 정신이 중요한 요인이 된다.

심영섭(2011)이 제시한 영화치료의 장점에서 영화의 치료적 가치를 찾아보고자한다.

- 순응성: 영화 매체는 상담에 대한 거부감이 있는 내담자에게도 강화제 역할을 하여 상담요구에 순응적이고 협조적이 되게 할 경향을 높인다.
- 접근성: 영화는 대중적인 매체이며 관람하기 쉽다는 면에서 상담의 접근성을 쉽게 한다.
- 활용가능성: 영화는 상담에서 교육 및 연수까지 그 활용가능성이 광범위하다.
- 호기심: 영화는 다른 예술 매체보다 핍진성(수용자가 텍스트를 그럴듯하고 있음직한 이야기로 받아들이는 정도)이 강하고, 청각과 시각, 문자언어 모두를 동원하므로 수용자의 지각에 강력한 영향을 주는 장점이 있다.
- 지지: 영화에서 등장인물은 또 다른 보조치료자이거나 훌륭한 모델로서의 역할을 할 수 있다. 내담자는 영화의 다양한 등장인물을 통해 자신의 내적 자원 발견, 문제해결 방법 습득, 미래에 대한 희망과 용기, 심리적 위로를 받는다.
- 정서적 통찰: 영화는 관객으로 하여금 정서적 정화를 경험하게 하고 자신의 정서를 극대화시킬 수 있는 기회를 준다. 이런 경험을 통해 내담자는 자신의 삶에서 의미를 부여하고 삶의 가치의 우선순위를 매길 수 있게 된다.
- 라포 및 커뮤니케이션: 영화 관람은 내담자와 치료자, 부부 또는 부모 등에게 공감대를 형성하게 하고, 공통의 경험을 제공함으로써 의사소통의 기회를 제공하고 치료적 관계를 견고하게 해 준다.

영화가 일반인들에게 순응성, 접근성, 활용가능성이 높다는 점과 영화에 대한 높은 호기심과 지지, 정서적 통찰 제공, 같은 영화를 본 사람들끼리의 공감대 형성과 의사소통 기회 제공 등이 영화가 지닌 중요한 치료적 가치라 할 수 있다. 이 밖에도 영화는 인간 행동을 분석하고 재구조화하는 치료적 효과를 가지고 있다(김은하 외, 2021).

2) 영화치료의 심리기제 및 기능

영화치료의 역사가 짧아서 영화치료가 공통적으로 갖는 목표에 대해 연구된 것은 쉽게 찾아보기 어렵다. 보편적인 영화치료의 목표를 대신하여 영화치료에서 주요하게 작동하는 심리기제에 대해 살펴보고자 한다(김은화 외, 2021).

• 투사: 자신의 무의식적이거나 바람직하지 않은 특성을 다른 사람이나 사물에 돌리는 방어기제이다. 영화는 이미지의 투사를 통해 안전한 심리적 투사도구로서 기능한다. 내담자는 영화를 보면서 심리적으로 안전한 거리를 유지하며, 영화의 등장인물들에게 자신의 여러 가지 다양한 감정과 생각을 투사한다. 이를 통해 방어기제를 완화하고 자기통찰을 하게 되며, 자기혐오나 자기거부에 대한 자각과 함께 자기수용과 이해를 촉진시킬 수 있게 된다. 투사와 동일시의 기제를 이해하는 것은 자신의 인정받지 않은 부분을 알아 가게 되는데, 이는 비자발적이고 바람직하지 않은 방식으로 행동화하는 것을 막는다. 이를 통해 더욱더 정서적 치유와 내적 자유를 느낄 수 있게 된다. 융이 말하는 그림자의 특징을 인식하고 수용하여 더욱 심미적이고 전인적인 존재가 될 수 있도록 내면의 감춰진 잠재력에 다가서도록 도와준다.
• 동일시: 다른 사람의 특징을 자신의 것으로 여기면서 불안과 같은 부정적인 감정을 감소시키는 방어기제다. 동일시는 보통 네 가지 유형이 있는데, 첫째, 타인과의 관계에서 타인의 반응 경향을 받아들이는 경우, 둘째, 타인에 대해 자기를 대신한 사람이라고 보는 경우, 셋째, 타인의 목적이나 가치를 자신의 가치나 목적인 것처럼 받아들이는 경우, 넷째, 중요한 점이 유사하다고 인지하는 경우가 있다. 내담자가 영화를 보면서 등장인물에게 감정이입이 일어나 그 등장인물과 동일시되는 과정을 통해서 자신의 내면적 욕구를 해소하는 경험을 하는 것은 두 번째 유형의 동일시라 할 수 있다. 내담자가 영화 속 주인공과 동일시하게 되면 몰입감이 높아지고, 정서 및 무의식에 접촉하게 되어 무의식 속에

억압되어 있던 자신의 과거 외상을 기억하여 문제의 원인을 발견할 수 있게 된다. 나아가 주인공의 문제해결 방식을 모델링함으로써 변화를 위한 대안을 스스로 발견하여 적용하는 기회도 얻게 된다. 또한 동일시를 통해 카타르시스를 맛보게 되어 심리적인 해방감도 누리게 된다.

• 정화: 내담자의 억압된 정서에 접근하여 그것을 방출할 수 있도록 도와주는 기능을 한다. 정화를 통해 억압되었던 감정이 방출되면 스트레스에 맞설 수 있는 힘과 용기를 얻게 된다. 일반적으로 영화는 인지적 사고보다는 정서적 통찰을 더욱 촉진시키기 때문에 영화는 감정적인 정화와 정서적 고양 상태를 높이는 데 기여한다.

• 관찰학습: 영화는 내담자에게 다른 태도와 행동을 선택하는 것을 관찰하고 배울 수 있는 강력한 수단을 제공한다. 영화를 통해 내담자는 자신을 표현하는 새로운 방법을 배우거나 모방하게 한다. 영화의 등장인물이 묘사하는 행동과 결정을 근거로 하여 자신의 대안적인 해석을 경험하게 되며, 등장인물과 상황을 사실적으로 관찰하면서 자신의 긍정적인 변화를 촉진하게 된다.

영화의 기능을 살펴보면, ① 영화는 교육적 기능을 가지고 있다. ② 영화는 오락적 기능이 있다. ③ 영화는 인간이 당면한 문제해결 및 심리치료의 기능이 있다. ④ 영화 감상을 통해 일상생활에서 야기된 긴장과 스트레스를 해소하는 한편, 당면 문제의 해결방안을 시사받는 심리치료의 효과를 가진다. ⑤ 영화는 대중 설득과 대중 조작의 기능이 있다. ⑥ 영화는 현실을 대변하고 시대를 반영한다. ⑦ 영화는 가치관 형성과 통찰력을 길러 준다. ⑧ 영화는 환경조성의 기능이 있다. ⑨ 영화는 휴식과 안정, 여가선용의 기능이 있다. 이러한 여러 가지 기능이 있기에 영화는 심리상담 및 치료의 유능한 매개체로서의 역할을 잘 감당할 수 있다(김홍규, 2003).

3) 영화치료 기법

대부분의 예술치료에는 감상하는 방법과 표현하는 기법이 있는데, 영화치료에서도 영화를 감상하는 영화치료와 영화를 직접 제작하고 표현해 보는 영화치료가 있다.

영화 감상 기법을 쓰는 데 있어서, 치료자가 내담자를 영화와 동일시시킬 것이냐, 아니면 심리적 거리를 두고 영화를 감상하게 할 것이냐에 따라 크게 동일시 기법과 탈동일시(거리두기) 기법으로 나눠 볼 수 있다(심영섭, 2011).

- 동일시 기법: 내담자로 하여금 영화의 경험 속으로 빨려 들어가서 현실을 잊고 스크린 속의 이미지와 자신을 동일시하게 하고 그 이미지를 욕망하게 하는 현상을 만들도록 한다. 내담자가 영화 속의 등장인물에게 깊게 투사되고 동일시를 일으켜 등장인물과 같은 정서를 깊게 느끼도록 하는 기법이다. 이 기법에는 ① 메타포를 활용한 영화치료, ② 내면아이를 활용한 영화치료, ③ 역할극을 활용한 영화치료, ④ 스토리텔링을 활용한 영화치료 등이 있다.
- 탈동일시 기법: 거리두기 기법이라고도 하는데, 내담자에게 '내가 영화를 본다'라는 의식을 가지고 영화와 거리를 두고 볼 것을 권한다. 이 기법에는 네 가지 기법이 있다. 첫째, 의식적 자각하에 영화 보기이다. 의식적 자각하에 영화를 보면서 자신에게 일어나는 다양한 정서와 생각을 인식하도록 하는 기법이다. 둘째, 부정적 신념 다루기 기법으로, 영화를 활용하여 내담자의 부정적 신념을 깨고 자신의 지각적 특징을 관찰하고 내담자의 외부에서 객관적으로 영화를 보도록 하는 기법이다. 셋째, 필름 매트릭스로, 영화 속 캐릭터에 대한 투사 방어기제를 활용하여 우리 내면의 자아와 성장잠재력에 접근하는 것으로 영화 속 캐릭터를 동일시와 투사 정도에 따라 평가, 배치하면서 작업한다. 이를 바탕으로 한 셀프 매트릭스와 성장 매트릭스 기법도 있다. 셀프 매트릭스는 필름 매트릭스 작업한 것을 바탕으로 내면에 투사된 자신의 여러 가지 자아를 확인하는 작업을 수행하는 것이다. 성장 매트릭스는 필름 매트릭스를 바탕으로 자기 내면의 여러 가지 특성을 성장시키고 잠재력을 발휘할 수 있도록 돕는 기법이다(심영섭, 2011). 넷째, CIA(Correction of Innermovie with Alienation effect) 기법으로, 부정적인 내면영화에 대해 전통적인 언어를 사용하는 치료가 아니라 내면영화를 문자나 말풍선을 넣어 희화화하거나 내면영화 속의 또 다른 내면영화를 만들거나 새로운 내레이션을 차용하는 기법 등이 있다. 내면영화란 어린 시절부터 비교적 오랜 기간 자신과 세계에 대한 심상들이 연속적으로 마음속의 스크린에 영사된 개인적 영화를 의미한다. 보통 내면영화는 매우 부정적

이고 외상적이며 스스로 의식하지 않아도 특정 상황이 되면 개인의 의식을 침범하여 영사되고 그것에 개인적인 의미가 부여된 것들이다.

표현하는 영화치료는 영화비, 제작비 등 재정적 부담이 있고 조명, 미술 등 많은 사람의 도움이 필요하기 때문에 채택하기 어렵다는 단점이 있다. 그러나 최근 들어 스마트폰 기술의 발전으로 스마트폰 하나로 영화 관련 동영상 촬영, 편집, 제작 등을 쉽게 할 수 있게 되면서 영화 제작 기법도 더욱 활발하게 사용되고 있다.

4) 영화치료 활동

활동 1. 필름 매트릭스
① 치유영화 한 편을 감상한 후 필름 매트릭스를 작성합니다.
② 영화를 보는 동안 경험한 것을 필름 매트릭스의 빈칸에 적습니다.

등장인물	가장 좋아하는	가장 싫어하는
완전히 또는 어느 정도 동일시되는 인물	I.	II.
전혀 또는 거의 동일시되지 않는 인물	III.	IV.

③ 자신이 적은 내용을 조원들과 나누면서 등장인물에 대해 자신이 경험한 바가 다른 사람들과 어느 부분에서 비슷하고 다른지 비교해 봅니다.
④ 조원들이 돌아가면서 영화에서 동일시되는 인물의 가장 마음에 드는 장면을 역할극으로 직접 표현해 봅니다. 상대역이 필요한 경우 조원들 중 한 사람이 담당해 줍니다. 이 역할극을 동영상으로 촬영합니다.
⑤ 이번에는 거의 동일시되지 않는 인물의 가장 싫어하는 장면도 같은 방법으로 표현해 봅니다.
⑥ 전체 집단으로 모여서 각 조별로 촬영한 동영상을 컴퓨터에 연결해서 한 편씩

보면서 조활동에서 경험한 통찰과 새롭게 이해한 점에 대한 소감을 나눕니다.

- 예시: 〈로맨틱 홀리데이〉 필름 매트릭스

영화	등장인물	가장 좋아하는	가장 싫어하는
(로맨틱 홀리데이 포스터)	완전히 또는 어느 정도 동일시되는 인물	I. 아이리스 & 마일스 아이리스: 배려심, 사랑에 대한 감사함 마일스: 위트, 명랑함	II. 클레어 우유부단함, 합리화, 양다리
(로맨틱 홀리데이 장면)	전혀 또는 거의 동일시되지 않는 인물	III. 아만다 즉흥적이고 솔직함, 자기주장적임	IV. 마일즈의 여자친구 다른 사람 이용, 자신이 좋아하는 것만 취함

출처: 심영섭(2011).

〈굿 윌 헌팅〉(1998)

〈포레스트 검프〉(1994)

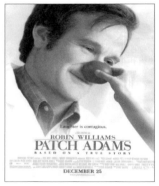

〈패치 애덤스〉(1998)

〈마담 프루스트의 비밀정원〉(2014)

〈사랑의 기적〉(1990)

〈리틀 포레스트〉(2018)

활동 2. 셀프 매트릭스

필름 매트릭스를 토대로 본인의 내면에 투사된 여러 가지 자아를 확인하는 작업이다.

① 필름 매트릭스의 등장인물을 떠올리면서 심호흡을 한 다음, 내면의 소리에 집중하면서 다음의 빈칸을 채워 봅시다.

특징	가장 좋아하는	가장 싫어하는
자신이 잘 알고 있는	I. 지각된 장점	II. 지각된 단점
자신이 완전히 알지 못하는	III. 투사된 장점	IV. 투사된 단점

② 자신이 적은 내용을 보면서 이 작업을 통해 자신에 대해 새롭게 발견한 점을 적어 봅시다.

----

③ 이 활동을 하고 느낀 소감을 나눕니다.

활동 3. 성장 매트릭스

① 필름 매트릭스의 등장인물을 떠올리면서 심호흡을 한 다음, 내면의 소리에 집중하면서 다음의 빈칸을 채워 봅시다.

특징	어떻게 자신의 장점과 역량을 증진하고 강화합니까?	어떻게 자신의 단점과 그림자를 성장과 연관시킬 수 있습니까?
자신이 잘 알고 있는	I. 타인에게 준 영향 생각해 보기	II. 부정적 신념 해소하기
자신이 완전히 알지 못하는	III. 내면의 지혜에 접근하기	IV. 용서하고 수용하기

② 자신이 적은 내용을 보면서 이 작업을 통해 자신에 대해 새롭게 발견한 점을 적어 봅시다.

----

③ 이 활동을 하고 느낀 소감을 나눕니다.

8. 명상치료

명상치료란 명상을 상담 및 심리치료에 적용하여 개인의 심리·사회·행동적 문제의 해결 및 더 깊은 자기성찰, 나아가 삶의 질 향상을 추구하기 위해 행하는 명상활동의 통칭이라고 정의할 수 있다. 『상담학 사전』(김춘경 외, 2016)에서는 명상치료를 "인간의 내면에 몰입하여 정서적 안정을 가짐으로써 여러 가지 질병을 예방하거나 치료하는 방법"이라고 정의하였다.

『상담학 사전』에서는 명상을 "인간의 모든 생각과 의식은 고요한 내적 의식에 있다는 가정하에서 인간의 마음을 순수한 내면의식으로 몰입하도록 만들어 참된 자아를 찾는 동양종교의 수행법"이라고 정의 내렸다(김춘경 외, 2016). 김정호(2018)는 "명상은 마음이 쉬는 것이다."라고 하였다. 마음이 쉰다는 것은 욕구-생각을 쉬는 것인데, 이것은 욕구-생각이 아닌 감각에 주의를 보내는 것으로 가능하다고 하였다. 감각에 주의를 보내는 것은 감각과 친해지는 것이다. 명상에서는 감각뿐 아니라 몸과 호흡에도 주의를 보내고 그들과 친해지는 훈련을 한다.

　명상은 동양의 오랜 종교 전통과 그 역사를 같이한다. 동양의 명상이 서양의 상담 및 심리치료 분야에 큰 영향을 미치게 된 것은 1960년대 후반 다스(Dass, 1971) 교수에 의해서이다. 그는 힌두교와 불교 사상을 혼합하여 명상과 움직임 속의 마음챙김인 요가에 대한 책을 썼다. 이후 카밧진(Kabat-Zinn)에 의해서 본격적으로 명상이 심리치료에 활용되었는데, 그가 만성적인 질병을 치료하기 위해 1979년에 마음챙김에 근거한 스트레스 완화(Mindfulness Based Stress Reduction: MBSR) 프로그램을 실시하면서이다. 그 이후 리네한(Linehan, 1993)이 변증법적 행동치료(Dialectical Behavior Therapy: DBT)를 개발하였고, 세갈, 윌리엄스와 티즈데일(Segal, Williams, & Teasdale, 2002)은 마음챙김에 근거한 인지치료(Mindfulness Based Cognitive Therapy: MBCT) 그리고 헤이즈, 스트로샐과 윌슨(Hayes, Strosahl, & Wilson, 2011)은 수용전념치료(Acceptance and Commitment Therapy: ACT)를 마음챙김명상을 근거로 하여 개발하면서 명상을 활용한 명상치료가 최근에 각광을 받고 있다.

1) 명상의 치료적 가치 및 효과

　다양한 동양종교와 종파마다 자신들이 개발한 명상방법을 사용하기 때문에 명상의 종류와 명상의 방법은 그 수를 다 헤아리기 어렵다. 힌두교의 대표적인 명상법인 요가를 비롯하여 불교의 선종에서 하는 공(空)이나 무심(無心)의 상태에 이르는 명상법, 밀교의 신들이나 부처의 세계를 보기 위한 명상, 도교에서 하는 도(道)와 하나가 되는 명상법 등 다양한 명상이 있고, 명상마다 추구하는 목적과 그 효과가 다르다. 여기서는 보편적으로 알려져 있는 명상의 치료적 가치 및 효과에 대해서 살펴보고자 한다.

　명상의 치료 효과에 대해『상담학 사전』(김춘경 외, 2016)에서는 다음과 같은 점을 지적하였다.

- 심신을 안정시키고 심신의 통합을 가져온다.
- 고통이 사라진 열반의 경지에 이르러 얽매임과 갈등이 없는 참다운 나를 얻게 한다.
- 스트레스를 풀어 주고 심신건강 회복을 촉진하여 정신적·신체적 질병의 예방 과 대처에 효과적이다.
- 개인의 신념, 가치 등의 주관적 관념에서 벗어나 보다 밝고 자유로우며 새로운 방식으로 사물을 바라보도록 해 준다.
- 주의집중력, 심적 에너지를 높이고 창조성이나 깨달음을 준다.
- 의식, 정체성, 현실에 대한 깊은 통찰력으로 심리적 안녕을 얻게 한다.
- 약물에 비해 부작용이 없고 효과도 지속적이다.
- 마음의 걱정으로부터 오는 소화기 장애, 순환기 장애, 편두통 문제를 해결해 준다.

김정호(2018)는 명상의 효과에 대해 다음과 같은 점을 지적하였다.

- 명상은 주의 훈련의 효과를 가져온다. 주의의 집중과 유지 기술, 알아차림의 기술 그리고 주의전환의 기술 등을 증진시킨다.
- 명상은 욕구와 생각이 없이 고요히 깨어 있는 상태에서 휴식을 취할 수 있게 되 고 그 결과, 마음의 평화를 누릴 수 있게 된다.
- 명상을 통해 욕구와 생각을 내려놓게 되면 마음이 평화로울 뿐 아니라 마음이 깨끗하게 정화되고, 깨끗한 마음 상태에서는 창의성이 향상된다.

2) 마음챙김명상의 치료적 가치 및 효과

명상의 한 유형이기도 한 마음챙김이 상담 및 심리치료 현장에서 많이 활용되고, 그에 따라 마음챙김명상의 치료적 효과에 대한 연구가 많이 이루어지고 있다. 마음챙김은 경험에 대한 관찰이다. 지금-여기서 경험하는 것을 있는 그대로 바라보는 관찰이다. 경험은 내 마음의 공간에서 일어나는 사건, 현상이므로 마음챙김은 지금-여기서 마음에 일어나는 사건, 현상을 있는 그대로 관찰하는 것이다(김정호, 2004, 2018). 경험을 관찰한다는 것은 그러한 경험을 하고 있는 나에 대한 관찰이므로 마음챙김은 나에 대한 객관적 관찰이라 할 수 있다. 내가 지금 어떤 상태인지, 무엇을 하고 있는지에 대한 객관적 관찰이다. 있는 그대로의 객관적 관찰이란 받아들임, 수용을 내포하고 있다(김정호, 2016, 2018). 카밧진(2003)은 마음챙김을 순간순간 펼쳐지는 경험에 대해 의도적으로 바로 그 순간에 평가하지 않고 주의를 기울이는 것을 통한 알아차림으로 정의했고, 말렛(Marlatt)과 크리스텔러(Kristeller)는 매 순간의 경험에 완전한 주의를 기울이는 것이라고 했다(장문선, 2014).

김정호(2018)가 제시한 마음챙김의 치료적 효과는 다음과 같다.

- 나에 대한 이해의 증진
- 무위(無爲, non-doing)를 통한 긍정적 변화
- 알아차림과 바른 선택: 정서조절에 도움
- 나와의 관계 변화, 경험과의 관계 변화 및 인내력의 증진
- '마음챙김의 나'의 확립

마음챙김명상은 개인의 내적·외적 세계의 자극이나 정보에 대한 지속적인 관찰을 통해 몸과 마음에서 일어나는 변화를 자세하고 깊이 있게 알아차리는 의식적인 통찰이라 할 수 있다. 끊임없이 외부로 향하려는 주의를 내면으로 끌어들여 지속적으로 자신의 내면세계를 관찰하는 행위가 마음챙김명상이다. 윤병수와 전중국(2021)은 마음챙김명상이 지닌 치료적 효과에 대해 다음과 같이 정리하였다.

- 마음챙김명상은 주의를 현재 순간에 머물도록 주의 통제력을 높이고, 주의 기민성, 지향성 및 갈등 상황의 주의 조절 역량을 높여 준다.
- 마음챙김명상은 긍정적 감정을 유발하고 부정적 감정과 반추를 감소시키며 효과적으로 정서를 조절한다.
- 마음챙김명상은 스트레스 자극이나 부정적 자극에 대한 적응적 반응과 연관되는 뇌 영역을 활성화시켜 정서 반응성과 인지적 유연성을 높여 준다.
- 마음챙김명상은 관계만족도를 높이고, 관계스트레스에 건설적인 대응, 정서적 소통기술 증진 등 대인관계 능력을 높여 준다.
- 마음챙김명상은 공감능력을 발달시킨다.

• 마음챙김명상은 자기연민을 증진시킨다.

이 밖에도 김정호(2018)는 마음챙김명상을 통해 다음과 같은 치료적 효과를 볼 수 있다고 하였다.

• 생생하고 분명하게 나의 존재를 경험하게 된다.
• 고요함과 고요한 즐거움이 주는 자족감, 충만감을 누려 삶에서 불필요한 욕구에 집착하지 않게 된다.
• 나와 내 주변 사람들에게 했던 독재적 요구를 내려놓게 된다.
• 고요한 상태에서 '알아차리는 나'를 양성해 가게 된다.

3) 명상치료 기법

명상치료 기법은 크게 집중명상과 개방명상 두 가지로 나눌 수 있다. 마음챙김명상은 개방명상에 포함된 명상치료 유형인데, 최근에 독자적인 분야로 지속적으로 발전하고 있어, 여기서는 집중명상, 개방명상, 마음챙김명상에 대해 살펴보고자 한다.

(1) 집중명상

집중명상은 고정된 하나의 대상에 의식을 집중하는 방법으로, 지법, 삼매, 사마타, 초월명상 등의 방법이 있다. 집중명상의 유형은 집중하는 대상에 따라 감각집중명상, 심상집중명상, 단순한 신체적 또는 정신적 행위에 집중하는 명상, 비논리적 문제에 집중하는 명상 등 다양하다(김정호, 김완석, 2013). 초월명상은 의식의 고요한 상태에 도달할 때까지 만트라(진언)를 반복한다.

(2) 개방명상

개방명상은 지금 이 순간 이곳에서 일어나고 있는 사실에 대해 열린 마음으로 판단하지 않고 고요히 살펴보는 명상 방법으로, 염처, 정념, 위빠사나, 마음챙김명상 등이 있다. 개방명상은 대체로 감각에 주의를 보내며 감각의 대상을 고정시키지 않고, 감각 대상에 대한 관찰이 포함된다. 개방명상은 통찰명상이라고도 한다. 감각에 마음을 여는 개방명상 중 몸이나 호흡의 감각에 주의를 보내는 명상은 나에 대한 관찰로서 마음챙김과 연결되는데, 이를 이름하여 우두커니 명상, 몸 명상, 호흡명상이라고 부르기도 한다.

(3) 마음챙김명상

마음챙김명상은 현재의 순간에 주의를 기울여 몸과 마음을 의도적으로 관찰하고 순간순간의 경험을 있는 그대로 수용하는 과정이다(Kabat-Zinn, 1982). 판단 없이 매 순간의 즉각적인 경험에 주의를 집중시켜 상황들을 편견 없이 명료하게 주시하게 하여 주의 대상에 대한 효율적인 정보처리가 가능하게 한다. 한국형 마음챙김명상(K-MBSR)에서는 먹기명상, 바디스캔, 걷기명상, 호흡명상, 정좌명상(지금 현재에 마음 챙기기, 생각과 함께하기), 호흡확장, 소리 듣기, 하타요가명상 등의 명상 방법을 제시하고 있다.

카밧진(1990)은 마음챙김명상을 할 때 지켜야 할 중요한 태도 일곱 가지를 제시하였다. 태도가 기법은 아니지만, 모든 기법에 사용될 기본 자세이기에 소개하고자 한다.

- 자신의 경험을 편견 없이 바라보고, 판단하지 않는 태도를 가진다. 우리는 매사에 일어나는 일과 경험하는 일에 대해 판단을 한다. 그런데 판단하는 마음을 알아차리고 판단하지 말고, 자신의 상태를 있는 그대로 관찰해야 한다.
- 매 순간 열려 있는 태도로 매 순간을 온전하게 수용하며 인내하는 태도를 가진다. 그 결과, 변화가 따라오게 된다.
- 초심자의 마음을 가진다. 편견과 판단을 내려놓고 모든 것을 처음 대하듯이 여기는 마음을 가져야 한다.
- 신뢰의 태도를 가진다. 자신과 자신의 느낌에 대해 신뢰해야 한다.
- 무엇을 얻거나 무엇이 되려고 애쓰지 않는 태도를 가져야 한다. 목적 지향적인 애씀을 내려놓고 단지 일어나고 있는 것에 주의를 기울이면 목표는 저절로 이루어지게 된다.
- 수용적 태도를 지닌다. 사물을 있는 그대로 받아들여야 한다.
- 집착하지 않는 태도를 가진다.

4) 명상치료 활동

활동 1. 호흡명상(Kabat-Zinn, 2017)

호흡은 생명이고 마음의 나침반이다. 호흡 감각에 주의를 집중하고 떠오르는 생각을 흘러가게 내버려 두는 호흡명상은 명상 중에서도 가장 기본적이고 보편적인 방법이다. 구체적인 절차는 다음과 같다.

① 편히 눕거나 앉아서 편안한 자세를 취합니다. 눈을 감는 게 편하면 눈을 감습니다.

② 마치 숲속 빈터 나무 그루터기 위에서 햇볕을 쪼이고 있는 수줍은 동물을 만나고 있는 것처럼 주의를 부드럽게 복부로 보냅니다. 복부가 들숨에 팽창하고 날숨에 수축하는 것을 느껴 봅니다.

③ 호흡과 연관된 여러 감각에 최대한 주의를 기울이면서 마치 호흡의 파도를 타듯이 들숨 전체, 날숨 전체와 함께합니다.

④ 마음이 호흡에서 벗어났음을 알아차릴 때마다 무엇에 주의를 빼앗겼는지 알아차리고 부드럽게 복부로 주의를 되돌려 놓고, 들랑날랑하는 호흡과 연관된 감각에 주의를 기울입니다.

⑤ 마음이 호흡에서 벗어났을 때, 당신이 할 일은 호흡에 주의를 하지 않았다고 깨닫는 순간 마음에 무엇이 있는지 그저 알아차리는 것입니다. 그런 다음, 무엇에 정신이 팔렸는지에 상관없이 매번 호흡으로 주의를 되돌립니다. 계속해서 몸에서 들어왔다 나갔다 하는 호흡의 느낌에 의식을 둡니다. 잘 안 되더라도 반복해서 다시 돌아오면 됩니다.

⑥ 매일 편한 시간에 15분가량 여건이 되지 않더라도 되도록이면 일주일 정도 이 연습을 지속적으로 합니다.

활동 2. 선택 없는 알아차림과 함께 앉아 있기(Kabat-Zinn, 2017)

"단지 앉아 있어라. 어떤 것에도 집착하지 말고 찾으려 하지 마라. 의식의 장에 들어오는 어떤 것에 대해서든 열린 자세, 수용적인 자세를 갖추며 그것들이 왔다가 가도록 그냥 내버려 두고, 고요 속에서 바라보고 관찰만 하라."

활동 3. 걷기명상

걷기명상은 발의 움직임을 관찰하거나 몸과 땅이 연결되어 있음을 알아차리는 것으로 몸에서 힘을 빼는 것이 중요하다. 장소는 직선으로 일곱 걸음 정도를 자유롭게 걸을 수 있는 폭을 갖춘 공간에서 걷기명상에 방해받지 않는 곳이어야 한다. 구체적인 절차는 다음과 같다.

① 몸에서 힘을 빼고 머리를 들고 앞을 응시하며 일자로 걸어 봅니다. 느리고 천천히 오른발을 내딛습니다. 발바닥에서 느껴지는 감각, 발바닥이 따뜻한지, 차가운지, 부드러운지 등에 집중하며 걷습니다.

② 내 발의 움직임 그 자체에 집중합니다.

③ 첫 번째 걸음을 내딛고 다음 걸음으로 옮겨 가기 전에 잠시 멈춥니다. 항상 한 걸음씩 걸어야 합니다.

④ 마지막 걸음을 걸은 후에는 양발을 나란히 모으고 완전히 멈춰 섭니다. 그 후에 오른발로 중심을 잡고 돌아섭니다.

⑤ 같은 방법으로 반대쪽으로 걸어갑니다.

⑥ 걷는 동안 '제대로 하고 있는 건가?' '어색하다' '얼마나 오래 걸어야 하나' 등의 생각이 올라오면, 어떤 생각이라도 무시하고 마음에서 생각을 비우는 연습을 합니다.

⑦ 활동에 대한 생각과 느낌 그리고 이 활동을 일상생활에서 어떻게 적용해 볼 수 있는지 등에 대해서 돌아가면서 이야기해 봅니다.

활동 4. 바디스캔

바디스캔은 신체의 특정 부위에서 다른 부위로 옮겨 가면서 차례대로 주의를 기울이고 이 때의 감각을 느껴 보고, 의식적으로 이완시켜 주는 기법이다. 구체적인 절차는 다음과 같다.

① 편안한 자세를 취하고, 호흡에 주의를 기울입니다. 숨이 들어오고 나감에 따라 복부가 올라가고 내려가는 것을 느껴 봅니다.

② 신체 전체에 주의를 기울여 하나가 되는 느낌을 느껴 봅니다. 생각이 일어날

때마다 생각에 마음을 빼앗기고 있다는 사실을 확인한 후 생각을 조용히 내려 놓고 지금의 순간으로 다시 되돌아옵니다.

③ 바디스캔은 보통 왼발의 발가락에서 시작하여 서서히 발등, 다리 전체로 올라 갑니다. 각 신체 부위에 주의를 주고 느껴지는 느낌과 감각을 알아차림하면서 수축된 근육을 이완시켜 긴장감을 해소합니다. 신체 각 부위에서 호흡이 들어 오고 나가는 감각을 느껴 봅니다.

④ 왼쪽 엉덩이와 골반에 주의를 주면, 그다음에는 오른쪽 발가락으로 주의를 옮 기고 오른쪽 다리를 거쳐 오른쪽 엉덩이와 골반으로 이동합니다.

⑤ 이번에는 같은 방법으로 몸통, 허리, 배, 등, 가슴, 어깨를 관찰 대상으로 삼고 서서히 주의를 이동시킵니다.

⑥ 이제 양손과 양팔을 동시에 양쪽 손가락부터 손바닥, 손등, 손목, 아래팔, 팔꿈 치, 위팔, 어깨로 서서히 올라가면서 주의를 집중시킵니다.

⑦ 마지막으로 목과 목구멍, 얼굴, 후두부, 정수리로 이동합니다. 정수리에 숨구 멍이 있다고 생각하고 그 구멍을 통해 호흡을 해 봅니다. 고래가 물을 뿜어내 는 것처럼 정수리로 공기가 들어오면 발바닥으로 공기가 빠져 나가고, 다시 발 바닥으로 공기가 들어오면 정수리로 공기가 빠져 나간다고 생각하고 호흡을 합니다.

⑧ 신체 각 부분의 이완이 끝나면 호흡에 집중하면서 고요함과 평화를 느낍니다.

⑨ 활동을 마치고, 활동을 하면서 든 생각과 느낌 그리고 이 활동을 일상생활에서 어떻게 적용해 볼 수 있는지 등에 대해서 돌아가면서 이야기해 봅니다.

참고문헌

강문희(1989). 놀이와 아동. 서울: 교육과학사.

강문희(2008). 아동상담. 경기: 교문사.

권기덕, 김동연, 최외선(1993). 가족미술치료의 이론과 실제. 서울: 특수교육.

김동연, 최외선(2000). 성인미술치료. 대구: 동아문화사.

김동연, 최외선, 오미나(1998). 초등학생의 사회성과 학교생활그림(KSD)에 관한 연구. 미술치료연구. 5, 299-318.

김옥희(2005). 무용/동작 치료프로그램이 신경증 환자의 신체화, 우울, 불안, 감정표현불능증에 미치는 효과. 경북대 학교 대학원 박사학위논문.

김은하, 김은지, 방미나, 배정우, 소희정, 이승수, 이혜경, 조원국, 주순희(2021). 영화치료의 기초: 이해와 활용(2판). 서

울: 박영story.

김인숙(2012). 무용 동작 심리치료의 이론과 실제. 경기: 이담북스.

김정호(2004). 마음챙김명상의 유형과 인지행동치료적 함의. 인지행동치료. 4(2), 27–44.

김정호(2016). 마음챙김 명상 매뉴얼. 서울: 솔과학.

김정호(2018). 일상의 마음챙김 긍정심리. 서울: 솔과학.

김정호, 김완석(2013). 스트레스와 명상. 대한스트레스학회 편. 스트레스과학(pp. 464–496).

김춘경(2004). 아동상담: 이론과 실제. 서울: 학지사.

김춘경, 배선윤, 성다겸, 유지영, 장효은(2021). 아동상담의 실제. 서울: 학지사.

김춘경, 이수연, 이윤주, 정종진, 최웅용(2016). 상담학 사전. 서울: 학지사.

김춘경, 정여주(2000). 상호작용놀이를 통한 집단상담. 서울: 학지사.

김홍규(2003). 상담심리학. 서울: 형설출판사.

류분순(2000). 무용 · 동작치료학. 서울: 학지사.

박정혜(2020). 당신의 마음을 글로 쓰면 좋겠습니다. 서울: 오도스.

변학수(1999). 문학치료와 문학적 경험. 독일어문학. 7(2), 267–300.

심영섭(2011). 영화치료의 이론과 실제. 서울: 학지사.

윤병수, 전종국(2021). 인성교육으로서의 마음챙김 명상. 정서행동장애연구. 37(1), 189–208.

이미리, 김춘경, 여종일(2019). 청소년 심리 및 상담. 서울: 학지사.

장문선(2014). 심리학 용어사전. 서울: 한국심리학회.

주리애(2000). 미술치료는 마술치료. 서울: 학지사.

채연숙(2010). 글쓰기치료: 이론과 실제. 대구: 경북대학교 출판부.

Adams, P. L. (1982). *A primer of child psychotherapy* (2nd ed.). Boston, MA: Little, Brown, & Company.

Appell, M. L. (1963). Self–understanding for the guidance counselor. *The Personnel and Guidance Journal, 42*(2), 143–148.

Axline, V. (1947). *Play therapy*. New York, NY: Ballantine.

Bernstein, J. (1977). *Books to help children cope with separation and loss*. New York, NY: R. R. Bowker Co.

Beuys, J. (2007). *What is art?: Conversation with Joseph Beuys*. West Hoathly, UK: Clairview Books.

Bolton, G. (2004). *Writing cures: An introductory handbook of writing in counselling and psychotherapy*. New York, NY: Brunner–Routledge.

Bolton, G., Howlett, S., Lago, C., & Wright, J. K. (2004). *Writing cures*. New York, NY: Hove, Brunner–Routledge.

Boxill, E. H. (1981). A continuum of awareness: Music therapy with the developmentally handicapped. *Music Therapy, 1*(1), 17–23.

Boxill, E. H. (1994). *Music therapy for the developmentally disabled*. 김태련, 염현경, 정현지, 김현정 역. 발달장애인을 위한 음악치료. 서울: 이화여자대학교 출판부. (원저는 1985년 출간).

Brand, A. G. (1987). Writing as counseling. *Elementary School Guidance and Counseling, 21*(4), 247–285.

Brems, C. (1993). *A comprehensive guide to child psychotherapy*. Boston, MA: Allyn & Bacon.

Bruscia, K. E. (1998). *Improvisational models of music therapy*. 김군자 역. 음악치료의 즉흥연주 모델. 경기: 양서원. (원저는 1987년 출간).

Bryan, A. I. (1943). *Toward a science of bibliotherapy: In new goals for old age*. New York, NY: Columbia University Press.

Burns, R. C., & Kaufman, S. (1972). *Actions, styles and symbols in kinetic family drawings (KFD): Research and application*. New York, NY: Brunner/Mazel.

Dass, R. (1971). *Be here now*. New York, NY: Harmony.

Frostig, K., & Essex, M. (1998). *Expressive arts therapies in schools: A supervision and program development guide.* Springfield, IL: Charles C. Thomas Publisher.

Ginott, H. G. (1961). *Group psychotherapy with children.* New York, NY: McGraw-Hill.

Gladding, S. T., & Gladding, C. (1991). The ABCs of bibliotherapy for school counselors. *The School Counselor, 39,* 7-13.

Gumaer, J. (1997). *Counseling and therapy for children.* 이재연, 서영숙, 이명조 역. **아동상담과 치료.** 서울: 양서원. (원저는 1984년 출간).

Hayes, S. C., Strosahl, K. D., & Wilson, K. G. (2011). *Acceptance and commitment therapy: The process and practice of mindful change.* New York, NY: Guilford press.

Hug-Hellmuth, H. (1919). *A study of the mental life of the child.* Berkeley, CA: University of California Libraries.

Jensen, E. (2000). *Music with the brain in mind.* San Diego, CA: Brain Store.

Jensen, E. (2001). *Arts with the brain in mind.* Arlington, VA: ASCD.

Kabat-Zinn, J. (1982). An outpatient program in behavioral medicine for chronic pain patients based on the practice of mindfulness meditation: Theoretical considerations and preliminary results. *General Hospital Psychiatry, 4*(1), 33-47.

Kabat-Zinn, J. (1990). Mindfulness-based stress reduction. *Using the Wisdom of Your Body and Mind to Face Stress, Pain, and Illness,* 467.

Kabat-Zinn, J. (2003). Mindfulness-based stress reduction (MBSR). *Constructivism in the Human Sciences, 8*(2), 73-83.

Kabat-Zinn, J. (2017). *Full catastrophe living.* 김교헌, 김정호, 장현갑 역. **마음챙김명상과 자기치유 (상, 하).** 서울: 학지사. (원저는 2013년 출간).

Kleber, D. (1982). Bibliotherapie: Ein Beitrag zur Geschite und zur Begriffsbestimmung. *Zentralblatt fuer Bibliotheswesen, 98*(9), 390-399.

Kottman, T. E., & Schaefer, C. E. (2006). *Play therapy in action: A casebook for practitioners.* 김은정, 정연옥 역. **놀이치료 사례집.** 서울: 학지사. (원저는 1993년 출간).

Kramer, P. A., & Smith, G. G. (1998), Easing the pain of divorce through children's literature. *Early Childhood Education Journal, 26*(2), 89-95.

Kwiatkowska, H. Y. (2001). Family art therapy: Experiments with a new technique. *American Journal of Art Therapy, 40*(1), 27

Landreth, G. L. (1982). *Play therapy.* Springfield, IL: Charles C. Thomas Publisher.

Landreth, G, L. (1987). Play therapy: Facilitative use of child's play in elementary school counseling. *Elementary School Guidance & Counseling, 21*(4), 253-261.

Landreth, G, L. (1991). *Play therapy: The art of the relationship.* Muncie, IN: Accelerated Development.

Landreth, G. L. (2012). *Play therapy: The art of the relationship.* London, UK: Routledge.

Landsman, T. (1951). The therapeutic use of written materials. *American Psychologist, 6,* 317.

Linehan, M. M. (1993). *Skills training manual for treating borderline personality disorder.* New York, NY: Guilford press.

Malan, D. (1989). *Indivisual psychotherapy and the science of psychodynamics.* London, UK: Butterworhs.

Merkle, R. (1988). *Bibliotherapie.* Der Einfluss des therapiebegleitenden lesens auf das emotionale Befinden bei ambulant behandelten Patienten. Mannheim.

Newcomb, A. (1984). Sound and feeling. *Critical Inquiry, 10*(4), 614-643.

Pardeck, J. T. (1994). Using literature to help adolescents cope with problems. *Adolescence, 29,* 421-427.

Pardeck, J. T., & Pardeck, J. A. (1998). An exploration of the uses of children's books as an approach for enhancing cultural diversity. *Early Child Development and Care, 147*(1), 25-31.

Pennebaker, J. W. (2004). *Writing to heal: Guided journal for recovering from trauma & emotional upheaval.* Oakland, CA: New Harbinger Pub.

Progoff, I. (1978). *At a journal workshop: The basic text and guide for using the intensive journal.* New York, NY: Dialogue House Library.

Reynolds, C. R. (1978). A quick-scoring guide to the interpretation of children's Kinetic Family Drawings (KFD). *Psychology in the Schools, 15*(4), 489-492.

Rubin, J. A. (1984). *Child art therapy: Understanding and helping children through art.* New York, NY: Van Nostrand Reinhold Co.

Rubin, M. (1988). The physiology. *The American Journal of Nursing, 88*(1), 50-56.

Rubin, R. J. (1978). *Bibliotherapy sourcebook.* London, UK: Oryx Press.

Schaefer, C. E. (1993). *The therapeutic powers of play.* Lanham, MD: Jason Aronson.

Sears, W. W. (1968). Processes in music therapy. *Music in Therapy,* 30-44.

Sears, W. W. (1996). Processes in music therapy. *Nordic Journal of Music Therapy, 5*(1), 33-42.

Segal, Z., Williams, J. M. G., & Teasdale, J. (2002). *Terapia cognitiva de la depresión basada en la consciencia plena. Un nuevo abordaje para la prevención de recaídas.* Bilbao, Spain: Desclée de Brouwer.

Teasdale, J. D., Segal, Z. V., & Williams, J. M. G. (2003). Mindfulness training and problem formulation. *Clinical Psychology, 10*(2), 157-160.

Thompson, C., & Rudolph, L. (1992). *Counseling children* (3rd ed). Pacific Grove, CA: Brooks/Cole.

Ulman, E. (1961). *Art-therapy.* Washington, DC: Bullettin of Art Therapy.

Ulman, E. (2016). Variations on a Freudian theme: Three art therapy theorists. In *Approaches to art therapy* (pp. 106-125). London, UK: Routledge.

Wadeson, H. (1980). Art therapy research. *Art Education, 33*(4), 31-34.

William, B. D., Michael H. T., & Kate, E. G. (2002). *An introduction to music therapy: Theory and practice.* 김수지, 고일주, 권혜경 역. 음악치료학 개론. 서울: 권혜경음악치료센터. (원저는 1992년 출간).

Wimpory, D., Chadwick, P., & Nash, S. (1995). Brief report: Musical interaction therapy for children with autism: An evaluative case study with two-year follow-up. *Journal of Autism and Developmental Disorders, 25*(5), 541-552.

찾아보기

인명

내용

저자 소개

김춘경(Kim, Choon-Kyung)
독일 Aachen 대학교 교육학과 철학박사
현 경북대학교 아동학부 교수

⟨저서⟩
『아동상담: 이론과 실제』(2004, 학지사)
『상담의 이론과 실제』(2판, 공저, 2016, 학지사)
『상담학 사전 5권』(공저, 2016, 학지사)
『아들러의 인간관계론』(2018, 학지사)
『활동을 통한 성격심리학의 이해』(공저, 2018, 학지사)
『청소년 심리 및 상담』(공저, 2019, 학지사)
『청소년 집단상담 프로그램』(2판, 공저, 2021, 학지사)
『청소년상담』(2판, 공저, 2022, 학지사) 외 다수

조민규(Cho, Min-Kyu)
경북대학교 아동가족학과 이학박사
현 경북대학교 아동학부 외래교수
    한국연구재단 인문사회학술 연구교수
    경대아동가족상담연구소 소장

⟨저서 및 논문⟩
『활동을 통한 성격심리학의 이해』(공저, 2018, 학지사)
『아동상담의 이해』(공저, 2021, 학지사)
『청소년 집단상담 프로그램』(2판, 공저, 2021, 학지사)
「성인애착 유형에 따른 대학생의 정서충격, 심리적 수용, 자살위험성 간 구조분석」(공동, 2020)
「대학생의 몰입상태, 공격성, 도박중독 경향성 간 구조분석」(2022)
「대학생의 몰입상태, 도박중독 경향성, 자살위험성 간 구조적 관계: 트라우마 경험 수준에 따른 다
    집단 분석」(공동, 2022)

성정혜(Sung, Jung-Hye)
경북대학교 아동가족학과 이학박사
현 서울시육아종합지원센터 상담사

⟨저서 및 논문⟩
『아동상담의 이해』(공저, 2021, 학지사)
「대학생의 침습적 반추, 외현화 행동, 게임중독 경향성 간 구조적 관계: 아동기 부정적 경험의 유무
    에 따른 다집단 분석」(공동, 2020)
「청소년의 사회재난 안전체감도, 사회적 위축, 공격성, 사이버폭력 간 구조적 관계: 성별에 따른 잠
    재평균분석 및 다집단 분석」(공동, 2022)

활동을 통한

정신건강론
Mental Health

2023년 3월 20일 1판 1쇄 인쇄
2023년 3월 30일 1판 1쇄 발행

지은이 • 김춘경 · 조민규 · 성정혜
펴낸이 • 김진환
펴낸곳 • (주)**학 지사**
　　　　04031 서울특별시 마포구 양화로 15길 20 마인드월드빌딩
대표전화 • 02-330-5114　팩스 • 02-324-2345
등록번호 • 제313-2006-000265호

홈페이지 • http://www.hakjisa.co.kr
페이스북 • https://www.facebook.com/hakjisabook

ISBN 978-89-997-2892-1　93180

정가 24,000원

출판미디어기업 **학 지사**
간호보건의학출판 **학지사메디컬** www.hakjisamd.co.kr
심리검사연구소 **인싸이트** www.inpsyt.co.kr
학술논문서비스 **뉴논문** www.newnonmun.com
교육연수원 **카운피아** www.counpia.com